Juristische Fall-Lösungen

Leuschner/Sajnovits/Wilhelm
Fälle zum Kapitalgesellschafts- und Kapitalmarktrecht

Fälle zum Kapitalgesellschafts- und Kapitalmarktrecht

von

Dr. Lars Leuschner
o. Professor an der Universität Osnabrück

Dr. Alexander Sajnovits, M.Sc. (Oxford)
Johannes Gutenberg-Universität Mainz

Dr. Alexander Wilhelm, Mag. iur.
Johannes Gutenberg-Universität Mainz

2021

C.H.BECK

Zitiervorschlag: *Leuschner/Sajnovits/Wilhelm* KapGesR Fall … Rn. …

www.beck.de

ISBN 978 3 406 65317 9

Wilhelmstraße 9, 80801 München
Satz, Druck und Bindung: Druckerei C.H. Beck Nördlingen (Adresse wie Verlag)

Umschlaggestaltung: Martina Busch, Grafikdesign, Homburg Saar

CO_2 *neutral*
chbeck.de/nachhaltig

Gedruckt auf säurefreiem, alterungsbeständigem Papier
(hergestellt aus chlorfrei gebleichtem Zellstoff)

Vorwort

Das Kapitalgesellschafts- und Kapitalmarktrecht erfreut sich in der universitären Schwerpunktausbildung seit Jahren großer Beliebtheit. Grund hierfür dürfte neben den dogmatischen Herausforderungen, die diese Rechtsgebiete – und insbesondere auch deren Verknüpfung – bieten, die erhebliche Praxisrelevanz dieser wichtigen Teilbereiche des Wirtschaftsrechts sein.

Das vorliegende Buch beinhaltet 13 Fälle aus dem Aktien-, GmbH- und Kapitalmarktrecht, die sich auf einem Niveau bewegen, das im Bereich der universitären Schwerpunktbereichsprüfung als Teil der Ersten Juristischen Prüfung verlangt wird. Sie bauen vielfach auf höchstrichterlichen Entscheidungen auf und enthalten eine Mischung aus klassischen, in Rechtsprechung und Schrifttum diskutierten Problemen sowie weiterführenden Fragestellungen. Kapitalgesellschafts- und kapitalmarktrechtliche Probleme werden dabei an vielen Stellen miteinander verwoben. Mit Blick auf die Lösungen ist darauf hinzuweisen, dass diese als „Musterlösungen" den Anspruch erheben, die in den Fällen enthaltenen Probleme möglichst allumfassend abzubilden. Studierende sollten sich davon nicht entmutigen lassen. Auch Bearbeitungen, in denen einzelne oder mehrere in den Musterlösungen enthaltene Aspekte nicht oder nur in Ansätzen enthalten sind, können noch immer eine überdurchschnittliche Bewertung rechtfertigen.

Adressaten des Fallbuchs sind aber nicht nur Studierende in der Phase der Prüfungs- bzw. Klausurvorbereitung. Die im Kapitalgesellschafts- und Kapitalmarktrechts eher unübliche gutachterliche Bearbeitung von Fällen fördert die systematische Durchdringung einer Rechtsmaterie, in deren Fokus meist durch aktuelle Ereignisse hervorgerufene Einzelfragen stehen. Die Lektüre dürfte daher durchaus geeignet sein, auch dem fortgeschrittenen Kapitalgesellschafts- und Kapitalmarktrechtler den einen oder anderen Erkenntnisgewinn zu verschaffen.

Osnabrück und Mainz, im November 2020

Lars Leuschner
Alexander Sajnovits
Alexander Wilhelm

Inhaltsverzeichnis

Abkürzungsverzeichnis

aA	andere(r) Ansicht
ABl.	Amtsblatt
Abs.	Absatz
Abschn.	Abschnitt
abzgl.	abzüglich
aE	am Ende
aF	alte Fassung
AG	Aktiengesellschaft; Amtsgericht; Die Aktiengesellschaft (Zeitschrift)
AktG	Aktiengesetz
allgA	allgemeine Ansicht
allgM	allgemeine Meinung
Alt.	Alternative
Anh.	Anhang
Anm.	Anmerkung
arg.	argumentum
Art.	Artikel
Aufl.	Auflage
BaFin	Bundesanstalt für Finanzdienstleistungsaufsicht
BB	Betriebs-Berater (Zeitschrift)
Bd./Bde.	Band/Bände
Bearb.	Bearbeitung
BeckRS	Beck-Rechtsprechung (Datenbank)
Beil.	Beilage
BGB	Bürgerliches Gesetzbuch
BGH	Bundesgerichtshof
BGHZ	Entscheidungen des Bundesgerichtshofes in Zivilsachen (amtliche Sammlung)
BKR	Zeitschrift für Bank- und Kapitalmarktrecht
BörsG	Börsengesetz
BörsZulV	Börsenzulassungs-Verordnung
bspw.	beispielsweise
BT-Drs.	Bundestags-Drucksache
Buchst.	Buchstabe
BVerfG	Bundesverfassungsgericht
BVerfGE	Entscheidungen des Bundesverfassungsgerichts (amtliche Sammlung)
BVerfGK	Kammerentscheidungen des Bundesverfassungsgerichts (amtliche Sammlung)
bzw.	beziehungsweise
ca.	circa
CCZ	Corporate Compliance Zeitschrift
cic	culpa in contrahendo

DB .... Der Betrieb (Zeitschrift)
DCGK .... Deutscher Corporate Governance Kodex
DelVO (EU)
2016/522 .... Delegierte Verordnung (EU) 2016/522 der Kommission vom 17. Dezember 2015 zur Ergänzung der Verordnung (EU) Nr. 596/2014 des Europäischen Parlaments und des Rates im Hinblick auf eine Ausnahme für bestimmte öffentliche Stellen und Zentralbanken von Drittstaaten, die Indikatoren für Marktmanipulation, die Schwellenwerte für die Offenlegung, die zuständige Behörde, der ein Aufschub zu melden ist, die Erlaubnis zum Handel während eines geschlossenen Zeitraums und die Arten meldepflichtiger Eigengeschäfte von Führungskräften
DelVO (EU)
2016/958 .... Delegierte Verordnung (EU) 2016/958 der Kommission vom 9. März 2016 zur Ergänzung der Verordnung (EU) Nr. 596/2014 des Europäischen Parlaments und des Rates im Hinblick auf die technischen Regulierungsstandards für die technischen Modalitäten für die objektive Darstellung von Anlageempfehlungen oder anderen Informationen mit Empfehlungen oder Vorschlägen zu Anlagestrategien sowie für die Offenlegung bestimmter Interessen oder Anzeichen für Interessenkonflikte
DelVO (EU)
2017/565 .... Delegierte Verordnung (EU) 2017/565 der Kommission vom 25. April 2016 zur Ergänzung der Richtlinie 2014/65/EU des Europäischen Parlaments und des Rates in Bezug auf die organisatorischen Anforderungen an Wertpapierfirmen und die Bedingungen für die Ausübung ihrer Tätigkeit sowie in Bezug auf die Definition bestimmter Begriffe für die Zwecke der genannten Richtlinie
Der Konzern .... Der Konzern (Zeitschrift)
ders. .... derselbe
dh .... das heißt
dies. .... dieselbe(n)
diff. .... differenzierend
Diss. .... Dissertation
DStR .... Deutsches Steuerrecht (Zeitschrift)

Ed. .... Edition
EG .... Europäische Gemeinschaft
Erwgr. .... Erwägungsgrund
ESMA .... European Securities and Markets Authority
etc .... et cetera
EU .... Europäische Union
EuGH .... Europäischer Gerichtshof
EU-ProspektVO ..... Verordnung (EU) 2017/1129 des Europäischen Parlaments und des Rates vom 14. Juni 2017 über den Prospekt, der

beim öffentlichen Angebot von Wertpapieren oder bei deren Zulassung zum Handel an einem geregelten Markt zu veröffentlichen ist und zur Aufhebung der Richtlinie 2003/71/EG

EUR .... Euro
EuZW .... Europäische Zeitschrift für Wirtschaftsrecht

f. .... folgende
ff. .... fortfolgende
FinDAG .... Finanzdienstleistungsaufsichtsgesetz
Fn. .... Fußnote
FS .... Festschrift

GG .... Grundgesetz für die Bundesrepublik Deutschland
ggf. .... gegebenenfalls
GmbH .... Gesellschaft mit beschränkter Haftung
GmbHG .... Gesetz betreffend die Gesellschaften mit beschränkter Haftung
GmbHR .... GmbH-Rundschau
GVG .... Gerichtsverfassungsgesetz
GWR .... Gesellschafts- und Wirtschaftsrecht (Zeitschrift)

HGB .... Handelsgesetzbuch
hL .... herrschende Lehre
hM .... herrschende Meinung
Hs. .... Halbsatz
HV .... Hauptversammlung

idF .... in der Fassung
idR .... in der Regel
iGr .... in Gründung
iHd .... in Höhe der/des
iHv .... in Höhe von
Inc. .... Incorporated
InsO .... Insolvenzordnung
iS .... im Sinne
iSd .... im Sinne der/des
iSv .... im Sinne von
iVm .... in Verbindung mit

JA .... Juristische Arbeitsblätter (Zeitschrift)
jurisPR-HaGesR .... juris PraxisReport Handels- und Gesellschaftsrecht (Zeitschrift)
JuS .... Juristische Schulung (Zeitschrift)
JZ .... Juristen-Zeitung

KapitalRL .... Richtlinie 2012/30/EU des Europäischen Parlaments und des Rates vom 25. Oktober 2012 zur Koordinierung der Schutzbestimmungen, die in den Mitgliedstaaten den Gesellschaf-

	ten im Sinne des Artikels 54 Absatz 2 des Vertrages über die Arbeitsweise der Europäischen Union im Interesse der Gesellschafter sowie Dritter für die Gründung der Aktiengesellschaft sowie für die Erhaltung und Änderung ihres Kapitals vorgeschrieben sind, um diese Bestimmungen gleichwertig zu gestalten
KG	Kommanditgesellschaft
krit.	kritisch
LeerverkaufsVO	Verordnung (EU) Nr. 236/2012 des Europäischen Parlaments und des Rates vom 14. März 2012 über Leerverkäufe und bestimmte Aspekte von Credit Default Swaps
LG	Landgericht
li. Sp.	linke Spalte
Lkw	Lastkraftwagen
LMK	Lindenmaier-Möhring – Kommentierte BGH-Rechtsprechung
Losebl.	Loseblatt
Ls.	Leitsatz
M&A	Mergers & Acquisitions
MAD	Market Abuse Directive (= Richtlinie 2003/6/EG des Europäischen Parlaments und des Rates vom 28. Januar 2003 über Insider-Geschäfte und Marktmanipulation [Marktmissbrauch])
mAnm	mit Anmerkung
MAR	Market Abuse Regulation = Verordnung (EU) Nr. 596/2014 des Europäischen Parlaments und des Rates vom 16. April 2014 über Marktmissbrauch (Marktmissbrauchsverordnung) und zur Aufhebung der Richtlinie 2003/6/EG des Europäischen Parlaments und des Rates und der Richtlinien 2003/124/EG, 2003/125/EG und 2004/72/EG der Kommission
Marktmissbrauchs-RL	Richtlinie 2014/57/EU des Europäischen Parlaments und des Rates vom 16. April 2014 über strafrechtliche Sanktionen bei Marktmanipulation (Marktmissbrauchsrichtlinie)
maW	mit anderen Worten
MiFID II	Markets in Financial Instruments Directive II = Richtlinie 2014/65/EU des Europäischen Parlaments und des Rates vom 15. Mai 2014 über Märkte für Finanzinstrumente sowie zur Änderung der Richtlinien 2002/92/EG und 2011/61/EU
MiFIR	Markets in Financial Instruments Regulation = Verordnung (EU) Nr. 600/2014 des Europäischen Parlaments und des Rates vom 15. Mai 2014 über Märkte für Finanzinstrumente und zur Änderung der Verordnung (EU) Nr. 648/2012
Mio.	Million
MoMiG	Gesetz zur Modernisierung des GmbH-Rechts und zur Bekämpfung von Missbräuchen

Mrd.	Milliarde
mwN	mit weiteren Nachweisen
mWv	mit Wirkung vom
nF	neue Fassung
NJW	Neue Juristische Wochenschrift
NJW-RR	NJW-Rechtsprechungs-Report Zivilrecht
NJW-Spezial	NJW-Spezial (Beil. zur NJW)
Nr.	Nummer
NZG	Neue Zeitschrift für Gesellschaftsrecht
oÄ	oder Ähnliches
OHG	Offene Handelsgesellschaft
OLG	Oberlandesgericht
OWiG	Gesetz über Ordnungswidrigkeiten
p. a.	per annum
Pkw	Personenkraftwagen
PRIIP-VO	Verordnung (EU) Nr. 1286/2014 des Europäischen Parlaments und des Rates vom 26. November 2014 über Basisinformationsblätter für verpackte Anlageprodukte für Kleinanleger und Versicherungsanlageprodukte (PRIIP)
RatingVO	Verordnung (EG) Nr. 1060/2009 des Europäischen Parlaments und des Rates vom 16. September 2009 über Ratingagenturen
RegE	Regierungsentwurf
re. Sp.	rechte Spalte
RGZ	Entscheidungen des Reichsgerichts in Zivilsachen
Rn.	Randnummer
RNotZ	Rheinische Notar-Zeitschrift
Rspr.	Rechtsprechung
S.	Satz; Seite
sog.	sogenannt
SpruchG	Spruchverfahrensgesetz
StaRUG-E	Entwurf eines Unternehmensstabilisierungs- und Restrukturierungsgesetzes
StGB	Strafgesetzbuch
StPO	Strafprozessordnung
str.	streitig
stRspr	ständige Rechtsprechung
StVG	Straßenverkehrsgesetz
StVO	Straßenverkehrs-Ordnung
TransparenzRL	Richtlinie 2013/50/EU des Europäischen Parlaments und des Rates vom 22. Oktober 2013 zur Änderung der Richtlinie 2004/109/EG des Europäischen Parlaments und des Rates

	zur Harmonisierung der Transparenzanforderungen in Bezug auf Informationen über Emittenten, deren Wertpapiere zum Handel auf einem geregelten Markt zugelassen sind, der Richtlinie 2003/71/EG des Europäischen Parlaments und des Rates betreffend den Prospekt, der beim öffentlichen Angebot von Wertpapieren oder bei deren Zulassung zum Handel zu veröffentlichen ist, sowie der Richtlinie 2007/14/EG der Kommission mit Durchführungsbestimmungen zu bestimmten Vorschriften der Richtlinie 2004/109/EG
ÜbernahmeRL	Richtlinie 2004/25/EG des Europäischen Parlaments und des Rates betreffend Übernahmeangebote
UmwG	Umwandlungsgesetz
v.	von
Var.	Variante
vgl.	vergleiche
VO	Verordnung
WM	Zeitschrift für Wirtschafts- und Bankrecht
WpHG	Wertpapierhandelsgesetz
WpPG	Wertpapierprospektgesetz
WpÜG	Wertpapiererwerbs- und Übernahmegesetz
WpÜG-AngebVO ..	WpÜG-Angebotsverordnung
WStBG	Wirtschaftsstabilisierungsbeschleunigungsgesetz
WuB	Entscheidungsanmerkungen zum Wirtschafts- und Bankrecht (Online-Zeitschrift)
zB	zum Beispiel
ZBB	Zeitschrift für Bankrecht und Bankwirtschaft
ZfPW	Zeitschrift für die gesamte Privatrechtswissenschaft
ZGR	Zeitschrift für Unternehmens- und Gesellschaftsrecht
ZHR	Zeitschrift für das gesamte Handelsrecht und Wirtschaftsrecht
Ziff.	Ziffer
ZIP	Zeitschrift für Wirtschaftsrecht
ZJS	Zeitschrift für das Juristische Studium
ZPO	Zivilprozessordnung
zust.	zustimmend
zutr.	zutreffend
zzgl.	zuzüglich

Literaturverzeichnis

AGS/*Bearbeiter*	*Angerer/Geibel/Süßmann,* Wertpapiererwerbs- und Übernahmegesetz, Kommentar, 3. Aufl. 2017
APS WpÜG/*Bearbeiter*	*Assmann/Pötzsch/Schneider,* Wertpapiererwerbs- und Übernahmegesetz, Kommentar, 3. Aufl. 2019
ASB KapAnlR-HdB/*Bearbeiter*	*Assmann/Schütze/Buck-Heeb,* Handbuch des Kapitalanlagerechts, 5. Aufl. 2020
ASM WertpapierhandelsR/*Bearbeiter*	*Assmann/Schneider/Mülbert,* Wertpapierhandelsrecht, Kommentar, 7. Aufl. 2019
Baumbach/Hopt/*Bearbeiter*	*Baumbach/Hopt,* Handelsgesetzbuch, Kommentar, 39. Aufl. 2020
Baumbach/Hueck/*Bearbeiter*	*Baumbach/Hueck,* Gesetz betreffend die Gesellschaften mit beschränkter Haftung, Kommentar, 22. Aufl. 2019
Bayer/Habersack/*Bearbeiter*	*Bayer/Habersack,* Aktienrecht im Wandel, 2 Bde. (Bd. I: Entwicklung des Aktienrechts; Bd. II: Grundsatzfragen des Aktienrechts), 2007
BeckOGK/*Bearbeiter*	*Gsell/Krüger/Lorenz/Reymann,* beckonline.Großkommentar zum Zivilrecht (ohne Angabe von Editionen; unterschiedliche Rechtsstände)
BeckOK BGB/*Bearbeiter*	*Bamberger/Roth/Hau/Poseck,* Beck'scher Online-Kommentar Bürgerliches Gesetzbuch, 55. Ed. (Stand: 1.8.2020)
BHHJ/*Bearbeiter*	*Burmann/Heß/Hühnermann/Jahnke,* Straßenverkehrsrecht, Kommentar, 26. Aufl. 2020
Bitter/Heim GesR	*Bitter/Heim,* Gesellschaftsrecht, 5. Aufl. 2020
Braun/*Bearbeiter*	*Braun,* Insolvenzordnung, Kommentar, 8. Aufl. 2020
Buck-Heeb KapMarktR	*Buck-Heeb,* Kapitalmarktrecht, 11. Aufl. 2020
Dreher/Kulka WettbR	*Dreher/Kulka,* Wettbewerbs- und Kartellrecht, 10. Aufl. 2018
Drygala/Staake/Szalai	*Drygala/Staake/Szalai,* Kapitalgesellschaftsrecht, 2012
EBJS/*Bearbeiter*	*Ebenroth/Boujong/Joost/Strohn,* Handelsgesetzbuch (HGB), Kommentar, 2 Bde., 4. Aufl. 2020
Emmerich/Habersack/*Bearbeiter*	*Emmerich/Habersack,* Aktien- und GmbH-Konzernrecht, Kommentar, 9. Aufl. 2019
Emmerich/Habersack KonzernR	*Emmerich/Habersack,* Konzernrecht, 11. Aufl. 2020
Foerste InsR	*Foerste,* Insolvenzrecht, 7. Aufl. 2018
Fuchs/*Bearbeiter*	*Fuchs,* Wertpapierhandelsgesetz, Kommentar, 2. Aufl. 2016

Grigoleit/*Bearbeiter* .... *Grigoleit,* Aktiengesetz, Kommentar, 2. Aufl. 2020

Groß .... *Groß,* Kapitalmarktrecht, Kommentar, 7. Aufl. 2020

Grunewald/Schlitt KapMarktR .... *Grunewald/Schlitt,* Einführung in das Kapitalmarktrecht, 4. Aufl. 2020

Habersack/Casper/Löbbe/*Bearbeiter* .... *Habersack/Casper/Löbbe,* Gesetz betreffend die Gesellschaften mit beschränkter Haftung, Großkommentar, Bd. 1, 3. Aufl. 2019

Heidel AktR/*Bearbeiter* .... *Heidel,* Aktienrecht und Kapitalmarktrecht, Kommentar, 5. Aufl. 2019

Henssler/Strohn/*Bearbeiter* .. *Henssler/Strohn,* Gesellschaftsrecht, Kommentar, 4. Aufl. 2019

Hippeli KapMarktR .... *Hippeli,* Kapitalmarktrecht, 2020

HK-KapMarktStrafR/*Bearbeiter* .... *Park,* Kapitalmarktstrafrecht, Handkommentar, 5. Aufl. 2019

HK-ZPO/*Bearbeiter* .... *Saenger,* Zivilprozessordnung, Handkommentar, 8. Aufl. 2019

HMR AktG/*Bearbeiter* .... *Hirte/Mülbert/Roth,* Aktiengesetz, Großkommentar, 16 Bde., 5. Aufl. 2017 ff.

HMS Kapitalmarktinf-HdB/*Bearbeiter* .... *Habersack/Mülbert/Schlitt,* Handbuch der Kapitalmarktinformation, 3. Aufl. 2020

HMS Unternehmensfinanzierung/*Bearbeiter* .... *Habersack/Mülbert/Schlitt,* Unternehmensfinanzierung am Kapitalmarkt, 4. Aufl. 2019

Hölters/*Bearbeiter* .... *Hölters,* Aktiengesetz, Kommentar, 3. Aufl. 2017

Hüffer/Koch .... *Hüffer/Koch,* Aktiengesetz, Kommentar, 14. Aufl. 2020

JSB Private Equity-HdB/*Bearbeiter* .... *Jesch/Striegel/Boxberger,* Rechtshandbuch Private Equity, 2. Aufl. 2020

Kallmeyer/Bearbeiter .... *Kallmeyer,* Umwandlungsgesetz, Kommentar, 7. Aufl. 2020

KK-AktG/*Bearbeiter* .... *Zöllner/Noack,* Kölner Kommentar zum Aktiengesetz, 9 Bde., 3. Aufl. 2008 ff.

KK-OWiG/*Bearbeiter* .... *Mitsch,* Karlsruher Kommentar zum Gesetz über Ordnungswidrigkeiten, 5. Aufl. 2018

Klöhn/*Bearbeiter* .... *Klöhn,* Marktmissbrauchsverordnung, Kommentar, 2018

Kuhlmann/Ahnis KonzernR *Kuhlmann/Ahnis,* Konzern- und Umwandlungsrecht, 4. Aufl. 2016

Langenbucher AktKapMarktR .... *Langenbucher,* Aktien- und Kapitalmarktrecht, 4. Aufl. 2018

Leuschner KonzernR .... *Leuschner,* Das Konzernrecht des Vereins, 2011

Lutter UmwG/*Bearbeiter* ..... *Lutter,* Umwandlungsgesetz, Kommentar, 2 Bde., 6. Aufl. 2019

Lutter/Hommelhoff/*Bearbeiter* .... *Lutter/Hommelhoff,* GmbH-Gesetz, Kommentar, 20. Aufl. 2020

MAH GmbHR/*Bearbeiter* ... *Römermann,* Münchener Anwaltshandbuch GmbH-Recht, 4. Aufl. 2018

Marsch-Barner/Schäfer AG-HdB/*Bearbeiter* .... *Marsch-Barner/Schäfer,* Handbuch börsennotierte AG, 4. Aufl. 2017

Medicus/Lorenz SchuldR I .... *Medicus/Lorenz,* Schuldrecht I – Allgemeiner Teil, 21. Aufl. 2015

MHdB GesR IV/*Bearbeiter* *Hoffmann-Becking,* Münchener Handbuch des Gesellschaftsrechts, Bd. 4: Aktiengesellschaft, 5. Aufl. 2020

MHLS/*Bearbeiter* .... *Michalski/Heidinger/Leible/Schmidt,* GmbHG, Kommentar, 2 Bde., 3. Aufl. 2017

MüKoAktG/*Bearbeiter* .... *Goette/Habersack/Kalss,* Münchener Kommentar zum Aktiengesetz, 7 Bde. (Bde. 1, 2, 5: 5. Aufl. 2019f.; Bde. 3, 4, 6, 7: 4. Aufl. 2014ff.)

MüKoBGB/*Bearbeiter* .... *Limperg/Oetker/Rixecker/Säcker,* Münchener Kommentar zum Bürgerlichen Gesetzbuch, 8. Aufl. 2018ff.

MüKoGmbHG/*Bearbeiter* ... *Fleischer/Goette,* Münchener Kommentar zum Gesetz betreffend die Gesellschaften mit beschränkter Haftung, 3 Bde., 3. Aufl. 2018

MüKoInsO/*Bearbeiter* .... *Stürner/Eidenmüller/Schoppmeyer,* Münchener Kommentar zur Insolvenzordnung, 5 Bde. 4. Aufl. 2019f.

MüKoZPO/*Bearbeiter* .... *Krüger/Rauscher,* Münchener Kommentar zur Zivilprozessordnung, 3 Bde., 5. Aufl. 2016f.

MVR MarktmissbrauchsR-HdB/*Bearbeiter* .... *Meyer/Veil/Rönnau,* Handbuch zum Marktmissbrauchsrecht, 2018

Nomos-BR/*Müller* WpPG ... *Müller,* Wertpapierprospektgesetz, Kommentar, 2. Online-Aufl. 2017

Oetker/*Bearbeiter* .... *Oetker,* Handelsgesetzbuch, Kommentar, 6. Aufl. 2019

Palandt/*Bearbeiter* .... *Palandt,* Bürgerliches Gesetzbuch, Kommentar, 79. Aufl. 2020

Poelzig KapMarktR .... *Poelzig,* Kapitalmarktrecht, 2018

Raiser/Veil KapGesR .... *Raiser/Veil,* Recht der Kapitalgesellschaften, 6. Aufl. 2015

Roth/Altmeppen/*Bearbeiter* *Roth/Altmeppen,* Gesetz betreffend die Gesellschaften mit beschränkter Haftung, Kommentar, 9. Aufl. 2019

Sajnovits .... *Sajnovits,* Financial-Benchmarks – Manipulationen von Referenzwerten wie LIBOR und EURIBOR

	und deren aufsichts- und privatrechtliche Folgen, 2018
SBL BankR-HdB/*Bearbeiter*	*Schimansky/Bunte/Lwowski,* Bankrechts-Handbuch, 2 Bde., 5. Aufl. 2017
Schäfer/Hamann/*Bearbeiter* ..	*Schäfer/Hamann,* Kapitalmarktgesetze, Kommentar, Losebl., 7. Aufl. 2013
Schmidt/Lutter/*Bearbeiter* ...	*Schmidt/Lutter,* Aktiengesetz, Kommentar, 2 Bde., 4. Aufl. 2020
Schmitt/Hörtnagl/*Bearbeiter*	*Schmitt/Hörtnagl,* Umwandlungsgesetz, Umwandlungssteuergesetz, Kommentar, 9. Aufl. 2020 (in der 8. Aufl.: SHS)
Scholz/*Bearbeiter*	*Scholz,* Gesetz betreffend die Gesellschaften mit beschränkter Haftung, Kommentar, 3 Bde., 12. Aufl. 2018
Schönke/Schröder/*Bearbeiter*	*Schönke/Schröder,* Strafgesetzbuch, Kommentar, 30. Aufl. 2019
Schwark/Zimmer/*Bearbeiter*	*Schwark/Zimmer,* Kapitalmarktrechts-Kommentar, 5. Aufl. 2020
Semler/Stengel/*Bearbeiter*	*Semler/Stengel,* Umwandlungsgesetz, Kommentar, 4. Aufl. 2017
SHS/*Bearbeiter*	*Schmitt/Hörtnagl/Stratz,* Umwandlungsgesetz, Umwandlungssteuergesetz, Kommentar, 8. Aufl. 2018 (in der 9. Aufl.: Schmitt/Hörtnagl)
Spindler/Stilz/*Bearbeiter*	*Spindler/Stilz,* Aktiengesetz, Kommentar, 2 Bde., 4. Aufl. 2019
Staub/*Bearbeiter*	*Staub,* Handelsgesetzbuch, Kommentar, 15 Bde., 5. Aufl. 2008 ff.
Staudinger/*Bearbeiter*	*v. Staudinger,* Bürgerliches Gesetzbuch, Kommentar, 13. Bearb. 1993 ff.
Uhlenbruck/*Bearbeiter*	*Uhlenbruck,* Insolvenzordnung, 2 Bde., 15. Aufl. 2019 f.
Widmann/Mayer/*Bearbeiter*	*Widmann/Mayer,* Umwandlungsrecht, Kommentar, Losebl., 186. EL (Stand: September 2020)
Wilhelm	*Wilhelm,* Dritterstreckung im Gesellschaftsrecht (Schriften zum Unternehmens- und Kapitalmarktrecht 37), 2017 (zugleich Diss.)
Windbichler GesR	*Windbichler,* Gesellschaftsrecht, 24. Aufl. 2017

Fall 1. Gründung mit Hindernissen

Bearbeitungszeit: 5 Stunden

Sachverhalt

Die X-AG und die Y-GmbH sind beide auf dem Gebiet der chemischen Industrie tätig. Anfang des Jahres 2017 kommen sie überein, im Rahmen eines Joint Venture ihr Textilfarbengeschäft zusammenzulegen. In Umsetzung dieses Vorhabens lassen sie am 23.5.2017 die Gründungssatzung der Z-GmbH beurkunden. Das Stammkapital iHv 5 Mio. EUR wird im Wege der Sacheinlage dadurch erbracht, dass beide Gesellschafterinnen ihre die Herstellung von Textilfarben betreffenden Produktionsanlagen einbringen. Auf Grundlage des in diesem Zusammenhang erstellten Wertgutachtens übernimmt die X-AG 70 % und die Y-GmbH 30 % der Geschäftsanteile an der Z-GmbH. Nachdem beide Aktionäre ihre Sacheinlagen ordnungsgemäß erbracht haben, meldet der zum alleinigen Geschäftsführer der Gesellschaft bestellte G diese zur Eintragung im Handelsregister an.

Weil die eingebrachten Produktionsanlagen turnusmäßigen Wartungsarbeiten unterzogen werden müssen, fordern die X-AG und Y-GmbH den G auf, mit der Einleitung der erforderlichen Maßnahmen nicht bis zur Eintragung zu warten. G beauftragt daraufhin im Namen der Z-GmbH iGr die auf solche Arbeiten spezialisierte A-KG, entsprechende Arbeiten auf Grundlage eines Werkvertrages durchzuführen. Hierbei wird ein Werklohn von 800.000 EUR vereinbart.

Kurz nach Abnahme der Wartungsarbeiten wird die Z-GmbH am 23.9.2017 in das Handelsregister eingetragen. Wenige Tage später fordert G die X-AG und die Y-GmbH dazu auf, entsprechend ihrer Anteile am Stammkapital den Betrag von 800.000 EUR in das Vermögen der Z-GmbH zu zahlen. Weil die erbrachten Wartungsarbeiten nicht aktivierbar seien, habe die Gesellschaft zum Zeitpunkt der Eintragung eine Unterbilanz iHv 800.000 EUR aufgewiesen, die von den Gesellschaftern auszugleichen sei.

Während die Y-GmbH daraufhin 240.000 EUR an die Z-GmbH zahlt, erklärt die X-AG, dass sie Liquidität benötige, um für die Unternehmensgruppe wichtige Akquisitionen zu tätigen. Sie schlägt daher vor, dass die Z-GmbH ihr die 560.000 EUR für eine halbes Jahr stundet. Da G die X-AG nicht verärgern will, stimmt er zu. Als wenige Tage später die Rechnung der A-KG eintrifft, weiß er nicht, wie er diese begleichen soll.

Abwandlung 1: Wie der Ausgangsfall, nur dass am 23.9.2017 nicht die Eintragung erfolgt, sondern eine Zwischenverfügung des zuständigen Registergerichts ergeht, wonach die Eintragung der Z-GmbH wegen fehlender Einreichung der Gründungsvollmachten nicht erfolgen kann. Für die Nachreichung der Vollmachten setzt das Gericht eine Vierwochenfrist.

G hat zu diesem Zeitpunkt jedoch ganz andere Sorgen. Weil ein ausländischer Konkurrent auf den deutschen Markt drängt, gelingt es nicht mehr, mit der vorhandenen Produktionsanlage kostendeckend Textilfarben zu produzieren. Als G Ende

Dezember 2017 die X-AG und die Y-GmbH zum wiederholten Mal um die Übersendung der Gründungsvollmachten bittet, teilen diese ihm mit, das Joint Venture nicht mehr weiter verfolgen zu wollen. Zu diesem Zeitpunkt stehen dem Aktivvermögen der Gesellschaft iHv 7,2 Mio. EUR Verbindlichkeiten iHv 7,3 Mio. EUR gegenüber.

Abwandlung 2: Wie Abwandlung 1, nur dass die X-AG und die Y-GmbH Anfang 2018 aufgrund einer kurzfristigen Konjunkturbelebung den G veranlassen, im Namen der Z-GmbH iGr noch drei größere Geschäftsabschlüsse über die Produktion von Textilfarben abzuschließen. Die hierfür benötigten Rohstoffe erwirbt G ebenfalls im Namen der Z-GmbH iGr bei der B-KG. Als Die B-KG hierfür den Kaufpreis iHv 300.000 EUR in Rechnung stellt, sieht sich G mangels ausreichender Liquidität nicht in der Lage, diese zu begleichen. Zu diesem Zeitpunkt stehen dem Aktivvermögen der Gesellschaft iHv 8,7 Mio. EUR Verbindlichkeiten iHv 8,9 Mio. EUR gegenüber.

Abwandlung 3: Wie im Ausgangsfall erfolgt am 23.9.2017 die Eintragung der Z-GmbH in das Handelsregister, ohne dass zu diesem Zeitpunkt allerdings Wartungsarbeiten veranlasst worden waren. Aufgrund der sich abzeichnenden erheblichen Verschärfung der Europäischen Textilkennzeichnungsverordnung kommen die X-AG und die Y-GmbH überein, das gemeinsame Projekt zunächst einmal ruhen zu lassen. Erst im Juli 2018 beschließen sie, die Produktionsanlage auf die Produktion von vollständig biologisch abbaubaren Farbstoffen umzurüsten. Bereits im September 2018 läuft die Produktion wieder an und es werden die ersten Geschäftsabschlüsse getätigt. Die Ende Juli 2018 beschlossene und von G zur Eintragung angemeldete Änderung des Unternehmensgegenstandes wird ebenfalls Anfang September 2018 in das Handelsregister eingetragen. Zu diesem Zeitpunkt stehen dem Aktivvermögen der Gesellschaft iHv 7,4 Mio. EUR Verbindlichkeiten iHv 2,5 Mio. EUR gegenüber.

Die Geschäfte entwickeln sich jedoch nicht wie erwartet. Als Ende 2019 die C-KG der Z-GmbH 500.000 EUR wegen gelieferter Rohstoffe in Rechnung stellt, ist diese nicht in der Lage die Forderung zu erfüllen. Zu diesem Zeitpunkt stehen dem Aktivvermögen der Gesellschaft iHv 6,1 Mio. EUR Verbindlichkeiten iHv 8,3 Mio. EUR gegenüber.

1. Prüfen Sie im Ausgangsfall und in der Abwandlung 1 alle infrage kommenden Ansprüche der A-KG und der Z-GmbH!
2. In der Abwandlung 2 ist auf mögliche Ansprüche der A-KG, der B-KG und der Z-GmbH einzugehen.
3. In der Abwandlung 3 sind die Ansprüche der C-KG und der Z-GmbH zu prüfen.

Gliederung

Lösungsskizze

Teil 1. Grundfall (Unterbilanzhaftung)

A. Ansprüche der A-KG

I. Anspruch gegen die Z-GmbH aus § 631 Abs. 1 BGB
  1. Wirksamer Vertragsabschluss
    a) Rechtsfähigkeit (+), Rechtsfähigkeit der Vor-GmbH ist anerkannt
    b) Vertretungsmacht (+), da jedenfalls X-AG und Y-GmbH Vertragsschluss zugestimmt haben
  2. Übergang der Verbindlichkeit auf die Z-GmbH
    (+), da zwischen Vor-GmbH und GmbH Identität besteht
  3. Ergebnis: Anspruch A-KG gegen Z-GmbH iHv 800.000 EUR aus § 631 Abs. 1 BGB (+)

II. Anspruch gegen G aus § 11 Abs. 2 GmbHG iVm § 631 Abs. 1 BGB
  1. Anspruchsentstehung
    a) Zeitlicher Anwendungsbereich (+), da Vertragsschluss während Bestehens der Vor-GmbH
    b) Handelnder (+), da G selbst Vertrag für Vor-GmbH schloss
    c) Im Namen der künftigen GmbH (–), aber richtigerweise kommt es hierauf nicht an
  2. Erlöschen des Anspruchs
    (+), da mit Eintragung Zweck der Handelndenhaftung entfällt
  3. Ergebnis: Haftung von G aus § 11 Abs. 2 GmbHG iVm § 631 Abs. 1 BGB (–)

III. Anspruch gegen die X-AG und die Y-GmbH aus § 128 HGB analog iVm § 631 Abs. 1 BGB
  (–), da auch nach einer Mindermeinung Außenhaftung mit Eintragung erlischt

B. Ansprüche der Z-GmbH

I. Anspruch gegen die X-AG und die Y-GmbH auf Einlageleistung aus § 14 S. 1 GmbHG iVm dem Übernahmevertrag
  (–), da durch Leistung erloschen

II. Anspruch gegen die X-AG und die Y-GmbH aus Unterbilanzhaftung
  1. Anspruchsentstehung
    a) Herleitung der Unterbilanzhaftung: auf Grundsätze der Kapitalaufbringung gestützte Rechtsfortbildung
    b) Voraussetzung der Unterbilanzhaftung
      aa) Eintragung in das Handelsregister (+), am 26.9.2014
      bb) Unterbilanz zum Zeitpunkt der Eintragung (+), iHv 800.000 EUR
    c) Rechtsfolge der Unterbilanzhaftung: unbeschränkte, anteilige Innenhaftung, gerichtet auf Ausgleich der Unterbilanz
  2. Erlöschen des Anspruchs (–)
  3. Durchsetzbarkeit des Anspruchs
    a) Abschluss einer Stundungsabrede (+)

b) Nichtigkeit der Stundungsabrede nach § 19 Abs. 2 S. 1 analog GmbHG (+)
4. Ergebnis: die X-AG haftet iHv 560.000 EUR, die Y-GmbH iHv 240.000 EUR

Teil 2. Abwandlung 1 (Verlustdeckungshaftung)

A. Ansprüche der A-KG

I. Anspruch gegen die „Z-GmbH iGr" aus § 631 Abs. 1 BGB
(+), keine relevante Abweichung zu Teil 1
II. Anspruch gegen G aus § 11 Abs. 2 GmbHG iVm § 631 Abs. 1 BGB
(+), da anders als in Teil 1 Haftung nicht durch Eintragung erloschen
III. Anspruch gegen die X-AG und die Y-GmbH aus § 128 HGB analog iVm § 631 Abs. 1 BGB
(–), da nach vorzugswürdiger Ansicht nur Innenhaftung in Betracht kommt

B. Ansprüche der Z-GmbH

I. Anspruch gegen die X-AG und die Y-GmbH auf Einlageleistung aus § 14 S. 1 GmbHG iVm dem Übernahmevertrag
(–), da durch Leistung erloschen
II. Anspruch gegen die X-AG und die Y-GmbH aus Verlustdeckungshaftung
1. Herleitung der Verlustdeckungshaftung: auf allgemeinen Prinzipien gestützte Rechtsfortbildung
2. Voraussetzung der Verlustdeckungshaftung
a) Endgültiges Scheitern der Eintragung (+), da X-AG und Y-GmbH Eintragungsabsicht aufgegeben haben
b) Überschuldung (+), iHv 100.000 EUR
3. Rechtsfolge der Verlustdeckungshaftung: unbeschränkte, anteilige Innenhaftung, gerichtet auf Ausgleich der Überschuldung
4. Ergebnis: die X-AG haftet iHv 70.000 EUR, die Y-GmbH iHv 30.000 EUR

Teil 3. Abwandlung 2 (Haftung in der unechten Vor-GmbH)

A. Ansprüche der A-KG

I. Anspruch gegen die „Z-GmbH iGr" aus § 631 Abs. 1 BGB
(+), Vor-GmbH ist zwar durch Fortführung der Geschäftstätigkeit nach Aufgabe der Eintragungsabsicht zur OHG geworden, doch muss sich diese die Verbindlichkeiten der Vor-GmbH analog §§ 25, 28 HGB zurechnen lassen
II. Anspruch gegen G aus § 11 Abs. 2 GmbHG iVm § 631 Abs. 1 BGB
(+), keine Entbehrlichkeit durch § 128 Abs. 1 HGB
III. Anspruch gegen die X-AG und die Y-GmbH aus § 128 Abs. 1 HGB iVm § 631 Abs. 1 BGB
(+), als Gesellschafter der OHG haften die X-AG und die Y-GmbH akzessorisch für Verbindlichen der „Z-GmbH iGr"

B. Ansprüche der B-KG

I. Anspruch gegen die „Z-GmbH iGr" aus § 433 Abs. 2 BGB

(+), G verfügte zwar nicht über organschaftliche Vertretungsmacht (Prinzip der Selbstorganschaft), doch kann von der Erteilung einer Handlungsvollmacht ausgegangen werden (§ 54 Abs. 1 HGB)

II. Anspruch gegen G aus § 11 Abs. 2 GmbHG
(–), da zum Zeitpunkt des Vertragsschlusses keine Vor-GmbH mehr bestand

III. Anspruch gegen die X-AG und die Y-GmbH aus § 128 HGB analog iVm § 433 Abs. 2 BGB
(+), da die X-AG und die Y-GmbH als OHG-Gesellschafter zu behandeln sind (siehe oben)

C. Ansprüche der „Z-GmbH iGr"

(–), da mit Eintritt der Außenhaftung das Bedürfnis nach einer Innenhaftung entfällt

Teil 4. Abwandlung 3 (Haftung bei wirtschaftlicher Neugründung)

A. Ansprüche der C-KG

I. Anspruch gegen die Z-GmbH aus § 433 Abs. 2 BGB
(+), die Rechtsfähigkeit der Z-GmbH folgt aus §§ 11, Abs. 1, 13 Abs. 1 GmbHG, die Vertretungsmacht des G aus § 35 Abs. 1 GmbHG

II. Anspruch gegen G aus § 11 Abs. 2 GmbHG iVm § 433 Abs. 2 BGB
1. Unmittelbare Anwendung
(–), da Wortlaut Handlung vor Eintragung voraussetzt
2. Analoge Anwendung wegen wirtschaftlicher Neugründung
(–), da keine Notwendigkeit besteht und Haftung zu Wertungswiderspruch mit weniger weitreichenden Gesellschafterhaftung führen würde
3. Ergebnis: keine Haftung des G

III. Anspruch gegen die X-AG und die Y-GmbH
(–), da § 13 Abs. 2 GmbHG greift und eventuelle wirtschaftlichen Neugründung keine Außenhaftung begründet

B. Ansprüche der Z-GmbH

I. Anspruch gegen die X-AG und die Y-GmbH auf Einlageleistung aus § 14 S. 1 GmbHG iVm dem Übernahmevertrag
(–), da durch Leistung erloschen

II. Anspruch gegen die X-AG und die Y-GmbH aus Unterbilanzhaftung in Verbindung mit den Grundsätzen der wirtschaftlichen Neugründung
1. Herleitung der Unterbilanzhaftung wegen wirtschaftlicher Neugründung: auf Grundsätze der Kapitalaufbringung gestützte Rechtsfortbildung
2. Tatbestand der wirtschaftlichen Neugründung
(+), da Zeitraum der Unternehmenslosigkeit (September 2014 und September 2015) gewöhnliche „Anlauf- und Vorlaufzeiten" überschreitet
3. Umfang der Haftung wegen wirtschaftlicher Neugründung
Nach hM (BGH NZG 2012, 539) anteilige Innenhaftung auf Differenz zwischen statutarischen Stammkapital (hier 5 Mio. EUR) und zum Zeit-

punkt der (Wieder-)Aufnahme der wirtschaftlichen Tätigkeit vorhandenen Vermögen (hier 4,9 Mio. EUR)
4. Ergebnis: die X-AG haftet iHv 70.000 EUR, die Y-GmbH iHv 30.000 EUR

Lösung

Hinweis: Der Fall behandelt verschiedene Probleme, die im Zusammenhang mit der Gründung einer GmbH auftreten können (wobei die Erwägungen ausnahmslos auf die Aktiengesellschaft übertragbar sind). Der Grundfall hat die Vorbelastung- bzw. Unterbilanzhaftung zum Gegenstand (Teil 1), die Abwandlung 1 die Verlustausgleichshaftung (Teil 2). Die Abwandlung 2 betrifft die sog. unechte Vorgesellschaft (Teil 3) und die Abwandlung 3 behandelt die Problematik der wirtschaftlichen Neugründung (Teil 4).

Teil 1. Grundfall (Unterbilanzhaftung)

A. Ansprüche der A-KG

I. Anspruch gegen die Z-GmbH aus § 631 Abs. 1 BGB

1 In Betracht kommt zunächst ein Anspruch der A-KG gegen die Z-GmbH auf Werklohnzahlung aus § 631 Abs. 1 BGB.

1. Wirksamer Vertragsabschluss

2 Die Wirksamkeit eines im Namen der „Z-GmbH iGr" abgeschlossenen Vertrages setzt zunächst voraus, dass die Gesellschaft zu diesem Zeitpunkt bereits über die erforderliche **Rechtsfähigkeit** verfügt. Hieran mag man zweifeln, weil gemäß § 11 Abs. 1 GmbHG vor der Eintragung die Gesellschaft mit beschränkter Haftung „als solche" nicht besteht. Jedoch ist anerkannt, dass die Gesellschaft mit ihrer Errichtung durch Abschluss des Gesellschaftsvertrages als sog. Vor-GmbH Teilrechtsfähigkeit erlangt und daher am Rechtsverkehr teilnehmen kann.[1] Dies folgt letztlich schon daraus, dass gemäß § 7 Abs. 2, 3 GmbHG die Gesellschafter vor der Eintragung ihre Einlagen einzahlen müssen und dies die Rechtssubjektivität der Vor-GmbH voraussetzt.

3 Zu prüfen ist weiter, ob der Geschäftsführer G über die erforderliche **Vertretungsmacht** verfügte. Die §§ 35 ff. GmbHG, aus denen die Vertretungsmacht des Geschäftsführers einer GmbH folgt, können vor der Eintragung noch nicht ohne Weiteres angewandt werden.

Hinweise: (1.) Überwiegend geht man davon aus, dass es sich bei der Vorgesellschaft um eine Rechtsform eigener Art („sui generis") handelt, auf die das GmbHG bereits insoweit angewandt werden kann, als dies nicht mit der Beschränkung auf das Gründungsstadium unvereinbar ist oder die anzuwendende Vorschrift gerade zwingend eine Eintragung der Gesellschaft voraussetzt.[2]
(2.) Übertragen auf die §§ 35 ff. GmbHG gilt es somit zu ermitteln, ob und in welchem Umfang § 37 Abs. 2 GmbHG, welcher von einer grundsätzlich unbeschränkten und unbeschränkbaren Vertretungsbefugnis der Geschäftsführer spricht, auch ohne eine Eintragung auf die Vorgesellschaft angewandt werden kann.

1 BGHZ 80, 129 = NJW 1981, 1373; MHLS/*Funke* GmbHG § 11 Rn. 47, 58.
2 Baumbach/Hueck/*Fastrich* GmbHG § 11 Rn. 6; Henssler/Strohn/*Schäfer* GmbHG § 11 Rn. 15.

Gleichwohl ist im Ergebnis davon auszugehen, dass G mit der erforderlichen Vertretungsmacht handelte. Zwar hat die frühere Rechtsprechung die Vertretungsbefugnis der Geschäftsleiter einer Vorgesellschaft unter Berufung auf das sog. Vorbelastungsverbot restriktiv gehandhabt und auf „gründungsnotwendige Geschäfte" beschränkt.[3] Indes war bereits früh anerkannt, dass die Befugnisse der Geschäftsführer auch die Verwaltung und Erhaltung des eingebrachten Vermögens umfassen und daher im Fall von eingebrachten Handelsgeschäften als Sacheinlagen recht weitgehend sind.[4] Die Wartung der Produktionsanlagen dürfte schon unter diesem Gesichtspunkt von der Vertretungsmacht des G erfasst sein. Ohnehin hat sich der BGH mittlerweile vom Vorbelastungsverbot gelöst und bejaht die Vertretungsmacht zumindest immer dann, wenn – wie vorliegend – die Gründer dem Vertragsschluss zugestimmt haben.[5] Ein wirksamer Werkvertrag zwischen der A-KG und der „Z-GmbH iGr" ist somit zustande gekommen. 4

Hinweis: Hintergrund der Leitentscheidung des BGH aus dem Jahr 1981, in der das Vorbelastungsverbot aufgegeben wurde, war die Erkenntnis, dass das Aktivvermögen der Vor-GmbH mit der Eintragung auf die GmbH übergeht. Das muss so sein, da die Einlagen gemäß § 7 Abs. 2 S. 1, Abs. 3 GmbHG vor der Eintragung zu erbringen sind und es hiernach nur konsequent ist, wenn auch die im Stadium der Vor-GmbH begründeten Verbindlichkeiten zu Verbindlichkeiten der GmbH werden.[6]

2. Übergang der Verbindlichkeit auf die Z-GmbH

Fraglich ist des Weiteren, ob die mit der Eintragung ins Leben getretene Z-GmbH für die vor der Eintragung entstandene Verbindlichkeit aus dem Werkvertrag einzustehen hat. 5

In der Vergangenheit wurde unter Berufung auf das Vorbelastungsverbot vertreten, dass die Verbindlichkeiten der Vorgesellschaft in nur sehr eng begrenztem Umfang auf die GmbH übergehen.[7] Hiernach könnte man daran zweifeln, ob die mit der „Z-GmbH iGr" begründete Verbindlichkeit aus § 631 Abs. 1 BGB nach Eintragung auch der Z-GmbH entgegengehalten werden kann. 6

Aber auch diese aus dem Vorbelastungsverbot resultierende Restriktion hat der BGH aufgegeben.[8] Hiernach ist nun anerkannt, dass nach dem Grundsatz der Haftungskontinuität die mit der Eintragung entstehende GmbH in sämtliche Verbindlichkeiten der Vorgesellschaft eintritt. Folglich ist vorliegend die Z-GmbH Schuldnerin des aus § 631 Abs. 1 BGB folgenden Anspruchs auf Werklohnzahlung. 7

Hinweis: Richtigerweise handelt es sich insoweit nicht um einen Fall der Gesamtrechtsnachfolge (so aber wohl BGH NJW 1981, 1373, 1375). Vielmehr ist es die Konsequenz daraus, dass es sich bei der GmbH und der Vorgesellschaft nicht um unterschiedliche, sondern um denselben Rechtsträger handelt (Identitätsthese).[9] Die Eintragung bewirkt hiernach lediglich eine Art Formwechsel (vgl. § 202 Abs. 1

[3] Möglich waren demnach lediglich Geschäfte, die dazu dienten, die Eintragungsvoraussetzungen zu erfüllen, vgl. MüKoGmbHG/*Merkt* GmbHG § 11 Rn. 55 mwN.

[4] Vgl. Nachweise in BGHZ 80, 129 Rn. 16 = NJW 1981, 1373, 1375.

[5] BGHZ 80, 129 = NJW 1981, 1373; vgl. auch *Drygala/Staake/Szalai* § 6 Rn. 8 ff.

[6] BGHZ 80, 129 Rn. 16 f. = NJW 1981, 1373, 1374 f.

[7] BGHZ 53, 210 Rn. 12 = NJW 1970, 806, 807.

[8] BGHZ 80, 129 Rn. 17 f. = NJW 1981, 1373, 1375; vertiefend MüKoGmbHG/*Merkt* GmbHG § 11 Rn. 150.

[9] Baumbach/Hueck/*Fastrich* GmbHG § 11 Rn. 56 mwN.

Nr. 1 UmwG), dh sie führt dazu, dass die Gesellschaft nunmehr ein anderes „Rechtskleid" (GmbHG) trägt.

3. Ergebnis

8 Der A-KG steht gegen die Z-GmbH eine Werklohnforderung iHv 800.000 EUR aus § 631 Abs. 1 BGB zu.

II. Anspruch gegen G aus § 11 Abs. 2 GmbHG iVm § 631 Abs. 1 BGB

9 Gemäß § 11 Abs. 2 GmbHG könnte der A-KG zusätzlich der Geschäftsführer G der Z-GmbH für die Werklohnforderung haften.[10]

1. Anspruchsentstehung

10 Voraussetzung der Haftung aus § 11 Abs. 2 GmbHG ist, dass der Anspruchsschuldner vor der Eintragung im Namen der Gesellschaft gehandelt hat.

11 Der **zeitliche Anwendungsbereich** der Vorschrift setzt voraus, dass während des Stadiums der Vor-GmbH gehandelt wurde, dh einerseits das Vorgründungsstadium überwunden wurde, andererseits die Eintragung aber noch nicht erfolgt ist.[11] Beide Voraussetzungen sind vorliegend erfüllt. Aufgrund der Beurkundung der Gründungssatzung am 23.5.2017 existierte zum Zeitpunkt des Vertragsschlusses die Gesellschaft als Vor-GmbH.

12 Auch die Eigenschaft des G als **„Handelnder"** ist unproblematisch zu bejahen. Zwar vertritt die inzwischen ganz hM einen engen Handelndenbegriff, wonach es nicht mehr genügt, dass der Anspruchsschuldner lediglich mit der rechtsgeschäftlichen Maßnahme einverstanden war.[12] Wer jedoch wie vorliegend G selbst als Geschäftsführer handelt, wird auch vom engen Handelndenbegriff erfasst.

13 Fraglich ist jedoch, ob § 11 Abs. 2 GmbHG voraussetzt, dass der Handelnde **im Namen der künftigen GmbH** aufgetreten ist, dh es versäumt hat, durch Hinzufügung des Hinweises „in Gründung" den Vertragspartner auf die noch nicht erfolgte Eintragung aufmerksam zu machen. Die Rechtsprechung hat den Wortlaut des § 11 Abs. 2 GmbHG in der Vergangenheit in diesem Sinne interpretiert.[13] Folgt man dem, scheidet eine Inanspruchnahme des G von vornherein aus, da dieser den Vertragsschluss für die „Z-GmbH iGr" vorgenommen hat. Die ganz hL geht demgegenüber zu Recht davon aus, dass für eine entsprechende Differenzierung kein Anlass besteht und die Handelndenhaftung auch dann eintritt, wenn auf die noch nicht erfolgte Eintragung hingewiesen wurde.[14] Zwar spricht für die Ansicht der Rechtsprechung, dass die Schutzwürdigkeit des Vertragspartners entfällt, wenn er von der fehlenden Eintragung weiß. Konsequenterweise müsste man dann aber die Handelndenhaftung als Vertrauenshaftung ausgestalten, die auch dann ausgeschlossen ist, wenn der Vertragspartner anderweitig von der fehlenden Eintragung Kennt-

[10] Eine entsprechende Regelung für die Aktiengesellschaft findet sich in § 41 Abs. 1 S. 2 AktG.

[11] *Drygala/Staake/Szalai* § 6 Rn. 34.

[12] Nachweise bei *Drygala/Staake/Szalai* § 6 Rn. 29; MüKoGmbHG/*Merkt* GmbHG § 11 Rn. 127 f.

[13] BGHZ 51, 30 Rn. 12 = NJW 1969, 509, 510; BGH NJW 1970, 806, 807.

[14] Unter anderem MHLS/*Funke* GmbHG § 11 Rn. 98 ff. mwN.

nis erlangt.[15] Diese Konsequenz zieht die Rechtsprechung aber gerade nicht.[16] Hinzu tritt, dass es in der Praxis vielfach von Zufällen abhängt, ob der Hinweis „in Gründung" verwandt bzw. zur Kenntnis genommen wird und es deshalb nicht sachgerecht erscheint, hiervon die Anspruchsentstehung abhängig zu machen.[17] Im Ergebnis steht der von G verwandte Zusatz „iGr" einer Handelndenhaftung daher nicht entgegen.

Der Anspruch gegen G aus § 11 Abs. 2 GmbHG iVm § 631 Abs. 1 BGB ist hiernach entstanden. **14**

2. Erlöschen des Anspruchs

Die Haftung des G könnte jedoch dadurch erloschen sein, dass die Gesellschaft **15** inzwischen in das Handelsregister eingetragen wurde. Eine entsprechende Begrenzung ist zwar nicht dem Wortlaut des § 11 Abs. 2 GmbHG zu entnehmen. Für sie spricht jedoch der Zweck der Handelndenhaftung, der nach heutigem Verständnis darin besteht, den Gläubigern im Stadium der Vor-GmbH, in dem die Kapitalaufbringung noch nicht registergerichtlich überprüft wurde, einen zusätzlichen Schuldner zur Verfügung zu stellen.[18] Mit der Beendigung dieses Stadiums im Wege der Eintragung entfällt dieser Schutzzweck, da nun die GmbH „als solche" mit ihrem registerrechtlich geprüften Stammkapital zur Verfügung steht. Mit der ganz hM[19] ist daher davon auszugehen, dass die Handelndenhaftung des G mit der Registereintragung erloschen ist.

3. Ergebnis

G haftet der A-KG nicht aus § 11 Abs. 2 GmbHG für die Werklohnforderung. **16**

III. Anspruch gegen die X-AG und die Y-GmbH aus § 128 HGB analog iVm § 631 Abs. 1 BGB

Zu prüfen ist, ob die X-AG und die Y-GmbH als Gründungsgesellschafter der **17** Z-GmbH für deren Werklohnforderung gegenüber der A-KG haften.

Zwar wird in der Literatur vertreten, dass die Gesellschafter der Vor-GmbH analog **18** § 128 Abs. 1 HGB für die Verbindlichkeiten der Gesellschaft unmittelbar haften.[20] Die Haftung soll jedoch auch nach dieser Auffassung erlöschen, sobald die Gesellschaft – wie im vorliegenden Fall – eingetragen wurde.[21]

---

15 Scholz/*K. Schmidt* GmbHG § 11 Rn. 121.

16 BGH NJW 1961, 1016.

17 MHLS/*Funke* GmbHG § 11 Rn. 101.

18 BGHZ 80, 182 Rn. 5 = NJW 1981, 1452; MHLS/*Funke* GmbHG § 11 Rn. 88; Scholz/*K. Schmidt* GmbHG § 11 Rn. 103; Baumbach/Hueck/*Fastrich* GmbHG § 11 Rn. 45.

19 BGHZ 69, 95 Rn. 40f. = NJW 1977, 1683, 1685; Baumbach/Hueck/*Fastrich* GmbHG § 11 Rn. 53 mwN.

20 Lutter/Hommelhoff/*Bayer* GmbHG § 11 Rn. 19ff.; MHLS/*Funke* GmbHG § 11 Rn. 67; Roth/Altmeppen/*Roth* GmbHG § 11 Rn. 55; Scholz/*K. Schmidt* GmbHG § 11 Rn. 91ff. mwN; früher auch BGHZ 65, 378 = NJW 1976, 419, 420; 72, 45 = NJW 1978, 1978.

21 Scholz/*K. Schmidt* GmbHG § 11 Rn. 98 mwN; vermittelnd dagegen mit einer auf den noch nicht geleisteten Einlagebetrag begrenzten Außenhaftung *Hey* JuS 1995, 484, 486ff.

19 Nach Ansicht des BGH kommt dagegen grundsätzlich keine Außen-, sondern lediglich eine Innenhaftung in Betracht.[22]

20 Die X-AG und die Y-GmbH haften der A-KG nach beiden Auffassungen nicht für die Werklohnforderung.

B. Ansprüche der Z-GmbH

21 Zu prüfen ist ferner, ob der Z-GmbH Ansprüche gegen die Z-AG und die Y-GmbH zustehen.

I. Anspruch gegen die X-AG und die Y-GmbH auf Einlageleistung aus § 14 S. 1 GmbHG iVm dem Übernahmevertrag

22 Durch die Übernahme entsprechender Geschäftsanteile haben sich die X-AG und die Y-GmbH zur Übertragung ihrer jeweiligen Produktionsanlagen verpflichtet. Da beide ihren Verpflichtungen jedoch nachgekommen sind, ist der Anspruch durch Erfüllung erloschen.

II. Anspruch gegen die X-AG und die Y-GmbH aus Unterbilanzhaftung

23 In Betracht kommt jedoch ein Anspruch der Z-GmbH gegen die X-AG und die Y-GmbH aus dem Institut der Unterbilanzhaftung.

1. Anspruchsentstehung

24 Der Anspruch der Z-GmbH müsste entstanden sein.

a) Herleitung der Unterbilanzhaftung

25 Seit der bereits erwähnten BGH-Entscheidung aus dem Jahr 1981 ist anerkannt, dass die Gesellschafter gegenüber der GmbH nach den Grundsätzen des § 9 GmbHG für die Differenz zwischen dem Stammkapital und dem Vermögen der Gesellschaft zum Zeitpunkt der Eintragung haften (Unterbilanz- bzw. Vorbelastungshaftung).[23] Methodisch handelt es sich um eine auf die allgemeinen Grundsätze der Kapitalaufbringung (unter anderem dem Unversehrtheitsgrundsatz) gestützte Rechtsfortbildung.[24]

b) Voraussetzung der Unterbilanzhaftung

26 Voraussetzung der Unterbilanzhaftung ist, dass die Gesellschaft im Handelsregister eingetragen wurde und zum Zeitpunkt der Eintragung eine Unterbilanz bestand.

27 Die **Eintragung in das Handelsregister** erfolgte laut Sachverhalt am 23.9.2017.

28 Eine **Unterbilanz zum Zeitpunkt der Eintragung** setzt voraus, dass das Gesellschaftsvermögen (Aktiva abzüglich Verbindlichkeiten) hinter der Stammkapitalziffer zurückbleibt. Wie zuvor festgestellt (→ Rn. 1 ff.), ist die Z-GmbH wirksam eine

[22] BGHZ 134, 333 = NJW 1997, 1507, 1508.
[23] BGHZ 80, 129 = NJW 1981, 1373.
[24] MHLS/*Funke* GmbHG § 11 Rn. 130.

Verbindlichkeit iHv 800.000 EUR gegenüber der A-KG eingegangen. Dem stehen auf Aktivseite die beiden eingebrachten Produktionsanlagen mit einem Gesamtwert von 5 Mio. EUR gegenüber. Eine darüber hinausgehende Berücksichtigung der auf Grundlage des Werkvertrages seitens der A-KG erbrachten Leistungen scheidet aus, da diese lediglich der Werterhaltung dienten und somit nicht gemäß § 255 Abs. 2 S. 1 HGB als Herstellungskosten aktivierbar sind. In der Summe steht hiernach lediglich ein Gesellschaftsvermögen von 4,2 Mio. EUR einer Stammkapitalziffer von 5 Mio. EUR gegenüber, dh iHv 800.000 EUR besteht eine Unterbilanz.

Hinweis: Es ist gleichgültig, woraus die Unterbilanz resultiert. Ursache der Unterbilanz kann auch der Verlust von Vermögenswerten (zB der eingebrachte Pkw wird vom Blitz zerstört, ohne dass Versicherungsschutz besteht) oder die Begründung gesetzlicher Verbindlichkeiten sein.[25] In letzterer Hinsicht ist bspw. an den Fall zu denken, dass die Gesellschaft analog § 31 BGB für einen Schaden einzustehen hat, den der Geschäftsführer deliktisch in Ausführung seiner Geschäftsführungstätigkeit verursacht hat.[26] Allerdings wird man zur Vermeidung von Wertungswidersprüchen die Zurechnung analog § 31 BGB davon abhängig machen müssen, dass die Gründer der Aufnahme der Geschäftstätigkeit zugestimmt haben. Denn rechnet man das Delikt der Vor-GmbH zu, ist es zur Vermeidung einer Vorbelastung unausweichlich, dass auch die Gründer hierfür im Wege der Unterbilanzhaftung einstehen. Eine Einstandspflicht für das deliktische Handeln anderer lässt sich aber nur dann rechtfertigen, wenn die Betroffenen im Wege der Zustimmung einen entsprechenden Zurechnungsbeitrag erbracht haben. Ist dies nicht der Fall, muss die deliktische Haftung des Geschäftsführers selbst genügen und eine Zurechnung analog § 31 BGB ausscheiden.[27]

c) Rechtsfolge der Unterbilanzhaftung

Die Rechtsfolge der Unterbilanzhaftung besteht in einer unbeschränkten Innenhaftung der Gesellschafter gegenüber ihrer Gesellschaft.[28] Die einzelnen Gesellschafter haften jedoch nicht gesamtschuldnerisch auf den gesamten Betrag, sondern entsprechend ihrer Anteile am Stammkapital. Mit Blick auf die Beteiligung der X-AG iHv 70 % des Stammkapitals beträgt ihr Haftungsanteil 560.000 EUR. Der Haftungsanteil der Y-GmbH richtet sich nach ihrer Beteiligung iHv 30 % und beträgt somit 240.000 EUR. **29**

Hinweise: (1.) Ist der Anspruch nicht durchsetzbar, greift die Ausfallhaftung der übrigen Gesellschafter analog § 24 GmbHG, weshalb jeder Gesellschafter das Risiko trägt, für sämtliche Verluste der Vor-GmbH haften zu müssen.[29]
(2.) Nicht im Rahmen der Unterbilanzhaftung zu ersetzen ist der satzungsmäßige Gründungsaufwand (insbesondere Kosten der Beurkundung, wie Notar- und Gerichtsgebühren, Bekanntmachungskosten und Steuern, sowie Kosten der Gründungsberatung, wie Vergütungen für Rechtsanwälte und Steuerberater und Kosten für Bewertungsgutachten und Sachgründungsberichte[30]). Der Gründungsaufwand ist zwar grundsätzlich von den Gesellschaftern zu tragen, jedoch kann analog § 26 Abs. 2 AktG in der Satzung festgelegt werden, dass diese Kosten von der Gesellschaft zu tragen sind. Wenn eine solche förmliche Übernahme erfolgt ist, umfasst die Unterbilanzhaftung den Gründungsaufwand nicht.[31]

---

25 MüKoGmbHG/*Merkt* GmbHG § 11 Rn. 90.

26 Zur analogen Anwendung von § 31 BGB auf die Vor-Gesellschaft; MüKoGmbHG/*Merkt* GmbHG § 11 Rn. 96 mwN; Baumbach/Hueck/*Fastrich* GmbHG § 11 Rn. 22.

27 RGZ 151, 86, 90 f.; OLG Stuttgart NJW-RR 1989, 637, 638.

28 BGHZ 134, 333 Rn. 21 ff. = NJW 1997, 1507, 1508; *Drygala/Staake/Szalai* § 6 Rn. 18.

29 Baumbach/Hueck/*Fastrich* GmbHG § 11 Rn. 25; Henssler/Strohn/*Schäfer* GmbHG § 11 Rn. 32.

30 Roth/Altmeppen/*Roth* GmbHG § 5 Rn. 72.

31 BGH NJW 1998, 233; Baumbach/Hueck/*Fastrich* GmbHG § 11 Rn. 64 mwN; zu den Anforderungen der Satzungsgestaltung im Einzelnen siehe *Cramer* NZG 2015, 373 ff.

2. Erlöschen des Anspruchs

30 Rechtsvernichtende Einwendungen, die zum Erlöschen der Ansprüche der Z-GmbH führen könnten, kommen nicht in Betracht. Die Y-GmbH hat laut Sachverhalt die 240.000 EUR gezahlt, sodass dieser Anspruch durch Erfüllung (§ 362 Abs. 1 BGB) erloschen ist.

3. Durchsetzbarkeit des Anspruchs

31 Allein der Anspruch der Z-GmbH gegen die X-AG könnte aufgrund der halbjährigen Stundung nicht durchsetzbar sein.

a) Abschluss einer Stundungsabrede

32 Zwischen der Z-GmbH und der X-AG wurde eine Stundungsabrede für ein halbes Jahr über den Haftanteil der X-AG geschlossen.

b) Nichtigkeit der Stundungsabrede nach § 19 Abs. 2 S. 1 GmbHG

33 Diese Stundungsabrede könnte allerdings nach § 19 Abs. 2 S. 1 GmbHG nichtig sein. Nach hM ist die Vorschrift des § 19 Abs. 2 S. 1 GmbHG weit auszulegen, sodass der Begriff der „Befreiung" jede Änderung nach Grund, Höhe, Inhalt und Leistungszeitpunkt und somit auch die Stundungsabrede erfasst.[32] Nach der hM werden über den Wortlaut hinaus alle Leistungspflichten erfasst, welche die Einlagepflicht ersetzen oder ergänzen;[33] hierzu zählt auch der Anspruch aus Unterbilanzhaftung.[34] Die Stundungsabrede zwischen der Z-GmbH und der X-AG ist daher gemäß § 19 Abs. 2 S. 1 analog GmbHG nichtig.

4. Ergebnis

34 Die Z-GmbH hat Ansprüche aus Unterbilanzhaftung gegen die X-AG iHv 560.000 EUR.

Teil 2. Abwandlung 1 (Verlustdeckungshaftung)

A. Ansprüche der A-KG

I. Anspruch gegen die „Z-GmbH iGr" aus § 631 Abs. 1 BGB

35 Was die Wirksamkeit des Vertragsschlusses anbetrifft, bestehen keine Unterschiede zum Ausgangsfall, dh die „Z-GmbH iGr" wurde von G wirksam zur Zahlung des Werklohns iHv 800.000 EUR verpflichtet. Da im Unterschied zum Ausgangsfall keine Eintragung erfolgt ist, ist Schuldnerin nach wie vor die „Z-GmbH iGr" als Vor-GmbH.

Hinweis: Man mag zweifeln, ob es sich bei der Gesellschaft trotz Aufgabe der Eintragungsabsicht noch um eine Vor-GmbH handelt. Auf Grundlage der ganz hM ist die Frage jedoch zu bejahen. Denn hier-

[32] Henssler/Strohn/*Verse* GmbHG § 19 Rn. 11 ff.
[33] MHLS/*Ebbing* GmbHG § 19 Rn. 49; Henssler/Strohn/*Verse* GmbHG § 19 Rn. 9.
[34] MHLS/*Ebbing* GmbHG § 19 Rn. 49; Henssler/Strohn/*Verse* GmbHG § 19 Rn. 9.

nach wandelt sich die Vorgesellschaft erst dann in eine Personengesellschaft (sog. unechte Vor-GmbH) um, wenn trotz der Aufgabe der Eintragungsabsicht (dem gleichgestellt ist das endgültige Scheitern der Eintragung) die Geschäftstätigkeit fortgesetzt wird.[35] In diesen Fällen kommt es dann zu einer Haftung aus § 128 HGB, die auch die vor Aufgabe der Eintragungsabsicht entstandenen Verbindlichkeiten umfasst (→ Rn. 50 ff.).[36]

II. Anspruch gegen G aus § 11 Abs. 2 GmbHG iVm § 631 Abs. 1 BGB

Wie im Ausgangsfall ist eine Haftung des G als Handelnder aus § 11 Abs. 2 GmbHG für die Werklohnforderung der A-KG entstanden. Ein Unterschied besteht jedoch darin, dass in der Abwandlung die Handelndenhaftung mangels Eintragung nicht erloschen ist. **36**

Im Ergebnis haftet daher G der A-KG aus § 11 Abs. 2 GmbHG iVm § 631 Abs. 1 BGB neben der „Z-GmbH iGr" als Gesamtschuldner für die Werklohnforderung iHv 800.000 EUR. **37**

III. Anspruch gegen die X-AG und die Y-GmbH aus § 128 HGB analog iVm § 631 Abs. 1 BGB

Fraglich ist, ob zusätzlich auch die Gesellschafter der Z-GmbH, die X-AG und die Y-GmbH der A-KG für die Verbindlichkeiten aus dem Werkvertrag einzustehen haben. **38**

Nach Auffassung des BGH scheidet eine Außenhaftung aus.[37] Auch im Fall der gescheiterten Eintragung bzw. aufgegebenen Eintragungsabsicht haften die Gesellschafter lediglich anteilig im Innenverhältnis. Die hiernach eingreifende Verlustdeckungshaftung entspricht in weiten Teilen der zuvor behandelten Unterbilanzhaftung und fügt sich nach Vorstellung des BGH hiernach in ein einheitliches System der Gründerhaftung ein. Der Unterschied zur Unterbilanzhaftung beschränkt sich darauf, dass die Verlustdeckungshaftung weniger weit reicht, weil sie keine Pflicht zur Wiederauffüllung des Stammkapitals umfasst. **39**

Die Gegenauffassung tritt demgegenüber für eine unmittelbare Einstandspflicht der Gesellschafter gegenüber den Gläubigern analog § 128 HGB ein.[38] Zur Begründung wird ausgeführt, eine Innenhaftung sei für die Gläubiger in der Durchsetzung kompliziert, weil sie diese ggf. dazu zwinge, den Verlustausgleichsanspruch der Gesellschaft zu pfänden und sich überweisen zu lassen (§§ 829, 835 ZPO). Zudem würden die Gläubiger auf Grundlage der Lösung des BGH übermäßig dadurch belastet, dass sie die Gesellschafter nur anteilig in Anspruch nehmen können und hiernach ggf. gegen mehrere Gesellschafter vorgehen müssen.[39] **40**

Die Auffassung des BGH erscheint vorzugswürdig. Wird ein Insolvenzverfahren durchgeführt, erfolgt die Anspruchsdurchsetzung ohnehin durch den Insolvenzverwalter (§ 93 InsO). Für die „Haftungskanalisierung" im Wege der Innenhaftung spricht neben der systematischen Stimmigkeit (einheitliche Haftungsverfassung in **41**

[35] MHLS/*Funke* GmbHG § 11 Rn. 79; MüKoGmbHG/*Merkt* GmbHG § 11 Rn. 173 f.
[36] Baumbach/Hueck/*Fastrich* GmbHG § 11 Rn. 33.
[37] BGHZ 134, 333 = NJW 1997, 1507, 1508 f.; so unter anderem auch MüKoGmbHG/*Merkt* GmbHG § 11 Rn. 79.
[38] Roth/Altmeppen/*Altmeppen* GmbHG § 11 Rn. 86 f.
[39] Vgl. die Darstellung des Meinungsstreits bei *Drygala/Staake/Szalai* § 6 Rn. 22 f.

der Vorgesellschaft) vor allem, dass auf diese Weise ein Wettlauf der Gläubiger verhindert wird.

42 Im Ergebnis haften daher die X-AG und die Y-GmbH nicht für die Werklohnforderung iHv 800.000 EUR.

B. Ansprüche der Z-GmbH

I. Anspruch gegen die X-AG und die Y-GmbH auf Einlageleistung aus § 14 S. 1 GmbHG iVm dem Übernahmevertrag

43 Wie im Ausgangsfall sind die Ansprüche der Z-GmbH auf Einlageleistung durch Erfüllung erloschen.

II. Anspruch gegen die X-AG und die Y-GmbH aus Verlustdeckungshaftung

44 In Betracht kommt jedoch eine Inanspruchnahme der X-AG und der Y-GmbH aus dem Institut der Verlustdeckungshaftung.

1. Herleitung der Verlustdeckungshaftung

45 Die Verpflichtung der Gesellschafter, die in der Gründungsphase entstandenen Verluste im Wege einer Verlustdeckungshaftung auszugleichen, entspricht seit BGHZ 134, 333 der hM.[40] Ihre Grundlage ist ebenso wie die der Unterbilanzhaftung eine **Rechtsfortbildung.** Da die Verlustdeckungshaftung allerdings nicht auf die Wiederauffüllung des Stammkapitals gerichtet ist, wird man ihre Grundlage nicht primär in den Kapitalaufbringungsregeln erblicken können.[41] Der BGH stellt in seiner Begründung auch maßgeblich darauf ab, dass „nach allgemeinen Grundsätzen des bürgerlichen Rechts und des Handelsrechts derjenige, der als Einzelperson oder in Gemeinschaft mit anderen Geschäfte betreibt, für die daraus entstehenden Verpflichtungen haftet", sofern aus dem Gesetz nicht Gegenteiliges folgt.[42] Dass die Verlustdeckungshaftung nicht als Außen-, sondern als Innenhaftung ausgestaltet ist, ist hiernach allein dem Bestreben nach einer einheitlichen Haftungsverfassung in der Vorgesellschaft geschuldet.

2. Voraussetzung der Verlustdeckungshaftung

46 Die Verlustdeckungshaftung setzt nach der Konzeption des BGH voraus, dass die Eintragung endgültig gescheitert ist und die Gesellschaft zu diesem Zeitpunkt überschuldet ist.

47 Ein **endgültiges Scheitern der Eintragung**[43] liegt insbesondere vor, wenn das Registergericht die Eintragung endgültig verweigert hat. Dem gleichgestellt ist jedoch der vorliegende Fall, dass die Gründer die Eintragungsabsicht aufgegeben haben.[44]

---

40 BGH NJW 1997, 1507.

41 So aber MüKoGmbHG/*Merkt* GmbHG § 11 Rn. 75.

42 BGHZ 134, 333 = NJW 1997, 1507.

43 BGHZ 134, 333 Rn. 25 = NJW 1997, 1507, 1509.

44 Näher zur Frage, unter welchen Umständen von einer Aufgabe der Eintragungsabsicht auszugehen ist, MHLS/*Funke* GmbHG § 11 Rn. 79.

Hinweis: Die Gegenansicht hält dieses Erfordernis für entbehrlich und interpretiert die Verlustdeckungshaftung hiernach als eine kontinuierliche Pflicht der Gesellschafter der Vor-GmbH, Verluste im Augenblick ihrer Entstehung auszugleichen.[45]

Das Erfordernis einer **Überschuldung** wird meist nicht explizit formuliert und stattdessen verlangt, dass die Gesellschaft Verluste erlitten hat.[46] In der Sache besteht aber auf Grundlage der hM Einigkeit, dass die Entstehung von Verlusten als solches noch nicht genügt, um eine Verlustdeckungshaftung zu begründen. Denn die Verlustdeckungshaftung zielt nicht darauf, das Stammkapital wieder aufzufüllen.[47] Als Instrument zum Schutz der Gläubiger der GmbH ist das Stammkapital entbehrlich, wenn diese wegen des endgültigen Scheiterns der Eintragung gar nicht mehr zur Entstehung gelangt. Der Zweck der Verlustdeckungshaftung beschränkt sich darauf, dem Gesellschaftsvermögen denjenigen Betrag zuzuführen, der zur Befriedigung sämtlicher Gläubiger erforderlich ist, dh eine eventuelle Überschuldung auszugleichen. Folgt man dem Ansatz des BGH, dass der Anspruch auf Verlustdeckungshaftung erst mit dem endgültigen Scheitern der Eintragung entsteht, setzt er nach dem Gesagten tatbestandlich voraus, dass zu diesem Stichtag eine Überschuldung vorliegt. Vorliegend ist diese Voraussetzung erfüllt: Da den Aktiva der Gesellschaft iHv 7,2 Mio. EUR Verbindlichkeiten iHv 7,3 Mio. EUR gegenüberstehen, liegt eine Überschuldung iHv 100.000 EUR vor. Dass darüber hinaus das gesamte Stammkapital iHv 5 Mio. EUR aufgezehrt wurde (die Gesamtverluste betragen hiernach 5,1 Mio. EUR), ist demgegenüber ohne Belang. **48**

Hinweise: (1.) Das Konzept des BGH stellt sich hiernach so dar, dass die Gesellschafter während der Eintragungsphase grundsätzlich gar nicht (auch nicht im Innenverhältnis), sondern erst im Anschluss daran haften: Erfolgt die Eintragung, greift die Unterbilanzhaftung, scheitert die Eintragung, greift die Verlustdeckungshaftung.

(2.) Terminologisch erweist sich die Unterscheidung von Unterbilanz- und Verlustdeckungshaftung hiernach als unpräzise. Denn in beiden Fällen wird Verlustausgleich geschuldet, nur der Umfang variiert. Präziser wäre es von einer *Unterbilanzausgleichshaftung* und einer *Überschuldungsausgleichshaftung* zu sprechen.

(3.) Wichtig ist die Unterscheidung zwischen *Unterbilanz* und *Überschuldung.* Bei der *Unterbilanz* ist das Stammkapital nicht mehr durch das Gesellschaftsvermögen (Aktiva abzüglich Verbindlichkeiten) gedeckt. Das Gesellschaftsvermögen sinkt also unter die Stammkapitalziffer der Gesellschaft ab. Im Gegensatz dazu gehen bei der *Überschuldung* die Verluste der Gesellschaft noch über das Stammkapital hinaus. Die *Unterbilanz* geht der *Überschuldung* zeitlich voraus, weshalb bei einer *Überschuldung* zwingend auch eine *Unterbilanz* gegeben ist.

3. Rechtsfolge der Verlustdeckungshaftung

Die Rechtsfolge der Verlustdeckungshaftung besteht, ebenso wie die der Unterbilanzhaftung, in einer unbeschränkten, anteiligen Innenhaftung der Gesellschafter gegenüber ihrer Gesellschaft.[48] Summenmäßig ist sie jedoch wie ausgeführt (→ Rn. 48) auf den Ausgleich der Überschuldung iHv 100.000 EUR beschränkt. Unter Berücksichtigung ihrer unterschiedlichen Geschäftsanteile haftet die X-AG hiernach iHv 70.000 EUR und die Y-GmbH iHv 30.000 EUR. **49**

---

[45] Habersack/Casper/Löbbe/*Ulmer/Habersack* GmbHG § 11 Rn. 121.

[46] Vgl. BGHZ 134, 333 Rn. 10 ff. = NJW 1997, 1507, 1509.

[47] Baumbach/Hueck/*Fastrich* GmbHG § 11 Rn. 25; aA statt vieler Henssler/Strohn/*Schäfer* GmbHG § 11 Rn. 31.

[48] Baumbach/Hueck/*Fastrich* GmbHG § 11 Rn. 25.

Teil 3. Abwandlung 2 (Haftung in der unechten Vor-GmbH)

A. Ansprüche der A-KG

I. Anspruch gegen die „Z-GmbH iGr" aus § 631 Abs. 1 BGB

50 Auch in dieser Abwandlung wurde die „Z-GmbH iGr" durch G wirksam beim Abschluss des Werkvertrages vertreten, und es ist hiernach ein Anspruch der A-KG auf Werklohnzahlung iHv 800.000 EUR entstanden.

51 Zweifel daran, dass dieser Anspruch auch jetzt noch gegen die Gesellschaft geltend gemacht werden kann, bestehen jedoch insoweit, als diese ihren Status als Vor-GmbH verloren haben könnte. Denn anders als in der Abwandlung 1 hat die Gesellschaft nach Aufgabe der Eintragungsabsicht noch Verträge (unter anderem mit der B-KG) abgeschlossen. Weil aber der Status der Vor-GmbH auf ein Durchgangsstadium beschränkt ist, besteht Einigkeit darüber, dass dieser endet, wenn die Gesellschaft nach dem Scheitern der Eintragung ihre Geschäftstätigkeit fortsetzt.[49] Sie wird in diesem Fall zu einer sog. unechten Vor-GmbH und unterfällt in der Folge dem Recht der Personengesellschaften.[50] Geht man davon aus, dass die Tätigkeit der „Z-GmbH iGr" die Anforderungen an ein Handelsgewerbe iSd § 1 Abs. 2 HGB erfüllt, ist diese hiernach als OHG zu qualifizieren, auf die die §§ 105 ff. HGB Anwendung finden.

52 Trotz dieser Umqualifizierung kann die A-KG ihren Anspruch auf Werklohnzahlung weiterhin gegen die „Z-GmbH iGr" (tatsächlich: Z-OHG) geltend machen: Zwar besteht zwischen der Vor-GmbH und der unechten Vor-GmbH wohl keine Identität. Im Ergebnis ist man sich jedoch darüber einig, dass die Verbindlichkeiten der Vor-GmbH auf die unechte Vor-GmbH übergehen.[51] Begründen lässt sich dies mit der Heranziehung des Rechtsgedankens der §§ 25, 28 HGB.[52]

53 Im Ergebnis hat daher die „Z-GmbH iGr", bei der es sich tatsächlich um eine OHG handelt, für die Verbindlichkeit der A-KG aus § 631 Abs. 1 BGB iHv 800.000 EUR einzustehen.

II. Anspruch gegen G aus § 11 Abs. 2 GmbHG iVm § 631 Abs. 1 BGB

54 Wie im Ausgangsfall und in der Abwandlung 1 ist eine Haftung des G als Handelnder aus § 11 Abs. 2 GmbHG für die Werklohnforderung der A-KG entstanden. Da die Eintragung nicht erfolgt ist, ist grundsätzlich davon auszugehen, dass die Haftung auch noch fortbesteht.

55 Fraglich ist, ob die Handelndenhaftung aber möglicherweise dadurch entbehrlich wird, dass die Gesellschaft nunmehr als OHG zu qualifizieren ist und hiernach eine

[49] MHLS/*Funke* GmbHG § 11 Rn. 79; MüKoGmbHG/*Merkt* GmbHG § 11 Rn. 95.

[50] BGHZ 22, 240, 244 f.; 32, 307, 310; 152, 290 = NJW 2003, 429; BGH NZG 2000, 373, 374. Um einer entsprechenden Haftung zu entgehen, ist es demnach notwendig, dass zeitnah und ohne wesentliche Verzögerungen die Liquidation der Gesellschaft betrieben wird, vgl. OLG Celle GmbHR 1996, 688, 688; Scholz/*K. Schmidt* GmbHG § 11 Rn. 162.

[51] Baumbach/Hueck/*Fastrich* GmbHG § 11 Rn. 33 mwN.

[52] *Wiegand* BB 1998, 1065, 1070.

persönliche Haftung der Gesellschafter gemäß § 128 Abs. 1 HGB in Betracht kommt (hierzu → Rn. 57). Insoweit ließe sich argumentieren, dass kein Bedürfnis mehr für eine zusätzliche persönliche Haftung des Handelnden besteht. Mit Blick auf den Zweck der Handelndenhaftung, die Gläubiger dafür zu kompensieren, dass die Kapitalgrundlage der ihnen haftenden Vor-GmbH noch nicht in gleichem Maße wie bei der eingetragenen GmbH gerichtlich kontrolliert und gesichert ist,[53] sprechen jedoch die besseren Gründe gegen ein Erlöschen der Handelndenhaftung. Denn auch die OHG verfügt über keine gerichtlich kontrollierte und gesicherte Kapitalgrundlage, und es ist nicht zwingend gewährleistet, dass dieser Nachteil durch die persönliche Haftung der Gesellschafter – welche im Übrigen die Gläubiger auch in der Vor-GmbH in Form einer Innenhaftung absichert – kompensiert wird.[54]

Aus § 11 Abs. 2 GmbHG iVm § 631 Abs. 1 BGB haftet daher der G der A-KG **56**
gesamtschuldnerisch neben der „Z-GmbH iGr" (richtig: Z-OHG).

III. Anspruch gegen die X-AG und die Y-GmbH aus § 128 Abs. 1 HGB iVm § 631 Abs. 1 BGB

Da die „Z-GmbH iGr" aufgrund der Fortführung der Geschäftstätigkeit zu einer **57**
OHG geworden ist, haften ihre Gesellschafter gemäß § 128 Abs. 1 HGB akzessorisch für deren Verbindlichkeiten. Da die OHG die Verbindlichkeiten der Vor-GmbH übernommen hat, erstreckt sich die Haftung auch auf die vor Aufgabe der Eintragungsabsicht entstandene Verbindlichkeit aus dem Werkvertrag mit der A-KG.[55]

Im Ergebnis haften daher der A-KG für deren Werklohnforderung iHv **58**
800.000 EUR neben der „Z-GmbH iGr" (richtig: Z-OHG) und G auch die X-AG und die Y-GmbH aus § 128 Abs. 1 HGB iVm § 631 Abs. 1 BGB.

B. Ansprüche der B-KG

I. Anspruch gegen die „Z-GmbH iGr" aus § 433 Abs. 2 BGB

In Betracht kommt zunächst ein Anspruch auf Kaufpreiszahlung iHv 300.000 EUR **59**
aus § 433 Abs. 2 BGB gegen die „Z-GmbH iGr". Dass es sich bei letzterer, wie ausgeführt, aktuell und auch schon im Zeitpunkt des Vertragsschlusses mit der B-KG in Wahrheit um eine OHG handelt, schadet nicht, da ausweislich § 124 Abs. 1 HGB auch diese Trägerin von Rechten und Pflichten sein kann.

Eine entsprechende Verpflichtung der Z-OHG setzt jedoch voraus, dass diese wirk- **60**
sam durch G vertreten wurde. Hieran bestehen jedoch Zweifel. Denn gemäß § 125 Abs. 1 HGB obliegt die Vertretung der OHG deren Gesellschaftern. Eine hiervon abweichende Regelung wäre mit dem Prinzip der Selbstorganschaft unverein-

[53] BGHZ 80, 182 Rn. 5 = NJW 1981, 1452; MHLS/*Funke* GmbHG § 11 Rn. 88; Scholz/*K. Schmidt* GmbHG § 11 Rn. 103; Baumbach/Hueck/*Fastrich* GmbHG § 11 Rn. 45; bereits → Rn. 14.

[54] So im Ergebnis auch für die Aktiengesellschaft MüKoAktG/*Pentz* AktG § 41 Rn. 88.

[55] BGHZ 80, 129 = NJW 1981, 1373, 1376; 143, 314 = NZG 2000, 373, 374.

bar, das es verbietet, Nichtgesellschaftern organschaftliche Vertretungsmacht zu gewähren.[56]

61 Indes verbietet das Prinzip der Selbstorganschaft nicht, Dritte mit rechtsgeschäftlicher Vertretungsmacht auszustatten.[57] In der Veranlassung seitens der X-AG und der Y-GmbH Anfang 2018, im Namen der „Z-GmbH iGr" noch drei größere Geschäftsabschlüsse über die Produktion von Textilfarben abzuschließen, wird man die schlüssige Erteilung einer Handlungsvollmacht iSv § 54 Abs. 1 HGB erblicken können, die auch den Vertragsschluss mit der B-KG umfasst.[58]

62 Im Ergebnis ist daher ein Anspruch der B-KG aus § 433 Abs. 2 BGB iHv 300.000 EUR gegen die „Z-GmbH iGr" (richtig: Z-OHG) zu bejahen.

II. Anspruch gegen G aus § 11 Abs. 2 GmbHG

63 Eine Haftung des G aus § 11 Abs. 2 GmbHG scheidet aus. Der Anwendungsbereich der Norm ist ersichtlich auf die Vor-Gesellschaft zugeschnitten. Da es sich bei der „Z-GmbH iGr" zum Zeitpunkt des Vertragsschlusses aber, wie ausgeführt (→ Rn. 51), nicht mehr um eine Vor-GmbH, sondern eine OHG gehandelt hat, sprechen die besseren Gründe gegen eine Anwendbarkeit der Handelndenhaftung.[59]

III. Anspruch gegen die X-AG und die Y-GmbH aus § 128 HGB iVm § 433 Abs. 2 BGB

64 Aus der Anwendbarkeit der §§ 105 ff. HGB folgt, dass die Gesellschafter der „Z-GmbH iGr", die X-AG und die Y-GmbH, gemäß § 128 Abs. 1 HGB für die Verbindlichkeit der Gesellschaft gegenüber der B-KG aus § 433 Abs. 2 BGB akzessorisch haften.

C. Ansprüche der „Z-GmbH iGr"

65 Ansprüche der „Z-GmbH iGr" gegen ihre Gesellschafter, insbesondere aus dem Gesichtspunkt der Verlustdeckungshaftung, scheiden aus. Mit der Anwendung des OHG-Rechts und der damit verbundenen Außenhaftung der Gesellschafter entfällt das Bedürfnis nach einer Innenhaftung.[60]

Teil 4. Abwandlung 3 (Haftung bei wirtschaftlicher Neugründung)

A. Ansprüche der C-KG

I. Anspruch gegen die Z-GmbH aus § 433 Abs. 2 BGB

66 Es ist davon auszugehen, dass zwischen der C-KG und der Z-GmbH ein wirksamer Kaufvertrag abgeschlossen wurde. Im Anschluss an die Eintragung folgt die Rechts-

[56] EBJS/*Hillmann* GmbHG § 125 Rn. 3.
[57] EBJS/*Hillmann* GmbHG § 125 Rn. 3.
[58] Anders als die Prokura kann die Handlungsvollmacht auch konkludent erteilt werden, vgl. EBJS/*Weber* GmbHG § 54 Rn. 6.
[59] MHLS/*Funke* GmbHG § 11 Rn. 79; Baumbach/Hueck/*Fastrich* GmbHG § 11 Rn. 46.
[60] MüKoGmbHG/*Merkt* GmbHG § 11 Rn. 173 mwN.

fähigkeit der Z-GmbH aus §§ 11 Abs. 1, 13 Abs. 1 GmbHG. Die Vertretungsmacht des G ergibt sich aus § 35 Abs. 1 GmbHG. Ein Anspruch der C-KG gegen die Z-GmbH aus § 433 Abs. 2 BGB iHv 500.000 EUR ist daher gegeben.

II. Anspruch gegen G aus § 11 Abs. 2 GmbHG iVm § 433 Abs. 2 BGB

Fraglich ist, ob möglicherweise auch G unter dem Gesichtspunkt der Handelndenhaftung für die Verbindlichkeit aus § 433 Abs. 2 BGB einzustehen hat. **67**

1. Unmittelbare Anwendung

Eine unmittelbare Anwendung von § 11 Abs. 2 GmbHG scheidet aus, da der Vertrag mit der C-KG erst nach Eintragung der Z-GmbH geschlossen wurde. **68**

Hinweis: § 11 Abs. 2 GmbHG fordert tatbestandlich ausdrücklich ein Handeln vor Eintragung der Gesellschaft ins Handelsregister. In den Fällen der wirtschaftlichen Neugründung ist die Eintragung jedoch schon erfolgt, sodass allenfalls eine analoge Anwendung des § 11 Abs. 2 GmbHG infrage kommt.

2. Analoge Anwendung wegen wirtschaftlicher Neugründung

Möglicherweise kommt jedoch eine analoge Anwendung der Handelndenhaftung in Betracht. Weil bis zum Beginn der Geschäftstätigkeit der Z-GmbH im September 2018 knapp ein Jahr verstrichen ist, könnte sich dieser Vorgang als wirtschaftliche Neugründung darstellen, auf die nach hM die Vorschriften über die Gründung entsprechend anzuwenden sind.[61] **69**

Selbst wenn vorliegend der Tatbestand der wirtschaftlichen Neugründung erfüllt wäre, erscheint es jedoch fraglich, ob die Analogie zu den Gründungsvorschriften auch die Handelndenhaftung einschließt.[62] Während manche Stimmen in der Literatur die Anwendbarkeit von § 11 Abs. 2 GmbHG offenbar ohne Einschränkung bejahen,[63] leugnet die wohl hL eine entsprechende Notwendigkeit.[64] Auch der BGH steht einer Anwendung der Handelndenhaftung im Fall der wirtschaftlichen Neugründung kritisch gegenüber und hält diese nur für geboten, wenn den Gläubigern ansonsten weder die Gesellschafter noch die Gesellschaft haften würden.[65] **70**

Die besseren Gründe sprechen gegen eine analoge Anwendung von § 11 Abs. 2 GmbHG. Mit Blick auf die Auffassung des BGH ist zunächst anzumerken, dass angesichts der bereits erfolgten Eintragung der GmbH und der Anwendbarkeit der §§ 35 ff. GmbHG nicht ersichtlich ist, wie es dazu kommen sollte, dass den Gläubigern außer den Geschäftsführern kein Haftungssubjekt zur Verfügung steht. Es wird vielmehr stets zu einer Verpflichtung der GmbH kommen, die den Gläubigern somit als leicht zu identifizierender Schuldner zur Verfügung steht.[66] Im Übrigen **71**

---

[61] Die analoge Anwendung der Gründungsvorschriften für Fälle der wirtschaftlichen Neugründung befürwortend BGHZ 153, 158 = NJW 2003, 892; 155, 318 Rn. 5 = NJW 2003, 3198, 3199; aA unter anderem Scholz/*K. Schmidt* GmbHG § 11 Rn. 29.

[62] Darstellung des Streits bei MüKoGmbHG/*Merkt* GmbHG § 11 Rn. 193 ff.

[63] *Hüffer* NZG 2011, 1257, 1259.

[64] MüKoGmbHG/*Merkt* GmbHG § 11 Rn. 195; *Habersack* AG 2010, 845, 850; MHLS/*Blath* GmbHG § 11 Rn. 94.

[65] BGH NZG 2011, 1066, 1067; zust. unter anderem *Lieder* DStR 2012, 137, 141.

[66] Vgl. *Ulmer* ZIP 2012, 1265, 1271; *Herresthal/Servatius* ZIP 2012, 197, 204.

wäre es wertungswidersprüchlich, den Gesellschaftern den Einwand der Deckung des Grund- oder Stammkapitals zuzubilligen, während die Geschäftsführer unabhängig hiervon einer persönlichen Haftung unterliegen.[67]

Hinweis: Im Übrigen besteht hier gar keine Notwendigkeit der Handelndenhaftung, da in den Fällen der wirtschaftlichen Neugründung eine Differenzhaftung der Gesellschafter greift (→ Rn. 75 ff.).

72 Unabhängig davon, ob der Tatbestand der wirtschaftlichen Neugründung vorliegend erfüllt ist, scheidet eine Handelndenhaftung somit aus.

3. Ergebnis

73 G haftet der C-KG nicht gemäß § 11 Abs. 2 GmbHG analog iVm § 433 Abs. 2 BGB für deren Anspruch auf Kaufpreiszahlung.

III. Anspruch gegen die X-AG und die Y-GmbH

74 Ein Anspruch gegen die X-AG und die Y-GmbH scheidet aus, da die Gesellschafter einer GmbH gemäß § 13 Abs. 2 GmbHG für die Verbindlichkeiten der Gesellschaft nicht persönlich haften. Die zum Teil in der Literatur vertretenen Auffassungen, die für die Vor-GmbH von einer persönlichen Außenhaftung der Gesellschafter ausgehen (→ Rn. 17 f.), sind vorliegend nicht einschlägig, da der Vertrag mit der C-KG nach Eintragung der Z-GmbH im Handelsregister geschlossen wurde. Auch der möglicherweise einschlägige Tatbestand der wirtschaftlichen Neugründung vermag eine Außenhaftung nicht zu begründen, da dieser allenfalls eine Innenhaftung gegenüber der Gesellschaft rechtfertigt (→ Rn. 80 ff.).

B. Ansprüche der Z-GmbH

I. Anspruch gegen die X-AG und die Y-GmbH auf Einlageleistung aus § 14 S. 1 GmbHG iVm dem Übernahmevertrag

75 Wie im Ausgangsfall sind die Ansprüche der Z-GmbH auf Einlageleistung durch Erfüllung erloschen.

II. Anspruch gegen die X-AG und die Y-GmbH aus Unterbilanzhaftung in Verbindung mit den Grundsätzen der wirtschaftlichen Neugründung

76 Denkbar ist jedoch, dass die X-AG und die Y-GmbH der Z-GmbH im Innenverhältnis Verlustausgleich schulden, weil die im September 2018 stattgefundene Geschäftsaufnahme den Tatbestand der wirtschaftlichen Neugründung erfüllt.

1. Herleitung der Unterbilanzhaftung wegen wirtschaftlicher Neugründung

77 Die Gläubiger differenzieren typischerweise nicht zwischen der Entstehung einer GmbH durch Eintragung im Handelsregister (rechtliche Gründung) und der Aufnahme ihrer Geschäftstätigkeit, dh der Entstehung des durch die Gesellschaft „getragenen" Unternehmens (wirtschaftliche Gründung). Sie machen sich daher meist auch keine Gedanken darüber, dass die Kapitalaufbringungsregelungen die Unversehrtheit des Stammkapitals nur im Augenblick der Eintragung, nicht aber im

[67] *Habersack* AG 2010, 845, 850.

Zeitpunkt der Aufnahme der Geschäftstätigkeit sicherstellen. Sofern zwischen Eintragung und Geschäftsbeginn keine übermäßig große Zeitspanne liegt, lässt sich das verkraften. Denn dann ist typischerweise damit zu rechnen, dass das Stammkapital auch beim Geschäftsbeginn – dem in der Wahrnehmung der Gläubiger bedeutsameren Zeitpunkt – im Wesentlichen noch unversehrt vorhanden ist. Fallen beide Zeitpunkte hingegen erheblich auseinander, besteht die Gefahr, dass das Stammkapital im Augenblick der Geschäftsaufnahme zumindest teilweise aufgebraucht ist und das beschriebene Vertrauen der Gläubiger daher enttäuscht wird. Hierzu kann es insbesondere kommen, wenn die Gesellschaft zwischenzeitlich bereits ein anderes Unternehmen betrieben hat und später für die Zwecke des nun von den Gläubigern wahrgenommenen Geschäftsbeginns lediglich wiederverwendet wird.

Vor dem genannten Hintergrund hat sich die Auffassung etabliert, dass in bestimmten Konstellationen die (Re-)Aktivierung der Gesellschaft als Unternehmensträger als wirtschaftliche Neugründung zu qualifizieren ist und eine entsprechende Anwendung der Gründungsvorschriften rechtfertigt.[68] Bejaht wird das Vorliegen einer wirtschaftlichen Neugründung insbesondere bei Vorrats- und Mantelgesellschaften.[69] Rechtsfolge ist zum einen, dass der Vorgang der wirtschaftlichen Neugründung wie eine rechtliche Neugründung dem Registergericht anzuzeigen ist.[70] Mit der erneuten Abgabe einer Versicherung iSd § 8 Abs. 2 GmbHG soll es dem Registergericht ermöglicht werden, die Unversehrtheit des Stammkapitals zu überprüfen. Darüber hinaus – und das ist im vorliegenden Zusammenhang relevant – kommt eine Unterbilanzhaftung zur Anwendung, die die Gesellschafter gegenüber der Gesellschaft in einem bestimmten Umfang zum Verlustausgleich verpflichtet. Ihre Grundlage findet diese Haftung, die an die Grundsätze der Gründerhaftung angelehnt ist, in einer auf die Kapitalaufbringungsregelungen gestützten Rechtsfortbildung.[71] **78**

Hinweise: (1.) Man kann sich fragen, ob unter Schutzweckgesichtspunkten ein Unterschied zu der Situation besteht, dass der Unternehmensgegenstand ohne Phase der Unternehmenslosigkeit vollständig ausgetauscht wird. Für die Gläubiger ist die Situation nicht weniger gefährlich als die anerkannten Fälle der wirtschaftlichen Neugründung. Denn auch das neue Unternehmen erweckt den Eindruck, mit ihm ginge eine rechtliche Neugründung einher, was aber nicht der Fall ist.
(2.) Eine klare Abgrenzung der wirtschaftlichen Neugründung von vergleichbaren Fällen, wie der Umstrukturierung bzw. Sanierung einer Gesellschaft, gestaltet sich als schwierig: Nach der Rechtsprechung des BGH ist eine wirtschaftliche Neugründung immer dann zu bejahen, wenn die Gesellschaft nur noch eine „leere Hülse" ist, die Gesellschaft also keinerlei Geschäftstätigkeit mehr betreibt.[72] Entscheidendes Abgrenzungskriterium des BGH ist damit allein die Unternehmenslosigkeit der Gesellschaft: Die Gesellschaft darf kein aktives Unternehmen mehr betreiben „an das die Fortführung des Geschäftsbetriebs – sei es auch unter wesentlicher Umgestaltung, Einschränkung oder Erweiterung seines Tätigkeitsgebiets – in irgendeiner wirtschaftlich noch gewichtbaren Weise anknüpfen kann".[73]

---

68 BGHZ 153, 158 Rn. 4 = NJW 2003, 892, 893; Baumbach/Hueck/*Fastrich* GmbHG § 3 Rn. 13b mwN.

69 MüKoGmbHG/*Merkt* GmbHG § 11 Rn. 179.

70 BGHZ 192, 341 Rn. 13 = NJW 2012, 1875, 1876; Baumbach/Hueck/*Fastrich* GmbHG § 3 Rn. 13b.

71 Vgl. BGH NZG 2012, 539, 541, wonach es darum geht, eine Umgehung der Kapitalaufbringungsregelungen zu vermeiden.

72 BGH DStR 2010, 763, 764 = NJW 2010, 1459; krit. *Lieder* NZG 2010, 410, 412; zur Problematik im Ganzen *Winnen* RNotZ 2013, 389, 393f.; *Podewills* GmbHR 2010, 684ff.

73 BGH DStR 2010, 763, 764.

2. Tatbestand der wirtschaftlichen Neugründung

79 Fraglich ist aber zunächst, ob die Vorgänge bei der Z-GmbH den Tatbestand der wirtschaftlichen Neugründung überhaupt erfüllen. Im Unterschied zu der Konstellation der Vorratsgesellschaft hatten die X-AG und die Y-GmbH bei der Gründung nicht vor, dass die Geschäftsaufnahme aufgeschoben wird und die Gesellschaft zunächst nur eigenes Vermögen verwaltet. Von der Konstellation der Mantelgesellschaft unterscheidet sich die Situation dadurch, dass die Z-GmbH vor September 2018 kein Unternehmen betrieben hat, das zwischenzeitlich eingestellt wurde. Indes ist es nur konsequent, unter bestimmten Voraussetzungen auch die „planwidrige" verzögerte Aufnahme der Geschäftstätigkeit als wirtschaftliche Neugründung zu qualifizieren. Entscheidend ist nämlich nach Auffassung des BGH nicht die Absicht der Gründer, sondern das (objektive) Merkmal der Unternehmenslosigkeit: Von einer wirtschaftlichen Neugründung ist hiernach auszugehen, wenn die Gesellschaft zum Zeitpunkt der (Re-)Aktivierung „kein aktives Unternehmen betreibt, an das die Fortführung des Geschäftsbetriebs – sei es auch unter wesentlicher Umgestaltung, Einschränkung oder Erweiterung seines Tätigkeitsgebiets – in irgendeiner wirtschaftlich noch gewichtbaren Weise anknüpfen kann."[74] Zwar besteht Abgrenzungsbedarf zur regulären Gründung, bei der das Verstreichen gewisser „Anlauf- und Vorlaufzeiten" vor der Aufnahme der unternehmerischen Tätigkeit kaum vermeidbar ist.[75] Werden diese Zeiten jedoch erheblich überschritten, wäre es wertungswidersprüchlich, die Gesellschafter gegenüber den Verwendern von Vorrats- oder Mantelgesellschaften zu privilegieren.[76]

80 Legt man diese Maßstäbe zugrunde, so kommt man im vorliegenden Fall zur Bejahung des Tatbestandes der wirtschaftlichen Neugründung. Zum Zeitpunkt der Aufnahme der Geschäftstätigkeit im September 2015 war die Z-GmbH unternehmenslos. Zwar verfügte sie zu diesem Zeitpunkt bereits über die von ihren Gesellschaftern eingebrachten Produktionsanlagen. Der Betrieb eines Unternehmens, der entscheidend durch den Auftritt am Markt gekennzeichnet ist, war hiermit aber nicht verbunden. Die Unternehmenslosigkeit setzt nicht die Vermögenslosigkeit voraus.[77] Im Übrigen lässt sich der zwischen der Eintragung und der Aufnahme des Geschäftsbetriebs verstrichene Zeitraum von fast einem Jahr ersichtlich nicht mit den üblichen „Anlauf- und Vorlaufzeiten" erklären. Hintergrund ist vielmehr, dass die Aufnahme der Geschäftstätigkeit für einen Zeitraum von etwa neun Monaten nicht mehr betrieben wurde.[78]

3. Umfang der Haftung wegen wirtschaftlicher Neugründung

81 Wie bei der gewöhnlichen, an die Eintragung geknüpften Unterbilanzhaftung handelt es sich auch bei der an den Tatbestand der wirtschaftlichen Neugründung geknüpften Unterbilanzhaftung um eine anteilige Ausgleichspflicht im In-

[74] BGH NZG 2010, 427 Rn. 6.

[75] Vgl. BGHZ 117, 323 Rn. 9 = NJW 1992, 1824, 1826.

[76] Zutr. *Winnen* RNotZ 2013, 389, 396.

[77] MHLS/*Michalski* GmbHG § 3 Rn. 131.

[78] In der Literatur wird vorgeschlagen, bereits ab einem Zeitraum von zwei Monaten ohne unternehmerische Aktivitäten vom Vorliegen einer „leeren Hülse" auszugehen, vgl. *Bachmann* NZG 2011, 441 unter Berufung auf *Lehder*, Vorrats- und Mantelgesellschaften, 2005, S. 134.

nenverhältnis. Unklar ist jedoch, wie im Zusammenhang mit dem Tatbestand der wirtschaftlichen Neugründung die relevante Unterbilanz zu bestimmen ist.

Nach einer Auffassung ist der Stichtag für die Berechnung der auszugleichenden Unterbilanz der Tag, an dem die wirtschaftliche Neugründung dem Registergericht gegenüber offengelegt wird.[79] Für den Fall der unterbliebenen Offenlegung der wirtschaftlichen Neugründung führt dies im Ergebnis zu einer zeitlich unbegrenzten Verlustdeckungshaftung. Die Gegenauffassung, der sich inzwischen auch der BGH angeschlossen hat, hält demgegenüber eine derartige Übertragung der Grundsätze der Unterbilanzhaftung auf die wirtschaftliche Neugründung für zu weitgehend und tritt für eine „modifizierte Unterbilanzhaftung" ein. Maßgeblicher Zeitpunkt für die Berechnung der Unterbilanz soll hiernach nicht die Offenlegung gegenüber dem Registergericht, sondern die wirtschaftliche Neugründung, dh die Aufnahme der wirtschaftlichen Tätigkeit nach außen sein.[80] **82**

Die skizzierten Auffassungen führen im vorliegenden Fall zu unterschiedlichen Ergebnissen. Auch wenn hier die Satzungsänderung der Z-GmbH gegenüber dem Registergericht angezeigt wurde, impliziert dies nicht die erforderliche Offenlegung der wirtschaftlichen Neugründung. Folgt man hiernach der ersten Ansicht, müssten die X-AG und die Y-GmbH anteilig die Ende 2019 bestehende Differenz zwischen der Stammkapitalziffer iHv 5 Mio. EUR und dem negativen Eigenkapital iHv 2,2 Mio. EUR (Aktiva iHv 6,1 Mio. EUR abzüglich Verbindlichkeiten iHv 8,3 Mio. EUR), dh 7,2 Mio. EUR erstatten. Auf Grundlage der Gegenauffassung wäre die Ersatzpflicht demgegenüber deutlich geringer. Zu erstatten wäre lediglich die Differenz zwischen dem statutarischen Stammkapital iHv 5 Mio. EUR und dem im September 2015 tatsächlich vorhandenen Eigenkapital iHv 4,9 Mio. EUR (Aktiva iHv 7,4 Mio. EUR abzüglich Verbindlichkeiten iHv 2,5 Mio. EUR), dh 100.000 EUR. **83**

Die besseren Argumente sprechen dafür, mit der nunmehr auch vom BGH geteilten Auffassung zur Berechnung der Unterbilanz auf den Zeitpunkt der Aufnahme der wirtschaftlichen Tätigkeit nach außen abzustellen. Die auf Grundlage der Gegenauffassung anzunehmende zeitlich unbegrenzte Verlustdeckungshaftung würde die Gesellschafter nicht nur über Gebühr belasten, sondern auch zu einer ungerechtfertigten Privilegierung der Gläubiger führen („windfall profit"). Das schutzbedürftige Vertrauen der Gläubiger beschränkt sich darauf, dass das Stammkapital beim Geschäftsbeginn unversehrt vorhanden ist. Eine weitergehende Haftung ließe sich allein aus Präventionsgesichtspunkten rechtfertigen. Mit Blick auf die Unschärfe des Tatbestandes der wirtschaftlichen Neugründung und die potenziell hohen Ausmaße der zeitlich unbeschränkten Verlustdeckungshaftung erscheint dieser Gesichtspunkt jedoch nicht ausreichend. Vielmehr kann dem Präventionsgedanken auch dadurch Rechnung getragen werden, dass bei fehlender Offenlegung den Gesellschaftern die Beweislast für die Deckung des Stammkapitals auferlegt wird.[81] **84**

---

79 So früher BGHZ 155, 318 = NJW 2003, 3198.

80 BGH NZG 2012, 539, 541; vgl. MüKoGmbHG/*Merkt* GmbHG § 11 Rn. 181 mwN.

81 So ausdrücklich BGH NZG 2012, 539 Rn. 42.

4. Ergebnis

85 Die X-AG und die Y-GmbH haften der Z-GmbH unter dem Gesichtspunkt der wirtschaftlichen Neugründung auf Ausgleich der im September 2015 bestehenden Unterbilanz iHv 100.000 EUR. Mit Blick auf die unterschiedlichen Geschäftsanteile haftet die X-AG iHv 70.000 EUR und die Y-GmbH iHv 30.000 EUR anteilig.[82]

[82] Baumbach/Hueck/*Fastrich* GmbHG § 3 Rn. 13b.

Fall 2. Cash-Pool

Bearbeitungszeit: 3 Stunden

Sachverhalt

Die M-AG fungiert als Holding-Gesellschaft eines weit verzweigten Konzerns, zu dem auch die jeweils als GmbH organisierten A, B und C als 100-prozentige Töchter gehören; Beherrschungs- oder Gewinnabführungsverträge bestehen nicht. Während A und B operativ tätig sind, fungiert die C als reine Finanzierungsgesellschaft und Betreiberin des zentralen Cash-Management-Systems. Zum Zwecke des besseren Liquiditätsmanagements werden konzernweit sämtliche freien Mittel auf dem „Zentralkonto" der C zusammengefasst; die beteiligten Gesellschaften verfügen über ein „Nebenkonto", das am Ende jedes Arbeitstages auf Null gestellt wird. Auch A und B führen überschüssige Liquidität an C ab, können im Bedarfsfall aber jederzeit Liquidität von der C anfordern. Zusätzlich verfügen die operativen Gesellschaften über ein Cash-Pool-Konto, das ihr Guthaben bzw. ihre Verbindlichkeiten gegenüber der C ausweist. Die Cash-Pool-Vereinbarung sieht vor, dass die Teilnehmer keine Guthabenzinsen erhalten, umgekehrt aber auch für einen in Anspruch genommenen Kredit keine Zinsen zahlen müssen. Eine Beendigung der Teilnahme am zentralen Cash-Management-System ist den Beteiligten unter Einhaltung einer Kündigungsfrist von sechs Wochen möglich.

Da die A schon seit Längerem erhebliche Verbindlichkeiten aus der Cash-Pool-Verbindung hat und die B Kapital für den Ausbau ihrer Geschäftstätigkeit benötigt, wird in beiden Gesellschaften eine Kapitalerhöhung iHv jeweils 1 Mio. EUR beschlossen. Der gesamte Betrag der Kapitalerhöhung wird von der M-AG übernommen. Auf Anraten der Rechtsabteilung hin werden die entsprechenden Mittel von der M-AG auf allein zu diesem Zweck eingerichtete Termingeldkonten der A bzw. der B eingezahlt. Nachdem die Kapitalerhöhungen einen Monat später in das Handelsregister eingetragen sind (die geplante Einspeisung der Liquidität in den Cash-Pool wurde bei der Anmeldung nicht mitgeteilt), transferieren die Geschäftsführer der A und der B das Geld von den Termingeldkonten auf die in den Cash-Pool einbezogenen Nebenkonten der Gesellschaften. Zu diesem Zeitpunkt verfügen alle beteiligten Gesellschaften über gute Bonität. Das Cash-Pool-Konto der A wird hierdurch exakt ausgeglichen. Im Fall der B war das Konto zuvor ausgeglichen und weist nunmehr ein Guthaben iHv 1 Mio. EUR auf.

Aufgrund des schlechten Marktumfeldes erfüllen sich die Erwartungen nicht, und knapp 18 Monate später werden Insolvenzverfahren über die Vermögen von A und B eröffnet. Die eingesetzten Insolvenzverwalter sind der Auffassung, die M-AG habe ihre Einlagen im Zusammenhang mit den Kapitalerhöhungen nicht ordnungsgemäß erbracht, und fordern diese daher zur erneuten Zahlung auf. Der Insolvenzverwalter der B moniert darüber hinaus, die Gesellschaft habe im Gegensatz zur A, deren Cash-Pool-Konto nahezu durchgängig im Soll gewesen sei, über die letzten 18 Monate stets über ein Guthaben auf ihrem Cash-Pool-Konto verfügt, ohne hierfür Zinsen erhalten zu haben. Zumindest für die letzten sechs Monate, in denen die B durchgängig eine Unterbilanz aufwies, habe sie Anspruch auf die Verzinsung ihres Guthabens (durchschnittlich 100.000 EUR) mit dem marktüblichen Zinssatz.

Haben die A und die B Ansprüche gegen die M-AG?

Überblick

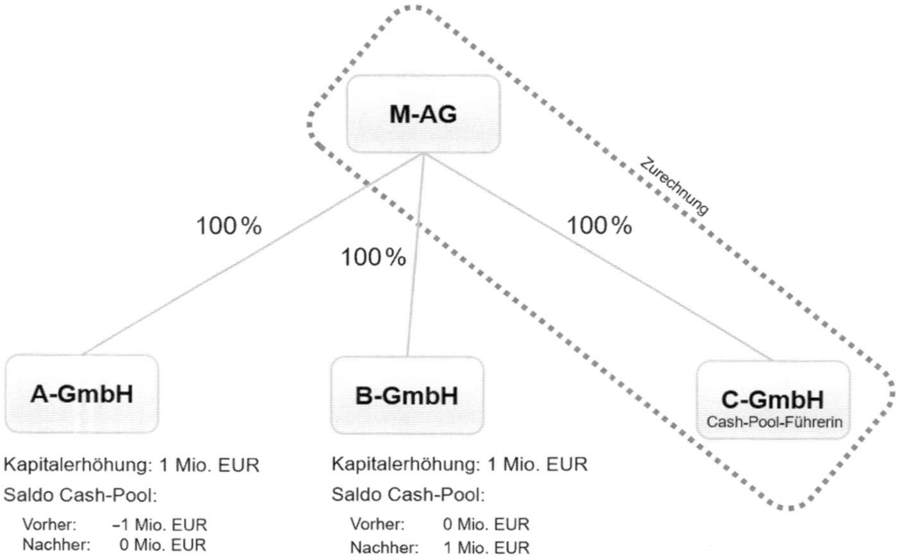

Gliederung

Lösungsskizze

A. Ansprüche der A-GmbH gegen die M-AG

I. Anspruch auf Zahlung von 1 Mio. EUR aus § 14 S. 1 GmbHG iVm dem Übernahmevertrag
  1. Anspruchsentstehung (+)
  2. Erlöschen durch Erfüllung?
    a) Tatbestand des § 362 Abs. 1 BGB (+)
    b) Freie Verfügbarkeit: Kein unzulässiger vorabgesprochener Rückfluss?
      aa) Verdeckte Sacheinlage (§ 19 Abs. 4 S. 1 GmbHG)?
        (1) Gegengeschäft (+), durch Zahlung an C-GmbH (der M-AG zuzurechnen) wird Bareinlage in Befreiung von Verbindlichkeit aus Cash-Pool-Verbindung eingetauscht
        (2) Vorabrede (+), wegen sachlichem und zeitlichem Zusammenhang zu vermuten
        (3) Möglichkeit der offenen Sacheinlage (+), da Forderung gegen die Gesellschaft sacheinlagefähig ist
      bb) Zwischenergebnis: wegen § 19 Abs. 4 S. 1 GmbHG ist keine Erfüllung eingetreten
  3. Erlöschen durch Anrechnung gemäß § 19 Abs. 4 S. 3 GmbHG (+), da Verbindlichkeit aus Cash-Pool-Verbindung werthaltig war

II. Ergebnis: Anspruch der A-GmbH aus § 14 S. 1 GmbHG iVm dem Übernahmevertrag (–)

B. Ansprüche der B-GmbH gegen die M-AG

I. Anspruch auf Zahlung von 1 Mio. EUR aus § 14 S. 1 GmbHG iVm dem Übernahmevertrag
1. Anspruchsentstehung (+)
2. Erlöschen durch Erfüllung?
a) Tatbestand des § 362 Abs. 1 BGB (+)
b) Freie Verfügbarkeit: Kein unzulässiger vorabgesprochener Rückfluss?
aa) Verdeckte Sacheinlage (§ 19 Abs. 4 S. 1 GmbHG)?
(1) Gegengeschäft (+), durch Zahlung an C-GmbH (der M-AG zuzurechnen) wird Bareinlage in Darlehensrückzahlungsanspruch eingetauscht
(2) Vorabrede (+), wegen sachlichem und zeitlichem Zusammenhang zu vermuten
(3) Möglichkeit der offenen Sacheinlage (–), da Anspruch gegen Gesellschafter nicht einlagefähig ist
bb) Unzulässiges Hin- und Herzahlen (§ 19 Abs. 5 S. 1 GmbHG)?
(1) Tatbestand des Hin- und Herzahlens (§ 19 Abs. 5 S. 1 Hs. 1 GmbHG)
(a) Rückzahlung der Einlage (+), siehe oben
(b) Vorabrede (+), siehe oben
(c) Keine verdeckte Sacheinlage (+), siehe oben
(2) Privilegierung des § 19 Abs. 5 S. 1 Hs. 2 GmbHG
(a) Erwerb eines Rückgewähranspruchs (+), in Form des Darlehensrückzahlungsanspruchs
(b) Deckung (+), da Darlehensrückzahlungsanspruch nicht hinter Bareinlage zurückbleibt
(c) Vollwertigkeit (+), da C-GmbH zum Zeitpunkt der Einzahlung in Cash-Pool zahlungsfähig
(d) Liquidität (–), da Guthaben erst nach fristgemäßer Kündigung zur freien Verfügung steht
(e) Offenlegung gemäß § 19 Abs. 5 S. 2 GmbHG (–), allerdings str., ob Bestandteil des Privilegierungstatbestandes
cc) Zwischenergebnis: wegen unzulässigen Hin- und Herzahlens ist keine Erfüllung eingetreten
3. Erlöschen durch Anrechnung gemäß § 19 Abs. 4 S. 3 GmbHG (–), da nur bei Vorliegen einer verdeckten Sacheinlage anwendbar
4. Ergebnis: Anspruch der B-GmbH gegen M-AG aus § 14 S. 1 GmbHG iVm dem Übernahmevertrag iHv 1 Mio. EUR (+)

II. Anspruch aus §§ 30 Abs. 1, 31 Abs. 1 GmbHG
1. In Bezug auf die 1 Mio. EUR (–), da Zahlung in Cash-Pool von Kapitalaufbringungsregelungen erfasst, siehe oben
2. In Bezug auf die unterlassene Verzinsung
a) Auszahlung (+), da zinslose Darlehensvergabe Drittvergleich nicht standhält; § 30 Abs. 1 S. 2 Alt. 2 GmbHG greift nicht
b) Leistungserfolg: Eingriff in das Stammkapital (–), da verhinderter Zufluss nicht bilanzwirksam
c) Aber: Verzichtbarkeit des Auszahlungserfolgs wegen bereits bestehender Unterbilanz (+)

3. Zwischenergebnis: Anspruch der B-GmbH gegen M-AG aus §§ 30, 31 GmbHG auf angemessene Verzinsung des Guthabens auf Cash-Pool-Konto (+)

III. Anspruch auf Auszahlung des Cash-Pool-Guthabens aus § 488 Abs. 1 S. 2 BGB bzw. § 812 Abs. 1 S. 1 Alt. 1 BGB (–), da Anspruchsschuldner die C-GmbH ist

IV. Ergebnis: Anspruch der B-GmbH gegen M-AG aus § 14 S. 1 GmbHG iVm dem Übernahmevertrag und aus §§ 30, 31 GmbHG (+)

Lösung

A. Ansprüche der A-GmbH gegen die M-AG[1]

Nach Eröffnung des Insolvenzverfahrens über das Vermögen der A-GmbH können die Ansprüche der A-GmbH gemäß § 80 Abs. 1 InsO nur noch vom Insolvenzverwalter geltend gemacht werden. Kommt es zum Rechtsstreit, führt dieser ihn im eigenen Namen in Prozessstandschaft für die GmbH. 1

I. Anspruch auf Zahlung von 1 Mio. EUR aus § 14 S. 1 GmbHG iVm dem Übernahmevertrag

1. Anspruchsentstehung

Ein Anspruch auf Erbringung einer Bareinlage iHv 1 Mio. EUR ist durch Abschluss des Übernahmevertrages wirksam entstanden. 2

Hinweis: Rechtsgrundlage der Einlageverpflichtung bei Kapitalerhöhungen gegen Einlage ist der Übernahmevertrag iSd § 55 Abs. 1 GmbHG. Die Übernahmeerklärung des Gesellschafters wird seitens der Gesellschaft idR konkludent durch Anmeldung der Kapitalerhöhung zum Handelsregister angenommen. Auf diese Weise wird eine eigenständige, von dem Kapitalerhöhungsbeschluss zu unterscheidende körperschaftsrechtliche Verpflichtung des Übernehmers gegenüber der Gesellschaft zur Erbringung der auf die Erhöhung entfallenden Einlage begründet. § 19 GmbHG ist demgegenüber keine eigene Anspruchsgrundlage, sondern setzt eine bestehende Einlageforderung voraus.[2] § 19 GmbHG regelt vielmehr allein die konkreten Modalitäten der Einlageleistung. Die dem zugrundeliegende Anspruchsgrundlage ist letztlich § 14 S. 1 GmbHG iVm dem Gesellschafts- bzw. Übernahmevertrag.[3]

2. Erlöschen durch Erfüllung nach § 362 Abs. 1 BGB?

Die Einlagepflicht könnte infolge der Überweisung der M-AG iHv 1 Mio. EUR auf das Termingeldkonto der A-GmbH durch Erfüllung erloschen sein (§ 362 Abs. 1 BGB). 3

---

1 Vertiefend zum Cash-Pooling *Altmeppen* NZG 2010, 361 ff. und 401 ff.

2 MüKoGmbHG/*Schwandtner* GmbHG § 19 Rn. 12; MHLS/*Ebbing* GmbHG § 19 Rn. 3 mwN.

3 Für die Aktiengesellschaft findet sich eine entsprechende Regelung in § 54 AktG.

Prüfungsschema: Verdeckte Sacheinlage und Hin- und Herzahlen

Die Einbettung der Tatbestände der verdeckten Sacheinlage und des Hin- und Herzahlens in den Prüfungsaufbau erweist sich als schwierig. Folgendes Aufbauschema sei daher empfohlen:

I. Erfüllung
  1. Tatbestand des § 362 BGB
  2. Freie Verfügbarkeit: Kein unzulässiger vorabgesprochener Rückfluss
    a) Verdeckte Sacheinlage (§ 19 Abs. 4 S. 1 GmbHG)
      aa) Gegengeschäft
      bb) Vorabrede
      cc) Möglichkeit der offenen Sacheinlage
    b) Unzulässiges Hin- und Herzahlen (§ 19 Abs. 5 GmbHG)[4]
      aa) Tatbestand des Hin- und Herzahlens (§ 19 Abs. 5 S. 1 Hs. 1 GmbHG)
        (1) Rückzahlung der Einlage
        (2) Vorabrede
        (3) Keine verdeckte Sacheinlage
      bb) Privilegierung gemäß § 19 Abs. 5 S. 1 Hs. 2GmbHG
        (1) Erwerb eines Rückgewähranspruchs
        (2) Vollwertigkeit
        (3) Deckung
        (4) Liquidität
        (5) Offenlegung gemäß § 19 Abs. 5 S. 2 GmbHG (str.)

II. Anrechnung gemäß § 19 Abs. 4 S. 3 GmbHG
  1. Vorliegen einer verdeckten Sacheinlage (§ 19 Abs. 4 S. 1 GmbHG)
  2. Rechtsfolge: Erlöschen der Einlageverpflichtung iHd Wertes des Vermögensgegenstandes im Zeitpunkt der Anmeldung

a) Tatbestand des § 362 Abs. 1 BGB

4 Grundsätzlich tritt die Erfüllung ein, wenn der Schuldner die Leistung iSv § 362 Abs. 1 BGB bewirkt hat. Das ist vorliegend der Fall. Insbesondere erfüllt auch eine Banküberweisung die Voraussetzungen des § 362 Abs. 1 BGB, soweit die Parteien dies vereinbart haben.[5] Dies ist hier stillschweigend geschehen.

b) Freie Verfügbarkeit: Kein unzulässiger vorabgesprochener Rückfluss

5 Im Fall der Einlageleistung wird der Erfüllungstatbestand jedoch gesellschaftsrechtlich modifiziert und verlangt über die Merkmale des § 362 Abs. 1 BGB hinaus, dass der Anlagegegenstand zur freien Verfügung der Geschäftsführer geleistet wird (vgl. § 8 Abs. 2 S. 1 GmbHG).[6] An der freien Verfügbarkeit fehlt es insbesondere dann, wenn das auf die Bareinlage Geleistete aufgrund einer Vorabrede anschließend wie-

[4] Liegt der Tatbestand des § 19 Abs. 5 S. 1 Hs. 1 GmbHG vor (im Prüfungsschema unter I. 2. b aa), tritt gleichwohl Erfüllungswirkung ein, wenn die Privilegierung des § 19 Abs. 5 S. 1 Hs. 2 GmbHG greift (im Prüfungsschema unter I. 2. b bb). Greift sie nicht, kommt – anders als bei der verdeckten Sacheinlage – auch keine Anrechnung in Betracht.

[5] BGH NJW-RR 2004, 1281; Palandt/*Grüneberg* BGB § 362 Rn. 9; MüKoBGB/*Fetzer* BGB § 362 Rn. 22.

[6] Anders als im Aktiengesellschaftssrecht mit § 54 Abs. 3 AktG ist im GmbHG nicht ausdrücklich geregelt, welche Möglichkeiten der Bareinzahlung für die Gründer bestehen. Allerdings kann hier der Gedanke des § 54 Abs. 3 AktG ohne Weiteres auf die GmbH übertragen werden, sodass die Bareinlage entweder mit gesetzlichen Zahlungsmitteln oder durch Gutschrift auf einem Bankkonto der Vorgesellschaft erbracht werden kann, vgl. *Drygala/Staake/Szalai* § 4 Rn. 47.

der an den Gesellschafter zurückfließt. Ausdrücklich geregelt ist dies in § 19 Abs. 4 S. 1 (iVm § 56 Abs. 2) GmbHG, wonach das Vorliegen einer verdeckten Sacheinlage stets die Erfüllungswirkung ausschließt, sowie in § 19 Abs. 5 (iVm § 56a) GmbHG, wonach im Fall des Hin- und Herzahlens die Erfüllungswirkung nur unter Einhaltung strenger zusätzlicher Voraussetzungen eintritt.

aa) Verdeckte Sacheinlage (§ 19 Abs. 4 S. 1 GmbHG)

Der Tatbestand der verdeckten Sacheinlage setzt gemäß § 19 Abs. 4 S. 1 GmbHG 6
zunächst voraus, dass die Geldeinlage eines Gesellschafters bei wirtschaftlicher Betrachtung als Sacheinlage zu bewerten ist. Das ist der Fall, wenn dem Gesellschaftsvermögen letztlich statt der Geldzahlung bzw. gegen deren Rückzahlung durch ein **Gegengeschäft** ein Vermögenswert zufließt, der nicht in Geld besteht. Vorliegend erlangte die A-GmbH infolge der Weiterleitung der Bareinlage auf das Cash-Pool-Konto bei der C-GmbH die Befreiung von ihrer Verbindlichkeit aus der Cash-Pool-Verbindung iHv 1 Mio. EUR. Die A-GmbH erhält damit im Ergebnis nicht den Barbetrag, sondern einen Sachwert in Form der Befreiung von der Verbindlichkeit gegenüber der C-GmbH. Da es sich bei der C-GmbH um eine 100-prozentige Tochtergesellschaft der M-AG handelt, ist die Forderung der C-GmbH der M-AG wie eine eigene Forderung zuzurechnen.[7]

Hinweis: Rechtlich sind die Vorgänge im Cash-Pool als Darlehen gemäß §§ 488 ff. BGB zu qualifizieren: Weist das Cash-Pool-Konto einen positiven Saldo auf, ist der Cash-Pool-Teilnehmer Darlehensgeber, weist es einen negativen Saldo auf, ist er Darlehensnehmer.[8]

Des Weiteren setzt § 19 Abs. 4 S. 1 GmbHG voraus, dass das Gegengeschäft auf 7
einer im Zusammenhang mit der Übernahme der Geldeinlage getroffenen Abrede beruht **(Vorabrede).** Nach den von der Rechtsprechung entwickelten Grundsätzen ist eine solche Vorabrede zu vermuten, wenn zwischen der Leistung der Bareinlage und dem Gegengeschäft (hier: dem Transfer auf das Cash-Pool-Konto) ein sachlicher und zeitlicher Zusammenhang besteht.[9] Ausreichend ist dabei sogar ein Rückfluss in mehreren Raten.[10] Der sachliche Zusammenhang ist hier gegeben, weil der Betrag der Bareinlage exakt dem Betrag entspricht, der auf das Cash-Pool-Konto eingezahlt wurde. Da der Transfer unmittelbar nach der Eintragung der Kapitalerhöhung im Handelsregister erfolgte, ist auch der zeitliche Zusammenhang zu bejahen.

Da es sich beim Tatbestand der verdeckten Sacheinlage um einen Umgehungstat- 8
bestand handelt, ist schließlich zu fordern, dass der durch das Gegengeschäft in das Gesellschaftsvermögen gelangte Vermögenswert Gegenstand einer offenen Sacheinlage hätte sein können **(Möglichkeit der offenen Sacheinlage).**[11] Dies setzt voraus, dass er grundsätzlich einlagefähig ist und zu dem Zeitpunkt, in dem die Bareinlage erbracht wurde, bereits existierte. Beide Voraussetzungen liegen hier vor. So ist anerkannt, dass die Forderungen eines Gesellschafters gegen die Gesell-

7 Näher zur Zurechnung Henssler/Strohn/*Verse* GmbHG § 19 Rn. 37.
8 Vertiefend Henssler/Strohn/*Verse* GmbHG § 19 Rn. 50 f.
9 BGHZ 125, 141 = NJW 1994, 1477.
10 BGH NZG 2008, 511.
11 BGHZ 180, 38 Rn. 11 = NJW 2009, 2375, 2376 – Qivive; MüKoGmbHG/*Schwandtner* GmbHG § 19 Rn. 191; zur Einlagefähigkeit von Forderungen vgl. Baumbach/Hueck/*Fastrich* GmbHG § 5 Rn. 28.

schaft – hier ist die Forderung der C-GmbH wie eine eigene Forderung der M-AG zu behandeln – als Sacheinlage im Wege des Verzichts oder der Abtretung (mit anschließender Konfusion) in die Gesellschaft eingebracht werden können.[12] Auch bestand die Forderung bereits zum Zeitpunkt des Kapitalerhöhungsbeschlusses.

Hinweise: (1.) Die Einbringung einer Forderung des Gesellschafters gegen die Gesellschaft im Rahmen einer Sachkapitalerhöhung führt im Ergebnis zu einer Umwandlung von Fremd- in Eigenkapital (sog. Debt-Equity-Swap).
(2.) Vermehrt trifft man ein solches Vorgehen bei der Sanierung von Gesellschaften an. Drittgläubiger der Gesellschaft bringen Forderungen als Sacheinlage ein und erhalten als Gegenleistung bereits bestehende oder im Rahmen einer Sachkapitalerhöhung unter Bezugsrechtsausschluss neu geschaffene Anteile. Durch Entfall der entsprechenden Zahlungsverpflichtungen (durch Konfusion oder Erlassvertrag) wird die Schuldenlast der Gesellschaft gemindert.[13]

bb) Zwischenergebnis

9 Aufgrund des Vorliegens der Voraussetzungen der verdeckten Sacheinlage hat die Zahlung der M-AG an die A-GmbH gemäß § 19 Abs. 4 S. 1 GmbHG keine Erfüllungswirkung.

3. Erlöschen durch Anrechnung gemäß § 19 Abs. 4 S. 3 GmbHG

10 Die Einlageschuld könnte jedoch (zumindest teilweise) dadurch erloschen sein, dass der Wert des im Rahmen des Gegengeschäfts erworbenen Vermögensgegenstandes gemäß § 19 Abs. 4 S. 3 GmbHG auf die Einlageschuld anzurechnen ist. Abzustellen ist insoweit auf den Wert der der C-GmbH gegenüber der A-GmbH zuvor aus der Cash-Pool-Verbindung zustehenden Forderung. Maßgeblich ist der Zeitpunkt unmittelbar bevor sie durch Einzahlung der 1 Mio. EUR getilgt wurde, da hierin die „Überlassung" der Forderung iSv § 19 Abs. 4 S. 3 Alt. 2 GmbHG zu sehen ist.[14] Da die A-GmbH zu diesem Zeitpunkt noch zahlungsfähig und nicht überschuldet war, ist davon auszugehen, dass der Verkehrswert der Forderung mit deren Nominalwert iHv 1 Mio. EUR gleichgesetzt werden kann. Folglich ist die Einlageforderung gemäß § 19 Abs. 4 S. 3 GmbHG vollständig erloschen.

Hinweise: (1.) In der Literatur werden verschiedene dogmatische Erklärungen zur rechtlichen Einordnung des § 19 Abs. 4 S. 3 GmbHG diskutiert (Leistung erfüllungshalber, Leistung an Erfüllungs statt, Erfüllungssurrogat eigener Art).[15] Letztlich besteht aber kein Anlass, die Anrechnung gemäß § 19 Abs. 4 S. 3 GmbHG einem der Erfüllungstatbestände zuzuordnen. Es handelt sich schlicht um die gesetzliche Anordnung des Erlöschens der Einlageschuld.
(2.) Da es bei der Bewertung der Werthaltigkeit der Forderung auf die Vermögensverhältnisse der A-GmbH ankommt, stellt sich grundsätzlich die Frage, ob die zum Bewertungszeitpunkt im Gesellschaftsvermögen vorhandene Bareinlage zu berücksichtigen ist (der Sachverhalt enthält für eine entsprechende Erörterung allerdings zu wenig Angaben). Sie ist zu verneinen, da die Bareinlage nach dem Plan der Beteiligten gerade nicht endgültig in der Gesellschaft verbleiben soll. Entscheidend ist daher, ob die A-GmbH auch ohne die ihr zugeflossenen 1 Mio. EUR in der Lage gewesen wäre, ihre Verbindlichkeit aus dem Cash-Pool zu begleichen.

---

[12] Habersack/Casper/Löbbe/*Ulmer* GmbHG § 5 Rn. 56.
[13] Näher zum Debt-Equity-Swap MüKoGmbHG/*J. Vetter* GmbHG Vor § 58 Rn. 86 ff.; Scholz/*Priester/Tebben* GmbHG § 58 Rn. 93.
[14] MüKoGmbHG/*Schwandtner* GmbHG § 19 Rn. 282.
[15] Vgl. Baumbach/Hueck/*Fastrich* GmbHG § 19 Rn. 61 ff.; Henssler/Strohn/*Verse* GmbHG § 19 Rn. 58.

II. Ergebnis

Die A-GmbH hat wegen der Kapitalerhöhung keine Ansprüche gegen die M-AG. 11

B. Ansprüche der B-GmbH gegen die M-AG

Nach Eröffnung des Insolvenzverfahrens über das Vermögen der B-GmbH können 12 die Ansprüche der B-GmbH gemäß § 80 Abs. 1 InsO nur noch vom Insolvenzverwalter geltend gemacht werden. Kommt es zum Rechtsstreit, führt dieser ihn im eigenen Namen in Prozessstandschaft für die GmbH.

I. Anspruch auf Zahlung von 1 Mio. EUR aus § 14 S. 1 GmbHG iVm dem Übernahmevertrag

1. Anspruchsentstehung

Ein Anspruch auf Erbringung einer Bareinlage iHv 1 Mio. EUR ist durch Abschluss des Übernahmevertrages wirksam entstanden. 13

2. Erlöschen durch Erfüllung

a) Tatbestand des § 362 Abs. 1 BGB

Aufgrund der Zahlung der M-AG an die B-GmbH iHv 1 Mio. EUR wurde der 14 Tatbestand des § 362 Abs. 1 BGB erfüllt.

b) Freie Verfügbarkeit: Kein unzulässiger vorabgesprochener Rückfluss

Auch insoweit ist jedoch zu prüfen, ob es an der freien Verfügbarkeit fehlt, weil der 15 Tatbestand der verdeckten Sacheinlage oder eines unzulässigen Hin- und Herzahlens erfüllt sein könnte.

aa) Keine verdeckte Sacheinlage nach § 19 Abs. 4 GmbHG

Die Einzahlung der Bareinlage auf das Konto der B-GmbH bei der C-GmbH ist 16 wiederum als Rückfluss der 1 Mio. EUR an die M-AG zu werten. Im Gegenzug hierfür erwarb die B-GmbH eine Forderung in Form des Rückzahlungsanspruchs gegen die C-GmbH. Aufgrund der wirtschaftlichen Identität von C-GmbH und M-AG ist diese Forderung im vorliegenden Zusammenhang wie eine Forderung der B-GmbH gegen die M-AG zu behandeln. Das erforderliche **Gegengeschäft** ist somit zu bejahen.

Da der Betrag der Bareinlage dem Betrag entspricht, der auf das Cash-Pool-Konto 17 eingezahlt wurde (sachlicher Zusammenhang) und die Rückzahlung unmittelbar im Anschluss an die Zahlung der Bareinlage erfolgte (zeitlicher Zusammenhang), ist auch insoweit zu vermuten, dass der Vorgang auf einer im Zusammenhang mit der Übernahme der Einlageverpflichtung getroffenen Abrede beruht **(Vorabrede).**

Der Tatbestand der verdeckten Sacheinlage setzt jedoch zusätzlich voraus, dass 18 der durch das Gegengeschäft in das Gesellschaftsvermögen gelangte Vermögenswert – der Rückzahlungsanspruch der B-GmbH – Gegenstand einer offenen Einlage hätte sein können **(Möglichkeit der offenen Sacheinlage).** Dies ist vorliegend nicht der Fall. Forderungen der Gesellschaft gegen den Gesellschafter sind anders als Forderungen der Gesellschafter gegen die Gesellschaft nicht sacheinlagefähig. Denn aus der Perspektive des Gesellschafters handelt es sich um eine Verbindlichkeit und somit um keinen positiven Vermögenswert. Zudem entstand der Rückzahlungsanspruch der B-GmbH erst mit der Einzahlung der 1 Mio. EUR auf das Cash-Pool-Konto und hätte schon aus diesem Grund (Chronologie) nicht Gegenstand einer offenen Sacheinlage sein können.

19 Der Tatbestand der verdeckten Sacheinlage ist nicht erfüllt. Die Erfüllungswirkung ist somit nicht durch § 19 Abs. 4 S. 1 GmbHG ausgeschlossen.

Hinweis: Die Frage der „Einlagefähigkeit" entsprechender Forderungen wird üblicherweise dahingehend diskutiert, ob es möglich ist, die Einlagepflicht zu erfüllen, indem diese durch eine anderweitige Verpflichtung des Gesellschafters ersetzt wird. Die Frage ist grundsätzlich zu verneinen, weil ein solches Vorgehen dem Prinzip der realen Kapitalaufbringung widerspricht.[16] Zu beachten ist allerdings, dass der sogleich zu prüfende § 19 Abs. 5 GmbHG eine Ausnahmen hiervon enthält, dh unter den dort definierten Voraussetzungen das Prinzip der realen Kapitalaufbringung durchbricht.[17]

bb) Kein unzulässiges Hin- und Herzahlen nach § 19 Abs. 5 GmbHG

20 An der freien Verfügbarkeit würde es indes auch dann fehlen, wenn der infrage stehende Vorgang als Hin- und Herzahlen iSd § 19 Abs. 5 S. 1 Hs. 1 GmbHG zu werten ist, ohne dass zugleich die Voraussetzungen der Privilegierung des § 19 Abs. 5 S. 1 Hs. 2 GmbHG erfüllt sind.

(1) Tatbestand des Hin- und Herzahlens

21 Der Tatbestand des Hin- und Herzahlens setzt eine Rückzahlung der Einlage **(Gegengeschäft)** aufgrund einer **Vorabrede** voraus, die nicht als verdeckte Sacheinlage zu werten ist. Die Zahlung der 1 Mio. EUR auf das Cash-Pool-Konto ist aufgrund der wirtschaftlichen Identität von B-GmbH und M-AG als Rückzahlung der Einlage zu werten. Bezüglich der Vorabrede gelten die für die verdeckte Sacheinlage entwickelten Grundsätze entsprechend, sodass insoweit auf die obigen Ausführungen verwiesen werden kann. Gleiches gilt für die Feststellung, dass die Voraussetzungen der verdeckten Sacheinlage nicht vorliegen. Damit sind die Voraussetzungen des Hin- und Herzahlens vorliegend erfüllt.

(2) Privilegierung des § 19 Abs. 5 S. 1 Hs. 2 GmbHG

22 Das Hin- und Herzahlen ist jedoch ausnahmsweise zulässig und steht der Erfüllungswirkung nicht entgegen, wenn die Voraussetzungen der in § 19 Abs. 5 S. 1 Hs. 2 GmbHG geregelten Privilegierung vorliegen.

Hinweis: Am Merkmal der Deckung würde es bspw. fehlen, wenn der Gesellschafter die Bareinlage als Darlehen zurückerhält, aufgrund des Abzugs von Bearbeitungsgebühren oÄ der Rückzahlungsanspruch der Gesellschaft aber von vorneherein um einen bestimmten Betrag gekürzt wird.[18]

23 Weil die C-GmbH zum Zeitpunkt der Einzahlung in den Cash-Pool über eine gute Bonität verfügte, ist auch die **Vollwertigkeit** des Rückgewähranspruchs gegeben. Die fehlende Verzinsung spielt insoweit keine Rolle, da sie allein die Angemessen-

[16] Vgl. Baumbach/Hueck/*Fastrich* GmbHG § 5 Rn. 24; Henssler/Strohn/*Schäfer* GmbHG § 5 Rn. 21.

[17] Vgl. Baumbach/Hueck/*Fastrich* GmbHG § 5 Rn. 24.

[18] Vgl. Baumbach/Hueck/*Fastrich* GmbHG § 19 Rn. 77; Henssler/Strohn/*Verse* GmbHG § 19 Rn. 81 ff.

heit der im Rahmen von § 19 Abs. 5 S. 1 Hs. 2 GmbHG nicht relevanten Gegenleistung betrifft.

Hinweis: In der Literatur wird zuweilen die gegenteilige Ansicht vertreten und behauptet, die Vollwertigkeit setze eine angemessene Verzinsung voraus.[19] Hintergrund ist die zutreffende Überlegung, dass eine Geldforderung, die erst in der Zukunft fällig wird, weniger wert ist als eine sofort fällige Forderung. Der durch die erst zukünftige Fälligkeit bewirkten „Wertminderung“ ist im Rahmen einer Bewertung dadurch Rechnung zu tragen, dass man den Nominalwert unter Zugrundelegung der Marktzinsen und der Zeitspannen bis zum Fälligkeitsdatum abzinst. (Beispiel: Ein Anspruch über nominal 100.000 EUR, der erst in fünf Jahren fällig wird, hat bei Zugrundelegung eines Zinssatzes von 4 % p. a. einen Gegenwartswert von knapp über 80.000 EUR.) Der Privilegierungstatbestand des § 19 Abs. 5 S. 1 Hs. 2 GmbHG setzt indes gerade voraus, dass der Rückgewähranspruch jederzeit fällig gestellt werden kann (Merkmal der Liquidität, hierzu sogleich im Rahmen der Prüfung); eine Wertminderung des Rückgewähranspruchs aufgrund fehlender oder zu geringer Verzinsung ist daher ausgeschlossen (ohnehin würde eine solche Wertminderung nicht die Vollwertigkeit, sondern die Deckung betreffen[20]). Macht die Gesellschaft von der Möglichkeit, auf ihr Guthaben zuzugreifen, mangels Liquiditätsbedarfs keinen Gebrauch und belässt daher Liquidität ohne angemessene Verzinsung im Cash-Pool, ist das keine Frage der Kapitalaufbringung, sondern der Kapitalerhaltung (→ Rn. 29).

Als problematisch erweist sich jedoch die **Liquidität** des Anspruchs. Das Gesetz verlangt, dass der Rückgewähranspruch jederzeit fällig ist oder durch fristlose Kündigung durch die Gesellschaft fällig gestellt werden kann. Aufgrund der Cash-Pool-Vereinbarung können die Cash-Pool-Teilnehmer tagesaktuelle Liquidität iHd Guthabens (und sogar darüber hinaus) in Anspruch zu nehmen. Der freien Verfügungsmöglichkeit über das Guthaben steht dies aber nicht gleich.[21] Denn sofern die Gesellschaft die Liquidität nicht am selben Tag verbraucht, wird sie automatisch am Ende des Tages wieder in den Cash-Pool abgezogen (sog. Zero-Balancing). Frei über ihre Guthaben verfügen können die Cash-Pool-Teilnehmer erst nach Kündigung der Cash-Pool-Vereinbarung, welche jedoch nur unter Einhaltung einer Kündigungsfrist von sechs Wochen möglich ist. 24

Hinweise: (1.) Durch das Merkmal der Liquidität soll sichergestellt werden, dass die Geschäftsführung auf das Geld ähnlich dem Guthaben auf einem Bankkonto jederzeit zugreifen kann und die Gesellschaft daher im Ergebnis nicht schlechter gestellt wird als bei einer „gewöhnlichen“ Bareinlage. Auf diese Weise hat der Gesetzgeber den Bedenken der Kritiker Rechnung getragen, die § 19 Abs. 5 GmbHG – zu Recht – als Durchbrechung des Prinzips der realen Kapitalaufbringung kritisierten.
(2.) Um letztlich die Anforderungen an das Liquiditätskriterium zu wahren, bedarf eine Cash-Pool-Vereinbarung deshalb der jederzeitigen Möglichkeit der fristlosen Kündigung.[22]

Folgt man der Auffassung des BGH[23], wäre das Eingreifen der Privilegierung vorliegend zusätzlich dadurch ausgeschlossen, dass die Geschäftsführer der B-GmbH das Hin- und Herzahlen nicht dem Handelsregister im Rahmen der Anmeldung der Kapitalerhöhung angezeigt haben **(Offenlegung).** Diese Auffassung ist indes abzulehnen. Die Verortung des Offenlegungserfordernisses in § 19 Abs. 5 S. 2 GmbHG statt in § 19 Abs. 5 S. 1 Hs. 2 GmbHG spricht dafür, dass es sich bei der Offenlegung gerade nicht um eine Voraussetzung der Privilegierung, dh der Erfüllungswir- 25

19 MüKoGmbHG/*Schwandtner* GmbHG § 19 Rn. 345; *Lieder* GmbHR 2009, 1177, 1181 f. mwN; im Ergebnis bejahend auch Henssler/Strohn/*Verse* GmbHG § 19 Rn. 83.

20 Baumbach/Hueck/*Fastrich* GmbHG § 19 Rn. 77; *Brocker/Rockstroh* BB 2009, 730, 732.

21 BGHZ 182, 103 Rn. 26 = NJW 2009, 3091, 3093 – Cash-Pool II.

22 MüKoGmbHG/*Schwandtner* GmbHG § 19 Rn. 349.

23 BGHZ 182, 103 Rn. 25 = NJW 2009, 3091, 3093 – Cash-Pool II; 180, 38 Rn. 16 = NJW 2009, 2375, 2377 – Qivive.

kung, sondern lediglich eine (haftungsbewehrte) Pflicht der Geschäftsführer handelt.[24]

cc) Zwischenergebnis

26 Die Einlagepflicht ist nicht durch die Zahlung der 1 Mio. EUR erloschen.

3. Erlöschen durch Anrechnung gemäß § 19 Abs. 4 S. 3 GmbHG

27 Ein Erlöschen der Einlageleistung gemäß § 19 Abs. 4 S. 3 GmbHG durch Anrechnung des Wertes eines von der B-GmbH infolge der Einzahlung in den Cash-Pool gegen die C-GmbH erworbenen Rückzahlungsanspruchs scheidet aus, da die Regelung nur auf Fälle der verdeckten Sacheinlagen Anwendung findet.[25]

4. Ergebnis

28 Der Anspruch der B-GmbH gegen die M-AG aus § 14 S. 1 GmbHG iVm dem Übernahmevertrag auf Zahlung der Einlage iHv 1 Mio. EUR besteht fort.

Hinweise: (1.) An dieser Stelle kommt zum Tragen, dass § 19 Abs. 5 GmbHG anders als § 19 Abs. 4 GmbHG einem „Alles-oder-nichts"-Prinzip folgt, wonach keine Erfüllungswirkung eintritt, wenn der Rückgewähranspruch nur teilweise werthaltig ist oder, wie hier, nicht liquide ist. Eine (teilweise) Anrechnung nach dem Vorbild des § 19 Abs. 4 S. 3 GmbHG ist nicht vorgesehen. Für den Gesellschafter (hier die M-AG einschließlich die ihr zuzurechnende C-GmbH) führt dies gleichwohl nicht zu der gefürchteten doppelten Inanspruchnahme: Zwar schuldet vorliegend die M-AG der B-GmbH die Einlage iHv 1 Mio. EUR, und zusätzlich schuldet die C-GmbH der B-GmbH die Rückzahlung der Darlehensvaluta in gleicher Höhe (entweder aus § 488 Abs. 1 S. 2 BGB oder aus § 812 Abs. 1 S. 1 Alt. 1 BGB).[26] Dem steht jedoch ein Anspruch der M-AG iHv 1 Mio. EUR gegen die B-GmbH wegen der fehlgeschlagenen Einlageleistung aus § 812 Abs. 1 S. 2 Alt. 2 BGB gegenüber. Dieser Anspruch ist trotz der Insolvenz der B-GmbH nicht wertlos, da die Möglichkeit der Aufrechnung besteht: Zwar scheidet eine Aufrechnung gegen den Anspruch auf Einlageleistung gemäß § 19 Abs. 2 S. 2 GmbHG aus. Möglich ist jedoch, den Anspruch aus § 812 Abs. 1 S. 2 Alt. 2 BGB mit dem Anspruch aus Darlehensrückzahlung aufzurechnen. Beide Ansprüche stehen zwar derzeit nicht im Gegenseitigkeitsverhältnis, doch lässt sich die Gegenseitigkeit im Wege der Abtretung des Anspruchs aus § 812 Abs. 1 S. 2 Alt. 2 BGB von der M-AG auf die C-GmbH herstellen.
(2.) Die hM gelangt zum selben Ergebnis, indem sie die darlehensweise Rückgewähr „als rechtliches Nullum bewertet",[27] dh diese ignoriert und in der Folge das Entstehen wechselseitiger Bereicherungsansprüche leugnet.[28] Wie gesehen ist eine solche dogmatisch kaum begründbare Lösung jedoch nicht erforderlich, um zu einem interessengerechten Ergebnis zu gelangen.
(3.) Im Ergebnis bleibt der Verstoß gegen die Kapitalaufbringungsregelungen somit für den Gesellschafter letztlich ohne Konsequenz. Wie im Fall der verdeckten Sacheinlage treffen die Sanktionen allein den Geschäftsführer, der sich bei wegen des Verstoßes gegen § 19 Abs. 5 S. 2 GmbHG gemäß § 82 GmbHG strafbar macht.

---

24 Baumbach/Hueck/*Fastrich* GmbHG § 19 Rn. 80; *Lieder* GmbHR 2009, 1177, 1179 f. mwN.

25 Ohnehin besteht nach hM kein entsprechender Rückzahlungsanspruch (→ Fn. 21).

26 Grundsätzlich führt der Verstoß gegen die Kapitalaufbringungsvorschriften gemäß § 134 BGB zur Nichtigkeit des Darlehensvertrages, vgl. *Drygala/Staake/Szalai* § 7 Rn. 59. Ob dies allerdings auch gilt, wenn die Rückzahlung nicht auf einem einzelnen Darlehensvertrag, sondern einer Cash-Pool-Vereinbarung beruht, erscheint fraglich.

27 *Drygala* JZ 2011, 53, 56.

28 BGH NZG 2006, 24, 25 und 716, 717 (die Rspr. des BGH stammt zwar aus der Zeit vor Inkrafttreten des § 19 Abs. 5 GmbHG, wurde im Gesetzgebungsverfahren aber ausdrücklich aufgegriffen und zur Rechtfertigung des „Alles-oder-nichts"-Prinzips angeführt, BT-Drs. 16/6140, 76). Aus der Literatur unter anderem Baumbach/Hueck/*Fastrich* GmbHG § 19 Rn. 26, 84; *Drygala/Staake/Szalai* § 7 Rn. 59.

II. Anspruch aus §§ 30 Abs. 1, 31 Abs. 1 GmbHG

1. In Bezug auf die 1 Mio. EUR

Ein Anspruch der B-GmbH aus §§ 30 Abs. 1, 31 Abs. 1 GmbHG auf Rückzahlung der in den Cash-Pool eingezahlten 1 Mio. EUR scheidet aus, weil der Vorgang von § 19 Abs. 5 GmbHG erfasst und daher systematisch der Kapitalaufbringung zuzuordnen ist (im Übrigen wäre ein Kapitalerhaltungsverstoß aufgrund der Privilegierung des § 30 Abs. 1 S. 2 Alt. 2 GmbHG ausgeschlossen).[29] **29**

2. In Bezug auf die unterlassene Verzinsung

a) Auszahlung (Leistung)

Denkbar ist jedoch ein Anspruch aus §§ 30 Abs. 1, 31 Abs. 1 GmbHG unter dem Gesichtspunkt der fehlenden Verzinsung des Guthabens auf dem Cash-Pool-Konto. **30**

Dies würde zunächst voraussetzen, dass es sich bei der unterlassenen Verzinsung um eine Auszahlung iSv § 30 Abs. 1 S. 1 GmbHG handelt. Der Auszahlungsbegriff ist weit zu verstehen und erfasst jede reale Verringerung des Gesellschaftsvermögens.[30] Auf die bilanzielle Wirksamkeit des Vorgangs kommt es grundsätzlich nicht an. Eine Auszahlung kann daher auch dann vorliegen, wenn die Gesellschaft ohne angemessene Gegenleistung Nutzungsüberlassungen erbringt oder wenn sie auf ihr zugeordnete Geschäftschancen, mögliche Gewinne oder sonstige nicht aktivierte Vermögenswerte verzichtet.[31] Dies folgt aus der Maßgeblichkeit des sog. Drittvergleichs, wonach gegenüber gesellschaftsfremden Dritten entsprechende Geschäfte nicht ohne angemessene Gegenleistung abgeschlossen worden wären. Demzufolge ist auch die vorliegend interessierende unverzinste und somit unentgeltliche Zurverfügungstellung von Liquidität vom Auszahlungsbegriff des § 30 Abs. 1 S. 1 GmbHG erfasst. Zwar stellte die B-GmbH diese der C-GmbH und nicht der M-AG zur Verfügung, doch gilt auch insoweit, dass die beiden letztgenannten Gesellschaften für diesen Zweck als wirtschaftliche Einheit zu betrachten sind. **31**

Hinweis: Die vielfach behauptete Maßgeblichkeit einer rein bilanziellen Betrachtung[32] beruht auf einer Überinterpretation der Regierungsbegründung zu der durch das MoMiG eingeführten Regelung des § 30 Abs. 1 S. 2 Alt. 2 GmbHG, wo von einer „Rückkehr zur bilanziellen Betrachtungsweise" die Rede ist. Bei verständiger Würdigung wird deutlich, dass sich diese Aussage allein auf die aufsteigende Darlehen betreffende Problematik bezieht (hierzu → Rn. 33). Tatsächlich wurden die Kapitalerhaltungstatbestände nie rein bilanziell interpretiert. Eine solche Interpretation wäre auch nicht interessengerecht, da sie verschiedentlich zu kurz oder zu weit greift. Zu kurz greift sie bspw., wenn Gesellschafter von der Gesellschaft Vermögenswerte zum Buchwert erwerben, obwohl deren Verkehrswert wesentlich höher ist, und auf diese Weise Zugriff auf die stillen Reserven nehmen. Dass ein solcher Vorgang trotz seiner Bilanzneutralität nicht kapitalerhaltungskonform ist, war stets anerkannt und wurde auch in der Regierungsbegründung zum MoMiG ausdrücklich festgestellt.[33] Zu weit greift die bilanzielle Betrachtungsweise etwa, wenn ein Gesellschaftergeschäftsführer für seine Tätigkeit ein Entgelt erhält. Da der Anspruch der Gesellschaft auf die Dienstleistung des Gesellschaftergeschäftsführers nicht aktivierbar ist,

[29] MüKoGmbHG/*Ekkenga* GmbHG § 30 Rn. 239.

[30] Scholz/*Verse* GmbHG § 30 Rn. 18; Baumbach/Hueck/*Fastrich* GmbHG § 30 Rn. 33.

[31] Vgl. Henssler/Strohn/*Fleischer* GmbHG § 30 Rn. 4 ff.; Scholz/*Verse* GmbHG § 30 Rn. 18.

[32] Unter anderem *Drygala/Staake/Szalai* § 8 Rn. 20.

[33] BT-Drs. 16, 6140, 94; Scholz/*Verse* GmbHG § 30 Rn. 18a mwN.

kommt es bilanziell zu einem Vermögensabfluss. Gleichwohl besteht Einigkeit darüber, dass die (angemessene) Vergütung von Gesellschaftergeschäftsführern kapitalerhaltungskonform ist.[34]

32 Eine Ausnahme könnte sich jedoch aus § 30 Abs. 1 S. 2 Alt. 2 GmbHG ergeben, wonach das Kapitalerhaltungsverbot keine Anwendung findet, wenn die Auszahlung durch einen vollwertigen Gegenleistungs- oder Rückgewähranspruch gegen den Gesellschafter gedeckt ist. Speziell die zweite Unteralternative der Regelung zielt auf die vorliegend interessierende Darlehensvergabe an Gesellschafter (sog. aufsteigende Darlehen bzw. upstream loan) und ordnet an, dass ein Kapitalerhaltungsverstoß ausscheidet, wenn der Darlehensrückzahlungsanspruch vollwertig ist. Weil dies vorliegend der Fall ist (→ Rn. 39), wäre die unverzinsliche Liquiditätsüberlassung hiernach als kapitalerhaltungskonform zu qualifizieren, ohne dass die Verzinsung überhaupt eine Rolle spielt.

Hinweis: Ist der Rückzahlungsanspruch vollwertig, kann er bilanziell gemäß § 253 HGB zum Nominalwert angesetzt werden.[35] Dies führt im Ergebnis dazu, dass die Darlehensvergabe bilanziell lediglich zu einem Aktivtausch führt und somit bilanzneutral ist. Die Einführung des Vollwertigkeitskriteriums wurde daher vom Gesetzgeber auch als „Rückkehr zur bilanziellen Betrachtungsweise" propagiert.

33 Indes dürfte eine solche Interpretation von § 30 Abs. 1 S. 2 Alt. 2 Unteralt. 2 GmbHG der Intention des Gesetzes nicht gerecht werden. Tatsächlich bezweckte der Gesetzgeber mit der aufsteigende Darlehen betreffenden Privilegierung lediglich, die die Bewertung des Rückzahlungsanspruchs betreffenden Schwierigkeiten einer rechtssicheren Lösung zuzuführen. Insoweit stellte sich nämlich die Frage, ob die Darlehensvergabe an Gesellschafter allein deshalb als unzulässige Vermögensausschüttung zu qualifizieren ist, weil der Tausch von Liquidität gegen einen mit einem Ausfallrisiko behafteten Rückzahlungsanspruch die Gesellschaft benachteiligt (so vereinfacht der Standpunkt des BGH in seinem „November"-Urteil[36]). Der Sache nach ging es um die nur mit großer Schwierigkeit zu beantwortende Frage, unter welchen Voraussetzungen eine Gesellschaft bei Drittgeschäften ein solches Ausfallrisiko übernommen hätte. Um sie zu vermeiden, hat der Gesetzgeber den Drittvergleich punktuell für unbeachtlich erklärt und durch das Vollwertigkeitskriterium ersetzt. Da die Frage der angemessenen Verzinsung nicht Teil der beschriebenen Schwierigkeiten war und daher auch bei den Überlegungen des Gesetzgebers keine Rolle gespielt hat, ist nicht anzunehmen, dass der Drittvergleich auch insoweit verdrängt werden sollte. Die gegenteilige Sichtweise wäre schon deshalb wenig plausibel, weil andernfalls Kreditverträge grundlos gegenüber anderen Austauschverträgen privilegiert würden, bei denen es selbstverständlich ist, dass die Gegenleistung einem Drittvergleich standhalten muss.[37]

Hinweis: Insoweit gilt es, sich die Besonderheiten eines Darlehens vor Augen zu führen. Die Pflicht der Darlehensrückgewähr gemäß § 488 Abs. 1 S. 2 Alt. 2 BGB stellt gerade nicht die vom Darlehensnehmer geschuldete Gegenleistung dar, sondern entspricht funktional der Verpflichtung eines Mieters, bei Vertragsende das Mietobjekt zurückzugeben. Die Gegenleistung des Darlehensnehmers für die vom Darlehensgeber gewährte Liquiditätsüberlassung ist vielmehr die Pflicht zur Zinszahlung aus § 488 Abs. 1 S. 2 Alt. 1 BGB. Sie entspricht funktional der Verpflichtung des Mieters zur Mietzinszahlung bzw. des Käufers zur Kaufpreiszahlung.

---

[34] Baumbach/Hueck/*Fastrich* GmbHG § 30 Rn. 30; *Winter* DStR 2007, 1484, 1487.

[35] Scholz/*Verse* GmbHG § 30 Rn. 84.

[36] BGHZ 157, 72 = NZG 2004, 233.

[37] *Mülbert/Leuschner* NZG 2009, 281, 282 f.; Baumbach/Hueck/*Fastrich* GmbHG § 30 Rn. 34.

Erwägen könnte man allenfalls, ob die fehlende Verzinsung dadurch ausgeglichen wird, dass die Cash-Pool-Teilnehmer die Möglichkeit haben, im Bedarfsfall ohne Entstehung einer Zinspflicht ihr Cash-Pool-Konto zu „überziehen", dh ihrerseits unentgeltlich auf die Liquidität im Cash-Pool zuzugreifen. Im Ergebnis ist dies jedoch zu verneinen. Da die B-GmbH in den fraglichen Monaten stets über ausreichend „eigene" Liquidität, dh einen positiven Saldo verfügte, war die bloße Möglichkeit einer solchen Inanspruchnahme von Liquidität für sie ohne Wert. **34**

In Höhe der entgangenen Zinseinnahmen liegt daher eine Auszahlung iSv § 30 Abs. 1 GmbHG vor. **35**

b) Leistungserfolg: Eingriff in das Stammkapital

Eine weitere Voraussetzung für die Erfüllung des Verbotstatbestandes des § 30 Abs. 1 GmbHG ist grundsätzlich, dass durch die Auszahlung eine Unterbilanz entsteht oder vertieft wird. Die Voraussetzung eines solchen Leistungserfolgs ist vorliegend nicht erfüllt. Da die durch die Überlassung vorhandener Liquidität auf dem Markt zu erzielenden Zinsen als eine Form von Geschäftschance nicht bilanzierbar sind, wirkt sich der Verzicht hierauf auch nicht bilanziell aus und kann daher keine Unterbilanz bewirken oder vertiefen. **36**

c) Verzichtbarkeit des Leistungserfolgs wegen bereits bestehender Unterbilanz

Es ist jedoch anerkannt, dass auf das Merkmal des Leistungserfolgs verzichtet werden muss, wenn sich die Gesellschaft zum Zeitpunkt der Auszahlung bereits in einer Unterbilanz befand.[38] Begründen lässt sich dies damit, dass in einer solchen Situation die Interessen der Gläubiger in besonderem Maße gefährdet sind. Es erscheint daher nicht hinnehmbar, dass die Gesellschaft zugunsten von Gesellschaftern auf Vermögenszuflüsse verzichtet, die geeignet wären, die Unterbilanz auszugleichen oder zumindest zu mindern. Vorliegend befand sich die B-GmbH laut Sachverhalt während des fraglichen Zeitraums in einer Unterbilanz. **37**

Hinweis: Bezüglich der Maßgeblichkeit einer bilanziellen Betrachtungsweise ist hiernach zwischen der Auszahlung als erstem Tatbestandsmerkmal und dem Eingriff in das Stammkapital als zweitem Tatbestandsmerkmal des § 30 Abs. 1 GmbHG zu unterscheiden: Während der Begriff der Auszahlung unabhängig von der Bilanzwirksamkeit zu bestimmen ist, kann eine Unterbilanz nur bewirkt bzw. vertieft werden, wenn die Auszahlung bilanzwirksam ist. Die Erstreckung des Auszahlungsbegriffs auch auf bilanzneutrale Vorgänge bleibt hiernach idR ohne Konsequenzen. Etwas anderes gilt jedoch, wenn ausnahmsweise, wie im vorliegenden Fall, auf das Tatbestandsmerkmal des Eingriffs verzichtet wird, weil zum Zeitpunkt der Auszahlung bereits eine Unterbilanz besteht.

d) Zwischenergebnis

Die zinslose Liquiditätsgewährung gegenüber der C-GmbH stellt für den Zeitraum von sechs Monaten, in denen eine Unterbilanz bestand, einen Kapitalerhaltungsverstoß dar und begründet einen Anspruch der B-GmbH gegen die M-AG aus §§ 30, 31 GmbHG. **38**

[38] Habersack/Casper/Löbbe/*Habersack* GmbHG § 30 Rn. 46.

III. Anspruch auf Auszahlung des Cash-Pool-Guthabens aus § 488 Abs. 1 S. 2 BGB bzw. § 812 Abs. 1 S. 1 Alt. 1 BGB

39 Der B-GmbH steht aus § 488 Abs. 1 S. 2 BGB oder – wenn man von der Unwirksamkeit der Cash-Pool-Vereinbarung ausgeht[39] – aus § 812 Abs. 1 S. 1 Alt. 1 BGB ein Anspruch auf Auszahlung ihres verbleibenden Cash-Pool-Guthabens zu. Anspruchsschuldner ist aber die C-GmbH und nicht die M-AG.

IV. Ergebnis

40 Die B-GmbH hat einen Anspruch aus § 14 S. 1 GmbHG iVm dem Übernahmevertrag auf Zahlung der Einlage iHv 1 Mio. EUR sowie aus §§ 30, 31 GmbHG auf die marktübliche Verzinsung von 100.000 EUR für den Zeitraum von sechs Monaten.

---

[39] → Fn. 26.

Fall 3. Autokran

Bearbeitungszeit: 5 Stunden

Sachverhalt

X ist alleiniger Gesellschafter der im Handelsregister mit einem Stammkapital von 100.000 EUR eingetragenen X-GmbH. Unternehmensgegenstand der Gesellschaft ist die Vermietung verschiedener Baumaschinen sowie Arbeitsbühnen und mobiler Kräne. Im Januar 2019 weist X den Geschäftsführer der X-GmbH – den F – an, den im Eigentum der Gesellschaft stehenden Autokran Gottwald AK 850 (Verkehrswert: 800.000 EUR) für drei Wochen an die T-AG zu vermieten. Als Mietzins wird 15.000 EUR pro Woche vereinbart (marktüblich: 18.000 EUR). Zu diesem Zeitpunkt verfügt die X-GmbH über Eigenkapital iHv 103.000 EUR. Durch die Vermietung bezweckt X, die für ihn wesentlich bedeutsamere T-AG, welche er einige Monate zuvor zusammen mit zwei Geschäftspartnern gegründet hat, in einer schwierigen Phase zu unterstützen. Auf den Hinweis des F, der Autokran sei für die X-GmbH aufgrund „verschiedener Kundenaufträge" unverzichtbar und der Verzicht würde vermutlich in die Insolvenz führen, erwiderte X nur, vielleicht gelänge es F, Ersatz anzumieten.

Tatsächlich gelingt dies aufgrund der Kurzfristigkeit jedoch nicht. Weil die X-GmbH in der Folge verschiedene vertragliche Verpflichtungen nicht erfüllen kann, macht sie sich in erheblichem Umfang schadensersatzpflichtig. Zudem verärgert sie ihren wichtigsten Großkunden, der daraufhin die Geschäftsbeziehungen beendet. Nachdem F den X auf die hieraus resultierende angespannte Finanzlage der X-GmbH aufmerksam macht, verspricht dieser Hilfe. In der Folge veranlasst X, dass die Y-GmbH, deren Alleingesellschafter er ist, auf die Geltendmachung einer ihr gegenüber der X-GmbH aus dem Verkauf von Baumaschinen zustehende Kaufpreisforderung iHv 60.000 EUR trotz deren Fälligkeit bis auf Weiteres verzichtet.

Aufgrund des Verlustes des Großkunden ist es der X-GmbH aber trotz dieser Maßnahme auch ein halbes Jahr später noch nicht gelungen, den Abwärtstrend zu stoppen. Als X die Hoffnungslosigkeit der Lage erkennt, weist er F an, die Kaufpreisforderung der Y-GmbH zu erfüllen, was dieser auch tut. Als wenige Tage später an einem Autokran ein Defekt auftritt, fehlt es an Liquidität, um die notwendige Reparatur zu bezahlen. Die dadurch der X-GmbH entgehenden Mieteinnahmen führen dazu, dass sie wegen Zahlungsunfähigkeit Insolvenz anmelden muss. Im Rahmen des Insolvenzverfahrens stellt sich heraus, dass Verbindlichkeiten der X-GmbH iHv 2,2 Mio. EUR nur noch Aktiva iHv 1,1 Mio. EUR gegenüberstehen (mögliche Ersatzansprüche gegenüber X nicht eingerechnet). Unter den Gläubigern der X-GmbH befindet sich auch G, dem eine Werklohnforderung iHv 70.000 EUR zusteht.

Welchen Ansprüchen der Beteiligten sind X und F ausgesetzt?

Überblick

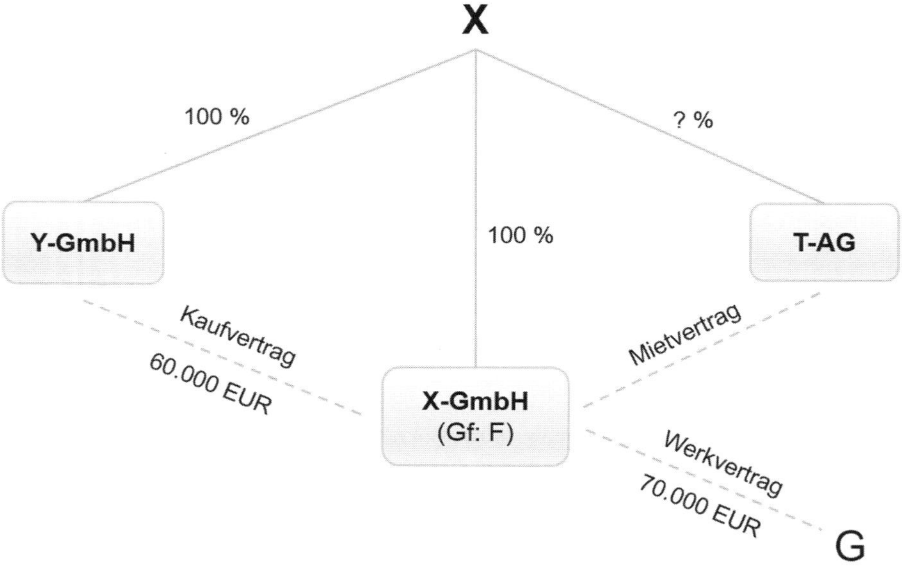

Gliederung

Lösungsskizze

Teil 1. Ansprüche gegen X

A. Ansprüche der X-GmbH gegen X

I. Wegen des Abschlusses des Mietvertrages
   1. Anspruch aus §§ 31 Abs. 1, 30 Abs. 1 GmbHG
      a) Auszahlung an X (+), iHd Differenz zwischen dem marktüblichen und dem vereinbarten Mietzins iHv 9.000 EUR
      b) Eingriff in das Stammkapital (–), da verhinderter Zufluss von Einnahmen nicht bilanzwirksam ist
      c) Zwischenergebnis: Anspruch aus §§ 31 Abs. 1, 30 Abs. 1 GmbHG (–)
   2. Schadensersatzanspruch gemäß § 280 Abs. 1 BGB iVm Treuepflicht (–), da Treuepflicht in Einpersonengesellschaft keine Wirkung entfaltet
   3. Schadensersatzanspruch gemäß §§ 311 Abs. 1, 317 Abs. 1 AktG analog (–), da Analogie nach ganz hM ausscheidet
   4. Verlustausgleichsanspruch gemäß § 302 AktG analog (–), da BGH Figur des qualifiziert faktischen Konzerns aufgegeben hat
   5. Schadensersatzanspruch aus § 826 BGB wegen Existenzvernichtung
      a) Kompensationsloser Eingriff in das Gesellschaftsvermögen (+), da Konditionen des Mietvertrages nicht marktgerecht waren
      b) Sittenwidrigkeit der Handlung (+), da überwiegend wahrscheinlich war, dass Eingriff in die Insolvenz führt
      c) Schaden (+), da Insolvenzausfallschaden iHv mindestens 1,1 Mio. EUR eingetreten ist
      d) Kausalität (+), da Insolvenzausfallschaden ohne Eingriff nicht eingetreten wäre
      e) Vorsatz (+), auch bezüglich der überwiegenden Wahrscheinlichkeit der Insolvenzverursachung handelte X zumindest mit Eventualvorsatz
      f) Anspruchsinhalt: 1,1 Mio. EUR zzgl. Kosten des Insolvenzverfahrens (Schaden im Eigenkapital vom Schutzzweck nicht erfasst)
   6. Ergebnis: Anspruch der X-GmbH gegen X aus § 826 BGB (+)

II. Wegen der Anweisung zur Kaufpreiszahlung
   1. Anspruch aus §§ 31 Abs. 1, 30 Abs. 1 GmbHG iVm den Grundsätzen des eigenkapitalersetzenden Darlehens (–), ausgeschlossen durch § 30 Abs. 1 S. 3 GmbHG
   2. Anspruch wegen Insolvenzanfechtung gemäß §§ 143 Abs. 1 S. 1, 129 Abs. 1, 135 Abs. 1 Nr. 2 InsO
      a) Rechtshandlung gemäß § 129 Abs. 1 InsO (+), da Kaufpreiszahlung eine Rechtshandlung darstellt, die die Gläubiger benachteiligt
      b) Anfechtungsgrund gemäß §§ 135 Abs. 1 Nr. 2, 39 Abs. 1 Nr. 5 InsO (+), da Stehenlassen fälliger Forderungen Darlehensvergabe gleichsteht und Handlung der Y-GmbH dem X zuzurechnen ist
      c) Einhaltung der Jahresfrist des § 135 Abs. 1 Nr. 2 InsO (+)
      d) Anfechtungserklärung: nicht erforderlich
      e) Rückgewährschuldner: als Empfänger der Zahlung ist die Y-GmbH und nicht X Rückgewährschuldner

III. Ergebnis: Innenhaftung des X gegenüber X-GmbH aus § 826 BGB auf Ersatz des Insolvenzausfallschadens wegen Abschluss des Mietvertrages (+)

B. Ansprüche des G gegen X

I. Werklohnforderung gemäß § 631 Abs. 1 BGB
(–), da für die Schulden der X-GmbH gemäß § 13 Abs. 2 GmbHG nur das Gesellschaftsvermögen haftet

II. Durchgriffshaftung gemäß § 631 Abs. 1 BGB iVm § 128 S. 1 HGB analog
(–), da Existenzvernichtung nicht zu einem Haftungsdurchgriff führt

III. Schadensersatzanspruch gemäß § 826 BGB
(–), da Außenhaftung durch Innenhaftung ausgeschlossen ist

IV. Ergebnis: Außenhaftung des X gegenüber G (–)

Teil 2. Ansprüche gegen F

A. Ansprüche der X-GmbH gegen F wegen des Abschlusses des Mietvertrages

I. Haftung aus § 64 S. 3 GmbHG (–), da Weggabe der Arbeitsbühne keine „Zahlung" ist

II. Schadensersatzanspruch aus § 43 Abs. 2 GmbHG
  1. Tatbestand des § 43 Abs. 2 GmbHG (+), Sorgfaltswidrigkeit, Verschulden und Schaden liegen vor
  2. Haftungsbefreiung aufgrund der Weisung des X?
    a) Grundsatz: haftungsausschließende Wirkung von Gesellschafterbeschlüssen (Umkehrschluss zu § 43 Abs. 3 S. 3 GmbHG)
    b) Wirksamkeit der Weisung?
      aa) Formelle Wirksamkeit
      (+), da bei Einpersonengesellschaft Beschlussfassung formlos möglich ist; Verstoß gegen § 48 Abs. 3 GmbHG ohne Auswirkung auf Wirksamkeit
      bb) Materielle Wirksamkeit
      Beschluss ist nicht analog § 241 Nr. 3 Alt. 2 AktG nichtig, sondern lediglich analog § 43 Abs. 3 S. 3 GmbHG insoweit teilunwirksam, als Geschäftsführerhaftung zur Gläubigerbefriedigung erforderlich ist (Insolvenzausfallschaden)
  3. Anspruchsinhalt: Schadensersatz iHv 1,1 Mio. EUR zzgl. der Kosten des Insolvenzverfahrens

III. Ergebnis: Innenhaftung des F gegenüber X-GmbH aus § 43 Abs. 2 GmbHG auf Ersatz des Insolvenzausfallschadens (+)

B. Ansprüche der X-GmbH gegen F wegen der Kaufpreiszahlung an die Y-GmbH

I. Haftung iHv 60.000 EUR gemäß § 64 S. 1 GmbHG
(–), da X-GmbH zum Zahlungszeitpunkt nicht insolvent war

II. Haftung iHv 60.000 EUR gemäß § 64 S. 3 GmbHG
(–), da Zahlungsunfähigkeit nicht durch Zahlung hervorgerufen wurde

III. Ergebnis: Haftung des F gegenüber der X-GmbH aus § 63 S. 1 und § 63 S. 3 GmbHG (–)

Lösung

Teil 1. Ansprüche gegen X

A. Ansprüche der X-GmbH gegen X

1 Nach Eröffnung des Insolvenzverfahrens können die Ansprüche der X-GmbH gemäß § 80 Abs. 1 InsO nur noch vom Insolvenzverwalter geltend gemacht werden. Kommt es zum Rechtsstreit, führt dieser ihn im eigenen Namen in Prozessstandschaft für die GmbH.

I. Wegen des Abschlusses des Mietvertrages

1. Anspruch gemäß §§ 31 Abs. 1, 30 Abs. 1 GmbHG

2 Die X-GmbH könnte zunächst einen Anspruch gegen X auf Zahlung von 9.000 EUR aus §§ 31 Abs. 1, 30 Abs. 1 GmbHG haben. Dies setzt voraus, dass in entsprechender Höhe eine Auszahlung an X stattgefunden hat, die aus dem Stammkapital erfolgte.

a) Auszahlung an X

3 Die Arbeitsbühne wurde von der X-GmbH für 15.000 EUR pro Woche für insgesamt drei Wochen an die T-AG vermietet, obwohl der marktübliche Mietzins 18.000 EUR pro Woche betrug. Hierdurch kam es zu einer verdeckten Auszahlung iHv 9.000 EUR an die T-AG. Nach dem anzustellenden Drittvergleich ist entscheidend, dass der Mietvertrag zu den konkreten Bedingungen nicht mit einem unabhängigen Dritten geschlossen worden wäre. Dass sich dieser Vorgang nicht bilanziell auswirkt, ist unerheblich.[1] Unerheblich ist auch, dass die Auszahlung nicht an X selbst, sondern an die T-AG erfolgt ist. Da X den Abschluss des Mietvertrages veranlasst hat, ist ihm die verdeckte Auszahlung auch zuzurechnen.

Hinweis: Beruht die Zahlung auf der Veranlassung des Gesellschafters, ist ihm diese unabhängig davon zuzurechnen, ob zwischen ihm und dem Dritten eine Nähebeziehung (zB Mehrheitsbeteiligung) besteht. Es kann nämlich keinen Unterschied machen, ob der Gesellschafter sich selbst etwas aus dem Gesellschaftsvermögen auszahlen lässt und es dann dem Dritten zuwendet oder die Zuwendung im Wege einer „abgekürzten Leistung" unmittelbar an den Dritten erfolgt.[2]

b) Eingriff in das Stammkapital

4 Da das Eigenkapital der X-GmbH zum Zeitpunkt des Vertragsschlusses mit 103.000 EUR das Stammkapital um 3.000 EUR überstieg, verfügte sie im Um-

[1] Scholz/*Verse* GmbHG § 30 Rn. 18; Henssler/Strohn/*Fleischer* GmbHG § 30 Rn. 4; Habersack/Casper/Löbbe/*Habersack* GmbHG § 30 Rn. 75, 46; Baumbach/Hueck/*Fastrich* GmbHG § 30 Rn. 33.

[2] Scholz/*Verse* GmbHG § 30 Rn. 53; *Wilhelm* S. 192ff. mwN.

fang dieser 3.000 EUR über freies Vermögen, das nicht vom Kapitalerhaltungsgebot umfasst war. Die Auszahlung iHv 9.000 EUR kann daher von vornherein allenfalls iHv 6.000 EUR aus dem Stammkapital erfolgt sein.

Vorliegend ist allerdings zu beachten, dass die Auszahlung nicht bilanzwirksam war. 5
Durch die Vereinbarung des nicht marktgerechten Mietzinses sind der X-GmbH keine Aktiva entzogen worden. Denn der erzielbare marktübliche Mietzins ist als bloße Erwerbschance nicht aktivierbar. Die Vereinbarung verhindert lediglich, dass es zu einem über den vereinbarten Mietzins hinausgehenden Zufluss an Aktiva kommt. Wirkt sich die Auszahlung nicht bilanziell aus, kann es durch sie aber auch nicht zu einem Eingriff in das Stammkapital kommen.

Hinweis: Der Zusammenhang wird deutlich, wenn man sich vor Augen führt, dass der X-GmbH aus der Vermietung der Arbeitsbühne 45.000 EUR (drei Wochenmieten à 15.000 EUR) an Mietzins zugeflossen sind, dh – wenn man diesen Vorgang isoliert betrachtet – das Eigenkapital sogar auf 148.000 EUR angestiegen wäre.

Eine Ausnahme vom Erfordernis, dass die Auszahlung aus dem Stammkapital erfolgt 6
sein muss, wird nur gemacht, wenn bereits zum Auszahlungszeitpunkt eine Unterbilanz bestand.[3] Dies ist jedoch, wie zuvor ausgeführt (→ Rn. 4 f.), nicht der Fall.

c) Zwischenergebnis

Ein Anspruch aus §§ 31 Abs. 1, 30 Abs. 1 GmbHG besteht nicht. 7

2. Schadensersatzanspruch gemäß § 280 Abs. 1 BGB iVm der Treuepflicht

Denkbar wäre ein Anspruch aus § 280 Abs. 1 BGB iVm der Treuepflicht auf Ersatz 8
des der X-GmbH durch den Abschluss des Mietvertrages entstandenen Schadens. So sind die Gesellschafter daran gehalten, die Interessen der Gesellschaft zu wahren und diese durch schädigendes Verhalten nicht zu beeinträchtigen.[4] Veranlasst ein Gesellschafter die Gesellschaft, einen Austauschvertrag zu für diese ungünstigen Konditionen abzuschließen, ist dies aufgrund der damit verbundenen Schädigung grundsätzlich treuwidrig. Erst recht gilt dies, wenn das Mietobjekt – wie im vorliegenden Fall – bereits anderweitig vermietet ist und die Zweitvermietung eine Schadensersatzpflicht der Gesellschaft nach sich zieht. Allerdings steht die Treuepflicht nach ganz hM zur Disposition der Gesellschaftergesamtheit.[5] Handelt es sich – wie vorliegend – um eine Einpersonengesellschaft, entfaltet die Treuepflicht mithin keine Wirkung.[6] Ein Anspruch aus § 280 Abs. 1 BGB iVm der Treuepflicht besteht nicht.

3 Habersack/Casper/Löbbe/*Habersack* GmbHG § 30 Rn. 45 f.

4 Vgl. Scholz/*Seibt* GmbHG § 14 Rn. 65; *Wilhelm* S. 221 ff. mwN.

5 BGHZ 142, 92 Rn. 11 = NJW 1999, 2817, 2818; Henssler/Strohn/*Verse* GmbHG Nach § 13 Rn. 44; MüKoGmbHG/*Merkt* GmbHG § 13 Rn. 109 f.

6 Die Begründung dieses weithin konsentierten Ergebnisses erweist sich insoweit als problematisch, als die Treuepflicht Ausfluss des Verbandszwecks ist (die Schädigung der Gesellschaft ist mit dem normtypischen Gewinnziel unvereinbar) und es sich beim Verbandszweck um einen (idR ungeschriebenen) Satzungsbestandteil handelt. Der Selbstdispens des Alleingesellschafters (Entsprechendes gilt in der mehrgliedrigen Gesellschaft) ist hiernach als eine Satzungsänderung zu werten und bedarf zu seiner Wirksamkeit grundsätzlich insbesondere der Eintragung in das Handelsregister (§ 54 Abs. 3 GmbHG). Da sich die Wirkung der Satzungsänderung aber auf einen Einzelfall beschränkt (Einzelfallsatzungsänderung), spricht viel dafür, auf das Eintragungserfordernis im Wege der teleologischen Reduktion zu verzichten, siehe ausführlich *Leuschner* ZHR 180 (2016), 422.

3. Schadensersatzanspruch gemäß §§ 311 Abs. 1, 317 Abs. 1 AktG analog

9 Auch eine Schadensersatzpflicht analog §§ 311 Abs. 1, 317 Abs. 1 AktG scheidet aus. Zwar ist der Tatbestand des § 311 Abs. 1 AktG insoweit erfüllt, als X die X-GmbH in Form des Mietvertrages zum Abschluss eines nachteiligen Rechtsgeschäfts veranlasst hat. Jedoch scheidet eine analoge Anwendung der §§ 311 ff. AktG auf die GmbH nach ganz hM aus.[7] Die Interessenlage bei der GmbH ist mit der bei Aktiengesellschaften schon deshalb nicht vergleichbar, weil das in den §§ 311 ff. AktG geregelte System des gestreckten Nachteilausgleichs maßgeblich auf der Überwachungsfunktion des Aufsichtsrats aufbaut (vgl. § 314 AktG), die GmbH jedoch anders als die Aktiengesellschaft über keinen obligatorischen Aufsichtsrat verfügt.

4. Verlustausgleichsanspruch gemäß § 302 AktG analog

10 Denkbar wäre ferner ein Anspruch der X-GmbH gegen X analog § 302 AktG auf Ausgleich des (im Sachverhalt nicht bezifferten) Jahresverlustes. In der Vergangenheit bejahte der BGH eine solche für den Vertragskonzern vorgesehene Haftung, wenn ein herrschendes Unternehmen die Geschäfte des beherrschten Unternehmens dauernd und umfassend geführt hat (sog. qualifiziert faktischer Konzern).[8] Ob dieser Tatbestand vorliegend erfüllt ist, lässt sich anhand der Sachverhaltsangaben nicht beurteilen, kann aber auch dahinstehen. Die Figur des qualifiziert faktischen Konzerns wurde vom BGH in der Bremer-Vulkan-Entscheidung aus dem Jahr 2001 zugunsten der Existenzvernichtung ausdrücklich aufgegeben.[9]

5. Schadensersatzanspruch gemäß § 826 BGB wegen Existenzvernichtung

11 X könnte jedoch der X-GmbH unter dem Gesichtspunkt der Existenzvernichtung aus § 826 BGB auf Schadensersatz haften.

Hinweis: In seinem „Trihotel"-Urteil[10] hat der BGH entschieden, dass es sich bei der Existenzvernichtungshaftung um eine Fallgruppe der Haftung wegen sittenwidriger Schädigung aus § 826 BGB handelt.[11] Für die klausurmäßige Prüfung birgt dies insoweit Schwierigkeiten, als die Existenzvernichtungshaftung der Sache nach ein „spezifisch kapitalgesellschaftsrechtlicher Tatbestand"[12] ist, dessen einzelne Bestandteile sich nur mit Mühe in den Tatbestand des § 826 BGB integrieren lassen. Das nachfolgende Schema zeigt einen Weg auf, die Existenzvernichtungshaftung klausurmäßig zu prüfen.

---

7 Henssler/Strohn/*Verse* GmbHG Nach § 13 Rn. 7; *Emmerich/Habersack* KonzernR § 29 Rn. 7.

8 BGHZ 95, 330 Rn. 28 = NJW 1986, 188, 191 – Autokran; 107, 7 Rn. 26 = NJW 1989, 1800, 1802 – Tiefbau; zum Ganzen etwa *Wilhelm* S. 306 ff.

9 BGHZ 149, 10 Rn. 11 = NJW 2001, 3622, 3623 – Bremer Vulkan.

10 BGHZ 173, 246 = NJW 2007, 2689 – Trihotel.

11 Zur Entwicklung der Rspr. des BGH von der Fertighaus-Entscheidung, über Autokran, Video, TBB und Bremer Vulkan bis zu Trihotel siehe *Drygala/Staake/Szalai* § 10 Rn. 17 ff.; *Prütting* JuS 2018, 409 ff.; *Emmerich/Habersack* KonzernR § 31 Rn. 1 ff.

12 *Röhricht* FS 50 Jahre BGH, 2000, Bd. I, S. 83, 116.

Prüfungsschema: Existenzvernichtungshaftung

I. Kompensationsloser Eingriff in das Gesellschaftsvermögen (Tathandlung)
Entzug von Gesellschaftsvermögen, bei Austauschverträgen Drittvergleich

II. Sittenwidrigkeit der Handlung
Der Eingriff ist sittenwidrig, wenn zum Zeitpunkt seiner Vornahme (objektiv) überwiegend wahrscheinlich ist, dass er zum Eintritt oder zur Vertiefung eines Insolvenzausfallschadens führen wird (Ex-ante-Perspektive).

III. Schaden (Taterfolg)
Schaden iSd Existenzvernichtung ist der Insolvenzausfallschaden.

IV. Kausalität (zwischen Tathandlung und Taterfolg)
Der Insolvenzausfallschaden muss ganz oder teilweise auf dem Eingriff beruhen (Ex-post-Perspektive).

V. Vorsatz
Der Gesellschafter muss den Eingriff und den dadurch bewirkten Insolvenzausfallschaden zumindest billigend in Kauf genommen haben.

VI. Anspruchsinhalt
Erfasst ist der gesamte Insolvenzausfallschaden zzgl. der Insolvenzkosten.

Anmerkungen:
Zu I: Das Prüfungsschema orientiert sich an der Formulierung aus dem „Trihotel"-Urteil des BGH, wo von einem „kompensationslosen Eingriff" die Rede ist.[13] Hierbei ist allerdings zu beachten, dass es bei der Frage der Kompensation nicht nur um die unmittelbaren, sondern auch um die mittelbaren Auswirkungen auf das Gesellschaftsvermögen geht.[14] Lässt sich ein solventer Gesellschafter ein Darlehen zu marktüblichen Konditionen gewähren, bleibt dies zwar ohne unmittelbare Auswirkungen auf das Gesellschaftsvermögen. Gleichwohl erfüllt die Darlehensvergabe den Tatbestand der Existenzvernichtung, wenn die Gesellschaft infolge des Liquiditätsverlustes fortlaufend Verluste macht, die zur Insolvenz führen. Von einer den Tatbestand der Existenzvernichtung ausschließenden Kompensation ist daher nur dann auszugehen, wenn der Eingriff weder zu einem unmittelbaren Vermögensabfluss führt, noch negative Auswirkungen auf die Ertragskraft hat. Bei der Überprüfung von Austauschverträgen ist hiernach auf einen Drittvergleich abzustellen und zu fragen, ob das Geschäft zu denselben Konditionen auch mit einem Dritten abgeschlossen worden wäre.[15] Lässt man die Ausnahmeregelung des § 30 Abs. 1 S. 2 GmbHG außer Betracht, entspricht der Begriff des kompensationslosen Eingriffs hiernach dem kapitalerhaltungsrechtlichen Auszahlungsbegriff, für den nach richtiger Auffassung ebenfalls der Drittvergleich maßgeblich ist. Ob der Eingriff bilanzwirksam ist, spielt keine Rolle.[16]

Zu II: Nicht jede nachteilige Einwirkung auf das Gesellschaftsvermögen ist rechtswidrig. Anerkanntermaßen kann die Gesellschaftergesamtheit die Gesellschaft kompensationslos schädigen, solange keine Gläubigerinteressen betroffen sind. Die Grenze der zulässigen Schädigung ist jedoch erreicht, sobald das zur Befriedigung der Gläubiger erforderliche Vermögen (Fremdkapital) betroffen ist, was im Wesentlichen gleichbedeutend mit dem Eintritt der Insolvenzreife sowie der Entstehung eines Insolvenzausfallschadens ist. Die Formulierung „sittenwidrig, weil insolvenzverursachend"[17] in der „Trihotel"-Entscheidung legt es nahe, diesen Aspekt beim Tatbestandsmerkmal der Sittenwidrigkeit zu verorten. Sittenwidrig ist der Eingriff in das Gesellschaftsvermögen hiernach, wenn er einen Insolvenzausfallschaden bewirkt. Insoweit ist allerdings zu bedenken, dass die Sitten- und somit Rechtswidrigkeit des Eingriffs bereits zum Zeitpunkt seiner Vornahme feststehen muss und nicht davon abhängen kann, ob die Insolvenz anschließend eintritt oder nicht. Abzustellen ist daher nicht auf eine Ex-post-Betrachtung, sondern eine zum Zeitpunkt des Eingriffs vorzunehmende Prognose, ob der Eingriff zur Entstehung eines Insolvenzausfallschadens führen wird (Ex-ante-Betrachtung).

13 BGHZ 173, 246 Rn. 16 = NJW 2007, 2689, 2690 – Trihotel.

14 Vgl. MHLS/*Servatius* Systematische Darstellung 4 Rn. 405.

15 MHLS/*Servatius* Systematische Darstellung 4 Rn. 403.

16 Henssler/Strohn/*Verse* GmbHG § 13 Rn. 53; *Emmerich/Habersack* KonzernR § 31 Rn. 13ff.

17 BGHZ 173, 246 Rn. 28 = NJW 2007, 2689, 2692 – Trihotel.

Die Sittenwidrigkeit ist hiernach unproblematisch zu bejahen, wenn unmittelbar auf das Fremdkapital eingewirkt wird, dh der Gesellschaft zur Gläubigerbefriedigung erforderliches Vermögen entzogen wird. Hier ist der Insolvenzausfallschaden eine direkte Folge des Eingriffs. Denkbar ist aber auch die mittelbare Existenzvernichtung, bei welcher der Eingriff einen Kausalverlauf in Gang setzt, der erst zu einem späteren Zeitpunkt in die Insolvenz mündet (diese Differenzierung deutete der BGH im „Trihotel"-Urteil an).[18] Das ist der Fall, wenn durch den Eingriff negativ auf die Ertragskraft der Gesellschaft eingewirkt wird und sie in der Folge dauerhaft Verluste erleidet.[19] Zu denken ist bspw. an den Abzug wichtiger Mitarbeiter oder den Entzug betriebsnotwendiger Liquidität. Werden die Verluste anfangs noch vom Eigenkapital aufgefangen, führen sie früher oder später dazu, dass auch das zur Gläubigerbefriedigung erforderliche Fremdkapital vernichtet wird. Ob ein entsprechender Kausalverlauf allerdings tatsächlich ex ante vorhersehbar war, lässt sich im Einzelfall häufig nur schwer bestimmen. Denn typischerweise ist die Insolvenz Folge einer Vielzahl von Umständen. Anlehnen kann man sich insoweit aber an den Tatbestand der in § 64 S. 3 GmbHG normierten Geschäftsführerhaftung, in dem es mit Blick auf die dortige Formulierung „führen mussten" in der Regierungsbegründung heißt, dass sich zum Zeitpunkt der Tathandlung „klar abzeichnen [muss], dass die Gesellschaft unter normalem Verlauf der Dinge ihre Verbindlichkeiten nicht mehr wird erfüllen können".[20] Es genügt demnach nicht, dass die Insolvenz lediglich eine mögliche Folge des Eingriffs war, sondern es bedarf einer überwiegenden Wahrscheinlichkeit.[21]

Zu III: Schädigungen des Eigenkapitals (einschließlich des Stammkapitals) der Gesellschaft werden aufgrund des Schutzzwecks der Existenzvernichtungshaftung, die allein dem Gläubigerschutz dient, nicht erfasst.[22] Die Existenzvernichtungshaftung zielt allein darauf, den Schaden im Fremdkapital auszugleichen oder maW die „Schuldendeckungsfähigkeit" wiederherzustellen.

Zu IV: Voraussetzung der Existenzvernichtungshaftung ist, dass der Insolvenzausfallschaden ohne den Eingriff gar nicht (Insolvenz*verursachung*) oder nur in einem geringeren Umfang (Insolvenz*vertiefung*) entstanden wäre.

Zu V: Die Verortung der Existenzvernichtungshaftung bei § 826 BGB impliziert, dass der Gesellschafter bezüglich sämtlicher objektiver Tatbestandsmerkmale zumindest mit Eventualvorsatz gehandelt haben muss. Bezüglich des Merkmals des Eingriffs ist dies ohne Weiteres nachvollziehbar und kommt auch in der Formulierung des BGH zum Ausdruck, wonach der Eingriff „betriebsfremd" sein muss. Der „gut gemeinte" Eingriff zum Wohle der Gesellschaft löst eine Existenzvernichtungshaftung auch dann nicht aus, wenn er noch so sorgfaltswidrig war.[23] Vom Vorsatzerfordernis erfasst sein muss darüber hinaus aber auch die überwiegende Wahrscheinlichkeit des Insolvenzeintritts als der die Sittenwidrigkeit begründende Umstand. Eine Haftung muss hiernach ausscheiden, wenn der Gesellschafter (ohne jede Nachforschung) fälschlich davon ausgeht, die Gesellschaft werde den Eingriff „verkraften". Dieses Ergebnis erscheint wenig überzeugend und steht in einem Wertungswiderspruch zu § 64 S. 3 GmbHG, wonach der Geschäftsführer bereits für einfache Fahrlässigkeit haftet,[24] ist aber auf Grundlage der BGH-Rechtsprechung unvermeidbar.

Zu VI: Vom Anspruchsinhalt umfasst sind neben dem gesamten Insolvenzausfallschaden auch die Insolvenzkosten. Darunter fallen auch Kollateralschäden, da der Anspruch aus § 826 BGB – im Gegensatz zu §§ 30 Abs. 1, 31 Abs. 1 GmbHG – nicht auf den Ersatz des Wertes der entzogenen Vermögenswerte beschränkt ist.[25] Lediglich die Vernichtung von Eigenkapital ist nicht erfasst (→ Rn. 18).

a) Kompensationsloser Eingriff in das Gesellschaftsvermögen (Tathandlung)

12 Voraussetzung der Existenzvernichtungshaftung ist zunächst ein kompensationsloser Eingriff in das Gesellschaftsvermögen. Dieser könnte vorliegend darin zu sehen

[18] BGHZ 173, 246 Rn. 30 aE = NJW 2007, 2689, 2692.

[19] Baumbach/Hueck/*Fastrich* GmbHG § 13 Rn. 61, 66: „Weichenstellung ins Aus".

[20] BT-Drs. 16/6140, 112.

[21] Zu § 64 GmbHG siehe Baumbach/Hueck/*Haas* GmbHG § 64 Rn. 133.

[22] BGH ZIP 2012, 1804 Rn. 29; Henssler/Strohn/*Verse* GmbHG § 13 Rn. 66.

[23] BGH NZG 2005, 214, 215: keine Existenzvernichtungshaftung bei „Managementfehlern".

[24] Henssler/Strohn/*Verse* GmbHG § 13 Rn. 50.

[25] Ausführlich *Emmerich/Habersack* KonzernR § 31 Rn. 20 ff.

sein, dass X der X-GmbH die Nutzungsmöglichkeit an der Arbeitsbühne entzogen hat. Dass dies auf Grundlage eines Mietvertrages und somit entgeltlich erfolgte, stellt keine ausreichende Kompensation dar. Ausschlaggebend ist insoweit ein Drittvergleich. Der konkrete Mietvertrag wäre mit einem Dritten schon wegen des unangemessen niedrigen Mietzinses nicht abgeschlossen worden. Hinzu kommt, dass die X-GmbH aufgrund anderer „verschiedener Kundenaufträge" auf die Arbeitsbühne angewiesen war und diesen daher an einen Dritten selbst zu angemessenen Konditionen nicht vermietet hätte. Ein kompensationsloser Eingriff ist daher zu bejahen.

b) Sittenwidrigkeit der Handlung

Der Eingriff des X müsste sittenwidrig gewesen sein. Dies ist der Fall, wenn es zum 13
Zeitpunkt des Abschlusses des Mietvertrages überwiegend wahrscheinlich war, dass dieser die Insolvenz der X-GmbH und in der Folge einen Insolvenzausfallschaden ihrer Gläubiger bewirkt. Da der Geschäftsführer F vor Abschluss des Mietvertrages ausdrücklich auf diese Konsequenzen hingewiesen hat, kann vom Vorliegen dieser Voraussetzung ausgegangen werden. Der Eingriff war somit sittenwidrig.

c) Schaden (Taterfolg)

Die Existenzvernichtungshaftung setzt ferner voraus, dass ein Schaden in Form ei- 14
nes Insolvenzausfallschadens tatsächlich eingetreten ist. Da die X-GmbH iHv 1,1 Mio. EUR überschuldet ist, beläuft sich der Insolvenzausfallschaden auf mindestens diesen Betrag. Hinzu kommen die Kosten des Insolvenzverfahrens. Etwaige aus der Existenzvernichtung resultierende Ersatzansprüche bleiben unberücksichtigt.

d) Kausalität (zwischen Tathandlung und Taterfolg)

Des Weiteren ist erforderlich, dass der Insolvenzausfallschaden ganz oder teilweise 15
auf dem Eingriff beruht. Vorliegend legt der Sachverhalt die Annahme nahe, dass die X-GmbH ohne den Abschluss des Mietvertrages mit der T-AG nicht insolvent geworden wäre und somit der gesamte Insolvenzausfallschaden auf dem Eingriff beruht.

e) Vorsatz

Schließlich setzt die Haftung wegen Existenzvernichtung voraus, dass der An- 16
spruchsgegner bezüglich der objektiven Tatbestandsmerkmale einschließlich der die Sittenwidrigkeit begründenden Umstände zumindest mit Eventualvorsatz handelte. Bezüglich des Eingriffs durch Abschluss des Mietvertrages handelte X mit direktem Vorsatz. Aufgrund der Aussagen des F musste X damit rechnen, dass der Eingriff mit überwiegender Wahrscheinlichkeit zum Eintritt eines Insolvenzausfallschadens führen würde. Insoweit handelte er daher zumindest mit Eventualvorsatz. Dies impliziert, dass er auch bezüglich des tatsächlich eingetretenen Insolvenzausfallschadens und dem Kausalzusammenhang mit Eventualvorsatz handelte.

f) Anspruchsinhalt

Aufgrund des beschriebenen Kausalzusammenhangs (→ Rn. 15; vgl. Prüfungs- 17
schema unter Rn. 11 Anm. zu IV) ist der gesamte Insolvenzausfallschaden iHv 1,1 Mio. EUR zzgl. der Insolvenzkosten Gegenstand des Ersatzanspruchs aus § 826

BGB. Dass dieser Betrag weit über den unmittelbar auf dem Eingriff beruhenden Schaden iHv 9.000 EUR hinausgeht, ist unerheblich, da die Existenzvernichtungshaftung im Unterschied zum Anspruch aus den §§ 30 Abs. 1, 31 Abs. 1 GmbHG nicht auf den Ersatz des Wertes der entzogenen Vermögenswerte beschränkt ist, sondern auch Kollateralschäden erfasst.[26]

18 Unberücksichtigt bleibt demgegenüber, dass der Eingriff des X über den Insolvenzausfallschaden hinaus auch zu einer Vernichtung von Eigenkapital geführt hat. Zwar ist dieser Schaden grundsätzlich von den §§ 249 Abs. 1, 251 Abs. 1 BGB erfasst. Da die Existenzvernichtungshaftung jedoch allein dem Schutz der Gläubiger dient, ist dieser Teil des Schadens vom Schutzzweck der Norm nicht gedeckt und damit nicht ersatzfähig.

Hinweis: Für den Insolvenzverwalter hat dies den Vorteil, dass er den tatsächlichen Umfang des auf dem Eingriff beruhenden Schadens nicht darlegen muss. Es genügt, dass er den vergleichsweise leicht zu bestimmenden Insolvenzausfallschaden ermittelt und darlegt, dass zumindest dieser ohne den Eingriff nicht entstanden wäre.

6. Ergebnis

19 Wegen der Veranlassung des Abschlusses des Mietvertrages steht der X-GmbH gegen X ein Schadensersatzanspruch aus § 826 BGB iHv 1,1 Mio. EUR zzgl. der Insolvenzkosten zu.

II. Wegen der Anweisung zur Kaufpreiszahlung

Hinweise zur Behandlung von Gesellschafterdarlehen: (1.) Durch den vorübergehenden Verzicht auf die Geltendmachung der Kaufpreisforderung der Y-GmbH stellte X der X-GmbH mittelbar Liquidität zur Verfügung. Da dieser Vorgang aufgrund der Veranlassung des X wertungsmäßig so zu behandeln ist, als hätte X der X-GmbH selbst ein Darlehen gewährt, stellt sich die Frage, wie solche Gesellschafterdarlehen zu behandeln sind.
(2.) Grundsätzlich steht es den Gesellschaftern frei, ob sie einen über das Mindestkapital hinausgehenden Liquiditätsbedarf der Gesellschaft durch Zuführung von Eigenkapital oder durch Fremdkapital (Gesellschafterdarlehen) befriedigen. Entscheiden sie sich für die Gewährung von Fremdkapital, stellt sich jedoch die Frage, ob sie wie jeder andere Fremdkapitalgeber behandelt werden. Wäre dem so, könnten sie ihr Fremdkapital bei Fälligkeit jederzeit abziehen. In der Insolvenz würden sie gleichberechtigt in Konkurrenz zu den anderen Gläubigern treten.
(3.) Der Gesetzgeber hat sich gegen eine völlige Gleichbehandlung entschieden. Diese Entscheidung ist vor dem Hintergrund zu sehen, dass stets in einem bestimmten Umfang eine Risikobeteiligung der Gesellschafter gewährleistet sein soll. Die Beschränkung der Haftung auf das Gesellschaftsvermögen (§ 13 Abs. 2 GmbHG) führt im Ausgangspunkt dazu, dass das Risiko eines unternehmerischen Misserfolgs auf die Gläubiger verlagert wird. Die Regeln über das Mindest(eigen)kapital bewirken aber, dass die Gläubiger nie das gesamte Risiko tragen, sondern ein Teil des Risikos bei den Gesellschaftern verbleibt. Denn Eigenkapital darf in der Krise nicht an die Gesellschafter zurückgezahlt werden (§ 30 Abs. 1 GmbHG) und wird ihnen in der Insolvenz nur erstattet, wenn zuvor sämtliche Gläubiger befriedigt wurden (§ 199 S. 2 InsO). Von der erzwungenen Risikobeteiligung verspricht man sich eine Steuerungsfunktion: Sie macht die Gesellschafter risikoempfindlich und hält sie in der Folge davon ab, die Gesellschaft zur Eingehung übermäßiger Risiken zu veranlassen.[27]
(4.) Befriedigen die Gesellschafter den Finanzbedarf der Gesellschaft überwiegend mit Fremd- statt mit Eigenkapital, führt dies indes dazu, dass ihre Eigenkapitalbeteiligung in Relation zum Umfang des Gesellschaftsvermögens und dem hiermit korrespondierenden unternehmerischen Risiko an Bedeutung

[26] BGHZ 173, 246 Rn. 39, 57 = NJW 2007, 2689, 2692 – Trihotel; Henssler/Strohn/*Verse* GmbHG § 13 Rn. 66.

[27] Näher dazu *Wilhelm* S. 30 ff.; *ders.* ZIP 2020, 2210, 2211 f. mwN.

verliert. Dies kann die intendierte Balance zwischen der eigenen Risikobeteiligung und der Risikobeteiligung der Fremdgläubiger stören. Insbesondere wären die Gesellschafter in der Lage, sich den überwiegenden Teil des von ihnen zur Verfügung gestellten Kapitals im Vorfeld der Insolvenz zurückzahlen zu lassen. Das Problem wird dadurch verschärft, dass sie als „Unternehmens-Insider" gegenüber den Fremdgläubigern einen Informationsvorsprung haben.

(5.) Der Gesetzgeber hat sich daher entschieden, Gesellschafterdarlehen in der Insolvenz wie Eigenkapital zu behandeln: Gemäß § 39 Abs. 1 Nr. 5 InsO dürfen die Darlehen im Insolvenzverfahren nur zurückgezahlt werden, nachdem sämtliche Gläubiger befriedigt wurden (Nachrang). Werden Gesellschafterdarlehen innerhalb eines Jahres vor Insolvenzeintritt zurückgezahlt, ist dieser Vorgang gemäß § 135 Abs. 1 Nr. 2 InsO anfechtbar, dh der Gesellschafter ist verpflichtet, den Betrag zu erstatten.

1. Anspruch aus §§ 31 Abs. 1, 30 Abs. 1 GmbHG iVm den Grundsätzen des eigenkapitalersetzenden Darlehens

Möglicherweise steht der X-GmbH gegen X ein Anspruch auf Erstattung des an die Y-GmbH gezahlten Kaufpreises iHv 60.000 EUR aus den §§ 31 Abs. 1, 30 Abs. 1 GmbHG zu. Indem X veranlasste, dass die Y-GmbH den fälligen Kaufpreisanspruch vorübergehend nicht durchsetzt, nahm er eine Handlung vor, die wirtschaftlich der Gewährung eines Gesellschafterdarlehens entspricht. Vor der Novellierung durch das MoMiG im Jahr 2008 wurden solche Gesellschafterdarlehen unter bestimmten Voraussetzungen als „eigenkapitalersetzend" qualifiziert und damit dem Anwendungsbereich des § 30 Abs. 1 GmbHG unterworfen.[28] Dieser Rechtsprechung hat der Gesetzgeber aber in § 30 Abs. 1 S. 3 GmbHG eine ausdrückliche Absage erteilt und festgestellt, dass Gesellschafterdarlehen nicht dem Kapitalerhaltungsgebot unterliegen. Ein Anspruch der X-GmbH aus den §§ 31 Abs. 1, 30 Abs. 1 GmbHG scheidet somit aus. 20

2. Anspruch wegen Insolvenzanfechtung gemäß §§ 143 Abs. 1 S. 1, 129 Abs. 1, 135 Abs. 1 Nr. 2 InsO

Der X-GmbH könnte jedoch ein Anspruch gegen X auf Rückerstattung der 60.000 EUR aus den §§ 143 Abs. 1 S. 1, 129 Abs. 1, 135 Abs. 1 Nr. 2 InsO zustehen. Voraussetzung hierfür ist, dass die Kaufpreiszahlung an die Y-GmbH der Insolvenzanfechtung unterliegt. 21

a) Rechtshandlung gemäß § 129 Abs. 1 InsO

Eine Rechtshandlung iSv § 129 Abs. 1 InsO ist jedes Verhalten, das eine rechtliche Wirkung auslöst.[29] Die Kaufpreiszahlung der X-GmbH an die Y-GmbH bewirkte unter anderem, dass der ausführenden Bank aus dem Überweisungsvertrag ein Aufwendungsersatzanspruch zusteht. Folglich hat die Veranlassung der Zahlung durch X eine rechtliche Wirkung ausgelöst und ist daher eine Rechtshandlung iSv § 129 Abs. 1 InsO. Da die Zahlung die Insolvenzmasse minderte, bewirkte sie auch eine Gläubigerbenachteiligung.[30] 22

28 Darstellung der Rechtsprechungs- und Gesetzesentwicklung bei *Drygala/Staake/Szalai* § 9 Rn. 5 ff.; Scholz/*Bitter* GmbHG Anh. § 64 Rn. 1 ff.

29 Braun/*de Bra* InsO § 129 Rn. 10.

30 Das Merkmal der Gläubigerbenachteiligung lässt sich dem Wortlaut des § 129 Abs. 1 InsO nicht unmittelbar entnehmen, folgt aber daraus, dass die Anfechtung den Gläubigern keine Vorteile verschaffen soll, die ohne die Rechtshandlung nicht bestanden hätten, vgl. BGH NJW 1983, 1123, 1124.

b) Anfechtungsgrund gemäß §§ 135 Abs. 1 Nr. 2, 39 Abs. 1 Nr. 5 InsO

23 Des Weiteren müsste ein Anfechtungsgrund bestehen. Vorliegend kommt § 135 Abs. 1 Nr. 2 InsO in Betracht, wonach Rechtshandlungen anfechtbar sind, die für die Forderung eines Gesellschafters auf Rückgewähr eines Gesellschafterdarlehens oder gleichgestellter Forderungen innerhalb eines Jahres vor Insolvenzeröffnung Befriedigung gewährt haben.

24 Erforderlich ist zunächst, dass die Zahlung an die Y-GmbH als die Rückgewähr eines Gesellschafterdarlehens oder einer Forderung aus einer Rechtshandlung, die einem solchen Darlehen wirtschaftlich entspricht, qualifiziert werden kann. Formal handelt es sich nicht um die Zahlung auf eine Darlehens-, sondern eine Kaufpreisforderung. Die Nichtgeltendmachung der Kaufpreisforderung trotz Fälligkeit hat jedoch dazu geführt, dass die Liquidität der X-GmbH vorübergehend gesteigert wurde und steht daher wirtschaftlich der Darlehensgewährung gleich.[31] Folglich ist auch die spätere Zahlung auf die Kaufpreisforderung wie die Rückzahlung eines Gesellschafterdarlehens zu behandeln.

25 Unerheblich ist, dass die Liquidität nicht durch X selbst, sondern durch die Y-GmbH zur Verfügung gestellt wurde. Denn es ist anerkannt, dass auch im Zusammenhang mit § 39 Abs. 1 Nr. 5 InsO Gesellschaftern die Handlungen Dritter zuzurechnen sind, wenn sie wirtschaftlich wie eine eigene Handlung des Dritten erscheinen.[32] Da X vorliegend die Stundung angewiesen hat und er die Y-GmbH überdies als Alleingesellschafter beherrscht, ist diese Voraussetzung erfüllt.

c) Einhaltung der Jahresfrist des § 135 Abs. 1 Nr. 2 InsO

26 Schließlich ist die Zahlung auf die Kaufpreisforderung laut Sachverhalt kurz vor Insolvenzeintritt und somit innerhalb der Jahresfrist des § 135 Abs. 1 Nr. 2 InsO erfolgt.

d) Anfechtungserklärung

27 Eine Anfechtungserklärung ist nach hM nicht erforderlich. Liegt ein Anfechtungsgrund vor, entsteht der schuldrechtliche Rückübertragungsanspruch mit der Eröffnung des Insolvenzverfahrens kraft Gesetzes.[33]

e) Rückgewährschuldner

28 Fraglich ist jedoch, ob sich der Anspruch auf Rückgewähr aus § 143 Abs. 1 InsO auch gegen X richtet. Rückgewährschuldner ist grundsätzlich derjenige, zu dessen Gunsten der Erfolg der konkret angefochtenen Rechtshandlung eingetreten ist.[34] Vorliegend ist, ungeachtet der zuvor erörterten Zurechnung, die Y-GmbH Empfängerin und somit Begünstigte der Leistung. Die Situation unterscheidet sich insoweit von der des § 143 Abs. 3 InsO, wo Empfänger (Dritter) und Begünstigter

31 Vgl. *Drygala/Staake/Szalai* § 9 Rn. 27; *Gehrlein* BB 2008, 846, 850; *Habersack* ZIP 2007, 2145, 2150; ausführlich Scholz/*Bitter* GmbHG Anh. § 64 Rn. 208 ff.

32 RegE zum MoMiG, BT-Drs. 16/6140, 56 zu Nr. 4; *Drygala/Staake/Szalai* § 9 Rn. 22; *Wilhelm* S. 192 ff.; *ders.* ZIP 2020, 2210 ff.; *ders.* ZHR 180 (2016), 776, 788 ff.

33 MüKoInsO/*Kirchhof* InsO Vor §§ 129–147 Rn. 17; *Foerste* InsR § 22 Rn. 338.

34 MüKoInsO/*Kirchhof* InsO § 143 Rn. 8.

(Gesellschafter) verschieden sind. Im Ergebnis ist daher die Y-GmbH und nicht X zur Rückgewähr der 60.000 EUR verpflichtet.

Hinweis: In diesem Punkt ist die Rechtslage aktuell im Fluss. Für das frühere Eigenkapitalersatzrecht, das im November 2008 durch das heutige Gesellschafterdarlehensrecht abgelöst wurde, hatte der BGH noch entschieden, dass neben der darlehensgebenden „Schwester" (hier: der Y-GmbH als Schwestergesellschaft der X-GmbH) immer auch der gemeinsame Gesellschafter (hier: X) für die Darlehensrückzahlung haftet.[35] Demgegenüber hat der BGH für das neue Recht bislang lediglich entschieden, dass jedenfalls die darlehensgewährende Schwester gemäß §§ 143 Abs. 1, 135 Abs. 1 Nr. 2 InsO einstandspflichtig ist.[36] Dass daneben auch der Gesellschafter (als Gesamtschuldner) haften sollte, wird jedoch vielfach unter Verweis auf die andernfalls drohenden Umgehungstatbestände vertreten: Gerade in größeren, eventuell sogar grenzüberschreitend tätigen Unternehmensgruppen könne sich der Gesellschafter – als mittelbarer Nutznießer – andernfalls allzu leicht aus der Verantwortung stehlen, indem er eine schwach kapitalisierte, im faktisch nicht erreichbaren Ausland beheimatete Schwestergesellschaft den Kredit vergeben lässt.[37]

III. Ergebnis

X haftet der X-GmbH im Innenverhältnis aus § 826 BGB auf Ersatz des Insolvenz- **29**
ausfallschadens.

B. Ansprüche des G gegen X

I. Werklohnforderung gemäß § 631 Abs. 1 BGB

Da der Werkvertrag mit der X-GmbH abgeschlossen wurde, schuldet sie dem G **30**
gemäß § 631 Abs. 1 BGB den Werklohn iHv 70.000 EUR. Als Gesellschafter haftet X für die Verbindlichkeiten der GmbH grundsätzlich nicht persönlich (§ 13 Abs. 2 GmbHG).

II. Durchgriffshaftung gemäß § 631 Abs. 1 BGB iVm § 128 S. 1 HGB analog

Denkbar wäre jedoch, dass X aufgrund des existenzvernichtenden Eingriffs einer **31**
Durchgriffshaftung analog § 128 S. 1 HGB unterliegt und hiernach neben der X-GmbH für die Werklohnforderung aus § 631 Abs. 1 BGB einzustehen hat. In der Literatur wurde in der Vergangenheit vielfach dafür plädiert, die Existenzvernichtung durch eine solche Durchgriffshaftung zu sanktionieren.[38] Dem ist zwischenzeitlich auch der BGH gefolgt.[39] In der „Trihotel"-Entscheidung aus dem Jahr 2007 hat das Gericht das Konzept der Durchgriffshaftung jedoch ausdrücklich verworfen und durch eine Schadensersatzhaftung aus § 826 BGB abgelöst.[40]

III. Schadenersatzanspruch gemäß § 826 BGB

Denkbar wäre, dass X aufgrund seines existenzvernichtenden Eingriffs nicht nur der **32**
X-GmbH, sondern auch den Gläubigern und somit G aus § 826 BGB Schadenser-

35 BGH ZIP 2005, 660, 661; NZG 2007, 29 Rn. 7; näher Scholz/*Bitter* GmbHG Anh. § 64 Rn. 328.
36 BGH NZG 2019, 235 Rn. 6ff.; NZG 2019, 1192 Rn. 8ff.
37 Scholz/*Bitter* GmbHG Anh. § 64 Rn. 341 mwN.
38 Unter anderem *Lutter/Banerjea* ZGR 2003, 402, 412f.; *Bitter* WM 2001, 2133, 2139ff.
39 BGHZ 149, 10 = NJW 2001, 3622 – Bremer Vulkan; 151, 181 = NJW 2002, 3024 – KBV.
40 BGHZ 173, 246 Rn. 17 = NJW 2007, 2689, 2690 – Trihotel; *Emmerich/Habersack* KonzernR § 31 Rn. 8.

satz schuldet. Inhaltlich wäre der Anspruch auf den Ersatz des dem G konkret entstandenen Insolvenzausfallschadens gerichtet. In der Literatur wurde eine auf § 826 BGB gestützte Außenhaftung in der Vergangenheit vielfach befürwortet.[41] Der BGH hat in seiner „Trihotel"-Entscheidung indes klargestellt, dass die Schadensersatz*innen*haftung vorrangig ist und einen unmittelbaren Schadensersatzanspruch der Gläubiger ausschließt.[42]

33 Auch wenn sich dieses Ergebnis kaum mit der Dogmatik des § 826 BGB vereinbaren lässt, ist es im Ergebnis gleichwohl überzeugend. Kann nämlich die GmbH den ihr im Innenverhältnis zustehenden Schadensersatzanspruch realisieren und dadurch die Masse anreichern, entfällt die Schädigung der Gläubiger und macht eine Außenhaftung entbehrlich. Eine Kumulation von Innen- und Außenhaftung würde demgegenüber zu erheblichen Abwicklungsschwierigkeiten und einem nicht gewollten Wettlauf der Gläubiger führen.

IV. Ergebnis

34 Eine Außenhaftung des X gegenüber G besteht nicht.

Teil 2. Ansprüche gegen F

A. Ansprüche der X-GmbH gegen F wegen des Abschlusses des Mietvertrages

I. Haftung aus § 64 S. 3 GmbHG

35 Aufgrund des Abschlusses des Mietvertrages könnte F der X-GmbH aus § 64 S. 3 GmbHG haften. Voraussetzung hierfür wäre jedoch, dass es sich bei dem Abschluss des Mietvertrages um eine „Zahlung" iSd Vorschrift handelt. Dies ist indes nicht der Fall. Zwar ist der Zahlungsbegriff des § 64 GmbHG nicht auf reine Geldleistungen beschränkt, sondern erfasst auch sonstige vergleichbare Leistungen zu Lasten des Gesellschaftsvermögens, durch die der Gesellschaft im Ergebnis Liquidität entzogen wird.[43] Vorliegend bewirkte die Weggabe der Arbeitsbühne aber keinen Liquiditätsentzug. Man könnte allenfalls darauf abstellen, dass die Vorschrift generell vor der Weggabe von Vermögensgegenständen schützen will, die für das Unternehmen von existenzieller Bedeutung sind. Allerdings wird man wohl verlangen müssen, dass der betroffene Vermögenswert mit dinglicher Wirkung aus dem Vermögen entfernt wird. Die bloße Nutzungsüberlassung auf Grundlage eines Mietvertrages erfüllt diese Voraussetzung nicht. Ein Ersatzanspruch aus § 64 S. 3 GmbHG scheidet daher aus.

Hinweis: Ohnehin wäre der Anspruch nur auf Rückerstattung der Zahlung gerichtet. Der darüber hinausgehende Kollateralschaden ist von der Rechtsfolge des § 64 S. 3 GmbHG nicht erfasst.[44] Auch wenn die Vorschrift nach der Vorstellung des Gesetzgebers eine Existenzvernichtungshaftung des Ge-

[41] Unter anderem *Haas* WM 2003, 1929, 1940f.; *Dauner-Lieb* DStR 2006, 2034, 2041.

[42] BGHZ 173, 246 Rn. 33 = NJW 2007, 2689, 2692 – Trihotel.

[43] Henssler/Strohn/*Arnold* GmbHG § 64 Rn. 48; Baumbach/Hueck/*Haas* GmbHG § 64 Rn. 125, 67; MüKoGmbHG/*H.-F.-Müller* GmbHG § 64 Rn. 182, 144.

[44] Baumbach/Hueck/*Haas* GmbHG § 64 Rn. 139; MüKoGmbHG/*H.-F.-Müller* GmbHG § 64 Rn. 198.

schäftsführers begründen sollte, unterscheidet sich die Haftung sowohl tatbestandlich als auch in der Rechtsfolge erheblich von der auf § 826 BGB gestützten Existenzvernichtungshaftung der Gesellschafter.

II. Schadensersatzanspruch gemäß § 43 Abs. 2 GmbHG

1. Tatbestand des § 43 Abs. 2 GmbHG

In Betracht kommt jedoch eine Schadensersatzhaftung des F aus § 43 Abs. 2 GmbHG. Eine Sorgfaltspflichtverletzung iSv § 43 Abs. 1 GmbHG liegt vor, da die Vermietung der Arbeitsbühne gegen das Schädigungsverbot verstößt. F handelte insoweit auch schuldhaft. Der entstandene Schaden beläuft sich auf Grundlage der Annahme, dass ohne den Abschluss des Mietvertrages die Insolvenz nicht eingetreten wäre, mindestens auf den gesamten Insolvenzausfallschaden. Bezüglich der Höhe des darüber hinausgehenden Schadens im Eigenkapital der Gesellschaft enthält der Sachverhalt keine Angaben. **36**

2. Haftungsbefreiung aufgrund der Weisung des X?

Die Haftung des F könnte jedoch ausgeschlossen sein, weil er mit dem Abschluss des Mietvertrages einer Weisung des Alleingesellschafters X nachkam. **37**

a) Grundsatz: haftungsausschließende Wirkung von Gesellschafterbeschlüssen

Grundsätzlich ist anerkannt, dass Geschäftsführer keiner Haftung unterliegen, wenn sie in Ausführung eines Gesellschafterbeschlusses handeln.[45] Dies folgt aus einem Umkehrschluss zu § 43 Abs. 3 S. 3 GmbHG, der anordnet, dass dem Gesellschafterbeschluss unter bestimmten Voraussetzungen keine haftungsausschließende Wirkung zukommt. Ihre systematische Stellung lässt darauf schließen, dass sich die Regelung nur auf die spezielle Haftung aus § 43 Abs. 3 GmbHG wegen Verstößen gegen die §§ 30, 33 GmbHG bezieht. Die allgemeine Haftung des Geschäftsführers aus § 43 Abs. 2 GmbHG kann hiernach durch einen entsprechenden Gesellschafterbeschluss ausgeschlossen werden. **38**

b) Wirksamkeit der Weisung?

Die haftungsausschließende Wirkung der Weisung des X könnte jedoch daran scheitern, dass diese ganz oder teilweise unwirksam ist. **39**

aa) Formelle Wirksamkeit

Unschädlich ist zunächst, dass X laut Sachverhalt keinen formellen Beschluss gefasst hat. Denn in der Einpersonengesellschaft tritt an die Stelle von formellen Beschlüssen grundsätzlich der Entschluss des Alleingesellschafters.[46] Zwar sieht § 48 Abs. 3 GmbHG eine Pflicht vor, den Beschluss des Alleingesellschafters unverzüglich zu protokollieren. Ein Verstoß hiergegen bleibt jedoch ohne Auswirkung auf die Wirksamkeit des Beschlusses.[47] **40**

---

45 MüKoGmbHG/*Fleischer* GmbHG § 43 Rn. 275; Habersack/Casper/Löbbe/*Paefgen* GmbHG § 43 Rn. 214 mwN.

46 Henssler/Strohn/*Mollenkopf* GmbHG § 46 Rn. 2; Baumbach/Hueck/*Zöllner* GmbHG § 46 Rn. 7; Habersack/Casper/Löbbe/*Paefgen* GmbHG § 43 Rn. 220 mwN.

47 Baumbach/Hueck/*Zöllner* GmbHG § 48 Rn. 48.

bb) Materielle Wirksamkeit

41 Möglicherweise ist der Weisung jedoch wegen ihres existenzvernichtenden Inhalts zumindest teilweise die Wirksamkeit zu versagen. In der Literatur geht man wohl überwiegend davon aus, dass existenzvernichtende Beschlüsse in gleicher Weise wie Beschlüsse, die gegen § 30 Abs. 1 GmbHG verstoßen, analog § 241 Nr. 3 Alt. 2 AktG nichtig sind.[48] In der Folge würde auch die Weisung des X keinerlei Wirkung entfalten und die Haftung des Geschäftsführers weder ausschließen noch beschränken.

42 Gegen die analoge Anwendung von § 241 Nr. 3 Alt. 2 AktG spricht jedoch, dass auf diese Weise die differenzierende Lösung des § 43 Abs. 3 S. 3 GmbHG unterlaufen würde. Zwar gilt § 43 Abs. 3 S. 3 GmbHG, wie bereits ausgeführt (→ Rn. 38), unmittelbar nur für die in § 43 Abs. 3 S. 1 GmbHG genannten Verstöße gegen die §§ 30, 33 GmbHG. Die hM geht jedoch zu Recht davon aus, dass die Regelung auf die Geschäftsführerhaftung wegen Existenzvernichtung analog anzuwenden ist.[49] § 43 Abs. 3 S. 3 GmbHG aber sieht vor, dass der Beschluss lediglich insoweit ohne Wirkung auf die Haftung des Geschäftsführers bleibt, als die Haftung zur Befriedigung der Gläubiger erforderlich ist. Daraus folgt im Umkehrschluss, dass die Wirksamkeit im Übrigen gerade nicht ausgeschlossen ist. Die auf diese Weise angeordnete Teilwirksamkeit steht im Widerspruch zur umfassenden Nichtigkeitsanordnung des § 241 Nr. 3 Alt. 2 AktG. Der Konflikt kann nur dahingehend aufgelöst werden, dass § 43 Abs. 3 S. 3 GmbHG der Regelung des § 241 Nr. 3 Alt. 2 AktG vorgeht.

Hinweis: Mit Blick auf die Rechtsform der X-GmbH mag es zunächst selbstverständlich erscheinen, dass vorliegend die Regelung des GmbHG der des AktG vorgezogen wird. Das griffe aber zu kurz. Tatsächlich besteht ein grundsätzlicher Konflikt zwischen der „an sich" vorgesehenen Totalnichtigkeit (statt auf § 241 Nr. 3 Alt. 2 AktG könnte man auch auf § 134 BGB iVm dem Existenzvernichtungsverbot abstellen) und der Teilwirksamkeitsanordnung des § 43 Abs. 3 GmbH (die für die Aktiengesellschaft – mit gewissen Modifikationen – ihre Entsprechung in § 93 Abs. 5 AktG findet).

43 Die Ergebnisrelevanz dieser Auffassung zeigt sich im konkreten Fall: Vorliegend ist ein Ersatzanspruch iHd Insolvenzausfallschadens von 1,1 Mio. EUR zzgl. der Kosten des Insolvenzverfahrens erforderlich, um die Gläubiger befriedigen zu können. In diesem Umfang kann sich F analog § 43 Abs. 3 S. 3 GmbHG nicht auf die Weisung des X berufen. Bezüglich weiterer aufgrund des Mietvertrages entstandener Schäden im Eigenkapital der Gesellschaft ist eine Haftung des F aufgrund der Weisung des X hingegen ausgeschlossen.[50]

Hinweis: Problematisch ist, dass ein gegen eine gläubigerschützende Regelung verstoßender Beschluss dem Geschäftsführer im Ergebnis keine Folgepflicht auferlegen kann. Das muss schon deshalb so sein, weil sich der Geschäftsführer aufgrund der Durchführung des Beschlusses haftbar macht. Die Problematik lässt sich mithilfe einer Betrachtung des doppelten Regelungsgehalts, den der Beschluss aufweist,

[48] MHLS/*Ziemons* GmbHG § 43 Rn. 101, 393 mwN.

[49] Baumbach/Hueck/*Zöllner/Noack* GmbHG § 43 Rn. 99; Habersack/Casper/Löbbe/*Paefgen* GmbHG § 43 Rn. 264 mwN.

[50] Dieses Ergebnis ist ohne Weiteres plausibel, da eine entsprechende Ersatzpflicht mittelbar den Gesellschaftern zugutekäme, die die Schädigung aber gerade veranlasst haben. Die hM ist zur Verhinderung eines solchen Ergebnisses dazu gezwungen, der Geltendmachung des über den Insolvenzausfallschaden hinausgehenden Ersatzanspruchs die Einrede des Rechtsmissbrauchs entgegenzusetzen, vgl. *Mennicke* NZG 2000, 622, 652.

lösen: Was die Weisung anbetrifft, so ist diese in der Tat analog § 241 Nr. 3 Alt. 2 AktG nichtig. Davon zu unterscheiden ist jedoch der ebenfalls im Beschluss enthaltene Dispens vom Schädigungsverbot. Nur auf diesen findet § 43 Abs. 3 S. 3 GmbHG Anwendung und geht § 241 Nr. 3 Alt. 2 AktG als lex specialis vor.[51]

3. Anspruchsinhalt

F haftet der X-GmbH aus § 43 Abs. 2 GmbHG iHv 1,1 Mio. EUR zzgl. der Kosten des Insolvenzverfahrens auf Schadensersatz. **44**

III. Ergebnis

Im Innenverhältnis besteht ein Anspruch der X-GmbH gegenüber F auf Ersatz des Insolvenzausfallschadens gemäß § 43 Abs. 2 GmbHG. **45**

B. Ansprüche der X-GmbH gegen F wegen der Kaufpreiszahlung an die Y-GmbH

I. Haftung iHv 60.000 EUR gemäß § 64 S. 1 GmbHG

In Betracht kommt ein gegen F gerichteter Anspruch auf Erstattung der 60.000 EUR aus § 64 S. 1 GmbHG. Die Erfüllung der Kaufpreisforderung der Y-GmbH in eben dieser Höhe erfüllt unproblematisch das Tatbestandsmerkmal der Zahlung. Voraussetzung der Haftung ist jedoch des Weiteren, dass die Gesellschaft bei Vornahme der Zahlung bereits insolvent war. Hiervon ist laut Sachverhalt nicht auszugehen. Ein Anspruch aus § 64 S. 1 GmbHG scheidet somit aus. **46**

II. Haftung iHv 60.000 EUR gemäß § 64 S. 3 GmbHG

Denkbar ist außerdem eine Haftung aus § 64 S. 3 GmbHG. Voraussetzung hierfür ist, dass F eine Zahlung an einen Gesellschafter leistete, die zur Zahlungsunfähigkeit der Gesellschaft führen musste. Die Zahlung von 60.000 EUR an die Y-GmbH könnte diese Voraussetzungen erfüllen. Da es sich bei der Y-GmbH um eine 100-prozentige Tochter des X handelt, ist ihm diese Zahlung zuzurechnen.[52] **47**

Indes fehlt es an dem erforderlichen Zurechnungszusammenhang zwischen dieser Zahlung und der anschließend eintretenden Zahlungsunfähigkeit. Auslöser der Zahlungsunfähigkeit war nicht die Zahlung an die Y-GmbH, sondern der Liquiditätsbedarf aufgrund des defekten Krans. Es lässt sich auch nicht argumentieren, dass ohne die Zahlung an die Y-GmbH möglicherweise noch ausreichende Liquidität bestanden hätte, um die Reparatur zu bezahlen. Denn maßgeblich ist nicht die tatsächlich vorhandene Liquidität, sondern eine Liquiditätsbilanz.[53] Da bei deren Erstellung auf Passivseite sämtliche fälligen und durchsetzbaren Forderungen zu berücksichtigen sind, bleiben Zahlungen auf entsprechende Forderungen ohne Auswirkungen auf den Deckungsgrad. Das gilt auch für Forderungen von Gesellschaftern bzw. Forderungen, die diesen wirtschaftlich gleichstehen.[54] **48**

[51] *Leuschner* FS Ahrens, 2016, S. 637, 649f.
[52] Vgl. Baumbach/Hueck/*Haas* GmbHG § 64 Rn. 130.
[53] Vgl. MüKoGmbHG/*H.-F.-Müller* GmbHG § 64 Rn. 194.
[54] BGHZ 195, 42 Rn. 10ff. = NZG 2012, 1379 Rn. 7ff.

Hinweis: Siehe hierzu das Beispiel von *Haas* NZG 2013, 41 f.: Eine GmbH ist fälligen Verbindlichkeiten des Gläubigers X (60), des Gläubigers Y (40) und des Gesellschafters G (50) ausgesetzt. Verfügt sie über liquide Mittel iHv 150, beträgt der Deckungsgrad 100 %, dh es liegt keine Zahlungsfähigkeit vor. Begleicht die GmbH die Verbindlichkeit des G, ändert sich daran nichts, da dann noch immer 100 liquide Mittel fälligen Verbindlichkeiten iHv 100 gegenüberstehen und der Deckungsgrad somit weiterhin 100 % beträgt.

49 Der Gegenauffassung,[55] wonach im Rahmen des § 64 S. 3 GmbHG – abweichend vom Begriff der Zahlungsunfähigkeit in § 17 Abs. 2 S. 1 InsO – Forderungen von Gesellschaftern unberücksichtigt bleiben sollten, ist der BGH zu Recht nicht gefolgt. In der Konsequenz würde dies nämlich dazu führen, dass Forderungen von Gesellschaftern in Insolvenznähe mit einer Durchsetzungssperre belegt wären. Das aber stünde im Widerspruch zu § 30 Abs. 1 S. 3 GmbHG, mit dem der Gesetzgeber eine solche Durchsetzungssperre ausdrücklich ausgeschlossen hat.[56]

Hinweis: Der Fall zeigt, dass der Anwendungsbereich des § 64 S. 3 GmbHG sehr eng ist und sich im Wesentlichen auf Konstellationen beschränken dürfte, in denen der Zahlung an den Gesellschafter keine fällige und durchsetzbare Forderung zugrunde liegt („Griff in die Kasse").[57]

50 Auch ein Anspruch aus § 64 S. 3 GmbHG kommt daher nicht in Betracht.

III. Ergebnis

51 Wegen des Abschlusses des Mietvertrages haftet F der X-GmbH aus § 43 Abs. 2 GmbHG auf Schadensersatz. Bezüglich der Kaufpreiszahlung an die Y-GmbH besteht keine Haftung des F.

Hinweis: Was die Haftung der Geschäftsleiter in Insolvenznähe betrifft, zeichnet sich derzeit (Herbst 2020) eine Gesetzesänderung ab. Am 14.10.2020 hat die Bundesregierung den Entwurf eines Gesetzes zur Fortentwicklung des Sanierungs- und Insolvenzrechts (SanInsFoG) vorgelegt, mit dem die europäische Restrukturierungsrichtlinie[58] zum 1.1.2021 in deutsches Recht umgesetzt werden soll.[59] Herzstück ist der Entwurf eines Unternehmensstabilisierungs- und Restrukturierungsgesetzes (StaRUG). Dieses enthält in § 2 Abs. 1 eine Vorschrift, wonach die Geschäftsleiter einer haftungsbeschränkten Gesellschaft, dh etwa die Geschäftsführer einer GmbH oder der Vorstand einer AG, zukünftig in erster Linie „die Interessen der Gesamtheit der Gläubiger wahren" müssen, sobald der Gesellschaft gemäß § 18 InsO die Zahlungsunfähigkeit droht. Entgegenstehende Beschlüsse oder Weisungen anderer Organe, etwa solche der Gesellschafterversammlung, sind unbeachtlich (§ 2 Abs. 2 S. 3 StaRUG-E). Wird diese Pflicht verletzt, haften die Geschäftsleiter im Innenverhältnis zur Gesellschaft auf Schadensersatz (§ 3 Abs. 1 StaRUG-E), wobei unter bestimmten Voraussetzungen sogar eine Außenhaftung gegenüber den Gläubigern in Betracht kommt (§ 45 StaRUG-E). Ob der Entwurf mit diesem Inhalt in Kraft tritt, stand bei Redaktionsschluss noch nicht fest. Klar ist aber, dass die geplante Regelung gegebenenfalls gravierende Einschnitte in das gesellschaftsrechtliche Haftungssystem mit sich bringen wird, die sich im Einzelnen noch gar nicht absehen lassen. Dies betrifft insbesondere das Zusammenspiel mit § 43 GmbHG und § 93 AktG.[60]

---

55 Unter anderem MüKoGmbHG/*H.-F.-Müller* GmbHG § 64 Rn. 190.

56 Siehe die Darstellung bei *Drygala/Staake/Szalai* § 9 Rn. 5 ff.

57 *Greulich/Nolting-Hauff* jurisPR-HaGesR 12/2012, Anm. 1.

58 Richtlinie (EU) 2019/1023 vom 20.6.2019.

59 Abrufbar unter https://www.bmjv.de/SharedDocs/Gesetzgebungsverfahren/DE/Fortentwicklung_Insolvenzrecht.html (zuletzt abgerufen am 31.10.2020).

60 Für erste Einschätzungen siehe *Schäfer* ZIP 2020, 2164; *Seibt/Bulgrin* DB 2020, 2226.

Fall 4. Altaktionär macht Kasse

Bearbeitungszeit: 5 Stunden

Sachverhalt

Die P-AG ist auf den Erwerb in Not geratener Unternehmen aus der Technologie-Branche spezialisiert, die sie unter ihrer Kontrolle saniert, um sie sodann wieder abzustoßen. In diesem Zusammenhang hatte sie im Jahr 2017 63% der Aktien der am regulierten Markt der Frankfurter Wertpapierbörse notierten Z-AG erworben, die Komponenten und Systeme zur Produktion von Strom, Wärme oder Kühlung aus erneuerbaren Energien herstellt. 30% der Aktien hält die P-AG selbst, weitere 33% sind im Besitz der T-GmbH, einer 100-prozentigen Tochtergesellschaft der P-AG.

Nachdem die Z-AG Anfang 2019 in die Gewinnzone zurückgekehrt war, beschloss die P-AG die von ihr selbst gehaltene 30-prozentige Beteiligung im Rahmen einer öffentlichen Umplatzierung zu veräußern. Zu diesem Zweck schloss sie mit der Z-AG sowie der Investmentbank I einen „Übernahmevertrag", worin sich die Z-AG und die I verpflichteten, gemeinsam den erforderlichen Verkaufsprospekt zu erstellen. Die I verpflichtete sich darüber hinaus, die umzuplatzierenden Aktien zu übernehmen und für ihre Weiterplatzierung an private und institutionelle Anleger zu sorgen. Mit ihrem Wunsch, von möglichen Prospekthaftungsansprüchen freigestellt zu werden, konnte sich die Z-AG gegenüber der P-AG nicht durchsetzen. Die P-AG übernahm lediglich die Vergütung der I sowie die Kosten der Prospekterstellung.

Nach Fertigstellung, Billigung und Veröffentlichung des von der Z-AG und I unterschriebenen Verkaufsprospekts erfolgte das öffentliche Angebot am 1.8.2019 zu einem Preis von 8 EUR pro Aktie. Dies entsprach einem Abschlag auf den bisherigen Börsenkurs von ca. 20%, der sich mit Bekanntgabe des Angebots jedoch auf dem Niveau des Angebotspreises einfand. Aufgrund guter Nachfrage gelang es der I noch am 1.8.2019 alle Aktien zu platzieren. Auch A erwarb von der I auf Empfehlung seines Bankberaters 100.000 Aktien der Z-AG für 8 EUR das Stück.

In den folgenden Wochen stieg der Kurs der Aktie im Zuge des äußerst positiven Börsenumfelds bis auf 13 EUR. Der Trend wurde erst gestoppt, als am 8.9.2019 erste Zeitungen meldeten, dass ein Gerichtsverfahren anhängig ist, in dem ein Konkurrent der Z-AG die Rechtmäßigkeit deren mit Abstand wichtigsten Patents infrage stellt. Noch am selben Tag sank der Kurs auf 11 EUR.

Nachdem der Anleger B in seinem Urlaub endlich dazu gekommen war, den Verkaufsprospekt der Z-AG zu studieren, kaufte er am Abend des 8.9.2019 über die Börse 100.000 Aktien der Z-AG zum Kurs von 11 EUR. Von den Meldungen über den Patentrechtsstreit hatte er an seinem Urlaubsort keine Kenntnis erlangt.

In den folgenden Wochen entpuppten sich die Erfolgsaussichten der Z-AG in dem Patentrechtsstreit als äußerst schlecht. Der Kurs der Aktie sank daraufhin bis zum 7.10.2019 auf 5 EUR. Zu diesem Kurs verkaufte B sämtliche Aktien. Am

14.11.2019 gab das zuständige Gericht der Klage des Konkurrenten statt, worauf der Kurs der Aktie auf 2 EUR einbrach. Nun verkaufte auch A sämtliche Aktien.

In der Folge nehmen A und B die Z-AG jeweils auf 600.000 EUR Schadensersatz in Anspruch. Zur Begründung tragen sie wahrheitsgemäß vor, die Z-AG habe dem Prospekt bewusst keinerlei Hinweise auf die Rechtmäßigkeitsbedenken an dem Patent hinzugefügt, obwohl ihr zum Zeitpunkt seiner Erstellung bereits ein Entwurf der Klageschrift des Konkurrenten vorgelegen habe. Die Höhe des Schadensersatzes entspreche der Differenz zwischen ihrem jeweiligen Kauf- und Verkaufskurs. Die Z-AG wendet gegenüber A ein, eine Ersatzpflicht scheide schon deshalb aus, weil dieser den Prospekt überhaupt nicht gelesen und außerdem durch das lange Halten der Aktien seine Schadensminderungspflicht verletzt habe. Gegenüber B tritt die Z-AG einer Ersatzpflicht mit der Begründung entgegen, dieser habe die Aktien gar nicht im Rahmen des öffentlichen Angebots, sondern an der Börse erworben. Zudem sei infolge der Presseberichte zum Erwerbszeitpunkt die Patentrechtsproblematik bereits bekannt gewesen.

Nachdem sich die Z-AG in einem Vergleich mit sämtlichen Anlegern wegen der im Raum stehenden Prospektmängel zur Zahlung von 6,7 Mio. EUR verpflichtet hat, verlangt sie von der P-AG die Erstattung dieses Betrages mit der Begründung, diese habe die Nutzen aus der Umplatzierung gezogen und müsse daher auch das Prospekthaftungsrisiko tragen. Die P-AG meint demgegenüber, das Angebot sei durchaus auch der Z-AG zugutegekommen und verweist insoweit auf die zugunsten der Z-AG erzeugte „Publicity“ sowie den Umstand, dass diese infolge der Umplatzierung ihre Unabhängigkeit wieder gewonnen und somit keine nachteilige Einflussnahme mehr zu befürchten habe. Ohnehin könne die Z-AG niemals 6,7 Mio. EUR, sondern allenfalls 1,5 Mio. EUR verlangen, da dies dem Betrag entspricht, zu dem sich das Risiko der Prospekthaftung hätte versichern lassen. Für den konkreten Haftungsumfang sei die Z-AG aufgrund der Unrichtigkeit des Prospekts selbst verantwortlich.

1. Prüfen Sie, ob A und B Ansprüche aus Prospekthaftung zustehen! (Der abgeschlossene Vergleich ist hierbei unberücksichtigt zu lassen.)
2. Prüfen Sie Ansprüche der Z-AG gegen die P-AG! (Die Angemessenheit des Vergleichs ist hierbei zu unterstellen.)

Überblick

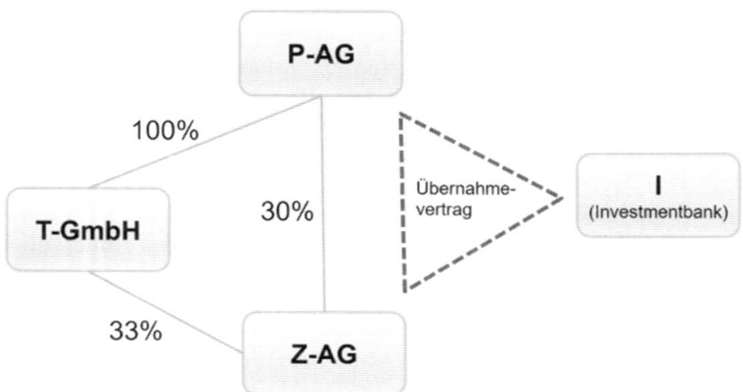

Gliederung

Lösungsskizze

Teil 1. Ansprüche von A und B aus Prospekthaftung

A. Anspruch des A aus § 10 iVm § 9 Abs. 1, 2 WpPG

I. Anspruchsgrundlage
§ 10 iVm § 9 Abs. 1, 2 WpPG, da Prospektveröffentlichung der Vorbereitung eines öffentlichen Angebots diente (vgl. Art. 3 Abs. 1 EU-ProspektVO iVm § 3 WpPG)

II. Fehlerhaftigkeit des Prospekts
(+), da Kenntnis von Patentrechtsstreit notwendig, um sich ein zutreffendes Bild von der zukünftigen Ertragslage der Gesellschaft zu machen

III. Anspruchsschuldner
1. Z-AG und I als Prospektverantwortliche gemäß § 9 Abs. 1 S. 1 Nr. 1 WpPG
2. P-AG als Prospektveranlasser gemäß § 9 Abs. 1 S. 1 Nr. 2 WpPG

IV. Anspruchsberechtigung des A gemäß § 10 Nr. 1 iVm § 9 Abs. 1 S. 1 WpPG
(+), da A die Aktien im Rahmen des öffentlichen Angebots und somit innerhalb der Sechsmonatsfrist des § 10 Nr. 1 iVm § 9 Abs. 1 S. 1 WpPG erwarb

V. Kein Haftungsausschluss aus § 12 WpPG
1. Verschulden (§ 12 Abs. 1 WpPG)
(+), da Z-AG wohl sogar vorsätzlich handelte; I und P-AG können fehlendes Verschulden laut Sachverhalt zumindest nicht nachweisen

2. Haftungsbegründende Kausalität (§ 12 Abs. 2 Nr. 1, 3 WpPG)
   (+), obgleich A den Prospekt nicht persönlich zur Kenntnis genommen hat, kann nicht ausgeschlossen werden, dass die Kaufempfehlung des Bankberaters durch den Prospekt beeinflusst wurde und daher ein mittelbarer Kausalzusammenhang besteht (§ 12 Abs. 2 Nr. 1 WpPG); auch war A die Unrichtigkeit des Prospekts nicht bekannt (§ 12 Abs. 2 Nr. 3 WpPG)
3. Haftungsausfüllende Kausalität (§ 12 Abs. 2 Nr. 2 WpPG)
   (+), der Kurseinbruch im Anschluss an das Bekanntwerden des Patentrechtsstreits indiziert Kausalzusammenhang zwischen Fehlerhaftigkeit des Prospekts und dem eingetretenen Schaden
4. Sonstige Ausschlussgründe (§ 12 Abs. 2 Nr. 4, 5 WpPG) sind nicht ersichtlich

VI. Anspruchsinhalt (§ 9 Abs. 2 WpPG)
Kursdifferenzschaden = Erwerbspreis (800.000 EUR) abzgl. Veräußerungspreis (200.000 EUR) = 600.000 EUR (zzgl. üblicher Transaktionskosten)

VII. Mitverschulden (§ 254 BGB)
(–), da (weitere) negative Kursentwicklung für A nicht absehbar war

B. Anspruch von B aus § 10 iVm § 9 Abs. 1, 2 WpPG

I. Anspruchsgrundlage, Fehlerhaftigkeit des Prospekts und Anspruchsschuldner
(+), siehe oben unter A. I.–III.

II. Anspruchsberechtigung des B (§ 10 Nr. 1 iVm § 9 Abs. 1 S. 1 WpPG)
(+), da B die Aktien zwar nicht im Rahmen des öffentlichen Angebots, aber innerhalb der Sechsmonatsfrist des § 10 Nr. 1 iVm § 9 Abs. 1 S. 1 WpPG über die Börse erwarb

III. Kein Haftungsausschluss aus § 12 WpPG
1. Verschulden (§ 12 Abs. 1 WpPG)
   (+), siehe oben unter A. V. 1.
2. Haftungsbegründende Kausalität (§ 12 Abs. 2 Nr. 1, 3 WpPG)
   (+), da B den Prospekt persönlich zur Kenntnis genommen hat, ist von einem entsprechenden Kausalzusammenhang auszugehen (§ 12 Abs. 2 Nr. 1 WpPG); insbesondere war ihm die Unrichtigkeit des Prospekts nicht bekannt (§ 12 Abs. 2 Nr. 3 WpPG)

IV. Anspruchsinhalt (§ 9 Abs. 2 WpPG)
Kursdifferenzschaden = Angebotspreis iHv 800.000 EUR (nicht Erwerbspreis, vgl. § 9 Abs. 2 S. 1 WpPG) abzgl. Veräußerungspreis (500.000 EUR) = 300.000 EUR (zzgl. üblicher Transaktionskosten)

V. Mitverschulden (§ 254 BGB)
(–), siehe oben unter A. VII.

C. Ergebnis

A und B erhalten von Z, I und P aus § 10 iVm § 9 Abs. 1, 2 WpPG jeweils gesamtschuldnerisch 600.000 EUR bzw. 300.000 EUR zzgl. entstandener Transaktionskosten.

Teil 2. Ansprüche der Z-AG gegen die P-AG

A. Aufwendungsersatz aus einer Geschäftsführung ohne Auftrag (§§ 677, 683 S. 1, 670 BGB)

(–), da die Z-AG aufgrund des Übernahmevertrages handelte

B. Freistellungsanspruch (§ 426 Abs. 1 S. 1 BGB)

(–), da die Z-AG und die I für Unrichtigkeit des Prospekts verantwortlich sind, haben sie entsprechend der Wertung des § 254 BGB den Schaden im Innenverhältnis (zur P-AG) allein zu tragen

C. Erstattungsanspruch wegen verbotener Einlagenrückgewähr (§§ 57, 62 Abs. 1 AktG)

I. Tatbestand der Einlagenrückgewähr
(+), Übernahme des Prospekthaftungsrisikos durch Z-AG zur Ermöglichung der Umplatzierung von Aktien der P-AG stellt Vermögenstransfer dar, der auch nicht durch eventuelle (monetär nicht bewertbare) Vorteile der P-AG ausgeglichen wird

II. Rechtsfolge
Anspruch beschränkt auf Ersatz einer fiktiven Versicherungsprämie iHv 1,5 Mio. EUR; kein Ersatz des Folgeschadens iHv 6,7 Mio. EUR

D. Schadensersatzanspruch gemäß der §§ 311, 317 Abs. 1 S. 1 AktG

I. Bezüglich des Abschlusses des Übernahmevertrages
1. Anwendungsvoraussetzungen der §§ 311 ff. AktG
a) Abhängigkeitslage
(+), es greift Vermutung des § 17 Abs. 2 AktG, da P-AG gemäß §§ 16 Abs. 1, 4 AktG Mehrheitsbeteiligung an Z-AG hält
b) Unternehmenseigenschaft der P-AG
(+), da P-AG eigenes Unternehmen betreibt und herrschenden Einfluss auf T-GmbH ausübt
c) Kein Beherrschungsvertrag (+)
2. Veranlassung zu nachteiligem Rechtsgeschäft/Maßnahme
a) Rechtsgeschäft/Maßnahme
(+), Übernahmevertrag
b) Nachteilhaftigkeit
(+), gleicher Maßstab wie oben bei C. I.
c) Veranlassung durch die P-AG
(+), da Initiative zum Vertragsschluss von P-AG ausging
3. Überschreitung des Privilegierungsrahmens der §§ 311 ff. AktG
(+), da kein Nachteilsausgleich zum Geschäftsjahresende erfolgt
4. Anspruchsinhalt und Mitverschulden
Anspruchsausschluss gemäß § 254 Abs. 1 BGB, da der Schaden im Wesentlichen nicht auf dem Abschluss des Übernahmevertrages, sondern auf der von Z-AG zu verantwortenden Fehlerhaftigkeit des Prospekts beruht

II. Bezüglich der unterlassenen Erwähnung des Patentrechtsstreits
1. Anwendungsvoraussetzungen der §§ 311 ff. AktG
(+), siehe oben
2. Veranlassung zu nachteiligem Rechtsgeschäft/Maßnahme
a) Rechtsgeschäft/Maßnahme
(+), unterlassene Erwähnung des Patentrechtsstreits
b) Nachteilhaftigkeit
(+), da daraus signifikantes (konkretes) Prospekthaftungsrisiko resultiert

c) Veranlassung durch die P-AG
(+), zwar nicht nachgewiesen, aber zu vermuten, da die unterlassene Erwähnung des Patentrechtsstreits der P-AG zugutekam

3. Überschreitung des Privilegierungsrahmens der §§ 311 ff. AktG
(+), da kein Nachteilsausgleich zum Geschäftsjahresende erfolgt

4. Anspruchsinhalt und Mitverschulden
Ersatz der 6,7 Mio. EUR; kein Mitverschuldenseinwand möglich

E. § 280 Abs. 1 BGB iVm Treuepflicht und § 117 AktG

(–), da Einflussnahme der P-AG nicht erwiesen und insoweit keine Vermutung eingreift

F. Ergebnis

Erstattungsanspruch aus §§ 57 Abs. 1, 62 Abs. 1 AktG beschränkt auf 1,5 Mio. EUR; Schadensersatz aus §§ 311, 317 Abs. 1 S. 1 AktG gerichtet auf 6,7 Mio. EUR

Lösung

Teil 1. Ansprüche von A und B aus Prospekthaftung

A. Anspruch von A aus § 10 iVm § 9 Abs. 1, 2 WpPG

Hinweis: Die Prospektpflicht folgte vorliegend daraus, dass die P-AG die Aktien öffentlich angeboten hat (vgl. Art. 3 Abs. 1 EU-ProspektVO iVm § 3 WpPG, sog. Verkaufsprospekt).

Prüfungsschema: Prospekthaftung gemäß §§ 9, 10 WpPG

I. Börsenzulassungs- oder Verkaufsprospekt
§ 9 WpPG betrifft die Haftung für fehlerhafte *Börsenzulassungsprospekte,* § 10 WpPG betrifft die Haftung für fehlerhafte *Verkaufsprospekte.*

II. Fehlerhaftigkeit: Unrichtigkeit oder Unvollständigkeit
Unrichtig sind Tatsachenangaben, wenn sie nicht den Fakten entsprechen; *unvollständig* sind Angaben, wenn Entscheidungserhebliches weggelassen wurde.[1]

III. Haftungsadressaten
1. Prospektverantwortliche (§ 9 Abs. 1 S. 1 Nr. 1 WpPG)
Prospektverantwortliche sind der Anbieter, der Emittent, der Zulassungsantragsteller oder der Garantiegeber (§ 8 S. 1 WpPG); die Aufzählung ist jedoch nicht abschließend.[2]
2. Prospektveranlasser (§ 9 Abs. 1 S. 1 Nr. 2 WpPG)
Prospektveranlasser ist, wer ein *wirtschaftliches Eigeninteresse* (an der Börsenzulassung bzw. dem öffentlichen Angebot) hat und/oder[3] *auf die Prospekterstellung* einwirkt.

IV. Anspruchsberechtigter
Anspruchsberechtigter ist, wer Wertpapiere innerhalb von *sechs Monaten nach der Börsenzulassung* (Börsenzulassungsprospekt, § 9 Abs. 1 S. 1 WpPG) bzw. *sechs Monaten nach dem Zeitpunkt des ersten öffentlichen Angebots* (Verkaufsprospekt, § 10 Nr. 1 WpPG) erwirbt.

V. Haftungsausschluss gemäß § 12 WpPG (Beweislast beim Haftungsadressaten)
1. Fehlendes *Verschulden* (§ 12 Abs. 1 WpPG)
Erforderlich ist Vorsatz oder grobe Fahrlässigkeit.

---

1 *Langenbucher* AktKapMarktR § 14 Rn. 38 f.
2 Baumbach/Hopt/*Kumpan* WpPG § 8 Rn. 1.
3 Str.; hierzu → Rn. 6 f.

2. Keine *haftungsbegründende Kausalität* (§ 12 Abs. 2 Nr. 1, 3 WpPG)
   Kausalzusammenhang zwischen der *Fehlerhaftigkeit des Prospekts* und dem *Kaufentschluss* des Anlegers; die Kenntnis der Fehlerhaftigkeit (§ 12 Abs. 2 Nr. 3 WpPG) ist ein Sonderfall, in dem es an der haftungsbegründenden Kausalität fehlt.[4]
3. Keine *haftungsausfüllende Kausalität* (§ 12 Abs. 2 Nr. 2 WpPG)
   Kausalzusammenhang zwischen Fehlerhaftigkeit des Prospekts und Schaden
4. *Berichtigung* vor Erwerb des Anspruchstellers (§ 12 Abs. 2 Nr. 4 WpPG)
5. Bloße Unvollständigkeit der Zusammenfassung (§ 12 Abs. 2 Nr. 5 WpPG)[5]

VI. Anspruchsinhalt
1. Erwerber ist noch Inhaber der Wertpapiere (§ 9 Abs. 1 S. 1 WpPG)
   Übernahme der Wertpapiere durch Haftungsadressaten gegen Erstattung des Erwerbspreises (beschränkt durch Ausgabe-/Angebotspreis) zzgl. Transaktionskosten
2. Erwerber ist nicht mehr Inhaber der Wertpapiere (§ 9 Abs. 2 WpPG)
   Ersatz der Differenz zwischen Erwerbspreis (beschränkt durch Ausgabe-/Angebotspreis) und dem Veräußerungspreis zzgl. Transaktionskosten

I. Anspruchsgrundlage

1 In Betracht kommt zunächst ein Anspruch des A aus § 10 iVm § 9 Abs. 1, 2 WpPG. § 10 WpPG ist einschlägig, wenn die Fehlerhaftigkeit sog. Verkaufsprospekte geltend gemacht wird. Es handelt sich hierbei um Prospekte, die in Erfüllung der Prospektpflicht nach Art. 3 Abs. 1 EU-ProspektVO veröffentlicht wurden, ohne aber Grundlage einer Börsenzulassung zu sein.

Hinweis: Die Verpflichtung zur Veröffentlichung eines Börsenzulassungsprospekts folgt aus Art. 3 Abs. 1 EU-ProspektVO iVm § 3 WpPG. Die Formulierung des § 10 WpPG („Prospekt, der nicht Grundlage für die Zulassung von Wertpapieren zum Handel an einer inländischen Börse ist“) erklärt sich daraus, dass die Börsenzulassung regelmäßig mit einem öffentlichen Angebot verbunden wird und dann die Prospektpflicht sowohl aus Art. 3 Abs. 1 als auch nach Art. 3 Abs. 3 EU-ProspektVO folgt. Bei fehlerhaften Börsenzulassungsprospekten ist unmittelbar auf § 9 WpPG zurückzugreifen.

2 Diese Voraussetzungen sind vorliegend erfüllt. Laut Sachverhalt erfolgte die Veröffentlichung im Zusammenhang mit einer öffentlichen „Umplatzierung“, dh einem öffentlichen Angebot iSv § 2 Nr. 2 WpPG iVm Art. 2 Buchst. d EU-ProspektVO. Gegenstand des Angebots waren Aktien und somit Wertpapiere iSd WpPG (§ 2 Nr. 1 WpPG iVm Art. 2 Buchst. a EU-ProspektVO). Die Aktien waren bereits börsenzugelassen, sodass es sich auch nicht um einen Börsenzulassungsprospekt handelte. Eine Ausnahme von der Prospektpflicht aufgrund der § 3 Nr. 1, 2 WpPG ist nicht ersichtlich.[6]

Hinweis: Ein möglicher Ausschluss der Prospektpflicht wäre ohnehin im vorliegenden Kontext ohne Relevanz. Denn gemäß Art. 4 Abs. 1 EU-ProspektVO ist es Emittenten auch gestattet, ein Prospekt auf freiwilliger Basis zu veröffentlichen. Auch auf den freiwillig erstellten Prospekt finden sämtliche Regelungen des WpPG, insbesondere die zur Haftung, Anwendung.[7]

[4] Zutr. Schwark/Zimmer/*Heidelbach* WpPG § 12 Rn. 20; aA *Groß* WpPG § 12 Rn. 6: Fall des Mitverschuldens.

[5] Vertiefend dazu Schwark/Zimmer/*Heidelbach* WpPG § 12 Rn. 27 ff. Zu den konkreten Anforderungen an eine Zusammenfassung siehe Art. 7 EU-ProspektVO.

[6] Die Haftungsnormen des WpPG sind auch bei freiwilliger Prospekterstellung anwendbar, vgl. Schwark/Zimmer/*Heidelbach* WpPG § 10 Rn. 2.

[7] *Groß* WpPG § 10 Rn. 93; Schwark/Zimmer/*Heidelbach* WpPG § 10 Rn. 2; HMS KapitalmarktInf-HdB/*Habersack* § 28 Rn. 10.

II. Fehlerhaftigkeit des Prospekts

Primäre Haftungsvoraussetzung ist die Fehlerhaftigkeit des Prospekts, dh die Unrichtigkeit oder Unvollständigkeit wesentlicher Angaben. Vorliegend könnte das Fehlen eines Hinweises auf den Patentrechtsstreit den Tatbestand der Unvollständigkeit erfüllen. Zur Konkretisierung des Merkmals der Unvollständigkeit kann auf die Regelung des Art. 13 Abs. 2 EU-ProspektVO iVm der Delegierten Verordnung (EU) 2019/980 zurückgegriffen werden, wonach der Prospekt sämtliche Angaben enthalten muss, die im Hinblick auf den Emittenten notwendig sind, um dem Publikum ein zutreffendes Urteil über die Vermögenswerte und Verbindlichkeiten, die Finanzlage, die Gewinne und Verluste und die Zukunftsaussichten des Emittenten zu ermöglichen.[8] Da der Patentrechtsstreit das wichtigste Patent der Z-AG betraf, war die Kenntnis von ihm notwendig, um sich ein zutreffendes Bild von der zukünftigen Ertragslage der Gesellschaft zu machen. Das Fehlen eines entsprechenden Hinweises stellt mithin eine Unvollständigkeit dar, die den Prospekt fehlerhaft macht. 3

III. Anspruchsschuldner

1. Prospektverantwortlicher

Fraglich ist, wer vorliegend als Haftungsadressat in Betracht kommt. Maßgeblich ist insoweit § 10 iVm § 9 Abs. 1 S. 1 Nr. 1, 2 WpPG. 4

Gemäß § 9 Abs. 1 S. 1 Nr. 1 WpPG sind Haftungsadressaten zunächst die Prospektverantwortlichen, dh diejenigen, die nach außen erkennbar die Verantwortlichkeit für den Prospekt übernommen und hierdurch einen entsprechenden Vertrauenstatbestand geschaffen haben.[9] Dies trifft vorliegend auf die Z-AG und die I zu, da beide den Prospekt unterzeichnet haben. Die P-AG haftet hingegen nicht als Prospektverantwortliche, da sie den Prospekt nicht unterzeichnet hat und mangels Angaben im Sachverhalt auch davon auszugehen ist, dass sie nicht im Prospekt als Verantwortliche aufgeführt wurde.[10] 5

2. Prospektveranlasser

Die P-AG könnte jedoch gemäß § 9 Abs. 1 S. 1 Nr. 2 WpPG als Prospektveranlasser Haftungsadressat sein. Käme es für die Eigenschaft als Prospektveranlasser allein darauf an, ob der Betreffende die Erstellung des Prospekts veranlasst hat, wäre die Eigenschaft der P-AG als Prospektveranlasser unproblematisch zu bejahen. Doch wird der Begriff des Prospektveranlassers anders interpretiert. Abgestellt wird auf das eigene wirtschaftliche Interesse des Betroffenen sowie dessen Einflussnahme auf die Prospekterstellung. Umstritten ist hierbei, in welchem Verhältnis die beiden Kriterien zueinanderstehen. Während ein Teil der Literatur das eigene wirtschaftli- 6

[8] Vgl. *Langenbucher* AktKapMarktR § 14 Rn. 39; *Buck-Heeb* KapMarktR Rn. 274.

[9] HMS Unternehmensfinanzierung/*Mülbert/Steup* § 41 Rn. 65; HMS-KapitalmarktInf-HdB/*Habersack* § 28 Rn. 26; *Buck-Heeb* KapMarktR Rn. 276.

[10] Insoweit ist es unerheblich, ob die P-AG zur Unterzeichnung des Prospekts verpflichtet war (hierzu sogleich im Text). Denn § 9 Abs. 1 S. 1 Nr. 1 WpPG stellt nicht darauf ab, ob der Betreffende die Verantwortung für den Prospekt hätte übernehmen müssen, sondern ob er sie übernommen hat (offengelassen von *Wink* AG 2011, 569, 572 Fn. 37).

che Interesse für ausreichend erachtet,[11] verlangen andere das Vorliegen beider Merkmale.[12]

7 Nach letzterer Ansicht wäre die Prospektveranlassereigenschaft der P-AG zu verneinen. Zwar hatte sie vorliegend ein erhebliches wirtschaftliches Eigeninteresse an der Prospekterstellung. Der Sachverhalt enthält jedoch keinerlei Hinweise darauf, dass die P-AG inhaltlich auf die Prospekterstellung Einfluss genommen hat. Die zuerst genannte Auffassung, die das wirtschaftliche Eigeninteresse genügen lässt, erweist sich indes als vorzugswürdig. Zumindest in Fällen wie dem vorliegenden, in dem die Prospekterstellung ausschließlich im Interesse eines Altaktionärs erfolgt, erschiene es unangemessen, dass sich dieser durch Passivität bei der Prospekterstellung seiner Verantwortung entziehen kann.[13] Die P-AG ist daher als Prospektveranlasser iSv § 9 Abs. 1 S. 1 Nr. 2 WpPG zu qualifizieren.

IV. Anspruchsberechtigung des A gemäß § 10 Nr. 1 iVm § 9 Abs. 1 S. 1 WpPG

8 Laut Sachverhalt ist davon auszugehen, dass A die Aktien in unmittelbarem Anschluss an das öffentliche Angebot am 1.8.2019 und somit innerhalb der Sechsmonatsfrist des § 10 Nr. 1 iVm § 9 Abs. 1 S. 1 WpPG erwarb. Folglich kommt er als Anspruchsberechtigter in Betracht.

V. Kein Haftungsausschluss aus § 12 WpPG

9 Zu prüfen ist ferner, ob der Anspruch aus Prospekthaftung möglicherweise aufgrund des Vorliegens eines der in § 12 WpPG genannten Gründe ausgeschlossen ist. Problematisch ist vorliegend das Verschulden (§ 12 Abs. 1 WpPG) und die haftungsbegründende Kausalität (§ 12 Abs. 2 Nr. 1, 3 WpPG).

1. Verschulden (§ 12 Abs. 1 WpPG)

10 Gemäß § 12 Abs. 1 WpPG ist die Haftung ausgeschlossen, wenn der Haftungsadressat die Fehlerhaftigkeit des Prospekts nicht kannte und die Unkenntnis auch nicht auf grober Fahrlässigkeit beruht. Grob fahrlässige Unkenntnis liegt vor, wenn der Haftungsadressat die bei der Erstellung bzw. Veröffentlichung des Prospekts erforderliche Sorgfalt (vgl. § 276 Abs. 2 BGB) in besonders schwerem Maße verletzt hat.[14]

11 Bezüglich der Z-AG liegt ein solches Verschulden ohne Weiteres vor. Da ihr bereits der Entwurf der Klageschrift vorlag und sie den Patentrechtsstreit trotzdem nicht im Prospekt erwähnte, handelte sie wohl sogar vorsätzlich.

12 Schwieriger liegen die Dinge im Fall der I. Als Emissionsbegleiterin hat die I grundsätzlich keinen unmittelbaren Zugriff auf die relevanten Informationen, sondern ist darauf angewiesen, von der Gesellschaft informiert zu werden. Den Emissionsbe-

[11] *Groß* WpPG § 9 Rn. 35; Regierungsbegründung zum Dritten Finanzmarktförderungsgesetz, BT-Drs. 13/8933, 78 li. Sp.; *Wackerbart* WM 2011, 193, 197.

[12] HMS Unternehmensfinanzierung/*Mülbert/Steup* § 41 Rn. 80; JSB Private Equity-HdB/*Schlitt/Ries* § 16 Ziff. 4.1.8; HMS KapitalmarktInf-HdB/*Habersack* § 28 Rn. 29.

[13] Ähnlich *Wackerbart* WM 2011, 193, 197.

[14] *Groß* WpPG § 9 Rn. 75; HMS KapitalmarktInf-HdB/*Habersack* § 28 Rn. 38.

gleiter trifft allerdings eine Prüfungs- und Kontrollpflicht, die neben der Überprüfung der zur Verfügung gestellten Informationen auch die gezielte Abfrage relevanter Risiken wie bspw. drohende Rechtsstreitigkeiten erfasst.[15] Ob I vorliegend dieser Sorgfaltspflicht nachgekommen ist oder gar positive Kenntnis vom Patentrechtsstreit hatte, ist nicht bekannt. Weil § 12 Abs. 1 WpPG als Ausschlusstatbestand formuliert ist, liegt die Beweislast für das fehlende Verschulden jedoch beim Haftungsadressaten,[16] sodass vorliegend die Zweifel zulasten der I gehen und ein Verschulden somit unterstellt werden muss.

Problematisch ist auch die Bewertung des Verhaltens der P-AG. Wie bereits im **13**
Fall der I wird man mangels gegenteiliger Angaben im Sachverhalt davon ausgehen müssen, dass die P-AG selbst keine Kenntnis von dem drohenden Patentrechtsstreit hatte. Da sie auch keinen Einfluss auf die Prospekterstellung genommen hat, ließe sich der Verschuldensvorwurf nur darauf stützen, dass der P-AG als Prospektveranlasser ähnlich der begleitenden Bank Prüfungs- und Kontrollpflichten oblagen. Lässt man für die Eigenschaft als Prospektveranlasser das wirtschaftliche Eigeninteresse genügen (→ Rn. 6), ist die Annahme entsprechender Pflichten nur konsequent. Da der Sachverhalt keinerlei Angaben dazu enthält, ob die P-AG ihre Prüfungs- und Kontrollpflichten erfüllt hat, ist auch insoweit ein Verschulden zu unterstellen.

2. Haftungsbegründende Kausalität (§ 12 Abs. 2 Nr. 1, 3 WpPG)

Die Haftung wäre auch ausgeschlossen, wenn es an der haftungsbegründenden **14**
Kausalität zwischen der Fehlerhaftigkeit des Prospekts und dem individuellen Kaufentschluss fehlt.[17] Dies ist der Fall, wenn der Anleger die Wertpapiere nicht aufgrund des Prospekts gekauft hat (§ 12 Abs. 2 Nr. 1 WpPG) oder er die Fehlerhaftigkeit des Prospekts beim Erwerb kannte (§ 12 Abs. 2 Nr. 3 WpPG).

Im Fall des A scheidet die Kenntnis der Fehlerhaftigkeit des Prospekts und damit **15**
ein Ausschluss nach § 12 Abs. 2 Nr. 3 WpPG aus. Es könnte aber der Ausschlusstatbestand des § 12 Abs. 2 Nr. 1 WpPG eingreifen. Denn Grundlage seines Kaufentschlusses war nicht die Lektüre des Prospekts, sondern die Empfehlung seines Bankberaters. Indes gilt es zu berücksichtigen, dass der Gesetzgeber in § 12 Abs. 2 Nr. 1 WpPG (bzw. seiner Vorgängernorm) die Rechtsprechung zur sog. Anlagestimmung kodifizieren wollte.[18] Hiernach genügte es, dass der fehlerhafte Prospekt am Markt eine positive Stimmung erzeugt und der Kaufentschluss auf Grundlage dieser Stimmung gefasst wurde.[19] Eine individuelle Kenntnisnahme des Prospekts ist hiernach nicht erforderlich. Überträgt man diese Überlegungen auf § 12 Abs. 2 Nr. 1 WpPG, folgt daraus, dass es auch insoweit keiner unmittelbaren, durch individuelle Kenntnisnahme des Anlegers bewirkten Kausalität bedarf, sondern ein mit-

[15] Ausführlich zu den Sorgfaltspflichten des Emissionsbegleiters HMS Unternehmensfinanzierung/*Mülbert/Steup* § 41 Rn. 111 ff.

[16] *Buck-Heeb* KapMarktR Rn. 280; *Langenbucher* AktKapMarktR § 14 Rn. 66 – jeweils noch zu § 23 Abs. 1 WpPG aF.

[17] Man kann diesen Zusammenhang auch als „Transaktionskausalität" bezeichnen.

[18] Näher *Langenbucher* AktKapMarktR § 14 Rn. 57 ff.

[19] BGH NJW 2004, 2664, 2666; 1998, 3345, 3347; OLG Frankfurt a.M. WM 1996, 1216, 1219; 1994, 291, 298; OLG Düsseldorf WM 1984, 586, 596; näher auch *Groß* WpPG § 9 Rn. 70; HMS KapitalmarktInf-HdB/*Habersack* § 28 Rn. 35; BT-Drs. 13/8933, 80 re. Sp.

telbarer Kausalzusammenhang genügt. Hierfür wäre ausreichend, dass die für den Kaufentschluss des A maßgebliche Empfehlung des Bankberaters ihrerseits darauf beruht, dass dieser den Prospekt gelesen hat.

16 Ob Letzteres der Fall ist, geht aus dem Sachverhalt nicht hervor. Auch insoweit gehen die Zweifel zulasten der Haftungsadressaten. Da die § 12 Abs. 2 Nr. 1, 3 WpPG als Ausschlusstatbestände formuliert sind, trifft sie die Beweislast für das Fehlen des haftungsbegründenden Kausalzusammenhangs. Da eine Beeinflussung des Bankberaters durch den Prospektinhalt nicht ausgeschlossen werden kann, wird ihnen dieser Beweis nicht gelingen. Die Haftung ist daher nicht gemäß § 12 Abs. 2 Nr. 1, 3 WpPG ausgeschlossen.

3. Haftungsausfüllende Kausalität (§ 12 Abs. 2 Nr. 2 WpPG)

17 Die Haftung wäre des Weiteren gemäß § 12 Abs. 2 Nr. 2 WpPG ausgeschlossen, wenn es an der haftungsausfüllenden Kausalität fehlt, dh kein ursächlicher Zusammenhang zwischen der Fehlerhaftigkeit des Prospekts und dem beim Anleger eingetretenen Schaden besteht.

Hinweis: Dies wäre bspw. der Fall, wenn der Kursverfall nicht auf dem Bekanntwerden der Fehlerhaftigkeit des Prospekts, sondern auf allgemeinen Entwicklungen am Kapitalmarkt oder emittentenbezogenen Umständen (zB Herabstufung des Ratings) beruht.[20]

18 Hiervon ist vorliegend jedoch nicht auszugehen. Der Umstand, dass der Kurs unmittelbar im Anschluss an das Bekanntwerden des Patentrechtsstreits eingebrochen ist, zeugt vielmehr deutlich vom Vorliegen eines haftungsausfüllenden Kausalzusammenhangs.

4. Sonstige Ausschlussgründe (§ 12 Abs. 2 Nr. 4, 5 WpPG)

19 Auch die Ausschlussgründe des § 12 Abs. 2 Nr. 4, 5 WpPG liegen nicht vor.

VI. Anspruchsinhalt (§ 9 Abs. 2 WpPG)

20 Da A die Aktien mittlerweile veräußert hat, kommt nur der Ersatz des Kursdifferenzschadens gemäß § 9 Abs. 2 WpPG in Betracht. Maßgeblich ist insoweit die Differenz zwischen dem Erwerbspreis iHv 800.000 EUR und dem Veräußerungspreis iHv 200.000 EUR. A kann somit 600.000 EUR zzgl. der mit dem Erwerb oder der Veräußerung verbundenen üblichen Transaktionskosten verlangen.

VII. Mitverschulden (§ 254 BGB)

21 Fraglich ist, ob der Anspruch aufgrund eines Mitverschuldens des A zu kürzen ist. Insoweit könnte man darauf abstellen, dass er die Aktien zu spät veräußert hat. Im Fall einer früheren Veräußerung wäre der Schaden deutlich geringer ausgefallen. Allerdings greift dieser Einwand im Ergebnis nicht durch. Zwar sprechen keine grundsätzlichen Einwände gegen die Anwendbarkeit von § 254 BGB auf den Anspruch aus Prospekthaftung.[21] Maßgeblich ist jedoch, dass der weitere Kursverfall

20 Vgl. HMS Unternehmensfinanzierung/*Mülbert/Steup* § 41 Rn. 102f.; *Langenbucher* AktKapMarktR § 14 Rn. 73.

21 So unter anderem ASB KapAnlR-HdB/*Assmann/Kumpan* § 5 Rn. 193; *Groß* WpPG § 12 Rn. 6; aA Nomos-BR/*Müller* WpPG § 23 Rn. 11 unter Hinweis auf die Regierungsbegründung.

für A nicht vorhersehbar war. Der jeweilige Börsenkurs ist Ausdruck der Einschätzung einer Vielzahl von Marktteilnehmern, in deren Kauf- und Verkaufsentscheidungen jeweils die zu diesem Zeitpunkt öffentlich bekannten Informationen einschließlich ihrer prognostizierten Auswirkungen auf die zukünftige Entwicklung der Gesellschaft einfließen. Wenn hiernach eine Vielzahl von (überwiegend professionellen) Marktteilnehmern der Aktie der Z-AG in der Vergangenheit einen höheren Wert beigemessen hat, impliziert dies, dass sie nicht mit der anschließenden Negativentwicklung gerechnet haben. Folglich kann man auch A nicht vorwerfen, an den Aktien festgehalten zu haben. Eine Anspruchskürzung unter dem Gesichtspunkt des Mitverschuldens scheidet daher aus.[22]

B. Anspruch von B aus § 10 iVm § 9 Abs. 1, 2 WpPG

Auch B könnte ein Anspruch aus Prospekthaftung gemäß § 10 iVm § 9 Abs. 1, 2 WpPG zustehen. **22**

I. Anspruchsgrundlage, Fehlerhaftigkeit des Prospekts und Anspruchsschuldner

Bezüglich der Prüfungspunkte „Anspruchsgrundlage", „Fehlerhaftigkeit des Prospekts" und „Anspruchsschuldner" bestehen keine Abweichungen zur obigen Prüfung (→ Rn. 1 ff.). **23**

II. Anspruchsberechtigung des B (§ 10 Nr. 1 iVm § 9 Abs. 1 S. 1 WpPG)

Zweifel an der Berechtigung des B bestehen insoweit, als dieser die Aktien nicht im Rahmen des öffentlichen Angebots, sondern im Anschluss daran an der Börse erworben hat. Ausweislich des Wortlauts von § 10 Nr. 1 iVm § 9 Abs. 1 S. 1 WpPG kommt es hierauf jedoch nicht an. Maßgeblich ist allein, ob der Erwerb innerhalb von sechs Monaten nach dem ersten öffentlichen Angebot erfolgte. Da B die Aktien am 8.9.2019 und somit knapp sechs Wochen nach dem öffentlichen Angebot am 1.8.2019 erwarb, ist diese Voraussetzung erfüllt. **24**

III. Kein Haftungsausschluss aus § 12 WpPG

1. Verschulden (§ 12 Abs. 1 WpPG)

Bezüglich des Verschuldens bestehen keine Abweichungen zur obigen Prüfung (→ Rn. 10 ff.). **25**

2. Haftungsbegründende Kausalität (§ 12 Abs. 2 Nr. 1, 3 WpPG)

Zweifel könnten im Fall des B am Vorliegen der haftungsbegründenden Kausalität bestehen. Zwar hatte B an seinem Urlaubsort von den Presseberichten über den Patentrechtsstreit keine Kenntnis erlangt. Der spezielle Ausschlussgrund des § 12 Abs. 2 Nr. 3 WpPG liegt mithin nicht vor. Die Presseberichte könnten jedoch im **26**

[22] Gegen eine entsprechende Veräußerungsobliegenheit des Geschädigten HMS Unternehmensfinanzierung/*Mülbert/Steup* § 41 Rn. 139; *Mülbert* JZ 2002, 826, 833; Schäfer/Hamann/*Hamann* BörsG §§ 44, 45 Rn. 305; aA *Sittmann* NZG 1998, 490, 495.

Rahmen des § 12 Abs. 2 Nr. 1 WpPG relevant sein. Da die Vermutung des haftungsbegründenden Kausalzusammenhangs, wie bereits dargelegt (→ Rn. 15), auf der in der Rechtsprechung entwickelten Figur der Anlagestimmung beruht, geht man überwiegend davon aus, dass die Vermutung durch den Nachweis widerlegt werden kann, dass zum Erwerbszeitpunkt eine solche Stimmung nicht mehr bestand.[23] Ob diese Voraussetzungen allein aufgrund der Presseberichte vorlagen, erscheint indes zweifelhaft. Immerhin lag der Kurs der Aktien im Anschluss an die Presseberichte mit 11 EUR immer noch deutlich über dem Angebotspreis von 8 EUR. Letztlich kann die Frage jedoch dahinstehen, da der Haftungsausschluss in jedem Fall aus einem anderen Grund scheitert. Da B den Prospekt selbst gelesen hat, besteht ein unmittelbarer Kausalzusammenhang zwischen der Fehlerhaftigkeit des Prospekts und seinem Kaufentschluss. Der Wegfall der Anlagestimmung ist demgegenüber von vornherein nur geeignet, die Möglichkeit eines mittelbaren Kausalzusammenhangs zu erschüttern, auf den es vorliegend aber gerade nicht ankommt.

27 Der Anspruch des B ist somit nicht gemäß § 12 Abs. 2 Nr. 1, 3 WpPG ausgeschlossen.

IV. Anspruchsinhalt (§ 9 Abs. 2 WpPG)

28 Da B die Aktien ebenfalls veräußert hat, kann auch er nur den Differenzschaden geltend machen. Zu berücksichtigen ist jedoch, dass gemäß § 9 Abs. 2 WpPG bei dessen Berechnung der Erwerbspreis (vorliegend 11 EUR) nur insoweit zu berücksichtigen ist, als dieser nicht den „ersten Ausgabepreis" überschreitet.[24] Im Fall der Haftung aus § 10 WpPG ist statt auf den ersten Ausgabepreis, auf den Angebotspreis, dh vorliegend den Betrag von 8 EUR abzustellen. Der ersatzfähige Kursdifferenzschadens beträgt hiernach 800.000 EUR abzgl. des Veräußerungspreises iHv 500.000 EUR, dh 300.000 EUR. Zusätzlich kann auch B die mit dem Erwerb oder der Veräußerung verbundenen üblichen Transaktionskosten verlangen.

Hinweis: Mit der Beschränkung auf den Angebotspreis will der Gesetzgeber dem Umstand Rechnung tragen, dass ein Anstieg über den Angebotspreis hinaus typischerweise in keinem Zusammenhang mit dem Prospekt bzw. dessen Fehlerhaftigkeit steht, sondern auf anschließend bekannt gewordenen Umständen beruht.[25]

V. Mitverschulden (§ 254 BGB)

29 Bezüglich des Mitverschuldens gelten die obigen Ausführungen (→ Rn. 21) entsprechend.

C. Ergebnis

30 A und B können von der Z-AG, I und der P-AG aus § 10 iVm § 9 Abs. 1, 2 WpPG jeweils gesamtschuldnerisch[26] den Ersatz von 600.000 EUR bzw. 300.000 EUR zzgl. der entstandenen üblichen Transaktionskosten verlangen.

[23] *Langenbucher* AktKapMarktR § 14 Rn. 61; *Buck-Heeb* KapMarktR Rn. 278; HMS Unternehmensfinanzierung/*Mülbert/Steup* § 41 Rn. 102 f.

[24] *Buck-Heeb* KapMarktR Rn. 284.

[25] BT-Drs. 13/8933, 78 re. Sp.; zu Recht krit. Schäfer/Hamann/*Hamann* BörsG §§ 44, 45 Rn. 286.

[26] Nomos-BR/*Müller* WpPG § 21 Rn. 15.

Teil 2. Ansprüche der Z-AG gegen die P-AG

Hinweis: Die nachfolgende Problematik ist der die Bundesrepublik Deutschland und die Deutsche Telekom betreffende „Telekom III"-Entscheidung des BGH (BGHZ 190, 7 = NZG 2011, 829) nachempfunden. Ihre Lösung ist als schwierig einzustufen und kann von Studierenden allenfalls in Ansätzen erwartet werden. Das gilt insbesondere für den Gesamtschuldnerausgleich und die Ersatzpflicht aus den §§ 311, 317 Abs. 1 S. 1 AktG, welche auch vom BGH nicht bzw. nur ansatzweise thematisiert worden sind. Als bekannt vorausgesetzt werden kann lediglich die Problematik, unter welchen Voraussetzungen die Übernahme des Prospekthaftungsrisikos den Tatbestand der verbotenen Einlagenrückgewähr erfüllt (hierzu → Rn. 34ff.).

A. Aufwendungsersatz aus einer Geschäftsführung ohne Auftrag (§§ 677, 683 S. 1, 670 BGB)

Ein Anspruch der Z-AG gegen die P-AG aus den §§ 677, 683 S. 1, 670 BGB auf **31** Freistellung der aus dem Vergleich resultierenden Verbindlichkeiten scheidet aus. Zwar erfolgte die Prospekterstellung im Interesse der P-AG, doch handelte die Z-AG hierbei nicht „ohne Auftrag", sondern auf Grundlage des Übernahmevertrages.

B. Freistellungsanspruch (§ 426 Abs. 1 S. 1 BGB)

Möglicherweise kann die Z-AG von der P-AG jedoch die anteilige Freistellung von **32** den Verbindlichkeiten aus dem Vergleich aus § 426 Abs. 1 S. 1 BGB verlangen. Wie in Teil 1 (→ Rn. 1 ff.) festgestellt, sind die Z-AG und die P-AG zusammen mit I den Anlegern gesamtschuldnerisch zum Schadensersatz verpflichtet. Hat der in Anspruch genommene Gesamtschuldner die Gläubiger noch nicht befriedigt, richtet sich der Anspruch aus § 426 Abs. 1 S. 1 BGB auf anteilige Freistellung.[27]

Gemäß § 426 Abs. 1 S. 1 BGB greift die Verpflichtung zum Ausgleich nach Köpfen **33** indes nur, wenn nichts anderes bestimmt ist. Vorrangig ist ein abweichender vertraglicher oder gesetzlicher Ausgleichsmaßstab. In der bloßen Weigerung der P-AG, die Z-AG von den Kosten einer möglichen Prospekthaftung freizustellen, wird man zwar keine vertragliche Vereinbarung erblicken können. Die Bedeutung dieses Umstandes dürfte sich vielmehr darin erschöpfen, dass eine Vereinbarung, wonach die P-AG im Innenverhältnis die alleinige Verantwortung für Prospekthaftungsansprüche übernimmt, nicht getroffen wurde. Vorliegend greift jedoch ein abweichender gesetzlicher Ausgleichsmaßstab. Denn bei Schadensersatzansprüchen ist anerkannt, dass der gesetzliche Verteilungsmaßstab des § 254 BGB entsprechend anzuwenden ist.[28] Die Verteilung richtet sich insoweit nach den Verursachungs- und Schuldanteilen der Gesamtschuldner. Da vorliegend die Z-AG und die I den Prospekt erstellt und damit auch dessen Unrichtigkeit primär verursacht und zu verantworten haben, sprechen die besseren Gründe dafür, dass sie den Schaden im Innenverhältnis allein tragen müssen. Ein auf § 426 Abs. 1 S. 1 BGB gestützter Freistellungsanspruch gegen die P-AG scheidet daher aus.

---

27 Palandt/*Grüneberg* BGB § 426 Rn. 4; *Medicus/Lorenz* SchuldR I Rn. 897.

28 BGHZ 17, 214, 222 = NJW 1955, 1314; Palandt/*Grüneberg* BGB § 426 Rn. 14; *Medicus/Lorenz* SchuldR I Rn. 897.

Hinweis: Im Rahmen der BGH-Entscheidung spielte § 426 Abs. 1 S. 1 BGB keine Rolle, da die (in den USA) gegen den Bund gerichtete Klage auf Prospekthaftung rechtskräftig abgewiesen wurde und es daher an einer Gesamtschuld fehlte.

C. Erstattungsanspruch wegen verbotener Einlagenrückgewähr (§§ 57 Abs. 1, 62 Abs. 1 AktG)

I. Tatbestand der Einlagenrückgewähr

34 In Betracht kommt jedoch ein Anspruch der Z-AG gegen die P-AG aus §§ 57 Abs. 1, 62 Abs. 1 AktG. Die Übernahme des Prospekthaftungsrisikos durch die Z-AG zur Ermöglichung eines öffentlichen Angebots der P-AG könnte den Tatbestand der verbotenen Einlagenrückgewähr erfüllen.

35 Im Ausgangspunkt besteht Einigkeit darüber, dass die Übernahme des Prospekthaftungsrisikos im Zusammenhang mit der Platzierung des Altbestandes eines Aktionärs als ein an diesen gerichteter Vermögenstransfer zu werten ist.[29] Die Situation unterscheidet sich insoweit nicht von der Besicherung von Gesellschafterforderungen (sog. Upstream-Securities).[30] Dass die Risikoübernahme als solche nicht bilanzwirksam ist, spielt keine Rolle. Entscheidend ist, dass ein Dritter das Prospekthaftungsrisiko nicht oder nur gegen eine entsprechende Risikoprämie übernommen hätte (Drittvergleich). Insbesondere wird das Prospekthaftungsrisiko nicht durch das Entgelt für die Erstellung des Prospekts abgegolten.

36 Fraglich ist jedoch, welche Rolle es spielt, dass die Z-AG möglicherweise ein gewisses Eigeninteresse an der Umplatzierung hatte. Zwar kann sich die P-AG insoweit nicht darauf berufen, dass die Z-AG infolge der Umplatzierung ihre Unabhängigkeit wiedergewonnen hat und fortan keiner nachteiligen Einflussnahme mehr ausgesetzt ist. Da den §§ 311 ff. AktG die Vorstellung zugrunde liegt, dass jedwede nachteilige Einflussnahme durch einen herrschenden Aktionär im Wege des Einzelausgleichs kompensiert wird, handelt es sich insoweit um einen Aspekt, der normativ keine Berücksichtigung finden kann.[31] Nicht von vornherein unbeachtlich ist jedoch der Einwand, dass die Z-AG von der mit der Umplatzierung verbundenen Publizität profitiert. In der Literatur wird vereinzelt vertreten, dass auch monetär nicht bewertbare Vorteile der Gesellschaft geeignet sind, die Übernahme des Prospekthaftungsrisikos kapitalerhaltungsneutral zu kompensieren.[32] Zur Begründung wird unter anderem darauf verwiesen, dass, wenn der Wert der Haftungsübernahme schwer bemessen werden kann, auch nicht verlangt werden könne, dass die kompensatorischen Vorteile der Gesellschaft messbar sind.

37 Diesem Ansatz ist der BGH in seiner „Telekom III"-Entscheidung im Ergebnis zu Recht entgegengetreten.[33] Zwar lässt sich dies nicht damit begründen, dass dem Verbot der Einlagenrückgewähr eine bilanzielle Betrachtungsweise zugrunde zu le-

[29] BGHZ 190, 7 Rn. 15 = NZG 2011, 829, 830 – Telekom III; ausführlich *Mülbert/A. Wilhelm* FS Hommelhoff, 2012, S. 747, 750 ff.

[30] Vgl. Schmidt/Lutter/*Fleischer* AktG § 57 Rn. 25 ff.; Henssler/Strohn/*Lange* AktG § 57 Rn. 5.

[31] BGHZ 190, 7 Rn. 26 = NZG 2011, 829, 832 – Telekom III.

[32] Marsch-Barner/Schäfer AG-HdB/*Meyer* § 7 Rn. 21 ff.; *Hoffmann-Becking* FS Lieberknecht, 1997, S. 25, 37; dem folgend OLG Köln NZG 2009, 951, 953.

[33] BGHZ 190, 7 Rn. 25 ff. = NZG 2011, 829, 832 – Telekom III.

gen ist.[34] Wäre der Leistungsbegriff des § 57 Abs. 1 AktG streng bilanziell zu interpretieren, würde sich die Frage der Kompensation gar nicht stellen, da die Übernahme des Prospekthaftungsrisikos selbst bilanzneutral ist.[35] Entscheidend ist vielmehr, dass die Kapitalerhaltungsvorschriften dem Vermögensschutz dienen und eine Berücksichtigung materiell nicht erfassbarer Vorteile hiermit nicht vereinbar wäre. Die kapitalerhaltungsneutrale Kompensation der Risikoübernahme setzt vielmehr grundsätzlich voraus, dass der Altaktionär der Gesellschaft eine Art Versicherungsprämie zahlt, die dem Betrag entspricht, zu der ein Dritter bereit gewesen wäre, das Prospekthaftungsrisiko zu übernehmen.

Hinweis: Für die Praxis stellt sich im Anschluss an die „Telekom III"-Entscheidung des BGH vor allem die Frage, inwieweit die darin entwickelten Grundsätze auch auf sog. gemischte Platzierungen Anwendung finden, bei denen sowohl neue als auch alte Aktien angeboten werden (im Zusammenhang mit Börsengängen bildet dies den Normalfall). Da hier die Prospekterstellung nicht – wie im vorliegenden Fall – nur, aber zumindest auch im Interesse der Altaktionäre erfolgt, gilt es zu klären, ob Letztere verpflichtet sind, die Gesellschaft anteilig vom Prospekthaftungsrisiko freizustellen.[36] In der Praxis war eine solche Freistellung bisher unüblich.

II. Rechtsfolge

Fraglich ist, welchen Umfang der Erstattungsanspruch aus § 62 Abs. 1 AktG hat. **38**
Der BGH ist in der „Telekom III"-Entscheidung zu dem Ergebnis gelangt, der Altaktionär sei verpflichtet die Gesellschaft von dem durch die Verwirklichung des Prospekthaftungsrisikos konkret entstandenen Schaden freizustellen.[37] Überträgt man dies auf den vorliegenden Fall, müsste die P-AG die Z-AG von ihren Verbindlichkeiten aus dem Vergleich iHv 6,7 Mio. EUR freistellen.

Ein solches Ergebnis vermag jedoch nicht zu überzeugen.[38] Da der Kapitalerhal- **39**
tungsverstoß in der abstrakten Übernahme des Prospekthaftungsrisikos liegt, kann der kapitalerhaltungsrechtliche Erstattungsanspruch nur auf die Kompensation des abstrakten Haftungsrisikos durch eine entsprechende Prämie gerichtet sein. Die Annahme eines Anspruchs auf Erstattung des aus der Verwirklichung des Haftungsrisikos entstandenen konkreten Vermögensschadens steht im Widerspruch zur beschränkten Rechtsfolgenanordnung des § 62 Abs. 1 AktG, welche den Ersatz von Folgeschäden gerade nicht miteinschließt. Der Anspruch unterscheidet sich insoweit von dem Anspruch aus den §§ 311, 317 Abs. 1 S. 1 AktG, der weiter reicht, im Gegenzug aber die Erfüllung zusätzlicher Tatbestandsmerkmale voraussetzt. Der der Z-AG gegen die P-AG aus §§ 57 Abs. 1, 62 Abs. 1 AktG zustehende Anspruch umfasst hiernach lediglich die Zahlung von 1,5 Mio. EUR.

Der Anspruch ist nicht unter dem Gesichtspunkt des Mitverschuldens deshalb zu **40**
kürzen, weil die Z-AG die Verwirklichung des Prospekthaftungsrisikos durch ihre Unachtsamkeit bei der Erstellung des Prospekts zu verantworten hat. Das folgt ohne Weiteres aus der zuvor dargelegten Überlegung, wonach die Kapitalerhaltungsregelungen lediglich auf die Kompensation des abstrakten Haftungsrisikos

34 So aber BGHZ 190, 7, Rn. 25 = NZG 2011, 829, 832 – Telekom III.
35 Hierzu und zum Folgenden *Leuschner* NJW 2011, 3275, 3275 f.
36 Hierzu etwa *Wink* AG 2011, 569, 578 ff.
37 BGHZ 190, 7 [Ls. 2] = NZG 2011, 829, 829 – Telekom III; *Mülbert/A. Wilhelm* FS Hommelhoff, 2012, S. 747, 770 ff.
38 Hierzu und zum Folgenden *Leuschner* NJW 2011, 3275, 3275 f.

und nicht des durch seine Verwirklichung entstandenen Schadens abzielen. Der Annahme einer Überlagerung des § 254 BGB durch das Kapitalerhaltungsrecht bedarf es insoweit nicht.[39]

41 Im Ergebnis schuldet die P-AG der Z-AG daher aus §§ 57 Abs. 1, 62 Abs. 1 AktG die Zahlung von 1,5 Mio. EUR.

D. Schadensersatzanspruch gemäß der §§ 311, 317 Abs. 1 S. 1 AktG[40]

42 Ein Anspruch der Z-AG gegen die P-AG auf Freistellung von den Verbindlichkeiten aus dem Vergleich iHv 6,7 Mio. EUR könnte jedoch aus § 317 Abs. 1 AktG folgen. Voraussetzung hierfür ist, dass die P-AG die Z-AG zur Vornahme einer nachteiligen Maßnahme bzw. eines nachteiligen Rechtsgeschäfts veranlasst hat. Insoweit kommen zwei unterschiedliche Anknüpfungspunkte in Betracht: Zum einen der Abschluss des Übernahmevertrages (hierzu → Rn. 43ff.) und zum anderen die Nichterwähnung des Patentrechtsstreits im Prospekt (hierzu → Rn. 56ff.).

I. Bezüglich des Abschlusses des Übernahmevertrages

43 Die P-AG könnte sich dadurch schadensersatzpflichtig gemacht haben, dass sie die Z-AG zum Abschluss des Übernahmevertrages mit der darin enthaltenen Verpflichtung zur Prospekterstellung veranlasst hat.

1. Anwendungsvoraussetzungen der §§ 311ff. AktG

44 Die Anwendbarkeit der §§ 311ff. AktG setzt zunächst voraus, dass die P-AG auf die Z-AG herrschenden Einfluss ausübt (Abhängigkeitslage), die P-AG Unternehmenseigenschaft aufweist (§ 17 Abs. 1 AktG) und kein Beherrschungsvertrag existiert.

a) Abhängigkeitslage

45 Der herrschende Einfluss der P-AG auf die Z-AG folgt vorliegend aus § 17 Abs. 2 AktG, wonach ein solcher Einfluss im Fall der Mehrheitsbeteiligung (§ 16 Abs. 1 AktG) zu vermuten ist. Eine Mehrheitsbeteiligung der P-AG ist vorliegend gegeben, da ihr neben den 30% Aktien, die sie selbst an der Z-AG hält, gemäß § 16 Abs. 4 AktG auch die 33% der Aktien zuzurechnen sind, die die von ihr abhängige T-GmbH hält.

b) Unternehmenseigenschaft der P-AG

46 Die Eigenschaft der P-AG als herrschendes Unternehmen setzt voraus, dass diese neben der Beteiligung an der Z-AG noch eine anderweitige wirtschaftliche Interessenbindung aufweist, die nach Art und Intensität ernsthafte Sorgen begründet, sie könne wegen dieser Bindungen ihren aus der Mitgliedschaft folgenden Einfluss auf die Z-AG nachteilig ausüben.[41] Vom Vorliegen dieser Voraussetzungen wird man

[39] So aber der Sache nach BGHZ 190, 7 Rn. 22 = NZG 2011, 829, 831 – Telekom III – unter Berufung auf *Schäfer* ZIP 2010, 1877, 1882f.

[40] Prüfungsschema zum Anspruch aus §§ 311, 317 AktG → Fall 5 Rn. 1.

[41] Vgl. BGHZ 69, 334 = NJW 1978, 104; *Hüffer/Koch* AktG § 15 Rn. 10; Henssler/Strohn/*Kessler/Maier-Reimer* AktG § 15 Rn. 3; *Emmerich/Habersack* KonzernR § 2 Rn. 5ff.

laut Sachverhalt ausgehen können. Die P-AG betreibt nicht nur ein vom Unternehmen der Z-AG zu unterscheidendes eigenes Unternehmen, sondern übt darüber hinaus auch noch herrschenden Einfluss auf die T-GmbH aus.

c) Kein Beherrschungsvertrag

Ein die Anwendbarkeit der §§ 311 ff. AktG ausschließender Beherrschungsvertrag **47**
existiert nicht.

2. Veranlassung zu nachteiligem Rechtsgeschäft/Maßnahme

Des Weiteren müsste die P-AG als herrschendes Unternehmen die Z-AG zur Vor- **48**
nahme eines nachteiligen Rechtsgeschäfts oder einer nachteiligen Maßnahme veranlasst haben.

a) Rechtsgeschäft/Maßnahme

Vorliegend hat die Z-AG den Übernahmevertrag geschlossen, indem sie sich ver- **49**
pflichtete, den Verkaufsprospekt (zusammen mit der I) zu erstellen. Hierbei handelt es sich um ein Rechtsgeschäft iSd §§ 311 Abs. 1, 317 Abs. 1 AktG.

b) Nachteilhaftigkeit

Bei der Bewertung der Nachteilhaftigkeit des infrage stehenden Rechtsgeschäfts **50**
(Übernahmevertrag) ist darauf abzustellen, ob zwischen der vereinbarten Leistung und der Gegenleistung ein objektives Missverhältnis besteht. Maßgeblich ist insoweit derselbe Maßstab wie bei der Bestimmung des Leistungsbegriffs bei den Kapitalerhaltungsregelungen, dh des Drittvergleichs.[42] Entsprechend dem zuvor Gesagten (→ Rn. 34 ff.) hält der Übernahmevertrag einem Drittvergleich nicht stand, weshalb dieser aus der Perspektive der Z-AG als nachteilig zu qualifizieren ist.

c) Veranlassung durch die P-AG

Von einer Veranlassung ist auszugehen, wenn das herrschende Unternehmen, ge- **51**
stützt auf seinen gesellschaftsrechtlich vermittelten Einfluss, das Verhalten der abhängigen Gesellschaft zu bestimmen versucht.[43] Hohe Anforderungen sind insoweit nicht zu stellen. Insbesondere ist es nicht erforderlich, dass das herrschende Unternehmen der abhängigen Gesellschaft für den Fall der Nichtbefolgung Nachteile androht.[44] Auf Grundlage des Gesagten ist vorliegend von einer Veranlassung durch die P-AG auszugehen. Insoweit genügt es, dass von ihr die Initiative zum Abschluss des Übernahmevertrages ausging.

3. Überschreitung des Privilegierungsrahmens der §§ 311 ff. AktG

Der Schadensersatzanspruch setzt schließlich voraus, dass der Privilegierungsrah- **52**
men des § 317 Abs. 1 AktG überschritten wurde. Insoweit genügt die Feststellung,

[42] Abzustellen ist dabei letztlich auf die Sicht eines ordentlichen und gewissenhaften Geschäftsleiters einer unabhängigen Gesellschaft, vgl. § 317 Abs. 2 AktG.

[43] Henssler/Strohn/*Bödeker* AktG § 311 Rn. 8; Emmerich/Habersack/*Habersack* AktG § 311 Rn. 22, 23; *Emmerich/Habersack* KonzernR § 25 Rn. 2 ff.

[44] Emmerich/Habersack/*Habersack* AktG § 311 Rn. 22, 23; *Hüffer/Koch* AktG § 311 Rn. 13.

dass die P-AG es vorliegend versäumt hat, den Nachteil zum Geschäftsjahresende auszugleichen.

4. Anspruchsinhalt und § 254 BGB

53 Im Unterschied zum Anspruch aus § 62 Abs. 1 AktG ist der Anspruch aus § 317 Abs. 1 AktG auf Schadensersatz gerichtet. Er erfasst daher grundsätzlich nicht lediglich den Wert der abstrakten Risikoübernahme iHv 1,5 Mio. EUR (das entspricht dem Nachteil), sondern auch den hieraus entstandenen (Folge-)Schaden iHv 6,7 Mio. EUR.[45]

54 Fraglich ist jedoch, ob die P-AG gegenüber dem Anspruch aus § 317 Abs. 1 AktG einwenden kann, die Z-AG habe die konkrete Schadensentstehung durch die fehlerhafte Prospekterstellung überwiegend selbst zu verantworten und der Anspruch sei daher entsprechend dem Rechtsgedanken des § 254 Abs. 1 BGB ausgeschlossen oder zumindest zu kürzen.[46] Auf den ersten Blick erscheint die Beachtlichkeit eines Mitverschuldenseinwands auszuscheiden, da den §§ 311 ff. AktG das Moment der „Selbstschädigung" immanent ist. Die Regelungen zielen gerade auf die Konstellation, dass ein herrschendes Unternehmen durch Einflussnahme auf die Willensbildung der abhängigen Aktiengesellschaft diese zu einer Selbstschädigung veranlasst.

55 Doch wird man insoweit zwischen dem Abschluss des Übernahmevertrages und der damit verbundenen abstrakten Risikoübernahme einerseits und der fehlerhaften Prospekterstellung und dem daraus entstandenen konkreten Schaden andererseits unterscheiden müssen. Zwar ist im Ausgangspunkt anerkannt, dass das herrschende Unternehmen unter den Voraussetzungen der §§ 311, 317 AktG für die Folgen der Einflussnahme auch dann einzustehen hat, wenn der ex ante prognostizierte Verlust (Nachteil), den später tatsächlich eintretenden Verlust (Schaden) übersteigt, ohne dass es insoweit auf ein Verschulden ankommt (Veranlassungsprinzip).[47] Unvorhersehbare externe Einflüsse gehen hiernach zu Lasten des herrschenden Unternehmens. Der vorliegend interessierende Fall ist jedoch anders gelagert. Die Konkretisierung des abstrakten Risikos zu einem konkreten Schaden beruht nicht auf unvorhersehbaren, externen Einflüssen, sondern dem bewussten Verschweigen des Patentrechtsstreits durch die Z-AG selbst. Diesen Schaden der abhängigen Gesellschaft zu ersetzen, ist nicht mehr von dem Zweck der §§ 311 ff. AktG gedeckt, welche darauf zielen, deren Vermögen vor abhängigkeitsbedingten Einwirkungen zu schützen. Aufgrund der besonderen Umstände erscheint es vielmehr geboten, den Anspruch aus §§ 311, 317 Abs. 1 S. 1 AktG entsprechend dem Rechtsgedanken des § 254 Abs. 1 BGB auszuschließen.[48]

---

[45] Zum Unterschied zwischen „Nachteil" und „Schaden" Emmerich/Habersack/*Habersack* AktG § 311 Rn. 45.

[46] Da der Anspruch aus den §§ 311, 317 AktG kein Verschulden voraussetzt, handelt es sich insoweit um kein „Mitverschulden" im engeren Sinne.

[47] So unter anderem Emmerich/Habersack/*Habersack* AktG § 317 Rn. 17; *Hüffer/Koch* AktG § 317 Rn. 5, 9a; Schmidt/Lutter/*Vetter* AktG § 317 Rn. 18; anders dagegen MüKoAktG/*Altmeppen* AktG § 317 Rn. 40, welcher eine nicht vorhersehbare Entwicklung zugunsten des herrschenden Unternehmens bei der Schadensberechnung berücksichtigt.

[48] Denkbar wäre auch, den Anspruch lediglich um den Betrag zu kürzen, um den der Schaden den Nachteil übersteigt, und somit der Z-AG einen Ersatzanspruch iHv 1,5 Mio. EUR zuzubilligen.

II. Bezüglich der unterlassenen Erwähnung des Patentrechtsstreits

Zu einem anderen Ergebnis könnte man gelangen, wenn als Nachteil iSd §§ 311, 317 Abs. 1 S. 1 AktG nicht auf den Abschluss des Übernahmevertrages, sondern auf die unterlassene Erwähnung des Patentrechtsstreits abgestellt wird und hierbei unterstellt, dass das Unterlassen von der P-AG veranlasst wurde. **56**

Hinweis: Die Prüfung eines auf die unterlassene Erwähnung des Patentrechtsstreits gestützten Schadensersatzanspruchs mag auf den ersten Blick irritieren, nachdem zuvor unter Hinweis darauf der Schadensersatzanspruch verneint wurde. Indes knüpft die nachfolgende Prüfung letztlich an einen neuen Aspekt an: Es geht um die Frage, ob hinter der Mitverantwortlichkeit der Z-AG nicht doch letztlich die P-AG „steckt" und aus diesem Grund hierfür einstehen muss.

1. Anwendungsvoraussetzungen der §§ 311 ff. AktG

Bezüglich der generellen Anwendbarkeit der §§ 311 ff. AktG kann auf die obigen Ausführungen (→ Rn. 44 ff.) verwiesen werden. **57**

2. Veranlassung zu nachteiligem Rechtsgeschäft/Maßnahme

a) Rechtsgeschäft/Maßnahme

Bei der unterlassenen Erwähnung des Patentrechtsstreits im Prospekt handelt es sich zwar um kein Rechtsgeschäft, wohl aber um eine Maßnahme iSd §§ 311, 317 AktG. **58**

b) Nachteilhaftigkeit

Aus der Perspektive der Z-AG stellt sich die Nichterwähnung des Patentrechtsstreits als Nachteil dar. Da der Erlös der Umplatzierung allein der P-AG zugutekam, standen dem mit der Publizierung eines unrichtigen Prospekts einhergehenden Prospekthaftungsrisiko keine Gewinnchancen der Z-AG gegenüber. **59**

c) Veranlassung durch die P-AG

Problematisch ist jedoch das Merkmal der Veranlassung. Der Sachverhalt enthält keinerlei Hinweise darauf, dass die P-AG die Z-AG dazu angehalten hat, den Patentrechtsstreit im Prospekt unerwähnt zu lassen. Bei Zugrundelegung der allgemeinen Grundsätze, wonach der Anspruchsteller sämtliche anspruchsbegründenden Tatsachen darzulegen und ggf. zu beweisen hat, müsste ein auf die unterlassene Erwähnung des Patentrechtsstreits gestützter Anspruch aus § 317 Abs. 1 AktG ausscheiden. Es bliebe bei dem zuvor gewonnenen Ergebnis (→ Rn. 43 ff.). **60**

Es besteht indes Einigkeit darüber, dass bezüglich des Merkmals der Veranlassung die allgemeinen Grundsätze der Darlegungs- und Beweislast der Modifikation bedürfen.[49] Da nämlich die Veranlassung zumeist informell erfolgt und somit nicht dokumentiert wird, würde andernfalls der durch § 317 Abs. 1 AktG bezweckte Schutz der abhängigen Gesellschaft und ihrer außenstehenden Aktionäre leerlaufen. Zwar ist umstritten, ob für das Eingreifen der Beweiserleichterung das Vorliegen einer nachteiligen Maßnahme genügt[50] oder ob als weitere Voraussetzung zu verlan- **61**

---

[49] BGHZ 190, 7, Rn. 40 = NZG 2011, 829, 833 – Telekom III; Henssler/Strohn/*Bödeker* AktG § 311 Rn. 39; Emmerich/Habersack/*Habersack* AktG § 311 Rn. 32.

[50] So unter anderem MüKoAktG/*Altmeppen* AktG § 311 Rn. 90.

gen ist, dass das herrschende Unternehmen Vorteile aus der Maßnahme gezogen hat.[51]

62 Vorliegend bedarf dieser Streit jedoch keiner Entscheidung. Weil die Prospekterstellung allein dazu diente, die Veräußerung der von der P-AG gehaltenen (alten) Aktien zu ermöglichen, ist auch das Merkmal der Vorteilhaftigkeit erfüllt. Denn die Erwähnung des möglichen Patentrechtsstreits hätte mit hoher Wahrscheinlichkeit zu einem deutlichen Kursabschlag geführt und auf diese Weise den von der P-AG zu erzielenden Veräußerungserlös gemindert. Dass die Unrichtigkeit für die P-AG zugleich das Risiko einer Inanspruchnahme aus Prospekthaftung begründete, welches sich vorliegend auch realisiert hat, fällt demgegenüber wohl nicht entscheidend ins Gewicht. Denn maßgeblich für die Beurteilung der Vorteilhaftigkeit muss die Sicht zum Zeitpunkt der mutmaßlichen Veranlassung sein. Weil zu diesem Zeitpunkt noch die Möglichkeit bestand, dass die Patenrechtsproblematik einen anderen Ausgang nimmt, ist davon auszugehen, dass aus der Perspektive der P-AG die mit der Nichterwähnung des Patentrechtsstreits verbundenen Chancen die Risiken überwogen. Im Ergebnis kann daher vermutet werden, dass die Unrichtigkeit des Prospekts durch die P-AG veranlasst wurde.

3. Überschreiten des Privilegierungsrahmens der §§ 311 ff. AktG

63 Der Privilegierungsrahmen wurde jedenfalls dadurch überschritten, dass die P-AG den durch die unrichtige Publizierung eines Prospekts entstandenen Nachteil nicht zum Geschäftsjahresende ausgeglichen hat. Ob der Nachteil überhaupt dem Einzelausgleich zugänglich war, kann daher dahinstehen.

4. Anspruchsinhalt und Mitverschulden

64 Der aus der Publizierung des unrichtigen Prospekts resultierende Schaden entspricht dem Vergleichsbetrag iHv 6,7 Mio. EUR. Anders als im Rahmen der Prüfung zuvor (→ Rn. 43 ff.) ist dieser Betrag vorliegend nicht gemäß § 254 Abs. 1 BGB zu kürzen. Denn erblickt man den Nachteil in der Publizierung des unrichtigen Prospekts, ist es ausgeschlossen, denselben Umstand im Rahmen des Mitverschuldenseinwandes zu berücksichtigen. Die gegenteilige Sichtweise widerspräche dem Grundanliegen des § 317 Abs. 1 AktG, Ausgleich dafür zu schaffen, dass das herrschende Unternehmen die abhängige Gesellschaft durch Einflussnahme auf die Willensbildung zur Selbstschädigung veranlasst. Ein Mitverschulden könnte die Z-AG allenfalls insoweit treffen, als sie sich ohne ausreichende Veranlassung zur Zahlung einer (überhöhten) Vergleichssumme verpflichtet hat. Diesbezüglich enthält der Sachverhalt jedoch keine Angaben.

65 Im Ergebnis steht daher der Z-AG gegen die P-AG aus § 317 Abs. 1 AktG ein Schadensersatzanspruch gerichtet auf Freistellung von den Verbindlichkeiten aus dem Vergleich iHv 6,7 Mio. EUR zu.

D. § 280 Abs. 1 BGB iVm der Treuepflicht und § 117 Abs. 1 AktG

66 Stellt man wiederum auf den von der P-AG veranlassten Abschluss des Übernahmevertrages ab, begründet dies zusätzlich einen Schadensersatzanspruch aus § 280

[51] Emmerich/Habersack/*Habersack* AktG § 311 Rn. 33 ff.; Schmidt/Lutter/*Vetter* AktG § 311 Rn. 30.

Abs. 1 BGB iVm der Treuepflicht sowie einen Schadensersatzanspruch aus § 117 Abs. 1 AktG. Entsprechend dem zuvor Gesagten (→ Rn. 53ff.) führt auch hier wiederum der Mitverschuldenseinwand zum Anspruchsausschluss.

Abweichendes würde gelten, wenn man auch insoweit davon ausgehen dürfte, dass die P-AG neben dem Abschluss des Übernahmevertrages auch die Nichterwähnung des Patentrechtsstreits veranlasst hat. Dies würde dann einen gesonderten Treuepflichtverstoß bzw. eine gesonderte Einflussnahme iSv § 117 Abs. 1 AktG begründen. Im Unterschied zu § 317 Abs. 1 AktG ist aber weder im Zusammenhang mit dem Schadensersatzanspruch aus § 280 Abs. 1 BGB iVm der Treuepflicht noch mit dem Anspruch aus § 117 Abs. 1 AktG eine entsprechende Vermutung anerkannt. Es bleibt vielmehr bei den allgemeinen Grundsätzen der Darlegungs- und Beweislast, wonach davon auszugehen ist, dass die unterlassene Erwähnung des Patentrechtsstreits durch die Z-AG keine Abhängigkeitsfolge war. **67**

F. Ergebnis

Die Z-AG hat gegen die P-AG einen Schadensersatzanspruch aus den §§ 311, 317 Abs. 1 S. 1 AktG gerichtet auf Freistellung von den Verbindlichkeiten aus dem Vergleich iHv 6,7 Mio. EUR. Daneben hat sie grundsätzlich auch einen Anspruch aus §§ 57 Abs. 1, 62 Abs. 1 AktG auf Zahlung von 1,5 Mio. EUR. Die Vorschriften der §§ 57, 62 AktG werden nicht verdrängt und finden daher neben den §§ 311, 317 AktG Anwendung.[52] Der Schadensersatzanspruch aus den §§ 311, 317 Abs. 1 S. 1 AktG ist aber vorliegend aufgrund des Ersatzes des gesamten Schadens iHv 6,7 Mio. EUR für die Z-AG vorzugswürdig. **68**

52 Henssler/Strohn/*Bödeker* AktG § 317 Rn. 12; Emmerich/Habersack/*Habersack* AktG § 311 Rn. 84 und § 317 Rn. 34; *Hüffer/Koch* AktG § 317 Rn. 17.

Fall 5. Solartrans

Bearbeitungszeit: 5 Stunden

Sachverhalt

A zählt zu seinem Vermögen eine Reihe von Beteiligungen, welche er auf anwaltliches Anraten hin alle in die ihm allein gehörende A-Holding-GmbH eingebracht hat. Zu den Beteiligungen gehören unter anderem die B-AG (75%), die C-AG (100%) sowie die D-GmbH (100%). Die B-AG und die D-GmbH sind im Speditionsbereich tätig, die C-AG entwickelt und produziert Lkw-Anhänger und Fahrzeugaufbauten.

Seit Anfang 2010 produziert und verkauft die C-AG ein spezielles Anhängersystem („Solartrans"), das ausschließlich dem Transport von Rotorblättern für Windkraftanlagen dient. Der einzige Konkurrent ist ein schwedisches Unternehmen, das ein alternatives System mit dem Namen „Sol 5000" vertreibt. Weil ein Zusammenhang zwischen der Produktion der Rotorblätter und der Wahl des Anhängersystems besteht, steht fest, dass sich mittelfristig nur eines der beiden Systeme auf dem Markt behaupten kann. Nachdem sich im Jahr 2016 der größte Produzent von Windkraftanlagen für das System „Sol 5000" entschieden hat, sind sich Marktbeobachter einig, dass dieses System nunmehr die deutlich besseren Chancen hat. Gleichwohl ordert die B-AG, die erheblichen Umsätze mit dem Transport von Windkraftanlagen macht, Ende 2017, vertreten durch ihren Alleinvorstand V, bei der C-AG Anhängersysteme des Typs „Solartrans" für 5,5 Mio. EUR. Schon knapp acht Monate später hat sich jedoch auch der letzte Hersteller von Windkraftanlagen für das System „Sol 5000" entschieden. Um weiterhin Aufträge zu erlangen, muss auch die B-AG sukzessive ihr System „Solartrans" ausrangieren und auf „Sol 5000" umstellen. Da das System „Sol 5000" zwischenzeitlich deutlich teurer geworden ist, entsteht ihr durch die Entscheidung aus dem Jahr 2017 insgesamt ein Schaden iHv 6,2 Mio. EUR.

Im September 2018 kommt es bei der D-GmbH zu einem Engpass an Lkw-Fahrern, in dessen Folge der Verlust eines langfristigen Großauftrages droht. Zudem wird für die Anschaffung von Lkw dringend Liquidität benötigt. A persönlich schaltet sich ein und fragt bei V an, ob die B-AG der D-GmbH kurzfristig Fahrer sowie ein Darlehen iHv 500.000 EUR zur Verfügung stellen könne. Bezüglich der Fahrer weist V darauf hin, dass diese zur Erfüllung eines Auftrages benötigt würden, dessen Durchführung der B-AG einen Gewinn iHv 80.000 EUR verspricht. Mit der Darlehensvergabe ist V vor dem Hintergrund, dass die B-AG aufgrund langfristiger Kredite über hinreichend Liquidität verfügt, grundsätzlich einverstanden, verlangt jedoch die Bestellung von Sicherheiten. Nach intensiven Gesprächen, in denen sich V von der Bonität der D-GmbH überzeugt und A verspricht, sowohl die Nachteile der B-AG auszugleichen als auch den Anstellungsvertrag des V zu verlängern, lenkt dieser jedoch ein. Die D-GmbH erhält ein unbesichertes Darlehen über 500.000 EUR zu einem marktüblichen Zinssatz und einer monatlichen Kündbarkeit. Zudem arbeiten in den folgenden zwei Wochen 20 Fahrer der B-AG unentgeltlich für die D-GmbH.

Anfang 2019 fordert M, ein Minderheitsaktionär der B-AG, den Aufsichtsrat der Gesellschaft auf, Ersatzansprüche gegen A und V geltend zu machen. Es sei doch offensichtlich, dass A bei der Entscheidung Ende 2017 seine „Finger im Spiel" gehabt habe. Auch ginge es nicht an, die D-GmbH zulasten der B-AG in der geschehenen Weise zu bevorzugen. Insbesondere wendet M zutreffend ein, die Vergabe von Krediten in dieser Größenordnung ohne die Gewährung von Sicherheiten sei „völlig marktunüblich". A und V machen geltend, nachher sei man immer klüger, und berufen sich auf „unternehmerisches Ermessen". Bezüglich der 20 Fahrer sei es zudem so gewesen, dass die D-GmbH diese nun einmal dringender gebraucht habe.

Welche Ansprüche hat die B-AG gegen A und V (Stand Anfang 2019)?

Bearbeitervermerk: Das Geschäftsjahr der B-AG endet zum 30.6. des jeweiligen Kalenderjahres.

Überblick

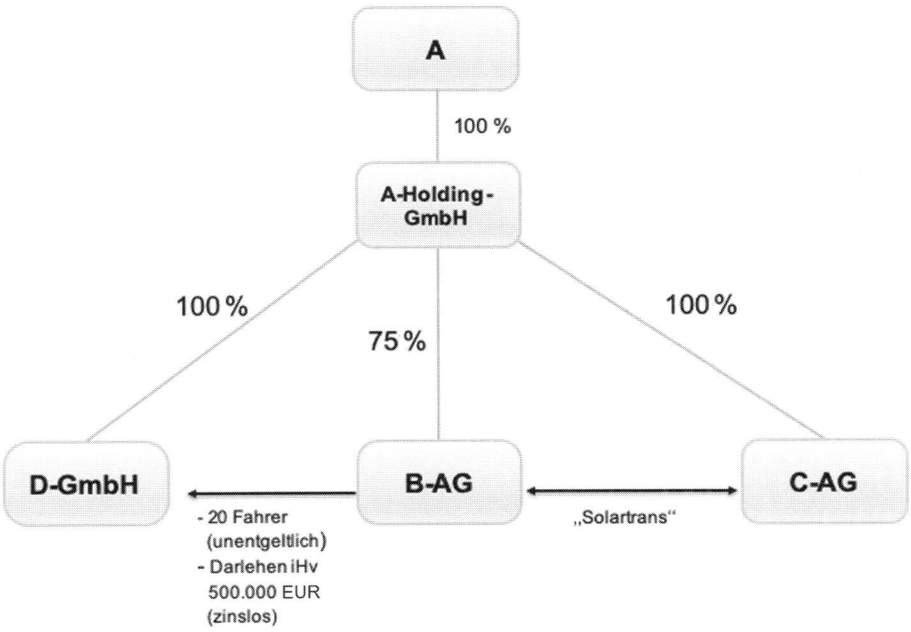

Gliederung

Lösungsskizze

A. Ansprüche der B-AG wegen „Solartrans"

I. Ansprüche gegen A
1. Schadensersatzanspruch aus §§ 311, 317 Abs. 1 S. 1 AktG
a) Anwendungsvoraussetzungen der §§ 311 ff. AktG
aa) Abhängigkeitslage
(+), es greift die Vermutung des § 17 Abs. 2 iVm § 16 Abs. 1, 4 Alt. 1 AktG
bb) Unternehmenseigenschaft des A
(+), da A ungeachtet der Bündelung seiner Beteiligungen in der A-Holding-GmbH die Beteiligungsverwaltung selbst ausübt
cc) Kein Beherrschungsvertrag (+)
b) Veranlassung eines nachteiligen Rechtsgeschäfts/einer Maßnahme
aa) Rechtsgeschäft/Maßnahme
(+), Erwerb des Anhängersysteme „Solartrans" (= Rechtsgeschäft)
bb) Nachteilhaftigkeit
(+), da bereits bei Vertragsschluss die fehlende Zukunftsfähigkeit des Systems „Solartrans" bekannt war, hält dieser dem Drittvergleich nicht stand
cc) Veranlassung durch A
(+), zwar nicht nachweisbar, im Rahmen der §§ 311 ff. AktG nach hM aber zu vermuten, weil für die C-AG günstiger Vertragsschluss mittelbar auch A zugute kam
c) Überschreiten des Privilegierungsrahmens der §§ 311 ff. AktG
(+), weil kein Nachteilsausgleich erfolgt ist; zudem war der Nachteil nicht quantifizierbar
d) Schaden
(+), laut Sachverhalt 6,2 Mio. EUR
e) Ergebnis
Schadensersatzanspruch der B-AG gegen A aus §§ 311, 317 Abs. 1 S. 1 AktG (+)
2. Schadensersatzanspruch aus § 117 Abs. 1 AktG
(–), da die Einflussnahme des A nicht nachweisbar ist (eine Vermutung scheidet anders als bei den §§ 311 ff. AktG aus)

3. Schadensersatzanspruch aus § 280 Abs. 1 BGB iVm der Treuepflicht
(–), da A als lediglich mittelbarer Aktionär der B-AG keiner Treuepflichtbindung unterliegt und die Einflussnahme des A nicht nachweisbar ist (eine Vermutung scheidet anders als bei den §§ 311 ff. AktG aus)
4. Rückgewähranspruch aus §§ 62 Abs. 1 S. 1, 57 AktG
a) Anwendbarkeit
(+), keine Sperrwirkung der §§ 311 ff. AktG, da deren Privilegierungsrahmen überschritten ist
b) Verbotene Einlagenrückgewähr
(+), da Kaufvertrag über „Solartrans" nicht dem Drittvergleich standhält und Empfang der (verdeckten) Leistung durch die C-AG der A-Holding-GmbH als Aktionärin der B-AG zuzurechnen ist
c) Rechtsfolge
– Erstattung der Differenz zwischen dem gezahlten Kaufpreis iHv 5,5 Mio. EUR und dem hierfür erlangten Gegenwert
– da A sämtliche Anteile an der A-Holding-GmbH hält, haftet er neben dieser als sog. faktischer Aktionär
d) Ergebnis
Rückgewähranspruch der B-AG gegen A gemäß §§ 62 Abs. 1 S. 1, 57 AktG auf Erstattung der Differenz zwischen dem Kaufpreis iHv 5,5 Mio. EUR und dem hierfür erlangten Gegenwert (+)

II. Ansprüche gegen V
1. Schadensersatzanspruch aus § 93 Abs. 2 AktG
a) Sorgfaltspflichtverletzung
(+), da der Erwerb nicht im Gesellschaftsinteresse lag und Kompensation im Wege des Einzelausgleichs (§ 311 Abs. 2 AktG) mangels Quantifizierbarkeit des Mangels nicht zu erwarten war
b) Verschulden
(+), gemäß § 93 Abs. 2 S. 2 AktG zu vermuten
c) Schaden
(+), laut Sachverhalt 6,2 Mio. EUR
d) Ergebnis: Schadensersatzanspruch aus § 93 Abs. 2 AktG (+)
2. Schadensersatzanspruch aus § 318 Abs. 1 S. 1 iVm § 317 Abs. 1 S. 1 AktG
(+), da V die Erstellung eines Abhängigkeitsberichts versäumt hat

B. Ansprüche der B-AG wegen der Überlassung der Fahrer

I. Ansprüche gegen A
1. Schadensersatzanspruch aus §§ 311, 317 Abs. 1 AktG
a) Anwendungsvoraussetzungen der §§ 311 ff. AktG (+), siehe oben
b) Veranlassung eines nachteiligen Rechtsgeschäfts/einer Maßnahme
aa) Rechtsgeschäft/Maßnahme
(+), Überlassung der Fahrer
bb) Nachteilhaftigkeit
(+), da die Überlassung dem Drittvergleich nicht standhält
cc) Veranlassung
(+), A hat sich persönlich eingeschaltet

c) Überschreiten des Privilegierungsrahmens der §§ 311 ff. AktG?
(–), da Maßnahme im Konzerninteresse steht, keine Zweifel an Bonität des A bestehen, der Nachteil quantifizierbar und ein Nachteilsausgleich zum Geschäftsjahresende noch möglich ist
d) Ergebnis: Schadensersatzanspruch aus §§ 311, 317 Abs. 1 AktG (–)
2. Rückgewähranspruch aus §§ 62 Abs. 1, 57 AktG wegen verbotener Einlagenrückgewähr
(–), da durch die §§ 311 ff. AktG überlagert
3. Schadensersatzanspruch aus § 280 Abs. 1 BGB iVm der Treuepflicht
(–), da durch die §§ 311 ff. AktG überlagert
4. Schadensersatzanspruch aus § 117 Abs. 1 AktG
(–), da durch die §§ 311 ff. AktG überlagert
II. Ansprüche gegen V
1. Schadensersatzanspruch aus § 93 Abs. 2 AktG
(–), da durch die §§ 311 ff. AktG überlagert
2. Schadensersatzanspruch aus § 318 Abs. 1 S. 1 iVm § 317 Abs. 1 S. 1 AktG
(–), da die Frist des § 312 Abs. 1 AktG noch nicht verstrichen ist

C. Ansprüche der B-AG wegen des Darlehens

I. Ansprüche gegen A
1. Schadensersatzanspruch aus §§ 311, 317 Abs. 1 S. 1 AktG
a) Anwendungsvoraussetzungen der §§ 311 ff. AktG (+), siehe oben
b) Veranlassung eines nachteiligen Rechtsgeschäfts/einer Maßnahme
aa) Rechtsgeschäft/Maßnahme
(+), Darlehensvertrag
bb) Nachteilhaftigkeit
(–), zwar hält das Darlehen mangels Besicherung dem Drittvergleich nicht stand; dieser wird jedoch punktuell durch § 57 Abs. 1 S. 3 Alt. 2 AktG verdrängt, wonach die Vollwertigkeit der Rückzahlungsanspruchs genügt
c) Ergebnis
Anspruch (–)
2. Rückgewähranspruch aus §§ 62 Abs. 1, 57 Abs. 1 AktG
(–), da gemäß § 57 Abs. 1 S. 3 Alt. 2 AktG Vollwertigkeit des Rückzahlungsanspruchs Kapitalerhaltungsverstoß ausschließt
3. Schadensersatzanspruch aus § 117 Abs. 1 AktG
(–), da durch Wertung des § 57 Abs. 1 S. 3 Alt. 2 AktG überlagert
4. Schadensersatzanspruch aus § 280 Abs. 1 BGB iVm der Treuepflicht
(–), da durch Wertung des § 57 Abs. 1 S. 3 Alt. 2 AktG überlagert
II. Schadensersatzanspruch gegen V aus § 93 Abs. 2 AktG
(–), da fehlende Besicherung entsprechend den Wertungen des § 57 Abs. 1 S. 3 Alt. 2 AktG keinen Sorgfaltspflichtverstoß darstellt

Lösung

A. Ansprüche der B-AG wegen „Solartrans“

I. Ansprüche gegen A

1. Schadensersatzanspruch aus §§ 311, 317 Abs. 1 S. 1 AktG

1 Hinsichtlich des Erwerbs des Systems „Solartrans“ im Jahr 2017 könnte der B-AG gegen A zunächst ein Schadensersatzanspruch aus §§ 311, 317 Abs. 1 S. 1 AktG zustehen.

Prüfungsschema: § 317 AktG

I. Anwendungsvoraussetzungen der §§ 311 ff. AktG
1. Abhängigkeitslage
2. Unternehmereigenschaft
3. Kein Beherrschungsvertrag

II. Veranlassung nachteiligen Rechtsgeschäfts/nachteiliger Maßnahme
1. Rechtsgeschäft oder Maßnahme
2. Nachteilhaftigkeit
3. Veranlassung

III. Überschreiten des Privilegierungsrahmens der §§ 311 ff. AktG
Der Anspruch aus § 317 Abs. 1 S. 1 AktG setzt voraus, dass der Privilegierungsrahmen der §§ 311 ff. AktG in mindestens einem der folgenden Punkte überschritten wurde:
1. Fehlendes Konzerninteresse (analog § 308 Abs. 1 S. 2 AktG)
2. Bonität des herrschenden Unternehmens nicht gesichert
3. Nachteil dem Einzelausgleich unzugänglich (fehlende Quantifizierbarkeit)
4. Kein Nachteilsausgleich gemäß § 311 Abs. 2 AktG bis zum Geschäftsjahresende

IV. Schaden

a) Anwendungsvoraussetzungen der §§ 311 ff. AktG

2 Voraussetzung für die Anwendbarkeit der §§ 311 ff. AktG ist das Bestehen eines Abhängigkeitsverhältnisses zwischen A und der B-AG, die Unternehmenseigenschaft des A sowie das Fehlen eines Beherrschungsvertrages.

aa) Abhängigkeitslage

3 Der Begriff der Abhängigkeitslage ist in § 17 Abs. 1 AktG definiert. Gemäß § 17 Abs. 2 AktG ist das Vorliegen einer Abhängigkeitslage zu vermuten, wenn eine Mehrheitsbeteiligung besteht. Ob A eine Mehrheitsbeteiligung an der B-AG hält, beurteilt sich primär nach § 16 Abs. 1 AktG, wonach es darauf ankommt, ob A die Mehrheit der Anteile an der B-AG hält. Vorliegend hält A selbst zwar keinerlei Aktien und somit „Anteile“ an der B-AG. Gemäß § 16 Abs. 4 Alt. 1 AktG sind ihm jedoch die 75% der Aktien zuzurechnen, die die A-Holding-GmbH an der B-AG hält, sofern es sich bei der A-Holding-GmbH im Verhältnis zu A um ein abhängiges Unternehmen handelt. Diese Voraussetzung liegt vor. Da A eine Mehrheitsbeteiligung (100%) an der A-Holding-GmbH hält (§ 16 Abs. 1 AktG), greift insoweit die Vermutung des § 17 Abs. 2 AktG. Folglich steht die B-AG im Mehr-

heitsbesitz des A, und es greift auch im Verhältnis von A zur B-AG die Vermutung des § 17 Abs. 2 AktG, wonach von einer Abhängigkeitslage auszugehen ist.

bb) Unternehmenseigenschaft des A

Unternehmen iSd Konzernrechts ist nach hM jeder Gesellschafter ohne Rücksicht 4 auf seine Rechtsform, der neben seiner Beteiligung an der abhängigen Aktiengesellschaft anderweitige wirtschaftliche Interessenbindungen aufweist, die nach Art und Intensität ernsthafte Sorge begründen, er könne wegen dieser Bindungen seinen aus der Mitgliedschaft folgenden Einfluss auf die abhängige Aktiengesellschaft nachteilig ausüben.[1] Auch A kann als natürliche Person hiernach grundsätzlich Unternehmenseigenschaft aufweisen. Problematisch ist jedoch, dass A sämtliche Beteiligungen in der A-Holding-GmbH gebündelt hat und man hiernach argumentieren könnte, dass sich seine wirtschaftliche Interessenbindung auf die Beteiligung an der A-Holding-GmbH beschränkt. Indes würde man dem Anwendungsbereich der §§ 311 ff. AktG zu leicht entkommen, wenn sich allein durch das „Zwischenschalten" einer Holding die Unternehmenseigenschaft vermeiden ließe. Die hM qualifiziert daher den eine Holding beherrschenden Gesellschafter als Unternehmen, wenn die Verwaltung der Beteiligungen im Wesentlichen durch ihn und nicht durch die Holding erfolgt.[2] Diese Voraussetzungen liegen in der Person des A vor. Insbesondere die Geschehnisse im Zusammenhang mit der D-GmbH belegen, dass er aktiv auf die Geschicke der Beteiligungsgesellschaften Einfluss nimmt. A weist daher Unternehmenseigenschaft auf.

cc) Kein Beherrschungsvertrag

Ein Beherrschungsvertrag zwischen A und der B-AG, der die Anwendbarkeit der 5 §§ 311 ff. AktG ausschließen würde, existiert laut Sachverhalt nicht.

b) Veranlassung eines nachteiligen Rechtsgeschäfts/einer nachteiligen Maßnahme

Als nachteiliges Rechtsgeschäft kommt vorliegend der Abschluss des Kaufvertrages 6 mit der C-AG über das Anhängersystem „Solartrans" für 5,5 Mio. EUR in Betracht.

aa) Rechtsgeschäft/Maßnahme

Als nachteiliges Rechtsgeschäft kommt vorliegend der Abschluss des Kaufvertrages 7 mit der C-AG über das Anhängersystem „Solartrans" für 5,5 Mio. EUR in Betracht.

bb) Nachteilhaftigkeit

Fraglich ist, ob dieses Geschäft für die B-AG nachteilig war. Der Nachteilsbegriff 8 der §§ 311, 317 AktG umfasst jede Minderung oder konkrete Gefährdung der Vermögens- oder Ertragslage der Gesellschaft, soweit sie als Abhängigkeitsfolge eintritt.[3] Zur Konkretisierung ist die Frage zu stellen, ob sich ein ordentlicher und gewissenhafter Geschäftsleiter einer unabhängigen Gesellschaft ebenso verhalten hätte

1 BGHZ 69, 334 = NJW 1978, 104; *Hüffer/Koch* AktG § 15 Rn. 10; *Emmerich/Habersack* KonzernR § 2 Rn. 5 ff.; zur Kritik am herrschenden Unternehmensbegriff *Leuschner* KonzernR S. 66 ff.

2 Unter anderem MüKoAktG/*Bayer* AktG § 15 Rn. 31; *Hüffer/Koch* AktG § 15 Rn. 12; weitergehend noch Emmerich/Habersack/*Emmerich* AktG § 15 Rn. 17.

3 BGHZ 179, 71 Rn. 8 = NJW 2009, 850, 851 – MPS; Henssler/Strohn/*Bödeker* AktG § 311 Rn. 16; Emmerich/Habersack/*Habersack* AktG § 311 Rn. 39 f.

(vgl. § 317 Abs. 2 AktG). Dies entspricht inhaltlich dem aus dem Kapitalerhaltungsrecht bekannten Drittvergleich[4] und nimmt der Sache nach auf den Verhaltensstandard des § 93 Abs. 1 S. 1 AktG Bezug, wobei ebenfalls die Business Judgment Rule iSd § 93 Abs. 1 S. 2 AktG Beachtung findet.[5] Da bereits zum Zeitpunkt des Abschlusses des Kaufvertrages absehbar war, dass sich das System „Solartrans" nicht auf dem Markt durchsetzen würde und daher alsbald hätte ausgetauscht werden müssen, hätte ein ordentlicher und gewissenhafter Geschäftsleiter nicht mehr in dieses System investiert. Eine Berufung auf unternehmerisches Ermessen scheidet hiernach aus. Im Ergebnis ist der Abschluss des Kaufvertrages daher als Nachteil zu qualifizieren.

Hinweise: (1.) Der *Drittvergleich,* wie man ihn aus dem Kapitalerhaltungsrecht kennt, stellt darauf ab, ob ein Vertrag zu den konkreten Bedingungen auch mit einem unabhängigen Dritten geschlossen worden wäre. Es geht also der Sache nach darum, festzustellen, ob der Dritte wegen seiner Gesellschafterstellung bevorzugt wurde (Erfolgte die Leistung causa societatis?). Im Rahmen der §§ 311, 317 AktG wird auf § 317 Abs. 2 AktG abgestellt. Auch wenn dieser als Ausschlusstatbestand formuliert ist, besteht Einigkeit darüber, dass es sich hierbei um die maßgebliche Vorgabe zur Ausfüllung des Nachteilsbegriffs handelt. Entscheidend ist danach, ob auch ein ordentlicher und gewissenhafter Geschäftsleiter einer unabhängigen Gesellschaft das Rechtsgeschäft vorgenommen hätte.[6] Das zielt darauf ab, herauszufinden, ob das Geschäft nur deshalb abgeschlossen wurde, weil das herrschende Unternehmen seinen Einfluss auf den Geschäftsleiter geltend gemacht hat. Im Kern geht es hiernach sowohl bei § 57 Abs. 1 AktG als auch im Rahmen der §§ 311, 317 AktG darum, festzustellen, ob der Geschäftsleiter rechtmäßig gehandelt oder aber unter Hintanstellung des Gesellschaftsinteresses einen Vertrag vorwiegend im Interesse des Gesellschafters bzw. des herrschenden Unternehmers abgeschlossen hat. In beiden Zusammenhängen geht es letztlich um den Sorgfaltsmaßstab des § 93 Abs. 1 AktG.
(2.) Auf unternehmerisches Ermessen kann sich ein Geschäftsleiter nur berufen, wenn er seine Entscheidung auf hinreichender Informationsgrundlage zum Wohle der Gesellschaft getroffen hat (§ 93 Abs. 1 S. 2 AktG, *Business Judgement Rule*).[7] Dann kann man ihm nicht ex post vorwerfen, dass sich die Dinge anders als erwartet entwickelt haben. Vorliegend war aber bereits ex ante absehbar, dass der Vertragsschluss nicht dem Wohl der Gesellschaft dienen würde.[8]

cc) Veranlassung durch A

9 Zu prüfen ist weiter, ob der Abschluss des Kaufvertrages auf Veranlassung des A erfolgte. Der Sachverhalt enthält keine Angaben darüber, ob A einen entsprechenden Einfluss ausgeübt hat. Bei Zugrundelegung der allgemeinen Grundsätze der Darlegungs- und Beweislast müsste hiernach ein Anspruch der B-AG ausscheiden.

10 Es besteht indes Einigkeit darüber, dass diese Grundsätze im Zusammenhang mit dem Merkmal der Veranlassung der Modifikation bedürfen.[9] Da die Veranlassung durch herrschende Unternehmen in der Praxis meist informell erfolgt und somit nicht dokumentiert wird, drohte andernfalls der durch die § 317 Abs. 1 AktG bezweckte Schutz der abhängigen Gesellschaft und ihrer außenstehenden Aktionäre leerzulaufen. Mehrheitlich wird dabei von einem sog. Beweis des ersten Anscheins

---

4 *Drygala/Staake/Szalai* § 31 Rn. 20ff.; Emmerich/Habersack/*Habersack* AktG § 311 Rn. 53ff.

5 Henssler/Strohn/*Bödeker* AktG § 311 Rn. 16; *Hüffer/Koch* AktG § 311 Rn. 25.

6 MüKoAktG/*Altmeppen* AktG § 311 Rn. 160; *Drygala/Staake/Szalai* § 31 Rn. 20.

7 Näher Henssler/Strohn/*Dauner-Lieb* AktG § 93 Rn. 17ff. sowie *Drygala/Staake/Szalai* § 21 Rn. 84ff.

8 Vgl. Henssler/Strohn/*Bödeker* AktG § 311 Rn. 18; *Drygala/Staake/Szalai* § 31 Rn. 19.

9 MüKoAktG/*Altmeppen* AktG § 311 Rn. 88ff.; Henssler/Strohn/*Bödeker* AktG § 311 Rn. 39; *Drygala/Staake/Szalai* § 31 Rn. 32; *Hüffer/Koch* AktG § 311 Rn. 18; Emmerich/Habersack/*Habersack* AktG § 311 Rn. 32 mwN.

ausgegangen (Prima-facie-Beweis).[10] Auch im Rahmen dessen ist allerdings umstritten, ob für die Annahme eines typischen Geschehensablaufs das Vorliegen einer nachteiligen Maßnahme genügt[11] oder ob als weitere Voraussetzung zu verlangen ist, dass das herrschende Unternehmen Vorteile aus der Maßnahme gezogen hat.[12] Vorliegend bedarf dieser Streit jedoch keiner Entscheidung, da davon ausgegangen werden kann, dass der Vertragsschluss dem A mittelbar zum Vorteil gereichte. Angesichts der sich abzeichnenden Vormachtstellung des Anbieters von „Sol 5000" war das System „Solartrans" Ende 2017 nahezu wertlos. Dass die C-AG gleichwohl in der Lage war, einen entsprechenden Verkauf zu tätigen, bescherte ihr und mittelbar A als ihrem wirtschaftlichen Eigentümer einen Vorteil. Im Ergebnis ist daher im Rahmen der §§ 311, 317 AktG zu vermuten, dass A die B-AG zum Abschluss des Kaufvertrages mit der C-AG veranlasst hat.

c) Überschreiten des Privilegierungsrahmens der §§ 311 ff. AktG

Weiterhin ist erforderlich, dass A den ihm durch die §§ 311, 317 AktG gewährten Privilegierungsrahmen überschritten hat. Dies ist der Fall, wenn entweder die getroffene Maßnahme nicht im Konzerninteresse liegt (Erst-recht-Schluss aus § 308 Abs. 1 S. 2 AktG),[13] der Nachteilsausgleich wegen der zweifelhaften Bonität des herrschenden Unternehmens ex ante zweifelhaft ist, der Nachteilsausgleich mangels Quantifizierbarkeit des Nachteils unmöglich ist[14] oder der Nachteil bis zum Ende des Geschäftsjahres nicht erfolgt ist. **11**

Vorliegend ist der Privilegierungsrahmen überschritten, da laut Sachverhalt davon ausgegangen werden kann, dass der gemäß § 311 Abs. 2 AktG gebotene Nachteilsausgleich zum Ende des Geschäftsjahres zum 30.6.2018 nicht erfolgt ist. Zudem fehlt es schon an der Quantifizierbarkeit des Nachteils. Denn zum Zeitpunkt des Vertragsschlusses (Ende 2017) war noch nicht absehbar, welche finanziellen Konsequenzen dieser für die B-AG haben würde. Dies ergibt sich sowohl aus der Ungewissheit bezüglich des Zeitraums, in dem das System „Solatrans" noch genutzt werden kann, als auch aus der Preisentwicklung des Konkurrenzsystems „Sol 5000". **12**

d) Schaden

Infolge des durch A veranlassten Nachteils ist der B-AG ein Schaden iHv 6,2 Mio. EUR entstanden. **13**

Hinweis: Der Begriff des *Nachteils* unterscheidet sich von dem des *Schadens* in der zeitlichen Perspektive: Für die Bestimmung des Nachteils ist der Zeitpunkt der Vornahme des Rechtsgeschäfts oder der Maßnahme maßgeblich, dh die *Ex-ante-Perspektive.* Demgegenüber bestimmt sich der Schaden nach Beendigung des Geschehensablaufs aus der *Ex-post-Perspektive.*[15]

---

[10] So unter anderem Emmerich/Habersack/*Habersack* AktG § 311 Rn. 33; *Hüffer/Koch* AktG § 311 Rn. 19; zu den allgemeinen Anforderungen an einen Anscheinsbeweis vgl. HK-ZPO/*Saenger* ZPO § 286 Rn. 38 ff.; aA dagegen Grigoleit/*Grigoleit* AktG § 311 Rn. 26, welcher den Anscheinsbeweis ablehnt und auf eine Veranlassungsvermutung als Beweiserleichterung abstellt.

[11] MüKoAktG/*Altmeppen* AktG § 311 Rn. 90.

[12] Emmerich/Habersack/*Habersack* AktG § 311 Rn. 33 ff.; Schmidt/Lutter/*Vetter* AktG § 311 Rn. 30.

[13] *Hüffer/Koch* AktG § 308 Rn. 18; MüKoAktG/*Altmeppen* AktG § 308 Rn. 109 f.

[14] Vgl. Emmerich/Habersack/*Habersack* AktG § 311 Rn. 78; allgemein zur Quantifizierbarkeit MüKoAktG/*Altmeppen* AktG § 311 Rn. 198 ff.

[15] Näher Emmerich/Habersack/*Habersack* AktG § 311 Rn. 44 f.

e) Ergebnis

14 Die B-AG hat aus §§ 311, 317 Abs. 1 S. 1 AktG einen Schadensersatzanspruch gegen A iHv 6,2 Mio. EUR.

2. Schadensersatzanspruch aus § 117 Abs. 1 AktG

15 Daneben ist eine Schadensersatzhaftung des A aus § 117 Abs. 1 AktG denkbar. Voraussetzung hierfür ist, dass A durch Einflussnahme auf die Entscheidungsträger der B-AG diese dazu bestimmt hat, zum Schaden der Gesellschaft zu handeln. Der Anwendungsbereich von § 117 AktG ist neben den §§ 311 ff. AktG eröffnet, sofern – wie vorliegend – deren Privilegierungsrahmen überschritten wurde.[16] Dabei ist auch unproblematisch, dass A lediglich mittelbarer Aktionär der B-AG ist. Denn der Anwendungsbereich des § 117 AktG ist ausdrücklich nicht auf die Einflussnahme von Aktionären beschränkt. Scheitern muss die Haftung des A jedoch daran, dass ihm die Einflussnahme auf V wohl nicht nachgewiesen werden kann: Anders als im Rahmen des § 317 Abs. 1 AktG bleibt es im Zusammenhang mit § 117 AktG bei den allgemeinen Grundsätzen der Darlegungs- und Beweislast.[17]

16 Ein Schadensersatzanspruch der B-AG gegen A aus § 117 Abs. 1 AktG besteht nicht.

3. Schadensersatzanspruch aus § 280 Abs. 1 BGB iVm der Treuepflicht

17 Darüber hinaus ist anerkannt, dass eine Treuepflicht der Aktionäre gegenüber der Aktiengesellschaft besteht, die ihnen deren Schädigung verbietet.[18] Diese Bindung kommt auch neben den §§ 311 ff. AktG zur Anwendung, sofern – wie im vorliegenden Fall – deren Privilegierungsrahmen überschritten wurde.[19] Rechtsfolge der Treuepflichtverletzung ist ein Schadensersatzanspruch aus § 280 Abs. 1 BGB.

18 Mit Blick auf eine mögliche Ersatzpflicht des A erweist sich indes als problematisch, dass dieser nicht selbst Aktionär der geschädigten B-AG, sondern lediglich (Allein-) Gesellschafter der an der B-AG mit 75 % beteiligten A-Holding-GmbH ist. Ob sich die Treuepflichtbindung auch auf den mittelbaren Aktionär erstreckt, der selbst oder durch seine Tochtergesellschaft auf die Enkelgesellschaft einwirkt, ist noch nicht abschließend geklärt. Da im Fall der Aktiengesellschaft die Verantwortung des mittelbaren Aktionärs bereits über die Regelung der §§ 311, 317 AktG sichergestellt ist, sprechen die besseren Gründe gegen eine solche „konzerndimensionale" Erstreckung.[20] Hinzu kommt, dass A die Veranlassung des schädigenden Kaufvertrages wohl nicht nachgewiesen werden kann und im Zusammenhang mit der Treuepflichtverletzung anders als im Zusammenhang mit § 317 AktG keine Beweiserleichterungen anerkannt sind.[21]

---

[16] Henssler/Strohn/*Bödeker* AktG § 317 Rn. 12; Emmerich/Habersack/*Habersack* AktG § 311 Rn. 88.

[17] Spindler/Stilz/*Schall* AktG § 117 Rn. 26; MüKoAktG/*Spindler* AktG § 117 Rn. 43; Hölters/*Leuering/Goertz* AktG § 117 Rn. 10.

[18] *Hüffer/Koch* AktG § 53a Rn. 2, 19; *Wilhelm* S. 222 f.

[19] Henssler/Strohn/*Bödeker* AktG § 317 Rn. 12; Emmerich/Habersack/*Habersack* AktG § 311 Rn. 89.

[20] AA wohl die hM, vgl. Emmerich/Habersack/*Habersack* AktG § 311 Rn. 89 mwN; *Wilhelm* S. 250 f., 253 ff., 275 f.

[21] *Hüffer/Koch* AktG § 53a Rn. 10, 28; Hölters/*Solveen* AktG § 53a Rn. 13; Henssler/Strohn/*Lange* AktG § 53a Rn. 6.

Ein Schadensersatzanspruch der B-AG aus § 280 Abs. 1 BGB iVm der Treuepflicht scheidet aus. 19

4. Rückgewähranspruch aus §§ 62 Abs. 1 S. 1, 57 AktG

Die B-AG könnte jedoch einen Anspruch auf Wertersatz aus §§ 62 Abs. 1 S. 1, 57 AktG haben. 20

a) Anwendbarkeit

Fraglich ist zunächst, ob die Kapitalerhaltungsregeln neben den Vorschriften der §§ 311 ff. AktG überhaupt Anwendung finden. Hieran könnte man insoweit zweifeln, als die strikte Kapitalbindung des § 57 Abs. 1 AktG dazu geeignet ist, die in den §§ 311 ff. AktG gewährte Möglichkeit des gestreckten Nachteilsausgleichs zu vereiteln. Vorliegend wurde allerdings bereits festgestellt (→ Rn. 11 f.), dass die infrage stehende Maßnahme gar nicht mehr vom Privilegierungsrahmen der §§ 311 ff. AktG umfasst ist. In diesen Fällen ist die Anwendbarkeit der Kapitalerhaltungsregeln ebenso wenig gesperrt wie § 117 Abs. 1 AktG und die mitgliedschaftliche Treuepflicht (→ Rn. 15, 17).[22] 21

b) Verbotene Einlagenrückgewähr

Es ist anerkannt, dass § 57 Abs. 1 S. 1 AktG über seinen engen Wortlaut hinaus nicht nur die Rückgewähr von Einlagen, sondern sämtliche Leistungen an den Aktionär außerhalb der ordentlichen Gewinnverteilung verbietet. Erfasst sind insbesondere auch verdeckte Leistungen in Form von Umsatzgeschäften, wie vorliegend der Kaufvertrag zwischen der B-AG und der C-AG. Zwar ist die C-AG als Adressatin der verdeckten Leistung nicht Aktionärin der B-AG. Ihr zufließende Leistungen sind jedoch der A-Holding-GmbH zuzurechnen, da diese Alleingesellschafterin der C-AG ist und beide daher als wirtschaftliche Einheit zu qualifizieren sind.[23] 22

Ob ein Umsatzgeschäft im Einzelfall als verbotene Einlagenrückgewähr zu qualifizieren ist, bemisst sich anhand des sog. Drittvergleichs, wonach es drauf ankommt, ob ein Geschäft zu gleichen Konditionen auch mit einem Dritten geschlossen worden wäre. Dies ist, wie bereits im Zusammenhang mit den §§ 311, 317 AktG erwähnt (→ Rn. 8), vorliegend nicht der Fall. Folglich ist der Abschluss des Kaufvertrages als verbotene Einlagenrückgewähr an die A-Holding-GmbH zu qualifizieren. Ein Verstoß gegen § 57 Abs. 1 S. 1 AktG liegt hiernach vor. 23

c) Rechtsfolge

Es bleibt zu klären, welche Rechtsfolge der Verstoß gegen den Kapitalerhaltungsgrundsatz nach sich zieht. Ursprünglich wurde überwiegend sowohl von einer Nichtigkeit des schuldrechtlichen Verpflichtungsgeschäfts, als auch des dinglichen Vollzugsgeschäfts gemäß § 134 BGB ausgegangen.[24] Mittlerweile hat sich der 24

[22] Henssler/Strohn/*Bödeker* AktG § 317 Rn. 12; *Drygala/Staake/Szalai* § 31 Rn. 22 ff.; Emmerich/Habersack/*Habersack* AktG § 311 Rn. 84 mwN.

[23] *Hüffer/Koch* AktG § 57 Rn. 19; MüKoAktG/*Bayer* AktG § 57 Rn. 126 mwN.

[24] Vgl. zum damaligen Meinungsbild *Hüffer/Koch* AktG § 57 Rn. 32 sowie KK-AktG/*Drygala* AktG § 57 Rn. 132 mwN. In der vorliegenden Konstellation, in der das Rechtsgeschäft mit einem Dritten (der C-AG) vorgenommen wird, sollte das jedoch nur gelten, wenn der Dritte *dem Aktionär gleich-*

BGH[25] zu Recht den Vertretern im Schrifttum angeschlossen, die von einer Wirksamkeit sowohl des Verpflichtungs- als auch des Vollzugsgeschäft ausgehen.[26] Denn der durch die Nichtigkeitsanordnung bewirkte gegenständliche Schutz des Gesellschaftsvermögens ist weder geboten, noch angesichts des speziellen aktienrechtlichen Rückgewähranspruchs des § 62 AktG erforderlich. Im konkreten Fall kann die B-AG daher aus § 62 Abs. 1 S. 1 AktG Wertersatz, dh die Differenz zwischen dem gezahlten Kaufpreis iHv 5,5 Mio. EUR und dem hierfür erlangten Gegenwert (der trotz der fehlenden Zukunftsfähigkeit des Systems „Solartrans" nicht bei Null liegen dürfte) verlangen. Wie hoch diese Differenz ist, lässt sich dem Sachverhalt nicht entnehmen.

25 Fraglich ist jedoch, ob der Anspruch aus §§ 62 Abs. 1 S. 1, 57 AktG auch gegen A gerichtet ist. Schuldner des Rückgewähranspruchs ist grundsätzlich der Aktionär,[27] dh vorliegend die A-Holding-GmbH. A haftet auch nicht als sog. Drittempfänger, da unmittelbarer Begünstigter der verdeckten Einlagenrückgewähr nicht er, sondern die C-AG war.[28] Daneben haftet nach hM aber auch derjenige als sog. faktischer Aktionär, der alle oder den überwiegenden Teil der Anteile desjenigen Rechtsträgers besitzt, der Aktionär ist.[29] Da A Alleingesellschafter der A-Holding-GmbH ist, liegen diese Voraussetzungen in seiner Person vor. Im Ergebnis haftet somit A neben der A-Holding-GmbH als Gesamtschuldner.[30]

d) Ergebnis

26 A haftet gegenüber der B-AG (gesamtschuldnerisch neben der A-Holding-GmbH und der C-AG) aus den §§ 62 Abs. 1 S. 1, 57 AktG auf die Differenz zwischen dem gezahlten Kaufpreis iHv 5,5 Mio. EUR und dem hierfür erlangten Gegenwert.

II. Ansprüche gegen V

27 Ansprüche der B-AG gegen V kommen aus § 93 Abs. 2 AktG und § 318 Abs. 1 S. 1 iVm § 317 Abs. 1 S. 1 AktG in Betracht.

1. Schadensersatzanspruch aus § 93 Abs. 2 AktG

28 Der Anspruch aus § 93 Abs. 2 AktG setzt voraus, dass das in Anspruch genommene Vorstandsmitglied schuldhaft seine Sorgfaltspflichten verletzt hat und der Gesellschaft daraus ein Schaden entstanden ist.

---

steht oder mit dem Aktionär wirtschaftlich ganz oder weitgehend identisch ist, vgl. MüKoAktG/*Bayer* AktG § 57 Rn. 228. Letztere Voraussetzung liegt hier aufgrund der 100-prozentigen Beteiligung der A-Holding-GmbH an der C-AG vor, vgl. MüKoAktG/*Bayer* AktG § 57 Rn. 126.

[25] BGHZ 196, 312 Rn. 12 = NJW 2013, 1742, 1743.

[26] MüKoAktG/*Bayer* AktG § 57 Rn. 232 ff.; *Drygala/Staake/Szalai* § 20 Rn. 34; für die GmbH auch Henssler/Strohn/*Verse* AktG § 30 Rn. 32; *Hüffer/Koch* AktG § 57 Rn. 32.

[27] MüKoAktG/*Bayer* AktG § 62 Rn. 12; Spindler/Stilz/*Cahn* AktG § 62 Rn. 9; *Hüffer/Koch* AktG § 62 Rn. 4, 5.

[28] Vgl. MüKoAktG/*Bayer* AktG § 62 Rn. 18.

[29] MüKoAktG/*Bayer* AktG § 62 Rn. 19; HMR AktG/*Henze* AktG § 62 Rn. 28 (wobei jeweils nicht klar ist, ob sich die Ausführungen auch auf den faktischen Aktionär beziehen, der – wie vorliegend – nicht zugleich Drittempfänger ist). Ausführlich zu faktischen Gesellschaftern *Wilhelm* S. 46 ff.

[30] Im Ergebnis kann die B-AG hiernach die Rückgewähr zwar nur einmal verlangen, jedoch nach ihrer Wahl von A oder der A-Holding-GmbH, vgl. MüKoAktG/*Bayer* AktG § 62 Rn. 32.

a) Sorgfaltspflichtverletzung

Gemäß § 93 Abs. 1 S. 1 AktG haben die Vorstandsmitglieder bei ihrer Geschäftsführung die Sorgfalt eines ordentlichen und gewissenhaften Geschäftsleiters anzuwenden. Hiervon erfasst ist in jedem Fall die Pflicht, sich an dem primär aus dem Gesellschaftszweck abzuleitenden Gesellschaftsinteresse zu orientieren. Geht man vorliegend davon aus, dass der Zweck der B-AG auf die Gewinnerzielung gerichtet ist, folgt hieraus zwanglos, dass grundsätzlich keine Verträge abgeschlossen werden dürfen, die zu einer Minderung des Gesellschaftsvermögens führen. Da eben dies aber auf den Kaufvertrag mit der C-AG zutrifft, ist eine Sorgfaltspflichtverletzung des V zu bejahen. Zudem liegt vorliegend ein Verstoß gegen § 57 Abs. 1 AktG vor, der gemäß § 93 Abs. 3 Nr. 1 AktG ausdrücklich haftungsbegründend ist. **29**

Etwas anderes könnte allenfalls daraus folgen, dass die Sorgfaltsstandards des § 93 AktG durch die Wertungen der §§ 311 ff. AktG überlagert werden. Dass es zu einer solchen Überlagerung grundsätzlich kommen kann, ist anerkannt.[31] Die Privilegierungswirkung der §§ 311 ff. AktG besteht gerade darin, dass sie es dem herrschenden Unternehmen erlaubt, im Einzelfall die Interessen der Aktiengesellschaft zugunsten des Konzerninteresses preiszugeben. Darf aber das herrschende Unternehmen einen entsprechenden Einfluss auf die abhängige Aktiengesellschaft ausüben, impliziert dies, dass sich deren Organmitglieder als Adressaten des Einflusses diesem auch öffnen dürfen, dh ihr Handeln am Konzern- statt am Gesellschaftsinteresse ausrichten können. Allerdings gilt auch dies nur in den Grenzen des durch die §§ 311 ff. AktG gezogenen Privilegierungsrahmens. Die Geschäftsleiter der abhängigen Aktiengesellschaft handeln nur dann sorgfaltsgemäß, wenn die Nachteilszufügung auch tatsächlich im Konzerninteresse erfolgt (Argument aus § 308 Abs. 1 S. 2 AktG) und damit gerechnet werden kann, dass der Nachteil bis zum Geschäftsjahresende ausgeglichen wird (§ 311 Abs. 2 AktG). **30**

Diesen Anforderungen ist V vorliegend nicht gerecht geworden. Zwar lag der Erwerb wohl im Konzerninteresse, da er einer Schwestergesellschaft (C-AG) zugutekam. Mangels Quantifizierbarkeit des Nachteils war der Einzelausgleich jedoch von vornherein nicht möglich (→ Rn. 11 f.). **31**

Ein Sorgfaltspflichtverstoß des V iSv § 93 Abs. 1 S. 1 AktG liegt mithin vor. **32**

Hinweis: Es ist zu beachten, dass der Blick auf den Privilegierungsrahmen der §§ 311 ff. AktG im Rahmen des § 93 Abs. 2, 3 AktG ein etwas anderer ist als im Rahmen von § 317 Abs. 1 AktG. Da der Vorstand keinen Einfluss darauf hat, ob der Einzelausgleich bis zum Jahresende tatsächlich erfolgt, kann man ihn hierfür nicht verantwortlich machen. Seine „nachlaufenden" Pflichten beschränken sich darauf, Sorge dafür zu tragen, dass der Nachteil im Abhängigkeitsbericht aufgeführt wird (§ 312 AktG). Verstöße hiergegen begründen eine Haftung aus § 318 Abs. 1 AktG. Für die Haftung aus § 93 Abs. 2 AktG ist allein die Ex-ante-Perspektive maßgeblich, dh der Zeitpunkt, in dem das Vorstandsmitglied die veranlasste Maßnahme vornimmt bzw. unterlässt. Hier hat es zu prüfen, ob (1.) die Maßnahme bzw. das Rechtsgeschäft im Konzerninteresse liegt (analog § 308 Abs. 1 S. 2 AktG), (2.) das herrschende Unternehmen zum Nachteilsausgleich gewillt ist und über hinreichende Bonität verfügt und (3.) der Nachteil quantifizierbar und daher dem Nachteilsausgleich zugänglich ist.[32]

[31] Emmerich/Habersack/*Habersack* AktG § 311 Rn. 78; *Hüffer/Koch* AktG § 311 Rn. 48.

[32] Vgl. Emmerich/Habersack/*Habersack* AktG § 311 Rn. 78 ff.; MüKoAktG/*Altmeppen* AktG § 311 Rn. 464 ff.

b) Verschulden

33 Das Verschulden des V ist gemäß § 93 Abs. 2 S. 2 AktG zu vermuten.[33]

c) Schaden

34 Infolge der Pflichtverletzung des V ist der B-AG ein Schaden iHv 6,2 Mio. EUR entstanden.

d) Ergebnis

35 V haftet der B-AG aus § 93 Abs. 2 AktG auf Schadensersatz iHv 6,2 Mio. EUR. Im Verhältnis zu A besteht eine Gesamtschuld.[34]

2. Schadensersatzanspruch aus § 318 Abs. 1 S. 1 iVm § 317 Abs. 1 S. 1 AktG

36 § 318 Abs. 1 S. 1 AktG knüpft an die Haftung des herrschenden Unternehmens aus § 317 Abs. 1 S. 1 AktG an und erstreckt sie auf die Vorstandsmitglieder der abhängigen Gesellschaft, sofern diese es versäumt haben, einen der Gesellschaft zugefügten Nachteil in dem gemäß § 312 AktG zu erstellenden Abhängigkeitsbericht zu erwähnen. Geht man mangels entsprechender Angaben im Sachverhalt davon aus, dass vorliegend gar kein Abhängigkeitsbericht erstellt wurde, liegen diese Voraussetzungen vor.[35]

37 V haftet hiernach der B-AG auch aus § 318 Abs. 1 iVm § 317 Abs. 1 S. 1 AktG auf Schadensersatz iHv 6,2 Mio. EUR. Wie in § 318 Abs. 1 S. 1 AktG ausdrücklich angeordnet, besteht auch insoweit im Verhältnis zur Haftung des A aus § 317 Abs. 1 S. 1 AktG eine Gesamtschuld.

B. Ansprüche der B-AG wegen der 20 Fahrer

I. Ansprüche gegen A

1. Schadensersatzanspruch aus §§ 311, 317 Abs. 1 S. 1 AktG

38 Auch bezüglich der Überlassung der 20 Fahrer kommt ein Schadensersatzanspruch der B-AG gegen A aus §§ 311, 317 Abs. 1 S. 1 AktG in Betracht.

a) Anwendungsvoraussetzungen der §§ 311 ff. AktG

39 Die Anwendungsvoraussetzungen der §§ 311 ff. AktG liegen vor. Insoweit bestehen keine Unterschiede zur obigen Prüfung (→ Rn. 2 ff.).

b) Veranlassung eines nachteiligen Rechtsgeschäfts/einer nachteiligen Maßnahme

40 Weiterhin müsste es sich bei der Überlassung der Fahrer um ein nachteiliges Rechtsgeschäft bzw. eine nachteilige Maßnahme der B-AG handeln, die von A veranlasst wurde.

---

[33] Zum Umfang der Vermutungswirkung, die nach hM neben dem Verschulden auch die Pflichtwidrigkeit erfasst, siehe *Hüffer/Koch* AktG § 93 Rn. 53.

[34] Henssler/Strohn/*Dauner-Lieb* AktG § 93 Rn. 37 f.

[35] Zum Fehlen eines Abhängigkeitsberichts siehe *Hüffer/Koch* AktG § 318 Rn. 3.

aa) Rechtsgeschäft/Maßnahme

Ausgehend von der Annahme, dass die Überlassung der Fahrer ohne vertragliche Grundlage erfolgte, fehlt es zwar an einem Rechtsgeschäft. Es handelt sich jedoch um eine Maßnahme, die gemäß § 317 Abs. 1 S. 1 AktG einem Rechtsgeschäft gleichgestellt ist. **41**

bb) Nachteilhaftigkeit

Des Weiteren müsste die Überlassung für die B-AG nachteilig gewesen sein. Maßgeblich ist insoweit wiederum der in § 317 Abs. 2 AktG angelegte Drittvergleich, wonach zu fragen ist, ob auch ein ordentlicher und gewissenhafter Geschäftsleiter einer unabhängigen Gesellschaft die Maßnahme getroffen hätte. Dies ist vorliegend nicht der Fall. Der beschriebene Geschäftsleiter hätte die Mitarbeiter schon deshalb nicht einer anderen Gesellschaft überlassen, weil die B-AG diese zur Durchführung eines Auftrages benötigte. Des Weiteren hätte er der Überlassung nur gegen Entgelt zugestimmt. Folglich ist die Überlassung als Nachteil iSv § 317 Abs. 1 S. 1 AktG zu qualifizieren. **42**

cc) Veranlassung

Die Überlassung der Fahrer erfolgte aufgrund ausdrücklicher Veranlassung des A. **43**

c) Überschreiten des Privilegierungsrahmens der §§ 311 ff. AktG?

Ein Schadensersatzanspruch aus § 317 Abs. 1 S. 1 AktG kommt jedoch nur in Betracht, wenn der Privilegierungsrahmen der §§ 311 ff. AktG überschritten wurde. Voraussetzung hierfür ist, dass die Maßnahme nicht im Konzerninteresse liegt (Erstrecht-Schluss aus § 308 Abs. 1 S. 2 AktG), der Nachteil nicht quantifiziert werden kann, der Nachteilsausgleich wegen zweifelhafter Bonität des herrschenden Unternehmens unsicher ist oder bis zum Geschäftsjahresende nicht erfolgt ist.[36] **44**

Bezüglich des „Konzerninteresses" ist auf A als „Konzernspitze" abzustellen: Vorliegend ist davon auszugehen, dass der Vorteil, den die D-GmbH aus der Überlassung der Fahrer gezogen hat, größer war als der korrespondierende Nachteil bei der B-AG. Berücksichtigt man weiterhin, dass die mittelbare Beteiligung des A an der B-AG lediglich 75 % und an der D-GmbH 100 % beträgt, lässt sich hieraus schließen, dass die Maßnahme im „Konzerninteresse" lag. Auch die Quantifizierbarkeit des Nachteils ist zu bejahen: Zu veranschlagen sind insoweit der entgangene Gewinn iHv 80.000 EUR und das marktübliche Entgelt für die Überlassung der Fahrer. Zweifel an der Bonität des A sind nicht ersichtlich, sodass auch insoweit dem Nachteilsausgleich nichts im Wege steht. Aus dem Umstand, dass der Nachteilsausgleich tatsächlich noch nicht erfolgt ist, lässt sich keine Überschreitung des Privilegierungsrahmens ableiten. Weil das Geschäftsjahr erst am 30.6.2019 endet, kann er bis dahin noch nachgeholt werden. **45**

Der Privilegierungsrahmen der §§ 311 ff. AktG ist mithin nicht überschritten. **46**

d) Ergebnis

Ein Anspruch aus §§ 311, 317 Abs. 1 S. 1 AktG besteht zum maßgeblichen Zeitpunkt (Anfang 2019) nicht. **47**

---

[36] Emmerich/Habersack/*Habersack* AktG § 317 Rn. 4 ff.; zum Konzerninteresse siehe MüKoAktG/*Altmeppen* AktG § 311 Rn. 309; Emmerich/Habersack/*Habersack* AktG § 311 Rn. 60 und § 317 Rn. 10.

2. Rückgewähranspruch aus §§ 62 Abs. 1, 57 AktG

48 Der Tatbestand der verbotenen Einlagenrückgewähr ist vorliegend erfüllt. Denn die unentgeltliche Überlassung der Fahrer an die D-GmbH stellt eine Leistung iSv § 57 Abs. 1 AktG dar, die der Aktionärin der B-AG, der A-Holding-GmbH, aufgrund des Umstands, dass sie sämtliche Teile an der D-GmbH hält, zuzurechnen ist.

49 Die Kapitalerhaltungsvorschriften werden jedoch von den §§ 311 ff. AktG verdrängt. Die durch die §§ 311 ff. AktG bezweckte Privilegierung des herrschenden Unternehmens, die es diesem ermöglichen soll, der abhängigen Aktiengesellschaft im Konzerninteresse punktuell Nachteile zuzufügen, würde leerlaufen, wenn die strengen Kapitalerhaltungsregeln in Kraft blieben.[37] Letztere haben daher so weit zurückzutreten, wie der Privilegierungsrahmen der §§ 311 ff. AktG reicht. Wie zuvor festgestellt, ist die Überlassung der Fahrer vom Privilegierungsrahmen erfasst.

50 Ein Anspruch aus §§ 62 Abs. 1, 57 AktG scheidet somit aus.

3. Schadensersatzanspruch aus § 280 Abs. 1 BGB iVm der Treuepflicht

51 Ein gegen A gerichteter Anspruch aus Verletzung der Treuepflicht iVm § 280 Abs. 1 BGB scheidet aus, weil A als lediglich mittelbarer Aktionär der B-AG keiner Treuepflichtbindung unterliegt (→ Rn. 17 ff.). Wollte man dies anders sehen, wäre davon auszugehen, dass auch die Haftung wegen Treuepflichtverletzung durch die Privilegierung der §§ 311 ff. AktG überlagert wird und daher ausscheidet.[38]

4. Schadensersatzanspruch aus § 117 Abs. 1 AktG

52 Der Tatbestand des § 117 Abs. 1 AktG ist erfüllt. Indem A den V dazu veranlasste, der D-GmbH die Fahrer zu überlassen, hat er diese dazu bestimmt, zum Schaden der B-AG zu handeln. Da aber auch § 117 Abs. 1 AktG geeignet wäre, die Privilegierungswirkung der §§ 311 ff. AktG zu unterlaufen, ist anerkannt, dass auch seine Anwendung im Umfang des Privilegierungsrahmens ausscheidet.[39]

II. Ansprüche gegen V

53 Zu prüfen ist ferner, ob der B-AG wegen der Überlassung der Fahrer Schadensersatzansprüche aus § 93 Abs. 2 AktG oder § 318 Abs. 1 S. 1 iVm § 317 Abs. 1 S. 1 AktG gegen V zustehen.

1. Schadensersatzanspruch aus § 93 Abs. 2 AktG

54 Eine Sorgfaltspflichtverletzung liegt grundsätzlich vor, da die Überlassung der Fahrer angesichts des eigenen Auftrages der B-AG nicht in deren Interesse war. Ebenso ist es mit dem Gewinnziel der B-AG unvereinbar, dass die Überlassung unentgeltlich erfolgte. Doch auch § 93 Abs. 1, 2 AktG wird durch die §§ 311 ff. AktG überlagert. Wie bereits ausgeführt, impliziert die darin dem herrschenden Unternehmen

[37] BGHZ 179, 71 Rn. 11 = NJW 2009, 850, 852 – MPS; Emmerich/Habersack/*Habersack* AktG § 311 Rn. 82; *Hüffer/Koch* AktG § 311 Rn. 49.

[38] Emmerich/Habersack/*Habersack* AktG § 311 Rn. 89; MüKoAktG/*Altmeppen* AktG § 317 Rn. 119 f.

[39] Henssler/Strohn/*Bödeker* AktG § 311 Rn. 37; Emmerich/Habersack/*Habersack* AktG § 311 Rn. 88.

gewährte Möglichkeit, im Konzerninteresse punktuell für die abhängige Gesellschaft nachteilige Rechtsgeschäfte oder Maßnahmen zu veranlassen, dass deren Vorstandsmitglieder sich diesem Einfluss öffnen dürfen.[40] Liegt das Rechtsgeschäft bzw. die Maßnahme im Konzerninteresse, handeln die Vorstandsmitglieder sorgfaltsgemäß, wenn unter Berücksichtigung der Bonität des herrschenden Unternehmens und der Quantifizierbarkeit des Nachteils ein Nachteilsausgleich bis zum Geschäftsjahresende zu erwarten ist. Alle genannten Voraussetzungen liegen hier vor (→ Rn. 44 ff.). Die Überlassung der Fahrer an die D-GmbH durch V war somit nicht sorgfaltswidrig.

Ein Anspruch aus § 93 Abs. 2 AktG scheidet aus. 55

2. Schadensersatzanspruch aus § 318 Abs. 1 S. 1 iVm § 317 Abs. 1 S. 1 AktG

Ein Anspruch aus § 318 Abs. 1 S. 1 iVm § 317 Abs. 1 S. 1 AktG scheidet zum 56
maßgeblichen Zeitpunkt (Anfang 2019) ebenfalls aus, da der Abhängigkeitsbericht gemäß § 312 Abs. 1 AktG erst in den ersten drei Monaten des folgenden Geschäftsjahres zu erstellen ist (Juli bis Oktober 2019) und dieser Zeitraum noch nicht verstrichen ist.

C. Ansprüche der B-AG wegen des Darlehens

I. Ansprüche gegen A

1. Schadensersatzanspruch aus §§ 311, 317 Abs. 1 AktG

Im Zusammenhang mit der Darlehensgewährung an die D-GmbH kommt wie- 57
derum eine Haftung des A auf Schadensersatz aus §§ 311, 317 Abs. 1 S. 1 AktG in Betracht.

a) Anwendungsvoraussetzungen der §§ 311 ff. AktG

Die Anwendungsvoraussetzungen der §§ 311 ff. AktG liegen vor. Insoweit bestehen 58
keine Unterschiede zur obigen Prüfung (→ Rn. 2 ff.).

b) Veranlassung eines nachteiligen Rechtsgeschäfts/einer nachteiligen Maßnahme

Bei der Darlehensvergabe müsste es sich um ein nachteiliges Rechtsgeschäft bzw. 59
eine nachteilige Maßnahme handeln, die von A veranlasst wurde.

aa) Rechtsgeschäft/Maßnahme

Abzustellen ist auf den der Darlehensvergabe zugrunde liegenden Darlehensvertrag 60
(§§ 488 ff. BGB). Hierbei handelt es sich um ein Rechtsgeschäft iSd §§ 311, 317 AktG.

bb) Nachteilhaftigkeit

Der Abschluss des Darlehensvertrages ist als Nachteil zu qualifizieren, wenn er von 61
einem ordentlichen und gewissenhaften Geschäftsleiter einer unabhängigen Gesell-

[40] Emmerich/Habersack/*Habersack* AktG § 311 Rn. 78.

schaft nicht oder nicht zu den konkreten Bedingungen abgeschlossen worden wäre. Diesem Drittvergleich hält der vorliegende Vertragsschluss zwischen der B-AG und der D-GmbH nicht stand. Mit Blick auf die Liquiditätslage der B-AG sowie die Bonität der D-GmbH ist die Darlehensvergabe als solche zwar nicht zu beanstanden. Das gilt jedoch nicht für die Konditionen des Darlehensvertrages. Zwar sieht er eine marktübliche Verzinsung vor. Es fehlt jedoch an der – laut Sachverhalt für vergleichbare Darlehen marktüblichen – Besicherung des Darlehensrückzahlungsanspruchs.

62 Das im Wege des Drittvergleichs gefundene Ergebnis bedarf jedoch vorliegend der Korrektur: Durch Einfügung von § 57 Abs. 1 S. 3, 2. Alt. AktG im Jahr 2008 hat der Gesetzgeber klargestellt, dass Gesellschaftern gewährte Darlehen (sog. aufsteigende Darlehen) kapitalerhaltungskonform sind, sofern der Rückgewähranspruch werthaltig ist, dh nach bilanziellen Grundsätzen zum Nominalwert verbucht werden kann.[41] Auf diese Weise sollte die in Konzernen verbreitete Praxis des zentralen Liquiditätsmanagements in Form des Cash-Pooling auf eine sichere rechtliche Grundlage gestellt werden.[42] Da Forderungen im Cash-Pool typischerweise nicht besichert werden, kann im Ergebnis kein Zweifel daran bestehen, dass die Werthaltigkeit des Rückgewähranspruchs nach der Vorstellung des Gesetzgebers bei entsprechender Bonität des Schuldners auch ohne Besicherung gegeben sein soll.[43] Der auch im Rahmen des § 57 Abs. 1 AktG grundsätzlich maßgebliche Drittvergleich wird insoweit punktuell verdrängt.[44] Diese das Kapitalerhaltungsrecht betreffende Wertung muss auch bei der Anwendung der §§ 311, 317 AktG berücksichtigt werden.[45] Denn würde man es insoweit bei den allgemeinen Grundsätzen belassen, wäre die Vergabe aufsteigender Darlehen zwar kapitalerhaltungskonform, würde aber möglicherweise[46] an den insoweit – ausnahmsweise – strengeren Restriktionen der §§ 311 ff. AktG scheitern. Das aber widerspräche der Intention des Gesetzgebers, der aufsteigende Darlehen ermöglichen wollte und den Wertungswiderspruch mit dem Aktienkonzernrecht offensichtlich übersehen hat.[47] Auch im Rahmen der §§ 311, 317 AktG kommt es somit zu einer partiellen Verdrängung des Drittvergleichs: Ist der Darlehensrückzahlungsanspruch werthaltig, liegt kein Nachteil iSd §§ 311, 317 AktG vor.[48]

63 Da die D-GmbH über gute Bonität verfügt, sind diese Voraussetzungen im vorliegenden Fall erfüllt. Es fehlt mithin an einem Nachteil iSd §§ 311, 317 AktG.

---

[41] Entscheidendes Kriterium für die Beurteilung der Vollwertigkeit ist die prognostizierte Durchsetzbarkeit des Rückgewähranspruchs. Es darf dafür zum Zeitpunkt der Valutierung kein konkretes Ausfallrisiko bestehen; vertiefend dazu MüKoAktG/*Bayer* AktG § 57 Rn. 159 ff.

[42] BT-Drs. 16/6140, 41.

[43] BGHZ 179, 71 Rn. 13 ff. = NJW 2009, 850, 852 – MPS; MüKoAktG/*Altmeppen* AktG § 311 Rn. 244 mwN.

[44] *Mülbert/Leuschner* NZG 2009, 281, 282 ff.

[45] *Mülbert/Sajnovits* WM 2015, 2345, 2351.

[46] Siehe zur Vereinbarkeit unbesicherter Darlehen mit den §§ 311, 317 AktG noch die nachfolgende Anmerkung im Text.

[47] *Drygala/Staake/Szalai* § 31 Rn. 23 weisen zutreffend drauf hin, dass der Fokus der Reform von 2008 ganz auf das GmbH-Recht gerichtet war (die Regelung des § 57 Abs. 1 S. 3 AktG wurde wortgleich in § 30 Abs. 1 S. 2 GmbHG aufgenommen) und sich dort das Konkurrenzproblem mangels Anwendbarkeit der §§ 311 ff. AktG nicht stellte.

[48] Emmerich/Habersack/*Habersack* AktG § 311 Rn. 47a; *Drygala/Staake/Szalai* § 31 Rn. 22 ff.

Hinweise: (1.) Die in diesem Punkt wenig durchdachte Gesetzesreform führt im Ergebnis zu einer erheblichen Verkomplizierung des Verhältnisses zwischen § 57 AktG und den §§ 311, 317 AktG: Grundsätzlich ist es so, dass die §§ 311, 317 AktG dem herrschenden Unternehmen aufgrund der Möglichkeit des gestreckten Nachteilsausgleichs mehr Spielraum gewähren als ihm auf Grundlage von § 57 AktG zustünde. Um die durch das Aktienkonzernrecht bewusst gewährte Privilegierung herrschender Unternehmen nicht zu unterlaufen, muss daher § 57 AktG grundsätzlich hinter den §§ 311, 317 AktG zurücktreten. Wie sich dies im Einzelnen auswirkt, zeigt die obige Prüfung (→ Rn. 48 ff.) bezüglich der Überlassung der Fahrer. Im Fall aufsteigender Darlehen kehrt sich das Verhältnis hingegen ausnahmsweise um:[49] Hier gewährt das Kapitalerhaltungsrecht wegen § 57 Abs. 1 S. 3 Alt. 2 AktG einen größeren Spielraum als die §§ 311, 317 AktG. Da auch dem eine bewusste Privilegierung zugrunde liegt (Privilegierung des Cash-Pool), werden hier die Wertungen der §§ 311, 317 AktG durch die des § 57 AktG verdrängt. Mit Blick auf die Systematik des Aktienrechts ist das wenig befriedigend. Vorzugswürdig wäre es gewesen, die Privilegierung des Cash-Pool in den §§ 311 ff. AktG zu verankern. Die vom Gesetzgeber gewählte Verankerung in § 57 Abs. 1 S. 3 Alt. 2 AktG stellt nicht nur das Verhältnis von Kapitalerhaltungsrecht und Konzernrecht auf den Kopf, sondern birgt auch die Gefahr von Wertungswidersprüchen. Zu denken ist etwa an die vom Gesellschafter veranlasste Darlehensvergabe an einen Dritten, welche nicht der Konzernfinanzierung und somit nicht dem Konzerninteresse dient. Obwohl insoweit kein Anlass für eine Privilegierung besteht, ist auch dieser Fall vom Wortlaut des § 57 Abs. 1 S. 3 Alt. 2 AktG erfasst. Der bewusst enger gezogene Privilegierungsrahmen der §§ 311 ff. AktG droht leer zu laufen.

(2.) Vor der Einführung von § 57 Abs. 1 S. 3 Alt. 2 AktG wurde übrigens mit guten Gründen vertreten, dass sich die Verdrängung des Drittvergleichs im Zusammenhang mit aufsteigenden Darlehen aus den §§ 311 ff. AktG selbst herleiten lässt. Verwiesen wurde insoweit auf die Modalitäten des gestreckten Nachteilsausgleichs:[50] Fügt das herrschende Unternehmen der abhängigen Gesellschaft einen Nachteil zu, muss dieser gemäß § 311 Abs. 2 AktG erst zum Geschäftsjahresende ausgeglichen werden. Bis dahin steht der abhängigen Gesellschaft kein – und erst recht kein besicherter – Ausgleichsanspruch zu. Und auch zum Geschäftsjahresende muss der Ausgleich nicht tatsächlich erfolgen, sondern es genügt, dass das herrschende Unternehmen der abhängigen Gesellschaft einen (rechtsgeschäftlichen) Ausgleichsanspruch einräumt, welcher ebenfalls nicht besichert werden muss. Nehmen aber die §§ 311 ff. AktG hiernach bewusst in Kauf, dass der Nachteils*ausgleich* mit dem Insolvenzrisiko des herrschenden Unternehmens belastet ist, wird man die Belastung des abhängigen Unternehmens mit dem Insolvenzrisiko des herrschenden Unternehmens aufgrund eines ungesicherten Anspruchs schon gar nicht als relevanten Nachteil iSd §§ 311, 317 AktG begreifen können. Allerdings: Ob dieser Ansatz auch trägt, wenn Darlehensnehmer – wie vorliegend – nicht das herrschende Unternehmen selbst, sondern eine Schwestergesellschaft (D-GmbH) ist, erscheint fraglich. Denn tendenziell dürfte die Bonität der Konzernmutter höher einzustufen sein als die der übrigen Konzerngesellschaften und man kann daher den unbesicherten Rückzahlungsanspruch gegen eine Schwestergesellschaft nicht ohne Weiteres mit dem unbesicherten Anspruch auf Nachteilsausgleich gegen das herrschende Unternehmen gleichsetzen.

c) Ergebnis

Ein Anspruch aus §§ 311, 317 Abs. 1 S. 1 AktG scheidet aus. 64

2. Rückgewähranspruch aus §§ 62 Abs. 1, 57 Abs. 1 AktG

Aus dem Gesagten folgt, dass auch kein Anspruch aus den §§ 62 Abs. 1, 57 Abs. 1 AktG besteht. Zwar hält die Darlehensvergabe aufgrund der fehlenden Besicherung keinem Drittvergleich stand. Es greift insoweit jedoch die Ausnahme des § 57 Abs. 1 S. 3 Alt. 2 AktG wonach es im Rahmen einer bilanziellen Betrachtung allein 65

[49] Vgl. *Mülbert/Sajnovits* WM 2015, 2345, 2351; *Winter* DStR 2007, 1484, 1489; MüKoAktG/*Bayer* AktG § 57 Rn. 179 ff.

[50] *Habersack/Schürnbrand* NZG 2004, 689, 693 f.; dem folgend BGHZ 179, 71, 76 Rn. 10 ff. = NJW 2009, 850, 851 – MPS.

auf die Vollwertigkeit des Rückzahlungsanspruchs ankommt. Da diese vorliegend gegeben ist, verstößt die Darlehensvergabe nicht gegen § 57 Abs. 1 AktG.

3. Schadensersatzanspruch aus § 117 Abs. 1 AktG

66 Auch ein Schadensersatzanspruch aus § 117 Abs. 1 AktG scheidet im Ergebnis aus. Zwar ließe sich vertreten, dass der Abschluss eines Darlehensvertrages zu marktunüblichen Konditionen einen Schaden darstellt, der im Wege der Rückabwicklung des Darlehens auszugleichen ist. Wenn sich aber die Wertung des § 57 Abs. 1 S. 3 Alt. 2 AktG gegenüber der aus §§ 311, 317 AktG durchsetzt, muss dies auch im Verhältnis zu § 117 Abs. 1 AktG gelten.

4. Schadensersatzanspruch aus § 280 Abs. 1 BGB iVm der Treuepflicht

67 Entsprechendes gilt für den Anspruch aus § 280 Abs. 1 BGB iVm der Treuepflicht. Der durch einen Gesellschafter veranlasste Abschluss eines Darlehensvertrages zu marktunüblichen Konditionen stellt grundsätzlich eine Treuepflichtverletzung dar, aber auch insoweit setzt sich die Wertung des § 57 Abs. 1 S. 3 Alt. 2 AktG durch.

II. Schadensersatzanspruch gegen V aus § 93 Abs. 2 AktG

68 Die Wertungen des § 57 Abs. 1 S. 3 Alt. 2 AktG wirken sich schließlich auch auf die Geschäftsleiterpflichten aus.[51] Die vom Gesetzgeber gewünschte Ermöglichung des Cash-Poolings gelingt nur, wenn sich auch die Geschäftsleiter bei der Darlehensvergabe am Vollwertigkeitskriterium orientieren dürfen. V kann sich insoweit darauf berufen, dass die D-GmbH über hinreichende Bonität verfügt und der Rückzahlungsanspruch daher werthaltig ist.

69 Eine Haftung aus § 93 Abs. 2 AktG scheidet daher aus.

Hinweis: Zur Kompensation treffen die Geschäftsleiter allerdings im Anschluss an die Darlehensvergabe umfangreiche Überwachungspflichten, deren Einhaltung gewährleisten soll, dass bei einer Verschlechterung der Bonität des Darlehensnehmers das Darlehen umgehend gekündigt wird.[52] Zu diesem Zweck müssen sie auch Sorge dafür tragen, dass sie ausreichend über die Bonität des Darlehensnehmers informiert werden.[53]

---

51 *Mülbert/Sajnovits* WM 2015, 2345, 2352 ff.

52 Allgemein zu Überwachungspflichten siehe MüKoAktG/*Spindler* AktG § 93 Rn. 99.

53 BGHZ 179, 71 Rn. 19 = NJW 2009, 850, 852 – MPS; *Mülbert/Sajnovits* WM 2015, 2345, 2353 ff.; *Pentz* ZIP 2006, 781, 785; Roth/Altmeppen/*Altmeppen* GmbHG § 30 Rn. 134 (für die GmbH).

Fall 6. Rückzug von der Börse

Bearbeitungszeit: 5 Stunden

Sachverhalt

A und B halten jeweils 20% an der börsennotierten Z-AG. Die Z-AG ist an der Frankfurter Wertpapierbörse im „Prime Standard", einem Segment des regulierten Marktes, notiert und wird zudem im SDAX geführt. Die nicht von A und B gehaltenen Aktien befinden sich im Streubesitz.

A und B drängen darauf, die Z-AG von der Börse zu nehmen, weil sie sich erhoffen, dass auf diese Weise eine andere, von ihnen gegründete, ebenfalls börsennotierte Gesellschaft, an der sowohl A als auch B jeweils 50% halten, gute Chancen hat, statt der Z-AG in den SDAX aufgenommen zu werden. Dass sich die Refinanzierungsmöglichkeiten der Z-AG dadurch verschlechtern, nehmen sie in Kauf.

Der alleinvertretungsberechtigte Vorstandsvorsitzende V der Z-AG entscheidet sich jedoch gegen eine vollständige Aufgabe der Börsenpräsenz. Am 15.9.2019 gibt V im Rahmen einer Ad-hoc-Mitteilung bekannt, dass sich die Z-AG zwar aus dem regulierten Markt zurückziehen werde, ihre Aktien dafür aber in den „Entry Standard" des Freiverkehrs der Frankfurter Wertpapierbörse einbezogen würden. Da das Listing im „Prime Standard" Voraussetzung für die Aufnahme in den SDAX ist, fällt die Z-AG nach Durchführung der von V angekündigten Maßnahme aus dem Index heraus. Der bis dahin seit fast drei Monaten konstant bei 20 EUR notierende Kurs bricht daraufhin um 30% ein.

V ist verwundert, als er unmittelbar im Anschluss an die Ad-hoc-Mitteilung von Journalisten bedrängt wird, wann die Zustimmung der Hauptversammlung eingeholt werde und welche Abfindung für die außenstehenden Aktionäre geplant sei. Weil er davon ausgeht, dass für die Maßnahme ein formloser Antrag bei der zuständigen Börse genügt, lässt er mitteilen, man wolle „keinen unnötigen Aufwand" betreiben und werde die Abmeldung daher im Laufe der nächsten Tage erledigen.

C, der Aktien iHv 1,5% des Grundkapitals der Z-AG hält, ist wegen der öffentlichen Aussagen des V sehr besorgt. Er sucht einen Rechtsanwalt auf und bittet um Auskunft, wie er gerichtlich verhindern kann, dass V seine Ankündigung wahr macht.

Den V plagen ganz andere Probleme. Durch die Frage der Journalisten verunsichert, mandatiert er noch am selben Tag die Großkanzlei DEF. Schon am Nachmittag findet ein längerer „Conference Call" statt, an dem auf Anwaltsseite neben dem Partner P der Associate X teilnimmt. P erläutert, um „auf Nummer sicher zu gehen" sollte man einen Hauptversammlungsbeschluss fassen, auch wenn dies gesetzlich nicht vorgeschrieben sei, und den übrigen Aktionären eine Abfindung anbieten, um ihnen die Gelegenheit zu geben, die Gesellschaft zu verlassen. Der Associate X gibt zu bedenken, dass der Erwerb aller Aktien der anderen Aktionäre durch die Z-AG Probleme bereiten könne. Im Übrigen meint er, lasse es sich wohl nicht vermeiden, einen Sachverständigen mit der Bestimmung des Unternehmenswertes zu beauftragen.

Im Anschluss an das Telefonat bittet P den X, über das Wochenende folgenden Fragen nachzugehen: Besteht eine Abfindungspflicht? Angenommen sie besteht: Wie kann ein solches Angebot ausgestaltet werden und wonach richtet sich die Höhe der zu gewährenden Abfindung? Ist es tatsächlich erforderlich, ein Sachverständigengutachten in Auftrag zu geben?

Aufgeschreckt vom Rat des P beschließt V, nun doch eine Hauptversammlung durchzuführen, um deren Zustimmung zum Delisting einzuholen. Auf ein Abfindungsangebot an die übrigen Aktionäre möchte V hingegen verzichten, da er die damit verbundenen Kosten scheut und nach Auskunft eines befreundeten Juristen die Abfindung allenfalls Gegenstand eines Spruchverfahrens sein könne, welches die Durchführung des Delistings nicht hindere.

Sechs Wochen später erteilt die (ordnungsgemäß einberufene) Hauptversammlung der Z-AG mit den Stimmen von A und B ihre Zustimmung zum Delisting. Verschiedene Kleinaktionäre, die einen Anteil am Grundkapital von 15% auf sich vereinigen, stimmen gegen den Antrag. Die übrigen Aktionäre sind der Hauptversammlung ferngeblieben oder haben sich ihrer Stimme enthalten.

D, der gegen das Delisting gestimmt und Widerspruch zur Niederschrift erklärt hat, möchte gegen den Beschluss vorgehen. Er beklagt, zur Vorbereitung auf die Hauptversammlung nicht ausreichend über die Hintergründe des Delistings informiert worden zu sein. Außerdem gehe es nicht an, dass A und B die Z-AG allein zum eigenen Vorteil von der Börse nehmen.

1. Prüfen Sie die Erfolgsaussichten einer Klage des C unter Zugrundelegung des Zeitpunktes des Besuchs des Rechtsanwalts! (Die Möglichkeit des einstweiligen Rechtsschutzes ist außer Betracht zu lassen.)
2. Beantworten Sie die dem Associate X gestellten Fragen!
3. Hat ein gerichtliches Vorgehen des D gegen den Hauptversammlungsbeschluss Aussicht auf Erfolg? (Auf die Prüfung der Zulässigkeit ist zu verzichten.)

Bearbeitervermerk: Es ist auf alle Fragen gutachterlich, ggf. in einem Hilfsgutachten, einzugehen.

Gliederung

Lösungsskizze

A. Erfolgsaussichten der Klage des C

I. Klageart
   Allgemeine Leistungsklage in Form der Unterlassungsklage

II. Zulässigkeit
   1. Klagegegner
      (+), nicht Vorstand, sondern Aktiengesellschaft als juristische Person
   2. Örtliche Zuständigkeit
      (+), Sitz der Z-AG
   3. Prozessführungsbefugnis
      a) Klage aus fremdem Recht (actio pro socio)
         (–), in der Aktiengesellschaft nicht anwendbar
      b) Klage aus eigenem Recht (actio negatoria)
         (+), sofern Delisting in die Hauptversammlungszuständigkeit fällt, steht C ein eigener Unterlassungsanspruch zu

4. Klagefrist
   (+), Monatsfrist § 246 Abs. 1 AktG analog ab Kenntniserlangung der Delisting-Pläne

III. Begründetheit
   Unterlassungsanspruch setzt voraus, dass eigenmächtiges Handeln von V Eingriff in die Zuständigkeit der Hauptversammlung darstellt
   1. Geschriebene Hauptversammlungszuständigkeiten
      (–), insbesondere § 119 Abs. 1 AktG
   2. Ungeschriebene Hauptversammlungszuständigkeiten
      (–), da nach der Delisting-Reform keine ungeschriebene Hauptversammlungszuständigkeit anzuerkennen ist

IV. Ergebnis
   Klage ist zulässig, aber unbegründet

B. Antworten des X

I. Grundlage der Angebotspflicht
   Angebotspflicht ergibt sich aus § 39 Abs. 2 S. 3 Nr. 1 BörsG, da es sich um ein vollständiges Delisting handelt; hierunter fällt auch der Wechsel in den Freiverkehr

II. Ausgestaltung des Abfindungsangebots
   – Abfindungsangebot durch Z-AG würde in Konflikt treten mit § 71 Abs. 2 S. 1 AktG (Beschränkungen beim Erwerb eigener Aktien)
   – A und B könnten aber einspringen und Aktien anstelle der Z-AG übernehmen (wobei jedoch die Regelungen des WpÜG zu beachten sind)

III. Abfindungshöhe
   – Gemäß § 39 Abs. 3 S. 2 BörsG Abstellen auf durchschnittlichen Börsenkurs innerhalb eines sechsmonatigen Referenzzeitraums vor der Ad-hoc-Mitteilung
   – Fundamentalwert unerheblich

C. Erfolgsaussichten eines gerichtlichen Vorgehens des D gegen den Hauptversammlungsbeschluss

I. Klageart
   Beschlussanfechtung gemäß den §§ 243 ff. AktG

II. Zulässigkeit (erlassen)

III. Begründetheit
   1. Anfechtungsbefugnis
      (+), B hat Widerspruch zur Niederschrift eingelegt (§ 245 Nr. 1 AktG)
   2. Anfechtungsfrist
      (+), Monatsfrist des § 246 Abs. 1 AktG ist noch nicht verstrichen
   3. Anfechtungsgrund § 243 Abs. 1 AktG
      a) Formelle Mängel
         aa) Hauptversammlungszuständigkeit
             (+), aus freiwilliger Vorlage (§ 119 Abs. 2 AktG)
         bb) Fehlender Vorstandsbericht
             (–), da es sich um eine freiwillige Vorlage handelt (§ 119 Abs. 2 AktG), scheidet eine Analogie zu § 192 Abs. 1 UmwG aus

cc) Fehlerhafte Stimmenauszählung
(1) Mehrheitserfordernis
Einfache Beschlussmehrheit gemäß § 133 Abs. 1 AktG
(2) Nichtigkeit der Stimmen von A und B
(a) Stimmrechtsverbot nach § 44 WpHG bzw. § 59 WpÜG?
(–), Ausnahme, wenn Abstimmung im Einzelfall
(b) Treuwidriges Stimmverhalten
(+), da die Verfolgung sachwidriger Motive treuwidrig ist und der Mangel rechtliche Relevanz entfaltet
(3) Ergebnis: Die einfache Stimmenmehrheit (§ 133 Abs. 1 AktG) wurde verfehlt, da die Stimmen von A und B wegen Treuepflichtverstoßes nicht hätten berücksichtigt werden dürfen
b) Materielle Mängel
aa) Erfordernis einer sachlichen Rechtfertigung
(–), da Entscheidung über Delisting unternehmerischen Charakter hat
bb) Verstoß gegen die Treuepflicht
(–), da laut Sachverhalt nicht feststeht, ob Delisting für Z-AG nachteilhaft ist
cc) Erfordernis eines Abfindungsangebots bereits im Beschluss
(–), da angesichts der Abfindungspflicht des § 39 Abs. 2 S. 3 Nr. 1 BörsG kein sachlicher Grund besteht, das Abfindungsangebot bereits in den Beschluss aufzunehmen
4. Anfechtungsgrund § 243 Abs. 2 AktG
(–), zwar verfolgen A und B Sondervorteile, allerdings nicht eindeutig, ob zulasten der Gesellschaft und der übrigen Aktionäre
IV. Ergebnis
Die Klage ist begründet

Lösung

A. Erfolgsaussichten der Klage des C

I. Klageart

C geht es um die Verhinderung der Durchführung des Delistings, daher ist die allgemeine Leistungsklage in Form der Unterlassungsklage statthaft. 1

Hinweis: Alternativ kommt auch die Erhebung einer Feststellungsklage (§ 256 ZPO) in Betracht, und zwar gerichtet auf die Feststellung, dass das geplante Delisting ohne vorherigen Zustimmungsbeschluss der Hauptversammlung rechtswidrig ist. Im Allgemeinen fehlt dem Kläger zwar das für eine solche Klage erforderliche Feststellungsinteresse, wenn er sein Rechtsschutzziel auch im Wege einer Leistungs- bzw. Unterlassungsklage verfolgen kann (Subsidiarität der Feststellungsklage).[1] Soweit es um die Missachtung von Beschlusskompetenzen der Hauptversammlung geht, soll der Aktionär dem BGH zufolge jedoch wahlweise mit einer Leistungs- oder (!) mit einer Feststellungsklage vorgehen können.[2] Eine

1 Vgl. MüKoZPO/*Becker-Eberhard* ZPO § 256 Rn. 54.
2 BGHZ 164, 249, 259 [unter e] = NJW 2006, 374 – Mangusta/Commerzbank II; MHdB GesR IV/*Bungert* § 35 Rn. 73ff.; aA Hölters/*Hölters* AktG § 93 Rn. 385; MüKoAktG/*Kubis* AktG § 119 Rn. 103. Auch noch → Fall 11 Rn. 48.

Leistungsklage ist freilich im Ergebnis das effektivere Rechtsschutzmittel, da sich im Falle des Obsiegens das Gerichtsurteil gemäß § 890 ZPO vollstrecken lässt.

II. Zulässigkeit

1. Richtiger Klagegegner

2 Da die Initiative für das Delisting von V ausgeht, liegt es auf den ersten Blick nahe, die Klage gegen ihn zu richten. Hiergegen spricht jedoch, dass der einzelne Aktionär in keinerlei Rechtsbeziehungen zu den einzelnen Vorstandsmitgliedern steht und diesen gegenüber daher auch keine Rechte geltend machen kann. Klagegegner einer Aktionärsklage ist daher grundsätzlich die juristische Person, also die Aktiengesellschaft und nicht das einzelne Organmitglied.[3] Das Handeln des Organmitglieds wird der Gesellschaft über § 31 BGB analog zugerechnet.[4] Da V das Delisting betreibt, muss sich die Z-AG dieses Verhalten zurechnen lassen. Richtiger Klagegegner ist damit die Z-AG.[5]

Hinweis: Genau genommen findet eine doppelte Zurechnung statt: Bevor der Gesellschaft das Verhalten des Vorstandes zugerechnet werden kann, muss zunächst dem Vorstand als Organ das Verhalten der Vorstands*mitglieder* bzw. des Vorstands*mitglieds* – vorliegend des V – zugerechnet werden.

2. Örtliche Zuständigkeit

3 Örtlich zuständig ist gemäß §§ 12, 17 Abs. 1 ZPO das Gericht am Sitz der Z-AG.

3. Prozessführungsbefugnis

4 Problematisch ist jedoch die Prozessführungsbefugnis des C, dh die Befugnis, den behaupteten Unterlassungsanspruch im eigenen Namen geltend zu machen. Insoweit ist zu unterscheiden, ob C mit dem Unterlassungsanspruch ein fremdes oder ein eigenes Recht geltend macht.

a) Klage aus fremdem Recht (actio pro socio)

5 Unterstellt, das geplante Delisting wäre pflichtwidrig, stünde der Z-AG ein Unterlassungsanspruch gegen das Vorstandsmitglied V zu. Denn eine Aktiengesellschaft hat einen Anspruch darauf, dass sich ihre Organmitglieder pflichtgemäß verhalten.

6 Eine Geltendmachung dieses Unterlassungsanspruchs der Z-AG durch C kommt vorliegend jedoch nicht in Betracht. Zwar ist für die GmbH und die Personengesellschaften anerkannt, dass einzelne Gesellschafter unter bestimmten Voraussetzungen Ansprüche der Gesellschaft im Wege der actio pro socio geltend machen können. Nach ganz hM sind diese Grundsätze auf die Aktiengesellschaft jedoch nicht übertragbar.[6] Grund hierfür ist, dass das AktG eine Reihe von Spezialregelungen enthält, die die Geltendmachung von Ansprüchen der Gesellschaft durch bzw. auf Initiative der Aktionäre betreffen (§§ 147, 148, 309 Abs. 4 S. 1, 310 Abs. 4, 317 Abs. 4, 318 Abs. 4 AktG), und diese Regelungen nicht durch die Übernah-

3 Spindler/Stilz/*Casper* AktG Vor §§ 241 ff. Rn. 30.
4 Spindler/Stilz/*Spindler* AktG § 76 Rn. 10; MüKoBGB/*Leuschner* BGB § 31 Rn. 3.
5 Vgl. BGHZ 83, 122 = NJW 1982, 1703, 1705 f. – Holzmüller.
6 Näher *Langenbucher* AktKapMarktR § 7 Rn. 48; *Drygala/Staake/Szalai* § 23 Rn. 6 f.

me der (ungeschriebenen) Grundsätze der actio pro socio unterlaufen werden dürfen.

Hinweis: Unterstellt, eine actio pro socio käme in Betracht, wäre die Klage ohnehin nicht (→ Rn. 2) gegen die Z-AG, sondern gegen V zu richten.

b) Klage aus eigenem Recht (actio negatoria)

Die Prozessführungsbefugnis wäre indes zu bejahen, wenn C gegenüber dem möglicherweise pflichtwidrigen Handeln des Vorstandes einen **eigenen Unterlassungsanspruch** gegenüber der Z-AG, die sich dieses Verhalten zurechnen lassen muss, geltend machen könnte. 7

Fraglich ist jedoch, ob bzw. unter welchen Voraussetzungen Aktionäre gegen pflicht- 8
widriges Vorstandshandeln klageweise vorgehen können (sog. actio negatoria). Die in der Literatur vertretene Auffassung, wonach dies stets möglich sein soll,[7] wird zu Recht abgelehnt.[8] Eine solch umfassende Rechtmäßigkeitskontrolle würde die aktienrechtliche Zuständigkeitsordnung, die die Überwachung des Vorstandes dem Aufsichtsrat zuweist, aushebeln. Seit der „Holzmüller"-Entscheidung des BGH ist jedoch anerkannt, dass sich ein eigener Unterlassungs- und Beseitigungsanspruch des einzelnen Aktionärs dann ergibt, wenn die Pflichtwidrigkeit – wie vorliegend von C vorgetragen – in einem Eingriff in die Hauptversammlungszuständigkeit besteht.[9] Da in diesen Fällen die Klage gerade auf die Einhaltung der aktienrechtlichen Zuständigkeitsordnung gerichtet ist, verfangen die aufgeführten Bedenken nicht. Denn es geht insoweit nicht darum, dem Aktionär ein „Ersatzaufsichtsrecht" zuzubilligen, sondern die Klage beruht darauf, dass der Aktionär durch die Missachtung der Hauptversammlungszuständigkeit in seinem **eigenen Recht** auf Entscheidungsteilhabe verletzt wird.[10]

Hinweis: Wörtlich heißt es in der „Holzmüller"-Entscheidung:[11] „Wie jeder Aktionär hat der Kläger einen verbandsrechtlichen Anspruch darauf, dass die Gesellschaft seine Mitgliedsrechte achtet und alles unterlässt, was sie über das durch Gesetz und Satzung gedeckte Maß hinaus beeinträchtigt. Dieser Anspruch wird verletzt, wenn der Vorstand die Hauptversammlung und damit auch die einzelnen Aktionäre bei einer Entscheidung von der nach der Sachlage gebotenen Mitwirkung ausschließt. Will sich ein Aktionär hiergegen wehren, so braucht er sich nicht auf eine Klage gegen den Vorstand verweisen zu lassen, der zu den Gesellschaftern in keinen unmittelbaren Rechtsbeziehungen steht und deshalb von ihnen, abgesehen von den besonderen Voraussetzungen des § 117 Abs. 1 Satz 2 AktG, nur unter dem Gesichtspunkt der unerlaubten Handlung belangt werden kann. Denn wenn ein Vorstand aufgrund seiner Vertretungsbefugnis eigenmächtig nach außen tätig wird, ohne die Hauptversammlung, wie es seine Pflicht wäre, intern zu beteiligen, tut er dies als Organ der Gesellschaft. Es ist daher deren Sache, durch ihre Organe Abhilfe zu schaffen, den betroffenen Aktionären Genüge zu tun und dafür zu sorgen, dass ihre Mitgliedsrechte künftig nicht mehr verletzt werden."

C ist daher vorliegend prozessführungsbefugt. 9

---

[7] Demnach soll ein umfassender Anspruch jedes einzelnen Aktionärs auf „gesetzes- und satzungsgemäßes Handeln der Verwaltungsorgane" bestehen, vgl. *Paefgen* AG 2004, 245, 250; *Grunewald* DB 1981, 407ff.

[8] BGHZ 159, 30, 33 = NJW 2004, 1860, 1861f. – Gelatine; aus der Literatur unter anderem *Adolff* ZHR 169 (2005), 310, 319ff. mwN.

[9] BGHZ 83, 122 Rn. 48 = NJW 1982, 1703, 1705f. – Holzmüller; dazu *Emmerich/Habersack* KonzernR § 9 Rn. 5; HMR AktG/*Mülbert* AktG § 119 Rn. 125 mwN.

[10] BGHZ 83, 122 Rn. 37 = NJW 1982, 1703, 1706 – Holzmüller.

[11] BGHZ 83, 122 Rn. 35 = NJW 1982, 1703, 1706 – Holzmüller.

4. Klagefrist

10 Eine explizite Frist für die Geltendmachung der actio negatoria besteht nicht. Es ist jedoch anerkannt, dass eine Orientierung an der für Anfechtungsklagen geltenden Monatsfrist des § 246 Abs. 1 AktG vorzunehmen ist.[12] Maßgeblich für den Fristbeginn muss dabei der Zeitpunkt sein, in dem der Aktionär von der geplanten Maßnahme Kenntnis erlangt. Vorliegend enthält der Sachverhalt keine genauen Angaben; es ist daher davon auszugehen, dass die Monatsfrist noch nicht abgelaufen ist.

III. Begründetheit

11 Die Klage ist begründet, wenn C der behauptete Anspruch gegen die Z-AG auf Unterlassen des Antrags auf Delisting zusteht. Als Grundlage eines solchen Anspruchs kommt die Mitgliedschaft des C in Betracht.[13] Wie bereits im Zusammenhang mit der Prozessführungsbefugnis ausgeführt, hat jeder Aktionär einen Anspruch darauf, nicht durch eine Missachtung der Zuständigkeit der Hauptversammlung um sein Recht auf Entscheidungsteilhabe gebracht zu werden. Voraussetzung des geltend gemachten Anspruchs ist daher, dass für die Entscheidung über das Delisting eine Zuständigkeit der Hauptversammlung besteht.

1. Geschriebene Hauptversammlungszuständigkeiten

12 Dem die Zuständigkeit der Hauptversammlung primär regelnden § 119 Abs. 1 AktG lässt sich keine entsprechende Zuständigkeit entnehmen. Insbesondere setzt das Delisting keine Satzungsänderung voraus (§ 119 Abs. 1 Nr. 5 AktG). Auch von den weiteren im AktG (unter anderem §§ 179a, 293 AktG) und UmwG (§§ 13, 50, 125, 193 UmwG) ausdrücklich vorgesehenen Hauptversammlungszuständigkeiten ist vorliegend keine unmittelbar einschlägig.

2. Ungeschriebene Hauptversammlungszuständigkeiten

13 Neben den geschriebenen Hauptversammlungszuständigkeiten kommen jedoch im Wege der Rechtsfortbildung zu entwickelnde ungeschriebene Hauptversammlungszuständigkeiten in Betracht. Anknüpfungspunkt für eine Rechtsfortbildung im Wege der Analogie könnten die §§ 29 Abs. 1, 193 Abs. 1, 240 Abs. 1 UmwG sein. § 29 Abs. 1 S. 1 Hs. 1 Alt. 2 UmwG, wonach die Verschmelzung einer börsennotierten auf eine nicht börsennotierte Gesellschaft der Mischverschmelzung[14] gleichgestellt wird, deutet an, dass der Gesetzgeber den mit dem Delisting einhergehenden Wandel einer börsennotierten in eine nicht börsennotierte Gesellschaft wertungsmäßig einer Änderung der Rechtsform gleichstellt. Auf Grundlage dieser Prämisse erschiene es folgerichtig, auf das reguläre Delisting die Regelungen der §§ 190ff. UmwG über den Formwechsel entsprechend anzuwenden und eine

[12] BGHZ 83, 122 Rn. 39 = NJW 1982, 1703, 1706 – Holzmüller; *Langenbucher* AktKapMarktR § 7 Rn. 51; HMR AktG/*Mülbert* AktG § 119 Rn. 125.

[13] BGHZ 83, 122 Rn. 35 = NJW 1982, 1703, 1706 – Holzmüller; *Langenbucher* AktKapMarktR § 7 Rn. 38; *Emmerich/Habersack* KonzernR § 9 Rn. 5.

[14] Mit dem Begriff der Mischverschmelzungen wird die Verschmelzung von Rechtsträgern unterschiedlicher Rechtsformen bezeichnet, vgl. § 29 Abs. 1 S. 1 Hs. 1 Alt. 1 UmwG.

Hauptversammlungszuständigkeit analog der §§ 193, 240 Abs. 1 S. 1 UmwG anzunehmen.[15]

Hinweis: Der Gesetzgeber hat im Jahr 2007 die Regelung des § 29 Abs. 1 S. 1 Hs. 1 Alt. 2 UmwG als Reaktion auf die „Macroton"-Entscheidung des BGH aus dem Jahr 2002[16] eingeführt, wonach der Antrag der Aktiengesellschaft auf einen Widerruf der Börsenzulassung nur gegen Abfindung und mit Zustimmung der Hauptversammlung erfolgen darf. Er wollte auf diese Weise das „unechte" bzw. „kalte" Delisting im Wege der Verschmelzung dem „regulären" bzw. „echten" Delisting gleichstellen, welches Gegenstand der BGH-Entscheidung war.[17]

Die analoge Anwendung der genannten Regelungen des UmwG muss jedoch daran **14** scheitern, dass es an einer planwidrigen Regelungslücke fehlt. Ende 2015 hat der Gesetzgeber die rechtlichen Rahmenbedingungen des Delistings in § 39 Abs. 2–6 BörsG ausdrücklich geregelt. Als zentrales Instrument zum Schutz der Aktionäre wurde dabei eine Verpflichtung aufgenommen, diesen ein Abfindungsangebot nach dem Vorbild des WpÜG zu unterbreiten (§ 39 Abs. 2 S. 3 Nr. 1 BörsG). Auf die Anordnung einer Hauptversammlungszuständigkeit wurde demgegenüber bewusst verzichtet. In der Gesetzesbegründung wird hierzu festgehalten, dass „erweiterte Mitentscheidungsrechte für die Aktionäre [...] vor dem Hintergrund der nunmehr vorgeschriebenen umfassenden kapitalmarktrechtlichen Schutzbestimmungen nicht geboten" seien.[18] Diesen gesetzgeberischen Willen gilt es zu respektieren.

Hinweise: (1.) Die Delisting-Reform ist der Schlusspunkt einer langen Entwicklung in der Rechtsprechung des BGH und des BVerfG.[19]
(2.) Ausgangspunkt war die bereits erwähnte „Macroton"-Entscheidung des BGH aus dem Jahr 2002.[20] In dieser leiteten die Richter eine Hauptversammlungskompetenz und einen Abfindungsanspruch aus der verfassungsrechtlichen *Eigentumsgarantie des Art. 14 Abs. 1 GG* her.[21] Der Verkehrswert und die jederzeitige Möglichkeit seiner Realisierung seien von der Eigentumsgarantie umfasste Eigenschaften des Aktieneigentums.
(3.) Im Jahr 2012 entschied das BVerfG im Zusammenhang mit dem Delisting über zwei Verfassungsbeschwerden.[22] Hierbei widersprach es der vom BGH in der „Macroton"-Entscheidung aufgestellten These, das Delisting berühre den Schutzbereich von Art. 14 Abs. 1 GG.[23] Das BVerfG führte aus, dass die Börsennotierung zwar die tatsächliche Verkehrsfähigkeit der Aktie steigere und zudem ein wertbildender Faktor der Aktie sei. Der verfassungsrechtliche Schutz des Eigentums umfasse jedoch nicht den Vermögenswert der Aktie als solchen. Auch die faktisch gesteigerte Verkehrsfähigkeit sei als schlichte Ertrags- und Handelschance im Gegensatz zur rechtlichen Verkehrsfähigkeit nicht vom Schutz des Eigentumsgrundrechts erfasst. Zugleich betonten die Verfassungsrichter jedoch, dass von Verfassungs wegen nichts dagegen spreche, die „Macroton"-Grundsätze auf Grundlage einer richterlichen Rechtsfortbildung des einfachen Rechts aufrecht zu erhalten.[24]

---

15 *Drygala/Staake/Szalai* § 21 Rn. 212; vgl. dazu auch HMR AktG/*Mülbert* AktG § 119 Rn. 144 mwN.

16 BGHZ 153, 47 = NJW 2003, 1032 f. – Macroton.

17 Vgl. BT-Drs. 16/2919, 13 li. Sp. Zu den verschiedenen Arten des Delistings siehe *Klöhn* NZG 2012, 1041, 1042; HMR AktG/*Mülbert* AktG § 119 Rn. 138 ff.

18 BT- Drs. 18/6220, 86.

19 Zusammenfassend zur Entwicklung Spindler/Stilz/*Hoffmann* AktG § 119 Rn. 51 ff.; HMR AktG/*Mülbert* AktG § 119 Rn. 149 ff.

20 BGHZ 153, 47 = NJW 2003, 1032 f. – Macroton.

21 BGHZ 153, 47 Rn. 25 = NJW 2003, 1032, 1034 f. – Macroton; krit. dazu schon *Mülbert* ZHR 165 (2001), 104, 111 ff.

22 BVerfG NZG 2012, 826 – Lindner/MSV.

23 BVerfG NZG 2012, 826, 828 f. – Lindner/MSV.

24 BVerfG NZG 2012, 826, 830 f. – Lindner/MSV.

(**4.**) In seiner „Frosta"-Entscheidung aus dem Jahr 2013 ist der BGH gleichwohl von der Linie der „Macroton"-Entscheidung abgewichen und zu dem Ergebnis gelangt, dass das (reguläre) Delisting weder einer Zustimmung der Hauptversammlung noch eines Abfindungsangebots bedarf.[25] Konkret mit Blick auf die Analogie zum Umwandlungsrecht führten die Richter aus, § 29 Abs. 1 S. 1 Hs. 1 Alt. 2 UmwG könne kein allgemeiner Grundsatz entnommen werden, dass der Wechsel aus dem regulierten Markt zu einer Abfindung führen soll. Dies zeige sich unter anderem an den Regelungen der §§ 320ff. AktG, wonach der Gesetzgeber für die Eingliederung einer börsennotierten in eine nicht börsennotierte Aktiengesellschaft trotz des damit verbundenen „kalten" Delisting keine Abfindungspflicht vorgesehen habe.[26] Zwar bestünden zwischen börsennotierten und nicht börsennotierten Aktiengesellschaften eine ganze Reihe von Regelungsunterschieden (unter anderem § 67 Abs. 6 S. 2, § 87 Abs. 1 S. 2, § 93 Abs. 6, § 100 Abs. 2 Nr. 4, § 110 Abs. 3, § 120 Abs. 4 S. 1 AktG), doch beträfen diese nicht die grundlegende Organisationsstruktur der Aktiengesellschaft.[27] Für den Schutz der Anleger sei ausreichend durch § 39 Abs. 2 S. 2 BörsG aF[28] gesorgt.[29]

15 Die geplante Beantragung des Delistings durch V ohne Zustimmung der Hauptversammlung verstößt folglich nicht gegen das mitgliedschaftliche Recht des C auf Entscheidungsteilhabe. Ein Unterlassungsanspruch des C besteht daher nicht. Dass das Delisting möglicherweise aufgrund anderer Umstände, wie insbesondere einer Verletzung der Treuepflicht, rechtswidrig ist (zur Verletzung der Treuepflicht → Rn. 37ff.), spielt keine Rolle, da ein umfassender Anspruch der Aktionäre auf rechtmäßiges Handeln der Gesellschaft nicht anzuerkennen ist (→ Rn. 7f.).

IV. Ergebnis

16 Die Klage des C ist zulässig, aber unbegründet.

B. Antworten des X

I. Grundlage der Angebotspflicht

17 Voraussetzung des Delistings ist nach § 39 Abs. 2 S. 3 Nr. 1 BörsG, dass bei Antragstellung ein Angebot auf Erwerb aller Aktien nach § 11 WpÜG veröffentlicht wurde. Auf das Erwerbsangebot kann nach § 39 Abs. 2 S. 3 Nr. 2 BörsG nur verzichtet werden, wenn die betroffenen Aktien noch an einer anderen Börse zum Handel im regulierten Markt zugelassen sind. Da die Aktien der Z-AG zumindest noch im Marktsegment „Entry Standard" der Frankfurter Wertpapierbörse gehandelt werden, könnte diese Ausnahme hier einschlägig sein. § 39 Abs. 2 S. 3 BörsG knüpft jedoch allein an die Zulassung der Aktien zum Handel im regulierten Markt an, sodass auch ein Wechsel in den Freiverkehr (sog. Downlisting) in den Anwendungsbereich der Norm fällt.[30] Die Einbeziehung der Aktien in den „Entry Standard", einem Marktsegment des Freiverkehrs, ändert somit nichts daran, dass den Aktionären ein Abfindungsangebot unterbreitet werden muss.

---

25 BGH NZG 2013, 1342 – Frosta.

26 BGH NZG 2013, 1342 Rn. 8 – Frosta.

27 BGH NZG 2013, 1342 Rn. 6 – Frosta.

28 § 39 Abs. 2 S. 2 BörsG aF ist identisch mit § 39 Abs. 2 S. 2 BörsG nF. Hiernach darf der Widerruf der Zulassung nicht dem Schutz der Anleger widersprechen.

29 BGH NZG 2013, 1342 Rn. 13ff. – Frosta; zust. HMR AktG/*Mülbert* AktG § 119 Rn. 146 mwN.

30 *Groß* BörsG § 39 Rn. 16f. Ausführlich zur Neuregelung *Verse* FS Baums, 2017, S. 1317 ff.; *Langenbucher* AktKapMarktR § 20 Rn. 14ff.

II. Ausgestaltung des Abfindungsangebots

Der Wortlaut des § 39 Abs. 2 S. 3 Nr. 1 BörsG lässt indes offen, wer das Angebot zu unterbreiten hat. In der Praxis dürfte dies häufig ein Großaktionär sein; zulässig ist es aber grundsätzlich auch, dass ein Dritter oder sogar die Gesellschaft selbst das Angebot abgibt. **18**

1. Unterbreitung des Angebots durch die Z-AG

Ein Angebot der Z-AG muss jedoch deshalb ausscheiden, weil es auf einen unzulässigen Rückerwerb eigener Aktien gerichtet wäre. Die in § 71 Abs. 1 AktG enthaltenen Ausnahmetatbestände helfen hier nicht weiter. § 71 Abs. 1 Nr. 3 AktG nennt zwar ausdrücklich den Fall, dass das Angebot dazu dient, Aktionäre im Zusammenhang mit bestimmten Strukturmaßnahmen abzufinden. Doch selbst wenn man diese Regelung auf die gesetzliche Angebotspflicht aus § 39 Abs. 2 S. 3 Nr. 1 BörsG analog anwenden würde, greift insoweit die absolute Sperre des § 71 Abs. 2 S. 1 AktG, wonach der Erwerb eigener Aktien 10 % des Grundkapitals nicht überschreiten darf. Da vorliegend damit zu rechnen ist, dass nahezu sämtliche der sich im Streubesitz befindlichen Aktien infolge des Angebots erworben werden (also bis zu 60 % der Aktien), kommt ein Angebot der Z-AG mithin nicht in Betracht. **19**

Auch der Erwerb der Aktien auf Grundlage eines Hauptversammlungsbeschlusses nach § 71 Abs. 1 Nr. 8 AktG kommt nicht in Betracht, da in diesem Fall sowohl das Erwerbsvolumen (§ 71 Abs. 1 Nr. 8 S. 1 AktG aE) als auch der maximale Anteil am Grundkapital (§ 71 Abs. 2 S. 1 AktG) auf 10 % beschränkt ist. **20**

Hinweis: Eine weitere Beschränkung enthält § 71 Abs. 2 S. 2 AktG, wonach iHd zum Erwerb der eigenen Aktien getätigten Aufwendungen eine Rücklage gebildet werden muss, ohne dass hierdurch das Grundkapital oder eine nach Gesetz oder Satzung zu bildende Rücklage gemindert wird. Ob die Z-AG diese Anforderungen vorliegend erfüllen könnte, lässt sich mangels entsprechender Angaben im Sachverhalt nicht beurteilen.

2. Unterbreitung des Angebots durch A und B

Unproblematisch zulässig ist jedoch ein Angebot von A und B. Die Beschränkungen des § 71 AktG greifen insoweit nicht. A und B müssten hierzu eine Angebotsunterlage gemäß § 39 Abs. 2 S. 3 Nr. 1 BörsG iVm § 11 WpÜG erstellen und veröffentlichen. **21**

III. Abfindungshöhe

1. Börsenkurs

Die Abfindungshöhe bestimmt sich nach § 39 Abs. 3 S. 2 BörsG iVm § 31 WpÜG und wird durch die §§ 4, 5 WpÜG-AngebVO ergänzt. Maßgeblich ist hiernach insbesondere der gewichtete **durchschnittliche Börsenkurs** während der letzten sechs Monate vor Veröffentlichung der Angebotsentscheidung, welcher nicht unterschritten werden darf (§ 39 Abs. 3 S. 2 BörsG). **22**

Haben A oder B innerhalb der letzten sechs Monate vor Veröffentlichung ihres Angebots Aktien der Z-AG erworben, bilden die im Zusammenhang mit diesen Vor- **23** erwerben erbrachten Gegenleistungen eine weitere Untergrenze für die Bestimmung der Gegenleistung im Rahmen ihres freiwilligen Übernahmeangebots (§ 4 WpÜG-AngebVO). Zu beachten ist, dass gemäß § 31 Abs. 4 und 5 WpÜG eine Pflicht zur Nachbesserung entsteht, wenn A oder B im zeitlichen Zusammenhang mit dem Angebotsverfahren Aktien der Z-AG zu einer höheren Gegenleistung erwerben.

Hinweis: Näher zu den Mindestpreisregeln des WpHG → Fall 12 Rn. 10.

2. Fundamentalwert

24 Angesichts des klaren Wortlauts des § 39 Abs. 3 S. 2 BörsG ist eine zusätzliche Berücksichtigung des Fundamentalwertes nicht erforderlich.

Hinweise: (1.) Man mag erörtern, ob die Nichtberücksichtigung eines eventuell den Börsenkurs übersteigenden Fundamentalwertes durch § 39 Abs. 3 S. 2 BörsG verfassungswidrig ist. Hierfür könnte sprechen, dass die Aktie nach hM in den Schutzbereich der Eigentumsgarantie des Art. 14 Abs. 1 GG fällt.[31] Der BGH hat auf dieser Grundlage in seinem „DAT/Altana"-Beschluss aus dem Jahr 2001 im Zusammenhang mit den §§ 304, 305 AktG das sog. *Meistbegünstigungsprinzip* entwickelt, wonach Börsen- und Fundamentalwert relevant seien und auf den jeweils höhere Wert abgestellt werden müsse.[32]
(2.) Zumindest mit Blick auf das Delisting ist die verfassungsrechtliche Relevanz des Fundamentalwertes jedoch zu verneinen. Selbst wenn man grundsätzlich davon ausginge, dass die Aktie in den Schutzbereich des Art. 14 Abs. 1 GG fällt, fehlt es im Fall des Delistings an einem Eingriff in diesen Schutzbereich. Die Aktionärsrechte werden durch das Delisting nicht verkürzt. Eingeschränkt wird lediglich die faktische Verkehrsfähigkeit, welche jedoch nicht vom Schutzbereich der Eigentumsgarantie umfasst ist.[33] Hinzu kommt, dass nach Auffassung des BVerfG Art. 14 Abs. 1 GG ohnehin die Anwendung des Meistbegünstigungsprinzips nicht zwingend vorgibt. In einem den übernahmerechtlichen Squeeze-out (§§ 39a, 39b WpÜG) betreffenden Beschluss entschieden die Verfassungsrichter, dem Eigentumsgrundrecht lasse sich nicht entnehmen, dass zur Bestimmung des inneren Unternehmenswertes stets sämtliche Bewertungsmethoden heranzuziehen seien und die für den Anteilsinhaber günstigste zugrunde zu legen sei.[34] Es sei vielmehr verfassungsrechtlich zulässig, den inneren Unternehmenswert anhand des Börsenwertes zu schätzen und – sofern im Einzelfall keine atypischen Umstände vorliegen – auf eine zusätzliche Ermittlung des Unternehmenswertes nach der Ertragswertmethode zu verzichten.[35]

C. Erfolgsaussichten eines gerichtlichen Vorgehens des D gegen den Hauptversammlungsbeschluss

I. Klageart

25 Da sich die Klage des D gegen den Hauptversammlungsbeschluss richtet, ist richtige Klageart die Beschlussanfechtung gemäß den §§ 243 ff. AktG.

Hinweise: (1.) In Abgrenzung zu Beschlüssen, die in die originäre Zuständigkeit der Hauptversammlung fallen, wird hier ein Beschluss über Geschäftsführungsangelegenheiten iSd § 119 Abs. 2 AktG angefochten.
(2.) Grundsätzlich kann der Vorstand in sämtlichen Geschäftsführungsmaßnahmen eine zusätzliche Entscheidung der Hauptversammlung einholen. Folge eines solchen Vorgehens ist es zum einen, dass dem Beschluss eine haftungsbegrenzende Funktion zugunsten des Vorstandes zukommt. Ihm wird die

31 Krit. *Mülbert/Leuschner* ZHR 170 (2006), 615 ff.
32 BGHZ 147, 108 = NZG 2001, 603 – DAT/Altana; dazu auch noch → Fall 10 Rn. 61.
33 BVerfG NZG 2012, 826, 828 f. – Lindner/MSV. Näher → Rn. 13.
34 BVerfG NZG 2012, 908 f. Rn. 18.
35 BVerfG NZG 2012, 908 f. Rn. 19.

Möglichkeit eröffnet, sich durch die vorherige Zustimmung der Hauptversammlung hinsichtlich potenzieller Haftungsfälle zu exkulpieren (vgl. § 93 Abs. 4 S. 1 AktG).
(3.) Zum anderen ist der Vorstand im Innenverhältnis iSd § 82 Abs. 2 AktG an den Beschluss gebunden und muss die ergangene Entscheidung umsetzen.[36] Tut er dies nicht, verletzt er damit seine Pflichten aus § 93 Abs. 1 iVm § 83 Abs. 2 AktG, sodass ggf. Schadensersatzansprüche drohen.[37] Überdies kann die Missachtung einen wichtigen Grund iSd § 84 Abs. 3 S. 1 AktG darstellen.[38]
(4.) Die Bindungswirkung besteht allerdings nicht grenzenlos. So entfällt sie insbesondere, wenn der Hauptversammlungsbeschluss rechtsfehlerhaft bzw. gesetzeswidrig ist,[39] sodass der Vorstand in diesen Fällen weiterhin frei entscheiden kann. Soweit der Beschluss jedoch lediglich anfechtbar ist (→ Rn. 30 ff.), muss die Anfechtung auch tatsächlich erfolgen, damit die Bindungswirkung entfällt.[40]

II. Zulässigkeit

Die Prüfung ist laut Aufgabenstellung erlassen. **26**

III. Begründetheit

Die Klage ist begründet, wenn D anfechtungsbefugt ist, die Anfechtung fristgerecht **27**
erfolgt und ein Anfechtungsgrund vorliegt.

1. Anfechtungsbefugnis

Da D gegen den Beschluss Widerspruch zur Niederschrift erklärt hat, ist er gemäß **28**
§ 245 Nr. 1 AktG anfechtungsbefugt.

2. Anfechtungsfrist (§ 246 Abs. 1 AktG)

Gemäß § 246 Abs. 1 AktG ist die Anfechtungsklage innerhalb eines Monats nach **29**
der Beschlussfassung zu erheben. Es ist davon auszugehen, dass dieser Zeitraum noch nicht verstrichen ist.

3. Anfechtungsgrund nach § 243 Abs. 1 AktG

Als Anfechtungsgrund kommt zunächst ein Gesetzes- oder Satzungsverstoß in Be- **30**
tracht (§ 243 Abs. 1 AktG). Insoweit lässt sich zwischen formellen und materiellen Mängeln unterscheiden.

a) Formelle Mängel

aa) Hauptversammlungszuständigkeit

Die Zuständigkeit der Hauptversammlung ist unproblematisch. Zwar fällt der An- **31**
trag auf Widerruf der Börsennotierung als Geschäftsführungsmaßnahme grundsätzlich in den alleinigen Zuständigkeitsbereich des Vorstandes. Allerdings kann der Vorstand eine Zuständigkeit der Hauptversammlung begründen, indem er dieser eine Geschäftsführungsmaßnahme freiwillig vorlegt (§ 119 Abs. 2 AktG). Diese Voraussetzung ist vorliegend erfüllt.

---

36 MüKoAktG/*Kubis* AktG § 119 Rn. 27 f.; Schmidt/Lutter/*Spindler* AktG § 119 Rn. 25; *Hüffer/Koch* AktG § 119 Rn. 15; MHdB GesR IV/*Bungert* § 35 Rn. 20; Grigoleit/*Herrler* AktG § 119 Rn. 20.

37 MüKoAktG/*Kubis* AktG § 119 Rn. 29.

38 Spindler/Stilz/*Hoffmann* AktG § 119 Rn. 21.

39 MüKoAktG/*Kubis* AktG § 119 Rn. 27.

40 Spindler/Stilz/*Hoffmann* AktG § 110 Rn. 24; HMR AktG/*Mülbert* AktG § 119 Rn. 208.

bb) Fehlender Vorstandsbericht

32 Ein formeller Mangel könnte darin liegen, dass V der Hauptversammlung keinen schriftlichen Bericht vorgelegt hat, in dem die Hintergründe des geplanten Delistings erläutert werden. Angesichts der einschneidenden Bedeutung des Delistings könnte ein solcher Vorstandsbericht, dessen Erstellung verschiedentlich im Gesetz ausdrücklich vorgeschrieben ist (§§ 186 Abs. 4 S. 2, 293a AktG, §§ 8, 127, 192 UmwG), notwendig gewesen sein.

33 Indes ist nicht ersichtlich, woraus sich eine entsprechende Berichtspflicht für den Fall des Delistings ergeben sollte. Keine der genannten Regelungen ist unmittelbar anwendbar. Zwar wurde in der Vergangenheit diskutiert, ob sich die Verpflichtung zur Erstellung eines Vorstandsberichts für das Delisting auf eine Analogie zu der den Bezugsrechtsausschluss betreffenden Regelung des § 186 Abs. 4 S. 2 AktG stützen lässt.[41] Doch erweist sich eine solche Überlegung als nicht zielführend. Schon auf Grundlage der „Macroton"-Entscheidung des BGH, wonach man von einer ungeschriebenen Hauptversammlungszuständigkeit ausging, wurde die Vergleichbarkeit der Interessenlagen infrage gestellt.[42] Erst recht ist die Vergleichbarkeit auf der Grundlage zu verneinen, dass gar keine zwingende Hauptversammlungszuständigkeit besteht und die Zuständigkeit lediglich Folge einer Vorlage gemäß § 119 Abs. 2 AktG ist.

34 Die fehlende Erstellung eines Vorstandsberichts stellt somit keinen formellen Mangel dar.

cc) Fehlerhafte Stimmenauszählung

35 Ein formeller Mangel könnte des Weiteren darin bestehen, dass der Beschluss über das Delisting zu Unrecht als zustande gekommen festgestellt wurde. Dies wäre der Fall, wenn entgegen der Annahme des Versammlungsleiters das erforderliche Quorum nicht erreicht wurde.

(1) Mehrheitserfordernis

36 Fraglich ist zunächst, welche Mehrheitserfordernisse für das Delisting greifen. Für Beschlüsse auf Grundlage des § 119 Abs. 2 AktG gilt grundsätzlich das Erfordernis der einfachen Beschlussmehrheit nach § 133 Abs. 1 AktG, mithin die Mehrheit der abgegebenen Stimmen.[43] Dies wurde hier unproblematisch erfüllt, da A und B mit ihren zusammen 40% der Stimmen für das Delisting gestimmt haben. Dem stehen lediglich die Stimmen der Minderheitsaktionäre mit einem Grundkapitalanteil von 15% gegenüber, die gegen den Beschluss gestimmt haben. Enthaltungen bleiben demgegenüber unberücksichtigt.[44]

(2) Nichtigkeit der Stimmen von A und B

37 Zu prüfen ist jedoch, ob die Stimmen von A und B vom Versammlungsleiter zu Unrecht berücksichtigt worden sind.

---

41 *Schlitt* ZIP 2004, 533, 536; *Pluskat* WM 2002, 833, 835; *Zetzsche* NZG 2000, 1065, 1066f.

42 BGHZ 153, 47 Rn. 37 = NJW 2003, 1032, 1035 – Macroton; MüKoAktG/*Kubis* AktG § 119 Rn. 91; Spindler/Stilz/*Hoffmann* AktG § 119 Rn. 53; *Weißhaupt* AG 2004, 585, 589; *Bungert* BB 2000, 53, 56.

43 *Hüffer/Koch* AktG § 119 Rn. 14; HMR AktG/*Mülbert* AktG § 119 Rn. 207.

44 *Hüffer/Koch* AktG § 133 Rn. 12.

Hinweise: (1.) Es gibt eine Vielzahl von Gründen, weshalb die Stimmen einzelner Aktionäre in der Hauptversammlung unberücksichtigt bleiben müssen. Übt etwa ein Aktionär sein Stimmrecht trotz eines Stimmverbots (zB § 136 Abs. 1 S. 1 AktG) aus oder verstößt die Stimmabgabe gegen die Treuepflicht, ist die Stimmabgabe nichtig und die Stimme aus diesem Grund nicht mitzuzählen.[45] Unterliegt ein Aktionär einem Rechtsverlust (§ 44 WpHG, § 59 WpÜG), so ist seine Stimme noch nicht einmal nichtig. Die betroffenen Aktien gelten vielmehr als nicht vertreten, dh die Stimmabgabe ist zu ignorieren.[46]

(2.) In der Praxis der Hauptversammlungen ist es allerdings so, dass der Versammlungsleiter meist keine Kenntnis von den das Stimmverbot, die Treuepflichtverletzung oder den Rechtsverlust begründenden Umständen hat und die entsprechenden Stimmen daher (zu Unrecht) mitzählt.[47] Geschieht dies, entfalten auch die zu Unrecht mitgezählten Stimmen zumindest vorübergehende Wirkung. Denn ungeachtet der fehlerhaften Auszählung ist der Beschluss wirksam, und es bedarf der Anfechtungsklage, um ihn zu beseitigen. Anknüpfungspunkt im Rahmen der Anfechtungsklage ist insoweit die fehlerhafte Beschlussfeststellung durch den Versammlungsleiter als formeller Mangel.[48] Im Gegensatz zur GmbH ist das Erfordernis einer solchen Beschlussfeststellung bei der AG ausdrücklich in § 130 Abs. 2 S. 1 AktG normiert. Das Stimmrechtsverbot, die Treuepflichtverletzung oder der Rechtsverlust sind dann inzident zu prüfen.

(a) Stimmrechtsverbot nach § 44 WpHG bzw. § 59 WpÜG

Zunächst einmal ist denkbar, dass A und B wegen Verstoßes gegen Meldepflichten des WpHG gemäß § 33 WpHG bzw. wegen Unterlassens eines Pflichtangebots iSd § 35 WpÜG gemäß § 59 WpÜG einem Stimmrechtsverlust unterlagen. Anknüpfungspunkt für einen bestehenden Stimmrechtsverlust ist insoweit die Überlegung, dass A und B in Hinblick auf die Durchführung des Delistings ihr Verhalten abgestimmt haben und daher eine Zurechnung gemäß § 34 Abs. 2 WpHG bzw. § 30 Abs. 2 WpÜG erforderlich ist, die im Ergebnis dazu führt, dass sie sich behandeln lassen müssen, als ob sie eine Beteiligung von 40% an der Z-AG hätten. Legt man dies zugrunde, würde diese Beteiligungshöhe eine Meldepflicht gemäß § 33 WpHG sowie die Verpflichtung zur Abgabe eines Pflichtangebots gemäß § 35 WpÜG auslösen, welche mangels entgegenstehender Angaben im Sachverhalt beide nicht erfüllt wären. Bei näherer Betrachtung zeigt sich jedoch, dass die Voraussetzungen der Zurechnung allein aufgrund des bekannten Sachverhalts nicht vorliegen. Denn sowohl § 34 Abs. 2 S. 1 Hs. 2 WpHG als auch § 30 Abs. 2 S. 1 Hs. 2 WpÜG sehen jeweils eine Ausnahme für den Fall vor, dass die Abstimmung nur in einem Einzelfall erfolgt. Eine Zurechnung, die im Ergebnis zu einem Stimmrechtsverlust führt, findet daher nicht statt. 38

(b) Treuwidriges Stimmverhalten

Zu prüfen ist jedoch, ob die Stimmrechtsausübung durch A und B möglicherweise treuwidrig war und die Stimmen aus diesem Grund nicht vom Versammlungsleiter hätten berücksichtigt werden dürfen.[49] Laut Sachverhalt ist davon auszugehen, dass die beiden Großaktionäre das Delisting nicht zum Vorteil der Z-AG, sondern allein deshalb betrieben, um auf diese Weise eine andere, ebenfalls börsennotierte Gesell- 39

---

45 Für das Stimmverbot *Langenbucher* AktKapMarktR § 6 Rn. 206; für die Treuepflicht *Drygala/Staake/Szalai* § 23 Rn. 23; *Langenbucher* AktKapMarktR § 8 Rn. 20 mwN.

46 Vgl. MüKoAktG/*Schlitt* WpÜG § 59 Rn. 38; AGS/*Tschauner* WpÜG § 59 Rn. 58.

47 Zur förmlichen Beschlussfeststellung siehe MüKoAktG/*Kubis* AktG § 130 Rn. 62.

48 Vgl. *Drygala/Staake/Szalai* § 11 Rn. 148 (deren Ausführungen sich allerdings auf die GmbH beziehen); auch noch → Fall 8 Rn. 14. Näher zu Stimmverboten und deren Behandlung in der Hauptversammlung *Mülbert/Sajnovits* AG 2020, 841.

49 Vgl. BGHZ 102, 172 Rn. 17 = NJW 1988, 969, 970 f.

schaft in den SDAX zu platzieren. Ein solches Abstimmungsverhalten, das nicht auf das Wohl der Gesellschaft zielt, sondern von sachwidrigen Motiven geleitet ist, verstößt gegen die Treuepflicht eines Aktionärs gegenüber seiner Gesellschaft.[50] Nach hM ist die unter Verletzung der Treuepflicht abgegebene Stimme nichtig und der Versammlungsleiter darf sie bei der Ermittlung des Abstimmungsergebnisses grundsätzlich nicht berücksichtigen.[51]

Hinweis: Die Auffassung, wonach treuwidrig abgegebene Stimmen nichtig sind, ist nicht unbestritten.[52] Denkbar wäre auch, die einzelne Stimmabgabe (= Willenserklärung) als wirksam zu behandeln und lediglich den Beschluss (= Rechtsgeschäft) am Maßstab der Treuepflicht zu messen. Folgt man dem, verlagert sich die Problematik von der formellen auf die materielle Ebene.[53] Der vorliegende Sachverhalt zeigt indes, dass die Treuwidrigkeit der einzelnen Stimmabgabe nicht zwingend zur Treuwidrigkeit des Beschlussinhalts führen muss (→ Rn. 45).

40 Hinsichtlich der Anfechtbarkeit bei Vorliegen eines formellen Mangels ist zusätzlich die Relevanztheorie zu beachten, wonach bei formellen Gesetzes- oder Satzungsverstößen zusätzlich Teilnahmeinteressen der Gesellschafter verletzt sein müssen.[54] Bei Mängeln im Rahmen der Beschlussfeststellung durch den Versammlungsleiter erfordert dies, dass sich der Fehler rechnerisch auf das Zustandekommen oder die Ablehnung des Beschlusses ausgewirkt hat.[55] Da ohne die Stimmen von A und B die gemäß § 133 Abs. 1 AktG erforderliche einfache Stimmenmehrheit nicht zustande gekommen wäre, handelt es sich um einen relevanten Mangel, der die Anfechtbarkeit begründet.

b) Materielle Mängel

41 Des Weiteren könnte der Beschluss materiell fehlerhaft sein.

aa) Erfordernis der sachlichen Rechtfertigung

42 Ein materieller Mangel könnte zunächst darin bestehen, dass keine sachliche Rechtfertigung für das Delisting ersichtlich ist. Insbesondere enthält der Sachverhalt keine Anhaltspunkte dafür, dass die mit der Börsennotierung verbundenen Zulassungsfolgekosten außer Verhältnis zu den Vorteilen der Börsennotierung (unter anderem günstige Refinanzierung) stehen.[56]

43 Indes setzt die Wirksamkeit von Beschlüssen nicht grundsätzlich voraus, dass diese sachlich gerechtfertigt sind. Das Mehrheitsprinzip impliziert grundsätzlich eine prozedurale Richtigkeitsgewähr, die nicht ohne Weiteres durch das Erfordernis einer sachlichen Rechtfertigung und die damit einhergehende richterliche Inhaltskon-

---

50 Näher zur Treuepflicht Spindler/Stilz/*Würthwein* AktG § 243 Rn. 161 ff.

51 Unter anderem BGH NJW 1988, 969, 970 f. Umfangreiche Nachweise bei Schmidt/Lutter/*Schwab* AktG § 243 AktG Rn. 6.

52 Vgl. die Kritik bei Schmidt/Lutter/*Schwab* AktG § 243 Rn. 6; *Koppensteiner* ZIP 1994, 1325 ff. mwN.

53 Die hM erachtet offenbar beide Ansätze als miteinander kombinierbar und geht hiernach zusätzlich von einer materiellen Anfechtbarkeit treuwidriger Beschlüsse aus, vgl. *Drygala/Staake/Szalai* § 23 Rn. 23; MüKoAktG/*Hüffer/Schäfer* AktG § 243 Rn. 44 ff.

54 Grigoleit/*Ehmann* AktG § 243 Rn. 8; ausführlich zur Problematik MüKoAktG/*Hüffer/Schäfer* AktG § 243 Rn. 27 ff.; *Langenbucher* AktKapMarktR § 6 Rn. 249 ff.

55 BGHZ 104, 66 = NJW 1988, 1844; *Langenbucher* AktKapMarktR § 6 Rn. 256; Henssler/Strohn/*Drescher* GmbHG § 243 Rn. 17; Grigoleit/*Ehmann* AktG § 243 Rn. 11.

56 Ausführlich zu den Motiven für ein Delisting *Pfüller/Anders* NZG 2003, 459 ff.

trolle überspielt werden darf.[57] Der BGH hat in seiner „Kali-und-Salz"-Entscheidung zwar die Lehre vom sachlichen Grund geschaffen, wonach bestimmte Eingriffe in die Mitgliedschaft der Rechtfertigung bedürfen.[58] Schon auf Grundlage der in der „Macroton"-Entscheidung noch angenommenen zwingenden Zuständigkeit der Hauptversammlung stellte das Gericht aber klar, dass dieses im Zusammenhang mit dem Bezugsrechtsausschluss entwickelte Institut wegen des unternehmerischen Charakters der „Delisting"-Entscheidung auf diese keine Anwendung findet.[59] Geht man nunmehr davon aus, dass für das Delisting gar keine zwingende Hauptversammlungszuständigkeit besteht und die Befassung durch die Hauptversammlung daher nur als Folge einer Vorlage gemäß § 119 Abs. 2 AktG in Betracht kommt, muss ein Erfordernis der sachlichen Rechtfertigung erst recht ausscheiden.

Die fehlende sachliche Rechtfertigung des „Delisting"-Beschlusses stellt daher kei- **44**
nen materiellen Mangel dar.

bb) Verstoß gegen die Treuepflicht

Ein materieller Mangel des Beschlusses könnte ferner darin bestehen, dass sein In- **45**
halt gegen die Treuepflicht verstößt. Dieser Aspekt ist von der die formelle Rechtmäßigkeit betreffenden Frage zu unterscheiden, ob die einzelne Stimme treuwidrig ist und bei der Auszählung nicht hätte berücksichtigt werden dürfen (→ Rn. 39f.). Nach hM stellt die Treuwidrigkeit des Beschlusses einen eigenständigen Anfechtungsgrund dar.[60] Maßgebliches Kriterium bei der Konkretisierung der Treuwidrigkeit ist das Gesellschaftsinteresse, welches seinerseits aus dem Verbandszweck abzuleiten ist.[61] Im Fall der Z-AG ist mangels gegenteiliger Angaben davon auszugehen, dass diese über einen normtypischen Verbandszweck verfügt, dh ein mitgliedernütziges Gewinnziel verfolgt. Würde feststehen, dass für die Z-AG die finanziellen Vorteile der Börsennotierung überwiegen, stünde die „Delisting"-Entscheidung im Widerspruch zu diesem Gewinnziel, und eine Treuepflichtwidrigkeit wäre zu bejahen. Dem Sachverhalt lässt sich allerdings nicht mit Sicherheit entnehmen, dass dies tatsächlich der Fall ist. Allein der Umstand, dass dem Abstimmungsverhalten von A und B sachfremde Erwägungen zugrunde liegen, impliziert nicht zwingend, dass das Delisting der Z-AG finanziell zum Nachteil gereicht. Ein Verstoß des Beschlussinhalts gegen die Treuepflicht lässt sich daher nicht feststellen.

cc) Erfordernis eines Abfindungsangebots

Ein materieller Mangel könnte schließlich darin bestehen, dass der Beschluss der **46**
Hauptversammlung nicht mit einem Pflichtangebot von A und/oder B verknüpft wurde. In der Vergangenheit war umstritten, ob die Rechtmäßigkeit des Beschlusses über das Delisting voraussetzt, dass eine solche Verknüpfung vorgenommen wird.[62] Angesichts der expliziten Regelung der Angebotspflicht in § 39 Abs. 2 S. 3 Nr. 1

57 Näher Bayer/Habersack/*Verse,* Bd. II, S. 579, 604 Rn. 31f.

58 BGHZ 71, 40 Rn. 9 = NJW 1978, 1316, 1317f. – Kali-Salz; krit. gegen die Lehre vom sachlichen Grund Bayer/Habersack/*Verse,* Bd. II, S. 579, 603ff. Rn. 30ff.

59 BGHZ 153, 47 Rn. 36 = NJW 2003, 1032, 1034f. – Macroton; ebenso MüKoAktG/*Kubis* AktG § 119 Rn. 90; *Hüffer/Koch* AktG § 119 Rn. 23; Spindler/Stilz/*Hoffmann* AktG § 119 Rn. 40.

60 Nachweise → Fn. 51.

61 Näher *Leuschner* FS Ahrens, 2016, S. 637f.

62 In diesem Sinne etwa Spindler/Stilz/*Hoffmann* AktG § 119 Rn. 45f.; MüKoAktG/*Kubis* AktG § 119 Rn. 88.

BörsG erscheint ein solcher Zusammenhang nunmehr jedoch fernliegend. Angesichts der klaren Regelung wird die Börsengeschäftsführung das Delisting nur vornehmen, wenn zuvor ein Abfindungsangebot veröffentlicht wurde. Zum Schutz der Aktionäre ist es daher nicht erforderlich, dass die Pflicht zur Abfindung bereits im Hauptversammlungsbeschluss festgesetzt wird. Mithin stellt das Fehlen eines Abfindungsangebots keinen materiellen Mangel des Hauptversammlungsbeschlusses dar.

4. Anfechtungsgrund nach § 243 Abs. 2 AktG

47 Als weiterer Anfechtungsgrund kommt § 243 Abs. 2 AktG in Betracht. Indem A und B das Delisting der Z-AG zum Vorteil einer anderen Gesellschaft betreiben, verfolgen sie Sondervorteile. Weitere Voraussetzung ist jedoch, dass der erstrebte Sondervorteil der Gesellschaft oder den anderen Aktionären zum Nachteil gereicht. Ob dies tatsächlich der Fall ist, lässt sich dem Sachverhalt jedoch nicht entnehmen. Der Anfechtungsgrund des § 243 Abs. 2 AktG ist daher nicht gegeben.

IV. Ergebnis

48 Die Klage ist begründet und hat daher Aussicht auf Erfolg.

Hinweise: (1.) Folge der erfolgreichen Anfechtungsklage ist somit, dass der Hauptversammlungsbeschluss für den Vorstand keine Bindungswirkung mehr entfalten kann.[63]
(2.) Dies führt im konkreten Fall dazu, dass durch die Anfechtungsklage zwar der fehlerhafte Beschluss aus der Welt geschafft wird. Das Urteil mit seiner negativen Feststellungswirkung kann allerdings nicht dazu führen, dass der Vorstand das Delisting unterlässt.[64] Grundsätzlich kann dieser fortan mangels Beschlusses iSd § 119 Abs. 2 AktG frei über das Delisting als Geschäftsführungsmaßnahme entscheiden. Im Ergebnis bleibt es daher unberücksichtigt, dass bei ordnungsgemäßer Beschlussfeststellung mangels erforderlicher Stimmenmehrheit noch ein ablehnender Beschluss ergangen wäre.[65]
(3.) Insbesondere kann auch die sog. positive Beschlussfeststellungsklage keine Abhilfe schaffen. So wurde diese grundsätzlich für den Fall entwickelt, dass ein ablehnender Beschluss nach Ansicht des Klägers unrichtig festgestellt und sodann wirksam angefochten wurde.[66] Hier hat der Kläger ein Interesse an der Feststellung, dass bei ordnungsgemäßer Stimmenauszählung positiv über seinen Antrag beschlossen worden wäre. Anders ist es in der vorliegenden Situation. Angefochten wurde hier ein Beschluss, der einen Beschlussantrag über das Delisting angenommen hat. Über einen konkreten Antrag des D wurde dagegen in der Hauptversammlung überhaupt nicht entschieden, sodass in dieser Hinsicht auch keine positive Beschlussfeststellungsklage möglich ist. [67]
(4.) Auch eine mögliche Treuepflicht des Vorstandes vermag hier zu keinem anderen Ergebnis zu verhelfen. Dieser ist iSd § 93 Abs. 1 AktG dazu verpflichtet, die Interessen der Gesellschaft zu wahren.[68] An Interessen einzelner Aktionäre ist er jedoch gerade nicht gebunden.

---

[63] MüKoAktG/*Kubis* AktG § 119 Rn. 27; Spindler/Stilz/*Hoffmann* AktG § 119 Rn. 22; Henssler/Strohn/*Liebscher* GmbHG § 119 Rn. 11.

[64] Vgl. MüKoAktG/*Hüffer/Schäfer* AktG § 246 Rn. 84.

[65] *Hüffer/Koch* AktG § 133 Rn. 12.

[66] BGHZ 76, 191 Rn. 29ff. = NJW 1980, 1465, 1467; MüKoAktG/*Hüffer/Schäfer* AktG § 246 Rn. 84; Grigoleit/*Ehmann* AktG § 246 Rn. 26.

[67] Vgl. OLG Köln NZG 2012, 946, 950; Schmidt/Lutter/*Schwab* AktG § 246 Rn. 46.

[68] Schmidt/Lutter/*Sailer-Coceani* AktG § 93 Rn. 21.

Fall 7. Du sollst nicht lügen[1]

Bearbeitungszeit: 5 Stunden

Sachverhalt

Die F-AG ist ein am regulierten Markt der Frankfurter Wertpapierbörse zugelassenes Unternehmen, das innovative Festplatten für MP3-Player vertreibt. Gründer des Unternehmens ist V, der als Vorstandsvorsitzender und maßgeblich beteiligter Aktionär weiterhin die Geschicke der Gesellschaft bestimmt. Zu seinem großen Ärgernis zeigen sich die großen Hersteller von seinen Produkten wenig begeistert. Im Juli 2019 findet sich endlich eine japanische Firma, die zunächst 10.000 Festplatten erwirbt und sich auf weitere 90.000 Festplatten eine unverbindliche Option einräumen lässt. Weil V davon überzeugt ist, dass sich seine Erfindung am Markt langfristig ohnehin durchsetzen werde und es nur des richtigen Anschubes bedürfe, damit „sein" Unternehmen richtig floriere, veranlasst er am 10.7.2019 eine Ad-hoc-Mitteilung, in der es unter der Überschrift „F-AG erschließt japanischen Markt" unter anderem heißt: „Am heutigen Tag wurde mit dem bekannten japanischen Hersteller TMS ein Vertrag über die Lieferung von 100.000 Festplatten vereinbart. Damit ist für das nächste Geschäftsjahr eine Verdopplung des Umsatzes gewährleistet." Daraufhin schnellte der bisher bei 10 EUR stagnierende Börsenkurs auf 20 EUR, nur um nach dem öffentlichen Bekanntwerden der tatsächlichen Umstände am 15.8.2019 auf 8 EUR abzusinken. Bis zum Jahresende sank der Kurs aufgrund des schlechten Börsenumfelds sogar auf 5 EUR.

Bereits am 21.7.2019 hatten A, B und C jeweils 500 Aktien der F-AG zum damaligen Börsenkurs von 20 EUR gekauft. A und B hatten zuvor die Ad-hoc-Mitteilung vom 10.7.2016 gelesen und waren auf deren Grundlage zur Überzeugung gekommen, dass die X-AG ein lohnendes Investment sei. Während die Frau des A dies für diesen bezeugen kann, ist B nicht in der Lage, einen entsprechenden Beweis anzutreten. C wiederum hatte von der fraglichen Ad-hoc-Mitteilung keine Kenntnis, sondern die Aktien deshalb gekauft, weil er festgestellt hatte, dass deutsche Technologiewerte in seinem Depot unterrepräsentiert sind. A, B und C verlangen von V persönlich und von der F-AG Schadensersatz iHv 10.000 EUR und bieten im Gegenzug die Rückgabe ihrer Aktien an.

Haben A, B und C gegen V bzw. die F-AG Anspruch auf Schadensersatz?

Gliederung

[1] Der Fall ist teilweise der „Infomatec"-Rechtsprechung des BGH nachgebildet (NJW 2004, 2664 und NJW 2004, 2668).

Lösungsskizze

A. Ansprüche gegen V

I. Schadensersatz wegen Veröffentlichung unwahrer Insiderinformationen gemäß § 98 Abs. 1 Nr. 1 WpHG
(–), Anspruchsgegner ist der Emittent, nicht aber V als dessen Organwalter

II. Anspruch wegen Prospekthaftung gemäß §§ 9, 10 WpPG
(–), da Ad-hoc-Mitteilung kein Prospekt

III. Schadensersatzanspruch gemäß § 823 Abs. 1 BGB
(–), da keine Rechtsgutsverletzung

IV. Schadensersatzanspruch gemäß § 823 Abs. 2 BGB iVm Art. 17 MAR
(–), vgl. § 26 Abs. 3 S. 1 WpHG

V. Schadensersatzanspruch gemäß § 823 Abs. 2 BGB iVm Art. 15, 12 Abs. 1 Buchst. c MAR
(–), Art. 15, 12 Abs. 1 Buchst. c MAR ist kein Schutzgesetz

VI. Schadensersatzanspruch gemäß § 823 Abs. 2 BGB iVm § 263 StGB
(–), bei B und C fehlt es schon an einem (nachweisbaren) Irrtum; zudem handelte V nicht mit stoffgleicher Bereicherungsabsicht

VII. Anspruch wegen vorsätzlicher sittenwidriger Schädigung aus § 826 BGB
1. Schädigungshandlung
(+), V veranlasste unzutreffende Ad-hoc-Mitteilung
2. Sittenwidrigkeit
(+), da Inhalt der Veröffentlichung grob unrichtig und von erheblicher Bedeutung war; zudem handelte V eigennützig
3. Vorsatz
(+), V kannte die Unrichtigkeit der Meldung; ihm war bewusst, dass potenzielle Anleger geschädigt werden können
4. Ersatzfähiger Schaden
a) Vertragsabschlussschaden
aa) Grundsätzliche Ersatzfähigkeit des Vertragsabschlussschadens
(+), da von den §§ 249 ff. BGB umfasst (str.)
bb) Transaktionskausalität
(1) Erfordernis der Transaktionskausalität
Transaktionskausalität im Zusammenhang mit Vertragsabschlussschaden unverzichtbar; bezüglich A Transaktionskausalität (+); bezüglich B Transaktionskausalität (+), aber nicht nachweisbar; bezüglich C Transaktionskausalität (–)
(2) Beweiserleichterungen
(–), kein Beweis des ersten Anscheins zugunsten von B, da kein Erfahrungssatz existiert, wonach Anleger Ad-hoc-Mitteilungen typischerweise lesen
cc) Keine weiteren Kausalitätserfordernisse
Insbesondere Kausalzusammenhang zwischen Fehlinformation und Kurs zum Kaufzeitpunkt unerheblich
dd) Mitverschulden wegen unterlassener Veräußerung
(–), da Kursverlauf nicht vorhersehbar ist

ee) Zwischenergebnis
Nur A kann den Vertragsabschlussschaden geltend machen
b) Kursdifferenzschaden
aa) Transaktionskausalität
Entgegen BGH entbehrlich
bb) Schadenskausalität
(+) in Bezug auf A, B und C, da alle zu einem überhöhten Kurs gekauft haben.
cc) Schadenshöhe
Differenz zwischen Kurs unmittelbar vor (20 EUR) und unmittelbar nach (8 EUR) Bekanntwerden der Unrichtigkeit der Ad-hoc-Mitteilung, dh 12 EUR pro erworbener Aktie
5. Ergebnis
A kann den Ersatz des Vertragsabschlussschadens verlangen; B und C können Ersatz der Kursdifferenz iHv 12 EUR pro Aktie verlangen

B. Ansprüche gegen die F-AG

I. Schadensersatz wegen Veröffentlichung unwahrer Insiderinformationen gemäß § 98 Abs. 1 Nr. 1 WpHG
1. Emittent von Finanzinstrumenten gemäß § 2 Abs. 4 iVm § 2 Abs. 1 WpHG (+), als Aktiengesellschaft
2. Zulassung zum Handel an der inländischen Börse (+), F-AG ist am regulierten Markt der Frankfurter Wertpapierbörse zugelassen
3. Veröffentlichung einer unwahren Insiderinformation mit unmittelbarem Emittentenbezug
(+), da der vermeldete Großauftrag der Öffentlichkeit unbekannt war und geeignet war, den Börsenkurs zu beeinflussen
4. Anspruchsberechtigung
5. Grobe Fahrlässigkeit
(+), da sich die F-AG analog § 31 BGB das Verhalten des V zurechnen lassen muss; V handelte vorsätzlich
6. Ersatzfähiger Schaden
a) Vertragsabschlussschaden
aa) Grundsätzliche Ersatzfähigkeit des Vertragsabschlussschadens
(+), da § 98 Abs. 1 WpHG nach seinem Wortlaut nicht auf den Kursdifferenzschaden beschränkt ist (str.)
bb) Transaktionskausalität
b) Kursdifferenzschaden
aa) Transaktionskausalität
Für die Ersatzfähigkeit des Kursdifferenzschadens entbehrlich (BGH NJW 2012, 1800 – IKB)
bb) Schadenskausalität
(+) in Bezug auf A, B und C, da alle zu einem überhöhten Kurs gekauft haben
cc) Schadenshöhe
Wie oben unter A. VI. 4. b (3), dh 12 EUR pro erworbener Aktie

7. Kein Ausschluss aufgrund § 57 Abs. 1 S. 1 AktG oder § 71 AktG
   (+), da sich § 98 Abs. 1 Nr. 1 WpHG als lex specialis gegen das AktG durchsetzt
8. Ergebnis
   A kann den Ersatz des Vertragsabschlussschadens verlangen; B und C können Ersatz der Kursdifferenz iHv 12 EUR pro Aktie verlangen

II. Schadensersatzansprüche gemäß § 823 Abs. 1, § 31 BGB bzw. gemäß § 823 Abs. 2, § 31 BGB iVm Art. 15, 12 Abs. 1 Buchst. c MAR oder § 263 Abs. 1 StGB
(–), siehe oben

III. Anspruch wegen vorsätzlicher sittenwidriger Schädigung gemäß § 826, § 31 BGB analog
(+), da sich die F-AG das Verhalten des V analog § 31 BGB zurechnen lassen muss

Lösung

Hinweis: Grundsätzlich sollten in einer Klausur oder Hausarbeit die Ansprüche einzelner Anspruchsteller getrennt voneinander geprüft werden. Vorliegend werden jedoch die Ansprüche von A, B und C zusammen geprüft, um die jeweiligen Probleme im Zusammenhang darstellen zu können. Soweit zu einem bestimmten Prüfungspunkt keine spezifischen Ausführungen zu den jeweiligen Einzelpersonen gemacht werden, gelten die Ausführungen für jeden der drei Anspruchsteller.

A. Ansprüche gegen V

I. Schadensersatz wegen Veröffentlichung unwahrer Insiderinformationen gemäß § 98 Abs. 1 Nr. 1 WpHG

A, B und C könnten gegen V Ansprüche auf Schadensersatz wegen der Veröffentlichung unwahrer Insiderinformationen gemäß § 98 Abs. 1 Nr. 1 WpHG haben. 1
Allerdings richtet sich der Anspruch ausweislich des eindeutigen Wortlauts der Vorschrift ausschließlich gegen den Emittenten selbst.[2] Mangels einer planwidrigen Regelungslücke kommt eine analoge Anwendung auf die Organwalter nicht infrage.[3] Der Emittent ist im vorliegenden Fall die F-AG. Es besteht somit gegen den Vorstandsvorsitzenden V kein Schadensersatzanspruch aus § 98 Abs. 1 Nr. 1 WpHG.

II. Anspruch wegen Prospekthaftung gemäß §§ 9, 10 WpPG

Hinweis: Die Prüfung eines Anspruchs wegen Prospekthaftung gemäß §§ 9, 10 WpPG samt Prüfungsschema wird in → Fall 4 Rn. 1 ff. ausführlich behandelt.

2 *Buck-Heeb* KapMarktR Rn. 518; *Langenbucher* AktKapMarktR § 17 Rn. 136; *Poelzig* KapMarktR § 17 Rn. 514; Schwark/Zimmer/*Zimmer/Steinhaeuser* WpHG § 98 Rn. 32.

3 ASM WertpapierhandelsR/*Hellgardt* WpHG §§ 97, 98 Rn. 63; Schwark/Zimmer/*Zimmer/Steinhaeuser* WpHG § 98 Rn. 32; *Langenbucher* AktKapMarktR § 17 Rn. 137; *Buck-Heeb* KapMarktR Rn. 518; *Poelzig* KapMarktR § 17 Rn. 533; Baumbach/Hopt/*Kumpan* WpHG § 97 Rn. 2.

2 A, B und C könnten Ansprüche aus Prospekthaftung gemäß §§ 9, 10 WpPG gegen V zustehen. Die Haftung aus den §§ 9, 10 WpPG knüpft an das Vertrauen des Anlegers auf die Richtigkeit und Vollständigkeit von Prospekten iSd WpPG an. Folglich müsste die von V veranlasste Ad-hoc-Mitteilung ein entsprechendes schutzwürdiges Vertrauen der Anleger geschaffen haben. Prospekte iSd WpPG bilden die Grundlage für Anlageentscheidungen und stellen idR die für den Anlageinteressenten wichtigste Informationsquelle dar. Eine als Ad-hoc-Mitteilung ausgegebene kapitalmarktbezogene Einzelinformation erhebt allerdings erkennbar nicht den Anspruch, eine dem Prospekt iSd §§ 9, 10 WpPG entsprechende umfassend informierende Beschreibung zu sein.[4] Daher ist die von V veranlasste Ad-hoc-Mitteilung kein Prospekt iSd §§ 9, 10 WpPG. Ein Anspruch aus §§ 9, 10 WpPG scheidet somit aus.

III. Schadensersatzanspruch gemäß § 823 Abs. 1 BGB

3 Schadensersatzansprüche von A, B und C gemäß § 823 Abs. 1 BGB scheiden mangels Verletzung von Rechtsgütern iSd § 823 Abs. 1 BGB aus.

IV. Schadensersatzanspruch gemäß § 823 Abs. 2 BGB iVm Art. 17 MAR

4 Art. 17 MAR scheidet als Schutzgesetz iSd § 823 Abs. 2 BGB aus, wie schon § 26 Abs. 3 S. 1 WpHG deutlich zeigt.[5] Bei einer deliktsrechtlichen Anknüpfung über § 823 Abs. 2 BGB würden im Übrigen die Tatbestandseinschränkungen des § 97 WpHG hinsichtlich des Verschuldens, insbesondere aber hinsichtlich des Transaktionserfordernisses bei der Anspruchsberechtigung, unterlaufen.

V. Schadensersatzanspruch gemäß § 823 Abs. 2 BGB iVm Art. 15, 12 Abs. 1 Buchst. c MAR

Hinweis: Bei der Frage der Schutzgesetzqualität des Art. 15 MAR handelt es sich um eine der umstrittensten Fragen des Kapitalmarkthaftungssystems der letzten Jahre. Eine detaillierte Auseinandersetzung mit diesem Streitstand kann von den Bearbeiterinnen und Bearbeitern nicht erwartet werden. Auch die Lösung beschränkt sich darauf, die wesentlichen Argumente kurz zu benennen. Zur Vertiefung wird auf weiterführende Literatur verwiesen.

5 A, B und C könnten Ansprüche wegen Verletzung eines Schutzgesetzes gemäß § 823 Abs. 2 BGB iVm Art. 15, 12 Abs. 1 Buchst. c MAR zustehen. Voraussetzung dafür ist, dass es sich bei den Art. 15, 12 Abs. 1 MAR um Schutzgesetze iSd § 823 Abs. 2 BGB handelt.

1. Schutzgesetzeigenschaft von Art. 15, 12 Abs. 1 MAR

6 § 823 Abs. 2 S. 1 BGB erfordert unter anderem, dass der Schädiger gegen ein den Schutz eines anderen bezweckendes Gesetz (Schutzgesetz) verstößt. Die jeweilige verletzte Norm ist nur dann Schutzgesetz, wenn sie (1.) nach ihrem durch Auslegung zu ermittelnden Zweck zumindest auch dem Individualschutz dient

[4] BGHZ 160, 134 = NJW 2004, 2664f. (im Zuge der „Infomatec"-Entscheidung stellte der BGH dies in Bezug auf die im Wesentlichen gleichlautenden Vorschriften der §§ 44, 45 BörsG aF klar); vgl. auch *Langenbucher* AktKapMarktR § 14 Rn. 35.

[5] Ganz hM, siehe nur *Poelzig* KapMarktR § 17 Rn. 534; *Buck-Heeb* KapMarktR Rn. 542 mwN; diff. ASM WertpapierhandelsR/*Hellgardt* WpHG §§ 97, 98 Rn. 155.

(→ Rn. 7 ff.)[6] und (2.) sich der Schadensersatzanspruch in das haftungsrechtliche Gesamtsystem einfügen lässt (→ Rn. 11). Für Letzteres muss nach der Rechtsprechung des BGH[7] wie auch nach der hM in der Literatur[8] die Schaffung eines individuellen Schadensersatzanspruchs sinnvoll sein und im Lichte des haftungsrechtlichen Gesamtsystems als tragbar erscheinen. Schließlich ist (3.) bei der Bestimmung der Schutzgesetzeigenschaft unter Umständen auch der unionsrechtliche Effet-utile-Grundsatz zu berücksichtigen (→ Rn. 12 ff.).

a) Individualschutzvermittlung

Zur Feststellung einer intendierten Individualschutzvermittlung muss nach der Rechtsprechung des BGH in umfassender Würdigung des gesamten Regelungszusammenhangs geprüft werden, „ob es in der Tendenz des Gesetzgebers liegen konnte, an die Verletzung des geschützten Interesses die deliktische Einstandspflicht des dagegen Verstoßenden mit allen damit zugunsten des Geschädigten gegebenen Beweiserleichterungen zu knüpfen“[9]. **7**

Der Wortlaut des Art. 15 MAR bzw. der diesen ausfüllenden Definitionsnorm des Art. 12 MAR enthält keine Hinweise auf einen intendierten Individualschutz.[10] Artikel 15 MAR spricht lediglich davon, dass Marktmanipulationen und der Versuch hierzu verboten sind, während Art. 12 MAR definiert, was unter einer Marktmanipulation iSd Verordnung zu verstehen ist.[11] **8**

Daneben sprechen auch systematische Erwägungen gegen eine Individualschutzvermittlung iSd § 823 Abs. 2 BGB.[12] Anders als etwa bei Art. 35a RatingVO und Art. 11 PRIIP-VO, in denen der Unionsgesetzgeber unmittelbar anwendbare zivilrechtliche Schadensersatzansprüche normiert hat, setzt er beim Marktmissbrauchsregime ganz überwiegend auf eine aufsichts- und sanktionenrechtliche Durchsetzung.[13] Es ist auch im übrigen Regelungszusammenhang nicht ersichtlich, dass die MAR individuellen Anlegerschutz bezweckt. Artikel 1 MAR erklärt die Schaffung eines gemeinsamen Rechtsrahmens für Insidergeschäfte, die unrechtmäßige Offenlegung von Insiderinformationen und die Marktmanipulation (Marktmissbrauch) und Maßnahmen zur Verhinderung von Marktmissbrauch zum Regelungsgegenstand. Die Verhaltensvorgaben dienen dazu, die „Integrität der Finanzmärkte in der Union sicherzustellen und den Anlegerschutz und das Vertrauen der Anleger in diese Märkte zu stärken“. **9**

Auf Basis der Schutzgesetzdogmatik des § 823 Abs. 2 BGB vermittelt Art. 15 MAR daher keinen Individualschutz.[14] **10**

---

6 BGHZ 12, 146, 148; 122, 1, 3; Palandt/*Sprau* BGB § 823 Rn. 58.

7 BGHZ 66, 388, 390 f.; 106, 204, 207; 186, 58, 66 Rn. 26; BGH NJW 1976, 2129.

8 MüKoBGB/*Wagner* BGB § 823 Rn. 409.

9 BGHZ 192, 90, 99 Rn. 21 – IKB.

10 ASM WertpapierhandelsR/*Mülbert* VO Nr. 596/2014 Art. 12 Rn. 46.

11 ASM WertpapierhandelsR/*Mülbert* VO Nr. 596/2014 Art. 12 Rn. 46.

12 ASM WertpapierhandelsR/*Mülbert* VO Nr. 596/2014 Art. 12 Rn. 46; näher auch *Sajnovits* S. 289 ff.

13 ASM WertpapierhandelsR/*Mülbert* VO Nr. 596/2014 Art. 12 Rn. 46; *Schmolke* NZG 2016, 721; insoweit auch *Poelzig* ZGR 2015, 801, 809.

14 Gleiches wurde in der Rspr. und im Schrifttum auch überwiegend zu § 20a WpHG aF vertreten.

Hinweis: AA durchaus vertretbar. Es müsste dann verstärkt auf diejenigen Erwägungsgründe (etwa Erwgr. 47) abgestellt werden, die den Schutz der Anleger herausstellen, und begründet werden, warum damit auch der Schutz individueller Anleger und nicht nur jener der Anlegergesamtheit gemeint ist.[15]

b) Einfügung des Schadensersatzanspruchs in das haftungsrechtliche Gesamtsystem

11 Ein Schadensersatzanspruch würde sich auch nicht sinnvoll in das kapitalmarktrechtliche Haftungsregime einfügen.[16] Deliktischer Schutz vor primären Vermögensschäden wird im deutschen Deliktsrecht nur sehr zurückhaltend gewährt. Diese bewusste Entscheidung des Gesetzgebers würde konterkariert, wenn der Verstoß gegen jedes Gesetz, das auch die Interessen Einzelner schützt, sogleich zu einer Haftung bei primären Vermögensschäden führen würde.[17] Dies wird im Kapitalmarktrecht besonders deutlich. Würde auch ein fahrlässiger Verstoß gegen das Marktmanipulationsverbot zu einer Haftung für primäre Vermögensschäden führen, verlören die spezialgesetzlichen Haftungstatbestände des Kapitalmarktrechts weitgehend an Bedeutung. Mit Blick auf die großen Überschneidungsbereiche zwischen informationsgestützten Marktmanipulationen und fehlerhaften Ad-hoc-Mitteilungen würde dieser Konflikt die haftungsbegrenzende Funktion der §§ 97 Abs. 2 und 98 Abs. 2 WpHG einebnen und die Entscheidung des Gesetzgebers gegen einen allgemeinen kapitalmarktrechtlichen (Informations-)Haftungstatbestand unterlaufen.[18]

Hinweis: Auch hier ist eine aA vertretbar. Es könnte etwa erwogen werden, dass bei einer vollständigen tatbestandlichen Überschneidung mit den §§ 97, 98 WpHG der Anspruch gemäß § 823 Abs. 2 BGB iVm Art. 15 MAR um die tatbestandseinschränkenden Merkmale der §§ 97, 98 WpHG teleologisch zu reduzieren sei.

c) Effet-utile-Grundsatz

12 In jüngerer Zeit wird im deutschen Kapitalmarktrechtsschrifttum zunehmend vertreten, der unionsrechtliche Effet-utile-Grundsatz gebiete eine zivilrechtliche Ahndung bestimmter Verstöße. Dabei wird auf die Rechtsprechung des EuGH in den Sachen *Courage, Manfredi* und *Muñoz* sowie auf allgemeine Überlegungen zum unionsrechtlichen Gebot der effektiven Rechtsdurchsetzung und auf die gesamtgesellschaftlichen Vorzüge des Private Enforcement verwiesen.[19]

13 Für das Marktmanipulationsverbot überzeugen diese Überlegungen letztlich nicht. Die Erwägungen des EuGH in den Sachen *Courage, Manfredi* und *Muñoz* können nicht vorbehaltlos auf das Marktmissbrauchsrecht übertragen werden, weil sich der europäische Gesetzgeber in der MAR in voller Kenntnis der Divergenzen zwischen den Mitgliedstaaten nicht mit einer zivilrechtlichen Haftung befasst hat.[20] Diese positive Entscheidung des europäischen Gesetzgebers muss zur Wahrung institutio-

[15] Dazu etwa *Poelzig* KapMarktR § 17 Rn. 458 ff.
[16] ASM WertpapierhandelsR/*Mülbert* VO Nr. 596/2014 Art. 12 Rn. 47.
[17] *Verse* ZHR 170 (2006), 398, 407 mwN.
[18] ASM WertpapierhandelsR/*Mülbert* VO Nr. 596/2014 Art. 12 Rn. 47.
[19] *Poelzig* ZGR 2015, 801; *dies.* NZG 2016, 492, 501; *Seibt/Wollenschläger* AG 2014, 593, 607; *Poelzig* KapMarktR § 17 Rn. 460; aA etwa Klöhn/*Schmolke* MAR Art. 15 Rn. 85 ff., 89 ff.; *Schmolke* NZG 2016, 721, 723 ff.; *Sajnovits* S. 298 ff.
[20] Klöhn/*Schmolke* MAR Art. 15 Rn. 94.

neller Balance[21] auch vom EuGH akzeptiert werden.[22] Die Überlegungen zu den gesamtgesellschaftlichen Vorzügen privater Rechtsdurchsetzung stützen sich im Marktmissbrauchsrecht zudem allenfalls auf Vermutungen und sind nicht empirisch belegt.

Im Ergebnis spricht dies gegen eine zwingende Einwirkung des Unionsrechts auf die Schutzgesetzdogmatik des § 823 Abs. 2 BGB. **14**

Hinweis: Auch insoweit ist natürlich eine aA vertretbar.

2. Zwischenergebnis

Mangels Schutzgesetzeigenschaft kommt eine Schadensersatzhaftung gemäß § 823 Abs. 2 BGB iVm Art. 15 MAR nicht in Betracht. **15**

VI. Schadensersatzanspruch gemäß § 823 Abs. 2 BGB iVm § 263 StGB

A, B und C könnten allerdings Ansprüche gegen V aus § 823 Abs. 2 BGB iVm **16** § 263 StGB haben. § 263 StGB dient dem Schutz des Einzelnen vor Vermögenschäden und ist damit Schutzgesetz iSd § 823 Abs. 2 BGB.[23]

V müsste das Schutzgesetz verletzt, also einen Betrug nach § 263 Abs. 1 StGB be- **17** gangen haben. Im Rahmen der von ihm veranlassten Ad-hoc-Mitteilung täuschte V, indem er wahrheitswidrig behauptete, die F-AG habe einen Vertrag über die Lieferung von 100.000 Festplatten geschlossen. Weiterhin müsste die Täuschung jeweils bei A, B und C kausal eine irrtumsbedingte Vermögensverfügung hervorgerufen haben, wobei insoweit die Anspruchsteller die Beweislast tragen.[24] Im Fall von B und C liegen diese Voraussetzungen nicht vor: C hatte gar keine Kenntnis von der falschen Ad-hoc-Mitteilung; B hatte zwar Kenntnis, vermag dies aber nicht zu beweisen. Lediglich A kann nachweisen, dass er Kenntnis von der Ad-hoc-Mitteilung hatte. Er hat auch einen kausal hierauf beruhenden Vermögensschaden erlitten, indem er Aktien zu einem Preis erwarb, der nicht ihrem objektiven Wert entsprach.

Auch A kann einen entsprechenden Schadensersatzanspruch indes nur geltend ma- **18** chen, wenn bei V die in § 263 StGB geforderte Absicht der rechtswidrigen Bereicherung vorlag. Dies ist der Fall, wenn der Täter den zielgerichteten Willen besitzt, einen Vermögensvorteil zu erzielen und „Stoffgleichheit" zwischen Vermögensschaden und beabsichtigter Bereicherung besteht. Der erstrebte Vorteil muss sich gewissermaßen als Kehrseite des Schadens darstellen.[25] In Betracht kommt dabei sowohl Selbstbereicherungs- als auch Fremdbereicherungsabsicht. Die stoffgleiche Selbstbereicherung würde voraussetzen, dass der von A gezahlte Kaufpreis in das Vermögen des V übergeht. Eine entsprechende Absicht des V wäre nur dann zu bejahen, wenn er den Verkauf eigener Aktien an A plante. V hatte indes nicht vor, eigene Aktien zu veräußern. In Betracht kommt daher allenfalls eine Fremdbereicherungsabsicht. Diese wäre zu bejahen, wenn V beabsichtigt hätte, dass der von A gezahlte Kauf-

21 *Schmolke* NZG 2016, 721, 722ff.; vgl. auch *Grigoleit* ZHR 177 (2013), 264, 275ff.

22 Klöhn/*Schmolke* MAR Art. 15 Rn. 89ff.

23 BGHZ 160, 149 = AG 2004, 546 – Infomatec I; *Poelzig* KapMarktR § 17 Rn. 535; BeckOK BGB/*Spindler* BGB § 823 Rn. 284 mwN.

24 HK-KapMarktStrafR/*Zieschang* StGB § 263 Rn. 107.

25 Schönke/Schröder/*Perron* StGB § 263 Rn. 168.

preis in das Vermögen der F-AG übergeht. Aber auch das ist nicht der Fall. Der von A am Sekundärmarkt gezahlte Kaufpreis fließt nicht der F-AG als Emittentin, sondern dem verkaufenden Akteur am Sekundärmarkt zu. Selbst der durch alle Käufe am Sekundärmarkt bewirkte Kursanstieg schlägt sich nicht unmittelbar in einem Vermögenszuwachs der F-AG nieder.[26] Im Ergebnis scheiden daher sowohl eine Selbst- als auch eine Fremdbereicherungsabsicht iSd § 263 Abs. 1 StGB aus.[27]

19 A, B und C haben keine Ansprüche aus § 823 Abs. 2 BGB iVm § 263 Abs. 1 StGB.

VII. Anspruch wegen vorsätzlicher sittenwidriger Schädigung gemäß § 826 BGB

20 A, B und C könnten Ansprüche gegen V gemäß § 826 BGB wegen vorsätzlicher sittenwidriger Schädigung haben.

1. Schädigungshandlung

21 Die Schädigungshandlung ist in der Veranlassung der ihrem Inhalt nach objektiv unzutreffenden Ad-hoc-Mitteilung vom 10.7.2019 zu sehen.

2. Sittenwidrigkeit

22 § 826 BGB setzt voraus, dass die Schädigungshandlung sittenwidrig war. Sittenwidrig ist ein Verhalten, das gegen das Anstandsgefühl aller billig und gerecht Denkenden verstößt.[28] Nach hM liegt ein solcher Verstoß vor, wenn der Anspruchsgegner die Veröffentlichung einer grob unrichtigen Unternehmenskennzahl veranlasst hat, die sich auf Tatsachen von erheblicher Bedeutung bezieht.[29] Vorliegend veranlasste V eine Ad-hoc-Mitteilung mit dem objektiven Inhalt, die F-AG habe eine Vereinbarung über die Lieferung von 100.000 Festplatten getroffen. Tatsächlich wurde lediglich die Lieferung von 10.000 Festplatten und eine unverbindliche Option auf 90.000 weitere Exemplare vereinbart. Das Vertragsvolumen stellte V folglich um ein Zehnfaches höher dar als es tatsächlich der Fall war. Darin liegt eine grobe Unrichtigkeit. In Anbetracht der erwartbar starken Auswirkungen der Mitteilung auf den Aktienkurs war die Tatsache auch von erheblicher Bedeutung.

23 Die umstrittene Frage, ob die Sittenwidrigkeit darüber hinaus ein eigennütziges Verhalten des Anspruchsgegners erfordert,[30] kann dahinstehen. Da V maßgeblich an der F-AG beteiligt war, ist von der Eigennützigkeit seines Verhaltens auszugehen. Die Veranlassung der Ad-hoc-Mitteilung war sittenwidrig.

3. Vorsatz

24 V müsste des Weiteren vorsätzlich gehandelt haben. Der Vorsatz muss sich dabei auf den Schaden, auf die die Sittenwidrigkeit begründenden Umstände und auf die Kausalität des eigenen Verhaltens beziehen.[31] Eventualvorsatz („dolus eventualis“)

[26] HK-KapMarktStrafR/*Zieschang* StGB § 263 Rn. 94, 106 ff.
[27] Vgl. BGHZ 160, 149 = AG 2004, 546 – Infomatec I.
[28] So schon RGZ 48, 114, 124.
[29] Staudinger/*Oechsler* BGB § 826 Rn. 382a.
[30] Näher dazu Staudinger/*Oechsler* BGB § 826 Rn. 382a mwN.
[31] MüKoBGB/*Wagner* BGB § 826 Rn. 26.

ist ausreichend.[32] Bezogen auf die Veröffentlichung falscher Ad-hoc-Mitteilungen setzt § 826 BGB daher voraus, dass der Anspruchsgegner die Unrichtigkeit der Mitteilung zumindest für möglich hielt und billigend in Kauf nahm, dass darauf vertrauende Anleger durch die Veröffentlichung auf falscher Tatsachengrundlage zum Kauf oder Verkauf motiviert werden.[33] Diese Voraussetzungen liegen hier vor. V wusste, dass die von ihm veranlasste Meldung objektiv unrichtig war. Weiterhin war ihm bewusst, dass mit der Mitteilung die Anlageentscheidungen potenzieller Anleger beeinflusst werden. Er handelte somit vorsätzlich iSd § 826 BGB.

4. Ersatzfähiger Schaden

Fraglich ist, welche Schäden die jeweiligen Anspruchsteller A, B und C ersetzt verlangen können. Dabei ist zwischen dem **Vertragsabschlussschaden** und dem **Kursdifferenzschaden** zu unterscheiden. **25**

a) Vertragsabschlussschaden

Der Ersatz des Vertragsabschlussschadens zielt auf die Erstattung des gezahlten Kaufpreises gegen Übertragung der erworbenen Aktien ab. Er stellt die Naturalrestitution (§ 249 Abs. 1 BGB) unter die Annahme, dass der Anleger ohne die schädigende Handlung keinen Vertrag über den Erwerb der Aktien abgeschlossen hätte. Könnten A, B und C Ersatz des Vertragsabschlussschadens geltend machen, würde das bedeuten, dass V ihnen den vollen Kaufpreis iHv jeweils 10.000 EUR erstatten müsste. Im Gegenzug wären A, B und C zur Übertragung der erworbenen Aktien an V verpflichtet. Fraglich ist jedoch, ob (1.) der Ersatz des Vertragsabschlussschadens als Rechtsfolge des § 826 BGB grundsätzlich in Betracht kommt (→ Rn. 27) und wenn ja, ob (2.) im konkreten Fall in Bezug auf die Anspruchsteller die notwendigen Kausalitätsanforderungen erfüllt sind (→ Rn. 29 ff.). **26**

aa) Grundsätzliche Ersatzfähigkeit des Vertragsabschlussschadens

Teilweise wird die Ersatzfähigkeit des Vertragsabschlussschadens generell abgelehnt, da der Schädiger durch eine entsprechende Ersatzpflicht das allgemeine Marktrisiko aufgebürdet bekomme.[34] Letzteres folgt daraus, dass der Anleger, der seine Aktien gegen Erstattung des gezahlten Kaufpreises zurückgeben kann, unter Umständen auch für Verluste kompensiert wird, die nicht auf der falschen Ad-hoc-Mitteilung, sondern auf durch andere Faktoren ausgelösten Kursrückgängen (zB negative konjunkturelle Entwicklung) beruhen. Die hM geht jedoch zu Recht davon aus, dass dieser Aspekt der Zulässigkeit der Geltendmachung des Vertragsabschlussschadens nicht entgegensteht.[35] Sofern der Kaufentschluss auf der Fehlinformation beruht, ist es konsequent und angemessen, den Anleger von allen daraus resultierenden Nachteilen freizustellen und ihm auch das allgemeine Marktrisiko abzunehmen. Für eine Einschränkung des insoweit eindeutigen Wortlauts der §§ 249 ff. BGB besteht kein Anlass. **27**

---

32 MüKoBGB/*Wagner* BGB § 826 Rn. 27.

33 BGHZ 160, 149 Rn. 47 = NJW 2004, 2971, 2973 – Infomatec I; BGH NJW 2004, 2668, 2670; Staudinger/*Oechsler* BGB § 826 Rn. 382h; *Buck-Heeb* KapMarktR Rn. 547.

34 *Fuchs/Dühn* BKR 2002, 1063, 1067 ff.

35 BGHZ 160, 149 Rn. 40 ff. = NJW 2004, 2971, 2972 – Infomatec I; BGH NJW 2005, 2450, 2051; Staudinger/*Oechsler* BGB § 826 Rn. 382f; MüKoBGB/*Wagner* BGB § 826 Rn. 108 ff.; *Poelzig* KapMarktR § 17 Rn. 538; zusammenfassend *Buck-Heeb* KapMarktR Rn. 552 f.

28 Für A, B und C besteht daher grundsätzlich die Möglichkeit, von V die Erstattung ihrer Erwerbskosten Zug um Zug gegen Übertragung der Aktien zu verlangen.

bb) Transaktionskausalität

29 Der Ersatz des Vertragsabschlussschadens zielt darauf, den Vertragsabschluss rückgängig zu machen und impliziert daher die Vorstellung, bei der Entscheidung des Anlegers, die Aktien zu kaufen, handele es sich um den primär im Rahmen des § 826 BGB maßgeblichen Schaden. Folglich besteht Einigkeit darüber, dass der Ersatz des Vertragsabschlussschadens nur in Betracht kommt, wenn ein Kausalzusammenhang zwischen der vom Anspruchsgegner veranlassten Fehlinformation und der Kaufentscheidung besteht (sog. Transaktionskausalität).[36]

(1) Erfordernis der Transaktionskausalität

30 Insoweit ist zwischen den drei Anspruchstellern zu differenzieren. A hat die Aktien in Kenntnis der Ad-hoc-Mitteilung erworben. In seiner Person ist das Erfordernis der Transaktionskausalität daher erfüllt. C hatte demgegenüber nachweisbar keine Kenntnis von der Ad-hoc-Mitteilung, sodass in seinem Fall keine Transaktionskausalität gegeben ist. B schließlich hatte zwar Kenntnis von der Ad-hoc-Mitteilung, kann dies jedoch nicht beweisen. Nach den allgemeinen Grundsätzen der Beweislastverteilung, wonach der Anspruchsteller das Vorliegen aller Anspruchsvoraussetzungen zu beweisen hat,[37] geht die Beweisnot zulasten des B.

(2) Beweiserleichterungen

31 Möglicherweise kommen B jedoch Beweiserleichterungen zugute. Teilweise wird vertreten, Anleger könnten sich hinsichtlich der Transaktionskausalität auf den Beweis des ersten Anscheins berufen.[38]

32 Dabei beruft man sich auf die Figur der Anlagestimmung, die besagt, dass typischerweise ein zumindest mittelbarer Zusammenhang zwischen der falschen Kapitalmarktinformation und dem Kaufentschluss besteht.[39] Die Figur der Anlagestimmung wurde vom BGH für den Bereich der Emissionsprospekthaftung entwickelt.[40] Ein Emissionsprospekt erzeuge, indem es die Einschätzung des Wertpapiers in Fachkreisen mitbestimmt, bei Interessenten eine sog. Anlagestimmung. Diese Anlagestimmung sei typischerweise ursächlich für den Kaufentschluss der Anleger, und zwar unabhängig davon, ob diese beim Erwerb der Aktien Kenntnis vom Emissionsprospekt hatten. Hiernach wird folglich ein mittelbarer Kausalzusammenhang zwischen der falschen Kapitalmarktinformation und der Anlageentscheidung vermutet.[41]

---

36 Ausführlich zur Transaktionskausalität *Leuschner* ZIP 2008, 1050, 1051 ff.; siehe auch MüKoBGB/*Wagner* BGB § 826 Rn. 121. Der BGH spricht insoweit – leicht missverständlich – von einer „haftungsbegründenden Kausalität". Tatsächlich ist unter diesem Begriff nach allgemeinem Verständnis das Kausalitätsverhältnis zwischen Handlung und Rechtsgutverletzung im Rahmen des § 823 Abs. 1 BGB zu verstehen. Da § 826 BGB jedoch keine den Schaden vermittelnde Rechtsgutverletzung fordert, handelt es sich bei der Transaktionskausalität um eine Ausprägung der haftungsausfüllenden Kausalität.

37 BGH NJW 1999, 352, 353; HK-ZPO/*Saenger* ZPO § 286 Rn. 58.

38 Vgl. etwa *Findeisen/Backhaus* WM 2007, 100 ff.

39 BGH NJW 1998, 3345.

40 BGH NJW 1998, 3345; dazu auch *Langenbucher* AktKapMarktR § 14 Rn. 57 f.

41 Vgl. *Leuschner* ZIP 2008, 1050, 1052 f.

Teilweise wird in diesem Zusammenhang aber auch auf die aus den USA stammende Fraud-on-the-Market Theory abgestellt.[42] Diese beruht auf den Annahmen der Effizienzmarkthypothese (Efficient Capital Markets Hypothesis), dass entwickelte Kapitalmärkte informationseffizient sind, dh alle öffentlichen (auch unrichtigen) Informationen jeweils in den Kursen enthalten sind. Folglich würden auch diejenigen Anleger getäuscht, die die falsche Ad-hoc-Mitteilung gar nicht kannten. Denn sie hätten jedenfalls auf die korrekte Preisbildung vertraut. **33**

Der BGH hat demgegenüber zu Recht die Annahme einer entsprechenden Beweiserleichterung abgelehnt.[43] Dies gilt auch für Kapitalmarktinformationen, die als extrem unseriös einzustufen sind.[44] Die Rechtsfigur des Anscheinsbeweises findet nur in Bereichen Anwendung, in denen ein bestimmter Sachverhalt nach der Lebenserfahrung auf das Hervorrufen bestimmter Folgen schließen lässt. Sie setzt also einen typischen Kausalverlauf zwischen Handlung und Schaden voraus.[45] Der Anschein eines unmittelbaren Zusammenhangs zwischen Ad-hoc-Mitteilung und Vertragsabschluss ist zu verneinen, da die Ad-hoc-Mitteilung vom durchschnittlichen Anleger typischerweise gerade nicht gelesen wird.[46] Weder die Figur der Anlagestimmung noch die Fraud-on-the-Market Theory vermögen das Gegenteil zu begründen. Bezüglich ersterer ist zwar zu konzedieren, dass sich viele Anleger von steigenden Kursen „anstecken" lassen und daher ein durch eine Falschmitteilung bewirkter Kursanstieg mittelbar Kaufentschlüsse auslösen mag. Dass typischerweise alle Kaufentschlüsse dergestalt motiviert sind, erscheint jedoch fernliegend.[47] Es gibt durchaus auch Anleger, deren Kaufentschluss auf einer Diversifikationsstrategie – wie im Fall des C – oder der Analyse von Fundamentalwerten beruht. Gegenteiliges folgt auch nicht aus der Fraud-on-the-Market Theory. Ihr Erklärungsansatz war nie darauf gerichtet, einen Kausalzusammenhang zwischen der Fehlinformation und dem Kaufentschluss darzulegen. Die Fraud-on-the-Market Theory erklärt nur, weshalb auch diejenigen Anleger geschädigt werden, die unabhängig von der Fehlinformation Aktien erworben haben, dh sie zielt auf den Kausalzusammenhang zwischen der Fehlinformation und dem Vermögensschaden. **34**

Es bleibt somit dabei, dass B die Transaktionskausalität beweisen muss. Da ihm dies nicht gelingt, kann er den Vertragsabschlussschaden nicht geltend machen. **35**

cc) Keine weiteren Kausalitätserfordernisse

Im Zusammenhang mit dem Ersatz des Vertragsabschlussschadens sind keine weiteren Kausalitätserfordernisse zu erfüllen. Insbesondere ein Kausalzusammenhang zwischen der Fehlinformation und dem Kurs zum Zeitpunkt des Kaufs, der unter der Bezeichnung „Preiskausalität" bzw. „Schadenskausalität" im Zusammenhang mit dem Kursdifferenzschaden diskutiert wird (→ Rn. 44), spielt an dieser Stelle **36**

[42] Vgl. *Langenbucher* AktKapMarktR § 14 Rn. 54ff.; *Klöhn* ZHR 2014, 671ff.; *Findeisen/Backhaus* WM 2007, 100, 106.

[43] So mit Blick auf §§ 37b, 37c WpHG (§§ 97, 98 nF) auch BGHZ 192, 90 Rn. 61 = NJW 2012, 1800, 1807 – IKB; ebenso zuvor BGHZ 160, 134 Rn. 41 = NJW 2004, 2664, 2666 – Infomatec I; dem zust. etwa *Poelzig* KapMarktR § 17 Rn. 537.

[44] BGH NJW-RR 2013, 1448, 1451; *Estermann* BB 2013, 2004.

[45] HK-ZPO/*Saenger* ZPO § 286 Rn. 41f.

[46] *Buck-Heeb* KapMarktR Rn. 549.

[47] BGHZ 160, 134 Rn. 45f. = NJW 2004, 2664, 2666f. – Infomatec I.

keine Rolle. Wie eingangs ausgeführt (→ Rn. 27), basiert die Geltendmachung des Vertragsabschlussschadens auf der Annahme, dass der Kaufentschluss als solcher einen Schaden darstellt. Insoweit genügt es, dass die Fehlinformation für den Kaufentschluss ursächlich war (Transaktionskausalität).

dd) Mitverschulden wegen unterlassener Veräußerung

37 Der folglich in der Person des A grundsätzlich bestehende Anspruch gegen V auf Erstattung von 10.000 EUR gegen Übertragung der Aktien ist unter dem Gesichtspunkt des Mitverschuldens nicht deshalb zu kürzen, weil er die Aktien nicht unmittelbar im Anschluss an die Kenntniserlangung der falschen Ad-hoc-Mitteilung abstieß und es in der Folge zu weitergehenden Verlusten kam. Ein entsprechender Mitverschuldensvorwurf käme nur dann in Betracht, wenn die zukünftige Kursentwicklung einer Aktie vorhersehbar wäre. Das ist aber nicht der Fall.[48]

ee) Zwischenergebnis

38 A kann von V Ersatz des Vertragsabschlussschadens verlangen. V hat A 10.000 EUR Zug um Zug gegen die Rückübertragung der Aktien zu zahlen. B und C haben keinen Anspruch auf Ersatz des Vertragsabschlussschadens.

b) Kursdifferenzschaden

39 Als Rechtsfolge des § 826 BGB kommt aber auch der Ersatz des Kursdifferenzschadens in Betracht. Unter einem Kursdifferenzschaden versteht man im Wesentlichen den Unterschiedsbetrag zwischen dem tatsächlichen Erwerbspreis und dem Erwerbspreis, den der Anleger bei pflichtgemäßem Publizitätsverhalten entrichtet hätte. Die grundsätzliche Zulässigkeit der Geltendmachung des Kursdifferenzschadens ist unbestritten. Fraglich ist jedoch, welche Kausalitätsanforderungen zu stellen sind und wie sich die Schadenshöhe im Einzelnen berechnet.

aa) Transaktionskausalität

40 Es ist umstritten, ob auch der Ersatz des Kursdifferenzschadens Transaktionskausalität voraussetzt. Der BGH bejaht dies. Da die Informationsdeliktshaftung dem „Schutz der Integrität der Willensbildung" diene, sei unabhängig von der Geltendmachung bestimmter Schadenspositionen stets ein Kausalzusammenhang zwischen Handlung und Kaufentschluss erforderlich.[49] Entsprechend dem Vorgesagten könnte hiernach nur A den Kursdifferenzschaden geltend machen.

41 In der Literatur wird hingegen überwiegend die Auffassung vertreten, die Transaktionskausalität sei nur bei der Geltendmachung des Vertragsabschlussschadens erforderlich.[50] Für die Geltendmachung des Kursdifferenzschadens genüge der Kausalzusammenhang zwischen der Fehlinformation und dem Kursdifferenzschaden (sog. Schadenskausalität; näher → Rn. 44).[51] Legt man diese Auffassung zugrunde,

48 So im Ergebnis die hM (unter anderem Schwark/Zimmer/*Zimmer/Steinhaeuser* WpHG § 98 Rn. 141), die dies mit dem Nichtbestehen einer Kursbeobachtungs- und Verkaufsobliegenheit des Anlegers begründet.

49 BGHZ 160, 134 Rn. 45 = NJW 2004, 2664, 2667 – Infomatec I.

50 Ausführlich *Leuschner* ZIP 2008, 1050, 1054ff.; siehe auch *Klöhn* AG 2014, 807, 813; MüKoBGB/*Wagner* BGB § 826 Rn. 120 mwN.

51 Zur Parallelproblematik bei § 37b aF WpHG (= § 97 nF WpHG): BGHZ 192, 90 Rn. 67 = NJW 2012, 1800, 1807 – IKB.

könnten neben A auch B und C den Ersatz des Kursdifferenzschadens geltend machen. Denn der starke Kursanstieg beruhte ersichtlich auf der falschen Ad-hoc-Mitteilung des V und führte dazu, dass sie die Aktien zu einem überhöhten Kurs erwarben.

Gegen das vom BGH propagierte Erfordernis der Transaktionskausalität als Voraussetzung für den Ersatz des Kursdifferenzschadens spricht schon der Wortlaut des § 826 BGB. Dieser verlangt lediglich ein sittenwidriges Verhalten des Anspruchsgegners und einen Schaden beim Anspruchsteller. Verlangt man aber Transaktionskausalität, impliziert dies ein aus dem Wortlaut nicht herzuleitendes Erfordernis eines Zwischenerfolges: Das sittenwidrige Verhalten muss hiernach zunächst den Kaufentschluss ausgelöst haben (Beeinträchtigung der Integrität der Willensbildung), welcher seinerseits dann den Vermögensschaden nach sich zieht. Der Sache nach überträgt der BGH auf diese Weise das Konzept des § 823 Abs. 1 BGB, wonach zur Eingrenzung möglicher Haftungsfolgen die Ersatzfähigkeit reiner Vermögensschäden durch das Erfordernis eines Zwischenerfolges (Rechtsgutverletzung) ausgeschlossen ist, auf § 826 BGB. Im Rahmen des § 823 Abs. 1 BGB soll dadurch eine Ausuferung der Haftung vermieden werden zugunsten von Freiräumen in einer wettbewerbsorientierten Gesellschaftsordnung.[52] So wie dort die Ersatzfähigkeit davon abhängig gemacht wird, dass der Schaden auf der Verletzung eines bestimmten Rechtsguts beruht, macht der BGH im Rahmen des § 826 BGB die Ersatzfähigkeit des Kursdifferenzschadens davon abhängig, dass dieser Folge der Beeinträchtigung der Willensfreiheit ist. Das vermag jedoch nicht zu überzeugen. Während die beschriebene „Filtertechnik" bei § 823 Abs. 1 BGB dazu dient, die geringen subjektiven Voraussetzungen zu kompensieren (einfache Fahrlässigkeit genügt), hat der Gesetzgeber bei § 826 BGB bewusst auf ein entsprechendes Korrektiv verzichtet. Eine Ausuferung der Haftung ist hier schon durch das Vorsatzerfordernis sowie das Merkmal der Sittenwidrigkeit ausgeschlossen.[53] Eine zusätzliche, aus dem Wortlaut nicht ableitbare Einschränkung, wie sie dem Erfordernis der Transaktionskausalität immanent ist, ist nicht geboten. **42**

Der Kursdifferenzschaden setzt daher nicht das Vorliegen von Transaktionsqualität voraus. Neben A kommt daher auch in der Person von B und C ein Anspruch auf Ersatz des Kursdifferenzschadens in Betracht. **43**

bb) Schadenskausalität

Für den Ersatz des Kursdifferenzschadens erforderlich ist jedoch das Vorliegen von Schadenskausalität (synonym: Preiskausalität), dh ein Ursachenzusammenhang zwischen der Fehlinformation und dem Kursdifferenzschaden.[54] Dieser Kausalzusammenhang ist bezüglich A, B und C erfüllt. Alle drei haben die Aktien am 21.7.2019 für 20 EUR und somit zu einem Kurs gekauft, der ersichtlich durch die vorangegangene falsche Ad-hoc-Mitteilung beeinflusst war. **44**

cc) Schadenshöhe

Wie eingangs ausgeführt (→ Rn. 39), umfasst der Kursdifferenzschaden im Wesentlichen den Unterschiedsbetrag zwischen dem tatsächlichen Erwerbspreis und dem **45**

[52] BeckOK BGB/*Förster* BGB § 823 Rn. 3.
[53] Näher *Leuschner* ZIP 2008, 1050, 1054 f.; vgl. auch MüKoBGB/*Wagner* BGB § 826 Rn. 121.
[54] ASM WertpapierhandelsR/*Hellgardt* WpHG §§ 97, 98 Rn. 142.

Erwerbspreis, den der Anleger bei pflichtgemäßem Publizitätsverhalten entrichtet hätte. Nimmt man die Differenzhypothese der §§ 249ff. BGB beim Wort, muss die Ersatzpflicht jedoch weiter reichen. Denn tatsächlich beschränkt sich der durch das pflichtwidrige Publizitätsverhalten bewirkte Schaden nicht in der beschriebenen Differenz. Abgesehen von dem Reputationsschaden gilt es vor allem zu berücksichtigen, dass die in Folge der Fehlinformation ausgelöste Schadensersatzpflicht der Emittentin mittelbar den Wert der Aktien mindert (sog. Kollateralschäden).[55]

Hinweis: Das Problem besteht letztlich darin, dass die geschädigten Aktionäre aus dem Gesellschaftsvermögen und somit der Sache nach ein Stück weit „mit ihrem eigenen Geld" entschädigt werden.

46 Um den maßgeblichen Ersatzbetrag zu ermitteln, erscheint es daher geboten, die Kursreaktion am Ende der Desinformationsphase als Indiz für den entstandenen Schaden heranzuziehen:[56] Da vorliegend der Kurs mit Bekanntwerden der Unrichtigkeit der am 10.7.2019 erfolgten Ad-hoc-Mitteilung von 20 EUR auf 8 EUR gesunken ist, ist folglich davon auszugehen, dass der ersatzfähige Kursdifferenzschaden 12 EUR beträgt. A, B und C haben hiernach jeweils Anspruch auf Ersatz eines Betrages von 6.000 EUR (500 × 12 EUR).

Hinweis: Die Ermittlung der Schadenskausalität wirft in der Praxis, ebenso wie die Schadensermittlung selbst, große Schwierigkeiten auf. Niemand kann mit Gewissheit sagen, welcher Kurs sich zum maßgeblichen Zeitpunkt bei pflichtgemäßem Informationsverhalten gebildet hätte. Letztlich ist nur eine Annäherung möglich. Die Kursreaktion am Ende der Desinformationsphase kann insoweit als Indiz dienen, auf das sich die Schadensschätzung (§ 286 ZPO) stützen lässt.

5. Ergebnis

47 A kann den Ersatz seines Vertragsabschlussschadens verlangen, also Zahlung iHv 10.000 EUR gegen Übertragung der Aktien. Wegen des weiteren Kursverfalls ist diese Wahl für ihn wirtschaftlich vorteilhaft. Zieht man von den 10.000 EUR den aktuellen Wert seiner Aktien ab (500 × 5 EUR = 2.500 EUR), verbessert er seine Vermögensposition auf diese Weise um 7.500 EUR. B und C hingegen können lediglich den Ersatz des Kursdifferenzschadens iHv jeweils 6.000 EUR verlangen.

B. Ansprüche gegen die F-AG

I. Schadensersatz wegen Veröffentlichung unwahrer Insiderinformationen gemäß § 98 Abs. 1 Nr. 1 WpHG

48 A, B und C könnten gegen die F-AG einen Anspruch auf Schadensersatz wegen der Veröffentlichung unwahrer Insiderinformationen gemäß § 98 Abs. 1 Nr. 1 WpHG haben.

1. Emittent von Finanzinstrumenten

49 Die F-AG müsste eine taugliche Anspruchsverpflichtete iSd § 98 Abs. 1 WpHG sein. Nach dieser Vorschrift kommt als Anspruchsverpflichtete nur eine Emittentin von Finanzinstrumenten in Betracht, die für jene Instrumente die Zulassung zum Handel (1.) an einem inländischen Handelsplatz genehmigt oder (2.) an

[55] Vgl. Fuchs/*Fuchs* WpHG Vor §§ 37b, 37c Rn. 49a.
[56] Vgl. Fuchs/*Fuchs* WpHG Vor §§ 37b, 37c Rn. 49a; krit. *Klöhn* ZIP 2015, 53, 55ff.

einem inländischen regulierten Markt oder multilateralen Handelssystem beantragt hat.

Die F-AG hat ihre im regulierten Markt der Frankfurter Wertpapierbörse notierten Aktien gemäß § 9 Abs. 1 AktG „ausgegeben" und ist damit jedenfalls als Emittentin nach § 98 Abs. 1 WpHG anzusehen. Zudem handelt es sich bei den Aktien um Finanzinstrumente gemäß § 2 Abs. 1 Nr. 1, Abs. 4 Nr. 1 WpHG, während sich der regulierte Markt (§§ 32ff. BörsG) als organisierter Markt gemäß § 2 Abs. 11 WpHG und damit als Handelsplatz iSd WpHG qualifiziert (§ 2 Abs. 22 WpHG).[57] Die Aktien der F-AG sind überdies bereits an der Frankfurter Wertpapierbörse notiert und damit zum Handel zugelassen (vgl. § 32 BörsG), was im Übrigen auch auf Antrag der F-AG erfolgte: Da die Zulassung von Aktien zum regulierten Markt stets einen Zulassungsantrag des Emittenten voraussetzt (§ 32 Abs. 2 S. 1 BörsG), muss die F-AG einen solchen Antrag zwangsläufig gestellt und damit die Zulassung zum Handel „genehmigt" haben.[58] 50

Die F-AG ist damit taugliche Anspruchsverpflichtete iSd § 98 Abs. 1 WpHG. 51

Hinweis: Da der Freiverkehr gemäß § 48 Abs. 3 S. 2 BörsG als multilaterales Handelssystem gilt, genügt nunmehr – anders als nach altem Recht – auch eine Einbeziehung in diesen, solange diese nur durch den Emittenten selbst veranlasst wurde.

2. Veröffentlichung einer unwahren Insiderinformation mit unmittelbarem Emittentenbezug

Die F-AG müsste eine sie unmittelbar betreffende unwahre Insiderinformation veröffentlicht haben, indem sie die Ad-hoc-Mitteilung bekanntgab. Der Begriff der Insiderinformation bestimmt sich dabei nach Art. 7 Abs. 1 MAR[59]. Danach muss die Ad-hoc-Mitteilung konkrete, nicht öffentlich bekannte Umstände beinhalten, die im Falle ihrer öffentlichen Bekanntmachung geeignet sind, den Börsenkurs zu beeinflussen. Der vermeldete Großauftrag über 100.000 Festplatten war der Öffentlichkeit nicht bekannt und ersichtlich geeignet, den Börsen- oder Marktpreis der Insiderpapiere zunächst erheblich zu erhöhen. Die Information war auch unwahr und betraf die F-AG als Emittentin unmittelbar. 52

Hinweis: Ausführlich zum Begriff der Insiderinformation → Fall 9 Rn. 67ff. und Fall 13 Rn. 69f.

3. Anspruchsberechtigung von A, B und C

A, B und C müssten ferner anspruchsberechtigt sein. Anspruchsberechtigt sind nur diejenigen Anleger, die entweder (1.) Finanzinstrumente vor oder während der durch die fehlerhafte Ad-hoc-Mitteilung bedingten Desinformationsphase erwerben und bei Bekanntwerden der Unrichtigkeit der Ad-hoc-Mitteilung noch Inhaber der Finanzinstrumente sind oder (2.) Finanzinstrumente vor der Veröffentlichung der fehlerhaften Ad-hoc-Mitteilung erwerben und vor Bekanntwerden der Unrichtigkeit der Ad-hoc-Mitteilung veräußern.[60] 53

57 ASM WertpapierhandelsR/*Assmann* WpHG § 2 Rn. 215.

58 Anders liegen die Dinge ggf. im Freiverkehr; näher Klöhn/*Klöhn* MAR Art. 17 Rn. 57.

59 ABl. 2014 L 173, 1. Die MAR löste mWv 3.7.2016 als unmittelbar geltendes Recht die §§ 12ff. WpHG ab.

60 *Poelzig* KapMarktR § 17 Rn. 517.

54 A, B und C hatten ihre Aktien jeweils bereits am 21.7.2019 – und damit vor der falschen Ad-hoc-Mitteilung – erworben und diese auch bis zum Bekanntwerden der Unrichtigkeit nicht veräußert. A, B und C sind daher anspruchsberechtigt.

4. Grobe Fahrlässigkeit

55 Nach § 98 Abs. 2 WpHG kann nicht in Anspruch genommen werden, wer nachweist, dass er die Unrichtigkeit der Insiderinformation nicht gekannt hat und die Unkenntnis nicht auf grober Fahrlässigkeit beruht. Damit normiert § 98 Abs. 2 WpHG eine widerlegliche Verschuldensvermutung.[61] Die F-AG kann sich daher nur dann exkulpieren, wenn sie nachweist, dass ihr keine grobe fahrlässige Unkenntnis der Unrichtigkeit vorzuwerfen ist. Allerdings muss sie sich das Verhalten des V analog § 31 BGB zurechnen lassen. V wusste, dass die zugrundeliegende Information falsch war. Eine Exkulpation scheidet mithin aus.

5. Ersatzfähiger Schaden

56 Auch im Rahmen des § 98 Abs. 1 Nr. 1 WpHG ist zwischen dem Vertragsabschlussschaden und dem Kursdifferenzschaden zu unterscheiden.

a) Vertragsabschlussschaden

aa) Grundsätzliche Ersatzfähigkeit des Vertragsabschlussschadens

57 Fraglich ist, ob A, B und C aus § 98 Abs. 1 Nr. 1 WpHG Ersatz des Vertragsabschlussschadens verlangen können.

58 Teilweise wird vertreten, der Vertragsabschlussschaden sei nicht ersatzfähig, weil die Norm nicht die Abwälzung des allgemeinen Marktrisikos bezwecke.[62] In der Gesetzesbegründung werde deutlich, dass der Schaden nicht im Kaufentschluss, sondern darin liegt, dass die Aktien „zu teuer" gekauft wurden.[63] Die Gegenauffassung, der sich auch der BGH angeschlossen hat, bejaht demgegenüber grundsätzlich auch die Ersatzfähigkeit des Vertragsabschlussschadens.[64] Zur Begründung wird maßgeblich auf den die Rückabwicklung erlaubenden § 249 BGB als Basisnorm für das gesamte Schadensrecht abgestellt. Darüber hinaus verbleibe im Schadensrecht die Gefahr der zufälligen Verschlechterung der zurückzugewährenden Sache generell beim Schädiger, sodass es mangels entgegenstehender gesetzgeberischer Anordnungen im WpHG durchaus interessengerecht sei, dass der Schädiger das Risiko weiterer Kursrückgänge zu tragen hat.[65]

59 Der letztgenannten Auffassung ist zuzustimmen. Weder lässt sich dem Wortlaut des § 98 Abs. 1 WpHG eine Beschränkung der Ersatzpflicht auf den Kursdifferenz-

61 Schwark/Zimmer/*Zimmer/Steinhaeuser* WpHG § 98 Rn. 75; *Langenbucher* AktKapMarktR § 17 Rn. 164; *Buck-Heeb* KapMarktR Rn. 529.

62 Unter anderem ASM WertpapierhandelsR/*Hellgardt* WpHG §§ 97, 98 Rn. 127 ff.; *Langenbucher* AktKapMarktR § 17 Rn. 172 ff.; *Klöhn* AG 2012, 345, 352 ff.; *Mülbert/Sajnovits* ZfPW 2016, 1, 42 ff.

63 Vgl. BT-Drs. 14/8017, 93 f.

64 Unter anderem Schwark/Zimmer/*Zimmer/Steinhaeuser* WpHG § 98 Rn. 102; zusammenfassend *Buck-Heeb* KapMarktR Rn. 531 ff.; *Poelzig* KapMarktR § 17 Rn. 526.

65 BGHZ 192, 90 Rn. 58 = NJW 2012, 1800, 1805 ff. – IKB. Die Ausführungen betreffen zwar § 37b aF WpHG (= § 97 nF WpHG), dürften aber ohne Weiteres auf § 37c aF WpHG (= § 98 nF WpHG) übertragbar sein.

schaden entnehmen, noch war sie vom Gesetzgeber gewollt. Letzterer ging vielmehr davon aus, dass der Anleger so zu stellen sei, wie er bei ordnungsgemäßem Verhalten des Emittenten stünde.[66] Diese Formulierung ist an den Wortlaut des § 249 Abs. 1 BGB angelehnt, welcher die Naturalrestitution in Form des Ersatzes des Vertragsabschlussschadens mitumfasst.[67] Der Vertragsabschlussschaden ist daher grundsätzlich auch im Rahmen des § 98 Abs. 1 WpHG ersatzfähig.

Hinweis: Hier ist mit entsprechender Begründung auch ohne Weiteres eine andere Auffassung vertretbar.

bb) Transaktionskausalität

60 Ebenso wie bei § 826 BGB (→ Rn. 29 ff.) setzt der Ersatz des Vertragsabschlussschadens das Vorliegen von Transaktionskausalität, dh einen Ursachenzusammenhang zwischen der unwahren Insiderinformation und dem Kaufentschluss voraus. Da auch insoweit die Beweislast wiederum beim Anspruchsteller liegt,[68] ist das Ergebnis dasselbe wie bei § 826 BGB: Im Fall von A und B liegt die Transaktionskausalität zwar vor, doch nur A ist in der Lage, einen entsprechenden Nachweis zu führen. Demgegenüber fehlt es bei C von vornherein an der Transaktionskausalität, da er die Aktien in Unkenntnis der unwahren Insiderinformation erworben hat.

61 Folglich kann allein A von der F-AG aus § 98 Abs. 1 Nr. 1 WpHG den Ersatz seines Vertragsabschlussschadens verlangen, also Zahlung von 10.000 EUR gegen Übertragung der Aktien.

b) Kursdifferenzschaden

62 Fraglich ist, ob B und C zumindest Ersatz des Kursdifferenzschadens verlangen können. Die grundsätzliche Ersatzfähigkeit des Kursdifferenzschadens im Rahmen des § 98 Abs. 1 Nr. 1 WpHG steht außer Frage.

aa) Transaktionskausalität

63 Umstritten ist jedoch, ob auch insoweit das Vorliegen von Transaktionskausalität erforderlich ist. Das wird teilweise unter Hinweis auf den Wortlaut bejaht, der auf das Vertrauen des Anlegers auf die Richtigkeit der Information abstellt.[69] Wollte man dem folgen, käme nach dem oben Gesagten (→ Rn. 57 ff.) nur ein Ersatzanspruch des A in Betracht. Die Gegenansicht, der sich auch der BGH angeschlossen hat, verzichtet demgegenüber auf das Erfordernis der Transaktionskausalität.[70] Hiernach käme eine Ersatzpflicht aus § 98 Abs. 1 Nr. 1 WpHG auch gegenüber B und C in Betracht.

64 Letzterer Auffassung ist zuzustimmen. Richtigerweise schützt § 98 Abs. 1 WpHG auch das Vertrauen der Anleger auf eine durch ordnungsgemäßes Publizitätsverhal-

---

66 Regierungsbegründung zum Vierten Finanzmarktförderungsgesetz, BT-Drs. 14/8017, 93; *Möllers/Leisch* BKR 2002, 1071, 1074 ff.

67 Vgl. *Möllers/Leisch* BKR 2002, 1071, 1074.

68 *Buck-Heeb* KapMarktR Rn. 527; *Poelzig* KapMarktR § 17 Rn. 526.

69 Unter anderem noch zu den Vorgängernormen der §§ 97, 98 WpHG Fuchs/*Fuchs* WpHG Vor §§ 37b, 37c Rn. 32; *Mülbert/Steup* WM 2005, 1633, 1636; *Veil* ZHR 2003, 365, 370; *Mülbert/Sajnovits* ZfPW 2016, 1, 39 ff.

70 BGHZ 192, 90 Rn. 67 = NJW 2012, 1800, 1807 – IKB; zum Meinungsstand siehe *Buck-Heeb* KapMarktR Rn. 526 ff.

ten zustande gekommenen Kursbildung.[71] Auf eine Kenntnis des Anlegers von der falschen Ad-hoc-Mitteilung kann es im Zusammenhang mit dem Kursdifferenzschaden daher nicht ankommen.

Hinweis: Hier ist mit entsprechender Begründung auch ohne Weiteres eine andere Auffassung vertretbar.

bb) Schadenskausalität

65 Es genügt, dass bezüglich A, B und C Schadenskausalität, dh ein Ursachenzusammenhang zwischen der Fehlinformation und dem Kursdifferenzschaden, besteht. Diese Voraussetzung ist erfüllt (→ Rn. 44).

cc) Schadenshöhe

66 Wie bei § 826 BGB (→ Rn. 45f.) ist auch im Zusammenhang mit § 98 Abs. 1 Nr. 1 WpHG der Kursdifferenzschaden durch Abstellen auf die im Anschluss an das Bekanntwerden der Unrichtigkeit der Ad-hoc-Mitteilung erfolgte Kursreaktion zu bestimmen. Ersatzfähig sind hiernach 12 EUR pro Aktie.

6. Kein Ausschluss aufgrund § 57 Abs. 1 S. 1 oder § 71 AktG

67 Fraglich ist allerdings, ob ein Anspruch der A, B und C nach § 98 Abs. 1 Nr. 1 WpHG am aktienrechtlichen Rückgewährverbot des § 57 Abs. 1 S. 1 AktG scheitert. Dies liegt insoweit nahe, als alle drei Anspruchsteller im Rahmen der Schadensabwicklung aus dem Vermögen der F-AG kompensiert werden.

68 Die ganz hM verneint jedoch zu Recht eine entsprechende Ausschlusswirkung. Zum Teil wird dies damit begründet, das aktienrechtliche Rückgewährverbot erfasse nur Zahlungen, die aufgrund der mitgliedschaftlichen Stellung des Aktionärs gewährt werden. Der Schadensersatzanspruch aus § 98 Abs. 1 WpHG beruhe jedoch auf dem Verstoß der Aktiengesellschaft gegen gesetzliche Pflichten, die den Schutz des Kapitalmarktes bezwecken, sodass § 57 Abs. 1 S. 1 AktG schon gar nicht anwendbar sei.[72] Aber auch wenn man dem nicht folgt und das Rückgewährverbot als tatbestandlich einschlägig erachtet, gelangt man zu demselben Ergebnis. Als lex specialis und lex posterior setzt sich die Haftung nach dem WpHG gegen § 57 Abs. 1 S. 1 AktG durch.[73] Andernfalls würde die Haftung nach den §§ 97, 98 WpHG leerlaufen, was dem gesetzgeberischen Regelungsziel offensichtlich widerspricht. Diese Ansicht ist auch mit der KapitalRL vereinbar.[74] Im Ergebnis steht das aktienrechtliche Rückgewährverbot dem Anspruch daher nicht entgegen.

69 Im Fall des A stellt sich weiter die Frage, ob die mit dem Ersatz des Vertragsabschlussschadens verbunden Übertragung von Aktien auf die F-AG wegen des in § 71 AktG normierten Verbots des Erwerbs eigener Aktien ausgeschlossen ist. Auch insoweit geht man jedoch zu Recht davon aus, dass sich die Wertungen der §§ 97,

---

[71] BGHZ 192, 90 = NJW 2012, 1800, 1806 – IKB; Schwark/Zimmer/*Zimmer/Steinhaeuser* WpHG § 98 Rn. 105.

[72] Schwark/Zimmer/*Zimmer/Steinhaeuser* WpHG § 98 Rn. 18 mwN.

[73] Insbesondere BGH NJW 2005, 2450, 2452f. – EM.TV (allerdings zu § 826 BGB mit Verweis auf die §§ 37b, 37c aF WpHG [= §§ 97, 98 nF WpHG]); Schwark/Zimmer/*Zimmer/Steinhaeuser* WpHG § 98 Rn. 17; *Fleischer* ZIP 2005, 1805, 1810f.; *Buck-Heeb* KapMarktR Rn. 553.

[74] EuGH NZG 2014, 215 = ZIP 2014, 121 – Hirmann; *Verse/Wiersch* EuZW 2014, 375, 376. Näher zum Ganzen *Langenbucher* AktKapMarktR § 17 Rn. 177ff.

98 WpHG gegen die des AktG durchsetzen.[75] Zur Wahrung des mit § 71 AktG vorrangig verfolgten Ziels des Gläubigerschutzes genügt es, wenn die zum Schadensersatz verpflichtete Gesellschaft verpflichtet wird, die erworbenen Aktien schnellstmöglich abzustoßen.

Die Ersatzansprüche von A, B und C sind folglich nicht durch die §§ 57 Abs. 1 S. 1, 71 AktG ausgeschlossen. **70**

7. Ergebnis

A kann den Ersatz seines Vertragsabschlussschadens verlangen, also Zahlung von 10.000 EUR gegen Übertragung der Aktien. Wegen des weiteren Kursverfalls wäre diese Wahl für ihn wirtschaftlich vorteilhaft. B und C hingegen können lediglich den Ersatz des Kursdifferenzschadens iHv jeweils 6.000 EUR verlangen. **71**

II. Schadensersatzansprüche gemäß § 823 Abs. 1, § 31 BGB bzw. gemäß § 823 Abs. 2, § 31 BGB iVm § 20a Abs. 1 S. 1 Nr. 1 WpHG oder § 263 Abs. 1 StGB

Schadensersatzansprüche aus § 823 Abs. 1, § 31 BGB scheitern daran, dass es an einer die Vermögensschäden der A, B und C vermittelnden Rechtsgutsverletzung fehlt (→ Rn. 3). Die Schadensersatzansprüche aus § 823 Abs. 2, § 31 BGB iVm Art. 15, 12 Abs. 1 Buchst. c MAR oder § 263 Abs. 1 StGB scheitern an der fehlenden Schutzgesetzeigenschaft der Art. 15, 12 Abs. 1 Buchst. c MAR sowie daran, dass die Tatbestandsvoraussetzungen des § 263 Abs. 1 StGB nicht verwirklicht wurden (→ Rn. 5ff., 16ff.). **72**

III. Anspruch wegen vorsätzlicher sittenwidriger Schädigung gemäß § 826, § 31 BGB analog

A, B und C könnten weiterhin Ansprüche gemäß § 826 BGB, § 31 BGB analog gegen die F-AG zustehen. Gemäß § 98 Abs. 4 WpHG steht die Haftung aus § 98 Abs. 1 WpHG weitergehenden Ansprüchen des bürgerlichen Rechts nicht entgegen. § 826 BGB findet daher Anwendung.[76] Das Verhalten des Vorstandsvorsitzenden V wird der F-AG gemäß § 31 BGB analog zugerechnet. Das der F-AG zuzurechnende Verhalten des V erfüllte den Tatbestand des § 826 BGB (→ Rn. 20ff.). Ein Ausschluss des Anspruchs wegen eines Verstoßes gegen das aktienrechtliche Rückgewährverbot oder gegen das Verbot des Erwerbs eigener Aktien kommt nicht infrage, da auch im Rahmen des § 826 BGB das Integritätsinteresse der geschädigten Anleger gegenüber den §§ 57, 71 AktG vorrangig ist.[77] Die A, B und C gegenüber V aus § 826 BGB zustehenden Ansprüche können diese in gleicher Weise gegenüber der F-AG geltend machen. **73**

[75] Schwark/Zimmer/*Zimmer/Steinhaeuser* WpHG § 98 Rn. 17ff.; *Buck-Heeb* KapMarktR Rn. 553.

[76] *Buck-Heeb* KapMarktR Rn. 554; Staudinger/*Oechsler* BGB § 826 Rn. 382.

[77] BGH NJW 2005, 2450, 2452f. – EM.TV.

Fall 8. Drei sind einer zuviel

Bearbeitungszeit: 3 Stunden

Sachverhalt

Die X-GmbH mit Sitz in Mainz ist ihrer Satzung entsprechend auf dem Gebiet der Vermittlung und Verwaltung von Gewerbeimmobilien tätig. An ihrem Stammkapital iHv 60.000 EUR sind die Gesellschafter A, B und C, zwischen denen es nun schon länger aus verschiedenen Gründen immer wieder zu Streitereien kam, zu jeweils einem Drittel beteiligt. Die Stammeinlagen sind vollständig geleistet. Alleiniger Geschäftsführer der X-GmbH ist G.

Die Satzung der X-GmbH enthält seit jeher folgende Regelung:
„§ 6 Einziehung von Geschäftsanteilen
(1) Die Einziehung von Geschäftsanteilen durch Gesellschafterbeschluss ist zulässig. Die Einziehung des Geschäftsanteils eines Gesellschafters ist ohne dessen Zustimmung zulässig, wenn in der Person des Gesellschafters ein wichtiger Grund vorliegt.
(2) Die Einziehung bedarf eines Gesellschafterbeschlusses, der mit der Mehrheit der abgegebenen Stimmen gefasst wird.
(3) Dem ausscheidenden Gesellschafter steht eine nach dem Verkehrswert seines Anteils zu bestimmende Abfindung zu, die innerhalb von sechs Monaten an ihn zu zahlen ist.“

Als es im Herbst 2019 erneut zu Meinungsverschiedenheiten kommt – diesmal mit Gesellschafter C auf der einen Seite und A und B auf der anderen –, forcieren A und B ein Ausscheiden des C aus der Gesellschaft. In einer ordnungsgemäß einberufenen und auf den 30.10.2019 terminierten Gesellschafterversammlung, an der sämtliche Gesellschafter teilnehmen, wird mit den Stimmen von A und B – dh ohne Zustimmung des C – die Einziehung des Geschäftsanteils des C beschlossen. Notarin N, die als Versammlungsleiterin fungiert, stellt das Beschlussergebnis förmlich fest; zu diesem Zeitpunkt verfügt die X-GmbH bei guter Ertragslage über ungebundenes Kapital iHv 100.000 EUR. Weitere Beschlüsse fassen die Gesellschafter an diesem Tage nicht. C ist zutiefst verärgert und erwägt eine Klage gegen den Einziehungsbeschluss, sieht hiervon jedoch auf Anraten seiner Rechtsanwältin ab.

Anfang 2020 erarbeitet G einen Vorschlag für die Eröffnung weiterer Standorte der X-GmbH im Rhein-Main-Gebiet. Die damit verbundene Expansion würde finanzielle Vorteile mit sich bringen und läge deshalb, wie G zutreffend unterstellt, durchaus im Interesse der Gesellschaft. Ohne eine diesbezügliche Weisung der Anteilseigner will G jedoch nicht tätig werden, weshalb er unter Mitteilung einer entsprechenden Tagesordnung abermals eine Gesellschafterversammlung einberuft. Diese wird auf den 20.3.2020 terminiert und soll wieder von N geleitet werden. Da G davon ausgeht, dass C aufgrund des Einziehungsbeschlusses vom 30.10.2019 der Gesellschaft schon nicht mehr angehört, lädt er freilich nur A und B – mittels eingeschriebener Briefe – zu der Versammlung ein.

Zur allgemeinen Verwunderung erscheint neben A und B jedoch auch C am 20.3.2020 im Versammlungslokal. C erklärt wahrheitsgemäß, dass er bislang keinerlei Abfindungsleistung erhalten habe, und meint daher „immer noch ein Wörtchen mitreden zu können". Nach kurzer Diskussion verständigen sich die Beteiligten darauf, dass C „unter Vorbehalt" an der Versammlung teilnehmen solle und man die damit verbundenen Rechtsfragen ggf. später klären werde.

Als G den Versammlungsteilnehmern seine Expansionspläne schildert, sind A und C begeistert. B ist in der Sache ebenfalls angetan, erklärt jedoch, sich einem Weisungsbeschluss zwar nicht aus inhaltlichen, wohl aber aus formalen Gründen zu verschließen: Nach seiner Ansicht sind die relevanten Maßnahmen, so sinnvoll sie auch sein mögen, nicht etwa von der Gesellschafterversammlung zu beschließen, sondern können von G auch ohne deren Zutun durchgeführt werden. A und C sind empört, dass B die geplante Expansion nicht absegnen möchte, obwohl er deren Sinnhaftigkeit nachweislich erkennt, und stimmen ihrerseits für eine Weisungserteilung an G. N stellt daraufhin förmlich fest, dass der Weisungsbeschluss mit den Stimmen von A und C trotz der Gegenstimme des B im Ergebnis zustande gekommen sei.

Am 10.4.2020 sucht B seine Rechtsanwältin auf und möchte wissen, ob er gegen den Weisungsbeschluss vom 20.3.2020 gerichtlich vorgehen kann.

Prüfen Sie dies in einem Rechtsgutachten, das auf alle im Sachverhalt aufgeworfenen Rechtsfragen eingeht!

Bearbeitervermerk: Für die Fallbearbeitung ist zu unterstellen, dass der Inhalt der Gesellschafterliste der X-GmbH (§ 40 GmbHG) zu jedem Zeitpunkt der materiellen Rechtslage entsprach. Zudem ist davon auszugehen, dass der Geschäftsanteil des C am 30.10.2019 einen Verkehrswert von 100.000 EUR hatte.

Gliederung

Lösungsskizze

A. Zulässigkeit

I. Statthafte Klageart
(+), Anfechtungsklage analog § 246 AktG, da Beschluss von Versammlungsleiterin förmlich festgestellt
II. Zuständiges Gericht
(+), LG Mainz (Kammer für Handelssachen) analog § 246 Abs. 3 S. 1, 2 AktG
III. Zwischenergebnis
Zulässigkeit (+)

B. Begründetheit

I. Richtiger Beklagter (Passivlegitimation)
Klage ist gegen die X-GmbH zu richten (§ 246 Abs. 2 S. 1 AktG analog)
II. Anfechtungsbefugnis
(+), jeder GmbH-Gesellschafter unabhängig von § 245 AktG
III. Anfechtungsfrist
(+), da Monatsfrist analog § 246 Abs. 1 AktG (Leitbild) noch zu wahren
IV. Anfechtungsgründe
1. Zuständigkeit der Gesellschafterversammlung
(+), da Allzuständigkeit der Gesellschafterversammlung in der GmbH
2. Erforderliche Stimmenmehrheit
a) Stimmberechtigung des C
aa) Rechtmäßigkeit des Einziehungsbeschlusses
(1) Gesetzliche Anforderungen an die Einziehung von Geschäftsanteilen: Voraussetzungen des § 34 GmbHG
(2) Anwendung auf den Fall
(+), da etwa fehlender Einziehungsgrund bereits nicht mehr gerügt werden kann und alle sonstigen Voraussetzungen erfüllt
(3) Sonderproblem: Verstoß gegen das Konvergenzgebot
(–), da Nichtigkeitssanktion weder systematisch noch teleologisch zu rechtfertigen (str.)
bb) Eintritt der rechtsvernichtenden Wirkung
(+), da sofortige Wirksamkeit gegenüber Bedingungslösung vorzugswürdig (str.)
b) Wirksamkeit der Stimmen des B
aa) Herleitung der Treuepflicht
Für GmbH-Gesellschafter schon seit Langem anerkannt; Bezugspunkt im Vertikalverhältnis: Gesellschaftsinteresse bzw. Gesellschaftszweck; treuwidrig abgegebene Stimmen sind nichtig
bb) Treuepflichtverstoß des B?
(–), da Grenze zur positiven Stimmpflicht nach den Umständen noch nicht überschritten (str.); Stimmen des B also wirksam
c) Zwischenergebnis
Stimmenpatt (+), daher Beschluss nicht wirksam zustande gekommen; Anfechtungsgrund (+)

3. Einberufungsfehler
   (–), da C schon nicht mehr Gesellschafter der X-GmbH war und daher in der Tat nicht geladen werden musste; gleichwohl erfolgte Teilnahme des C ist unschädlich, da alle Beteiligten einverstanden waren
4. Endergebnis zur Begründetheit
   Klage begründet, da Beschluss nicht wirksam zustande gekommen (+)

C. Gesamtergebnis:

Klage des B wäre zulässig und begründet (+)

Lösung

Hinweis: Die Schwerpunkte des Falles liegen in unterschiedlichen Bereichen. Zum einen geht es um die anspruchsvolle Frage, unter welchen Voraussetzungen die Gesellschafterversammlung einer GmbH die Einziehung von Geschäftsanteilen beschließen kann und zu welchem Zeitpunkt ein solcher Beschluss ggf. wirksam wird. Zum anderen ist zu diskutieren, ob sich aus der mitgliedschaftlichen Treuepflicht des Gesellschafters eine positive Zustimmungspflicht zu bestimmten Beschlussvorlagen ergeben kann und, falls ja, wann dies im Einzelnen anzunehmen ist. Prozessualer Aufhänger ist eine Beschlussmängelklage gemäß § 246 AktG analog.

B kann gegen den Weisungsbeschluss vom 20.3.2020 gerichtlich vorgehen, wenn eine entsprechende Klage zulässig und begründet wäre.[1] **1**

A. Zulässigkeit

Eine Klage des B wäre zulässig, wenn die erforderlichen Sachentscheidungsvoraussetzungen vorliegen. **2**

I. Statthafte Klageart

Fraglich ist zunächst, mit welcher Klageart B den Weisungsbeschluss eventuell zu Fall bringen kann. Da die Kassation von Gesellschafterbeschlüssen im GmbHG nicht geregelt ist, finden nach hM die §§ 241 ff. AktG entsprechende Anwendung, soweit die strukturellen Besonderheiten der GmbH keine Abweichung gebieten.[2] Voraussetzung ist allerdings, dass der Beschluss von einem Versammlungsleiter förmlich festgestellt wurde, wofür es nicht unbedingt einer notariellen Beurkundung bedarf.[3] Andernfalls kann der Gesellschafter die Rechtswidrigkeit des Beschlusses, die dann ohne Weiteres zu dessen Nichtigkeit führt, mit einer einfachen Feststellungsklage (§ 256 ZPO) klären.[4] **3**

Vorliegend hat Versammlungsleiterin N das Beschlussergebnis förmlich festgestellt, sodass B mit einer Anfechtungs- oder mit einer Nichtigkeitsklage gegen den Be- **4**

[1] Eingehend zum Prüfungsaufbau *Langenbucher* AktKapMarktR § 6 Rn. 301 ff.

[2] BGHZ 11, 231, 235 = NJW 1954, 385; 101, 113, 117 = NJW 1987, 2514; *Bitter/Heim* GesR § 4 Rn. 125 f.; krit. Baumbach/Hueck/*Zöllner/Noack* GmbHG Anh. § 47 Rn. 3 ff.

[3] BGHZ 104, 66, 69 = NJW 1998, 1844; MHLS/*Römermann* GmbHG Anh. § 47 Rn. 11; anders noch BGHZ 51, 209, 211 f. = NJW 1969, 841.

[4] BGHZ 104, 66, 69 = NJW 1998, 1844; BGH NZG 2016, 552 Rn. 32; *Bitter/Heim* GesR § 4 Rn. 126.

schluss vorgehen könnte (§ 246 bzw. § 249 AktG analog). Die Abgrenzung richtet sich vordergründig danach, ob mit der Klage lediglich Anfechtungs- (§ 243 AktG) oder sogar Nichtigkeitsgründe (§ 241 AktG) geltend gemacht werden, wobei das Prozessgericht im ersten Fall den Beschluss für nichtig erklärt (§ 248 Abs. 1 S. 1 AktG) und im zweiten die Nichtigkeit lediglich feststellt, sofern der Kläger im Prozess obsiegt.[5] Da jedoch beide Klagen prozessual auf die Klärung der Nichtigkeit des Beschlusses mit Wirkung für und gegen jedermann abzielen, ist ihr Streitgegenstand nach hM identisch.[6] Dementsprechend hat das Gericht unabhängig davon, ob der Kläger formal eine Anfechtungs- oder eine Nichtigkeitsklage erhebt, stets den gesamten vorgetragenen Sachverhalt auf sämtliche Beschlussmängel hin zu überprüfen.[7]

Hinweis: Die verbreitete anwaltliche Praxis, die Nichtigkeit des Beschlusses im Rahmen eines Hauptantrages und die Anfechtbarkeit im Rahmen eines Hilfsantrages (sog. Eventualklage) geltend zu machen, ist vor diesem Hintergrund entbehrlich.[8]

5 Mit Blick auf den Sachverhalt kommen vorliegend zwar keine Nichtigkeits-, wohl aber mehrere Anfechtungsgründe in Betracht,[9] sodass eine Klage des B jedenfalls analog § 246 AktG statthaft wäre.

II. Zuständiges Gericht

6 Zuständig für Klagen gegen den Weisungsbeschluss ist das Landgericht am Sitz der Gesellschaft, hier also das LG Mainz (§ 246 Abs. 3 S. 1 AktG analog). Die funktionale Zuständigkeit liegt bei der dortigen Kammer für Handelssachen (§ 246 Abs. 3 S. 2 AktG analog, §§ 94, 95 Abs. 2 Nr. 1 GVG).

III. Zwischenergebnis

7 Eine Klage des B wäre zulässig.

B. Begründetheit

8 Die Klage müsste aber auch begründet sein. Dies wäre vorliegend anzunehmen, wenn die Klage gegen den richtigen Beklagten gerichtet wird und überdies ein Anfechtungsgrund vorliegt, den B als anfechtungsbefugte Person innerhalb der gesetzlichen Anfechtungsfrist geltend macht.

Hinweis: Die Anfechtungsbefugnis des Klägers und die Wahrung der Anfechtungsfrist sind nach ganz hM Bestandteile der Begründetheitsprüfung, weil mit der Anfechtungsklage ein materiell-rechtlicher Anspruch des Gesellschafters auf gesetzes- und satzungskonforme Beschlussfassung geltend gemacht wird, der dogmatisch in der Mitgliedschaft wurzelt.[10] Etwaige Nichtigkeitsgründe könnte der Gesellschafter aber auch außerhalb der gesetzlichen Anfechtungsfrist noch geltend machen.[11]

---

[5] Die Anfechtungsklage ist also Gestaltungsklage, die Nichtigkeitsklage Feststellungsklage; näher *Hüffer/Koch* AktG § 248 Rn. 4 und § 249 Rn. 10; *Langenbucher* AktKapMarktR § 6 Rn. 325 ff.

[6] BGHZ 134, 364, 366 = NJW 1997, 1510; *Langenbucher* AktKapMarktR § 6 Rn. 297; MüKoGmbHG/*Wertenbruch* GmbHG Anh. § 47 Rn. 220, 224.

[7] *Hüffer/Koch* AktG § 246 Rn. 13; *Langenbucher* AktKapMarktR § 6 Rn. 244, 280, 297.

[8] Näher Spindler/Stilz/*Drescher* AktG § 241 Rn. 15.

[9] Das Nähere ist natürlich erst in der Begründetheit zu prüfen; ausführlich → Rn. 12 ff.

[10] *Langenbucher* AktKapMarktR § 6 Rn. 283, 294, 304; MüKoAktG/*Hüffer/Schäfer* AktG § 243 Rn. 8 mwN; teilweise aA *Drygala/Staake/Szalai*, § 11 Rn. 173 ff.

[11] *Hüffer/Koch* AktG § 249 Rn. 19; *Langenbucher* AktKapMarktR § 6 Rn. 243 ff. mwN.

I. Richtiger Beklagter (Passivlegitimation)

B müsste seine Klage unmittelbar gegen die X-GmbH als Beklagte richten (§ 246 Abs. 2 S. 1 AktG analog). **9**

II. Anfechtungsbefugnis

Sodann müsste B auch anfechtungsbefugt sein. Während die Anfechtungsbefugnis eines Aktionärs regelmäßig davon abhängt, ob er gemäß § 245 Nr. 1 AktG Widerspruch zur Niederschrift gegen den Beschluss in der Hauptversammlung erklärt hat, ist im GmbH-Recht grundsätzlich jeder Gesellschafter zur Anfechtung berechtigt, selbst wenn er nicht einmal an der Gesellschafterversammlung teilgenommen hat.[12] Dies erklärt sich unter anderem damit, dass die Gesellschafterbeschlüsse einer GmbH im Gegensatz zu Hauptversammlungsbeschlüssen (§ 130 AktG) grundsätzlich nicht protokollierungspflichtig sind.[13] Die Anfechtungsbefugnis des B ist also ohne Weiteres zu bejahen. **10**

III. Anfechtungsfrist

Fraglich ist sodann, ob B bei der Klageerhebung auch eine Frist zu beachten hätte. Obschon die Anfechtungsklage im Aktienrecht stets innerhalb der Monatsfrist des § 246 Abs. 1 AktG zu erheben ist, kann auch diese Vorschrift jedenfalls nicht unverändert in das GmbH-Recht übertragen werden. Dem BGH zufolge kommt ihr allenfalls eine Leitbildfunktion zu, sodass eine Überschreitung der Monatsfrist dem GmbH-Gesellschafter nicht schadet, wenn „zwingende Umstände" ihn an einer früheren Klageerhebung hindern.[14] Vorliegend könnte B aber auch die strenge Monatsfrist – berechnet ab dem 20.3.2020 – noch problemlos einhalten, da diese im Zeitpunkt der Begutachtung (10.4.2020) längst noch nicht verstrichen ist.[15] **11**

Hinweis: Im Gegensatz zum Aktienrecht, wo der Grundsatz der Satzungsstrenge gilt (§ 23 Abs. 5 AktG), ist es bei einer GmbH möglich, die Anfechtungsfrist abweichend von § 246 Abs. 1 AktG im Gesellschaftsvertrag zu regeln, wobei allerdings nur eine Verlängerung der Monatsfrist zugunsten des Gesellschafters in Betracht kommt.[16]

IV. Anfechtungsgründe

Ebenso wie ein Hauptversammlungsbeschluss in der AG kann auch ein Beschluss der GmbH-Gesellschafterversammlung angefochten werden, wenn er gegen das **12**

---

12 Wohl allgA; näher Scholz/*K. Schmidt* GmbHG § 45 Rn. 129; *Bitter/Heim* GesR § 4 Rn. 125.

13 Näher Baumbach/Hueck/*Zöllner/Noack* GmbHG Anh. § 47 Rn. 136ff.; MHLS/*Römermann* GmbHG Anh. § 47 Rn. 383ff.

14 BGH NZG 2009, 1110; 2005, 551, 553 – jeweils mwN; zuletzt auch OLG Dresden ZIP 2020, 1354ff.; ferner Lutter/Hommelhoff/*Bayer* GmbHG Anh. § 47 Rn. 63; MüKoGmbHG/*Wertenbruch* GmbHG Anh. § 47 Rn. 302; *Bitter/Heim* GesR § 4 Rn. 125.

15 Der Fristlauf beginnt an dem Tag, der auf die Gesellschafterversammlung folgt, auf der der angefochtene Beschluss gefasst wurde (§ 187 Abs. 1 BGB). Für das Fristende gelten die §§ 188 Abs. 2, 193 BGB. Die Monatsfrist verstreicht daher vorliegend erst mit Ablauf des 20.4.2020.

16 BGHZ 104, 66, 71ff. = NJW 1988, 1844; MüKoGmbHG/*Wertenbruch* GmbHG Anh. § 47 Rn. 307. Eine Frist von mehr als drei Monaten dürfte jedoch unangemessen sein; Lutter/Hommelhoff/*Bayer* GmbHG Anh. § 47 Rn. 63.

Gesetz oder die Satzung verstößt (§ 243 Abs. 1 AktG analog).[17] Vorliegend ist namentlich zu klären, (1.) ob die Gesellschafterversammlung für die Beschlussfassung überhaupt zuständig war, (2.) ob die erforderliche Abstimmungsmehrheit ordnungsgemäß zustande kam und (3.) ob die gesetzlichen Einberufungsvorschriften beachtet wurden.

Hinweis: Gelegentlich wird es sich anbieten, die in Betracht kommenden Anfechtungsgründe (ähnlich wie im öffentlichen Recht[18]) aufbautechnisch in formelle und materielle Rechtsverstöße zu unterteilen, da sich die Bewertungsmaßstäbe im Einzelnen unterscheiden. Insbesondere ziehen Verfahrensfehler nach hM lediglich dann eine Anfechtbarkeit nach sich, wenn sie sich als „relevant" iSd Relevanztheorie erweisen, während diese Einschränkung für materielle Beschlussmängel nicht gilt.[19] Zum Ganzen auch → Fall 10 Nach Rn. 40 Hinweise (2.).

1. Zuständigkeit der Gesellschafterversammlung

13 Zunächst müsste die Gesellschafterversammlung für die Fassung des Weisungsbeschlusses zuständig gewesen sein. Im Gegensatz zur AG, wo die Hauptversammlung über Fragen der Geschäftsführung grundsätzlich nur in den Fällen des § 119 Abs. 2 AktG beschließen kann,[20] genießt die Gesellschafterversammlung bei der GmbH eine sog. Allzuständigkeit iS eines Initiativrechts auch und gerade in Bezug auf die Geschäftsführung.[21] Damit ist insbesondere ein Weisungsrecht gegenüber den Geschäftsführern verbunden, das im Gesetz zwar nicht ausdrücklich geregelt ist, aus den §§ 37 Abs. 1 aE, 43 Abs. 3 S. 3, 46 Nr. 6 GmbHG aber abgeleitet werden kann.[22] Die Gesellschafterversammlung der X-GmbH war daher ohne Weiteres zur Beschlussfassung berufen.

2. Erforderliche Stimmenmehrheit

14 Der Weisungsbeschluss könnte jedoch anfechtbar sein, wenn Versammlungsleiterin N das Beschlussergebnis fehlerhaft festgestellt hat.[23] Dieses wäre anzunehmen, wenn die gemäß § 47 Abs. 1, 2 GmbHG erforderliche einfache (Kapital-)Mehrheit der abgegebenen Stimmen,[24] die N laut Sachverhalt förmlich festgestellt hat, in Wahrheit nicht zustande kam.[25] Da A und C für den Beschluss votiert haben, scheint die erforderliche Mehrheit zwar auf den ersten Blick erreicht. Allerdings ist

---

17 Lutter/Hommelhoff/*Bayer* GmbHG Anh. § 47 Rn. 43; Baumbach/Hueck/*Zöllner/Noack* GmbHG Anh. § 47 Rn. 83; *Drygala/Staake/Szalai* § 11 Rn. 171.

18 Siehe etwa *Geis,* Fälle zum Polizei- und Ordnungsrecht, 3. Aufl. 2019.

19 Näher *Langenbucher* AktKapMarktR § 6 Rn. 248 ff.; *Drygala/Staake/Szalai* § 11 Rn. 172.

20 Eine Ausnahme gilt für Geschäftsführungsmaßnahmen, bei denen eine ungeschriebene Beschlusskompetenz der Hauptversammlung besteht, was namentlich die sog. „Holzmüller"-Fälle betrifft; näher *Hüffer/Koch* AktG § 119 Rn. 16 ff.; *Langenbucher* AktKapMarktR § 6 Rn. 42 ff.

21 Baumbach/Hueck/*Zöllner/Noack* GmbHG § 46 Rn. 89 ff.; MHLS/*Römermann* GmbHG § 46 Rn. 3 ff.

22 *Bitter/Heim* GesR § 4 Rn. 107; *Drygala/Staake/Szalai* § 11 Rn. 122; Baumbach/Hueck/*Zöllner/Noack* GmbHG § 46 Rn. 91.

23 Zu dieser Art Beschlussmangel ganz allgemein Henssler/Strohn/*Drescher* AktG § 243 Rn. 17 f.; *Hüffer/Koch* AktG § 243 Rn. 11; *Drygala/Staake/Szalai* § 11 Rn. 147 ff. mwN.

24 Zu diesem Regelquorum sowie zu möglichen Verschärfungen siehe Baumbach/Hueck/*Zöllner/Noack* GmbHG § 47 Rn. 23 ff.; *Bitter/Heim* GesR § 4 Rn. 113.

25 Durch die förmliche Beschlussfeststellung durch den Versammlungsleiter wird das festgestellte Beschlussergebnis vorläufig verbindlich und kann sodann nur noch im Wege der Anfechtungsklage beseitigt werden; *Drygala/Staake/Szalai* § 11 Rn. 148; MüKoAktG/*Hüffer/Schäfer* AktG § 243 Rn. 41.

fraglich, ob die Stimmen des C überhaupt von N hätten berücksichtigt werden dürfen, da C der Gesellschaft im Zeitpunkt der Beschlussfassung womöglich gar nicht mehr angehörte. Andererseits könnten aber auch die (Gegen-)Stimmen des B unwirksam sein, falls diesem im Rahmen der Abstimmung eine Treuepflichtverletzung unterlief. Unter diesen Bedingungen hätte im Ergebnis allein A in der Versammlung wirksam abgestimmt.

a) Stimmberechtigung des C

Was zunächst die Stimmberechtigung des C betrifft, könnte diese am 20.3.2020 **15**
aufgrund des Einziehungsbeschlusses vom 30.10.2019 bereits nicht mehr bestanden haben. Eine Einziehung von Geschäftsanteilen, die das Gesetz in § 34 GmbHG regelt, bewirkt ganz generell, dass der betroffene Geschäftsanteil untergeht, womit sämtliche Rechte und Pflichten aus dem Geschäftsanteil erlöschen. Als Konsequenz verliert der betroffene Gesellschafter seine Mitgliedschaft und scheidet aus der Gesellschaft aus, sodass sich die Beteiligungsquoten der verbleibenden Gesellschafter entsprechend erhöhen.[26]

Hinweis: Die Einziehung (auch „Amortisation" genannt) ist von einer Reihe weiterer Rechtsfiguren abzugrenzen, die ebenfalls zum Verlust der GmbH-Gesellschafterstellung führen, insbesondere zum Ausschluss und zur Kaduzierung. Der Ausschluss eines Gesellschafters, der im Gesetz nicht geregelt ist, bei Vorliegen eines wichtigen Grundes aber möglich sein muss,[27] beendet lediglich die Mitgliedschaft des Gesellschafters, führt aber im Gegensatz zur Einziehung nicht etwa zum Untergang des Geschäftsanteils.[28] Infolgedessen stellt sich die (im Einzelnen umstrittene) Frage, was genau mit dem Geschäftsanteil des Ausgeschlossenen eigentlich geschieht, sobald der Ausschluss wirksam wird.[29] Demgegenüber setzt die Kaduzierung gemäß §§ 21–24 GmbHG unter den dort genannten Voraussetzungen – ebenso wie die Einziehung – unmittelbar am Geschäftsanteil an. Im Gegensatz zur Einziehung führt sie aber nicht zu dessen Vernichtung, sondern lässt ihn formal (vorübergehend) auf die Gesellschaft übergehen, damit diese ihn nach Maßgabe der §§ 22 ff. GmbHG verwerten kann.[30] Im Übrigen kann der Gesellschafter unter bestimmten Voraussetzungen aus der Gesellschaft austreten[31] oder den Geschäftsanteil gemäß § 27 Abs. 1 GmbHG preisgeben (Abandon).[32]

Mit dieser Maßgabe hätten die Stimmen des C bei der Auszählung außer Acht **16**
bleiben müssen, wenn der Einbeziehungsbeschluss vom 30.10.2019 einerseits rechtmäßig war, dh nicht etwa an einem nichtigkeitsbegründenden Mangel litt (→ Rn. 17 ff.), und andererseits seine rechtsvernichtende Wirkung zum 20.3.2020 auch bereits entfaltet hatte (→ Rn. 29 ff.).

Hinweis: Zur Bewältigung der zahlreichen Einzelprobleme, die mit der Einziehung verbunden sind, ist ein schrittweises Vorgehen unverzichtbar.

26 Roth/Altmeppen/*Altmeppen* GmbHG § 34 Rn. 82; MüKoGmbHG/*Strohn* GmbHG § 34 Rn. 59 ff.; *Bitter/Heim* GesR § 4 Rn. 95 ff.

27 Näher *Bitter/Heim* GesR § 4 Rn. 98 ff.; Baumbach/Hueck/*Kersting* GmbHG § 34 Rn. 2; MHLS/*Sosnitza* GmbHG Anh. § 34 Rn. 6 ff. mwN.

28 Baumbach/Hueck/*Kersting* GmbHG Anh. § 34 Rn. 15 ff.; *Windbichler* GesR § 22 Rn. 26 f.

29 Näher dazu *Drygala/Staake/Szalai* § 12 Rn. 71 f.; *Windbichler* GesR § 22 Rn. 27.

30 MHLS/*Ebbing* GmbHG § 21 Rn. 116; MüKoGmbHG/*Schütz* GmbHG § 21 Rn. 88 ff.; ausführlich Habersack/Casper/Löbbe/*Leuschner* GmbHG § 21 Rn. 57 ff.

31 *Bitter/Heim* GesR § 4 Rn. 102; *Windbichler* GesR § 22 Rn. 28.

32 *Windbichler* GesR § 23 Rn. 5; Baumbach/Hueck/*Kersting* GmbHG § 27 Rn. 1 f.

aa) Rechtmäßigkeit des Einziehungsbeschlusses

17 Der Einziehungsbeschluss könnte nichtig sein, falls die gesetzlichen Anforderungen ganz oder teilweise missachtet wurden.

(1) Gesetzliche Anforderungen an die Einziehung von Geschäftsanteilen

18 Das Gesetz lässt die Einziehung von Geschäftsanteilen nur unter engen Voraussetzungen zu. Ausgangspunkt ist § 34 Abs. 1 GmbHG, wonach eine Einziehung nur erfolgen darf, soweit die Satzung diese Möglichkeit eröffnet. Erforderlich ist stets ein Gesellschafterbeschluss mit einfacher Mehrheit (§§ 46 Nr. 4 Var. 3, 47 Abs. 1 GmbHG), sofern die Satzung kein höheres Quorum vorschreibt. Handelt es sich um eine Zwangseinziehung, dh eine Einziehung gegen den Willen des Betroffenen, müssen die Voraussetzungen der Einziehung bereits in der Satzung geregelt gewesen sein, als der Gesellschafter den Geschäftsanteil erwarb (§ 34 Abs. 2 GmbHG). Zudem hat der Gesellschafter grundsätzlich einen Anspruch gegen die Gesellschaft auf Zahlung einer Abfindung iHd Verkehrswertes seines Anteils, was sich regelmäßig aus der Satzung selbst, andernfalls in Analogie zu § 738 Abs. 1 S. 2 BGB ergibt.[33] Allerdings darf die Abfindung immer nur aus dem Reinvermögen der Gesellschaft geleistet werden, sodass durch sie keine Unterbilanz entstehen oder vertieft werden darf (§§ 34 Abs. 3, 30 Abs. 1 S. 1 GmbHG).[34] Steht bei der Beschlussfassung bereits fest, dass die Abfindung das Stammkapital berührt, ist der Beschluss analog § 241 Nr. 3 AktG nichtig.[35] Im Übrigen darf die Einziehung nur erfolgen, wenn die auf den einzuziehenden Anteil zu erbringende Einlage (§ 14 GmbHG) vollständig geleistet ist. Andernfalls würde der Gesellschafter von seiner Pflicht zur Einlagenleistung frei, was § 19 Abs. 2 S. 1 GmbHG untersagt.[36]

(2) Anwendung auf den Fall

19 Hieran gemessen ist zunächst festzustellen, dass § 6 der Gesellschaftssatzung der X-GmbH „seit jeher" eine Regelung enthält, die § 34 GmbHG entspricht. § 6 Abs. 1 S. 2 gestattet insbesondere eine Zwangseinziehung, wie sie vorliegend am 30.10.2019 erfolgte. Der dazu erforderliche Einziehungsbeschluss wurde auch mit der nötigen Mehrheit gemäß § 6 Abs. 2 der Satzung gefasst, indem A und B für die Einziehung votierten.[37] Die Stammeinlage des C war zu diesem Zeitpunkt bereits geleistet. Zudem sprach § 6 Abs. 3 dem B eine Abfindung iHd Verkehrswertes seines Geschäftsanteils zu, die das Vermögen der Gesellschaft nicht überforderte: Da die X-GmbH „bei guter Ertragslage" über ungebundenes Kapital iHv 100.000 EUR verfügte, was laut Bearbeitungsvermerk dem Verkehrswert des einzuziehenden Geschäftsanteils entsprach, standen die §§ 34 Abs. 3, 30 Abs. 1 S. 1 GmbHG einer Einziehung nicht entgegen.

20 Fraglich ist allenfalls, ob in der Person des C ein wichtiger Grund vorlag, der die Einziehung gemäß § 6 Abs. 1 S. 2 der Satzung überhaupt erst ermöglichte.

[33] Wohl allgM; näher Baumbach/Hueck/*Kersting* GmbHG § 34 Rn. 22; Scholz/*H. P. Westermann* GmbHG § 34 Rn. 25; *Bitter/Heim* GesR § 4 Rn. 97; *Drygala/Staake/Szalai* § 12 Rn. 79.

[34] Näher *Bitter/Heim* GesR § 4 Rn. 97a; *Windbichler* GesR § 22 Rn. 25.

[35] BGHZ 192, 236 Rn. 7 = NZG 2012, 259; 210, 186 Rn. 13 = NZG 2016, 742; BGH NZG 2018, 1069; MüKoGmbHG/*Strohn* GmbHG § 34 Rn. 31, 72 mwN.

[36] BGHZ 203, 303 Rn. 31 = NJW 2015, 1385; MüKoGmbHG/*Strohn* GmbHG § 34 Rn. 30.

[37] B hatte bei dieser Abstimmung noch nicht einmal ein Stimmrecht, vgl. BGHZ 203, 303 Rn. 16 = NJW 2015, 1385 NJW; Baumbach/Hueck/*Kersting* GmbHG § 34 Rn. 14 mwN.

Hinweis: Eine Satzungsklausel, welche die Zwangseinziehung eines Geschäftsanteils unabhängig vom Vorliegen eines wichtigen Grundes zulässt, soll nach der hM idR gemäß § 138 BGB unwirksam sein.[38]

Hieran könnte man zweifeln, da der Sachverhalt lediglich von „Meinungsverschiedenheiten" zwischen den Gesellschaftern spricht, ohne die Umstände näher darzustellen. 21

Letzteres kann allerdings dahinstehen, falls ein hierin (eventuell) liegender Fehler des Einziehungsbeschlusses inzwischen jedenfalls nicht mehr gerügt werden könnte. Ebenso wie im Aktien- ist auch im GmbH-Recht anerkannt, dass Beschlussmängel, die lediglich zur Anfechtbarkeit, nicht aber zur Nichtigkeit eines Gesellschafterbeschlusses führen, innerhalb der gesetzlichen Anfechtungsfrist (→ Rn. 11) geltend gemacht werden müssen, da der Beschluss andernfalls in Bestandskraft erwächst.[39] Dies gilt auch bei der Einziehung von Geschäftsanteilen, wo das Fehlen eines Einziehungsgrundes lediglich zur Anfechtbarkeit, nicht aber zur Nichtigkeit des Einziehungsbeschlusses führt.[40] Da C auf Anraten seiner Anwältin von einer Beschlussanfechtung absah, ist der Einziehungsbeschluss insoweit – nach Ablauf von knapp fünf Monaten – in der Tat bestandskräftig geworden, sodass ein etwa fehlender Einziehungsgrund nicht mehr gerügt werden kann. 22

Hinweis: Längere Ausführungen dazu, ob ein wichtiger Grund tatsächlich vorlag, wären vor diesem Hintergrund verfehlt. Woraus sich ein wichtiger Grund im Einzelnen ergeben kann, lässt sich im Schrifttum umfassend nachlesen.[41]

(3) Sonderproblem: Verstoß gegen das Konvergenzgebot

Problematisch ist allerdings, dass es mit dem Untergang eines Geschäftsanteils im Wege der Einziehung zu einem Auseinanderfallen zwischen der Stammkapitalziffer (hier: 60.000 EUR) und der Summe der Nennbeträge der verbleibenden Geschäftsanteile (hier: 40.000 EUR) kommt.[42] Dies ist nach dem sog. Konvergenzgebot des § 5 Abs. 3 S. 2 GmbHG unzulässig. 23

Infolgedessen stellt sich die Frage, ob die Gesellschafter zeitgleich mit der Einziehung bestimmte Maßnahmen zur Anpassung der Summe der Nennbeträge der Geschäftsanteile an den Nennbetrag des Stammkapitals hätten treffen müssen, etwa indem sie eine Kapitalherabsetzung gemäß § 58 GmbHG, eine nominelle Aufstockung der Nennbeträge oder die Schaffung eines neuen Geschäftsanteils herbeiführen.[43] § 34 GmbHG selbst schweigt sich in dieser Hinsicht aus. 24

Ob entsprechende Maßnahmen geboten sind und welche Konsequenzen bei einer Nichtumsetzung drohen, ist jedoch umstritten.[44] Während die Einziehung des Geschäftsanteils nach einer ersten Ansicht nichtig ist, falls das Konvergenzgebot miss- 25

38 Vgl. BGHZ 112, 103, 107 f. = NJW 1990, 2622; *Bitter/Heim* GesR § 4 Rn. 96 mwN.

39 Vgl. Hölters/*Englisch* AktG § 241 Rn. 8; MHLS/*Römermann* GmbHG Anh. § 47 Rn. 456.

40 BGH NJW-RR 1991, 1249 = GmbHR 1991, 362; MüKoGmbHG/*Strohn* GmbHG § 34 Rn. 83; MHLS/*Sosnitza* GmbHG § 34 Rn. 86; MüKoGmbHG/*Liebscher* GmbHG § 46 Rn. 94a.

41 Exemplarisch Baumbach/Hueck/*Kersting* GmbHG § 34 Rn. 10 mwN.

42 So jedenfalls die ganz herrschende Deutung in Rspr. und Lehre. Nur vereinzelt wird angenommen, dass sich die Nennbeträge der verbleibenden Anteile im Zuge der Einziehung automatisch verhältnismäßig erhöhen, siehe etwa Roth/Altmeppen/*Altmeppen* GmbHG § 34 Rn. 93; dagegen BGHZ 203, 303 Rn. 29 iVm Rn. 21 = NJW 2015, 1385.

43 Siehe MüKoGmbHG/*Strohn* GmbHG § 34 Rn. 67 ff.; *Bitter/Heim* GesR § 4 Rn. 95 aE.

44 Ausführlich zum Streitstand MüKoGmbHG/*Strohn* GmbHG § 34 Rn. 64 ff.

achtet wird,[45] ist Letzteres nach der herrschenden Gegenmeinung unschädlich. Es bestehe allenfalls eine Pflicht zur baldigen Beseitigung dieses Zustandes, deren Verletzung jedoch keinerlei Rechtsfolgen nach sich ziehe.[46] Nach einer dritten Meinung ist der Einziehungsbeschluss ungeachtet der Diskrepanz zwischen den Nennbeträgen der Geschäftsanteile und dem Stammkapital zumindest vorläufig wirksam. Er werde jedoch rückwirkend nichtig, falls die Gesellschafter nicht binnen „angemessener Frist" einen Gleichlauf iSd § 5 Abs. 3 S. 2 GmbHG herbeiführen.[47]

26 Der hM ist zu folgen. Die erste Ansicht kann zwar historisch auf eine Passage in der Regierungsbegründung zu § 5 Abs. 3 S. 2 GmbHG verweisen, wonach die Vorschrift auch und gerade im Zusammenhang mit § 34 GmbHG gelten soll.[48] Systematisch hat es der Gesetzgeber jedoch zumindest bei Kapitalerhöhungen für erforderlich gehalten, in § 55 Abs. 4 GmbHG explizit auf § 5 Abs. 3 S. 2 GmbHG zu verweisen, während § 58a Abs. 3 GmbHG sogar gleich selbst eine zeitgleiche Anpassung der Nennbeträge der Geschäftsanteile an ein herabgesetztes Stammkapital verlangt.[49] Hätte der Gesetzgeber wirklich auch für die Einziehung ein uneingeschränktes Konvergenzgebot statuieren wollen, hätte es daher nahe gelegen, auch in § 34 GmbHG eine entsprechende Regelung aufzunehmen, was jedoch gerade nicht geschah.[50]

27 Darüber hinaus ist nicht zu erkennen, welchen Schutzzweck eine mögliche Nichtigkeitssanktion sinnvollerweise erfüllen könnte. Was zunächst die Interessen der Gesellschaftsgläubiger betrifft, bleibt die insoweit maßgebliche[51] Höhe des Stammkapitals ja für sich genommen unverändert,[52] sodass es im Grunde nur um eine Verbesserung der Beteiligungstransparenz gehen kann, die sich aber unschwer über eine Korrektur der Gesellschafterliste (§ 40 GmbHG) erreichen lässt.[53] Da zudem jedenfalls die Gewinnrechte der Gesellschafter regelmäßig nicht von den Nennbeträgen, sondern vom Verhältnis der Geschäftsanteile abhängen (§ 29 Abs. 3 S. 1 GmbHG), ist auch zum Schutz der Minderheitsgesellschafter eine Nichtigkeitssanktion keineswegs geboten.[54] Vor diesem Hintergrund wäre es im Übrigen auch verfehlt, iSd dritten Ansicht eine Art „Fristenlösung" anzunehmen: Hiergegen sprechen insbesondere die Rechtsunsicherheiten, die durch den unbestimmten Rechtsbegriff der „angemessenen Frist" geradezu zwangsläufig entstünden.[55]

---

[45] Etwa *Gehrlein* Der Konzern 2007, 771, 774; OLG München BeckRS 2015, 7344. Für weitere Nachweise siehe BGHZ 203, 303 Rn. 19 = NJW 2015, 1385.

[46] BGHZ 203, 303 Rn. 22 ff. = NJW 2015, 1385; MüKoGmbHG/*Strohn* GmbHG § 34 Rn. 65a; *Windbichler* GesR § 22 Rn. 25. Für weitere Nachweise siehe BGHZ 203, 303 Rn. 20.

[47] *Wanner-Laufer* NJW 2010, 1499 ff.

[48] BT-Drs. 16/6140, 31.

[49] Näher zu Letzterem Baumbach/Hueck/*Zöllner/Kersting* GmbHG § 58a Rn. 18; MüKoGmbHG/*Vetter* GmbHG § 58a Rn. 50 ff.

[50] BGHZ 203, 303 Rn. 25 = NJW 2015, 1385; MüKoGmbHG/*Strohn* GmbHG § 34 Rn. 65a.

[51] Zur Bedeutung des Stammkapitals für den Schutz der Gläubiger etwa *Raiser/Veil* KapGesR § 1 Rn. 2 und § 34 Rn. 4 ff.; *Drygala/Staake/Szalai* § 1 Rn. 16 ff.; *Bitter/Heim* GesR § 4 Rn. 14.

[52] AllgA, siehe nur Roth/Altmeppen/*Altmeppen* GmbHG § 34 Rn. 89.

[53] Näher BGHZ 203, 303 Rn. 26 = NJW 2015, 1385; Baumbach/Hueck/*Kersting* GmbHG § 34 Rn. 20; MüKoGmbHG/*Strohn* GmbHG § 34 Rn. 68.

[54] BGHZ 203, 303 Rn. 27 = NJW 2015, 1385; Baumbach/Hueck/*Kersting* GmbHG § 34 Rn. 20.

[55] Überzeugend daher MüKoGmbHG/*Strohn* GmbHG § 34 Rn. 65a.

Hinweis: Eine Auseinandersetzung mit diesem anspruchsvollen (und in der Klausur schwer zu erkennenden) Problem kann von den Bearbeitern natürlich nur in Grundzügen erwartet werden.

Der Einbeziehungsbeschluss vom 30.10.2019 ist daher nicht etwa wegen eines Verstoßes gegen § 5 Abs. 3 S. 2 GmbHG nichtig. **28**

bb) Eintritt der rechtsvernichtenden Wirkung

Der Einziehungsbeschluss müsste seine rechtsvernichtende Wirkung zum 20.3. 2020 aber auch bereits entfaltet haben. Da C bei der Beschlussfassung persönlich anwesend war, scheitert die Wirksamkeit der Einziehung jedenfalls nicht daran, dass der zugrunde liegende Beschluss dem C noch nicht mitgeteilt worden wäre.[56] Problematisch ist jedoch, dass C die ihm gemäß § 6 Abs. 3 der Satzung zustehende Abfindung noch nicht erhalten hat. Eine vorübergehende Stundung der Abfindung – etwa auf sechs Monate hin – wird zwar allgemein für zulässig erachtet.[57] Welche Auswirkungen dies auf die Wirksamkeit der Einziehung hat, ist jedoch umstritten.[58] **29**

Nach einer ersten Ansicht steht der Einziehungsbeschluss grundsätzlich kraft Gesetzes unter der aufschiebenden Bedingung (§ 158 Abs. 1 BGB), dass die dem Ausscheidenden gebührende Abfindung tatsächlich gezahlt wird (sog. Bedingungslösung).[59] Eine Ausnahme kommt allenfalls infrage, wenn die Satzung ausdrücklich vorsieht, dass der Einziehungsbeschluss ungeachtet einer etwaigen Stundung unmittelbar mit seiner Bekanntgabe gegenüber dem Betroffenen wirksam werden soll.[60] Folgt man dem, wäre die Einziehung vorliegend im Verhältnis zu C also noch nicht wirksam geworden. Nach der Gegenansicht wird der Einziehungsbeschluss demgegenüber immer auch dann unmittelbar mit der Bekanntgabe wirksam, wenn die Gesellschaft die Abfindung noch nicht leistet.[61] Hiernach hätte der Einziehungsbeschluss den Geschäftsanteil des C also bereits vernichtet. **30**

Gegen die Bedingungslösung spricht zunächst, dass sie zu einer unbefriedigenden Schwebelage führt, die die Gesellschaft vor große Probleme stellen kann. Verbleibt der von der Einziehung betroffene Gesellschafter bis auf Weiteres in der Gesellschaft, kann er seine mitgliedschaftlichen Rechte im Grundsatz weiterhin ausüben, obwohl sich sein Interesse an einem gedeihlichen Miteinander aufgrund des bevorstehenden Ausscheidens bereits verflüchtigt hat. Dies gilt vor allem dann, wenn – wie zumeist – ein wichtiger Grund in seiner Person zu der Einziehung geführt hat, sodass es der Gesellschaft und den verbleibenden Gesellschaftern unzumutbar ist, den Betroffenen weiterhin als Mitgesellschafter zu dulden. Hieraus ergäbe sich eine „stete Quelle neuen Streits“.[62] **31**

[56] Zu dieser Voraussetzung etwa MüKoGmbHG/*Strohn* GmbHG § 34 Rn. 33 mwN.

[57] Baumbach/Hueck/*Kersting* GmbHG § 34 Rn. 38.

[58] Ausführlich zu diesem komplexen Streitstand in all seinen Facetten, die hier im Folgenden auf das Wesentliche beschränkt werden, etwa MüKoGmbHG/*Strohn* GmbHG § 34 Rn. 72ff.; *Schneider/Hoger* NJW 2013, 502ff.

[59] Etwa noch BGH BeckRS 9998, 41058 = DStR 1997, 1336 mAnm *Goette;* dazu Baumbach/Hueck/*Kersting* GmbHG § 34 Rn. 42; MüKoGmbHG/*Strohn* GmbHG § 34 Rn. 73.

[60] So noch BGH NZG 2009, 221 Rn. 5; MüKoGmbHG/*Strohn* GmbHG § 34 Rn. 75.

[61] So jetzt BGHZ 192, 236 Rn. 13ff. = NZG 2012, 259; dazu etwa Baumbach/Hueck/*Kersting* GmbHG § 34 Rn. 43f.; MüKoGmbHG/*Strohn* GmbHG § 34 Rn. 74ff.

[62] Siehe BGHZ 192, 236 Rn. 15 = NZG 2012, 259; MüKoGmbHG/*Strohn* GmbHG § 34 Rn. 76.

32 Andererseits ist einzuräumen, dass die Gegenansicht für den Ausscheidenden erhebliche finanzielle Gefahren mit sich bringt. Beispielsweise ist es denkbar, dass die Gesellschaft im Zeitpunkt der Fälligkeit bereits nicht mehr in der Lage ist, die Abfindung zu leisten, weil das ungebundene Vermögen aufgrund einer zwischenzeitlichen Verschlechterung ihrer wirtschaftlichen Lage nicht mehr ausreicht, um den Anspruch ohne Verstoß gegen die §§ 34 Abs. 3, 30 Abs. 1 GmbHG zu erfüllen (dazu schon → Rn. 18).[63] Dies würde die verbleibenden Gesellschafter ggf. in die Lage versetzen, „sich mit der Fortsetzung der Gesellschaft den wirtschaftlichen Wert des Anteils des ausgeschiedenen Gesellschafters an[zu]eignen und ihn auf Grund der gläubigerschützenden Kapitalerhaltungspflicht mit seinem Abfindungsanspruch leer ausgehen zu lassen."[64]

33 Die damit verbundenen Nachteile lassen sich jedoch auffangen, wenn man den verbleibenden Gesellschaftern eine (bedingte) Ausfallhaftung für die Erfüllung der Abfindungsforderung auferlegt. Sofern sich die Vermögensverhältnisse der Gesellschaft bis zum Fälligkeitszeitpunkt verschlechtern, haben die verbleibenden Gesellschafter nach der Rechtsprechung des BGH dafür zu sorgen, dass die Abfindung gleichwohl aus dem ungebundenen Vermögen der Gesellschaft geleistet werden kann, indem sie etwa stille Reserven auflösen oder eine Herabsetzung des Stammkapitals beschließen. Führt dies nicht zum Ziel, soll ihnen als ultima ratio sogar die Auflösung der Gesellschaft zuzumuten sein, um den Ausgeschiedenen (soweit möglich) aus dem Liquidationserlös zu befriedigen. Kommen die Gesellschafter dem nicht nach, verhalten sie sich treuwidrig und haften dem Ausgeschiedenen persönlich im Verhältnis ihrer Anteile („proratarisch") für die Abfindung.[65]

Hinweis: Eingedenk dieser subsidiären Ausfallhaftung der verbleibenden Gesellschafter für die Abfindung wird die Gegenansicht – in Abgrenzung zur Bedingungslösung – im Schrifttum auch als „Haftungslösung" bezeichnet.[66] Die Rechtsgrundlage der Gesellschafterhaftung hat der BGH bislang nicht zweifelsfrei geklärt, doch beruht sie wohl auf der mitgliedschaftlichen Treuepflicht der Gesellschafter untereinander.[67] Näher dazu → Rn. 35 ff.).

34 Mit diesem Verständnis verdient die Gegenansicht im Ergebnis den Vorzug. Die Einziehung des Geschäftsanteils des C ist wirksam und C damit bereits am 30.10.2019 aus der Gesellschaft ausgeschieden. Versammlungsleiterin N hätte seine Stimmen am 20.3.2020 daher nicht berücksichtigen dürfen.

Hinweise: **(1.)** Für die Praxis ist zu beachten, dass der von der Einziehung betroffene Gesellschafter wegen der Legitimationswirkung der Gesellschafterliste (§ 16 Abs. 1 S. 1 GmbHG) im Verhältnis zur Gesellschaft weiterhin als Gesellschafter und Inhaber des eingezogenen Geschäftsanteils gilt, bis eine neue, die Einziehung reflektierende Liste in das Handelsregister aufgenommen wurde.[68] Zudem soll der Gesellschafter die Aufnahme einer solchen Liste für die Dauer eines etwaigen Rechtsstreits über die Wirksamkeit der Einziehung verhindern können, indem er eine einstweilige Verfügung gegen die Aufnahme erwirkt.[69] Hierauf war vorliegend freilich schon deshalb nicht einzugehen, weil die Gesellschafterliste der X-GmbH laut Bearbeitungsvermerk zu jeder Zeit der materiellen Rechtslage entsprach.

63 Ferner MüKoGmbHG/*Strohn* GmbHG § 34 Rn. 72.
64 BGHZ 192, 236 Rn. 14 = NZG 2012, 259.
65 BGHZ 192, 236 Rn. 21 f. = NZG 2012, 259; 210, 186 Rn. 22 ff. = NZG 2016, 742; Baumbach/Hueck/*Kersting* GmbHG § 34 Rn. 43 f.; MüKoGmbHG/*Strohn* GmbHG § 34 Rn. 75.
66 Statt vieler Baumbach/Hueck/*Kersting* GmbHG § 34 Rn. 43.
67 MüKoGmbHG/*Strohn* GmbHG § 34 Rn. 75; *Schockenhoff* NZG 2012, 449, 451.
68 BGHZ 220, 207 Rn. 22 ff. = NJW 2019, 993; *Bitter/Heim* GesR § 4 Rn. 96.
69 BGHZ 222, 323 Rn. 36 ff. = NJW 2019, 3155; *Bitter/Heim* GesR § 4 Rn. 96.

(2.) Im Übrigen sind auch im Nachgang zur BGH-Rechtsprechung noch immer zahlreiche Punkte ungeklärt. Dies gilt bspw. für die Frage, ob auch ein Gesellschafter, der in der Gesellschafterversammlung gegen die Einziehung votiert hat, ggf. einer Ausfallhaftung unterliegt[70] und ob die Ausfallhaftung in der Satzung abbedungen werden kann.[71]

b) Wirksamkeit der Stimmen des B

Vor diesem Hintergrund scheint am 20.3.2020 tatsächlich ein Stimmenpatt zwischen A auf der einen Seite und B auf der anderen Seite vorgelegen zu haben, sodass Versammlungsleiterin N den Weisungsbeschluss nicht hätte feststellen dürfen.[72] Allerdings könnten auch die Stimmen des B im Ergebnis unwirksam gewesen sein, sofern ihm bei der Stimmabgabe ein Verstoß gegen die mitgliedschaftliche Treuepflicht unterlief. In diesem Fall hätte allein Gesellschafter A auf der Versammlung wirksam abgestimmt. **35**

aa) Herleitung der Treuepflicht

Die mitgliedschaftliche Treuepflicht ist im Gesetz nicht geregelt. Dennoch ist anerkannt, dass nicht nur die Mitglieder einer Personengesellschaft, sondern auch die Gesellschafter einer GmbH oder AG im Verhältnis zur Gesellschaft ein bestimmtes Maß an Rücksichtnahme – Treue – schulden.[73] **36**

Hinweis: Neben dieser sog. *vertikalen* (oder auch *sozialen*) Treuepflicht im Verhältnis zur Gesellschaft selbst existiert auch eine *horizontale* (oder auch *individuelle*) Treubindung der einzelnen Gesellschafter untereinander, welche diesen ein bestimmtes Maß an Rücksichtnahme auf die persönlichen Belange ihrer Mitgesellschafter abverlangt.[74]

Hieraus ergibt sich eine Reihe von Einzelpflichten, wovon die wichtigste darin liegt, bei der Ausübung mitgliedschaftlicher Rechte persönliche Belange zurückzustellen und sich im Grundsatz von den Interessen der Gesellschaft leiten zu lassen.[75] Das bedeutet vor allem, dass der Gesellschafter bei der Ausübung seines Stimmrechts in der Gesellschafterversammlung danach fragen muss, welche Entscheidung sich am ehesten dazu eignet, den Gesellschaftszweck zu fördern.[76] Eine Ausnahme gilt nur für Alleingesellschafter, da in der Ein-Personen-Gesellschaft keine Treuepflicht besteht.[77] Stimmabgaben, die gegen die Treuepflicht verstoßen, sind nach hM rechtsmissbräuchlich und daher nichtig.[78] **37**

---

70 Dazu Baumbach/Hueck/*Kersting* GmbHG § 34 Rn. 46 mwN.

71 MüKoGmbHG/*Strohn* GmbHG § 34 Rn. 78; Baumbach/Hueck/*Kersting* GmbHG § 34 Rn. 47 mwN.

72 Bei einem Stimmenpatt gilt der Beschlussantrag als abgelehnt; Baumbach/Hueck/*Zöllner/Noack* GmbHG § 47 Rn. 23.

73 Vgl. schon zur AG RGZ 146, 385, 395; ausführlich zum Ganzen *Bitter/Heim* GesR § 4 Rn. 89; Baumbach/Hueck/*Fastrich* GmbHG § 13 Rn. 20; Henssler/Strohn/*Verse* GmbHG § 14 Rn. 98 mwN (auch zur dogmatischen Begründung).

74 Grundlegend für die GmbH BGHZ 65, 15, 18f. = NJW 1976, 192 – ITT; ausführlich MHLS/*Lieder* GmbHG § 13 Rn. 141 ff.; *Wilhelm* S. 222f., 233 ff.

75 Henssler/Strohn/*Verse* GmbHG § 14 Rn. 104f.; *Windbichler* GesR § 22 Rn. 42f.

76 Zur Bestimmung des Gesellschaftszwecks, der idR in einer Gewinnerzielungsabsicht liegt, sowie zu seiner Abgrenzung insbesondere vom Unternehmensgegenstand etwa Baumbach/Hueck/*Fastrich* GmbHG § 1 Rn. 5 ff.; *Drygala/Staake/Szalai* § 4 Rn. 30.

77 Ganz hM; näher Henssler/Strohn/*Verse* GmbHG § 14 Rn. 100; *Windbichler* GesR § 22 Rn. 43.

78 BGH NJW 1991, 846 [unter 2.]; Henssler/Strohn/*Verse* GmbHG § 14 Rn. 116; Baumbach/Hueck/*Fastrich* GmbHG § 13 Rn. 30.

Hinweis: Die vertikale Treuepflicht des Gesellschafters ist dogmatisch von der sog. *organschaftlichen* Treuepflicht abzugrenzen, die bspw. den Geschäftsführer einer GmbH im Verhältnis zur Gesellschaft trifft.[79] Hier wie dort geht es in der Sache allerdings darum, dass der Verpflichtete die Interessen der Gesellschaft nicht schädigen darf (Schädigungsverbot).[80]

bb) Treuepflichtverstoß des B?

38 Vor diesem Hintergrund ließe sich vertreten, dass B bei der Abstimmung gegen die mitgliedschaftliche Treuepflicht verstieß, indem er gegen den Weisungsbeschluss votierte, obwohl die in Rede stehende Maßnahme – wie B selbst erkannte – unter wirtschaftlichen Aspekten für die X-GmbH von Vorteil wäre.

39 Ein solches Verständnis könnte jedoch zu kurz greifen. Da die Ausübung des Stimmrechts in der Gesellschafterversammlung prinzipiell auf dem Grundsatz der Privatautonomie beruht, der in bestimmten Grenzen „auch die törichte Entscheidung“ deckt,[81] erschiene es bedenklich, wenn das Abstimmungsverhalten des Gesellschafters in einem Anfechtungsprozess vorbehaltlos überprüft werden könnte. Insbesondere dann, wenn es – wie vorliegend – um Maßnahmen der Geschäftsführung geht, wäre es wenig einsichtig, wenn zwar dem Geschäftsführer ein Beurteilungsspielraum analog § 93 Abs. 1 S. 2 AktG zukäme,[82] soweit er entsprechende Entscheidungen in Eigenregie trifft,[83] das Handeln der Gesellschafter aber uneingeschränkt am Maßstab des Gesellschaftsinteresses kontrolliert werden könnte.

40 Darüber hinaus ist zu bedenken, dass der dissentierende Gesellschafter seinerseits von den Mitgesellschaftern – und sogar von der Gesellschaft selbst[84] – ein gewisses Maß an Treue und Rücksichtnahme einfordern kann. Damit ergibt sich die Notwendigkeit einer Interessenabwägung, sodass eine etwaige Pflicht des Gesellschafters, einer bestimmten Beschlussvorlage im Gesellschaftsinteresse zuzustimmen, immer unter dem Vorbehalt steht, dass ihm dies im Einzelfall auch zumutbar ist.[85]

41 Vor diesem Hintergrund hat sich der BGH dazu entschieden, Stimmabgaben der Gesellschafter lediglich eingeschränkt am Maßstab der mitgliedschaftlichen Treuepflicht zu messen. Insbesondere billigt er auch den Gesellschaftern einen Beurteilungsspielraum zu, soweit es um die Einschätzung einer Beschlussvorlage unter dem Blickwinkel des Gesellschaftsinteresses geht.[86] Als Faustformel hat er ausgeführt, dass ein Verstoß gegen die mitgliedschaftliche Treuepflicht allenfalls dann anzunehmen sei, wenn der Gesellschaftszweck ein bestimmtes Abstimmungsergebnis objektiv gebiete, um „wesentliche Werte“ zu erhalten oder „erhebliche Verluste“ zu

79 Ausführlich zur Abgrenzung MHLS/*Lieder* GmbHG § 13 Rn. 137 ff.

80 Zum Verhältnis von mitgliedschaftlicher und organschaftlicher Treuepflicht *Leuschner* FS Ahrens, 2016, S. 637, 638.

81 Roth/Altmeppen/*Altmeppen* GmbHG § 47 Rn. 79 mwN.

82 Zu dieser Vorschrift auch → Fall 5 Rn. 8 und Fall 11 Rn. 27.

83 Zur analogen Anwendbarkeit des § 93 Abs. 1 S. 2 AktG im GmbH-Recht etwa MüKoGmbHG/*Fleischer* GmbHG § 43 Rn. 66 ff.; Roth/Altmeppen/*Altmeppen* GmbHG § 43 Rn. 6 ff.

84 Sog. umgekehrt-vertikale Treuepflicht; näher dazu Henssler/Strohn/*Verse* GmbHG § 14 Rn. 92; HMR AktG/*Henze*/*Notz* AktG Anh. § 53a Rn. 87 ff. mwN.

85 BGH NJW 2016, 2739 Rn. 13, 16 aE = NZG 2016, 781; MHLS/*Lieder* GmbHG § 13 Rn. 155; MüKoGmbHG/*Drescher* GmbHG § 47 Rn. 257.

86 BGH NJW 2016, 2739 Rn. 13 ff. = NZG 2016, 781; dazu *Paefgen* ZIP 2016, 2293 ff.; Henssler/Strohn/*Verse* GmbHG § 14 Rn. 105 mwN.

vermeiden, dh schwerwiegende Nachteile von der Gesellschaft abzuwenden.[87] Nur unter dieser Bedingung verdichte sich die allgemeine Treuepflicht zu einer positiven Stimmpflicht, sodass eine gegenläufige Stimmabgabe nichtig sei.[88]

Hinweis: Unter etwas anderen Vorzeichen ist die Frage auch im Aktienrecht von Bedeutung. Die Vorstellung, dass auch die Aktionäre bei einer Stimmabgabe in der Hauptversammlung einer mitgliedschaftlichen Treubindung unterliegen, hat sich aufgrund des anonymen Zuschnitts der als Publikumsgesellschaft konzipierten Aktiengesellschaft zwar erst später als bei anderen Gesellschaftsformen durchgesetzt.[89] Inzwischen ist jedoch eine Reihe von Fallgruppen anerkannt, in denen sich die Treuepflicht des Aktionärs zu einer positiven Stimmpflicht verdichtet. Als Meilenstein gilt die „Girmes"-Entscheidung aus dem Jahr 1995, in der es der BGH als treuwidrig ansah, wenn ein Aktionär „eine sinnvolle und mehrheitlich angestrebte Sanierung der Gesellschaft – einschließlich einer zum Sanierungskonzept gehörenden Kapitalherabsetzung – aus eigennützigen Gründen" verhindert.[90] Zudem gilt es seit der „Macrotron"-Entscheidung als treuwidrig, wenn die Hauptversammlung einen Vorstand oder Aufsichtsrat gemäß § 120 AktG entlastet, obwohl diesem im Entlastungszeitraum ein „eindeutiger" und „schwerwiegender" Gesetzes- oder Satzungsverstoß unterlief.[91] Die Liste ließe sich erweitern.[92]

42 Hieran gemessen enthält der Sachverhalt jedenfalls keine Anhaltspunkte dafür, dass der X-GmbH „schwerwiegende Nachteile" drohen würden, sollte die von G vorgeschlagene Geschäftsausweitung im Ergebnis unterbleiben. Mitgeteilt ist nur, dass die Maßnahme finanzielle Vorteile mit sich bringen würde, was jedoch nach den soeben entwickelten Kriterien für eine positive Stimmpflicht nicht genügt.

43 Darüber hinaus könnte B bei Nähe besehen sogar plausible Gründe dafür vortragen, weshalb er seine Zustimmung zu dem Weisungsbeschluss verweigerte. In der Tat trifft es zu, dass G die geplante Maßnahme theoretisch auch ohne Zutun der Gesellschafterversammlung hätte durchführen können: Ein Geschäftsführer ist im Grundsatz keineswegs verpflichtet, die Zustimmung der Gesellschafter für eine Geschäftsführungsmaßnahme einzuholen, sofern nicht ausnahmsweise eine Vorlagepflicht besteht[93] oder die Gesellschafter die Angelegenheit auf eigene Initiative an sich ziehen.[94] Für den Geschäftsführer ist es lediglich von Vorteil, die Gesellschafterversammlung um einen Weisungsbeschluss zu ersuchen, da ein solcher den Geschäftsführer vorsorglich von einer andernfalls denkbaren Haftung gemäß § 43 Abs. 2 GmbHG entlastet, sollte sich die Maßnahme im Nachhinein – wider Erwarten – als für die Gesellschaft nachteilig entpuppen.[95] Ein Gesellschafter, der gegen

87 BGH NJW 2016, 2739 Rn. 13, 16 = NZG 2016, 781; Baumbach/Hueck/*Zöllner/Noack* GmbHG § 47 Rn. 111; Henssler/Strohn/*Verse* GmbHG § 14 Rn. 105.

88 Näher Roth/Altmeppen/*Altmeppen* GmbHG § 47 Rn. 81; MüKoGmbHG/*Drescher* GmbHG § 47 Rn. 257.

89 Zur Entwicklung siehe *Hüffer/Koch* AktG § 53a Rn. 13 f.; Spindler/Stilz/*Cahn/v. Spannenberg* AktG § 53a Rn. 37.

90 BGHZ 129, 136 [Ls. 2] = NJW 1995, 1739; dazu *Hüffer/Koch* AktG § 53a Rn. 14, 21 ff.

91 BGHZ 153, 47, 51 = NJW 2003, 1032; dazu etwa Spindler/Stilz/*Hoffmann* AktG § 120 Rn. 27; HMR AktG/*Mülbert* AktG § 120 Rn. 89 ff.

92 Ausführlich *Hüffer/Koch* AktG § 53a Rn. 19 ff.; auch schon → Fall 6 Rn. 39, 45.

93 Ausführlich dazu Baumbach/Hueck/*Zöllner/Noack* GmbHG § 46 Rn. 90; Roth/Altmeppen/*Altmeppen* GmbHG § 45 Rn. 16 ff.

94 Dazu nochmals MHLS/*Römermann* GmbHG § 46 Rn. 3; Baumbach/Hueck/*Beurskens* GmbHG § 37 Rn. 2.

95 Dies ergibt sich im Umkehrschluss aus § 43 Abs. 3 S. 3 GmbHG; näher MüKoGmbHG/*Fleischer* GmbHG § 43 Rn. 275 f.; MHLS/*Ziemons* GmbHG § 43 Rn. 390. Für die Aktiengesellschaft (mit Blick auf § 93 Abs. 4 S. 1 AktG) HMR AktG/*Mülbert* AktG § 119 Rn. 210 mwN.

den Weisungsbeschluss votiert, könnte daher argumentieren, dass er die in Rede stehende Maßnahme zwar befürworte, aber eben nur unter der Bedingung, dass die haftungsrechtliche (Mit-)Verantwortung des Geschäftsführers erhalten bleibt. In einem solchen Fall ließe sich jedenfalls nicht behaupten, dass der Gesellschafter völlig unvernünftig oder gar rücksichtslos agiere, was die wirtschaftlichen Interessen der Gesellschaft anbetrifft.

44 Im Ergebnis hat B hat daher jedenfalls nicht in dem Sinne treuwidrig gehandelt, dass seine Stimmabgabe am 20.3.2020 nichtig war. Die Stimmen des B mussten gezählt werden. Es ergab sich also ein Stimmenpatt.

Hinweis: Mit entsprechender Begründung ist natürlich auch ein anderes Ergebnis vertretbar. Der Sachverhalt ist an dieser Stelle dem Rechtsstreit in Sachen „Media-Saturn" nachempfunden, in dem der BGH die vorstehend skizzierten Grundsätze im Einzelnen herausgebildet hat.[96] Das OLG München als Vorinstanz war indes noch zu einem abweichenden Ergebnis gekommen und hatte eine Treuepflichtverletzung des dissentierenden Gesellschafters bejaht.[97]

c) Zwischenergebnis

45 Aufgrund des Stimmenpatts war die erforderliche Beschlussmehrheit im Ergebnis nicht erreicht, sodass die Beschlussfeststellung durch Versammlungsleiterin N fehlerhaft war. Ein Anfechtungsgrund gemäß § 243 Abs. 1 AktG liegt somit vor.

Hinweis: Wer die Stimmabgabe des B für treuwidrig hält, muss im Ergebnis dazu kommen, dass allein A am 20.3.2020 wirksam abgestimmt hat. Auch in diesem Fall hätte Versammlungsleiterin N das Abstimmungsergebnis zwar fehlerhaft festgestellt, da sie sämtliche abgegebenen Stimmen – einschließlich derjenigen von B und C – berücksichtigte. Der hierin liegende (Verfahrens-)Fehler würde jedoch keineswegs zur Anfechtung analog §§ 243, 246 AktG berechtigen, da der Weisungsbeschluss ja tatsächlich – wenn auch allein mit den Stimmen des A – zustande gekommen wäre; anders ausgedrückt würde es an der Ursächlichkeit (Kausalität) des Fehlers für das Beschlussergebnis fehlen.[98]

3. Einberufungsfehler

46 Ein weiterer Anfechtungsgrund könnte sich daraus ergeben, dass C nicht gemäß § 51 GmbHG zu der Versammlung geladen worden war. Wird ein Gesellschafter bewusst oder unbewusst nicht zu einer Gesellschafterversammlung geladen, führt dies nach allgemeiner Ansicht mindestens zur Anfechtbarkeit – wenn nicht gar zur Nichtigkeit – eines gleichwohl gefassten Beschlusses.[99]

47 Nach der oben befürworteten Ansicht (→ Rn. 29ff.) war C jedoch bereits am 30.10.2019 aus der X-GmbH ausgeschieden. Er musste daher nicht mehr zu der Gesellschafterversammlung am 20.3.2020 geladen werden. Dass C gleichwohl – gewissermaßen als Gast – an der Versammlung teilnahm, ist im Übrigen unschädlich, weil sämtliche Beteiligte – wenn auch „unter Vorbehalt" – mit der Teilnahme einverstanden waren.[100]

---

[96] BGH NJW 2016, 2739 = NZG 2016, 781.

[97] OLG München NZG 2015, 66.

[98] Vgl. nur *Langenbucher* AktKapMarktR § 6 Rn. 256; MüKoAktG/*Hüffer/Schäfer* AktG § 243 Rn. 41 aE mwN.

[99] Näher Roth/Altmeppen/*Altmeppen* GmbHG § 51 Rn. 19ff. mwN.

[100] Vgl. dazu im Einzelnen MHLS/*Römermann* GmbHG § 48 Rn. 70ff.; MüKoGmbHG/*Liebscher* GmbHG § 48 Rn. 55f.; Baumbach/Hueck/*Zöllner/Noack* GmbHG § 48 Rn. 12.

Unter diesem Blickwinkel ist ein Anfechtungsgrund also zu verneinen. **48**

Hinweis: Folgt man oben (→ Rn. 29 ff.) der Bedingungslösung, war C am 20.3.2020 noch Gesellschafter und hätte daher durchaus geladen werden müssen. Auch in diesem Fall wäre ein Beschlussmangel aber im Ergebnis ausgeschlossen, weil C trotz des Fehlers zu der Veranstaltung erschienen ist und den dort gefassten Beschluss durch sein zustimmendes Votum mitgetragen hat. Anders ausgedrückt wäre die Schutzbedürftigkeit des C im Hinblick auf den Einberufungsfehler nachträglich entfallen, sodass der Fehler auch von B nicht mehr im Rahmen einer Anfechtungsklage gerügt werden könnte.[101]

4. Endergebnis zur Begründetheit

Eine Klage des B wäre auch begründet. **49**

C. Gesamtergebnis

Eine Klage des B wäre zulässig und begründet. B kann also gerichtlich gegen den Weisungsbeschluss vorgehen. **50**

101 Prägnant dazu Roth/Altmeppen/*Altmeppen* GmbHG § 51 Rn. 23 mwN.

Fall 9. Geräuschloses Ende

Bearbeitungszeit: 5 Stunden

Sachverhalt

Die M-AG ist eine börsenferne Aktiengesellschaft mit Sitz in Mainz, die ihrer Satzung entsprechend an verschiedenen Unternehmen aus der Baubranche beteiligt ist. Seit Dezember 2002 hält sie 51% der Stammaktien der Wiesbadener T-AG, deren Aktien im regulierten Markt der Frankfurter Wertpapierbörse (FWB) notiert sind. Die restlichen Aktien der T-AG befinden sich im Streubesitz.

Im Sommer 2010 erwirbt die T-AG ihrerseits sämtliche Geschäftsanteile der Frankfurter E-GmbH, die auf den Vertrieb von Baustoffen spezialisiert und für das operative Geschäft der T-AG seither von größter Wichtigkeit ist. Das Stammkapital der E-GmbH beträgt zu diesem Zeitpunkt 1 Mio. EUR.

Im November 2013 gründet die M-AG zudem als Alleingesellschafterin die K-GmbH mit Sitz in Kaiserslautern, die sich um die Koordination von Bauprojekten im In- und Ausland kümmern soll. Als die K-GmbH Mitte 2019 aufgrund schlechter Auftragslage in eine Krise gerät, erwägt ihr Geschäftsführer nach Rücksprache mit dem Vorstand der M-AG die Stellung eines Insolvenzantrags. Da die M-AG die damit verbundenen „Unannehmlichkeiten" jedoch scheut, kommt ihr Vorstand stattdessen auf die Idee, die K-GmbH auf die E-GmbH zu verschmelzen, um sie auf diese Weise „geräuschlos zu beseitigen". Am 16.8.2019 schließen die E-GmbH als übernehmende und die K-GmbH als übertragende Gesellschaft einen Verschmelzungsvertrag in notarieller Form, wobei als Verschmelzungsstichtag der 30.6.2019 festgelegt wird. Am 23.8.2019 stimmen die Anteilsinhaber der E-GmbH und der K-GmbH der Verschmelzung durch entsprechende Beschlüsse ausdrücklich zu.

Ebenfalls am 23.8.2019 beschließt die Gesellschafterversammlung der E-GmbH zudem die Schaffung eines neuen Geschäftsanteils mit einem Nennbetrag von 200.000 EUR, der im Zuge der Verschmelzung von der M-AG „übernommen" werden soll. Auf eine entsprechende Anmeldung vom 26.8.2019 wird die Kapitalerhöhung am 30.8.2019 in das Handelsregister eingetragen. Die Verschmelzung an sich wird eine Woche später – am 6.9.2019 – in die Handelsregister an den jeweiligen Sitzen der E-GmbH und der K-GmbH eingetragen.

In den nachfolgenden Monaten gerät auch die E-GmbH in eine wirtschaftliche Krise. Am 1.4.2020 wird nach einem entsprechenden Antrag das Insolvenzverfahren über das Vermögen der E-GmbH eröffnet.

Zum Insolvenzverwalter der E-GmbH wird I bestellt. Als I die bei der E-GmbH vorhandenen Geschäftsunterlagen sichtet, stellt er fest, dass die K-GmbH ab dem 30.6.2019 durchgängig iHv 3 Mio. EUR bilanziell überschuldet war. Die E-GmbH selbst war bis Anfang September 2019 wirtschaftlich gesund und verfügte über ungebundenes Vermögen iHv 2,5 Mio. EUR, ist nun aber ihrerseits iHv 2 Mio. EUR überschuldet. Letzteres führt I zutreffend darauf zurück, dass die E-GmbH die von der K-GmbH übernommenen „Altlasten" nicht verkraftet hat, woraufhin sie einige lukrative Kundenaufträge verlor und erhebliche Bankverbindlichkeiten eingehen musste.

Der Vorstand der M-AG war über die wirtschaftlichen Verhältnisse der beteiligten Gesellschaften zu jedem Zeitpunkt informiert. Zudem hielt er es für möglich, dass die E-GmbH die Verschmelzung „möglicherweise nicht verkraften könnte", was er – der Vorstand der M-AG – aber billigend in Kauf nahm.

Frage: Welche Ansprüche hat I gegen die M-AG?

Abwandlung: Am 28.8.2019 erwarb Anlegerin A an der Börse 10.000 Aktien der T-AG zum Preis von insgesamt 100.000 EUR. Zu diesem Zeitpunkt war der Öffentlichkeit noch unbekannt, dass die K-GmbH auf die E-GmbH verschmolzen werden sollte. Erst am 12.9.2019 berichtete eine überregionale Wirtschaftszeitung über diesen Vorgang, den sie aus Sicht der T-AG als „wirtschaftlich desaströs" bezeichnete. Der Börsenkurs der T-AG brach aufgrund der Veröffentlichung noch am selben Tag von 10 EUR auf 7 EUR ein. Die T-AG selbst hat sich zu dem Vorgang bis heute nicht öffentlich geäußert; allerdings hatte ihr Vorstand zu jedem Zeitpunkt Kenntnis von dem fortschreitenden Verschmelzungsprozess.

A ist der Ansicht, die T-AG hätte die Verschmelzung bereits am 16.8.2019, spätestens aber am 23.8.2019 „publik machen müssen". Die T-Aktien möchte A zwar behalten, doch verlangt sie Schadensersatz von der T-AG iHv 30.000 EUR. Die T-AG steht hingegen auf dem Standpunkt, die Verschmelzung hätte frühestens – wenn überhaupt – am 6.9.2019, dh zeitgleich mit ihrer Eintragung im Handelsregister, öffentlich bekannt gegeben werden müssen. Zu diesem Zeitpunkt habe A ihre Aktien aber bereits erworben gehabt.

Frage: Steht A der geltend gemachte Schadensersatzanspruch iHv 30.000 EUR gegen die T-AG zu? (Ansprüche aus § 823 oder § 826 BGB sind nicht zu prüfen.)

Bearbeitervermerk: Für die Bearbeitung ist zu unterstellen, dass die Verschmelzung der K-GmbH auf die E-GmbH sowie die im Zusammenhang mit der Verschmelzung durchgeführte Kapitalerhöhung der E-GmbH rechtlich wirksam sind. Zudem ist davon auszugehen, dass der bilanzielle Buchwert des Vermögens der K-GmbH zu jeder Zeit mit ihrem wirklichen Vermögenswert übereinstimmte.

Überblick

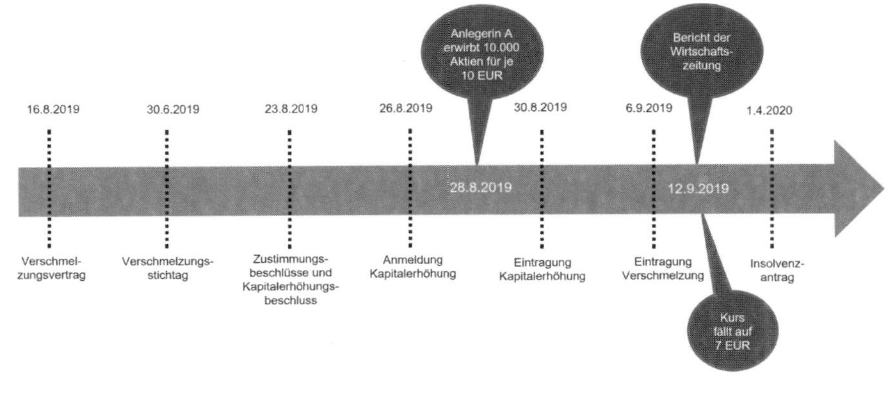

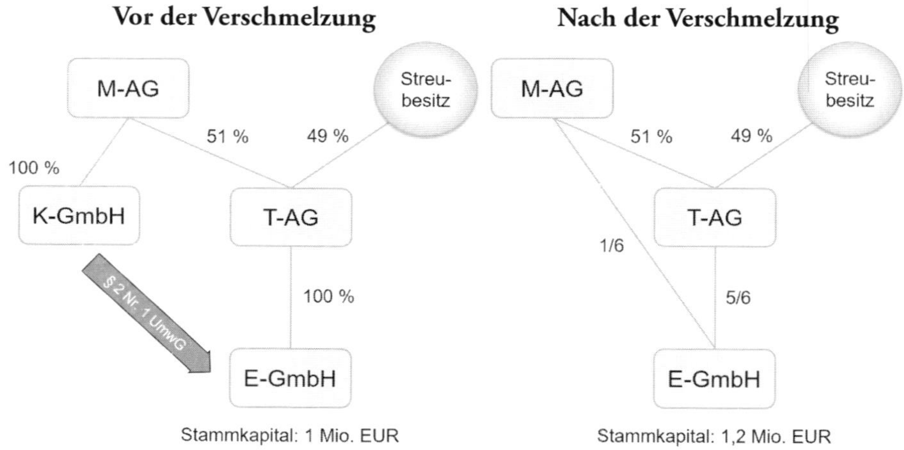
Vor der Verschmelzung
M-AG
Streu-
besitz
51 %
49 %
100 %
K-GmbH
T-AG
§ 2 Nr. 1 UmwG
100 %
E-GmbH
Stammkapital: 1 Mio. EUR
Nach der Verschmelzung
M-AG
Streu-
besitz
51 %
49 %
T-AG
1/6
5/6
E-GmbH
Stammkapital: 1,2 Mio. EUR

Gliederung

Lösungsskizze

A. Ansprüche des I gegen die M-AG (Frage 1)

Aktivlegitimation des I gemäß § 80 Abs. 1 InsO (+)

I. Anspruch aus § 55 UmwG iVm §§ 56 Abs. 2, 9 Abs. 1 GmbHG

1. Kapitalerhöhung gegen Sacheinlage
   (+), da verschmelzungsdurchführende Kapitalerhöhung gemäß § 55 UmwG; Sacheinlage sind die Aktiva und Passiva der K-GmbH in Gänze
2. Überbewertung der Sacheinlage
   (+), da Vermögenswert der K-GmbH per Saldo negativ (minus 3 Mio. EUR)
3. Aber: Anwendbarkeit der Differenzhaftung in den Fällen des § 55 UmwG?
   (–), da Gesellschafter in den Fällen des § 55 UmwG keine Kapitaldeckungszusage abgibt (hM, überaus str.)

4. Ergebnis
   Anspruch aus § 55 UmwG iVm §§ 56 Abs. 2, 9 Abs. 1 GmbHG (–)

II. Anspruch aus §§ 31 Abs. 1, 30 Abs. 1 GmbHG
1. Gesellschafterstellung der M-AG
   (+), da die M-AG schon vor der Verschmelzung mittelbare Gesellschafterin der E-GmbH war, jedenfalls aber im Zuge der Verschmelzung auch unmittelbare Gesellschafterin wurde
2. Herbeiführung oder Vertiefung einer Unterbilanz
   (+), da die K-GmbH iHv 3 Mio. EUR überschuldet war und die E-GmbH nur über ungebundenes Vermögen iHv 2,5 Mio. EUR verfügte; Stammkapital also iHv 500.000 EUR berührt
3. Aber: Vorliegen einer Auszahlung an die M-AG?
   (–), da die Verschmelzung zwar das Vermögen der E-GmbH belastete, nicht aber zu einem Vermögenszufluss an die M-AG führte (str.)
4. Ergebnis
   Anspruch aus §§ 31 Abs. 1, 30 Abs. 1 GmbHG (–)

III. Anspruch aus § 280 Abs. 1 BGB iVm der mitgliedschaftlichen Treuepflicht
   (–), da die T-AG als Alleingesellschafterin der E-GmbH ebenfalls für die Verschmelzung votierte

IV. Anspruch aus §§ 311, 317 Abs. 1 S. 1 AktG analog
   (–), da die §§ 311 ff. AktG aber auf abhängige GmbHs nicht passen

V. Anspruch aus § 826 BGB wegen Existenzvernichtung
1. Normadressateneigenschaft der M-AG
   (+), da auch mittelbare GmbH-Gesellschafter erfasst und die M-AG jedenfalls im Zuge der Verschmelzung unmittelbare Gesellschafterin wurde
2. Kompensationsloser Eingriff in das Gesellschaftsvermögen (Tathandlung)
   (+), da Erhöhung der Schuldenlast unter Gläubigerschutzgesichtspunkten einem Abzug von Aktivvermögen gleichstehen sollte (str.)
3. Sittenwidrigkeit der Handlung
   (+), da zwar keine „Selbstbedienung" im klassischen Sinne, dafür aber Vorteilserlangung der M-AG in der Form des Anteilserwerbs sowie wegen Vermeidung eines Insolvenzverfahrens bei der K-GmbH (str.)
4. Schaden (Taterfolg)
   (+), da Insolvenzausfallschaden iHv 2 Mio. EUR
5. Kausalität (zwischen Tathandlung und Taterfolg) (+)
6. Vorsatz (+)
7. Anspruchsinhalt
   Der gesamte Insolvenzausfallschaden iHv 2 Mio. EUR (+)
8. Ergebnis
   Anspruch aus § 826 BGB iHv 2 Mio. EUR (+)

VI. Gesamtergebnis zu Frage 1
   I hat gegen die M-AG einen Zahlungsanspruch iHv 500.000 EUR aus §§ 31 Abs. 1, 30 Abs. 1 GmbHG sowie einen weiteren Zahlungsanspruch iHv 2 Mio. EUR aus § 826 BGB

B. Ansprüche der A gegen die T-AG (Frage 2)

In Betracht kommt ein Anspruch aus § 97 Abs. 1 Nr. 1 WpHG.

I. T-AG als taugliche Anspruchsverpflichtete
(+), als Emittentin von Finanzinstrumenten, deren Zulassung zum regulierten Markt sie beantragt hat

II. Unterlassen der unverzüglichen Veröffentlichung einer Insiderinformation

1. T-AG als Emittentin
(+), da sie auch die Voraussetzungen des Art. 17 Abs. 1 MAR erfüllt

2. Insiderinformation zum Zeitpunkt des Aktienerwerbs der A am 28.9. 2019
Hier: Vorliegen eines gestreckten Sachverhalts; daher kommen am 28.9. 2019 drei verschiedene sowohl gegenwärtige als auch künftige Umstände oder Ereignisse als Insiderinformation in Betracht

a) Eintragung der Verschmelzung (6.9.2019)
Insoweit: im Hinblick auf den Aktienkauf der A (28.8.2019) lediglich künftiger Umstand/künftiges Ereignis

aa) Nicht öffentlich bekannte Information mit direktem oder indirektem Emittenten- oder Finanzinstrumentenbezug
(+), da Eintragung frühestens am 6.9.2019 öffentlich bekannt wurde und die T-AG wenigstens indirekt – über ihre Beteiligung an der E-GmbH – betraf

bb) Präzision der Information

(1) Vernünftige Erwartbarkeit
(+), da Vollzug der Verschmelzung spätestens am 23.8.2019 überwiegend wahrscheinlich

(2) Kursspezifität
(+), da Rückschluss auf Kursentwicklung bereits problemlos möglich

cc) Erhebliches Kursbeeinflussungspotenzial
(+), da verständiger Anleger die avisierte Verschmelzung bei seiner Anlageentscheidung berücksichtigt hätte

dd) Zwischenergebnis
Insiderinformation insoweit (+)

b) Abschluss des Verschmelzungsvertrages (16.8.2019)
Insoweit: Im Hinblick auf Aktienkauf der A (28.8.2019) bereits gegenwärtiges Ereignis

aa) Nicht öffentlich bekannte Information mit direktem oder indirektem Emittenten- oder Finanzinstrumentenbezug
(+), ebenso wie bevorstehende Verschmelzung selbst

bb) Präzision der Information
(+), bei gegenwärtigen Ereignissen regelmäßig unproblematisch

cc) Erhebliches Kursbeeinflussungspotenzial
Nach hM (+), da (auch) insoweit die Durchführung der Verschmelzung (Registereintragung) als zukünftiges Ereignis herangezogen werden kann (Probability/Magnitude-Test)

dd) Zwischenergebnis
Insiderinformation auch insoweit (+)

c) Zustimmung der Gesellschafterversammlung der E-GmbH am 23.8.2019
(+), weil für sich präzise und kursrelevante Information

d) Zwischenergebnis
Insiderinformation bereits am 16.8.2019, jedenfalls aber ab dem 23.8.2019 (+)

3. Unmittelbare Betroffenheit der T-AG von Insiderinformationen
(+), trotz Konzernkonstellation; Kapitalmarktinformationslücke, wenn T-AG nicht auch über Umstände und Ereignisse ihrer Tochter berichten müsste, die kursrelevant auch für sie selbst sind
4. Keine unverzügliche Bekanntgabe
(+), denn „unverzüglich" hätte Bekanntgabe unmittelbar nach Entstehen der Insiderinformationen erfordert
5. Keine Selbstbefreiung
(+), denn T-AG hat sich nicht selbst befreit; aktive Selbstbefreiungsentscheidung ist Voraussetzung des Art. 17 Abs. 4 MAR

III. Verschulden
(+), denn T-AG hat nichts Entlastendes vorgetragen, sodass Verschulden vermutet wird

IV. A als taugliche Anspruchsberechtigte
(+), weil A ihre Aktien innerhalb der Desinformationsphase erworben hat und am Ende der Desinformationsphase noch immer Inhaberin der Aktien war

V. Kausalität und Schaden
1. Ersatzfähigkeit des Kursdifferenzschadens und Schadenskausalität
(+), da Kurseinbruch laut Sachverhalt gerade „aufgrund der Veröffentlichung" in der Wirtschaftspresse
2. Kein rechtmäßiges Alternativverhalten (+)
3. Zwischenergebnis
Der Kursdifferenzschaden iHv 30.000 EUR ist grundsätzlich ersatzfähig.

VI. Kein anspruchsausschließendes Mitverschulden (+)

VII. Gesamtergebnis
Anspruch iHv 30.000 EUR aus § 97 Abs. 1 Nr. 1 WpHG (+)

Lösung

Hinweis: Die Schwerpunkte dieses überaus anspruchsvollen Falles liegen in unterschiedlichen Bereichen. Während es im ersten Teil um eine sog. Sanierungsfusion geht, die zahlreiche Fragen des gesetzlichen Kapitalschutzsystems aufwirft, steht im zweiten Teil die Haftung für unterlassene Ad-hoc-Mitteilungen in gestreckten (Konzern-)Sachverhalten im Mittelpunkt.

A. Ansprüche des I gegen die M-AG (Frage 1)

1 Als Insolvenzverwalter der E-GmbH könnte I etwaige Ansprüche der Gesellschaft gemäß § 80 Abs. 1 InsO im eigenen Namen geltend machen.[1] Entsprechende Ansprüche könnten der E-GmbH gegen die M-AG als Folge der Verschmelzung der K-GmbH auf die E-GmbH unter mehreren Blickwinkeln zustehen.

[1] Näher Uhlenbruck/*Mock* InsO § 80 Rn. 167 ff.

Hinweise: (1.) Die Verschmelzung ist eine von insgesamt vier Umwandlungsarten, die im Umwandlungsgesetz von 1994 (UmwG) geregelt sind.[2] Nach dem numerus clausus des § 1 Abs. 1 UmwG zählen hierzu außerdem die Spaltung, die Vermögensübertragung und der Formwechsel. Innerhalb des Gesetzes nimmt die im Zweiten Buch geregelte Verschmelzung (§§ 2–122m UmwG) eine Sonderstellung ein, da die weiteren Bücher umfangreiche Verweisungen auf das Verschmelzungsrecht enthalten. Insbesondere die allgemeinen Vorschriften (§§ 2–38 UmwG) bilden gewissermaßen einen „versteckten allgemeinen Teil" des gesamten Umwandlungsrechts.[3]

(2.) Ganz generell versteht man unter einer Verschmelzung die rechtliche Vereinigung von zwei oder mehr (sog. Ausgangs-)Rechtsträgern in einem Zielrechtsträger, wobei das Gesetz die Verschmelzung zur Aufnahme (§ 2 Nr. 1 UmwG) und die Verschmelzung zur Neugründung (§ 2 Nr. 2 UmwG) unterscheidet. Im ersten Fall ist der Zielrechtsträger (als sog. übernehmender Rechtsträger) bereits vorhanden und nimmt den (oder die) jeweils anderen (sog. übertragenden) Rechtsträger in sich auf. Im zweiten Fall wird der Zielrechtsträger im Zuge der Verschmelzung neu gegründet.[4]

(3.) Herzstück der Verschmelzung ist die Gesamtrechtsnachfolge nach § 20 Abs. 1 Nr. 1 UmwG. Ähnlich wie bei einem Erbgang (§ 1922 BGB) geht das Vermögen des übertragenden Rechtsträgers als Ganzes (Aktiva und Passiva) automatisch auf den Zielrechtsträger über.[5] Zugleich erlischt der übertragende Rechtsträger (§ 20 Abs. 1 Nr. 2 UmwG).[6] Im Gegenzug erhalten die Anteilseigner des übertragenden Rechtsträgers Anteile am Zielrechtsträger (§ 20 Abs. 1 Nr. 3 UmwG), setzen ihre Mitgliedschaft also in diesem fort.[7] Welche Rechtsträger an einer Verschmelzung teilnehmen können, regelt § 3 UmwG.[8]

(4.) Grundlage der Verschmelzung ist ein Verschmelzungsvertrag, der zwischen den beteiligten Rechtsträgern notariell geschlossen (§§ 4–6, 36 Abs. 1 UmwG) und von den jeweiligen Anteilseignern per (Verschmelzungs-)Beschluss bestätigt werden muss (§§ 13, 36 Abs. 1 UmwG).[9] Der Verschmelzungsvertrag hat insbesondere zu bestimmen, wie viele Anteile am übernehmenden Rechtsträger auf einen Anteil des übertragenden Rechtsträgers entfallen (Umtauschverhältnis, § 5 Abs. 1 Nr. 3 UmwG), wofür die jeweilige Unternehmenswertrelation entscheidend ist.[10] Bei Mischverschmelzungen (§ 3 Abs. 4 UmwG), dh etwa der Verschmelzung einer GmbH auf eine AG, genießen die Gesellschafter des übertragenden Rechtsträgers ggf. ein Austrittsrecht, sofern sie Widerspruch zur Niederschrift gegen den Verschmelzungsbeschluss erklärt haben (§ 29 UmwG).[11] Im Übrigen sind Verschmelzungsberichte zu erstatten (§ 8 UmwG) und ggf. eine Verschmelzungsprüfung durchzuführen (§§ 9–12 UmwG).[12] Wirksam wird die Verschmelzung mit ihrer Eintragung im Handelsregister am Sitz des Zielrechtsträgers (§ 20 Abs. 1 UmwG), die jedoch erst nach der Eintragung am Sitz der übertragenden Rechtsträger erfolgen darf (§ 19 Abs. 1 UmwG).

I. Anspruch aus § 55 UmwG iVm §§ 56 Abs. 2, 9 Abs. 1 GmbHG

In Betracht kommt zunächst ein Anspruch der E-GmbH gegen die M-AG aus Differenzhaftung gemäß § 55 UmwG iVm §§ 56 Abs. 2, 9 Abs. 1 GmbHG. Ein solcher Anspruch könnte daraus resultieren, dass die E-GmbH im Zusammenhang 2

2 Im Überblick *Raiser/Veil* KapGesR § 67 Rn. 1 ff.; *Hofmann/Riethmüller* JA 2009, 481 ff.

3 *Drygala/Staake/Szalai* § 34 Rn. 9, § 35 Rn. 18; *Raiser/Veil* KapGesR § 67 Rn. 16; *Kuhlmann/Ahnis* KonzernR § 7 Rn. 923, 934; *Hofmann/Riethmüller* JA 2009, 481, 482.

4 *Raiser/Veil* KapGesR § 69 Rn. 1; *Kuhlmann/Ahnis* KonzernR § 7 Rn. 935; *Drygala/Staake/Szalai* § 35 Rn. 1 f.

5 Schmitt/Hörtnagl/*Winter* UmwG § 20 Rn. 23; *Raiser/Veil* KapGesR § 67 Rn. 24.

6 Semler/Stengel/*Leonard* UmwG § 20 Rn. 73; Henssler/Strohn/*Heidinger* UmwG § 20 Rn. 46 ff.

7 Ausnahmen sind denkbar, etwa gemäß § 20 Abs. 1 Nr. 3 S. 1 Hs. 2 oder § 54 Abs. 1 S. 3, § 68 Abs. 1 S. 3 UmwG; näher Henssler/Strohn/*Heidinger* UmwG § 20 Rn. 51 ff.

8 Ausführlich *Raiser/Veil* KapGesR § 69 Rn. 2 ff.

9 Näher *Kuhlmann/Ahnis* KonzernR § 8 Rn. 956 ff.; *Raiser/Veil* KapGesR § 67 Rn. 45 ff. und § 69 Rn. 33 ff.

10 Henssler/Strohn/*Heidinger* UmwG § 5 Rn. 10 f. mwN.

11 Näher dazu *Drygala/Staake/Szalai* § 35 Rn. 32 ff.; *Raiser/Veil* KapGesR § 67 Rn. 59.

12 Eingehend *Kuhlmann/Ahnis* KonzernR § 8 Rn. 954 ff.; *Raiser/Veil* KapGesR § 69 Rn. 25 ff.

mit der Verschmelzung eine Kapitalerhöhung gegen Sacheinlagen durchführte, welche der M-AG einen neuen Geschäftsanteil an der E-GmbH verschaffte, obwohl der Wert der dafür geleisteten Sacheinlage deutlich hinter dem Nennbetrag von 200.000 EUR zurückblieb.

1. Kapitalerhöhung gegen Sacheinlage

3 Laut Sachverhalt hat die Gesellschafterversammlung der E-GmbH am 23.8.2019 eine Kapitalerhöhung gegen Sacheinlagen beschlossen, die am 30.8.2019 im Handelsregister eingetragen wurde. Dabei handelte es sich um eine verschmelzungsdurchführende Kapitalerhöhung iSv § 55 UmwG, für die das Bezugsrecht der Gesellschafter (§ 186 AktG analog) notwendig ausgeschlossen ist.[13] Als Sacheinlage dient in diesen Fällen das Vermögen des übertragenden Rechtsträgers in seiner Gesamtheit.[14] Damit sind vorliegend sämtliche Aktiva und Passiva der K-GmbH gemeint, soweit sie im Zuge der Verschmelzung auf die E-GmbH übergingen (§ 20 Abs. 1 Nr. 1 UmwG).

Hinweis: Dass der übernehmende Rechtsträger eine solche Kapitalerhöhung durchführt, um die gemäß § 20 Abs. 1 Nr. 3 UmwG abzugebenden Anteile zu beschaffen, ist vorbehaltlich § 54 UmwG die Regel.[15] Den Kapitalerhöhungsbeschluss können die Gesellschafter zeitlich vor, gleichzeitig mit oder auch erst nach dem Verschmelzungsbeschluss fassen – allerdings darf die Verschmelzung erst nach der Kapitalerhöhung in das Handelsregister eingetragen werden (§§ 53, 66 UmwG). Hieran hat man sich vorliegend gehalten. Etwaige Mängel, an denen der Kapitalerhöhungsbeschluss gelitten haben mag, könnten im Übrigen schon nicht mehr geltend gemacht werden: Analog § 20 Abs. 2 UmwG werden mit Wirksamwerden der Verschmelzung durch Eintragung in das Handelsregister des Zielrechtsträgers (§ 20 Abs. 1 UmwG) grundsätzlich (auch) sämtliche Mängel des Kapitalerhöhungsbeschlusses geheilt.[16] Hierauf war vorliegend allerdings schon mit Blick auf den Bearbeitungsvermerk nicht einzugehen.

2. Überbewertung der Sacheinlage

4 Diese Sacheinlage müsste auch überbewertet, dh weniger als 200.000 EUR wert gewesen sein. Als Stichtag dient insoweit nicht etwa der Verschmelzungsstichtag (hier: 30.6.2019), den die Parteien im Verschmelzungsvertrag frei bestimmen können (§ 5 Abs. 1 Nr. 6 UmwG).[17] Vielmehr ist richtigerweise auf den Tag der Anmeldung der Kapitalerhöhung beim Registergericht (hier: 26.8.2019) abzustellen,[18] da die Sacheinlage gemäß §§ 56 Abs. 2, 9 Abs. 1 S. 1 GmbHG auch sonst gerade in diesem Zeitpunkt werthaltig sein muss.[19]

Hinweis: Der Verschmelzungsstichtag hat keine Bedeutung für die Wirksamkeit der Verschmelzung. Er ist aber schuldrechtlich von Interesse, da der übertragende Rechtsträger ab diesem Stichtag seine Ge-

13 Schmitt/Hörtnagl/*Hörtnagl*/*Ollech* UmwG § 55 Rn. 3.

14 Lutter UmwG/*Vetter* UmwG § 55 Rn. 24; *Priester* ZIP 2019, 646, 647.

15 Semler/Stengel/*Reichert* UmwG § 55 Rn. 2; Schmitt/Hörtnagl/*Hörtnagl*/*Ollech* UmwG § 55 Rn. 2.

16 Semler/Stengel/*Reichert* UmwG § 55 Rn. 29; Schmitt/Hörtnagl/*Winter* UmwG § 20 Rn. 120.

17 Semler/Stengel/*Schröer* UmwG § 5 Rn. 53; Lutter UmwG/*Drygala* UmwG § 5 Rn. 74.

18 BeckOGK UmwG/*v. Hinden* UmwG § 55 Rn. 29; Lutter UmwG/*Vetter* UmwG § 55 Rn. 27; aA Widmann/Mayer/*Mayer* UmwG § 55 Rn. 71: Tag der Anmeldung der Verschmelzung maßgeblich.

19 Vgl. nur den Wortlaut des § 9 Abs. 1 S. 1 GmbHG („[…] im Zeitpunkt der Anmeldung […]"); allgemein MüKoGmbHG/*Lieder* GmbHG § 56 Rn. 50; Roth/Altmeppen/*Roth* GmbHG § 56 Rn. 8.

schäfte bereits für Rechnung des übernehmenden Rechtsträgers führt (§§ 667, 670 BGB). Auch wenn sich die Eintragung der Verschmelzung noch eine Weile hinzieht, treffen die anfallenden Gewinne und Verluste die Beteiligten also bereits so, als wäre die Verschmelzung unmittelbar zum Verschmelzungsstichtag wirksam geworden.[20] Dementsprechend ist es auch unschädlich, wenn die Parteien den Verschmelzungsstichtag – wie vorliegend – sogar in die Vergangenheit datieren.

Entscheidend ist dabei der wirkliche bzw. „wahre" Wert des Vermögens des übertragenden Rechtsträgers, nicht der bilanzielle Buchwert.[21] Im Falle der K-GmbH stimmten die beiden Werte jedoch laut Bearbeitungsvermerk überein, sodass es einer Abgrenzung nicht bedarf.[22] Da die K-GmbH ab dem 30.6.2019 – und damit auch noch am 26.8.2019 – iHv 3 Mio. EUR bilanziell überschuldet war, verfügte sie dementsprechend über ein negatives Nettovermögen von minus 3 Mio. EUR.[23] Dies blieb natürlich weit hinter dem Nennbetrag von 200.000 EUR zurück, sodass eine Überbewertung vorliegt. 5

Hinweis: Bei der Verschmelzung der K-GmbH auf die E-GmbH handelte es sich um eine Sanierungsfusion, dh die Verschmelzung einer überschuldeten Gesellschaft auf einen gesunden Rechtsträger (oder umgekehrt). Eine solche Verschmelzung wirft zahlreiche Haftungsfragen auf, ist aber grundsätzlich möglich.[24] Selbst die Eröffnung eines Insolvenzverfahrens steht einer Verschmelzung nicht notwendig entgegen (siehe § 3 Abs. 3 UmwG, §§ 225a, 254a InsO).[25]

3. Aber: Anwendbarkeit der Differenzhaftung in den Fällen des § 55 UmwG?

Zweifelhaft ist aber, ob die §§ 56 Abs. 2, 9 Abs. 1 GmbHG in den Fällen des § 55 UmwG überhaupt Anwendung finden. Auf den ersten Blick scheint man dies bejahen zu können, da § 55 Abs. 1 UmwG zwar eine Reihe GmbH-rechtlicher Vorschriften für unanwendbar erklärt, die §§ 56 Abs. 2, 9 Abs. 1 GmbHG hierzu jedoch gerade nicht gehören. Gleichwohl ist die Frage in Rechtsprechung und Wissenschaft außerordentlich umstritten.[26] 6

a) Herrschende Meinung

Nach einer ersten Ansicht, der sich zuletzt auch der BGH angeschlossen hat, ist die Differenzhaftung bei der Verschmelzung zweier GmbHs auf den bezugsberechtigten Gesellschafter im Ergebnis unanwendbar.[27] 7

Dahinter steht im Wesentlichen der Gedanke, dass der Gesellschafter die neuen Geschäftsanteile – im Gegensatz zum Normalfall – nicht etwa aufgrund einer Übernahmeerklärung gemäß § 55 Abs. 1 GmbHG beziehe, welche nach gängiger Lesart das Versprechen beinhaltet, die Sacheinlage ordnungsgemäß zu leisten (sog. 8

20 Näher *Drygala/Staake/Szalai* § 35 Rn. 36f.; Semler/Stengel/*Schröer* UmwG § 5 Rn. 51 ff.

21 OLG Rostock NZG 2017, 61 Rn. 13; Semler/Stengel/*Reichert* UmwG § 55 Rn. 10.

22 Der „wahre" Unternehmenswert entspricht ansonsten grundsätzlich dem sog. Ertragswert zzgl. des Verkehrswertes des nicht betriebsnotwendigen Vermögens; näher Lutter UmwG/*Vetter* UmwG § 55 Rn. 31 ff.; Schmitt/Hörtnagl/*Hörtnagl/Ollech* UmwG § 55 Rn. 15 ff.

23 Näher zum Überschuldungsbegriff im Bilanz-, Gesellschafts- und Insolvenzrecht Scholz/*Verse* GmbHG § 30 Rn. 54; *Drygala/Staake/Szalai* § 11 Rn. 96 ff.

24 BGHZ 220, 179 Rn. 42 = NJW 2019, 589; Schmitt/Hörtnagl/*Winter* UmwG § 3 Rn. 50.

25 Näher Semler/Stengel/*Stengel* UmwG § 3 Rn. 44; Semler/Stengel/*Gehling* UmwG § 13 Rn. 24.

26 Im Überblick Lutter UmwG/*Vetter* UmwG § 55 Rn. 35 ff.; Widmann/Mayer/*Mayer* UmwG § 55 Rn. 80.

27 Eingehend BGHZ 220, 179 Rn. 12, 14 ff. = NJW 2019, 589 mwN.

Kapitaldeckungszusage).[28] Der Gesellschafter erhalte die Anteile gemäß § 20 Abs. 1 Nr. 3 UmwG vielmehr automatisch kraft Gesetzes, was sich insbesondere darin spiegele, dass § 55 Abs. 1 GmbHG gemäß § 55 Abs. 1 UmwG nicht gilt.[29] Als Einlageschuldner (Inferent) sei nur der übertragende Rechtsträger anzusehen, der im Zuge der Verschmelzung jedoch erlischt (§ 20 Abs. 1 Nr. 2 UmwG).[30] Hierfür spreche nicht nur, dass gerade dieser sich im Verschmelzungsvertrag dazu verpflichte, sein Vermögen auf den Zielrechtsträger zu übertragen (§§ 4 Abs. 1 S. 1, 5 Abs. 1 Nr. 2 UmwG).[31] Vielmehr lasse sich auch auf § 36 Abs. 2 S. 2 UmwG verweisen, wonach bei einer Verschmelzung durch Neugründung gerade der übertragende Rechtsträger – und nicht etwa dessen Gesellschafter – den gemäß § 9 GmbHG verantwortlichen Gründungsgesellschaftern gleichsteht. Inferent und Bezugsberechtigter fielen in der Regelungstechnik des UmwG auseinander.[32]

9 Nach dieser Ansicht würde die M-AG also keine Differenzhaftung treffen.

b) Gegenmeinung

10 Die Gegenansicht hält die Differenzhaftung auch in den Fällen des § 55 UmwG für anwendbar.

11 Zur Begründung wird zunächst darauf abgestellt, dass § 69 Abs. 1 UmwG bei der Verschmelzung zweier Aktiengesellschaften den § 188 Abs. 2 AktG, aus dem sich iVm § 36a Abs. 2 S. 3 AktG die Differenzhaftung des Sacheinlegers für das Aktienrecht ergibt,[33] ausdrücklich abbedingt.[34] Hätte der Gesetzgeber ein entsprechendes Ergebnis auch für das GmbH-Recht angestrebt, hätte es daher nahegelegen, in § 55 UmwG ebenso zu verfahren.[35] Zudem wird die Erwägung, der Gesellschafter selbst könne schon mangels Kapitaldeckungszusage nicht haften, als zu formal kritisiert. Denn abgesehen davon, dass die Sacheinlage bei wirtschaftlicher Betrachtung eben doch von den Gesellschaftern des übertragenden Rechtsträgers aufgebracht werde, da ihr Vermögensanteil an diesem durch die Verschmelzung untergeht,[36] erhielten im Gegenzug ja auch gerade sie die neuen Anteile, weshalb ihnen umgekehrt auch eine haftungsrechtliche Mitverantwortung zuzumuten sei.[37] Im Übrigen zeige auch die Ausfallhaftung nach § 24 GmbHG, dass das Gesetz den GmbH-Gesellschafter unter bestimmten Voraussetzungen durchaus auch dann für fremde Einlagepflichten heranziehe, wenn es an einer diesbezüglichen Übernahmeerklärung fehlt.[38]

12 Nach dieser Ansicht würde die M-AG also eine Differenzhaftung treffen.

---

28 Siehe dazu etwa MüKoGmbHG/*Lieder* GmbHG § 55 Rn. 142; *Raiser/Veil* KapGesR § 10 Rn. 20; zu den rechtlichen Ursprüngen *Priester* ZIP 2019, 646, 647 mwN.

29 BGHZ 220, 179 Rn. 17, 19 = NJW 2019, 589; *Heckschen* NZG 2019, 561, 564.

30 BGHZ 220, 179 Rn. 20 f. = NJW 2019, 589; BeckOGK UmwG/*v. Hinden* UmwG § 55 Rn. 37.

31 BGHZ 220, 179 Rn. 18 aE = NJW 2019, 589.

32 BGHZ 220, 179 Rn. 18 = NJW 2019, 589 mwN.

33 Vgl. dazu nur *Raiser/Veil* KapGesR § 10 Rn. 20; *Verse* ZGR 2012, 875, 878 mwN.

34 Dementsprechend lehnt auch der BGH eine Differenzhaftung bei der Verschmelzung zweier Aktiengesellschaften schon seit BGHZ 171, 293 = NZG 2007, 513 Rn. 6 ff. in stRspr ab.

35 Vgl. nur Semler/Stengel/*Reichert* UmwG § 55 Rn. 11a–11b.

36 Kallmeyer/*Kocher* UmwG § 55 Rn. 13; SHS/*Westerburg* UmwG § 55 Rn. 5 aE.

37 Semler/Stengel/*Reichert* UmwG § 55 Rn. 11; *Priester* ZIP 2019, 646, 647 f.

38 Widmann/Mayer/*Mayer* UmwG § 55 Rn. 81; *Thoß* NZG 2006, 376, 377.

c) Vermittelnde Ansichten

Schließlich werden im Schrifttum zum Teil auch vermittelnde Ansichten vertreten, die eine Differenzhaftung nur unter bestimmten Voraussetzungen bejahen oder zugunsten bestimmter Gesellschaftergruppen relativieren. **13**

So wird etwa einerseits befürwortet, die §§ 56 Abs. 2, 9 GmbHG nur auf jene Gesellschafter des übertragenden Rechtsträgers anzuwenden, welche dem Verschmelzungsbeschluss in der Gesellschafterversammlung gemäß §§ 13 Abs. 1, 50 UmwG zugestimmt haben.[39] Im Verhältnis zu ihnen soll die zustimmende Stimmabgabe, die man nach allgemeinen Regeln als eine Willenserklärung auffasst,[40] gewissermaßen das Fehlen der Kapitaldeckungszusage kompensieren. Andere nehmen an, dass zwar sämtliche Gesellschafter unabhängig davon für eine Überbewertung haften, ob sie nun für oder gegen den Verschmelzungsbeschluss gestimmt haben. Im Innenverhältnis soll die dissentierende Minderheit jedoch einen Ausgleichsanspruch gegen ihre Mitgesellschafter haben, soweit diese die Beschlussfassung unterstützten.[41] **14**

Da die M-AG den Verschmelzungsbeschluss auf Seiten der K-GmbH als deren Alleingesellschafterin herbeiführte, würde sie auch nach dieser Ansicht letztlich in voller Höhe für die Überbewertung haften. **15**

d) Stellungnahme

Da die Ansichten zu unterschiedlichen Ergebnissen kommen, ist ein Streitentscheid geboten. **16**

Für die hM spricht zunächst, dass in der Logik des UmwG in der Tat lediglich der übertragende Rechtsträger als Schuldner der Sacheinlage angesehen werden kann. Auch wenn § 55 Abs. 1 UmwG im Gegensatz zu § 69 Abs. 1 UmwG gerade keine Aussage dazu trifft, ob die Gesellschafter einer Differenzhaftung unterliegen, weisen die §§ 4 Abs. 1 S. 1, 5 Abs. 1 Nr. 2, 36 Abs. 2 S. 2 UmwG die Verantwortung doch eindeutig dem übertragenden Rechtsträger zu. **17**

Wenn der Gesellschafter gleichwohl für die fremde Einlage haften soll, braucht es daher einen besonderen Haftungsgrund. Ungeeignet ist insoweit der Gedanke eines zwingenden Gleichlaufs von Anteilserwerb und haftungsrechtlicher Verantwortung, wie er im Schrifttum teilweise geäußert wird. Dass es einen solchen Gleichlauf nicht gibt, zeigt bereits ein Blick auf die Vorschriften zur Kapitalerhöhung aus Gesellschaftsmitteln (§§ 57cff. GmbHG). Auch in deren Anwendungsbereich ist es denkbar, dass die zur Umwandlung in Stammkapital vorgesehenen Gesellschaftsmittel wertmäßig hinter dem Nennbetrag der neuen Anteile zurückbleiben, weil die Gesellschaft trotz entsprechender Ausweise in der Bilanz über keine hinreichenden Kapital- oder Gewinnrücklagen verfügt.[42] Dennoch geht die hM (auch) in diesem Fall davon aus, dass die Gesellschafter als Bezugsberechtigte der neuen Anteile **18**

---

39 *Thoß* NZG 2006, 376, 377 f.

40 Baumbach/Hueck/*Zöllner*/*Noack* GmbHG § 47 Rn. 7 mwN.

41 Semler/Stengel/*Reichert* UmwG § 55 Rn. 11 aE; zuneigend auch SHS/*Westerburg* UmwG § 55 Rn. 6 mwN.

42 Sog. Unterdeckung; näher Roth/Altmeppen/*Roth* GmbHG § 57i Rn. 13 mwN.

(§ 57j GmbHG) keineswegs einer Differenzhaftung unterliegen.[43] Zudem bringen die Gesellschafter auch hier die Einlagen „wirtschaftlich" aus ihrem eigenen Vermögen auf, weil und soweit sie andernfalls auf die Rücklagen zugreifen könnten,[44] ohne dass man bereits deshalb eine Differenzhaftung bejaht.

19 Andererseits erscheint es aber auch zweifelhaft, wenn der BGH die Nichtanwendung der §§ 56 Abs. 2, 9 GmbHG im Wesentlichen mit einer fehlenden Kapitaldeckungszusage begründet. Zwar trifft es zu, dass § 55 Abs. 1 GmbHG den Anteilserwerb im Grundsatz von einer Übernahmeerklärung des Gesellschafters abhängig macht, die in den Fällen des § 55 UmwG gerade nicht vorliegt. Allerdings ist die Annahme, dass der Gesellschafter mit seiner Übernahmeerklärung stets eine Kapitaldeckungszusage abgebe, im Schrifttum frühzeitig als bloße Fiktion kritisiert worden.[45] Tatsächlich erscheint es so, dass die Pflicht zur effektiven Kapitalaufbringung dem Gesellschafter durch das Gesetz aufgezwungen wird, da es eben nur unter dieser Voraussetzung gerechtfertigt ist, das Privileg der beschränkten Gesellschafterhaftung (§ 13 Abs. 2 GmbHG) zu gewähren.[46] Die Differenzhaftung ist damit eher objektivrechtliche Sanktion einer gerade durch das Gesetz verbotenen Überbewertung, sodass sie jedenfalls nicht davon abhängen sollte, ob man dem Gesellschafter nach den Umständen ein wie auch immer geartetes „Kapitalversprechen" unterstellen kann.[47]

20 Weniger ergiebig ist insoweit allerdings der Verweis auf § 24 GmbHG. Da die Norm vom Gesetzgeber lediglich als Ausgleich für die im Vergleich zur Aktiengesellschaft etwas geringeren Gründungssicherungen konzipiert wurde,[48] lassen sich ihr wohl keine Rückschlüsse darauf entnehmen, ob auch in anderen Zusammenhängen auf eine Kapitaldeckungszusage des Gesellschafters verzichtet werden kann, soweit es um die Begründung einer Haftung für fremde Einlageschulden geht.[49]

21 Entscheidend sollte daher sein, ob eine Differenzhaftung der Gesellschafter des übertragenden Rechtsträgers (auch) in den Fällen des § 55 UmwG zum Schutz einer bestimmten Personengruppe geboten ist, wobei namentlich die Gesellschafter und/oder die Gläubiger des übernehmenden Rechtsträgers in Betracht kommen. Nur wenn sich dies bejahen lässt, erscheint es angemessen, die §§ 56 Abs. 2, 9 Abs. 1 GmbHG trotz aller dogmatischen Bedenken im Ergebnis anzuwenden.

22 Für die Gesellschafter des übernehmenden Rechtsträgers könnte sich eine solche Schutzbedürftigkeit daraus ergeben, dass das verschmelzungsvertragliche Um-

[43] Vgl. nur BGHZ 220, 179 Rn. 20 = NJW 2019, 589; Baumbach/Hueck/*Servatius* GmbHG § 57d Rn. 9.

[44] Die freien Rücklagen einer GmbH können (anders als im Aktienrecht, siehe § 57 Abs. 3 AktG) ohne Weiteres an die Gesellschafter ausgeschüttet werden; MüKoGmbHG/*Ekkenga* GmbHG § 30 Rn. 1; MHLS/*Heidinger* GmbHG § 30 Rn. 62 mwN.

[45] Siehe nur Baumbach/Hueck/*Servatius* GmbHG § 9 Rn. 6; *Priester* ZIP 2019, 646, 647 mwN.

[46] Vgl. dazu nur BGHZ 142, 315, 322 = NJW 1999, 3483 (Stammkapital als „Preis" für die beschränkte Haftung); MüKoGmbHG/*Ekkenga* GmbHG § 30 Rn. 34 mwN.

[47] Zuletzt *Priester* ZIP 2019, 646, 647 („nicht *weil* der Gesellschafter ein solches Versprechen abgegeben hat, sondern *obwohl* er es *nicht* abgegeben hat, werde der Inferent der Differenzhaftung ausgesetzt" [Hervorhebung im Original]); auch schon *K. Schmidt* GmbHR 1978, 5, 8.

[48] Roth/Altmeppen/*Altmeppen* GmbHG § 24 Rn. 1; Baumbach/Hueck/*Kersting* GmbHG § 24 Rn. 1.

[49] Vgl. insoweit auch BGHZ 220, 179 Rn. 17 aE = NJW 2019, 589.

tauschverhältnis (§ 5 Abs. 1 Nr. 3 UmwG) zu ihren Lasten unrichtig ist, wenn das Vermögen des übertragenden Rechtsträgers überbewertet wurde. In einem solchen Fall erhalten die Gesellschafter des übertragenden Rechtsträgers eine größere Anzahl von Anteilen als ihnen nach der Unternehmenswertrelation (dazu → Nach Rn. 1 Hinweise [4.]) eigentlich zustünde.[50] Allerdings sind die Betroffenen hiergegen keineswegs schutzlos, sondern können zunächst gemäß §§ 48, 9ff. UmwG die Durchführung einer Verschmelzungsprüfung verlangen.[51] Zudem sind sie berechtigt, den auf ihrer Seite gefassten Verschmelzungsbeschluss gemäß § 14 Abs. 1 UmwG anzufechten,[52] sodass die Verschmelzung nicht eingetragen werden darf (§ 16 Abs. 2 S. 2 UmwG).[53] Schließlich kommt auch die Geltendmachung von Schadensersatzansprüchen in Betracht, bspw. gegen die Verschmelzungsprüfer (§ 11 Abs. 2 UmwG, § 323 Abs. 1 S. 3 HGB).[54] Auf diese Weise werden ihre Interessen hinlänglich gewahrt.

Hinweis: Ist das Umtauschverhältnis umgekehrt gerade zulasten der Anteilseigner des *übertragenden* Rechtsträgers unrichtig (was in der Praxis natürlich ebenfalls passieren kann), können diese den auf ihrer Seite gefassten Verschmelzungsbeschluss allerdings *nicht* unter Berufung auf das fehlerhafte Umtauschverhältnis anfechten (§ 14 Abs. 2 UmwG), sondern nur eine Barzuzahlung im Rahmen eines Spruchverfahrens verlangen (§ 15 Abs. 1 UmwG). Die hierin liegende Ungleichbehandlung wird im Schrifttum vielfach kritisiert, ist vom Gesetzgeber aber gewollt.[55]

Schon eher ist die Überbewertung für die Gesellschaftsgläubiger ein Problem.[56] Aus **23**
ihrer Sicht scheint sich im Zuge der Verschmelzung das Eigenkapital – und damit die Kreditwürdigkeit[57] – ihrer Schuldnerin zu erhöhen, weil und soweit diese eine Sachkapitalerhöhung gemäß § 55 UmwG durchführt. In Wahrheit kommt es aufgrund der Überbewertung jedoch nur zu einer eingeschränkten Verbesserung oder womöglich gar zu einer Verschlechterung der Vermögenslage, wenn der übertragende Rechtsträger weniger wert ist als gedacht oder (wie hier) sogar überschuldet ist. Dies zu verhindern ist an sich Aufgabe der Differenzhaftung.[58]

Allerdings hält das Umwandlungsrecht auch insoweit gewisse Schutzmechanismen **24**
bereit, um die berechtigten Interessen der Gesellschaftsgläubiger zu wahren. Insbesondere können die Gläubiger gemäß § 22 UmwG von dem übernehmenden Rechtsträger die Stellung einer Sicherheit verlangen, wenn sie innerhalb von sechs Monaten ab der Eintragung der Verschmelzung glaubhaft machen, dass sich ihre Befriedungschancen durch den Vorgang verschlechtert haben.[59] In diesem Licht erscheint ein Rückgriff auf die §§ 56 Abs. 2, 9 Abs. 1 GmbHG zwar nicht vollkommen sinnentleert, wohl aber in weiten Teilen verzichtbar.[60]

50 BGHZ 220, 179 Rn. 22ff. = NZG 2019, 187; *Priester* ZIP 2019, 646, 647.
51 BGHZ 220, 179 Rn. 24 = NZG 2019, 187.
52 Näher zur Anfechtung von GmbH-Gesellschafterbeschlüssen → Fall 8 Rn. 3ff.
53 BGHZ 220, 179 Rn. 24 = NZG 2019, 187; Widmann/Mayer/*Mayer* UmwG § 55 Rn. 80 aE.
54 Siehe BGHZ 220, 179 Rn. 24 = NZG 2019, 187; Lutter UmwG/*Vetter* UmwG § 55 Rn. 46.
55 Zu den Hintergründen BeckOGK UmwG/*Rieckers/Cloppenburg* UmwG § 14 Rn. 35ff.; Semler/Stengel/*Gehling* UmwG § 14 Rn. 35; Schmitt/Hörtnagl/*Winter* UmwG § 14 Rn. 31ff.
56 Ausführlich zum Gläubigerschutz im Umwandlungsrecht *Raiser/Veil* KapGesR § 67 Rn. 75ff.
57 Vgl. *Drygala/Staake/Szalai* § 15 Rn. 31.
58 Zum gläubigerschützenden Charakter der Norm nur BGHZ 220, 179 Rn. 23 = NZG 2019, 187; MüKoGmbHG/*Lieder* GmbHG § 56 Rn. 1.
59 Näher *Drygala/Staake/Szalai* § 35 Rn. 26, 57; *Raiser/Veil* KapGesR § 67 Rn. 77ff.
60 Vgl. auch Baumbach/Hueck/*Servatius* GmbHG § 9 Rn. 1; *Wachter* NZG 2015, 858, 860.

Eine Ausnahme könnte man allenfalls für jene Fälle erwägen, in denen die Verschmelzung die Vermögenslage des Zielrechtsträgers sogar in solch dramatischer Weise verschlechtert, dass auch eine Sicherheitenbestellung nach § 22 UmwG nicht mehr (rechtzeitig) in Betracht kommt. Hierfür hält das allgemeine Gesellschaftsrecht jedoch wiederum besondere Haftungsfiguren bereit (dazu → Rn. 42ff.), sodass eine Differenzhaftung auch unter dieser Bedingung ausscheidet.

e) Zwischenergebnis

25 Der hM ist jedenfalls im Ergebnis zu folgen. Eine Differenzhaftung kommt in den Fällen des § 55 UmwG nicht in Betracht.

4. Ergebnis

26 I hat keinen Anspruch gegen die M-AG aus § 55 UmwG iVm §§ 56 Abs. 2, 9 Abs. 1 GmbHG.

Hinweise: (1.) Ausführungen zu diesem dogmatisch anspruchsvollen Problem können von den Bearbeitern allenfalls in Grundzügen erwartet werden. Zudem ist mit entsprechender Begründung natürlich auch ein anderes Ergebnis gut vertretbar.
(2.) Als Folge der Rechtsprechung ist übrigens zu erwarten, dass sich ein Teil der Verantwortung mehr noch als bisher auf die zuständigen Registergerichte verlagert. Diese haben die Werthaltigkeit der Sacheinlagen nach allgemeinen Regeln gemäß § 57a iVm § 9c Abs. 1 S. 2 GmbHG zu prüfen und die Eintragung ggf. abzulehnen, wenn sie eine Überbewertung feststellen.[61] Dennoch verbleibt ein Restrisiko, etwa wenn die eingereichten Bilanzen von den Geschäftsführern der beteiligten Gesellschaften gefälscht wurden, sodass die Überbewertung nicht erkannt wird.[62]

II. Anspruch aus §§ 31 Abs. 1, 30 Abs. 1 GmbHG

27 In Betracht kommt sodann ein Zahlungsanspruch des I gegen die M-AG aus §§ 31 Abs. 1, 30 Abs. 1 GmbHG (Haftung für verbotene Einlagenrückgewähr). Dies wäre anzunehmen, wenn die Verschmelzung der K-GmbH auf die E-GmbH eine „Auszahlung“ iSd Vorschriften an die M-AG bewirkte und zugleich auf Seiten der E-GmbH eine Unterbilanz herbeigeführt oder vertieft wurde.

1. Gesellschafterstellung der M-AG

28 Dazu müsste die M-AG im relevanten Zeitraum zunächst eine Gesellschafterin der E-GmbH gewesen sein. Hieran könnte man insofern zweifeln, als die M-AG ihre Anteile an der E-GmbH erst mit Eintragung der Verschmelzung, dh zeitgleich mit der potenziellen Auszahlung erhielt (§ 20 Abs. 1 Nr. 3 S. 1 UmwG). Da jedoch nach allgemeiner Ansicht sogar zukünftige Gesellschafter den §§ 30, 31 GmbHG unterliegen, sofern zwischen der Auszahlung und dem Erwerb der Anteile ein enger sachlich-zeitlicher Zusammenhang besteht und die Leistung gerade mit Rücksicht auf die zukünftige Gesellschafterstellung erfolgt,[63] muss ein unmittelbares zeitliches Zusammenfallen von Anteilserwerb und Auszahlung erst recht genügen. Zudem hielt die M-AG auch vor der Verschmelzung bereits 51 % der Anteile an der T-AG,

[61] Semler/Stengel/*Reichert* UmwG § 55 Rn. 24; *Heckschen* NZG 2019, 561, 564f.
[62] So lag es in BGHZ 171, 293 = NZG 2007, 513; dazu *Raiser/Veil* KapGesR § 69 Rn. 38.
[63] Näher Scholz/*Verse* GmbHG § 30 Rn. 33; Roth/Altmeppen/*Altmeppen* GmbHG § 30 Rn. 27 mwN.

die ihrerseits die E-GmbH als Alleingesellschafterin beherrschte. Infolgedessen qualifizierte sich die M-AG als sog. mittelbare Gesellschafterin der E-GmbH, was für die Anwendung der §§ 30, 31 GmbHG ebenfalls genügt.[64]

Hinweis: Mit diesem Verständnis war die T-AG sozusagen als Tochter- und die E-GmbH als Enkel-Gesellschaft der M-AG anzusehen. Die K-GmbH (als weitere Tochter der M-AG) wurde so gewissermaßen auf ihre Nichte verschmolzen.

2. Auszahlung

Sodann müsste die Verschmelzung auch zu einer Auszahlung an die M-AG geführt haben. Der Auszahlungsbegriff des § 30 GmbHG ist grundsätzlich weit zu verstehen und erfasst jede reale Verringerung des Gesellschaftsvermögens unter Einschluss von Verkehrsgeschäften, die einem Drittvergleich nicht standhalten (ausführlich dazu → Fall 2 Rn. 33ff. und Fall 3 Rn. 3).[65] **29**

Hieran gemessen scheint eine Auszahlung zunächst ohne Weiteres vorzuliegen, da sich das Vermögen der E-GmbH aufgrund der verschmelzungsbedingten Gesamtrechtsnachfolge (§ 20 Abs. 1 Nr. 1 UmwG) iHd Nettoverschuldung der K-GmbH – dh im Umfang von 3 Mio. EUR – reduzierte. **30**

Problematisch ist allerdings, dass diese Verringerung jedenfalls nicht direkt mit einem Vermögenszufluss an die M-AG einherging. Die M-AG erhielt von der E-GmbH jedenfalls weder eine Geldzahlung noch schloss sie mit dieser ein Verkehrsgeschäft, aus dem sie einen wie auch immer gearteten Gewinn hätte ziehen können. **31**

Bei wirtschaftlicher Betrachtung ist jedoch festzustellen, dass die M-AG von der Verschmelzung zumindest insoweit profitierte, als sie neue Anteile an der E-GmbH kraft Gesetzes erwarb (§ 20 Abs. 1 Nr. 3 S. 1 UmwG). Da die hierzu erbrachte Sacheinlage einen negativen Einbringungswert hatte (dazu schon ausführlich → Rn. 2ff.), erhielt die M-AG eine unmittelbare Beteiligung am Vermögen der E-GmbH, ohne dafür einen Gegenwert zu leisten. Auf diese Weise wurde der verschmelzungsbedingte Anteilserwerb ganz aus dem Vermögen der E-GmbH finanziert. Hierin liegt wirtschaftlich ein Vermögenszufluss an die M-AG, sodass es gerechtfertigt erscheint, die Vermögensminderung der E-GmbH in voller Höhe als Auszahlung an die M-AG zu werten.[66] **32**

Hinweis: Mit entsprechender Begründung ist auch ein anderes Ergebnis gut vertretbar.[67] Die Frage hat in der Praxis insbesondere bei der sog. absteigenden Verschmelzung einer Muttergesellschaft auf ihre Tochtergesellschaft (Downstream Merger) Bedeutung, wenn die Mutter mit hohen Kreditverbindlichkeiten belastet ist und über vergleichsweise wenig Aktivvermögen verfügt. Häufig handelt es sich bei der Mutter um eine Zweckgesellschaft, die von den hinter ihr stehenden Personen überhaupt nur gegründet wurde, um die Tochter mit einem Minimum an Eigenkapital erwerben zu können; die Idee ist, dass die Tochter auf diese Weise im Ergebnis ihre eigene Übernahme finanziert.[68]

---

[64] Vgl. insoweit nur BGH NZG 2012, 1069 Rn. 31; Scholz/*Verse* GmbHG § 30 Rn. 50b; *Wilhelm* S. 61ff., 82f., 107ff. mwN.

[65] Scholz/*Verse* GmbHG § 30 Rn. 18ff.; *Raiser/Veil* KapGesR § 47 Rn. 13ff.; ausführlich zum kapitalerhaltungsrechtlichen Leistungsbegriff *Mülbert/Leuschner* NZG 2009, 281ff.

[66] Wie hier etwa MüKoGmbHG/*Ekkenga* GmbHG § 30 Rn. 193; *Rubner/Leuering* NJW-Spezial 2012, 719f.; vgl. auch BGHZ 220, 179 Rn. 41 = NZG 2019, 187 (per obiter dictum).

[67] Vgl. etwa *Heckschen* GmbHR 2008, 802, 803f.; *Bock* GmbHR 2005, 1023, 1028f.

[68] Näher MüKoGmbHG/*Ekkenga* GmbHG § 30 Rn. 193; Semler/Stengel/*Schröer* UmwG § 5 Rn. 134ff.

3. Eingriff in das Stammkapital

33 Die Auszahlung müsste aber auch in das Stammkapital der E-GmbH eingegriffen, dh eine Unterbilanz herbeigeführt oder vertieft haben.[69] Im Gegensatz zum Aktienrecht (§ 57 AktG) ist eine Auszahlung gemäß § 30 Abs. 1 GmbHG nämlich keineswegs generell, sondern nur insoweit verboten, als sie das statutarische Stammkapital der Gesellschaft berührt.[70]

34 Da die K-GmbH iHv 3 Mio. EUR überschuldet war, die E-GmbH bei einem Stammkapital von 1 Mio. EUR jedoch nur über ungebundenes Vermögen iHv 2,5 Mio. EUR verfügte, griff die Auszahlung iHv 500.000 EUR in das Stammkapital ein und bewirkte insoweit eine Unterbilanz.[71]

35 Die Auszahlung war damit iHv 500.000 EUR verboten, nicht aber iHd restlichen 2,5 Mio. EUR.

Hinweis: Hätte es sich bei der E-GmbH um eine Aktiengesellschaft gehandelt, würde die M-AG gemäß §§ 57, 62 AktG in voller Höhe auf 3 Mio. EUR haften.

4. Ergebnis

36 I hat einen Zahlungsanspruch gegen die M-AG aus §§ 31 Abs. 1, 30 Abs. 1 GmbHG iHv 500.000 EUR.

Hinweis: Es ist wichtig zu erkennen, dass der Gesellschafter gemäß §§ 30, 31 GmbHG (ebenso wie gemäß §§ 57, 62 AktG) lediglich die verbotswidrig ausgeschütteten Beträge erstatten, nicht aber etwaige Folgeschäden der Auszahlung ersetzen muss (sog. *beschränkte Rechtsfolgenanordnung*[72]). Es handelt sich gerade nicht um einen Schadensersatzanspruch, sondern eher um eine Art Bereicherungsausgleich nach dem Muster der §§ 812ff. BGB.[73] Dass die E-GmbH als indirekte Folge der Verschmelzung sogar noch in die Überschuldung geriet, lässt sich daher nicht (oder jedenfalls nicht vollständig) über die gesetzlichen Kapitalerhaltungsvorschriften kompensieren. Insoweit muss man auf andere Haftungsfiguren ausweichen (→ Rn. 42ff.).

III. Anspruch aus § 280 Abs. 1 BGB iVm der mitgliedschaftlichen Treuepflicht

37 Sodann kommt ein Anspruch des I gegen die M-AG aus § 280 Abs. 1 BGB iVm der mitgliedschaftlichen Treuepflicht in Betracht. Dahinter steht die Erwägung, dass die M-AG im Verhältnis zur E-GmbH gegen das mitgliedschaftliche Schädigungsverbot verstoßen haben könnte, indem sie die Verschmelzung der K-GmbH auf die E-GmbH veranlasste und auf diese Weise das Vermögen der E-GmbH schmälerte, was am Ende sogar zur Insolvenz der Gesellschaft führte.[74] Geschieht ein solcher Verstoß schuldhaft, hat er nach allgemeinen Regeln eine Schadensersatzpflicht des Gesellschafters gemäß § 280 Abs. 1 BGB zur Folge.[75]

---

[69] Statt aller Scholz/*Verse* GmbHG § 30 Rn. 52 mwN.

[70] *Bitter/Heim* GesR § 4 Rn. 225; *Drygala/Staake/Szalai* § 8 Rn. 2ff.

[71] Vgl. allgemein die lehrreichen Berechnungsbeispiele bei *Bitter/Heim* GesR § 4 Rn. 227ff.

[72] Siehe Henssler/Strohn/*Verse* GmbHG § 13 Rn. 44ff.; *Wilhelm* S. 307f.

[73] Vgl. nur *Mülbert/A. Wilhelm* FS Hommelhoff, 2012, S. 747, 756; MüKoAktG/*Bayer* AktG § 57 Rn. 160: §§ 57, 62 AktG als leges speciales zum bürgerlichen Bereicherungsrecht.

[74] Vgl. *Heckschen* NZG 2019, 561, 564.

[75] Statt vieler Henssler/Strohn/*Verse* GmbHG § 14 Rn. 117.

Dass die M-AG ihre unmittelbare Beteiligung an der E-GmbH erst mit der Verschmelzung erhielt, stünde einer solchen Haftung nicht entgegen. Denn auch insoweit genügt nach hM bereits eine mittelbare Beteiligung an der betroffenen Gesellschaft,[76] über welche die M-AG nach dem oben Gesagten (→ Rn. 28) auch schon vor der Verschmelzung verfügte. **38**

Hinweis: Ob die M-AG als mittelbare Gesellschafterin auch dann einer Treuepflicht im Verhältnis zu ihrer Enkelin unterliegen würde, wenn es sich bei dieser um eine Aktiengesellschaft handelte, ist allerdings zweifelhaft; näher dazu → Fall 5 Rn. 18.

Problematisch ist allerdings, dass die T-AG als ehemalige Alleingesellschafterin der E-GmbH mit der Verschmelzung ebenfalls einverstanden war, da gerade sie – wohl vertreten durch ihren Vorstand (§ 78 Abs. 1 S. 1 AktG) – auf Seiten der E-GmbH den Verschmelzungsbeschluss herbeiführte. Maßnahmen, die von einem GmbH-Alleingesellschafter veranlasst bzw. mitgetragen werden, sind am Maßstab der mitgliedschaftlichen Treuepflicht jedoch generell nicht zu messen.[77] Grund hierfür ist, dass die (vertikale) Treuepflicht die Bindung an den Gesellschaftszweck beschreibt und dieser gemäß § 33 Abs. 1 S. 2 BGB (analog) zur Disposition der Gesellschaftergesamtheit steht.[78] **39**

Eine Haftung wegen Treuepflichtverletzung scheidet somit aus. **40**

Hinweis: Auch in einer mehrgliedrigen GmbH findet die Treuepflicht keine Anwendung, wenn sämtliche Gesellschafter mit der schädigenden Maßnahme einverstanden sind (dazu bereits → Fall 3 Rn. 8). Zur Sanktionierung von Maßnahmen, die gerade den Interessen der Gesellschaftsgläubiger widersprechen, eignet sich die mitgliedschaftliche Treuepflicht infolgedessen nur begrenzt.[79] Näher zu Herleitung, Funktion und Grenzen der mitgliedschaftlichen Treuepflicht auch schon → Fall 8 Rn. 36ff.

IV. Anspruch aus §§ 311, 317 Abs. 1 S. 1 AktG

Ein Anspruch des I gegen die M-AG analog §§ 311 Abs. 1, 317 Abs. 1 AktG scheidet ebenfalls aus. Zwar ist der Tatbestand des § 311 Abs. 1 AktG zumindest insoweit erfüllt, als sich die M-AG im Verhältnis zur E-GmbH als mittelbar herrschendes Unternehmen gemäß §§ 16 Abs. 1, 4, 17 Abs. 1 AktG qualifizierte, da sie an der Alleingesellschafterin der E-GmbH mehrheitlich beteiligt war.[80] Allerdings kommt eine Anwendung der §§ 311ff. AktG auf eine abhängige GmbH nach ganz hM von vornherein nicht in Betracht, weil das in den §§ 311ff. AktG geregelte System des gestreckten Nachteilsausgleichs maßgeblich auf der Überwachungsfunktion des Aufsichtsrats beruht (vgl. § 314 AktG), die GmbH jedoch im Gegensatz zur AG über keinen obligatorischen Aufsichtsrat verfügt.[81] **41**

Hinweis: Eine andere Frage ist, ob die M-AG gegenüber der T-AG nach den genannten Vorschriften haften würde, weil die Verschmelzung der K-GmbH auf die E-GmbH die Vermögensinteressen der T-AG verletzte. Dies wird man bejahen können, doch würde sich hieraus eben kein Anspruch des I bzw. der E-GmbH ergeben.

76 Emmerich/Habersack/*Habersack* AktG Anh. § 318 Rn. 28; *Wilhelm* S. 250, 253ff., 275f. mwN.

77 Ganz hM; näher Henssler/Strohn/*Verse* GmbHG § 14 Rn. 100; Roth/Altmeppen/*Altmeppen* GmbHG § 13 Rn. 58ff. mwN.

78 *Leuschner* FS Ahrens, 2016, S. 637ff.

79 Prägnant Henssler/Strohn/*Verse* GmbHG § 13 Rn. 45.

80 Näher zu diesem Tatbestand *Hüffer/Koch* AktG § 16 Rn. 12f. mwN.

81 *Hüffer/Koch* AktG § 311 Rn. 53; Henssler/Strohn/*Verse* GmbHG Anh. § 13 Rn. 7.

V. Anspruch aus § 826 BGB wegen Existenzvernichtung

42 I könnte jedoch gegen die M-AG ein Anspruch aus § 826 BGB unter dem Gesichtspunkt der Existenzvernichtung zustehen (für ein Prüfungsschema nebst Erläuterungen bereits → Fall 3 Rn. 11).

1. Normadressateneigenschaft der M-AG

43 Dazu müsste sich die M-AG zunächst als Normadressatin qualifizieren. Nach der „Trihotel"-Entscheidung des BGH[82] handelt es sich bei der Existenzvernichtung um ein Sonderdelikt, das im Grundsatz von jedem Gesellschafter als Täter begangen werden kann, wobei die Haftungsregel in erster Linie auf den Mehrheits- bzw. Alleingesellschafter abzielt.[83] Zudem hat der BGH klargestellt, dass auch ein mittelbarer Gesellschafter, der lediglich indirekt über eine von ihm beherrschte Zwischengesellschaft an der betroffenen GmbH beteiligt ist, dem Haftungskonzept unterliegt.[84]

44 Mit diesem Verständnis ist die M-AG ohne Weiteres vom persönlichen Anwendungsbereich erfasst, da sie die T-AG, die ihrerseits als Alleingesellschafterin der E-GmbH fungierte, gemäß §§ 16 Abs. 1, 4, 17 Abs. 1 AktG beherrschte (dazu bereits → Rn. 41) und überdies im Zuge der Verschmelzung sogar eigene Anteile an der E-GmbH erwarb.

2. Kompensationsloser Eingriff in das Gesellschaftsvermögen (Tathandlung)

45 Voraussetzung der Existenzvernichtungshaftung wäre sodann ein kompensationsloser Eingriff in das Gesellschaftsvermögen. Dieser könnte vorliegend darin zu sehen sein, dass die M-AG die Verschmelzung der K-GmbH auf die E-GmbH herbeiführte, womit die Verbindlichkeiten der K-GmbH gemäß § 20 Abs. 1 Nr. 1 UmwG auf die E-GmbH übergingen. Auf diese Weise wurde die E-GmbH in ihren Vermögensverhältnissen beeinträchtigt und geriet schließlich sogar in die Insolvenz.

46 Problematisch ist allerdings, dass ein existenzvernichtender Eingriff nach der „Trihotel"-Entscheidung grundsätzlich einen „Entzug von Vermögenswerten" voraussetzt, welche die Gesellschaft zur Befriedigung ihrer Gläubiger benötigt.[85] Als Anknüpfungspunkt dient die mit einem solchen Entzug verbundene „Verringerung der Zugriffsmasse",[86] womit der BGH zu verstehen gibt, dass es zumindest im Regelfall um eine Auskehr von Aktivvermögen geht. Vor diesem Hintergrund ist fraglich, ob es für einen Eingriff iSd Rechtsprechung ausnahmsweise genügen kann, wenn eine bestimmte Maßnahme lediglich eine Erhöhung der Verbindlichkeiten auf der Passivseite, nicht aber einen Abfluss von Aktivvermögen zur Folge hat.

---

[82] Benannt nach BGHZ 173, 246 = NJW 2007, 2689 – Trihotel.

[83] Prägnant Henssler/Strohn/*Verse* GmbHG § 13 Rn. 62.

[84] BGHZ 173, 246 Rn. 44 = NJW 2007, 2689; Henssler/Strohn/*Verse* GmbHG § 13 Rn. 62.

[85] BGHZ 173, 246 Rn. 18, 22, 28, 30, 31, 33, 36 = NJW 2007, 2689; siehe im Anschluss auch BGHZ 176, 204 Rn. 13 = NJW 2008, 2437; 179, 344 Rn. 16 = NJW 2009, 2127.

[86] BGHZ 173, 246 Rn. 22 = NJW 2007, 2689.

Dagegen ist teilweise eingewandt worden, dass mit einer solchen Sichtweise der Eingriffstatbestand erheblich erweitert würde und womöglich ausufern könnte.[87] Zudem könnte sich ein Widerspruch zu den sog. „Aschenputtel"-Konstellationen ergeben, in denen der GmbH lebensnotwendiges Vermögen nicht etwa entzogen, sondern schon bei der Gründung vorenthalten wird.[88] Hier geht der BGH in ständiger Rechtsprechung davon aus, dass ein existenzvernichtender Eingriff mangels Vermögensabzug ausscheidet.[89] **47**

Andererseits ist einzuräumen, dass es aus der Sicht der Gesellschaftsgläubiger, um deren Schutz es bei der Existenzvernichtungshaftung geht, keinen wesentlichen Unterschied macht, ob die Gesellschaft durch einen Abzug von Vermögenswerten oder durch eine Abwälzung von Schulden gemäß § 20 Abs. 1 Nr. 1 UmwG geschädigt wird. Beides führt gleichermaßen dazu, dass sich ihre Befriedigungsaussichten in der Insolvenz verschlechtern, sodass man die Fälle grundsätzlich gleichbehandeln sollte.[90] Einer übermäßigen Ausdehnung des Tatbestandes lässt sich im Übrigen auch dadurch begegnen, dass man die Anforderungen an die Sittenwidrigkeit des Eingriffs (dazu → Rn. 50ff.) sachgerecht interpretiert. Auf diese Weise lassen sich insbesondere bloße Managementfehler aus dem Anwendungsbereich herausnehmen. **48**

Ein kompensationsloser Eingriff in das Gesellschaftsvermögen liegt also vor. **49**

3. Sittenwidrigkeit der Tathandlung

Der Eingriff müsste aber auch sittenwidrig sein. Dazu wäre zunächst zu fordern, dass es im Zeitpunkt der Tathandlung – hier also im Zeitpunkt der Verschmelzung – bei objektiver Betrachtung überwiegend wahrscheinlich war, dass die E-GmbH infolge der Verschmelzung in die Insolvenz geraten und zur vollständigen Befriedigung ihrer Gläubiger nicht mehr im Stande sein würde (auch dazu schon → Fall 3 Rn. 13). Dies wird man mit Blick auf den Sachverhalt wohl unterstellen können, zumal ein gewichtiges Indiz bereits darin liegt, dass schon der Vorstand der M-AG selbst damit rechnete, dass die E-GmbH die Verschmelzung möglicherweise nicht verkraften würde. **50**

Fraglich ist aber, ob es der Sittenwidrigkeit entgegensteht, dass die Verschmelzung der K-GmbH auf die E-GmbH der M-AG keinen unmittelbaren Vermögensvorteil bescherte. Hieran könnte man insofern zweifeln, als der BGH das Sittenwidrigkeitsverdikt in der „Trihotel"-Entscheidung von einem betriebsfremden Handeln „zum eigenen Vorteil" abhängig gemacht hat, welches er bildhaft als einen Akt der „Selbstbedienung" umschrieb.[91] Bei Nähe besehen lässt sich aber auch hier ein zumindest mittelbarer Vermögensvorteil der M-AG konstatieren, weil und soweit diese als Folge der Verschmelzung die neuen Anteile an der E-GmbH er- **51**

87 Vgl. OLG Dresden BeckRS 2016, 133090 Rn. 8.

88 Sog. materielle Unterkapitalisierung; näher Roth/Altmeppen/*Altmeppen* GmbHG § 13 Rn. 85f.; Baumbach/Hueck/*Fastrich* GmbHG § 13 Rn. 5f.

89 Siehe schon BGHZ 176, 204 Rn. 13 = NJW 2008, 2437 – GAMMA.

90 So denn auch BGHZ 220, 179 Rn. 31 = NZG 2019, 187; ebenso MHLS/*Lieder* GmbHG § 13 Rn. 443; Henssler/Strohn/*Verse* GmbHG § 13 Rn. 53.

91 Siehe BGHZ 173, 246 Rn. 22, 28 aE = NJW 2007, 2689; im Anschluss auch BGHZ 176, 204 Rn. 13 = NJW 2008, 2437 – GAMMA; 179, 344 Rn. 21 = NJW 2009, 2127 – Sanitary.

hielt.[92] Darüber hinaus erweist sich das Handeln der M-AG aber auch jedenfalls insoweit als selbstsüchtig (und damit sittenwidrig), als der Vorstand der M-AG, dessen Verhalten der M-AG nach allgemeinen Regeln zuzurechnen ist (§ 31 BGB analog),[93] die Verschmelzung gerade deshalb in die Wege leitete, weil er die Stellung eines Insolvenzantrags für die K-GmbH aufgrund der damit verbundenen „Unannehmlichkeiten" scheute.[94]

52 Infolgedessen ist auch die Sittenwidrigkeit des Eingriffs vorliegend zu bejahen.

4. Schaden (Taterfolg)

53 Die Existenzvernichtungshaftung setzt ferner voraus, dass ein Schaden in der Form eines Insolvenzausfallschadens tatsächlich eingetreten ist. Da die E-GmbH iHv 2 Mio. EUR überschuldet ist, beläuft sich der Insolvenzausfallschaden auf mindestens diesen Betrag. Hinzu kommen die Kosten des Insolvenzverfahrens.

5. Kausalität (zwischen Tathandlung und Taterfolg)

54 Des Weiteren ist erforderlich, dass die Überschuldung der E-GmbH als Insolvenzgrund ganz oder teilweise auf dem Eingriff beruht. In der Tat lässt sich die Insolvenz der E-GmbH vorliegend darauf zurückführen, dass die E-GmbH die von der K-GmbH übernommenen „Altlasten" nicht verkraftet hat. Ohne die Verschmelzung wäre die E-GmbH also nicht insolvent geworden, sodass die Überschuldung in voller Höhe auf der Tathandlung beruht.

6. Vorsatz

55 Schließlich setzt die Haftung wegen Existenzvernichtung voraus, dass der Gesellschafter bezüglich der objektiven Tatbestandsmerkmale einschließlich der die Sittenwidrigkeit begründenden Umstände zumindest mit Eventualvorsatz handelte. Bezüglich des Eingriffs durch Verschmelzung der K-GmbH auf die E-GmbH handelte die M-AG (vertreten durch ihren Vorstand) mit direktem Vorsatz. Die Umstände, welche die Sittenwidrigkeit des Eingriffs kennzeichnen, waren dem Vorstand der M-AG bekannt. Zudem hat der Vorstand der M-AG damit gerechnet, dass die E-GmbH aufgrund der Verschmelzung in die Insolvenz geraten würde, sodass insoweit von Eventualvorsatz auszugehen ist.

7. Anspruchsinhalt

56 Aufgrund des beschriebenen Kausalzusammenhangs (→ Rn. 54) ist der gesamte Insolvenzausfallschaden iHv 2 Mio. EUR zzgl. Insolvenzkosten gemäß § 826 BGB ersatzfähig.

8. Ergebnis

57 I hat einen Zahlungsanspruch gegen die M-AG iHv 2 Mio. EUR zzgl. Insolvenzkosten aus § 826 BGB.

---

92 Vgl. BGHZ 220, 179 Rn. 41 = NZG 2019, 187; ferner auch schon → Rn. 29 ff.

93 Siehe nur BGH NJW 2017, 250 Rn. 13; *Hüffer/Koch* AktG § 78 Rn. 23 mwN.

94 Vgl. BGHZ 220, 179 Rn. 42–44 = NZG 2019, 187; BeckOGK BGB/*Spindler* BGB § 826 Rn. 78; *Schluck-Amend* DStR 2019, 1312, 1315.

VI. Gesamtergebnis zu Frage 1

I hat gegen die M-AG einen Zahlungsanspruch aus §§ 31 Abs. 1, 30 Abs. 1 GmbHG iHv 500.000 EUR und einen Zahlungsanspruch aus § 826 BGB iHv weiteren 2 Mio. EUR zzgl. Insolvenzkosten. Insgesamt haftet die M-AG also auf gut 2,5 Mio. EUR. 58

B. Ansprüche der A gegen die T-AG (Frage 2)

A könnte einen Anspruch aus § 97 Abs. 1 Nr. 1 WpHG auf Zahlung von 30.000 EUR gegen die T-AG haben. Dafür müsste die T-AG es als taugliche Anspruchsverpflichtete (→ Rn. 60 f.) grob fahrlässig oder vorsätzlich (→ Rn. 102) unterlassen haben, unverzüglich eine sie unmittelbar betreffende Insiderinformation nach Art. 17 MAR zu veröffentlichen (→ Rn. 63 ff.), und A müsste im relevanten Desinformationszeitraum eine Transaktion am Markt in den Aktien der T-AG getätigt haben (→ Rn. 103 f.). 59

Hinweis: Zu den §§ 97, 98 WpHG sowie zu den §§ 823, 826 BGB, deren Prüfung laut Sachverhalt erlassen war, bereits → Fall 7 Rn. 1 ff.

I. T-AG als taugliche Anspruchsverpflichtete

Zunächst müsste die T-AG eine taugliche Anspruchsverpflichtete iSd § 97 Abs. 1 WpHG sein. Nach dieser Vorschrift kommt als Anspruchsverpflichteter nur ein Emittent von Finanzinstrumenten in Betracht, der für jene Instrumente die Zulassung zum Handel (1.) an einem inländischen Handelsplatz genehmigt oder (2.) an einem inländischen regulierten Markt oder multilateralen Handelssystem beantragt hat. 60

Die T-AG hat ihre im regulierten Markt der FWB notierten Aktien gemäß § 9 Abs. 1 AktG „ausgegeben" und ist damit jedenfalls als Emittentin nach § 97 Abs. 1 WpHG anzusehen. Zudem handelt es sich bei den Aktien um Finanzinstrumente gemäß § 2 Abs. 1 Nr. 1, Abs. 4 Nr. 1 WpHG, während sich der regulierte Markt (§§ 32 ff. BörsG) als organisierter Markt gemäß § 2 Abs. 11 WpHG und damit als Handelsplatz iSd WpHG qualifiziert (§ 2 Abs. 22 WpHG).[95] Die Aktien der T-AG sind überdies bereits an der FWB notiert und damit zum Handel zugelassen (vgl. § 32 BörsG), was im Übrigen auch auf Antrag der T-AG erfolgte: Da die Zulassung von Aktien zum regulierten Markt stets einen Zulassungsantrag des Emittenten voraussetzt (§ 32 Abs. 2 S. 1 BörsG), muss die T-AG einen solchen Antrag zwangsläufig gestellt und damit die Zulassung zum Handel „genehmigt" haben.[96] 61

Die T-AG ist damit taugliche Anspruchsverpflichtete iSd § 97 Abs. 1 WpHG. 62

II. Unterlassen der unverzüglichen Veröffentlichung einer Insiderinformation

Als solche müsste es die T-AG als Emittentin unterlassen haben, eine sie unmittelbar betreffende Insiderinformation unverzüglich gemäß Art. 17 MAR zu veröffentlichen. 63

95 ASM WertpapierhandelsR/*Assmann* WpHG § 2 Rn. 215.

96 Anders liegen die Dinge ggf. im Freiverkehr; näher Klöhn/*Klöhn* MAR Art. 17 Rn. 57.

1. T-AG als Emittentin

64 Dazu müsste es sich bei der T-AG zunächst (auch) um eine Emittentin iSv Art. 17 Abs. 1 MAR handeln.

65 Artikel 17 MAR gilt gemäß Art. 17 Abs. 3 MAR unter anderem für Emittenten, die für ihre Finanzinstrumente eine Zulassung zum Handel an einem geregelten Markt in einem Mitgliedstaat beantragt oder genehmigt haben. Als Emittent ist gemäß Art. 3 Abs. 1 Nr. 21 MAR eine juristische Person des privaten oder öffentlichen Rechts anzusehen, die Finanzinstrumente emittiert. Finanzinstrumente sind gemäß Art. 3 Abs. 1 Nr. 1 MAR iVm Art. 4 Abs. 1 Nr. 15, Anh. I Abschn. C (1) MiFID II übertragbare Wertpapiere. Darunter fallen gemäß Art. 4 Abs. 1 Nr. 44 Buchst. a MAR insbesondere auch Aktien. Die Voraussetzungen eines geregelten Marktes iSd Art. 3 Abs. 1 Nr. 21 MAR werden in Deutschland von den regulierten Märkten der Börsen und damit auch vom regulierten Markt der FWB erfüllt, zu welchem die T-AG die Zulassung ihrer Aktien beantragt hat.

66 Die T-AG ist deshalb auch Emittentin iSd Art. 17 Abs. 1 MAR.

Hinweis: Ein Emittent iSd § 97 Abs. 1 WpHG ist immer auch Emittent iSv Art. 17 Abs. 1 MAR. Während der Emittentenbegriff des Art. 17 Abs. 1 MAR allerdings allein auf Basis der Unionsrechtsakte (MAR und MiFID II) bestimmt wird, kommt es beim Emittentenbegriff des § 97 Abs. 1 WpHG auf eine Auslegung auch auf Basis des WpHG an.[97]

2. Insiderinformation zum Zeitpunkt des Aktienerwerbs der A am 28.8.2019

67 Ferner müsste eine Insiderinformation gemäß Art. 17 Abs. 1, Art. 7 MAR vorliegen. Als Insiderinformation kommt vorliegend insbesondere die Eintragung der Verschmelzung am 6.9.2019, darüber hinaus aber auch der Abschluss des Verschmelzungsvertrages am 16.8.2019 und/oder die Zustimmung der Gesellschafterversammlung der E-GmbH am 23.8.2019 in Betracht. Da A ihre Aktien bereits am 28.8.2019 erworben hat, würde sie sich allerdings nur dann als Anspruchsinhaberin gemäß § 97 Abs. 1 WpHG qualifizieren, wenn gerade zu diesem Erwerbszeitpunkt eine Informationspflichtverletzung der T-AG zu bejahen wäre (→ Rn. 103).

68 Damit ergibt sich die Notwendigkeit, bzgl. der einzelnen (potenziellen) Insiderinformationen zwischen gegenwärtigen Umständen bzw. Ereignissen, die im maßgeblichen Erwerbszeitpunkt bereits eingetreten waren, und künftigen Umständen bzw. Ereignissen, die in diesem Zeitpunkt allenfalls absehbar waren, zu unterscheiden.[98] Bis zum 28.8.2019 kamen als gegenwärtige Umstände nur der Abschluss des Verschmelzungsvertrages und die Zustimmung der Gesellschafterversammlung in Betracht, während die Eintragung der Verschmelzung (§ 20 Abs. 1 UmwG) zu diesem Zeitpunkt noch ein künftiges Ereignis war.

Hinweis: Die Unterscheidung zwischen mehreren in Betracht kommenden Insiderinformationen, die teilweise gegenwärtige und teilweise künftige Umstände oder Ereignisse betreffen, bildet den Schwerpunkt der Abwandlung und ist auch in der Praxis immer wieder von Belang. Im Rahmen eines umfassenden Gutachtens sollten dabei alle in Betracht kommenden zukünftigen Ereignisse, ebenso wie etwaige Zwischenschritte, auf ihre Insiderinformationsqualität hin begutachtet werden.

---

[97] Zum Emittentenbegriff des Art. 17 MAR siehe ausführlich *Langenbucher* AktKapMarktR § 17 Rn. 11 f., 19.

[98] Eingehend dazu *Langenbucher* AktKapMarktR § 15 Rn. 31 ff. mwN.

a) Eintragung der Verschmelzung (6.9.2019)

Zunächst kommt also die Vollendung der Verschmelzung durch deren Registereintragung am 6.9.2019 als Insiderinformation in Betracht. Bis zum 28.8.2019 handelte es sich bei der Eintragung noch um ein zukünftiges Ereignis, auf dessen Verwirklichung im Vorfeld durch mehrere Zwischenschritte – namentlich den Abschluss des Verschmelzungsvertrages am 16.8.2019 und die Zustimmung der Gesellschafterversammlung der E-GmbH am 23.8.2019 – hingearbeitet wurde. **69**

Insiderinformationen sind gemäß Art. 7 Abs. 1 Buchst. a MAR alle nicht öffentlich bekannten präzisen Informationen, die direkt oder indirekt einen oder mehrere Emittenten oder ein oder mehrere Finanzinstrumente betreffen und die, wenn sie öffentlich bekannt würden, geeignet wären, den Kurs dieser Finanzinstrumente oder den Kurs damit verbundener derivativer Finanzinstrumente erheblich zu beeinflussen. **70**

aa) Nicht öffentlich bekannte Information mit direktem oder indirektem Emittenten- oder Finanzinstrumentenbezug

Bei der Vollendung der Verschmelzung durch deren Eintragung handelte es sich um einen zukünftigen Umstand und damit um eine Information gemäß Art. 7 Abs. 1 Buchst. a MAR. Jedenfalls am 28.8.2019 war diese Information noch nicht öffentlich bekannt, und zwar unabhängig davon, ob man hinsichtlich der den Maßstab bildenden Öffentlichkeit auf die sog. Bereichsöffentlichkeit oder die „breite Öffentlichkeit" abstellt.[99] Denn zu diesem Zeitpunkt hatten nur die an der Transaktion beteiligten Unternehmen bzw. Personen Kenntnis von der möglichen und in der Zukunft liegenden Eintragung. Öffentlich bekannt wurde die Information frühestens am 6.9.2019 (Zeitpunkt der Einsehbarkeit im Handelsregister) und spätestens am 12.9.2019 (Berichterstattung in der Presse). **71**

Zudem weist die Information auch einen direkten oder indirekten Emittenten- bzw. Finanzinstrumentenbezug auf,[100] da sie jedenfalls auch Auswirkungen auf die T-AG hatte, mögen diese auch über die Beteiligung der T-AG an der E-GmbH vermittelt gewesen sein. Durch die Verschmelzung der K-GmbH auf die E-GmbH wurde Letztere nämlich Gesamtrechtsnachfolgerin der K-GmbH und übernahm damit deren Verbindlichkeiten (§ 20 Abs. 1 Nr. 1 UmwG), was zugleich unmittelbare Auswirkungen auf den Unternehmenswert der E-GmbH und damit auf den Wert der Beteiligung der T-AG hatte. Zudem war die E-GmbH auch von besonderer Bedeutung für das operative Geschäft der T-AG. Zur Frage eines unmittelbaren Emittentenbezugs in Konzernkonstellationen → Rn. 97f. **72**

bb) Präzision der Information

Ferner müsste die Eintragung der Verschmelzung als zukünftiges Ereignis eine präzise Information darstellen.[101] **73**

Eine Information ist nach Art. 7 Abs. 2 S. 1 MAR präzise, *„wenn damit eine Reihe von Umständen gemeint ist, die bereits gegeben sind oder bei denen man vernünftiger-* **74**

---

99 Näher dazu *Langenbucher* AktKapMarktR § 15 Rn. 20ff.; *Buck-Heeb* KapMarktR § 6 Rn. 372ff.

100 Zu diesem Erfordernis generell *Langenbucher* AktKapMarktR § 15 Rn. 26; *Buck-Heeb* KapMarktR § 6 Rn. 359f.

101 Allgemein dazu *Langenbucher* AktKapMarktR § 15 Rn. 27ff.; *Buck-Heeb* KapMarktR § 6 Rn. 361ff.

weise erwarten kann, dass sie in Zukunft gegeben sein werden, oder ein Ereignis, das bereits eingetreten ist oder von den vernünftigerweise erwarten kann, dass es in Zukunft eintreten wird, und diese Informationen darüber hinaus spezifisch genug sind, um einen Schluss auf die mögliche Auswirkung dieser Reihe von Umständen oder dieses Ereignisses auf die Kurse von Finanzinstrumenten […] zuzulassen.“

75 Erforderlich ist damit bei zukünftigen Umständen oder Ereignissen eine zweistufige Prüfung: (1.) muss der zukünftige Eintritt des Umstands oder des Ereignisses vernünftigerweise erwartet werden können und (2.) muss die Information spezifisch genug sein, um einen Schluss auf die möglichen Auswirkungen auf den Kurs des Finanzinstruments zuzulassen.[102]

(1) Vernünftige Erwartbarkeit

76 Unter dem Merkmal der „vernünftigen Erwartbarkeit“ versteht die hM das Vorliegen einer überwiegenden Wahrscheinlichkeit, dh eine Eintrittswahrscheinlichkeit des künftigen Ereignisses von mehr als 50%.[103] Während der EuGH die Frage offengelassen hat,[104] spricht der BGH davon, dass „eher mit dem Eintreten des künftigen Ereignisses als mit seinem Ausbleiben zu rechnen“ sein muss.[105] Nach Erwgr. 16 MAR, der als Reaktion auf die Rechtsprechung des EuGH in Sachen Daimler/Geltl formuliert wurde, ist insoweit eine absolute und keine (!) relative Wahrscheinlichkeitsbeurteilung in Anlehnung an den sog. Probability/Magnitude-Test vorzunehmen, bei dem der erforderliche Wahrscheinlichkeitsgrad (auch) von der Schwere der erwarteten Kursbeeinflussung durch das zukünftige Ereignis abhängt.[106]

77 Die Wahrscheinlichkeit der Eintragung der Verschmelzung in das Handelsregister wurde zunehmend größer, je mehr erforderliche Zwischenschritte für die Verschmelzung verwirklicht wurden und je näher der 6.9.2019 rückte. Irgendwann in diesem Zeitfenster wurde die Schwelle zur überwiegenden Wahrscheinlichkeit zweifellos überschritten. Fraglich ist nur, wann genau diese Schwelle überschritten wurde und, insbesondere, ob dies bereits vor dem 28.8.2019 – dem für A relevanten Erwerbszeitpunkt – der Fall war.

Hinweis: Generell ist im Rahmen von M&A-Prozessen und Strukturmaßnahmen besonders kritisch, wann eingetretenen Zwischenschritten oder dem Endereignis selbst als zukünftigem Ereignis die Qualität einer Insiderinformation zukommt. Unternehmen werden daher auch von der BaFin dazu angehalten, in derartigen Prozessen laufend zu prüfen, wann einzelne Zwischenschritte eigenständige Insiderinformationsqualität aufweisen oder wann das Endereignis selbst überwiegend wahrscheinlich wird und damit eine Insiderinformation darstellen kann. Dabei betont auch die BaFin in ihrem Emittentenleitfaden, dass „[…] – je näher sich ein Zwischenschritt am Endereignis befindet –, es ggf. gleichzeitig zu einer überwiegenden Wahrscheinlichkeit des Eintritts des Endereignisses kommen kann, etwa beim Abschluss von konkreten Vereinbarungen“.[107]

78 Vorliegend wird man von einer überwiegenden Wahrscheinlichkeit der Eintragung jedenfalls am 23.8.2019 ausgehen müssen. Spätestens mit der Zustimmung der Gesellschafterversammlung der E-GmbH stand der Eintragung – nach entspre-

[102] Siehe nur ASM WertpapierhandelsR/*Assmann* VO Nr. 596/2014 Art. 7 Rn. 10ff.
[103] *Buck-Heeb* KapMarktR § 6 Rn. 363; *Langenbucher* AktKapMarktR § 15 Rn. 38.
[104] Vgl. EuGH NZG 2012, 784 – Daimler/Geltl; dazu *Langenbucher* AktKapMarktR § 15 Rn. 39.
[105] BGH NJW 2013, 2114 Rn. 29 = NZG 2013, 708 – Geltl.
[106] Vgl. EuGH NZG 2012, 784 Rn. 50ff. – Daimler/Geltl; *Langenbucher* AktKapMarktR § 15 Rn. 38.
[107] Näher BaFin, Emittentenleitfaden, Modul C 2020, I.2.1.5.6., S. 18f.

chender Anmeldung (§ 12 Abs. 1 HGB) – nichts mehr im Wege. Insbesondere Registersperren, welche die Eintragungswahrscheinlichkeit in vergleichbaren Konstellationen nach Erhebung einer Anfechtungsklage beeinflussen können (§§ 14, 16 Abs. 2 S. 2 UmwG),[108] kamen hier schon wegen der Alleingesellschafterstellung der T-AG an der E-GmbH sowie der M-AG an der K-GmbH nicht in Betracht.

(2) Kursspezifität

Zudem muss die Information so spezifisch gewesen sein, dass sie Grundlage für die Beurteilung des Börsen- oder Marktpreises eines Finanzinstruments sein kann. Neben dem ebenfalls erforderlichen Kursbeeinflussungspotenzial (dazu → Rn. 81 f.) geht es bei diesem Tatbestandsmerkmal lediglich um eine Evidenzkontrolle. Unspezifisch sind nur „vage oder allgemeine Informationen [...], die keine Schlussfolgerung hinsichtlich ihrer möglichen Auswirkung auf den Kurs der betreffenden Finanzinstrumente zulassen".[109] Davon kann bei der Information über den Abschluss der Verschmelzung keine Rede sein, da diese typischerweise einen Schluss auf die Auswirkungen auf den Aktienkurs der T-AG zulässt (dazu → Rn. 82). **79**

Damit war das avisierte Endereignis, die Eintragung der Verschmelzung im Handelsregister der E-GmbH, spätestens am 23.8.2019 überwiegend wahrscheinlich und hinreichend spezifisch, sodass es sich um eine präzise Information gemäß Art. 7 Abs. 1 Buchst. a MAR handelte. **80**

cc) Erhebliches Kursbeeinflussungspotenzial

Die Eintragung der Verschmelzung müsste aber auch ein erhebliches Kursbeeinflussungspotenzial aufgewiesen haben. Informationen sind geeignet, den Kurs von Finanzinstrumenten erheblich zu beeinflussen, wenn sie ein verständiger Anleger wahrscheinlich als Teil der Grundlage seiner Anlageentscheidung nutzen würde (Art. 7 Abs. 4 Unterabs. 1 MAR).[110] **81**

Die Verschmelzung der K-GmbH auf die E-GmbH hatte für die Aktien der T-AG ein erhebliches Kursbeeinflussungspotenzial, da die E-GmbH als übernehmender Rechtsträger im Zuge der Verschmelzung auch die Schulden der K-GmbH übernahm. Dies hatte unmittelbare Auswirkungen auf den Unternehmenswert der E-GmbH und damit auch auf den Wert der Geschäftsanteile der T-AG. Hinzu kommt, dass die E-GmbH auch für das operative Geschäft der T-AG von größter Wichtigkeit ist. Die Verschmelzung war daher für die Anlageentscheidung eines verständigen Anlegers zweifelsohne von Interesse. Im Übrigen kann der sofortige Kursverfall von 10 EUR auf 7 EUR unmittelbar im Anschluss an die öffentliche Berichterstattung über die Verschmelzung zumindest als Indiz dafür gewertet werden, dass der Information ein erhebliches Kursbeeinflussungspotenzial zukam (vgl. Erwgr. 15 MAR). **82**

dd) Zwischenergebnis

Die Eintragung der Verschmelzung stellte spätestens ab dem 23.8.2019 eine (zukünftige) Insiderinformation gemäß Art. 7 Abs. 1 Buchst. a MAR dar. **83**

[108] Siehe dazu *Langenbucher* AktKapMarktR § 6 Rn. 316; *Drygala/Staake/Szalai* § 35 Rn. 51.

[109] EuGH NZG 2015, 432 Rn. 31 – Lafonta/AMF; Klöhn/*Klöhn* MAR Art. 7 Rn. 84.

[110] *Langenbucher* AktKapMarktR § 15 Rn. 44 ff.; *Buck-Heeb* KapMarktR § 6 Rn. 375 ff.; zum Begriff des verständigen Anlegers siehe *Mülbert/Sajnovits* WM 2020, 1557, 1563 ff. Näher → Fall 13 Rn. 81 ff.

b) Abschluss des Verschmelzungsvertrages (16.8.2019)

Hinweis: Selbst wenn das zukünftige Ereignis – anders als hier – nicht überwiegend wahrscheinlich und damit noch keine Insiderinformation sein sollte, kommt Art. 7 Abs. 1 Hs. 1 Alt. 2 MAR nach ganz hM keine Sperrwirkung hinsichtlich der Prüfung der Insiderinformationsqualität von Zwischenschritten zu (vgl. auch Art. 7 Abs. 2 S. 2 MAR).[111]

84 Daneben könnte aber auch der Abschluss des Verschmelzungsvertrages am 16.8.2019 zwischen der E-GmbH und der K-GmbH als gegenwärtiges Ereignis eine Insiderinformation darstellen. Artikel 7 Abs. 3 MAR stellt insoweit – unter Übernahme der Rechtsprechung des EuGH in Sachen Daimler/Geltl[112] – klar, dass auch ein bloßer Zwischenschritt in einem gestreckten Vorgang durchaus als Insiderinformation betrachtet werden kann, falls er schon für sich genommen sämtliche Kriterien einer Insiderinformation erfüllt.

aa) Nicht öffentlich bekannte Information mit direktem oder indirektem Emittenten- oder Finanzinstrumentenbezug

85 Bei dem Abschluss des Verschmelzungsvertrages zwischen der E-GmbH und der K-GmbH handelt es sich um eine Tatsache der Außenwelt und damit um eine Information gemäß Art. 7 Abs. 1 Buchst. a MAR. Am 16.8.2019 war diese Information auch noch nicht öffentlich bekannt, und zwar wiederum unabhängig davon, ob man insoweit auf die sog. Bereichsöffentlichkeit oder die „breite Öffentlichkeit" abstellt (→ Rn. 71 f.). Zudem weist auch diese Information einen direkten oder zumindest indirekten Emittenten- bzw. Finanzinstrumentenbezug auf.

bb) Präzision der Information

86 Ferner müsste der Abschluss des Verschmelzungsvertrages am 16.8.2019 als gegenwärtiges Ereignis eine präzise Information darstellen. Da es sich bei dem Abschluss des Verschmelzungsvertrages um eine gegenwärtige Information handelte und diese auch nicht unspezifisch war, sondern mit einem vollständig abgeschlossenen Verschmelzungsvertrag ganz konkrete Umstände betraf, lag eine präzise Information problemlos vor.

cc) Erhebliches Kursbeeinflussungspotenzial

87 Die Information über den Abschluss des Verschmelzungsvertrages am 16.8.2019 müsste aber auch ein erhebliches Kursbeeinflussungspotenzial aufgewiesen haben (→ Rn. 81 f.). Hieran könnte man zweifeln, da der Verschmelzungsvertrag für sich genommen jedenfalls noch keine dingliche – dh organisationsrechtliche – Wirkung entfaltete, sondern insoweit von den erst noch zu treffenden Verschmelzungsbeschlüssen sowie der Eintragung der Verschmelzung im Handelsregister abhing. Insbesondere kam es durch den Verschmelzungsvertrag noch nicht zu einem Schuldenübergang von der K-GmbH auf die E-GmbH.

88 Ein erhebliches Kursbeeinflussungspotenzial könnte sich aber daraus ergeben, dass der Abschluss des Verschmelzungsvertrages bereits gesicherte Rückschlüsse auf die bevorstehende Verschmelzung zuließ. Dass sich die Kursrelevanz von Zwischenschritten auch und gerade aus der Bedeutung eines Endereignisses ergeben kann,

[111] Siehe nur BGH NJW 2013, 2114 Rn. 15 f. = NZG 2013, 708 – Geltl; wohl auch EuGH NZG 2012, 784 Rn. 27 ff., 40 – Daimler/Geltl.

[112] EuGH NZG 2012, 784 – Daimler/Geltl.

auf die der Sachverhalt zusteuert, ist im Grundsatz anerkannt. Welche Maßstäbe insoweit im Einzelnen zugrunde zu legen sind, ist jedoch umstritten.[113]

(1) Teile der Lehre

Nach einer ersten, im Schrifttum teilweise vertretenen Ansicht sind bei der Feststellung der Kursrelevanz von Zwischenschritten immer nur solche zukünftigen (End-) Ereignisse zu berücksichtigen, deren Eintritt gemäß Art. 7 Abs. S. 1 Hs. 1 Alt. 2 MAR vernünftigerweise – dh mit einer Wahrscheinlichkeit von 50% + x – zu erwarten ist.[114] **89**

Hieran gemessen käme es vorliegend darauf an, ob die Durchführung der Verschmelzung bereits am 16.8.2019 hinreichend wahrscheinlich war. Dies erscheint durchaus naheliegend, könnte aber bspw. unter Hinweis darauf in Zweifel gezogen werden, dass die T-AG – vertreten durch ihren Vorstand (§ 78 Abs. 1 AktG) – der Verschmelzung noch zustimmen musste, was vom Standpunkt ex ante aus betrachtet angesichts ihres nachteiligen Charakters[115] gewissen Zweifeln unterlag. Jedenfalls enthält der Sachverhalt keine eindeutigen Hinweise darauf, dass der Vorstand der T-AG am 16.8.2019 bereits zur Zustimmung entschlossen war. **90**

(2) Herrschende Meinung

Die hL geht demgegenüber davon aus, dass hinsichtlich der Wahrscheinlichkeit des zukünftigen (End-)Ereignisses – anders als bei Art. 7 Abs. 2 S. 1 Hs. 1 Alt. 2 MAR – der Probability/Magnitude-Test anzuwenden ist, soweit es um die Kursrelevanz von Zwischenschritten geht. Hiernach kann ein Zwischenschritt auch dann, wenn er nur mit geringer Wahrscheinlichkeit auf ein bestimmtes Endereignis hindeutet, eine erhebliche Kursrelevanz entfalten, sofern es sich bei dem Endereignis um ein besonders wichtiges Ereignis handelt.[116] Der BGH hat sich insoweit noch nicht eindeutig positioniert, neigt der hL aber ebenfalls zu.[117] **91**

Nach dieser Auffassung wäre vorliegend wohl auch dann von einer erheblichen Kursrelevanz des Verschmelzungsvertrages auszugehen, wenn die Eintrittswahrscheinlichkeit des Endereignisses – dem Wirksamwerden der Verschmelzung – am 16.8.2019 noch nicht bei über 50% gelegen haben sollte. Denn aus der Sicht der T-AG handelte es sich bei der Verschmelzung um ein Endereignis von ganz gravierendem wirtschaftlichem Gewicht, das ein verständiger Anleger bei seiner Anlageentscheidung sogar entscheidend berücksichtigt hätte (bereits → Rn. 81 f.). **92**

(3) Stellungnahme

Richtigerweise ist im Rahmen der Kursrelevanz der Probability/Magnitude-Test anzuwenden.[118] Aus systematischer Sicht spricht hierfür zunächst, dass es ansonsten zu einer Sperrwirkung des – nach den Umständen eher unwahrscheinlichen – Endereignisses gegenüber den jeweiligen Zwischenschritten kommen würde, was na- **93**

---

113 Zum Folgenden etwa *Langenbucher* AktKapMarktR § 15 Rn. 50; *Buck-Heeb* KapMarktR § 6 Rn. 378.

114 Exemplarisch *Kocher/Widder* BB 2012, 2837, 2840 (noch vor Inkrafttreten der MAR).

115 Dazu ausführlich im Grundfall.

116 Klöhn/*Klöhn* MAR Art. 7 Rn. 198 ff., 107 ff.; tendenziell auch ASM WertpapierhandelsR/*Assmann* VO Nr. 596/2014 Art. 7 Rn. 58.

117 Vgl. BGH NJW 2013, 2114 Rn. 25 = NZG 2013, 708 – Geltl.

118 So auch *Langenbucher* AktKapMarktR § 17 Rn. 50.

mentlich Art. 7 Abs. 2 S. 2 MAR zuwiderliefe (dazu schon → Vor Rn. 84 Hinweis). Zudem ist es auch in der Sache keineswegs geboten, Zwischenschritte wie den vorliegenden von Art. 7 MAR auszunehmen: Der maßgebliche verständige Anleger[119] lässt sich bei seiner Investitionsentscheidung typischerweise von den ex ante absehbaren Kurseffekten einer bestimmten Information leiten; der Kurseffekt einer Information hängt aber seinerseits entscheidend von den Auswirkungen des hinter ihr stehenden Ereignisses auf den Fundamentalwert des Emittenten ab, und dieser Einfluss wird bei einem künftigen Endereignis selbstverständlich sowohl von der Schwere der Auswirkungen des Eintritts als auch von dessen Eintrittswahrscheinlichkeit geprägt.[120]

dd) Zwischenergebnis

94 Im Ergebnis hatte die Information über den Abschluss des Verschmelzungsvertrages damit erhebliches Kursbeeinflussungspotenzial. Eine Insiderinformation ist folglich (auch) insoweit anzunehmen.

c) Zustimmung der Gesellschafterversammlung der E-GmbH (23.8.2019)

95 Für die Zustimmung der Gesellschafterversammlung der E-GmbH am 23.8.2019 gelten die zum Abschluss des Verschmelzungsvertrages gemachten Ausführungen entsprechend und erst recht. Die Kursrelevanz des Zwischenschritts war ab diesem Zeitpunkt in jedem Fall gegeben, da das Endereignis spätestens mit der Zustimmung durch den Alleingesellschafter T-AG überwiegend wahrscheinlich war. Damit war auch die Information über die Zustimmung der Gesellschafterversammlung der E-GmbH am 23.8.2019 eine Insiderinformation gemäß Art. 7 Abs. 1 Buchst. a MAR.

d) Zwischenergebnis

96 Eine Insiderinformation lag nach hier vertretener Auffassung bereits am 16.8.2019, jedenfalls aber ab dem 23.8.2019 sowohl in der Gestalt der jeweiligen Zwischenschritte (Abschluss des Verschmelzungsvertrages, Verschmelzungsbeschluss der E-GmbH) als auch in Gestalt des Endereignisses (Eintragung der Verschmelzung im Handelsregister) vor.

3. Unmittelbare Betroffenheit

97 Die Insiderinformation müsste die T-AG auch unmittelbar betreffen. Artikel 17 Abs. 1 MAR verlangt nämlich nur, dass Emittenten sie unmittelbar betreffende Insiderinformationen bekanntgeben, während als Insiderinformationen gemäß Art. 7 MAR auch Informationen in Betracht kommen, die den Emittenten bzw. seine Finanzinstrumente lediglich mittelbar betreffen; damit schränkt Art. 17 Abs. 1 MAR den Kreis der veröffentlichungspflichtigen Insiderinformationen ein.[121] Die unmittelbare Betroffenheit könnte vorliegend zweifelhaft sein, weil die Insiderinformation die Verschmelzung der K-GmbH auf die E-GmbH und nicht etwa auf die T-AG betrifft.

---

[119] Näher zu dieser Modellfigur → Fall 13 Rn. 80 ff.

[120] Ausführlich dazu Klöhn/*Klöhn* MAR Art. 7 Rn. 198 ff.

[121] *Buck-Heeb* KapMarktR § 6 Rn. 468; *Langenbucher* AktKapMarktR § 17 Rn. 21; ASM WertpapierhandelsR/*Assmann* VO Nr. 596/2014 Art. 17 Rn. 30.

Unmittelbare Betroffenheit liegt jedenfalls vor, wenn die die Insiderinformation konstituierenden Umstände oder Ereignisse im Tätigkeitsbereich des Emittenten eingetreten sind.[122] Doch auch formal von außen kommende Informationen können den Emittenten unmittelbar betreffen, solange der Information eine bestimmte Exklusivität zukommt und sie den Emittenten nicht nur als Teil einer Gruppe betrifft, wie dies etwa bei Informationen über Rohstoffpreisänderungen der Fall ist.[123] In diesem Sinne können auch Informationen, die bei anderen Konzerngesellschaften entstehen, den Emittenten unmittelbar betreffen.[124] Dies gilt insbesondere für Informationen, die bei Tochtergesellschaften des Emittenten aufkommen, schon weil sich diese auf den Beteiligungswert des Emittenten auswirken können. Im vorliegenden Sachverhalt kommt hinzu, dass die E-GmbH auch für das operative Geschäft der T-AG von großer Wichtigkeit ist, sodass sich auch deshalb bei der E-GmbH entstehende Informationen unmittelbar auf die T-AG auswirken. Da die E-GmbH nicht selbst ad-hoc-pflichtig ist, kann im Übrigen keinesfalls auf eine Informationsversorgung des Kapitalmarktes durch die T-AG verzichtet werden. 98

Hinweis: In Fällen, in denen die Tochtergesellschaft selbst ad-hoc-pflichtig ist, wird teilweise vertreten, dass eine allein bei der Tochter vorhandene Insiderinformation das Mutterunternehmen jedenfalls dann nicht unmittelbar betreffe, wenn die Information nur eine mittelbare Auswirkung auf die Muttergesellschaft hat und die Tochter selbst der Ad-hoc-Publizität unterliegt.[125] In derartigen Fällen komme einer Mitteilung der Muttergesellschaft kein eigenständiger Informationsgehalt neben der Mitteilung durch die Tochtergesellschaft zu, was eine Mitteilung der Muttergesellschaft entbehrlich machen soll.[126] Allerdings besteht eine offensichtliche Informationslücke, wenn die Tochtergesellschaft pflichtwidrig nicht publiziert oder aber die Muttergesellschaft die Vorschriften zur Beteiligungspublizität nicht eingehalten hat. Diese Lücke wird nicht dadurch „kompensiert", dass die Muttergesellschaft als Aktionärin Ansprüche an die pflichtwidrig handelnde Tochtergesellschaft stellen kann, die mittelbar auch zu einer Kompensation der Schäden der Aktionäre der Muttergesellschaft beitragen.[127] Der Muttergesellschaft stehen nämlich nur dann Ansprüche nach den §§ 97, 98 WpHG zu, wenn sie im maßgeblichen Desinformationszeitraum auch gehandelt hat.[128]

4. Keine unverzügliche Bekanntgabe

Aus der Pflicht zu einer unverzüglichen Bekanntgabe folgt, dass das objektive Entstehen der Insiderinformation nicht bereits für sich die Ad-hoc-Publizitätspflicht begründet.[129] Durch das Tatbestandsmerkmal der Unverzüglichkeit kommt vielmehr zum Ausdruck, dass die Bekanntgabe ohne schuldhaftes Zögern erfolgen muss (vgl. auch § 121 Abs. 1 BGB). 99

Die T-AG hätte hier die Ad-hoc-Veröffentlichung sofort nach Abschluss des Verschmelzungsvertrages vornehmen müssen. Im Rahmen eines Verschmelzungsvorgangs bedarf es nach dem Eintreten bestimmter vorhersehbarer Ereignisse nämlich keines angemessenen Zeitraums zur rechtlichen Beurteilung mehr. Die danach er- 100

122 ASM WertpapierhandelsR/*Assmann* VO Nr. 596/2014 Art. 17 Rn. 31; SBL BankR-HdB/*Hopt/Kumpan* § 107 Rn. 140.
123 *Langenbucher* AktKapMarktR § 17 Rn. 24.
124 ASM WertpapierhandelsR/*Assmann* VO Nr. 596/2014 Art. 17 Rn. 49; Klöhn/*Klöhn* MAR Art. 17 Rn. 97.
125 *Habersack* DB 2016, 1551, 1554ff., 1556f.
126 *Habersack* DB 2016, 1551, 1556.
127 So aber *Habersack* DB 2016, 1551, 1557.
128 Näher zum Ganzen *Sajnovits* S. 257f.; *ders.* WM 2016, 765, 771.
129 *Langenbucher* AktKapMarktR § 17 Rn. 30f.; *Buck-Heeb* KapMarktR § 6 Rn. 476ff.

forderliche Bekanntgabe ist indes bis zum öffentlichen Bekanntwerden der Verschmelzung und ihrer Umstände am 12.9.2019 unterblieben.

5. Keine Selbstbefreiung/kein Aufschub nach Art. 17 Abs. 4 MAR

101 Die Pflicht der T-AG dürfte zudem nicht nach Art. 17 Abs. 4 MAR aufgeschoben gewesen sein. Dies wäre der Fall, wenn die T-AG von der Möglichkeit einer Selbstbefreiung nach Art. 17 Abs. 4 MAR Gebrauch gemacht hätte.[130] Der Aufschub der Ad-hoc-Publizitätspflicht nach Art. 17 Abs. 4 MAR erfordert allerdings eine aktive Entscheidung des Emittenten.[131] Da der Sachverhalt keine Anhaltspunkte dafür enthält, dass die T-AG eine entsprechende Entscheidung aktiv getroffen hätte, kommt ein Aufschub von der Ad-hoc-Publizitätspflicht unabhängig vom sonstigen Vorliegen der Aufschubvoraussetzungen nicht in Betracht.

III. Verschulden (§ 97 Abs. 2 WpHG)

102 Die Unterlassung der Veröffentlichung der T-AG müsste auch grob fahrlässig oder vorsätzlich erfolgt sein, wobei ein derartiges Verschulden gemäß § 97 Abs. 2 WpHG vermutet wird.[132] Die T-AG hat keine Gründe dafür vorgetragen, dass die Unterlassung der Veröffentlichung nicht auf grober Fahrlässigkeit oder Vorsatz ihrer Organwalter (§ 31 BGB analog[133]) beruhte. Sie beruft sich allein auf ihre Rechtsansicht, dass eine Veröffentlichungspflicht erst ab der Eintragung der Verschmelzung bestanden habe. Damit hat die T-AG die unterlassene Veröffentlichung im Ergebnis verschuldet.

IV. A als taugliche Anspruchsberechtigte

103 A müsste ferner taugliche Anspruchsberechtigte sein. Dafür verlangt § 97 Abs. 1 WpHG eine bestimmte Transaktion in den Finanzinstrumenten, die im Zusammenhang mit der Desinformation des Kapitalmarktes, also einer unterlassenen Ad-hoc-Mitteilung, steht. Im Rahmen des § 97 Abs. 1 Nr. 1 WpHG geht es um eine unterlassene Mitteilung einer negativen Insiderinformation; Anspruchsberechtigt sind Anleger, die in der Phase der Desinformation Wertpapiere erwerben („zu teurer Kauf") und am Ende der Desinformationsphase ihre Wertpapiere immer noch halten.[134]

104 A hat ihre Aktien am 28.8.2019 erworben und diese bis heute nicht veräußert. Da nach der hier vertretenen Lösung die Desinformationsphase spätestens am 23.8.2019 begann und erst mit der Presseberichterstattung am 12.9.2019 endete, ist A infolgedessen zu einer Anspruchstellung berechtigt.

Hinweis: Trotz des Wortlauts „Erwerb" bzw. „Veräußerung" kommt es nach der *ratio legis* im Rahmen der §§ 97, 98 WpHG jeweils auf das Verpflichtungsgeschäft an, da bei diesem der „Transaktionspreis" festgelegt wird.[135]

---

[130] Zu Art. 17 Abs. 4 MAR siehe etwa *Buck-Heeb* KapMarktR § 6 Rn. 497 ff.; *Langenbucher* AktKapMarktR § 17 Rn. 32 ff.; näher *Mülbert/Sajnovits* WM 2017, 2001 und 2041.

[131] *Retsch* NZG 2016, 1201, 1205; *Poelzig* NZG 2016, 761, 765.

[132] *Buck-Heeb* KapMarktR § 6 Rn. 528; *Langenbucher* AktKapMarktR § 17 Rn. 164.

[133] Vgl. dazu nur *Langenbucher* AktKapMarktR § 17 Rn. 165.

[134] Dazu auch *Langenbucher* AktKapMarktR § 17 Rn. 145 ff.

[135] Siehe ASM WertpapierhandelsR/*Hellgardt* WpHG §§ 97, 98 WpHG Rn. 74.

V. Kausalität und Schaden

A macht Schadensersatz in Gestalt des sog. Kursdifferenzschadens geltend. Sie verlangt, so gestellt zu werden, wie sie bei rechtzeitiger Information des Kapitalmarktes, dh bei einem unterstellt rechtmäßigen Verhalten der T-AG, gestanden hätte. **105**

1. Ersatzfähigkeit des Kursdifferenzschadens und Schadenskausalität

Im Rahmen der §§ 97, 98 WpHG ist unstreitig, dass der Kursdifferenzschaden prinzipiell ersatzfähig ist.[136] Umstritten ist lediglich – vornehmlich allerdings bei § 98 Abs. 1 WpHG –, welche Anforderungen genau an das Kausalitätsverhältnis zu stellen sind. Dem BGH zufolge[137] soll eine bloße Schadenskausalität, dh eine Auswirkung der Informationspflichtverletzung auf den Kurs im Transaktionszeitpunkt, genügen. In der Literatur wird dies – insbesondere unter Rekurs auf den Wortlaut des § 98 Abs. 1 WpHG („Vertrauen auf die Richtigkeit der Information") – zwar verschiedentlich bestritten.[138] Für § 97 Abs. 1 WpHG, bei dem es um ein vollständiges Unterlassen einer Information geht, kann es aber von vornherein nicht um das Vertrauen des Anlegers in eine konkrete (falsche) Information gehen, sondern lediglich um sein Vertrauen in den Preisbildungsmechanismus als solchen. Folgerichtig ist auch für die haftungsbegründende Kausalität allein entscheidend, ob der Marktpreis im Falle eines pflichtgemäßen Verhaltens anders ausgefallen wäre.[139] Dafür trägt nach allgemeinen Grundsätzen der Anspruchsteller die Darlegungs- und Beweislast.[140] **106**

Vorliegend bestehen an der erforderlichen Kausalitätsbeziehung schon deswegen keine Zweifel, weil der Kurseinbruch von 10 EUR auf 7 EUR laut Sachverhalt gerade „aufgrund der Veröffentlichung" in der Wirtschaftspresse erfolgte. Infolgedessen ist anzunehmen, dass der Börsenkurs auch schon vor dem 28.8.2019 auf 7 EUR zurückgegangen wäre, wenn die T-AG ihrer Publizitätspflicht ordnungsgemäß nachgekommen wäre; A hätte ihre Aktien dann zum Preis von 7 EUR – anstelle von 10 EUR – erwerben können, sodass sie nicht geschädigt worden wäre. **107**

Hinweis: Ob neben dem Kursdifferenzschaden auch der Vertragsabschlussschaden geltend gemacht werden kann, ist hoch umstritten. Näher dazu → Fall 7 Rn. 25 ff.

2. Kein rechtmäßiges Alternativverhalten

Die T-AG kann sich vorliegend auch nicht etwa auf ein rechtmäßiges Alternativverhalten berufen. Dem BGH zufolge kann zwar der Emittent als Schädiger grundsätzlich geltend machen, dass der Schaden auch bei rechtmäßigem Alternativverhalten eingetreten wäre, etwa wenn der Emittent eine Selbstbefreiungsentscheidung gemäß Art. 17 Abs. 4 MAR (→ Rn. 101) herbeigeführt hätte.[141] Hierzu muss der Emittent allerdings nachweisen, dass eine solche Entscheidung tatsächlich möglich **108**

---

136 *Langenbucher* AktKapMarktR § 17 Rn. 167.

137 BGHZ 192, 90 Rn. 67 = NJW 2012, 1800 – IKB.

138 *Mülbert/Sajnovits* ZfPW 2016, 1, 37 mwN.

139 Näher *Langenbucher* AktKapMarktR § 17 Rn. 174; ASM WertpapierhandelsR/*Hellgardt* WpHG §§ 97, 98 WpHG Rn. 142.

140 BGHZ 192, 90 Rn. 61 ff. = NJW 2012, 1800 – IKB.

141 BGH NJW 2013, 2114 Rn. 32 ff. = NZG 2013, 708 – Geltl (noch zu § 15 Abs. 3 WpHG aF).

war und er diese Entscheidung auch getroffen hätte, wenn er vom Vorliegen einer Insiderinformation ausgegangen wäre.[142] Dafür hat die T-AG hier jedoch nichts vorgetragen.

3. Zwischenergebnis

109 Damit steht der A der geltend gemachte Kursdifferenzschaden iHv 30.000 EUR grundsätzlich zu.

Hinweis: Der Grundsatz der Kapitalerhaltung (§§ 57, 62 AktG) steht einem Anspruch aus § 97 Abs. 1 WHG generell nicht entgegen. Der geschädigte Aktionär tritt der Gesellschaft nämlich keineswegs als solcher, sondern ganz wie ein Drittgläubiger gegenüber, sodass keine Auszahlung gemäß § 57 AktG erfolgt. Diese Ansicht ist auch mit der KapitalRL vereinbar.[143] Näher → Fall 7 Rn. 67 ff.

VI. Kein anspruchsausschließendes Mitverschulden

110 Ein anspruchsausschließendes Mitverschulden nach § 97 Abs. 3 WpHG, wonach der Anspruch nach § 97 Abs. 1 Nr. 1 WpHG ausnahmsweise nicht besteht, wenn der Anspruchsberechtigte die Insiderinformation bei dem Erwerb kannte, scheidet vorliegend aus. Der Sachverhalt enthält keinerlei Anhaltspunkte dafür, dass A entsprechende positive Kenntnis hatte.

VII. Gesamtergebnis

111 A hat gegen die T-AG einen Anspruch auf Zahlung von 30.000 EUR gemäß § 97 Abs. 1 Nr. 1 WpHG.

[142] BGH NJW 2013, 2114 Rn. 36 = NZG 2013, 708 – Geltl.

[143] EuGH NZG 2014, 215 = ZIP 2014, 121 – Hirmann; *Verse/Wiersch* EuZW 2014, 375, 376. Näher zum Ganzen *Langenbucher* AktKapMarktR § 17 Rn. 177 ff.

Fall 10. Squeeze-Out auf Pump

Bearbeitungszeit: 5 Stunden

Sachverhalt

A und B sind Aktionäre der börsennotierten X-AG. A hält 28% der Aktien selbst und weitere 20% über die A-GmbH, eine 100-prozentige Tochtergesellschaft des A. B hält 48% der Aktien. Der Rest der Aktien befindet sich im Streubesitz.

Im Januar 2020 schließen A und B einen unbefristeten „Darlehensvertrag", aufgrund dessen B seine sämtlichen Aktien an der X-AG dem A gegen ein jährliches Entgelt von 50.000 EUR darlehensweise zur Verfügung stellt. In dem Vertrag wird geregelt, dass die während der Laufzeit des Darlehens auf die Aktien entfallenden Bardividenden ebenso wie eventuelle Bezugsrechte dem Darlehensgeber B zustehen sollen. Die Stimmrechte aus den Aktien soll jedoch A ohne Einflussnahme des B ausüben können.

Unmittelbar nach Vertragsschluss zeigt A der X-AG und der BaFin seine nunmehr auf über 95% angewachsene Kapitalbeteiligung ordnungsgemäß an. Nachdem B seine Aktien auf A übertragen hat, verlangt dieser die Einleitung eines Squeeze-Out-Verfahrens gemäß §§ 327aff. AktG. Seine dahingehende Absicht macht er im Rahmen einer Pressemitteilung am 10.2.2020 öffentlich bekannt. Der Kurs der X-AG liegt zu diesem Zeitpunkt seit einigen Monaten bei durchschnittlich 5,50 EUR pro Aktie. Unter Wahrung der Anforderungen des § 327c AktG wird eine außerordentliche Hauptversammlung (im Folgenden: HV) der X-AG einberufen, die am 15.5.2020 stattfinden und über den Squeeze-Out beschließen soll.

Im Anschluss an die Veröffentlichung dieser überraschenden Nachricht steigt der Aktienkurs der X-AG deutlich an; zwischen dem 10.2.2020 und dem Tag der HV fällt der Kurs einer Aktie der X-AG nicht unter die Schwelle von 9 EUR. Dennoch legt A nach Durchführung einer Unternehmensbewertung die Höhe der den außenstehenden Aktionären zu gewährenden Barabfindung auf 5,50 EUR pro Aktie fest.

Auf der HV kommt es zu heftigen Diskussionen. Viele der außenstehenden Aktionäre halten die Barabfindung für zu niedrig. Besonderer Streit entbrennt dabei um die Frage, ob ein ehemaliges Fabrikgelände in der Nähe der Frankfurter Innenstadt, dessen Eigentümerin die X-AG ist, zutreffend bewertet wurde. Kleinaktionär K glaubt zu wissen, dass das mehrere Hektar große Areal inzwischen die für eine Wohnbebauung erforderlichen Genehmigungen erhalten hat und für einen nicht konkret bekannten Millionenbetrag an einen Investor veräußert werden soll. Die Frage des K, ob die Gesellschaft diese Angaben bestätigen könne, bejaht die Vorstandsvorsitzende der X-AG (V). Auf die weitere Nachfrage des K, auf welche Summe sich nunmehr der Wert des Geländes belaufe, antwortet V, es sei von einem „dreistelligen Millionenbetrag" auszugehen, weitere Auskünfte wolle sie jedoch „mit Blick auf das schwebende Squeeze-Out-Verfahren" nicht erteilen. In der anschließenden Abstimmung wird der für einen Squeeze-Out erforderliche „Übertragungsbeschluss" mit den Stimmen des A und der A-GmbH gefasst.

K, der gegen den Beschluss gestimmt und Widerspruch zur Niederschrift erklärt hat, erhebt knapp zwei Wochen nach der HV Anfechtungsklage gegen die X-AG. Seiner Auffassung nach ist der Übertragungsbeschluss aus einer Vielzahl von Gründen fehlerhaft. So könne es für die Durchführung eines Squeeze-Out-Verfahrens nicht genügen, wenn die 95%-Schwelle lediglich mithilfe „geliehener" Aktien erreicht werde. Eine solche Gestaltung sei missbräuchlich. Der Umstand, dass dem B weiterhin sämtliche Vermögensrechte aus den Aktien zustehen, belege, dass der Darlehensvertrag allein dazu diene, den Zwangsausschluss zu ermöglichen. A habe auf der HV auch keine unternehmerischen Gründe vorgetragen, die den Squeeze-Out rechtfertigen würden. Des Weiteren seien im Zusammenhang mit dem ehemaligen Fabrikgelände zu Unrecht die Genehmigung der Wohnbebauung und die kurz bevorstehende Veräußerung an einen Investor unberücksichtigt geblieben. Dies habe die Unangemessenheit der beschlossenen Abfindung zur Folge und verschaffe dem A einen unzulässigen Sondervorteil. Auch der gemäß § 327c Abs. 2 S. 2 AktG erstattete Prüfbericht sei insoweit fehlerhaft. Schließlich ist K auch der Ansicht, der Beschluss könne schon aus Verfahrensgründen keinen Bestand haben: Zum einen sei seine in der HV gestellte Frage nach dem genauen Wert des Grundstücks zu Unrecht nicht beantwortet worden. Zum anderen hätten die von A aus den darlehensweise erworbenen Aktien ausgeübten Stimmrechte bei der Abstimmung nicht berücksichtigt werden dürfen. Weil B es versäumt hat, der X-AG die Übertragung der Aktien an A zu melden, sei bezüglich der Aktien ein Rechtsverlust eingetreten.

Die Rechtsanwältin der X-AG ist der Auffassung, dass K schon gar nicht klagebefugt sei, weil er seine Aktien erst kurz vor der Einberufung der HV erworben habe. Sie verweist insoweit auf § 21 Abs. 6 der Satzung der X-AG, wonach nur solche Aktionäre anfechtungsbefugt sind, die ihre Aktien mindestens sechs Monate vor Einberufung der HV erworben haben. Auf diese Weise wolle die X-AG missbräuchliche Anfechtungsklagen verhindern.

Prüfen Sie die Erfolgsaussichten der Klage des K und gehen Sie hierbei auf sämtliche aufgeworfene Rechtsfragen ein, nötigenfalls im Rahmen eines Hilfsgutachtens!

Zusatzfrage: Ist die Barabfindung allein im Hinblick auf die Entwicklung des Aktienkurses der X-AG nach Bekanntgabe der Absicht, einen Squeeze-Out durchzuführen, tatsächlich unangemessen?

Überblick

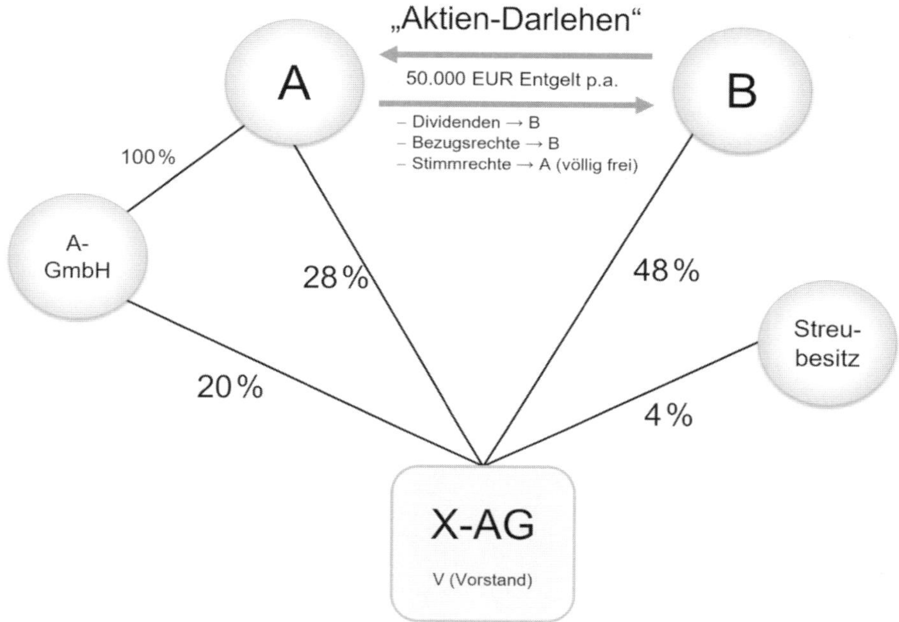

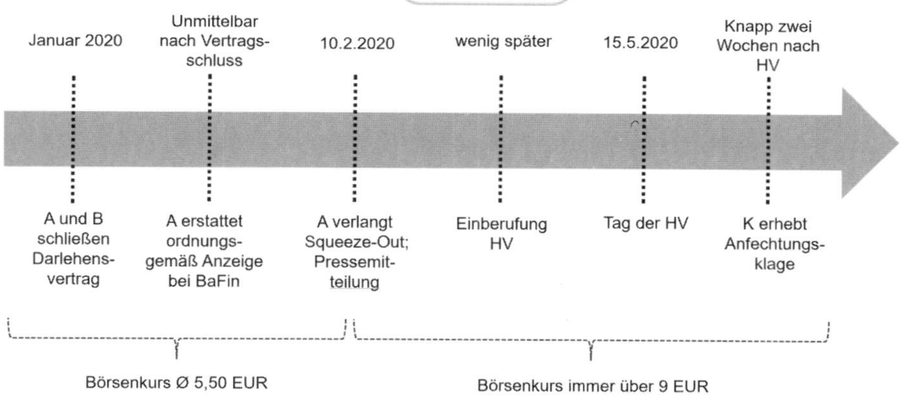

Gliederung

Lösungsskizze

Grundfall

A. Zulässigkeit

I. Statthaftigkeit der Anfechtungsklage
(+), da K den Übertragungsbeschluss unter Berufung auf Anfechtungsgründe gemäß §§ 243, 246 AktG zu Fall bringen möchte

II. Zuständiges Gericht
(+), LG am Sitz der X-AG (Kammer für Handelssachen), § 246 Abs. 3 S. 1, 2 AktG, §§ 94, 95 Abs. 2 Nr. 1 GVG

III. Allgemeines Rechtsschutzbedürfnis
(+), da Möglichkeit eines Antrags gemäß § 132 AktG eine Beschlussanfechtung (auch) wegen Verletzung des Auskunftsrechts nicht hindert

IV. Zwischenergebnis
Die Anfechtungsklage ist zulässig (+)

B. Begründetheit der Klage

I. Richtiger Beklagter (Passivlegitimation)
(+), X-AG selbst (§ 246 Abs. 2 S. 1 AktG)

II. Anfechtungsbefugnis
(+), gemäß § 245 Nr. 1 AktG; gegenläufige Satzungsregel verstößt gegen § 23 Abs. 5 AktG

III. Anfechtungsfrist
(+), da Monatsfrist des § 246 Abs. 1 AktG problemlos gewahrt

IV. Anfechtungsgründe

1. Formelle Anfechtungsgründe

a) Fehlerhafte Beschlussfeststellung

aa) Rechtsverlust des A gemäß §§ 44 Abs. 1, 33 Abs. 1 WpHG wegen Verletzung eigener Meldepflichten?
(–), da keine eigene Meldepflichtverletzung des A

bb) Rechtsverlust des A gemäß §§ 44 Abs. 1, 33 Abs. 1 WpHG wegen Verletzung einer Meldepflicht durch B?

(1) Meldepflichtverletzung des B (+)

(2) Rechtsverlust bei A gemäß § 44 Abs. 1 S. 1 Alt. 1 WpHG
(–), keine Rechtsnachfolge in den Rechtsverlust

(3) Rechtsverlust gemäß § 44 Abs. 1 S. 1 Alt. 2 WpHG
Problem: Stimmrechtszurechnung von A an B?

(i) § 34 Abs. 1 S. 1 Nr. 2 WpHG
(–), weil kein Einfluss des B auf Stimmrechtsausübung durch A

(ii) § 34 Abs. 1 S. 1 Nr. 5 WpHG
(–), weil keine dingliche Option

(iii) § 34 Abs. 2 WpHG
(–), weil kein Acting in Concert zwischen A und B

(iv) Zwischenergebnis
Rechtsverlust gemäß § 44 Abs. 1 S. 1 Alt. 2 WpHG (–)

cc) Rechtsverlust des A gemäß §§ 44 Abs. 2, 38 Abs. 1 WpHG?
(–), weil Rechtsverlust selbst bei Meldepflichtverletzung des B nur diesem gehörende Aktien betreffen würde

dd) Zwischenergebnis
Rechtsverlust insgesamt (–), daher keine fehlerhafte Beschlussfeststellung.

b) Unangemessenheit der Barabfindung
(–), da Anfechtungsausschluss gemäß § 327f S. 1 Alt. 2 AktG

c) Fehlerhaftigkeit des Prüfberichts
(–), da Fehlerhaftigkeit gerade auf der (behaupteten) Unangemessenheit der Barabfindung beruht, die im Anfechtungsprozess aber nicht geprüft wird (§ 327f S. 1 Alt. 2 AktG, siehe soeben)

d) Verletzung der Auskunftspflicht gemäß § 131 AktG
(–), da Anfechtungsausschluss gemäß § 243 Abs. 4 S. 2 AktG

e) Sonstige Formfehler
(–), da mit Blick auf Sachverhalt nicht ersichtlich
f) Zwischenergebnis
Formelle Anfechtungsgründe (–)
2. Materielle Anfechtungsgründe
a) Fehlendes Verlangen des Hauptaktionärs
(+), da A die Abstimmung verlangte und formal über mehr als 95 % der X-Aktien verfügte
b) Fehlende sachliche Rechtfertigung
Nicht geboten, da Übertragungsbeschluss gemäß § 327a Abs. 1 S. 1 AktG seine Rechtfertigung „in sich" trägt, sodass Kali & Salz-Kriterien (Lehre vom sachlichen Grund) nicht anwendbar
c) Verfolgung von Sondervorteilen
(–), da Anfechtungsausschluss gemäß § 327f S. 1 Alt. 1 AktG
d) Rechtsmissbrauch
(–), da das Handeln des A (Wertpapierdarlehen) zwar fragwürdig war, das Gesetz dem Hauptaktionär aber nicht abverlangt, die 95-prozentige Kapitalmehrheit für einen bestimmten Zeitraum nach dem Übertragungsbeschluss zu halten (str.)
e) Zwischenergebnis
Materielle Anfechtungsgründe (–)

C. Gesamtergebnis

Die Anfechtungsklage ist zulässig, aber unbegründet.

Zusatzfrage

A. Grundsätzliche Bedeutung des Börsenkurses für die Barabfindung

Abfindung muss dem „vollen" bzw. „wahren" Wert der betroffenen Anteile entsprechen (hM seit Feldmühle); Börsenwert ist insoweit als Untergrenze anzusehen (DAT/Altana)

B. Die Bewertung in zeitlicher Hinsicht

Strenges Stichtagsprinzip ist zu verwerfen; stattdessen Durchschnittskurs bezogen auf einen bestimmten Referenzzeitraum entscheidend (Einzelheiten aber str.)
I. Frühere Ansicht
Dreimonatsfrist vor dem Tag der HV maßgeblich (DAT/Altana)
II. Neuere Ansicht
Dreimonatsfrist vor Bekanntgabe der Strukturmaßnahme maßgeblich (Stollwerck)
III. Stellungnahme
Neuere Ansicht verdient den Vorzug, da Zeitraum ab Bekanntgabe der Maßnahme von Abfindungsspekulation geprägt und frühere Ansicht mit § 327c AktG kollidiert; zudem Wertung des § 5 Abs. 1 WpÜG-AngebVO.

C. Ergebnis

Abfindung nicht allein im Hinblick auf Börsenkursentwicklung unangemessen

Lösung

Hinweise: (1.) Der Fall behandelt eine Reihe anspruchsvoller Probleme an der Schnittstelle von Aktien- und Kapitalmarktrecht. Im Grundfall ist die Anfechtungsklage eines Minderheitsaktionärs gegen einen Übertragungsbeschluss gemäß §§ 327a ff. AktG zu prüfen, wobei neben den formalen und materiellen Voraussetzungen eines solchen Squeeze-Outs zugleich schwierige Fragen der wertpapierhandelsrechtlichen Beteiligungspublizität eine Rolle spielen. Die Zusatzfrage behandelt die sog. „Börsenkurs"-Rechtsprechung, die in Sachen DAT/Altana angestoßen wurde und in der „Stollwerck"-Entscheidung ihren vorläufigen Höhepunkt gefunden hat.
(2.) Der dem Fall zugrunde liegende „aktienrechtliche" Squeeze-Out ermöglicht es einem Hauptaktionär, der über mindestens 95 % des Grundkapitals verfügt, die verbliebenen Minderheitsaktionäre gegen Zahlung einer Barabfindung (§§ 327a Abs. 1 S. 1, 327b Abs. 1 AktG) aus der Gesellschaft auszuschließen. Die Aktien der Minderheitsaktionäre gehen kraft Gesetzes auf den Hauptaktionär über, sobald der erforderliche Übertragungsbeschluss in des Handelsregister eingetragen wird (§ 327e Abs. 3 AktG).[1] Dabei ist der aktienrechtliche Squeeze-Out einerseits vom übernahmerechtlichen Squeeze-Out gemäß §§ 39a, 39b WpÜG, andererseits vom verschmelzungsrechtlichen Squeeze-Out gemäß § 62 Abs. 5 UmwG abzugrenzen.[2] Im Verhältnis zu Ersterem liegen die wichtigsten Unterschiede darin, dass der übernahmerechtliche Squeeze-Out stets an ein vorangegangenes Übernahme- oder Pflichtangebot gemäß §§ 29 ff., 35 ff. WpÜG anknüpft und zu seiner Wirksamkeit nicht etwa eines Übertragungsbeschlusses der HV, sondern eines Gerichtsbeschlusses des LG Frankfurt a. M. bedarf.[3] Demgegenüber bildet der verschmelzungsrechtliche Squeeze-Out lediglich einen Spezialfall der §§ 327a ff. AktG, der bei Gelegenheit einer Konzernverschmelzung (§ 62 Abs. 1 UmwG) erfolgt und gemäß § 62 Abs. 5 S. 1–6 UmwG gewissen Sonderregeln unterliegt. Insbesondere benötigt der Hauptaktionär hier lediglich 90 % des Grundkapitals, um den Squeeze-Out herbeiführen zu können.[4] Im Übrigen sind die §§ 327a ff. AktG in enger Anlehnung an die Mehrheitseingliederung (§§ 319 ff. AktG) konzipiert, die unter bestimmten Voraussetzungen ebenfalls eine Verdrängung von Minderheitsaktionären ermöglicht (§§ 320a ff. AktG).[5]

Die Klage des K gegen den Übertragungsbeschluss wird erfolgreich sein, soweit sie zulässig und begründet ist.[6] **1**

A. Zulässigkeit

Die Anfechtungsklage des K ist zulässig, wenn die erforderlichen Sachentschei- **2**
dungsvoraussetzungen vorliegen.

I. Statthaftigkeit der Anfechtungsklage

Die Anfechtungsklage des K müsste zunächst statthaft sein. Dies setzt gemäß § 246 **3**
AktG voraus, dass K den Übertragungsbeschluss unter Berufung auf etwaige Anfechtungsgründe iSd § 243 AktG für nichtig erklären lassen will.[7] Letzteres ist mit Blick auf den Sachverhalt der Fall. Die Anfechtungsklage ist also statthaft.

1 *Langenbucher* AktKapMarktR § 19 Rn. 7; *Emmerich/Habersack* KonzernR § 10a Rn. 23.
2 Zu Übertragungsverlangen des Finanzmarktstabilisierungsfonds gemäß § 14 Abs. 4 nF WStBG (bis 27.3.2020: § 12 Abs. 4 WStBG) im Speziellen *Emmerich/Habersack* KonzernR § 10a Rn. 4.
3 Näher *Langenbucher* AktKapMarktR § 19 Rn. 15 ff.; *Emmerich/Habersack* KonzernR § 10a Rn. 4a.
4 *Hüffer/Koch* AktG § 327a Rn. 3; *Emmerich/Habersack* KonzernR § 10a Rn. 4b; *Raiser/Veil* KapGesR § 66 Rn. 4.
5 *Emmerich/Habersack* KonzernR § 10a Rn. 2; Emmerich/Habersack/*Habersack* AktG § 327a Rn. 9.
6 Eingehend zum Prüfungsaufbau *Langenbucher* AktKapMarktR § 6 Rn. 301 ff.
7 Vgl. *Raiser/Veil* KapGesR § 16 Rn. 102, 137; *Langenbucher* AktKapMarktR § 6 Rn. 222 ff.

Hinweis: Näher zur Abgrenzung der Anfechtungsklage (§ 246 AktG) von der Nichtigkeitsklage (§ 249 AktG) → Fall 8 Rn. 4.

II. Zuständiges Gericht

4 Zuständig für Anfechtungsklagen gegen den Übertragungsbeschluss ist das Landgericht am Sitz der X-AG (§ 246 Abs. 3 S. 1 AktG). Die funktionale Zuständigkeit liegt bei der dortigen Kammer für Handelssachen, soweit vorhanden (§ 246 Abs. 3 S. 2 AktG, §§ 94, 95 Abs. 2 Nr. 1 GVG). Mangels gegenteiliger Angaben im Sachverhalt ist davon auszugehen, dass K die Klage bei dem zuständigen Gericht erhoben hat.

III. Allgemeines Rechtsschutzbedürfnis

5 K müsste allerdings auch ein Rechtsschutzbedürfnis aufweisen. Dieses wird grundsätzlich vermutet, kann nach allgemeinen Regeln aber ausnahmsweise fehlen, wenn dem Kläger ein einfacherer und schnellerer Weg zur Verfügung steht, um seine behauptete Rechtsposition durchzusetzen.[8] Vorliegend könnte das Rechtsschutzbedürfnis des K zumindest teilweise zweifelhaft sein, soweit er die Anfechtungsklage (auch) darauf stützt, dass seine Frage nach dem Wert des Fabrikgrundstücks in der HV unbeantwortet blieb. Um die begehrte Auskunft zu erhalten, könnte K nämlich auch ein Auskunftserzwingungsverfahren gemäß § 132 Abs. 1 AktG in Betracht ziehen, was im Vergleich zur Anfechtungsklage schneller, einfacher und kostengünstiger wäre.[9]

6 Gleichwohl ist anerkannt, dass der Aktionär nicht in erster Linie gemäß § 132 Abs. 1 AktG vorgehen muss, sondern die behauptete Auskunftspflichtverletzung sogleich im Rahmen einer Anfechtungsklage rügen kann. Denn während das Auskunftserzwingungsverfahren lediglich darauf abzielt, das Informationsinteresse des Aktionärs zu befriedigen, bezweckt die Anfechtungsklage sehr viel weitergehend die Beseitigung eines auf fehlerhafter Informationsgrundlage gefassten Beschlusses. Die Rechtsbehelfe haben also unterschiedliche Stoßrichtungen.[10]

7 Das allgemeine Rechtsschutzbedürfnis liegt also vor.

IV. Zwischenergebnis

8 Die Anfechtungsklage ist zulässig.

B. Begründetheit

9 Die Anfechtungsklage ist begründet, wenn sie sich gegen den richtigen Beklagten richtet und zudem ein Anfechtungsgrund vorliegt, den K als anfechtungsbefugte Person innerhalb der gesetzlichen Anfechtungsfrist geltend macht.

Hinweis: Die Anfechtungsbefugnis des Klägers und die Wahrung der Anfechtungsfrist sind nach ganz hM Bestandteile der Begründetheitsprüfung, weil mit der Anfechtungsklage ein materiell-rechtlicher

---

8 *Hüffer/Koch* AktG § 246 Rn. 9, 10; MAH GmbHR/*Römermann* § 15 Rn. 231.

9 Näher zum Auskunftserzwingungsverfahren *Langenbucher* AktKapMarktR § 6 Rn. 165; *Raiser/Veil* KapGesR § 16 Rn. 64.

10 BGHZ 86, 1, 3 ff. = NJW 1983, 878; *Hüffer/Koch* AktG § 132 Rn. 2.

Anspruch des Aktionärs auf gesetzes- und satzungskonforme Beschlussfassung geltend gemacht wird, der dogmatisch in der Mitgliedschaft wurzelt.[11]

I. Richtiger Beklagter (Passivlegitimation)

K müsste seine Klage unmittelbar gegen die X-AG als Beklagte richten, die dabei **10** durch Vorstand und Aufsichtsrat vertreten wird (§ 246 Abs. 2 S. 1, 2 AktG). Dies ist laut Sachverhalt geschehen.

II. Anfechtungsbefugnis

Sodann müsste K auch über die erforderliche Anfechtungsbefugnis verfügen. Da K **11** seine Aktien laut Sachverhalt bereits kurz vor Bekanntmachung der Tagesordnung erworben hatte und zudem Widerspruch zur Niederschrift gegen den Übertragungsbeschluss erklärt hat, scheint man dies gemäß § 245 Nr. 1 AktG bejahen zu können. Problematisch ist allerdings, dass § 21 Abs. 6 der Satzung der X-AG die Anfechtungsbefugnis ganz auf solche Aktionäre begrenzt, die ihre Aktien mindestens sechs Monate vor der Einberufung der HV erworben haben. Hieran gemessen könnte die Anfechtungsbefugnis des K ausnahmsweise fehlen.

Nach allgemeiner Ansicht scheitert eine Satzungsklausel, die den Kreis der Anfech- **12** tungsberechtigten über das gesetzliche Maß hinaus verengt, jedoch am Grundsatz der Satzungsstrenge (§ 23 Abs. 5 AktG).[12] Insoweit spielt es auch keine Rolle, aus welchem Grund die Gesellschaft eine solche Klausel in ihre Satzung integrierte. § 21 Abs. 6 der Satzung ist also unwirksam, die Anfechtungsbefugnis des K im Ergebnis zu bejahen.

Hinweis: Das Bestreben der X-AG, Vorkehrungen gegen missbräuchliche Anfechtungsklagen zu treffen, ist gleichwohl nachvollziehbar. Immer wieder stellt es Aktiengesellschaften vor Probleme, wenn Beschlüsse der HV von sog. Berufsklägern angefochten werden, denen es weniger um die Beseitigung rechtswidriger Zustände als um den Aufbau eines „Lästigkeitswertes" geht, den sie sich sodann – etwa im Rahmen eines Prozessvergleichs – von der Gesellschaft „abkaufen" lassen.[13] Der Gesetzgeber hat hierauf über die Jahre mit einer Reihe von Reformen reagiert, die das Problem jedoch nicht vollständig entschärfen konnten.[14] Im Einzelfall kann sich eine entsprechende Klage als rechtsmissbräuchlich erweisen, sodass dem Aktionär die – formal bestehende – Anfechtungsbefugnis ausnahmsweise abzusprechen ist.[15]

III. Anfechtungsfrist

Darüber hinaus hat K auch die Monatsfrist des § 246 Abs. 1 AktG gewahrt, da er **13** seine Anfechtungsklage laut Sachverhalt bereits zwei Wochen nach der HV bei dem zuständigen Gericht erhoben hat.

Hinweis: Für die Fristwahrung entscheidend ist gemäß § 246 Abs. 1 AktG der Zeitpunkt der Klageerhebung, dh die Zustellung der Klageschrift bei der Aktiengesellschaft (*Rechtshängigkeit,* §§ 253 Abs. 1,

11 Näher *Langenbucher* AktKapMarktR § 6 Rn. 283, 294, 304; MüKoAktG/*Hüffer/Schäfer* AktG § 243 Rn. 8 mwN; teilweise aA *Drygala/Staake/Szalai* § 11 Rn. 173 ff. und § 21 Rn. 309.

12 MüKoAktG/*Hüffer/Schäfer* AktG § 245 Rn. 2; Spindler/Stilz/*Dörr* AktG § 245 Rn. 3.

13 „Räuberische Aktionäre"; siehe *Langenbucher* AktKapMarktR § 6 Rn. 221; *Drygala/Staake/Szalai* § 21 Rn. 215, 259, 304, 311; besonders deutlich *Jahn* FS Hopt, 2010, S. 2029: „geradezu mafiöse Strukturen", „Klageindustrie".

14 Dazu nur *Hüffer/Koch* AktG § 243 Rn. 1 und § 245 Rn. 22 mwN.

15 Näher *Hüffer/Koch* AktG § 245 Rn. 22 ff.; Henssler/Strohn/*Drescher* AktG § 245 Rn. 27 f.; *Drygala/Staake/Szalai* § 21 Rn. 311.

261 ZPO), welche das Prozessgericht von Amts wegen veranlasst (§ 166 Abs. 2 ZPO). Es genügt also grundsätzlich nicht, dass die Klage innerhalb der Monatsfrist lediglich bei Gericht eingeht (dh *anhängig* wird), sofern sie nicht auch innerhalb dieser Frist der Aktiengesellschaft zugestellt wird. Letzteres kann passieren, wenn das Gericht die Zustellung – etwa aufgrund personaler Engpässe – nicht sofort in die Wege leitet. Eine derartige Verzögerung fällt dem Kläger jedoch gemäß § 167 ZPO nicht zur Last, wenn die Zustellung „demnächst" (dh innerhalb weniger Wochen[16]) nachgeholt wird; unter dieser Bedingung genügt zur Fristwahrung bereits der rechtzeitige Eingang der Klageschrift bei Gericht.[17] Hierauf ist in Klausuren ggf. einzugehen, wenn der Kläger die Monatsfrist des § 246 Abs. 1 AktG (scheinbar) verpasst hat.

IV. Anfechtungsgründe

14 Der Übertragungsbeschluss müsste sodann an einem Anfechtungsgrund iSd § 243 AktG leiden, dh gegen das Gesetz oder die Satzung verstoßen haben. Insoweit kommt vorliegend eine ganze Reihe formeller und/oder materieller Anfechtungsgründe in Betracht.[18]

1. Formelle Anfechtungsgründe

a) Fehlerhafte Beschlussfeststellung

15 Ein formeller Anfechtungsgrund könnte in einer fehlerhaften Beschlussfeststellung liegen, sofern die für den Übertragungsbeschluss erforderliche Mehrheit nicht erreicht wurde. Da die §§ 327cff. AktG nichts Abweichendes regeln, bedarf der Übertragungsbeschluss nur der einfachen Mehrheit nach § 133 Abs. 1 AktG.[19] Diese einfache Mehrheit wurde bei der Abstimmung zwar erreicht. Eventuell hätten die Stimmen des A aber (ganz oder teilweise) nicht berücksichtigt werden dürfen, weil A einem Rechtsverlust gemäß § 44 WpHG unterlag; da es sich bei der X-AG um eine börsennotierte Gesellschaft (§ 3 Abs. 2 AktG) handelt, ist der insoweit maßgebliche Abschnitt 6 (§§ 33ff.) WpHG jedenfalls anwendbar.[20]

Hinweis: Ein Rechtsverlust wegen eines Verstoßes gegen die §§ 20, 21 AktG scheidet aus, da die aktienrechtlichen Meldepflichten nicht für Emittenten iSd § 33 Abs. 4 WpHG gelten (§§ 20 Abs. 8, 21 Abs. 5 AktG). Dadurch werden unnötige Doppelmeldungen vermieden.[21]

aa) Rechtsverlust des A gemäß §§ 44 Abs. 1, 33 Abs. 1 WpHG wegen Verletzung eigener Meldepflichten?

16 Die Rechte aus den dem A gehörenden Aktien könnten einem Rechtverlust unterlegen haben, wenn A eine eigene Mitteilungspflicht nach den §§ 33ff. WpHG verletzt hätte.

Hinweis: Die kapitalmarktrechtliche Beteiligungspublizität ist in den §§ 33ff. WpHG geregelt, die der Umsetzung der TransparenzRL dienen. Danach ist jede natürliche oder juristische Person, die durch den Erwerb oder die Veräußerung von Aktien bestimmte Schwellenwerte (3%, 5%, 10%, 15%, 20%,

16 Näher MüKoZPO/*Häublein/Müller* ZPO § 167 Rn. 10ff.

17 Dazu auch *Raiser/Veil* KapGesR § 16 Rn. 125; *Hüffer/Koch* AktG § 246 Rn. 23 mwN.

18 Zu dieser Unterteilung etwa *Langenbucher* AktKapMarktR § 6 Rn. 248ff.; *Drygala/Staake/Szalai* § 11 Rn. 172 und § 21 Rn. 297ff.; zu den einzelnen bei einem Squeeze-Out in Betracht kommenden Beschlussmängeln *Emmerich/Habersack* KonzernR § 10a Rn. 20ff.; *Hüffer/Koch* AktG § 327a Rn. 19ff.

19 *Hüffer/Koch* AktG § 327a Rn. 14; *Emmerich/Habersack* KonzernR § 10a Rn. 19; *Langenbucher* AktKapMarktR § 19 Rn. 5.

20 Vgl. nur ASM WertpapierhandelsR/*Schneider* WpHG § 33 Rn. 83ff.; MüKoAktG/*Bayer* WpHG § 33 Rn. 13ff. Grundlegend zum Ganzen *Langenbucher* AktKapMarktR § 17 Rn. 60ff.

21 *Langenbucher* AktKapMarktR § 17 Rn. 91; *Hüffer/Koch* AktG § 20 Rn. 18f.

25 %, 30 %, 50 % oder 75 %) der Stimmrechte an einem Emittenten über- oder unterschreitet, dazu verpflichtet, dies (1.) dem Emittenten selbst und (2.) der BaFin zu melden (§§ 33 ff. WpHG).[22] Der Emittent ist im Anschluss dazu verpflichtet, die ihm gemachten Meldungen zu veröffentlichen und an das Unternehmensregister zu übermitteln (§ 40 WpHG), wodurch die öffentliche Verfügbarkeit der Informationen gewährleistet wird. Die Zusammensetzung des Aktionärskreises spielt eine große Rolle für die Beurteilung des Emittenten durch die sonstigen Aktionäre als gegenwärtige Anleger, insbesondere aber auch durch den Kapitalmarkt insgesamt.[23] Zweck der Beteiligungspublizität ist es, durch angemessene Information über die Beteiligungsverhältnisse Transparenz und Vertrauen auf dem Kapitalmarkt zu stärken und den Anlegerschutz sicherzustellen.[24]

Laut Sachverhalt ist A selbst allen ihm persönlich obliegenden Meldepflichten ordnungsgemäß nachgekommen. Damit scheidet ein Rechtsverlust wegen einer eigenen Meldepflichtverletzung des A aus. 17

bb) Rechtsverlust des A gemäß §§ 44 Abs. 1, 33 Abs. 1 WpHG wegen Verletzung einer Meldepflicht durch B?

Die Stimmrechte aus den Aktien, die A von B im Rahmen des Wertpapierdarlehens erlangte, könnten allerdings einem Rechtsverlust gemäß §§ 44, 33 Abs. 1 WpHG unterliegen, wenn B eine Meldepflicht verletzt hätte und entweder die auf A übertragenen Aktien mit diesem Rechtsverlust behaftet waren oder die Stimmrechte des A dem B zuzurechnen wären. 18

Hinweis: Ein Wertpapierdarlehen, in der Praxis – juristisch unpräzise – oft als „Wertpapierleihe" bezeichnet, ist bei der in Deutschland üblichen rechtlichen Ausgestaltung als Sachdarlehen gemäß § 607 BGB einzuordnen.[25] Zur Valutierung des Darlehens findet eine Übertragung des Eigentums an den Aktien vom Darlehensgeber auf den Darlehensnehmer statt.[26] Der Darlehensnehmer ist damit nach Valutierung juristischer Vollrechtsinhaber.[27] Er ist daher – und nichts anderes sehen die üblichen vertraglichen Absprachen vor – auch zur freien Ausübung der Stimmrechte aus den Aktien berechtigt.[28] Die Dividendenansprüche werden demgegenüber vertraglich häufig wirtschaftlich dem Darlehensgeber zugewiesen.[29] Am Ende der Darlehenslaufzeit ist der Darlehensnehmer zur Rückerstattung von Sachen (Aktien) gleicher Art, Güte und Menge verpflichtet.[30]

(1) Meldepflichtverletzung des B

Damit die von B im Zuge der Valutierung des Wertpapierdarlehens erlangten Aktien einem Rechtsverlust unterliegen, müsste B zunächst eine Meldepflicht verletzt haben. In Betracht kommt ein Verstoß gegen § 33 Abs. 1 S. 1 WpHG, wonach derjenige, der durch Erwerb, Veräußerung oder auf sonstige Weise einen der genannten Schwellenwerte der Stimmrechte aus ihm gehörenden Aktien an einem Emittenten über- oder unterschreitet, dies dem Emittenten und der BaFin unverzüglich, spätestens aber innerhalb von vier Handelstagen mitzuteilen hat. 19

B hat seine 48 %-Beteiligung an der X-AG durch die Valutierung des mit A geschlossenen Sachdarlehens vollständig aufgegeben, da er das Volleigentum an den 20

22 Näher *Langenbucher* AktKapMarktR § 17 Rn. 61 ff.

23 *Langenbucher* AktKapMarktR § 17 Rn. 60.

24 ASM WertpapierhandelsR/*Schneider* WpHG Vor § 33 Rn. 23.

25 *Langenbucher* AktKapMarktR § 16 Rn. 35; Staudinger/*Freitag* BGB § 607 Rn. 21.

26 MüKoBGB/*Berger* BGB § 607 Rn. 6, 26 zur Eigentumsübertragung im „stücklosen" Effektengiroverkehr.

27 BGHZ 180, 154 Rn. 16 = NZG 2009, 585.

28 *Langenbucher* AktKapMarktR § 16 Rn. 35.

29 *Langenbucher* AktKapMarktR § 16 Rn. 35; Baumbach/Hopt/*Hopt* Bankgeschäfte Rn. T/1.

30 *Langenbucher* AktKapMarktR § 16 Rn. 35; MüKoBGB/*Berger* BGB § 607 Rn. 7.

Aktien auf A übertragen hat. Damit hat B mehrere relevante Schwellenwerte des § 33 Abs. 1 S. 1 WpHG unterschritten.[31] Es bestand daher eine Meldepflicht nach § 33 Abs. 1 S. 1 WpHG, gegen die B verstoßen hat.

(2) Rechtsverlust bei A gemäß § 44 Abs. 1 S. 1 Alt. 1 WpHG

21 Fraglich ist jedoch, ob dieser Meldepflichtverstoß des B auch zu einem Rechtsverlust bei den Aktien führt, die nach Valutierung des Sachdarlehens gerade der A hält. Denn zum Zeitpunkt der maßgeblichen Beschlussfassung der Hauptversammlung war nicht mehr B, sondern A Eigentümer der Aktien und damit Inhaber der Stimmrechte.

22 Ein Rechtsverlust kommt zunächst nach § 44 Abs. 1 S. 1 Alt. 1 WpHG in Betracht. Danach bestehen Rechte aus Aktien, die einem Meldepflichtigen gehören, nicht für die Zeit, für welche die Mitteilungspflichten nach §§ 33 Abs. 1 oder 2 WpHG nicht erfüllt werden. Meldepflichtig war insoweit B. Diesem gehörten die Aktien allerdings spätestens[32] mit Valutierung des Wertpapierdarlehens und damit auch im Zeitpunkt der Beschlussfassung der Hauptversammlung nicht mehr. Eine Rechtsnachfolge in den Rechtsverlust bei B kommt nach einhelliger Auffassung nicht in Betracht.[33] Ein Rechtsverlust des A gemäß § 44 Abs. 1 S. 1 Alt. 1 WpHG scheidet damit aus.

(3) Rechtsverlust gemäß § 44 Abs. 1 S. 1 Alt. 2 WpHG

23 Allerdings könnte ein Rechtsverlust nach § 44 Abs. 1 S. 1 Alt. 2 WpHG in Betracht kommen, wonach Rechte aus Aktien, aus denen einem Meldepflichtigen Stimmrechte nach § 34 WpHG zugerechnet werden, nicht für die Zeit ausgeübt werden können, für welche die Mitteilungspflichten nach § 33 Abs. 1 oder 2 WpHG nicht erfüllt werden. Wenn die auf A übertragenen Aktien des B gemäß § 34 WpHG dem B noch zugerechnet werden könnten, dann würde sich der Rechtsverlust des B – erfolgt durch dessen Meldepflichtverstoß – auch auf A als den aktuellen Inhaber der Aktien auswirken, dh dessen Aktien gewissermaßen „infizieren".

24 Fraglich ist damit, ob dem B die Stimmrechte aus den Aktien des A nach § 34 WpHG zuzurechnen sind.

Hinweis: Die Vorschriften zur Stimmrechtszurechnung nach § 34 WpHG führen dazu, dass einem Meldepflichtigen unter bestimmten Voraussetzungen Stimmrechte aus Aktien eines Emittenten zugerechnet werden, die einem Dritten gehören. Sinn und Zweck der Vorschriften ist es, all jene Stimmrechte zuzurechnen, auf die der Meldepflichtige rechtlichen oder auch nur faktischen Einfluss hat, um so die unter wirtschaftlichen Gesichtspunkten zutreffenden Beteiligungsverhältnisse und Einflussrechte abzubilden.[34] Zur Stimmrechtszurechnung nach § 30 WpÜG → Fall 12 Rn. 22 ff.

25 Vorliegend kommt eine Zurechnung nach § 34 Abs. 1 S. 1 Nr. 2, § 34 Abs. 1 S. 1 Nr. 5 oder § 34 Abs. 2 WpHG in Betracht.

[31] Vgl. BGHZ 180, 154 Rn. 34 = NZG 2009, 585.

[32] Das Tatbestandsmerkmal „gehören" stellt nicht auf das sachenrechtliche Eigentum, sondern auf das Bestehen eines unbedingten und fälligen Übertragungsanspruchs ab. Bereits ab Fälligkeit des Valutierungsanspruchs gehörten die Aktien damit schon dem A, siehe nur *Langenbucher* AktKapMarktR § 17 Rn. 62.

[33] BGHZ 180, 154 Rn. 34 = NZG 2009, 585; MüKoAktG/*Bayer* WpHG § 44 Rn. 68 ff.; *Mülbert* FS K. Schmidt, 2009, S. 1219, 1240.

[34] *Langenbucher* AktKapMarktR § 17 Rn. 67; ASM WertpapierhandelsR/*Schneider* WpHG § 34 Rn. 3.

(a) § 34 Abs. 1 S. 1 Nr. 2 WpHG

Eine Zurechnung nach § 34 Abs. 1 S. 1 Nr. 2 WpHG setzt voraus, dass die Aktien einem Dritten (hier: A) gehören und von diesem „für Rechnung des Meldepflichtigen" (hier: B) gehalten werden. Ob eine solche Zurechnung auch bei einem Wertpapierdarlehen erfolgen kann, bei dem das wirtschaftliche Risiko ganz beim Darlehensgeber verbleibt und bei dem diesem vereinbarungsgemäß die (etwaigen) Bardividenden ebenso wie eventuelle Bezugsrechte zustehen, ist umstritten. **26**

Im Schrifttum wird teilweise vertreten, dass es bei dem Merkmal „für Rechnung des Meldepflichtigen" maßgeblich darauf ankomme, wem das wirtschaftliche Eigentum an den Aktien zustehe.[35] Aufgrund der Ausgestaltung im vorliegenden Fall verbleibt das wirtschaftliche Risiko nach wie vor bei B, da dieser jedenfalls langfristig das Kursverlustrisiko trägt. Zudem stehen ihm die Bardividenden sowie eventuelle Bezugsrechte zu. Infolgedessen wäre nach dieser Auffassung wohl von einer Zurechnung der von A gehaltenen Stimmrechte an B auszugehen. **27**

Die hM hält allerdings entgegen, dass es bei den Zurechnungsvorschriften maßgeblich um eine zutreffende Abbildung der Möglichkeit der Stimmrechtsausübung und – damit verbunden – der Stimmrechtsverhältnisse gehe. Solange der Darlehensnehmer als Eigentümer der Aktien in der Ausübung der Stimmrechte aus den Aktien frei sei, komme es daher auch nicht zu einer Zurechnung an den Darlehensgeber.[36] Nach dieser Auffassung wäre eine Zurechnung an B zu verneinen, da A laut Sachverhalt bei der Stimmrechtsausübung keinerlei Beschränkungen unterlag. **28**

Der hM ist zu folgen. Die Vorschriften zur Beteiligungspublizität wollen ein zutreffendes Bild darüber herstellen, wer tatsächlichen Einfluss auf die Gesellschaft ausüben kann. Dafür ist maßgeblich, wem die Stimmrechte aus den Aktien zustehen bzw. wer auf die Stimmrechtsausübung Dritter steuernden Einfluss nehmen kann. Dies zeigt auch ein Vergleich mit der Zurechnungsnorm des § 34 Abs. 1 S. 1 Nr. 1 WpHG, bei der es auf den beherrschenden Einfluss eines Mutterunternehmens auf seine Tochtergesellschaften ankommt.[37] Richtigerweise scheidet daher eine Zurechnung der Stimmrechte des A gemäß § 34 Abs. 1 S. 1 Nr. 2 WpHG aus. **29**

(b) § 34 Abs. 1 S. 1 Nr. 5 WpHG

Nach § 34 Abs. 1 S. 1 Nr. 5 WpHG sind dem Meldepflichtigen Stimmrechte aus Aktien zuzurechnen, die er durch eine Willenserklärung erwerben kann. Fraglich ist, ob B die von A gehaltenen Aktien in diesem Sinne durch eine Willenserklärung erwerben kann. **30**

Der Sachdarlehensvertrag zwischen A und B wurde als unbefristetes Wertpapierdarlehen geschlossen. Da die Fälligkeit des Rückerstattungsanspruchs (§ 607 Abs. 1 S. 2 BGB) somit nicht etwa von einem Zeitablauf, sondern von einer Kündigung abhängt und B als Darlehensgeber grundsätzlich jederzeit kündigen kann (§ 608 Abs. 2 BGB), könnte B durch eine Kündigung – und damit eine Willenserklärung[38] – einen Anspruch auf Rückerstattung der überlassenen Aktien erwerben. **31**

[35] So etwa MüKoAktG/*Bayer* WpHG § 34 Rn. 16.

[36] BGHZ 180, 154 Rn. 34 = NZG 2009, 585; Schwark/Zimmer/*v. Hein* WpHG § 34 Rn. 11 mwN.

[37] So auch BGHZ 180, 154 Rn. 34 = NZG 2009, 585.

[38] MüKoBGB/*Berger* BGB § 608 Rn. 6.

Dies genügt allerdings nach ganz hM nicht für den Zurechnungstatbestand des § 34 Abs. 1 S. 1 Nr. 5 WpHG: Aus den §§ 31 Abs. 6, 23 Abs. 1 S. 2, Abs. 2 S. 2 WpÜG, die ausdrücklich auch Vereinbarungen einbeziehen, welche nur einen Anspruch auf die Übereignung von Aktien gewähren, ergibt sich im Umkehrschluss, dass bloße schuldrechtliche Übereignungsansprüche für § 30 Abs. 1 S. 1 Nr. 5 WpÜG und den gleichlautenden § 34 Abs. 1 S. 1 Nr. 5 WpHG gerade nicht genügen.[39] Erforderlich sind vielmehr dingliche Optionen.[40]

32 Damit scheidet auch eine Zurechnung nach § 34 Abs. 1 S. 1 Nr. 5 WpHG aus.

(c) § 34 Abs. 2 WpHG

33 Nach § 34 Abs. 2 WpHG werden dem Meldepflichtigen schließlich auch Stimmrechte eines Dritten zugerechnet, mit dem der Meldepflichtige sein Verhalten in Bezug auf diesen Emittenten aufgrund einer Vereinbarung oder in sonstiger Weise abgestimmt hat (Acting in Concert).[41] Dafür, dass A und B ihr Verhalten in Bezug auf die X-AG abgestimmt hätten, gibt der Sachverhalt jedoch nichts her. Eine Zurechnung nach § 34 Abs. 2 WpHG scheidet daher ebenfalls aus.

(d) Zwischenergebnis

34 Ein Rechtsverlust gemäß § 44 Abs. 1 S. 1 Alt. 2 WpHG kommt damit insgesamt nicht in Betracht, da dem B die Stimmrechte des A nicht gemäß § 34 WpHG zuzurechnen sind.

cc) Rechtsverlust des A gemäß §§ 44 Abs. 2, 38 Abs. 1 WpHG?

35 Ein Rechtsverlust des A hinsichtlich der von B durch die Valutierung des Wertpapierdarlehens erlangten Aktien könnte sich ferner aus einem Verstoß des B gegen die Mitteilungspflicht des § 38 Abs. 1 S. 1 Nr. 1 Buchst. a WpHG ergeben. Danach ist der unmittelbare oder mittelbare Inhaber von Instrumenten meldepflichtig, die diesem bei Fälligkeit ein unbedingtes Recht auf Erwerb mit Stimmrechten verbundener Aktien gewähren. Darunter kann – je nach konkreter vertraglicher Ausgestaltung – auch der Rückerstattungsanspruch im Rahmen eines Wertpapierdarlehens gemäß § 607 Abs. 1 S. 2 BGB fallen.[42] Allerdings greift der daraus resultierende Rechtsverlust nach § 44 Abs. 2 WpHG nur bezüglich derjenigen Aktien, die dem Meldepflichtigen gehören. Vorliegend gehören die darlehensweise überlassenen Aktien aber gerade nicht dem Meldepflichtigen (B), sondern A. Im Ergebnis scheidet daher auch insoweit ein Rechtsverlust des A aus.

dd) Zwischenergebnis

36 Ein Rechtsverlust des A lässt sich auf keine Weise begründen. Die erforderliche einfache Stimmenmehrheit (§ 133 Abs. 1 AktG) ist also zustande gekommen.

Beachte: Selbst die Annahme eines Rechtsverlusts nach § 44 WpHG würde hier nur dazu führen, dass die vom Sachdarlehen erfassten Aktien bei der Auszählung nicht berücksichtigt werden. Die im Rahmen des Beschlusses gemäß § 327a Abs. 1 AktG erforderliche einfache Mehrheit wäre jedoch schon aufgrund der übrigen Aktien des A und der A-GmbH erreicht.

---

[39] BGH NZG 2014, 985 Rn. 54f.; ferner etwa *Langenbucher* AktKapMarktR § 17 Rn. 71; Schwark/Zimmer/*v. Hein* WpHG § 33 Rn. 16.

[40] *Langenbucher* AktKapMarktR § 17 Rn. 71; Schwark/Zimmer/*v. Hein* WpHG § 33 Rn. 16.

[41] Dazu *Langenbucher* AktKapMarktR § 17 Rn. 73ff.

[42] Siehe Schwark/Zimmer/*v. Hein* WpHG § 38 Rn. 13.

b) Unangemessenheit der Barabfindung

Von vornherein ausscheiden muss es sodann, einen Anfechtungsgrund aus der von K behaupteten Unangemessenheit der Barabfindung herzuleiten. Zwar trifft es zu, dass der Hauptaktionär der auszuschließenden Minderheit als Kompensation für den Verlust ihrer Anteile gemäß §§ 327a Abs. 1 S. 1, 327b Abs. 1 AktG eine angemessene Barabfindung zahlen muss.[43] Eine etwaige Unangemessenheit der Abfindung kann jedoch nur im Rahmen eines Spruchverfahrens gerügt werden (§ 327f S. 2 AktG, §§ 2, 1 Nr. 3 SpruchG) und berechtigt die Minderheitsaktionäre keineswegs zur Anfechtung des Übertragungsbeschlusses (§ 327f S. 1 Alt. 2 AktG).[44] 37

Hinweis: Der Grund hierfür liegt darin, dass die Angemessenheit der Barabfindung maßgeblich vom Unternehmenswert der Gesellschaft abhängt, an dem die Minderheitsaktionäre über ihre Aktien proratarisch beteiligt sind.[45] Welchen Wert genau ein Unternehmen hat, lässt sich jedoch nur mühsam ermitteln und ist überdies ausgesprochen streitanfällig (siehe dazu noch die Zusatzfrage, → Rn. 60 ff.); daher macht es Sinn, den Anfechtungsprozess nicht mit solchen Fragen zu belasten, die ja im Grunde nur das „Wie" und nicht das „Ob" des Squeeze-Outs betreffen, sondern diese „in aller Ruhe"[46] in einem Spruchverfahren zu klären.[47] Wird überhaupt keine Barabfindung angeboten, ist der Übertragungsbeschluss allerdings anfechtbar (arg. e § 327f S. 3 AktG: Spruchverfahren dann nur subsidiär).[48] Vgl. im Übrigen auch die §§ 304 Abs. 3, 305 Abs. 5, 320b Abs. 2 AktG, §§ 15 Abs. 1 S. 2, 34, 196 S. 2, 212 UmwG.

c) Fehlerhaftigkeit des Prüfberichts

Ebenfalls keinen Anfechtungsgrund bildet die von K behauptete Fehlerhaftigkeit des Prüfberichts (§ 327c Abs. 2 S. 2 AktG), soweit diese gerade auf der (angeblichen) Unangemessenheit der Barabfindung beruht. Diesbezügliche Einwände betreffen letztlich die Angemessenheit der Barabfindung selbst, deren Klärung das Gesetz gerade ins Spruchverfahren verweist (→ Rn. 37). Wollte man dies anders sehen, würde die Angemessenheit der Barabfindung gewissermaßen „durch die Hintertür" doch wieder Gegenstand des Anfechtungsprozesses werden, was dem Willen des Gesetzgebers widerspräche.[49] 38

Hinweis: Ein Anfechtungsgrund ist aber anzunehmen, wenn der Prüfbericht vollständig fehlt.[50]

d) Verletzung des Auskunftsrechts gemäß § 131 AktG

Fraglich ist allerdings, ob K eine Beschlussanfechtung auf eine Verletzung seines Auskunftsrechts gemäß § 131 Abs. 1 S. 1 AktG stützen kann, weil und soweit seine Nachfrage zum Wert des Fabrikgeländes von V nicht erschöpfend beantwortet 39

43 Zur praktischen Ausgestaltung *Emmerich/Habersack* KonzernR § 10a Rn. 18; *Langenbucher* AktKapMarktR § 19 Rn. 8 ff.

44 *Emmerich/Habersack* KonzernR § 10a Rn. 22; *Langenbucher* AktKapMarktR § 19 Rn. 13.

45 Statt aller *Hüffer/Koch* AktG § 327b Rn. 5 mwN.

46 Das ist durchaus wörtlich zu nehmen; in der Praxis können Spruchverfahren problemlos mehrere Jahre dauern, was immer wieder Anlass für Kritik bietet. Näher *Emmerich/Habersack* KonzernR § 22a Rn. 3.

47 Siehe etwa *Drygala/Staake/Szalai* § 32 Rn. 14; *Windbichler* GesR § 33 Rn. 22 ff.

48 Näher *Hüffer/Koch* AktG § 327f Rn. 3; *Emmerich/Habersack* KonzernR § 10a Rn. 22.

49 Schmidt/Lutter/*Schnorbus* AktG § 327c Rn. 20; MüKoAktG/*Grunewald* AktG § 327c Rn. 10; *Hüffer/Koch* AktG § 327c Rn. 5 mwN.

50 Spindler/Stilz/*Singhof* AktG § 327c Rn. 5; Schmidt/Lutter/*Schnorbus* AktG § 327c Rn. 20.

wurde. Im Sinne der Norm hat K jedenfalls in seiner Eigenschaft als Aktionär in der HV um Auskunft über eine Angelegenheit der X-AG gebeten, die für die Bemessung seiner Barabfindung von Belang und damit zur sachgemäßen Beurteilung eines Tagesordnungspunkts – der Beschlussfassung über den Squeeze-Out – erforderlich war. Zudem wurde die Frage von V jedenfalls nicht vollumfänglich beantwortet, obwohl für ein Auskunftsverweigerungsrecht nach § 131 Abs. 3 AktG keine Anhaltspunkte bestanden.

40 Selbst wenn man einen Verstoß gegen § 131 AktG mit dieser Maßgabe bejaht, ist eine Anfechtung des Übertragungsbeschlusses unter Berufung hierauf jedoch ausgeschlossen. Gemäß § 243 Abs. 4 S. 2 AktG kann eine Anfechtungsklage keineswegs darauf gestützt werden, dass dem Aktionär unrichtige, unvollständige oder unzureichende Informationen in der HV erteilt wurden, wenn diese die Ermittlung, Höhe oder Angemessenheit einer Abfindung betrafen und das Gesetz für Bewertungsrügen ein Spruchverfahren vorsieht. Letzteres ist vorliegend gemäß § 327f S. 2 AktG der Fall, sodass das Spruchverfahren auch für Streitigkeiten über die Angemessenheit der Auskunftserteilung der richtige Ort ist.[51]
Auch insoweit scheidet eine Beschlussanfechtung also aus.

Hinweise: (1.) § 243 Abs. 4 S. 2 AktG gilt nur für Informationen „in der Hauptversammlung", erfasst also nicht etwa eine fehlerhafte Berichterstattung vor und außerhalb derselben.[52] Zudem gilt die Vorschrift nicht für die sog. Totalverweigerung, dh eine vollständige Verweigerung sämtlicher Auskünfte ohne berechtigten Grund.[53]
(2.) Davon abgesehen sind Auskunftspflichtverletzungen auch im Übrigen restriktiv zu behandeln, um dem Interesse des Rechtsverkehrs am Bestand eines einmal gefassten HV-Beschlusses Rechnung zu tragen.[54] Derartige Verstöße berechtigen lediglich dann zur Anfechtung, wenn ein objektiv urteilender Aktionär die Informationserteilung als wesentliche Voraussetzung für die sachgerechte Wahrnehmung seiner Teilnahme- und Mitgliedschaftsrechte angesehen hätte (§ 243 Abs. 4 S. 1 AktG). Es bedarf daher stets einer wertenden Betrachtung, die nicht bloß nach der Kausalität des Verstoßes für das konkrete Abstimmungsergebnis fragt, an der es ja ohne Weiteres bereits fehlen kann, wenn ein Mehrheitsaktionär seinen Beschlusswillen schon im Vorfeld der Versammlung unverrückbar gebildet hatte.[55] Eine gute Testfrage ist vielmehr, ob ein objektiver, verständiger Aktionär sich vor Erteilung der fraglichen Information geweigert hätte, an der Abstimmung überhaupt teilzunehmen.[56] Dies schafft einen Kompromiss zwischen den Interessen des Rechtsverkehrs auf der einen Seite und dem Schutz der (Minderheits-) Aktionäre auf der anderen.
(3.) Den hierin liegenden Gedanken hat die Rechtsprechung schließlich auch auf andere Verfahrensverstöße (Nichteinhaltung der Einberufungsfrist, unberechtigter Ausschluss eines Aktionärs etc[57]) übertragen. Nach der heute herrschenden *Relevanztheorie* ermöglichen derartige Verstöße eine Beschlussanfechtung nur, wenn die verletzte Norm gerade den Schutz einer Aktionärsminderheit bezweckt.[58] Unter dieser Bedingung ist es gleichgültig, ob der Verfahrensfehler sich am Ende nachweislich im Beschlussergebnis ausgewirkt hat. Handelt es sich um eine bloße Ordnungsvorschrift, die das Teilnahme- und

[51] Prägnant *Drygala/Staake/Szalai* § 22 Rn. 40; ausführlich *Langenbucher* AktKapMarktR § 6 Rn. 261 ff.; *Raiser/Veil* KapGesR § 16 Rn. 145 ff.

[52] *Hüffer/Koch* AktG § 243 Rn. 47c; Grigoleit/*Ehmann* AktG § 243 Rn. 31.

[53] *Hüffer/Koch* AktG § 243 Rn. 47c; MüKoAktG/*Hüffer/Schäfer* AktG § 243 Rn. 124.

[54] Ausführlich *Langenbucher* AktKapMarktR § 6 Rn. 249 ff., 257 ff.

[55] *Langenbucher* AktKapMarktR § 6 Rn. 252, 257.

[56] Schmidt/Lutter/*Schwab* AktG § 243 Rn. 35.

[57] Für weitere Beispiele *Langenbucher* AktKapMarktR § 6 Rn. 248; *Raiser/Veil* KapGesR § 16 Rn. 139.

[58] Methodisch läuft dies auf eine teleologische Reduktion von § 243 Abs. 1 AktG hinaus; näher *Langenbucher* AktKapMarktR § 6 Rn. 250; *Hüffer/Koch* AktG § 243 Rn. 13 mwN (auch aus der Rspr.).

Abstimmungsrecht der Aktionäre nicht beschränkt, ist hingegen nach hM auf eine Kausalitätsbetrachtung zurückzugreifen.[59] Zum Ganzen auch → Fall 6 Rn. 31 ff.

e) Sonstige Formfehler

Sonstige Formfehler, die zur Anfechtbarkeit des Übertragungsbeschlusses führen könnten, sind ebenso wenig ersichtlich. **41**

Dies gilt zunächst für die Pflicht des A, dem Vorstand der X-AG eine Bankgarantie gemäß § 327b Abs. 3 AktG zu übermitteln.[60] Ein Verstoß gegen diese Vorschrift kann zwar im Grundsatz eine Anfechtung nach § 243 Abs. 1 AktG rechtfertigen,[61] doch enthält der Sachverhalt für ein Fehlen der Garantie keinen Hinweis. Gleiches gilt für etwaige Verstöße gegen § 327c und § 327d AktG.[62] **42**

f) Zwischenergebnis

Formelle Anfechtungsgründe scheiden aus. **43**

2. Materielle Anfechtungsgründe

Der Übertragungsbeschluss vom 15.5.2020 könnte jedoch an materiellen Beschlussmängeln leiden. **44**

a) Fehlendes Verlangen des Hauptaktionärs

Materiell setzt ein Übertragungsbeschluss zunächst voraus, dass er auf einem diesbezüglichen „Verlangen" eines Hauptaktionärs beruht, der über die erforderliche Kapitalmehrheit von wenigstens 95 % des Grundkapitals verfügt (§ 327a Abs. 1 S. 1 AktG).[63] Die Kapitalmehrheit muss nach ganz hM bereits im Zeitpunkt des Verlangens und darüber hinaus auch noch bei der Vornahme des Übertragungsbeschlusses selbst gegeben sein.[64] Andernfalls ist der Übertragungsbeschluss gemäß § 243 Abs. 1 AktG anfechtbar, wenn nicht gar gemäß § 241 Nr. 3 AktG nichtig.[65] **45**

Vorliegend hat A zwar die Einleitung eines Squeeze-Out-Verfahrens gemäß §§ 327a ff. AktG ausdrücklich verlangt. Zweifelhaft ist aber, ob er auch über die erforderliche Kapitalmehrheit verfügte. A selbst hielt zwar schon länger 28 % der Anteile und hatte sich weitere 48 % von B im Rahmen eines Sachdarlehens (§ 607 BGB) verschafft, sodass ihm insgesamt 76 % der X-Aktien unmittelbar gehörten (dazu bereits → Rn. 15 ff.). Weitere 20 % hielt A allerdings nicht selbst, sondern **46**

---

59 *Hüffer/Koch* AktG § 243 Rn. 13; *Langenbucher* AktKapMarktR § 6 Rn. 255 f.; *Raiser/Veil* KapGesR § 16 Rn. 142, 147.

60 Zu den Hintergründen siehe *Hüffer/Koch* AktG § 327b Rn. 11.

61 *Hüffer/Koch* AktG § 327b Rn. 11.

62 Zur Vorbereitung und Durchführung der Hauptversammlung im Überblick *Raiser/Veil* KapGesR § 66 Rn. 8 ff.; *Emmerich/Habersack* KonzernR § 10a Rn. 15 ff.

63 Zur Einordnung als materielle Rechtmäßigkeitsvoraussetzung etwa BGHZ 189, 32 Rn. 27 = NZG 2011, 669; *Drygala/Staake/Szalai* § 22 Rn. 39.

64 Siehe BGHZ 189, 32 Rn. 26 = NZG 2011, 669; Emmerich/Habersack/*Habersack* AktG § 327a Rn. 18 mwN.

65 Offengelassen in BGHZ 189, 32 Rn. 27 = NZG 2011, 669; für Nichtigkeit OLG München NZG 2007, 192, 193; Emmerich/Habersack/*Habersack* AktG § 327a Rn. 18 aE; für Anfechtbarkeit *Raiser/Veil* KapGesR § 66 Rn. 5.

nur über die A-GmbH vermittelt. Da A die A-GmbH jedoch als Alleingesellschafter beherrscht, werden ihm die Aktien der A-GmbH gemäß § 327a Abs. 2 iVm § 16 Abs. 2, 4 AktG zugerechnet.[66] Insgesamt kam er so auf eine Kapitalmehrheit iHv 96%, die er zudem durchgängig bis zur Herbeiführung des Übertragungsbeschlusses hielt.

Hinweis: Unbeachtlich ist es für die Zurechnung, ob sich der Hauptaktionär als Unternehmen iSd Konzernrechts qualifiziert.[67] Näher zu Letzterem → Fall 4 Rn. 48 und Fall 5 Rn. 4.

47 In dieser Hinsicht war der Übertragungsbeschluss also rechtmäßig.

b) Fehlende sachliche Rechtfertigung

48 Fraglich ist aber, ob der Übertragungsbeschluss darüber hinaus auch einer sachlichen Rechtfertigung bedurfte. Hierauf scheint K anzuspielen, soweit er geltend macht, A habe zur Rechtfertigung des Squeeze-Outs keine „unternehmerischen Gründe" vorgetragen.

49 Konkret sind damit die Regeln der materiellen Beschlusskontrolle gemeint, die der BGH erstmals in Sachen *Kali & Salz* zu einer Kapitalerhöhung mit Bezugsrechtsausschluss (§ 186 Abs. 3 AktG) entwickelt hat. Hiernach ist ein Bezugsrechtsausschluss aufgrund des damit verbundenen Eingriffs in die Mitgliedschaft der Aktionäre, der sich in einer Verwässerung ihrer Beteiligungsquoten ausdrückt,[68] grundsätzlich nur gerechtfertigt, soweit er einem legitimen, im Gesellschaftsinteresse liegenden Zwecke dient und zu dessen Erreichung geeignet, erforderlich und angemessen ist.[69] Ausnahmen sind nur gemäß § 186 Abs. 3 S. 4 AktG[70] sowie im Falle einstimmiger Beschlussfassung durch die betroffenen Aktionäre anerkannt.[71]

50 Ob sich diese Rechtsprechung auf einen Squeeze-Out übertragen lässt, ist jedoch zweifelhaft. Dafür könnte sprechen, dass der Übertragungsbeschluss sogar noch tiefer als ein Bezugsrechtsausschluss in die Rechte der Minderheitsaktionäre eingreift, da diese gemäß § 327e Abs. 3 AktG nicht nur eine Verwässerung, sondern einen Totalverlust ihrer Anteile erleiden. Hieran gemessen könnte die Lehre vom sachlichen Grund bei einem Squeeze-Out sogar erst recht Anwendung finden.

51 Dagegen ist aber einzuwenden, dass zwischen Squeeze-Out und Bezugsrechtsausschluss erhebliche normative Unterschiede bestehen. Während eine Kapitalerhöhung mit Bezugsrechtsausschluss grundsätzlich schon von einer Mehrheit beschlossen werden kann, die über 75% des vertretenen Grundkapitals verfügt (§ 186 Abs. 3 S. 2 AktG), muss ein Übertragungsbeschluss stets auf dem Verlangen eines mit wenigstens 95% beteiligten Hauptaktionärs beruhen. Dahinter steht der Ge-

[66] Näher dazu Emmerich/Habersack/*Habersack* AktG § 327a Rn. 17; *Hüffer/Koch* AktG § 327a Rn. 15ff.

[67] *Raiser/Veil* KapGesR § 66 Rn. 5; *Emmerich/Habersack* KonzernR § 10a Rn. 8; *Hüffer/Koch* AktG § 327a Rn. 10.

[68] *Hüffer/Koch* AktG § 186 Rn. 2; *Langenbucher* AktKapMarktR § 10 Rn. 52ff.

[69] BGHZ 71, 40, 43ff. = NJW 1978, 1316 – Kali & Salz; dazu etwa *Hüffer/Koch* AktG § 186 Rn. 25; Grigoleit/*Ehmann* AktG § 243 Rn. 14.

[70] Dazu *Hüffer/Koch* AktG § 186 Rn. 39a; *Langenbucher* AktKapMarktR § 10 Rn. 66.

[71] *Hüffer/Koch* AktG § 186 Rn. 25. Für einen Übungsfall speziell dazu siehe *Wilhelm* ZJS 2020, 367.

danke, dass die Vorteile, die ein solcher Hauptaktionär aus dem Übertragungsbeschluss zieht, typischerweise gewichtiger sind als die Nachteile, die den ausscheidenden Minderheitsaktionären zugemutet werden. Beispielsweise kann der Hauptaktionär, der gemäß § 327e Abs. 3 AktG zum Alleinaktionär wird, künftig HV-Beschlüsse ohne Beachtung der §§ 121 ff. AktG fassen (siehe § 121 Abs. 6 AktG) und braucht auch im Übrigen nicht mehr auf die Belange von Aktionärsminderheiten Rücksicht zu nehmen. Das spart Kosten und stärkt die Entfaltung unternehmerischer Initiative.[72] Zudem werden die Minderheitsaktionäre für den Verlust ihrer Anteile gemäß § 327b AktG entschädigt, während es beim Bezugsrechtsausschluss eine solche Abfindungspflicht nicht gibt. So gesehen ist die Abwägung zwischen den widerstreitenden Interessen, die bei einem Bezugsrechtsausschluss erst die Lehre vom sachlichen Grund im konkreten Einzelfall ermöglicht, für die §§ 327a ff. AktG vom Gesetzgeber in abstrakt-genereller Weise vorweggenommen worden; im Gegensatz zum Bezugsrechtsausschluss trägt der Squeeze-Out seine Rechtfertigung „in sich", sodass die beiden Fälle nicht miteinander verglichen werden können.[73]

Für die Lehre vom sachlichen Grund ist bei einem Squeeze-Out also kein Raum. **52**
Der Übertragungsbeschluss bedurfte keiner sachlichen Rechtfertigung.

Hinweis: Immer wieder wird diskutiert, ob sich die Lehre vom sachlichen Grund auch noch auf andere Beschlussgegenstände übertragen lässt. Dabei geht es vor allem um Grundlagenbeschlüsse, dh praktisch alles, was die Struktur der Aktiengesellschaft in gravierender Weise verändert und von der HV mit qualifizierter Kapitalmehrheit beschlossen werden muss.[74] Der BGH hat die Lehre vom sachlichen Grund bisher jedoch ganz auf den Bezugsrechtsausschluss begrenzt, wobei er neben der regulären Kapitalerhöhung – in leicht abgewandelter Form – auch die Ausnutzung eines genehmigten Kapitals durch den Vorstand (§§ 202 ff. AktG) einbezieht.[75] Tatsächlich ist es wenig wahrscheinlich, dass weitere Fallgruppen noch hinzukommen: Abgesehen davon, dass der Schutz der Minderheitsaktionäre bei den meisten Strukturmaßnahmen in der Form von Abfindungs- und/oder Ausgleichspflichten bereits gesetzlich geregelt ist,[76] sodass sich die Situation ähnlich wie beim Squeeze-Out darstellt, wird die Lehre vom sachlichen Grund zunehmend von der allgemeinen Beschlusskontrolle am Maßstab der mitgliedschaftlichen Treuepflicht[77] in den Schatten gestellt.[78] Zum Ganzen auch → Fall 6.

c) Verfolgung von Sondervorteilen

Ebenso wenig lässt sich ein materieller Beschlussmangel damit begründen, dass sich **53**
A durch den Übertragungsbeschluss gewisse Sondervorteile verschafft. Gemäß § 243 Abs. 2 AktG kann ein HV-Beschluss zwar grundsätzlich angefochten werden,

72 *Emmerich/Habersack* KonzernR § 10a Rn. 5; *Hüffer/Koch* AktG § 327a Rn. 1 mwN.

73 Wohl einhellige Ansicht; ausführlich BGHZ 180, 154 Rn. 14 = NZG 2009, 585; BGH NZG 2006, 905 Rn. 10; *Hüffer/Koch* AktG § 327a Rn. 14; Emmerich/Habersack/*Habersack* AktG § 327a Rn. 26; *Emmerich/Habersack* KonzernR § 10a Rn. 20.

74 Insbesondere also Unternehmensverträge, Verschmelzungen, Formwechsel oder Mehrheitseingliederungen; für eine Zusammenstellung siehe HMR AktG/*Mülbert* AktG § 119 Rn. 26 f.

75 BGHZ 136, 133, 135 ff. = NJW 1997, 2815 – Siemens/Nold; *Hüffer/Koch* AktG § 203 Rn. 27 ff. mwN – Zum etwas weiteren Anwendungsbereich im Recht der GmbH etwa Henssler/Strohn/*Verse* GmbHG § 14 Rn. 108 mwN.

76 Siehe etwa §§ 304, 305 AktG (für Unternehmensverträge), § 320b AktG (Eingliederung), §§ 29, 30 UmwG (Verschmelzung), § 207 UmwG (Formwechsel).

77 Dazu nur *Hüffer/Koch* AktG § 243 Rn. 24 ff.

78 Tatsächlich scheint die Lehre vom sachlichen Grund sogar nur eine besondere Ausprägung der allgemeinen Treuepflichtkontrolle zu sein; näher *Hüffer/Koch* AktG § 243 Rn. 21 ff.; Grigoleit/*Ehmann* AktG § 243 Rn. 13 ff.; Henssler/Strohn/*Verse* GmbHG § 14 Rn. 108.

wenn ein Aktionär aufgrund des Beschlusses Sondervorteile zum Schaden der Gesellschaft zu erlangen suchte und der Beschluss überdies geeignet ist, diesem Zweck zu dienen. Im Anwendungsbereich der §§ 327aff. AktG gibt es hierfür aber keine Basis, da § 327f S. 1 Alt. 1 AktG den § 243 Abs. 2 AktG ausdrücklich abbedingt.

Hinweis: Geht man davon aus, dass der Übertragungsbeschluss seine Rechtfertigung generell in sich trägt (→ Rn. 51), könnte sich ein Sondervorteil ohnehin allenfalls aus einer zu niedrig bemessenen Barabfindung (§§ 327a Abs. 1 S. 1, 327b AktG) ergeben; da eine Anfechtung hierauf aber gerade nicht gestützt werden kann (§ 327f S. 1 Alt. 2 AktG), ist es nur konsequent, auch eine Anfechtung gemäß § 243 Abs. 2 AktG auszuschließen.

d) Rechtsmissbrauch

54 In Betracht kommt allerdings, dass der Übertragungsbeschluss aufgrund rechtsmissbräuchlichen Verhaltens des A anfechtbar ist. Beschlüsse der HV, die in rechtsmissbräuchlicher Weise gegen den Willen einer Aktionärsminderheit herbeigeführt werden, erweisen sich als treuwidrig und sind infolgedessen gemäß § 243 Abs. 1 AktG anfechtbar.[79]

55 Als Anknüpfungspunkt für einen Rechtsmissbrauch dient hier der Umstand, dass sich A einen Teil der gemäß § 327a Abs. 1 S. 1 AktG erforderlichen Aktien nicht etwa dauerhaft, sondern bloß vorübergehend über ein Sachdarlehen von B verschaffte. Eine solche Gestaltung könnte dem Normzweck der §§ 327aff. AktG zuwiderlaufen, da diese doch gerade davon ausgehen, der Hauptaktionär wolle im Zuge des Squeeze-Outs die Position eines Alleinaktionärs erreichen, um die damit verbundenen Erleichterungen in den Dienst seiner unternehmerischen Tätigkeit zu stellen (→ Rn. 51). Steht aber von vornherein fest, dass der Hauptaktionär einen Teil der Aktien alsbald nach dem Squeeze-Out an einen Vertragspartner zurückgibt, wird dieses Ansinnen konterkariert; es hat dann vielmehr den Anschein, als wolle der Hauptaktionär den Squeeze-Out lediglich als Vorwand dazu benutzen, sich einer ganz bestimmten Gruppe unliebsamer Minderheitsaktionäre zu entledigen. Insbesondere dann, wenn die wirtschaftlichen Vorteile aus den Aktien (Dividenden, Bezugsrechte) weiterhin ganz dem Vertragspartner gebühren, kann das Sachdarlehen im Grunde keine andere Funktion haben, als dem Hauptaktionär „mal eben" die gemäß § 327a Abs. 1 S. 1 AktG erforderliche Kapitalmehrheit zu verschaffen.[80]

56 Andererseits ist festzustellen, dass die §§ 327aff. AktG keineswegs danach unterscheiden, auf welche Weise der Hauptaktionär die erforderliche Kapitalmehrheit erlangt, und den Squeeze-Out auch nicht etwa davon abhängig machen, dass der Hauptaktionär dauerhaft alleiniger Aktionär der Gesellschaft bleibt. Wollte man es dem Hauptaktionär versagen, einen Teil seiner Aktien bei Bedarf nach dem Squeeze-Out wieder abzugeben, würde dies zudem das gesetzgeberische Grundanliegen untergraben, die unternehmerischen Handlungsspielräume des Gesellschafters nachhaltig zu stärken. Davon abgesehen macht es häufig nur einen formalen

[79] Wie hier etwa Emmerich/Habersack/*Habersack* AktG § 327a Rn. 27f.; *Hüffer/Koch* AktG § 327a Rn. 20; MüKoAktG/*Grunewald* AktG § 327a Rn. 18ff. mwN; sogar für Nichtigkeit (gemäß § 241 Nr. 3 AktG) Heidel AktR/*Heidel/Lochner* AktG § 327a Rn. 18.

[80] Einen Rechtsmissbrauch daher bejahend OLG München NZG 2007, 192, 194ff.; Heidel AktR/*Heidel/Lochner* AktG § 327a Rn. 15ff.; MüKoAktG/*Grunewald* AktG § 327a Rn. 21 mwN.

Unterschied, ob der Aktionär im Vorfeld des Squeeze-Outs einen Teil der erforderlichen Aktien kauft und diese hinterher wieder verkauft – was auf jeden Fall möglich sein muss und sich gerade bei börsennotierten Gesellschaften schnell und einfach machen lässt – oder sich die Aktien sogleich lediglich darlehensweise verschafft. Der denkbare Kompromiss, dem Aktionär eine Art „Mindesthaltefrist" von einigen Wochen oder Monaten aufzuerlegen, findet keine Stütze im Gesetz; im Übrigen wäre damit jedenfalls den Minderheitsaktionären kaum gedient, da sie den Übertragungsbeschluss im Falle eines Verstoßes regelmäßig schon nicht mehr anfechten könnten (§ 246 Abs. 1 AktG).[81]

Im Ergebnis sprechen damit die besseren Gründe dafür, einen Rechtsmissbrauch des A zu verneinen.[82] Der Übertragungsbeschluss ist daher nicht aufgrund treuwidrigen Verhaltens anfechtbar. **57**

Hinweis: Mit entsprechender Begründung ist natürlich auch ein anderes Ergebnis gut vertretbar.

e) Zwischenergebnis

Materielle Beschlussmängel liegen ebenfalls nicht vor. Die Anfechtungsklage ist unbegründet. **58**

C. Gesamtergebnis

Die Anfechtungsklage ist zulässig, aber unbegründet. Sie hat keine Aussicht auf Erfolg. **59**

Hinweis: Auch wenn die Klage unbegründet ist, bedeutet sie für die X-AG doch zumindest insoweit ein Problem, als sie die Durchführung des Squeeze-Outs in erheblicher Weise verzögert: Bis zur rechtskräftigen Abweisung oder Rücknahme der Klage darf der Übertragungsbeschluss nicht in das Handelsregister eingetragen werden, da der Vorstand die gemäß § 327e Abs. 2 iVm § 319 Abs. 5 AktG erforderliche „Negativerklärung" nicht erteilen kann.[83] Das hierin liegende Obstruktionspotenzial hat die Anfechtungsklage gegen Übertragungsbeschlüsse in der Vergangenheit zu einem beliebten Betätigungsfeld der oben erwähnten „Berufskläger" (→ Nach Rn. 12 Hinweis) gemacht.[84] Die X-AG kann aber ein sog. Unbedenklichkeits- bzw. Freigabeverfahren gemäß §§ 327e Abs. 2, 319 Abs. 6 AktG anstoßen, falls ihr an einer zeitnahen Eintragung des Übertragungsbeschlusses gelegen ist.[85]

Zusatzfrage

Ob die von A gebotene Barabfindung allein mit Blick auf die Kursentwicklung der X-AG angemessen ist oder nicht, hängt von mehreren Faktoren ab. Im Einzelnen ist zu prüfen, ob der Börsenkurs der Gesellschaft überhaupt für die Barabfindung ge- **60**

[81] Speziell zu Letzterem Heidel AktR/*Heidel/Lochner* AktG § 327a Rn. 16, die den Minderheitsaktionären jedoch mit prozessualen Erleichterungen entgegenkommen wollen.

[82] Wie hier BGHZ 180, 154 Rn. 15f. = NZG 2009, 585; *Hüffer/Koch* AktG § 327a Rn. 22; Emmerich/Habersack/*Habersack* AktG § 327a Rn. 28; *Emmerich/Habersack* KonzernR § 10a Rn. 21 mwN.

[83] „Registersperre", siehe *Emmerich/Habersack* KonzernR § 10a Rn. 15 iVm § 10 Rn. 14; *Langenbucher* AktKapMarktR § 6 Rn. 316; *Hüffer/Koch* AktG § 319 Rn. 14f.

[84] *Langenbucher* AktKapMarktR § 6 Rn. 318; *Drygala/Staake/Szalai* § 21 Rn. 312f.; *Raiser/Veil* KapGesR § 16 Rn. 129.

[85] Dazu *Emmerich/Habersack* KonzernR § 10a Rn. 15 iVm § 10 Rn. 15; *Langenbucher* AktKapMarktR § 6 Rn. 318ff.; *Hüffer/Koch* AktG § 319 Rn. 17.

mäß §§ 327a Abs. 1 S. 1, 327b AktG eine Rolle spielt (→ Rn. 61 ff.) und, falls ja, auf welchen Zeitpunkt insoweit genau abzustellen ist (→ Rn. 65 ff.).

Hinweis: Die folgende Darstellung ist aus didaktischen Gründen vergleichsweise umfangreich. In einer Klausur könnte die Thematik auch etwas knapper behandelt werden, wobei die Diskussion unter B. (→ Rn. 65 ff.) allerdings entscheidend ist.

A. Grundsätzliche Bedeutung des Börsenkurses für die Barabfindung

61 Gemäß §§ 327a Abs. 1 S. 1, 327b Abs. 1 S. 1 AktG muss der Hauptaktionär den Minderheitsaktionären als Ausgleich für ihren Ausschluss eine „angemessene" Barabfindung gewähren, welche die Verhältnisse der Gesellschaft im Zeitpunkt der Beschlussfassung berücksichtigt. Dies entspricht zahlreichen weiteren Vorschriften des Aktien- und des Umwandlungsrechts, die ebenfalls an die Durchführung bestimmter Strukturmaßnahmen anknüpfen und den außenstehenden Aktionären eine Abfindung zuerkennen.[86]

62 Wann genau die Abfindung angemessen ist, definiert das Gesetz allerdings nicht. Nach der Rechtsprechung des BVerfG, die in Sachen Feldmühle ihren Anfang nahm, muss die Abfindung stets dem „vollen" bzw. „wahren" Wert der betroffenen Anteile entsprechen, um den mit der Maßnahme verbundenen Eingriff in das Anteilseigentum (Art. 14 Abs. 1 GG) zu kompensieren.[87] Insoweit kommt es zunächst auf die klassischen Bewertungsmethoden an, wobei aus der Fülle der zur Verfügung stehenden Konzepte vor allem die Ertragswertmethode dominiert.[88]

Hinweis: Zur Einbeziehung der Aktie in den Schutzbereich des Art. 14 Abs. 1 GG bereits → Fall 6.

63 Ob daneben auch der Börsenkurs eine Rolle spielt, war lange Zeit umstritten. Nachdem sich die Rechtsprechung zunächst dagegen gewendet hatte,[89] vollzog das BVerfG im Jahr 1999 in der Rechtssache DAT/Altana einen Umschwung: Seither darf die Abfindung keineswegs unter dem Verkehrswert der Aktien liegen, der bei börsennotierten Gesellschaften nicht ohne Rücksicht auf den Börsenkurs ermittelt werden kann.[90] Die Minderheitsaktionäre dürfen jedenfalls nicht weniger erhalten, als sie zur Zeit der Strukturmaßnahme aufgrund einer „freien Deinvestitionsentscheidung" – dh durch einen freiwilligen Verkauf ihrer Anteile an der Börse – hätten erzielen können, sodass der Börsenkurs gewissermaßen eine Untergrenze bildet.[91]

---

[86] Bspw. §§ 305 Abs. 1, 320b Abs. 1 S. 1 AktG, §§ 29, 30 Abs. 1 S. 1 UmwG (lesen!).

[87] BVerfGE 14, 263, 271 f., 284 = NJW 1962, 1667 – Feldmühle; *Hüffer/Koch* AktG § 327b Rn. 5. Näher zu den verfassungsrechtlichen Grundlagen *Mülbert/Leuschner* ZHR 170 (2006), 615; *Mülbert,* in: Verhandlungen des 67. Deutschen Juristentages Erfurt 2008, Bd. II/1, 2009, S. N 51, N 59 ff.

[88] *Emmerich/Habersack* KonzernR § 22 Rn. 25 ff.; *Drygala/Staake/Szalai* § 12 Rn. 82; *Hüffer/Koch* AktG § 327b Rn. 5 mwN.

[89] Siehe dazu nur *Emmerich/Habersack* KonzernR § 22 Rn. 27a; *Brandi/Wilhelm* NZG 2009, 1408, 1409.

[90] BVerfGE 100, 289, 305 ff. = NJW 1999, 3769 – DAT/Altana.

[91] BVerfGE 100, 289, 305 f. = NJW 1999, 3769; BVerfGK 19, 388 Rn. 20 = NZG 2012, 907; aus dem Schrifttum etwa *Emmerich/Habersack* KonzernR § 22 Rn. 27 ff.; *Langenbucher* AktKapMarktR § 19 Rn. 11; *Mülbert,* in: Verhandlungen des 67. Deutschen Juristentages Erfurt 2008, Bd. II/1, 2009, S. N 51, N 59; *Brandi/Wilhelm* NZG 2009, 1408 ff.

Hinweis: Demgegenüber ist es unter verfassungsrechtlichen Gesichtspunkten nicht geboten, den Börsenkurs zugleich auch als *Obergrenze* der Bewertung anzusehen.[92] Nach der Rechtsprechung des BGH gilt daher das sog. Meistbegünstigungsprinzip: Führt die Bewertung nach der Ertragswertmethode zu einem höheren Anteilswert als er im Börsenkurs zum Ausdruck kommt, so ist gerade dieser höhere Wert für die Abfindung maßgeblich.[93]

Lediglich dann, wenn der Börsenkurs den Verkehrswert ausnahmsweise nicht korrekt widerspiegelt, muss er unberücksichtigt bleiben. Letzteres ist etwa anzunehmen, wenn der Aktionär aufgrund einer „Marktenge" gar nicht in der Lage gewesen wäre, seine Aktien tatsächlich zum Börsenpreis zu verkaufen, sowie im Falle einer Marktmanipulation.[94] **64**

Hinweis: Eine Marktenge kommt insbesondere bei einer Eingliederung oder einem Squeeze-Out in Betracht, weil sich dann bereits 95% der Aktien (oder mehr) in der Hand eines einzelnen Aktionärs befinden, sodass der Börsenhandel bereits weitgehend zum Erliegen gekommen sein kann.[95] Der vorliegende Sachverhalt enthält hierzu jedoch keine Angaben.

B. Die Bewertung in zeitlicher Hinsicht

Zieht man den Börsenkurs als Bemessungsgrundlage heran, stellt sich sodann die Frage nach dem maßgeblichen Bewertungszeitpunkt. Während unter verfassungsrechtlichen Gesichtspunkten insoweit keine Vorgaben bestehen,[96] nimmt § 327b Abs. 1 S. 1 AktG die Verhältnisse der Gesellschaft „im Zeitpunkt der Beschlussfassung" in Bezug, was ein Abstellen auf den Börsenkurs an genau diesem Stichtag nahelegt.[97] Tatsächlich wäre ein solcher Ansatz jedoch problematisch, da sich hieraus nur eine Momentaufnahme ergäbe, die zudem von zahlreichen externen Faktoren – politischen oder konjunkturellen Einflüssen, dem allgemeinen Börsenklima etc – beeinträchtigt sein kann und den „wahren" Unternehmenswert verzerrt. Zudem bestünde eine erhebliche Manipulationsgefahr.[98] **65**

Schon früh hat die Rechtsprechung deshalb entschieden, dass es auf einen gewichteten Durchschnittskurs bezogen auf eine mehrmonatige Referenzperiode ankommen muss. Mit dem Gesetzeswortlaut ist ein solches Verständnis ohne Weiteres vereinbar, gehört doch zu den Verhältnissen der Gesellschaft „im Zeitpunkt der Beschlussfassung" nicht nur der jeweilige Tageskurs, sondern auch ein diesem vorangegangener Durchschnittswert.[99] **66**

Welcher Zeitraum genau den Ausschlag gibt, ist allerdings diskutabel. **67**

92 BVerfGE 100, 289, 309 = NJW 1999, 3769 – DAT/Altana.

93 Siehe BGHZ 147, 108, 117 = NZG 2001, 603; 186, 229, 233f. = NZG 2010, 939; MüKo-AktG/*van Rossum* AktG § 305 Rn. 94; krit. dazu Emmerich/Habersack/*Habersack* AktG § 327b Rn. 9; *Reichert* FS Stilz, 2014, S. 479, 486ff.

94 BGHZ 147, 108, 116 = NZG 2001, 603; *Langenbucher* AktKapMarktR § 19 Rn. 11; *Emmerich/Habersack* KonzernR § 22 Rn. 30.

95 Siehe BVerfGE 100, 289, 309 = NJW 1999, 3769; *Hüffer/Koch* AktG § 327b Rn. 5.

96 Klarstellend BVerfGK 9, 453 Rn. 14ff. = NJW 2007, 828.

97 In diese Richtung etwa noch OLG Düsseldorf AG 2000, 421, 422; *Bilda* NZG 2000, 296, 299f.

98 BVerfGE 100, 289, 309 = NJW 1999, 3769; BGHZ 147, 108, 118 = NZG 2001, 603; *Hüffer/Koch* AktG § 305 Rn. 42.

99 BVerfGE 100, 289, 310 = NJW 1999, 3769; KK-AktG/*Koppensteiner* AktG § 305 Rn. 102; *Brandi/Wilhelm* NZG 2009, 1408, 1409.

I. Frühere Ansicht

68 Im Jahr 2001 hat der BGH zunächst – ebenfalls in Sachen DAT/Altana – auf den durchschnittlichen Aktienkurs der Gesellschaft innerhalb eines Dreimonatszeitraums abgestellt, rückgerechnet ab dem Tag der HV, die über die Strukturmaßnahme entscheidet.[100] Dies hat im Schrifttum teilweise Zuspruch, vielfach aber auch Kritik erfahren.[101]

69 Nach dieser Ansicht käme es vorliegend auf den Dreimonatszeitraum vor der HV an, auf der A den Übertragungsbeschluss herbeiführte, dh das Zeitfenster zwischen dem 15.2.2020 und dem 15.5.2020. Da der Börsenkurs der X-AG ab dem 10.2.2020 nicht mehr unter 9 EUR fiel, wäre die von A angebotene Barabfindung iHv 5,50 EUR jedenfalls unangemessen.

II. Neuere Ansicht

70 In der „Stollwerck"-Entscheidung aus dem Jahr 2010[102] hat der BGH seine Rechtsprechung allerdings teilweise korrigiert. Seitdem zieht er als Referenzrahmen grundsätzlich die Dreimonatsfrist vor der öffentlichen Bekanntgabe der geplanten Strukturmaßnahme heran, sofern die Maßnahme anschließend zeitnah von der HV auch beschlossen wird. Dies ist im Schrifttum überwiegend auf Zustimmung gestoßen.[103]

71 Nach diesem Konzept wäre die von A gebotene Abfindung vorliegend durchaus angemessen, da der Börsenkurs der X-AG am 10.2.2020 – dem Tag der öffentlichen Ankündigung des Squeeze-Outs – schon seit mehreren Monaten im Durchschnitt bei 5,50 EUR notierte und die HV bereits am 15.5.2020 eine Entscheidung über den Squeeze-Out herbeiführte.

Hinweis: Verstreicht zwischen der Bekanntgabe der Maßnahme und der HV, die über die Strukturmaßnahme entscheidet, ein „längerer Zeitraum" von ca. sieben Monaten oder mehr (in dem an der Börse viel passieren kann!), ist der Börsenwert dem BGH zufolge entsprechend der allgemeinen oder branchentypischen Wertentwicklung „hochzurechnen", sofern die Entwicklung der Börsenkurse „eine Anpassung geboten erscheinen lässt". Auf diese Weise soll verhindert werden, dass die Minderheitsaktionäre durch ein strategisch geschicktes Hinauszögern der Beschlussfassung von einer positiven Kursentwicklung ausgeschlossen werden.[104]

III. Stellungnahme

72 Der Vorteil der früheren Ansicht liegt darin, dass sie sich deutlich besser mit dem Wortlaut des § 327b Abs. 1 S. 1 AktG in Einklang bringen lässt, soweit dieser gerade an „die Verhältnisse der Gesellschaft im Zeitpunkt der Beschlussfassung" anknüpft. Denn während die „alte" Dreimonatsfrist den Zeitpunkt der Beschlussfassung immerhin noch berührte, indem gerade der Tag der HV das maßgebliche Fris-

[100] BGHZ 147, 108, 117 ff. = NZG 2001, 603; im Anschluss etwa auch OLG Hamburg NZG 2003, 89, 90; OLG Düsseldorf NZG 2005, 1012.
[101] Siehe nur KK-AktG/*Koppensteiner* AktG § 305 Rn. 104 (Stand: 2004).
[102] BGHZ 186, 229 = NJW 2010, 2657 – Stollwerck.
[103] *Hüffer/Koch* AktG § 305 Rn. 43; *Emmerich/Habersack* KonzernR § 22 Rn. 29 mwN.
[104] BGHZ 186, 229 Rn. 29 f. = NJW 2010, 2657 – Stollwerck; näher *Emmerich/Habersack* KonzernR § 22 Rn. 29; MüKoAktG/*van Rossum* AktG § 305 Rn. 108 mwN.

tende markierte, läuft die „neue" Dreimonatsfrist bereits mehrere Wochen oder gar Monate vor diesem Stichtag ab.[105]

Für die neuere Ansicht spricht allerdings der Umstand, dass die ausgeschlossenen Aktionäre gerade mit dem „wahren Wert" ihrer Anteile entschädigt werden sollen. Der Zeitraum, der zwischen der Bekanntgabe der Maßnahme und dem Tag der HV liegt, ist hierfür aber kein guter Indikator, weil er bereits wesentlich von sog. Abfindungsspekulationen geprägt wird: Wertsteigerungen in dieser Phase erklären sich typischerweise weniger mit einer verbesserten Ertragslage des Unternehmens als mit dem schlichten Kalkül der Investoren, dass der Abfindungsschuldner sich die Durchführung der Maßnahme „etwas kosten lässt". Anders ausgedrückt beruht eine gesteigerte Nachfrage nach der Aktie, die sich geradezu zwangsläufig in höheren Durchschnittskursen niederschlägt, im Grunde nur noch auf der Erwartung, die Abfindung werde besonders hoch ausfallen; wollte man dies zum Maßstab nehmen, geriete das Ganze zu einer sich selbst erfüllenden Prophezeiung.[106] **73**

Darüber hinaus lässt sich dem geschriebenen Recht zumindest mittelbar entnehmen, dass der Dreimonatszeitraum nach Bekanntgabe der Maßnahme im Ergebnis den Vorzug verdient. Der Gedanke ist namentlich in die sog. Börsenpreisregel des § 5 Abs. 1 WpÜG-AngebVO eingeflossen, wonach die im Rahmen eines Übernahme- oder Pflichtangebots gemäß §§ 29 ff., 35 ff. WpÜG anzubietende Gegenleistung mindestens dem durchschnittlichen gewichteten Börsenkurs der jeweiligen Zielgesellschaft während einer dreimonatigen Referenzperiode entsprechen muss, die ab Veröffentlichung der Entscheidung zur Abgabe eines Angebots (§ 10 Abs. 1 WpÜG) bzw. ab Veröffentlichung der Erlangung der Kontrollschwelle (§ 35 Abs. 1 WpÜG) zurückberechnet wird.[107] Dahinter steht ebenfalls die Einsicht, dass der Börsenkurs nach einer solchen Veröffentlichung bereits weitgehend von Preisspekulationen beeinflusst wird und daher kein geeigneter Gradmesser für den „wahren" Wert des (Ziel-)Unternehmens mehr ist.[108] **74**

Im Übrigen kollidiert die frühere Ansicht mit dem Umstand, dass der Abfindungsvorschlag des Hauptaktionärs gemäß § 327c Abs. 1 Nr. 2, Abs. 2 S. 1, Abs. 3 Nr. 4 AktG rechtzeitig vor der HV bekanntzugeben ist.[109] Der Wert, der sich gerade unter Zugrundelegung eines dreimonatigen Referenzzeitraums bis zum Beschluss der HV errechnet, ist zu diesem Zeitpunkt aber weder bekannt noch vorhersehbar. Er kann daher weder zur Bestimmung des Abfindungsangebots verwendet noch den Aktionären bekanntgegeben werden.[110] Demgegenüber ist der Durchschnittskurs, wie er sich nach der neueren Ansicht errechnet, bereits problemlos verfügbar. **75**

---

105 Dies konzediert auch BGHZ 186, 229 Rn. 21 = NJW 2010, 2657 – Stollwerck.

106 Prägnant *Leuschner* WuB II A. § 319 AktG 1.07 (S. 196); *Klöhn* LMK 2010, 309449 [unter 1.]; ebenso BGHZ 186, 229 Rn. 20 ff. = NJW 2010, 2657; HMR AktG/*Fleischer* AktG § 327b Rn. 18; KK-AktG/*Koppensteiner* AktG § 305 Rn. 104; *Brandi/Wilhelm* NZG 2009, 1408, 1409 mwN.

107 Im Überblick dazu *Langenbucher* AktKapMarktR § 18 Rn. 137 ff.; auch → Fall 12 Rn. 10 ff.

108 APS WpÜG/*Krause* WpÜG-AngebVO § 5 Rn. 7; AGS/*Süßmann* WpÜG § 31 Rn. 95. Zur Übertragbarkeit des Regelungsgedankens auf den Squeeze-Out und andere aktien- oder umwandlungsrechtliche Strukturmaßnahmen siehe nur BGHZ 186, 229 Rn. 25 = NJW 2010, 2657 – Stollwerck; MüKoAktG/*van Rossum* AktG § 305 Rn. 104; *Brandi/Wilhelm* NZG 2009, 1408, 1409.

109 Vgl. auch § 293f Abs. 1 AktG für Unternehmensverträge und § 63 UmwG für Verschmelzungen; zum Ganzen *Brandi/Wilhelm* NZG 2009, 1408, 1409.

110 BGHZ 186, 229 Rn. 26 = NJW 2010, 2657 mwN.

C. Ergebnis

76 Im Ergebnis sprechen damit die besseren Argumente für die neuere Ansicht. Die Barabfindung des A ist folglich nicht allein im Hinblick auf die Entwicklung des Börsenkurses der X-AG unangemessen.

Fall 11. Tag der Entscheidungen

Bearbeitungszeit: 3 Stunden

Sachverhalt

Die U-Logistik AG (U-AG) ist eine börsenferne Aktiengesellschaft mit Sitz in Mainz, die ihrem Unternehmensgegenstand entsprechend Transport- und Logistikdienstleistungen in ganz Europa erbringt. Ihre Satzung enthält eine Klausel, wonach die Gesellschaft zur Ergänzung ihrer unternehmerischen Tätigkeit auch Beteiligungen an anderen Kapitalgesellschaften erwerben und verwalten darf. Tatsächlich hält die U-AG bereits einige Mehrheits- und Minderheitsbeteiligungen an kleineren Unternehmen aus der Logistikbranche. Der Vorstand der U-AG besteht aus X, Y und Z.

Unter Wahrung sämtlicher Formerfordernisse findet am 31.8.2020 in den Geschäftsräumen der U-AG eine Vorstandssitzung statt, auf der die folgenden beiden Beschlüsse gefasst werden:

- X, Y und Z beschließen zum einen, namens der U-AG sämtliche Geschäftsanteile der F-Express GmbH (F-GmbH) zu erwerben. Die F-GmbH ist auf den Post- und Paketversand spezialisiert und würde sich nach Dafürhalten des Vorstands hervorragend in die konzernweite Gesamtstrategie der U-AG einfügen. Der durchaus marktgerechte Kaufpreis soll genau 1 Mrd. EUR betragen, was ca. 80% der Gesamtaktiva der U-AG entspricht.
- Zum anderen beschließen X, Y und Z eine Weisungserteilung an sämtliche bei der U-AG beschäftigten Fahrer und Kuriere. Letztere werden angewiesen, bei der Auslieferung von Sendungen mit den Fahrzeugen der U-AG ab sofort nötigenfalls auch der Straßenverkehrsordnung zuwider „in zweiter Reihe" zu halten oder zu parken, anstatt längere Zeit nach einer ordnungsgemäßen Halte- oder Parkmöglichkeit zu suchen; die dabei anfallenden Bußgelder werde die U-AG übernehmen. Zur Begründung wird ausgeführt, dass die enormen Zeitersparnisse, die mit dem Verkehrsverstoß zu erzielen seien, die zu erwartenden Bußgelder auf lange Sicht mehr als aufwiegen. Diese – für sich genommen zutreffende – Einschätzung stützt der Vorstand auf eine Studie, die er in den vergangenen Monaten hat durchführen lassen.

Darüber hinaus findet am 31.8.2020 auch eine Aufsichtsratssitzung statt. Auf dieser diskutiert der Aufsichtsrat der U-AG über ein Ermittlungsverfahren, das die Staatsanwaltschaft Mainz seit einigen Wochen gegen Z führt. Z soll einem Beamten der Stadtverwaltung erhebliche Geldbeträge versprochen haben, damit dieser der U-AG – unter Verletzung vergaberechtlicher Vorschriften – einen lukrativen Logistikauftrag der öffentlichen Hand „zuschustert". Vor wenigen Tagen hat die Staatsanwaltschaft dem Z angeboten, das Verfahren gemäß § 153a StPO gegen Zahlung einer Geldauflage von 50.000 EUR einzustellen. Da Z über diese Summe nicht verfügt und zugleich seine Unschuld beteuert, will er dieser Art der Verfahrenserledigung nur zustimmen, wenn die U-AG die Geldauflage übernimmt. Der Aufsichtsrat beschließt, die Bedingung des Z zu erfüllen und ihm die 50.000 EUR zu erstatten. Zur Begründung heißt es, dass das Strafverfahren gegen Z andernfalls früher oder später unweigerlich an die Öffentlichkeit dringen müsse, was die Reputation der

U-AG gravierend beschädigen und ihre zukünftigen Geschäftschancen untergraben würde. Die U-AG sei deshalb an einer möglichst diskreten Verfahrenseinstellung interessiert. Allerdings geht der Aufsichtsrat nach internen Ermittlungen zutreffend davon aus, dass Z die ihm zur Last gelegte Straftat tatsächlich begangen hat.

Als Kleinaktionär A von den gefassten Beschlüssen erfährt, ist er empört. Er hält die Beschlüsse allesamt für rechtswidrig und beklagt unter anderem, dass derart weitreichende Entscheidungen einfach von Vorstand und Aufsichtsrat getroffen werden, ohne die Aktionäre zu befragen. Insbesondere die „skandalöse Vereinbarung mit Z" ist ihm ein Dorn im Auge. Am 3.9.2020 konsultiert er daher seine Rechtsanwältin und möchte wissen, ob er die Umsetzung der gefassten Beschlüsse verhindern oder doch wenigstens ihre Rechtswidrigkeit gerichtlich feststellen lassen kann.

Frage 1: Sind die Beschlüsse des Vorstands und der Beschluss des Aufsichtsrats vom 31.8.2020 rechtmäßig?

Frage 2: Kann A die Umsetzung der Beschlüsse verhindern oder zumindest ihre (angebliche) Rechtswidrigkeit gerichtlich feststellen lassen?

Bearbeitervermerk: Die beiden Fallfragen sind unter allen in Betracht kommenden Gesichtspunkten umfassend zu begutachten, nötigenfalls in einem Hilfsgutachten. Stichtag der Begutachtung ist der 3.9.2020. Dabei ist zu unterstellen, dass der Erwerb der F-GmbH durch die U-AG kartellrechtlich unbedenklich wäre. § 258 StGB ist nicht zu prüfen.

Gliederung

Rn.

Lösungsskizze

Frage 1: Rechtmäßigkeit der Vorstandsbeschlüsse und des Aufsichtsratsbeschlusses

A. Rechtmäßigkeit der Vorstandsbeschlüsse

I. Erwerb der F-GmbH
Rechtswidrigkeit (+), wenn der Beteiligungserwerb gegen die Satzung verstößt oder eine Beschlusskompetenz der Hauptversammlung übergeht
1. Satzungsverstoß
(–), da Satzung der U-AG eine Konzernklausel enthält
2. Übergehen der Hauptversammlung
(+), wenn „Holzmüller"-Kompetenz gegeben
a) Qualitatives Kriterium
(+), da Beteiligungserwerb zu Mediatisierungseffekt führt (str.)
b) Quantitatives Kriterium
(+), da der Beteiligungserwerb hier 80 % der Gesamtaktiva der U-AG entspricht und damit in etwa die Größenordnung der „Holzmüller"-Entscheidung erreicht
c) Ergebnis
Hauptversammlung hätte befragt werden müssen; vorbehaltloser Vorstandsbeschluss ist rechtswidrig

II. Weisungserteilung an die Fahrer und Kuriere
Rechtswidrigkeit (+), wenn Weisung gegen Legalitätspflicht verstößt
1. Grundsätze der Legalitätspflicht
Weisung verstößt an sich gegen Legalitätspflicht, wonach Vorstand die Rechtsordnung bei seiner Leitungstätigkeit vorbehaltlos zu beachten und keine Rechtsverstöße zu begehen oder anzuweisen hat
2. Ausnahme für „nützliche" Rechtsverstöße?
(–), da Rechtsordnung ihren Geltungsanspruch auch im Übrigen keineswegs unter einen wie auch immer gearteten Nützlichkeitsvorbehalt stellt
3. Ergebnis
Rechtswidrigkeit wegen Verletzung der Legalitätspflicht (+)

B. Rechtmäßigkeit des Aufsichtsratsbeschlusses

Rechtswidrigkeit (+), wenn Übernahme der Geldauflage (I.) nicht im Unternehmensinteresse lag oder der Aufsichtsrat (II.) zuvor die Hauptversammlung hätte befragen müssen

I. Wahrung des Unternehmensinteresses
(+), weil die Übernahme der Geldauflage zwar mit Kosten verbunden ist, diese aber durch gegenläufige (Geschäfts-)Vorteile aufgewogen werden

II. Beschlusskompetenz der Hauptversammlung

1. Die herrschende Meinung
Gemäß BGH bedarf es analog § 93 Abs. 4 S. 3 AktG einer Zustimmung der Hauptversammlung, da der Vorstand durch die ihm vorgeworfene Handlung zugleich im Verhältnis zur Aktiengesellschaft eine Pflichtverletzung begangen hat
2. Die Gegenansicht
Nach der Gegenansicht bedarf es keiner Zustimmung der Hauptversammlung, sondern es genügt, dass die Entscheidung im Unternehmensinteresse liegt
3. Stellungnahme
BGH ist (trotz Bedenken) im Ergebnis zu folgen; Zustimmung der Hauptversammlung war also notwendig

C. Gesamtergebnis

Die Beschlüsse sind allesamt rechtswidrig

Frage 2: Rechtsschutzmöglichkeiten des A

A. Statthafte Rechtsbehelfe

I. Unterlassungsklage („Abwehrklage")
Möglichkeit einer Unterlassungsklage gegen rechtswidrige Handlungen der Verwaltung ist seit „Holzmüller" anerkannt; Voraussetzung ist kompetenzwidriger Übergriff in Aktionärsrechte, insbesondere Übergehung von Beschlusskompetenzen der Hauptversammlung

II. Allgemeine Feststellungsklage
Alternativ kann der Aktionär auch nur die Rechtswidrigkeit der Maßnahme gemäß § 256 Abs. 1 ZPO klären lassen. Insoweit besteht kein Vorrang der Unterlassungs- vor der Feststellungsklage, allenfalls Monatsfrist analog § 246 Abs. 1 AktG zu beachten (str.)

III. Vorläufiger Rechtsschutz
Aktionär kann einstweilige Verfügung gemäß §§ 935 ff. ZPO beantragen, um bevorstehenden Eingriff in seine Rechte zeitnah zu unterbinden; Voraussetzung ist aber insbesondere ein Verfügungsgrund (besondere Dringlichkeit)

B. Anwendung auf den Fall

Rechtsschutz nach oben genannten Kriterien kommt gegen den Aufsichtsratsbeschluss sowie gegen den Vorstandsbeschluss in puncto Erwerb der F-GmbH in Betracht, da insoweit ein Eingriff in Aktionärsrechte vorliegt; (–) jedoch, soweit nur Legalitätspflicht des Vorstands – Weisungserteilung an die Fahrer und Kuriere – verletzt (str.); für einstweiligen Rechtsschutz enthält der Sachverhalt wohl keine hinreichenden Anhaltspunkte in puncto Dringlichkeit (Verfügungsgrund)

Lösung

Frage 1: Rechtmäßigkeit der Vorstandsbeschlüsse und des Aufsichtsratsbeschlusses

A. Rechtmäßigkeit der Vorstandsbeschlüsse

Die vom Vorstand gefassten Beschlüsse sind rechtmäßig, soweit sie sich mit dem Gesetz und der Gesellschaftssatzung der U-AG vereinbaren lassen. 1

I. Erwerb der F-GmbH

Der vom Vorstand beschlossene Erwerb der F-GmbH könnte rechtswidrig sein. Dies wäre anzunehmen, wenn der Beteiligungserwerb entweder (1.) gegen die Satzung der U-AG verstößt oder (2.) der Vorstand über die in Rede stehende Maßnahme jedenfalls nicht eigenmächtig hätte entscheiden dürfen, sondern die Hauptversammlung hätte einschalten müssen. 2

1. Satzungsverstoß

Der Erwerb der F-GmbH wäre rechtswidrig, wenn der Beteiligungserwerb dem in der Satzung festgelegten Unternehmensgegenstand (§ 23 Abs. 3 Nr. 2 AktG) der U-AG widerspricht. Hiermit bezeichnet man die Tätigkeit, die eine Gesellschaft zu treiben beabsichtigt, um auf diese Weise ihren Gesellschaftszweck zu verfolgen, der wiederum idR auf Gewinnerzielung ausgerichtet ist, sofern es sich nicht um eine AG mit ideeller Zwecksetzung handelt.[1] Im Falle der U-AG liegt der Unternehmensgegenstand laut Sachverhalt in der Erbringung von Transport- und Logistikdienstleistungen. 3

Insoweit ist zu beachten, dass der Vorstand den Unternehmensgegenstand nach hM grundsätzlich *unmittelbar* verfolgen muss. Sofern die Satzung keine besondere Ermächtigung in der Form einer sog. Konzernklausel enthält, welche den Erwerb unternehmerischer Beteiligungen und/oder die Ausgliederung von Unternehmensteilen auf eine nachgeordnete Gesellschaft gestattet, soll der Vorstand die Geschäfte nicht ohne Weiteres in eine Beteiligung überführen oder eine unternehmerisch tätige Gesellschaft erwerben dürfen.[2] Die Ansicht ist jedoch umstritten: Nach der Gegenmeinung ist eine Konzernklausel prinzipiell entbehrlich, weil die Tätigkeit einer nachgeordneten Gesellschaft der jeweiligen (Mutter-)AG zugerechnet werden kann.[3] 4

Vorliegend kann der Streit allerdings dahinstehen. Da die Satzung der U-AG laut Sachverhalt eine Konzernklausel enthält und die F-GmbH – als Post- und Paketun- 5

[1] Näher *Langenbucher* AktKapMarktR § 2 Rn. 7; *Drygala/Staake/Szalai* § 4 Rn. 30ff. und § 21 Rn. 38ff.; MHdB GesR IV/*Sailer-Coceani* § 9 Rn. 8f.

[2] Siehe etwa BGHZ 159, 30, 46 = NJW 2004, 1860 – Gelatine I; *Hüffer/Koch* AktG § 23 Rn. 24a und § 179 Rn. 34; *Drygala/Staake/Szalai* § 33 Rn. 2; *Emmerich/Habersack* KonzernR § 9 Rn. 1f. mwN.

[3] Näher HMR AktG/*Mülbert* AktG § 119 Rn. 32, § 293 Rn. 190ff.; *Leuschner* KonzernR S. 99ff.

ternehmen – überdies ganz zum Unternehmensgegenstand der U-AG passt, ist ein Verstoß gegen § 23 Abs. 3 Nr. 2 AktG jedenfalls ausgeschlossen.

2. Übergehen der Hauptversammlung

6 Allerdings könnte der Vorstand mit seinem Beschluss eine geschriebene oder ungeschriebene Zuständigkeit der Hauptversammlung übergangen und damit namentlich gegen § 82 Abs. 2 AktG verstoßen haben.[4]

7 Eine ausdrückliche, geschriebene Kompetenz der Hauptversammlung gemäß § 119 Abs. 1 AktG ist zwar vorliegend nicht ersichtlich. Allerdings könnte der Erwerb der F-GmbH einen sog. „Holzmüller"-Fall darstellen, für den der BGH in offener Rechtsfortbildung eine ungeschriebene Zuständigkeit der Hauptversammlung postuliert. Voraussetzung ist, dass die geplante Maßnahme so tief in die Mitgliedschaftsrechte der Aktionäre der U-AG eingreift, dass der Vorstand nicht vernünftigerweise annehmen konnte, er dürfe sie ausschließlich in eigener Verantwortung beschließen.[5]

a) Qualitatives Kriterium

8 Zur Konkretisierung dieses Maßstabs ist zwischen einem qualitativen und einem quantitativen Kriterium zu unterscheiden, die kumulativ erfüllt sein müssen.[6]

9 Was das Erste betrifft, wird im Lichte der „Holzmüller"-Entscheidung regelmäßig darauf abgestellt, ob die fragliche Maßnahme einen „Mediatisierungseffekt" erzeugt. Ein solcher ist etwa bei einer Ausgliederung von Unternehmensteilen auf eine Tochtergesellschaft im Wege der Einzelrechtsnachfolge[7] anzunehmen, indem diese dazu führt, dass die Aktionäre der (Mutter-)Gesellschaft über den ausgegliederten Unternehmensteil nicht mehr unmittelbar verfügen können. Da die Mutter-AG bspw. bei einer Beschlussfassung über Gewinnausschüttungen, Satzungsänderungen oder Kapitalerhöhungen auf der Ebene der Tochter stets durch ihren Vorstand vertreten wird (§ 78 Abs. 1 AktG), werden die Mitsprache- und Vermögensrechte ihrer Aktionäre gewissermaßen „verwässert".[8] Insbesondere besteht die Gefahr, dass der Vorstand durch eine übermäßige Thesaurierung von Gewinnen (§ 174 Abs. 2 Nr. 3 AktG) auf der Ebene der Tochter die Dividendenansprüche der Aktionäre der Muttergesellschaft untergräbt, dh Letztere im übertragenen Sinne „aushungert".[9]

---

[4] Vgl. nur Hölters/*Weber* AktG § 82 Rn. 16 mwN.

[5] Grundlegend BGHZ 83, 122, 131 = NJW 1982, 1703 – Holzmüller; sodann BGHZ 159, 30 = NJW 2004, 1860 – Gelatine I; BGH WM 2004, 1085 = NZG 2004, 575 – Gelatine II. Zum Ganzen HMR AktG/*Mülbert* AktG § 119 Rn. 32ff.; *Langenbucher* AktKapMarktR § 6 Rn. 42ff.

[6] Ausführlich zum Folgenden *Emmerich/Habersack* KonzernR § 9 Rn. 14ff.; *Langenbucher* AktKapMarktR § 6 Rn. 42ff.; *Drygala/Staake/Szalai* § 21 Rn. 199ff. (mit hilfreichem Grobschema bei Rn. 207); *Hüffer/Koch* AktG § 119 Rn. 16ff.

[7] Nicht gemeint ist damit die Ausgliederung nach dem UmwG (§§ 1 Abs. 1 Nr. 2 Alt. 3, 123 Abs. 3 UmwG), die zu einer partiellen Gesamtrechtsnachfolge führt (§§ 131 Abs. 1 Nr. 1, 126 Abs. 1 Nr. 9 UmwG) und schon gemäß §§ 125 S. 1, 13 UmwG einer Zustimmung der Hauptversammlung bedarf; Grigoleit/*Herrler* AktG § 119 Rn. 25.

[8] *Hüffer/Koch* AktG § 119 Rn. 16; *Langenbucher* AktKapMarktR § 6 Rn. 50ff.

[9] Siehe *Langenbucher* AktKapMarktR § 6 Rn. 52; *Raiser/Veil* KapGesR § 60 Rn. 30.

Hinweis: Die Lehre vom Mediatisierungseffekt ist über die Jahre immer wieder angegriffen worden, bspw. mit der Begründung, dass eine Ausgliederung von Unternehmensteilen die Mitverwaltungsrechte der Aktionäre bei Lichte besehen deutlich weniger beeinträchtige, als gemeinhin unterstellt.[10] Infolgedessen wurden – und werden – im Schrifttum zahlreiche Alternativkonzepte vertreten, die zur Begründung ungeschriebener Hauptversammlungskompetenzen (partiell) abweichende Kriterien heranziehen.[11]

Ob neben einer Ausgliederung auch ein Beteiligungserwerb in qualitativer Hinsicht **10** eine „Holzmüller"-Maßnahme darstellt, ist höchstrichterlich nicht geklärt und im Schrifttum stark umstritten.[12] Während eine erste Ansicht im Beteiligungserwerb eine reine Investitionsentscheidung erblickt, über die allein der Vorstand zu entscheiden habe,[13] bejahen andere einen Mediatisierungseffekt mit der Begründung, dass auch bei einem Beteiligungserwerb unmittelbares Vermögen der AG – hier: der aufzubringende Kaufpreis – in eine Beteiligung „transformiert" und damit dem unmittelbaren Zugriff der Aktionäre entzogen werde.[14] Eine dritte Ansicht will beim Beteiligungserwerb zwar keinen Mediatisierungseffekt erkennen, befürwortet eine ungeschriebene Zuständigkeit der Hauptversammlung aber im Lichte der grundlegenden Veränderung der Unternehmensstruktur, die mit dem Geschäft einhergehen könne.[15]

Die zweite Ansicht verdient den Vorzug. Aus Sicht der Aktionäre der Muttergesell- **11** schaft, um deren Schutz es letztlich geht, macht es im Ergebnis keinen Unterschied, ob ausschüttungsfähiges Vermögen auf eine bereits vorhandene Tochtergesellschaft übertragen oder aber diese Tochtergesellschaft mit besagtem Vermögen erstmalig erworben wird. Der Beteiligungserwerb erfüllt daher qualitativ durchaus die Kriterien der „Holzmüller"-Entscheidung.[16]

Hinweis: Mit entsprechender Begründung ist natürlich auch ein anderes Ergebnis gut vertretbar.

b) Quantitatives Kriterium

Schwierigkeiten bereitet auch das quantitative Kriterium. Einigkeit besteht noch **12** darin, dass im Lichte des Ausnahmecharakters ungeschriebener Zuständigkeiten der Hauptversammlung eine „Holzmüller"-Kompetenz lediglich dort in Betracht kommt, wo die Bedeutung der Maßnahme für die AG in etwa dem Sachverhalt des „Holzmüller"-Urteils entspricht, wo die streitgegenständliche Ausgliederung ca. 80% der Gesellschaftsaktiva betraf.[17]

Hinweis: Nicht ganz eindeutig ist, ob als Bezugsgröße immer (nur) die Aktiva der Gesellschaft heranzuziehen sind oder daneben – soweit bekannt – auch Faktoren wie das Eigenkapital, der Umsatz, das

10 Siehe dazu vor allem *Hoffmann-Becking* ZHR 172 (2008), 231, 234ff.; ferner HMR AktG/*Mülbert* AktG § 119 Rn. 40ff.

11 Im Überblick HMR AktG/*Mülbert* AktG § 119 Rn. 38ff. mwN.

12 Ausdrücklich offenlassend BGH NZG 2012, 347; näher zum Streit HMR AktG/*Mülbert* AktG § 119 Rn. 68ff.

13 MüKoAktG/*Kubis* AktG § 119 Rn. 71; OLG Frankfurt a.M. WM 2011, 116, 118f. = NZG 2011, 62.

14 Emmerich/Habersack/*Habersack* AktG Vor § 311 Rn. 42; *Drygala/Staake/Szalai* § 21 Rn. 203.

15 Vgl. LG Frankfurt a.M. WM 2010, 618, 621f.; Spindler/Stilz/*Hoffmann* AktG § 119 Rn. 30b.

16 Wie hier bereits *Wilhelm* WuB II A. § 120 AktG 1.12.

17 Siehe BGHZ 159, 30, 44ff. = NJW 2004, 1860 – Gelatine I; HMR AktG/*Mülbert* AktG § 119 Rn. 62; *Hüffer/Koch* AktG § 119 Rn. 25; *Langenbucher* AktKapMarktR § 6 Rn. 66.

Ergebnis vor Steuern oder die Mitarbeiterzahl eine Rolle spielen; jedenfalls in Grenzfällen wird es wohl einer einzelfallbezogenen Gesamtbetrachtung bedürfen.[18]

13 Zweifelhaft ist aber, worauf diese Richtgröße bei einem Beteiligungserwerb im Einzelnen zu beziehen ist. Namentlich geht es darum, ob der abfließende Kaufpreis (1.) zum Gesamtwert der als Käuferin agierenden Aktiengesellschaft ins Verhältnis gesetzt oder aber (2.) auf die Größenverhältnisse zwischen dem Akquisitionsobjekt und einem hypothetisch gedachten, aus Akquisitionsobjekt und AG kombinierten Unternehmen abgestellt werden muss.[19]

14 Vorliegend braucht dieser Streit allerdings nicht entschieden zu werden. Da der Kaufpreis von 1 Mrd. EUR laut Sachverhalt ganz dem Verkehrswert der F-GmbH entspricht („durchaus marktgerecht") und zudem 80 % des Gesellschaftsvermögens der U-AG ausmacht, ist das quantitative Kriterium wohl nach beiden Auffassungen erfüllt.

Hinweis: Zu unterschiedlichen Bewertungen kann es kommen, wenn Kaufpreis und Verkehrswert auseinanderfallen, etwa beim Erwerb maroder Unternehmen zu symbolischen Preisen.[20]

c) Ergebnis

15 Eine „Holzmüller"-Kompetenz liegt vor. Der Vorstand der U-AG hätte seine Erwerbspläne zunächst der Hauptversammlung vorlegen oder seine Entscheidung zumindest unter den Vorbehalt eines zustimmenden Hauptversammlungsbeschlusses stellen müssen.[21] So aber handelte er rechtswidrig.

II. Weisungserteilung an die Fahrer und Kuriere

16 Der Vorstandsbeschluss über die Weisungserteilung an die Fahrer und Kuriere könnte ebenfalls rechtswidrig sein, da er womöglich gegen die allgemeine Legalitätspflicht des Vorstands verstößt.

Hinweis: Der Sachverhalt beruht an dieser Stelle auf dem realen Fall der United Parcel Services of America, Inc. („UPS"). Diese hatte es ihren Kurieren im Jahr 1994 tatsächlich gestattet, allein in New York City Bußgelder wegen Falschparkens in Millionenhöhe zu verwirken. Ebenso wie hier wurden die Bußgelder durch operative Ersparnisse im Ergebnis aufgewogen, was die zuständigen Gerichte aber nicht daran hinderte, die Geschäftsleitung zu Schadensersatzzahlungen an die Gesellschaft zu verurteilen.[22]

1. Grundsätze der Legalitätspflicht

17 Die Legalitätspflicht des Vorstands ist im Gesetz nicht geregelt. Sie lässt sich jedoch indirekt aus bestimmten Vorschriften ableiten, etwa aus § 91 Abs. 2 oder § 396 AktG.[23] Als sog. Kardinalpflicht[24] der Geschäftsleitung ist sie heute jedenfalls im

[18] *Hüffer/Koch* AktG § 119 Rn. 25; *Drygala/Staake/Szalai* § 21 Rn. 204; HMR AktG/*Mülbert* AktG § 119 Rn. 62 mwN.
[19] Zu diesem Streitstand HMR AktG/*Mülbert* AktG § 119 Rn. 72–74.
[20] Siehe HMR AktG/*Mülbert* AktG § 119 Rn. 74.
[21] Vgl. zur letztgenannten Möglichkeit etwa Spindler/Stilz/*Fleischer* AktG § 93 Rn. 267.
[22] Siehe *Fleischer* ZIP 2005, 141, 149; *Lutter* ZIP 2007, 841, 843 f.; *Kocher* CCZ 2009, 215, 218.
[23] Statt vieler *Habersack* FS U. H. Schneider, 2011, S. 429, 432 ff.; *Wilhelm* S. 351 Fn. 29 mwN.
[24] Spindler/Stilz/*Fleischer* AktG § 93 Rn. 14; *Wilhelm* S. 351.

Ergebnis anerkannt, und zwar nicht nur für die AG, sondern auch für die GmbH und einige andere Gesellschaftsformen.[25]

In der Sache hat der Vorstand dafür zu sorgen, dass sich das Unternehmen im Rechts- und Geschäftsverkehr jederzeit rechtmäßig verhält, dh die jeweils maßgeblichen Gesetze, Verordnungen und Rechtsvorschriften beachtet. Dabei muss der Vorstand diese Normen nicht nur selbst bei seiner Tätigkeit befolgen, sondern das Unternehmen auch so organisieren und beaufsichtigen, dass den Mitarbeitern und Beschäftigten keine Rechtsverstöße unterlaufen.[26] **18**

Die Legalitätspflicht gilt in Sonderheit für Straftatbestände,[27] nach ganz hM aber auch für Ordnungswidrigkeiten,[28] wobei insbesondere das Kartellrecht in der Praxis von Bedeutung ist.[29] Eine Ausnahme wird lediglich für sog. Bagatellverstöße erwogen, bspw. die Verletzung öffentlich-rechtlicher Zahlungspflichten oder bloßer Ordnungsnormen, die nicht den Schutz höherwertiger Rechtsgüter bezwecken; hierzu sollen etwa „Vorschriften zur Arbeitszeit" oder „zum Parkverbot" gehören.[30] Die ganz hM lehnt eine solche Beschränkung jedoch richtigerweise ab, da die vorgeschlagene Abgrenzung praktisch schwierig wäre und zudem auf eine fragwürdige Unterscheidung zwischen Rechtsvorschriften erster und zweiter Klasse hinausliefe.[31] Diskutabel ist allenfalls, ob die Legalitätspflicht auch rein privatrechtliche Regelungen erfassen sollte, deren Verletzung nicht etwa straf- oder öffentlich-rechtlich sanktioniert wird, sondern nur Schadensersatzpflichten auslöst. Während bloße Vertragsverletzungen nach wohl hM nicht automatisch pflichtwidrig sind,[32] soll ein Verstoß gegen deliktsrechtliche Vorschriften der Legalitätspflicht zuwiderlaufen, sofern mit dem Verstoß ein sittliches Unwerturteil einhergeht.[33] **19**

Hieran gemessen ist die Weisungserteilung des Vorstands mit der Legalitätspflicht zumindest im Grundsatz unvereinbar. Auch wenn das Halten bzw. Parken in zweiter Reihe für sich genommen keinen Straftatbestand erfüllt, verwirklicht es doch jedenfalls eine Ordnungswidrigkeit, die gemäß §§ 12, 49 Abs. 1 Nr. 12 StVO iVm § 24 StVG bebußt werden kann.[34] **20**

Ein Verstoß gegen die Legalitätspflicht ist also im Grundsatz zu bejahen. **21**

---

25 Für die AG *Hüffer/Koch* AktG § 93 Rn. 6; LG München I NZG 2014, 345, 346 – Siemens/Neubürger; für die GmbH Baumbach/Hueck/*Beurskens* GmbHG § 43 Rn. 10; *Drygala/Staake/Szalai* § 11 Rn. 67; für Personengesellschaften Oetker/*Lieder* HGB § 114 Rn. 29; *Wilhelm* S. 351.

26 Sog. Legalitätskontrollpflicht; *Hüffer/Koch* AktG § 93 Rn. 6, 6c; HMR AktG/*Hopt/Roth* AktG § 93 Rn. 133, 151ff.; *Verse* ZHR 175 (2011), 401, 403ff.

27 Statt aller BeckOGK AktG/*Fleischer* AktG § 93 Rn. 28 mwN.

28 BeckOGK AktG/*Fleischer* AktG § 93 Rn. 28; MüKoAktG/*Spindler* AktG § 93 Rn. 86; Hölters/*Hölters* AktG § 93 Rn. 68; aA Grigoleit/*Grigoleit/Tomasic* AktG § 93 Rn. 18.

29 Siehe *Dreher* FS Konzen, 2006, S. 85, 92ff.; *Nietsch* ZHR 184 (2020), 60, 79ff.

30 *Schneider* FS Hüffer, 2010, S. 905, 909f.; ähnlich *Habersack* FS U.H. Schneider, 2011, S. 429, 437ff.; für weitere Nachweise siehe *Verse* ZGR 2017, 174, 185 Fn. 40.

31 Siehe MüKoAktG/*Spindler* AktG § 93 Rn. 87; Spindler/Stilz/*Fleischer* AktG § 93 Rn. 37; *Bicker* AG 2014, 8, 11f.; ohne Unterscheidung auch LG München I NZG 2014, 345, 346 – Siemens/Neubürger.

32 Näher HMR AktG/*Hopt/Roth* AktG § 93 Rn. 148; Spindler/Stilz/*Fleischer* AktG § 93 Rn. 33; aA Heidel AktR/*Schmidt* AktG § 93 Rn. 11; diff. MüKoAktG/*Spindler* AktG § 93 Rn. 102.

33 Im Einzelnen str.; näher MüKoAktG/*Spindler* AktG § 93 Rn. 102; *Verse* ZGR 2017, 174, 189 Fn. 47.

34 Näher BHHJ/*Heß* StVO § 12 Rn. 86.

Hinweis: Zu diesem Ergebnis käme man wohl auch dann, wenn man mit der oben genannten Mindermeinung (→ Rn. 19) eine Ausnahme für bloße Bagatellverstöße befürworten wollte. Anders als etwa § 13 Abs. 1 StVO (Parken ohne Parkschein) hat das gesetzliche Verbot, in zweiter Reihe zu halten oder zu parken (§ 12 StVO), nämlich nicht nur einen „Ordnungscharakter", sondern dient dem Sicherheitsbedürfnis des fließenden Verkehrs[35] und damit einem höherwertigen Rechtsgut.

2. Ausnahme für „nützliche" Rechtsverstöße?

22 Fraglich ist allerdings, ob sich an dieser Bewertung etwas ändert, wenn man die vom Vorstand zur Begründung der Anweisung herangezogenen Vorteile (Zeitersparnisse) mit einbezieht. Damit ist die Debatte darüber berührt, ob die Legalitätspflicht auch sog. nützliche Rechtsverletzungen erfasst, die zwar objektiv gegen zwingende Vorgaben der Rechtsordnung verstoßen, subjektiv aber im Interesse der Gesellschaft liegen.[36]

23 Zu einer Privilegierung derartiger Rechtsverstöße könnte man kommen, wenn man die Legalitätspflicht nur als eine besondere Ausprägung der allgemeinen (Sorgfalts-) Pflicht des Vorstands verstünde, das Wohl der Gesellschaft zu fördern und das Unternehmensinteresse zu wahren.[37] Hieran gemessen erweisen sich Rechtsverstöße zwar regelmäßig schon deswegen als pflichtwidrig, weil sie Nachteile in der Form von Geldbußen, Schadensersatzpflichten, Rufschädigungen oder einem Verlust von Geschäftschancen mit sich bringen.[38] Liegt es ausnahmsweise anders, weil die Vorteile des Verstoßes die jeweiligen Nachteile überwiegen, ließe sich aber vertreten, dass der Vorstand jedenfalls im Verhältnis zur Gesellschaft gerade keine Pflichtverletzung begeht, wenn er die Rechtsverletzung veranlasst; tatsächlich könnte er hierzu sogar verpflichtet sein, um die Rentabilität des Unternehmens bestmöglich zu steigern.[39]

24 Nach ganz hM ist eine solche Ausnahme jedoch abzulehnen.[40] Der Grund hierfür liegt darin, dass die Legalitätspflicht dogmatisch keineswegs eine wie auch immer geartete Begleiterscheinung der Bindung des Vorstands an das Unternehmensinteresse ist, sondern dem Vorstand durch das Gesetz im öffentlichen Interesse aufgegeben wird[41] und daher unbedingten Vorrang vor dem Unternehmensinteresse genießt.[42] Funktional verspricht man sich mit ihr einen generalpräventiven Effekt, indem die drohende Pflichtverletzung – einschließlich einer hieran knüpfenden Haftung gemäß § 93 AktG – den Vorstand auch dann vor einem Rechtsbruch zurückschrecken lässt, wenn dieser der Gesellschaft per Saldo wirtschaftlich nützlich wäre.[43]

---

35 BGH NJW-RR 1987, 151, 152; OLG Hamm NZV 1991, 271 mwN.

36 Praktisch relevant ist das Problem vor allem bei Kartellverstößen, Schmiergeldzahlungen, Umweltverstößen oder Steuerhinterziehungen; siehe nur HMR AktG/*Hopt/Roth* AktG § 93 Rn. 134.

37 Mit diesem Verständnis offenbar *Schneider* FS Hüffer, 2010, S. 905, 910. Allgemein zur Bindung des Vorstands an das Unternehmensinteresse *Raiser/Veil* KapGesR § 14 Rn. 14; *Hüffer/Koch* AktG § 76 Rn. 28 f.; Grigoleit/*Grigoleit* AktG § 76 Rn. 17 ff.

38 Siehe *Raiser/Veil* KapGesR § 14 Rn. 81.

39 Vgl. nur *Hüffer/Koch* AktG § 93 Rn. 6; *Fleischer* ZIP 2005, 141 ff.

40 Statt vieler BeckOGK AktG/*Fleischer* AktG § 93 Rn. 50; Henssler/Strohn/*Dauner-Lieb* AktG § 93 Rn. 7a; *Raiser/Veil* KapGesR § 14 Rn. 81.

41 Deutlich *Verse* ZGR 2017, 174, 189: „öffentliche[s] Interesse an der Einhaltung der Gesetze".

42 HMR AktG/*Hopt/Roth* AktG § 93 Rn. 132 („rules of the game"), 134; BeckOGK AktG/*Fleischer* AktG § 93 Rn. 29, 50; *Drygala/Staake/Szalai* § 21 Rn. 82; *Wilhelm* S. 351 f.

43 Prägnant BeckOGK AktG/*Fleischer* AktG § 93 Rn. 29, 50 mwN.

Um sein Handeln zu rechtfertigen, kann der Vorstand daher allenfalls auf die gesetzlich anerkannten Rechtfertigungsgründe zurückgreifen, etwa einen gesetzlichen Notstand oder eine rechtfertigende Pflichtenkollision.[44] Hierfür bestehen jedoch vorliegend keine Anhaltspunkte. 25

Es bleibt daher dabei, dass die Weisungserteilung des Vorstands – trotz ihrer subjektiven Nützlichkeit – gegen die Legalitätspflicht verstößt. 26

Hinweis: Selbst wenn man zu einem anderen Ergebnis kommen wollte, läge in dem Vorstandsbeschluss ggf. eine Anstiftung der Fahrer und Kuriere zur Begehung von Ordnungswidrigkeiten, für die (auch) der Vorstand persönlich mit einem Bußgeld belegt werden könnte (§ 14 OWiG). Anders ausgedrückt handelt der Vorstand im *Außenverhältnis* also in jedem Falle rechtswidrig, selbst wenn man im *Innenverhältnis* zur Gesellschaft eine Pflichtverletzung verneint.[45]

3. Ergebnis

Der Vorstandsbeschluss über die Weisungserteilung an die Fahrer und Kuriere verstößt gegen die Legalitätspflicht und ist deshalb rechtswidrig. 27

Hinweis: Insgesamt wirft die Legalitätspflicht noch immer zahlreiche Grundsatz- und Folgeprobleme auf.[46] Besonders praxisrelevant ist etwa die Frage, wie sich der Vorstand bei einer *unklaren Rechtslage* zu verhalten hat, die sich zB aus einer zweifelhaften gesetzlichen Regelung, fehlender bzw. widersprüchlicher Rechtsprechung oder einem undurchsichtigen Meinungsbild im Schrifttum ergeben kann. Die Lehre plädiert hier teilweise (mit Unterschieden) dafür, dass die Legalitätspflicht in solchen Fällen einen Ermessens- bzw. Beurteilungsspielraum gewähre, sodass der Vorstand, nachdem er zunächst kundigen Rechtsrat eingeholt hat, sich die für das Unternehmen günstigste Auslegung zu eigen machen dürfe. Unter dieser Bedingung handele er pflichtgemäß, selbst wenn sich die Auslegung im Nachhinein als „falsch" entpuppen sollte.[47] In Anlehnung an die Business Judgment Rule (§ 93 Abs. 1 S. 2 AktG)[48] ist hier zum Teil auch von einer „Legal Judgment Rule" die Rede.[49] Die hM geht indessen davon aus, dass der Vorstand auch in solchen Fällen immer die „richtige" Ansicht vertreten müsse und, sofern er sich irrt, zu seinen Gunsten allenfalls ein unvermeidbarer Rechtsirrtum in Betracht komme. Sein Handeln bleibt also pflichtwidrig, doch haftet er wenigstens nicht gemäß § 93 Abs. 2 AktG auf Schadensersatz.[50]

B. Rechtmäßigkeit des Aufsichtsratsbeschlusses

Der Aufsichtsratsbeschluss vom 31.8.2020 könnte rechtswidrig sein. Dies wäre anzunehmen, wenn die beschlussgegenständliche Übernahme der Geldauflage zugunsten des Vorstandsmitglieds Z entweder (1.) nicht im Unternehmensinteresse lag (→ Rn. 29ff.) oder (2.) der Aufsichtsrat hierüber nicht ohne Einbeziehung der Hauptversammlung hätte entscheiden dürfen (→ Rn. 34ff.). 28

[44] Dazu HMR AktG/*Hopt/Roth* AktG § 93 Rn. 135; *Hüffer/Koch* AktG § 93 Rn. 6; MüKoAktG/*Spindler* AktG § 93 Rn. 103ff.

[45] Vgl. nur *Habersack* FS U.H. Schneider, 2011, S. 429, 439.

[46] Exemplarisch *Hüffer/Koch* AktG § 93 Rn. 6d; *Verse* ZHR 175 (2011), 401, 407ff. (zur Legalitäts[kontroll]pflicht im Konzern).

[47] Siehe etwa *Habersack* FS U.H. Schneider, 2011, S. 429, 436f.; *Grigoleit* FS K. Schmidt, 2019, Bd. I, S. 367, 376ff.; *Raiser/Veil* KapGesR § 14 Rn. 81. Ausführlich zum Meinungsbild *Verse* ZGR 2017, 174, 178f. mwN.

[48] Näher zu dieser *Langenbucher* AktKapMarktR § 4 Rn. 89ff.

[49] Ausführlich dazu *Verse* ZGR 2017, 174ff.; für weitere Nachweise *Hüffer/Koch* AktG § 93 Rn. 19.

[50] Vgl. BGH NZG 2011, 1271 Rn. 16 – ISION; NZG 2015, 792 Rn. 28 – ISION II; *Verse* ZGR 2017, 174, 192; *Hüffer/Koch* AktG § 93 Rn. 19, 43ff. mwN.

I. Wahrung des Unternehmensinteresses

29 Im Allgemeinen gilt zunächst, dass der Aufsichtsrat einer Aktiengesellschaft bei der Ausübung seiner Tätigkeit – ebenso wie der Vorstand (→ Rn. 23) – stets das Unternehmensinteresse zu wahren hat.[51] Insbesondere darf er der Gesellschaft keinen Vermögensschaden zufügen, zumal er andernfalls gemäß §§ 116, 93 AktG auf den entstandenen Schaden haftet.[52]

30 Hieran gemessen könnte der Aufsichtsrat pflichtwidrig gehandelt haben, indem er die Übernahme der Geldauflage beschloss. Der Abfluss von 50.000 EUR aus dem Vermögen der Gesellschaft führt nämlich in jedem Fall zu einer Vermögensminderung, was dem Unternehmensinteresse bei isolierter Betrachtung widerspricht.

Hinweis: Etwas anderes würde gelten, wenn die Aktiengesellschaft im Verhältnis zum Vorstandsmitglied zur Übernahme der Geldauflage verpflichtet gewesen wäre. Ein Zahlungs- bzw. Freistellungsanspruch des Vorstands gegen die Gesellschaft kommt analog §§ 670, 257 BGB in Betracht, wenn der Vorstand im Rahmen seiner Tätigkeit eine eigene Verbindlichkeit gegenüber Dritten begründet, sofern die zugrunde liegende Handlung rechtmäßig war und den Interessen der Gesellschaft entsprach.[53] Hierfür ist vorliegend allerdings schon deswegen kein Raum, weil die Handlung des Z gegen ein Strafgesetz (§ 334 Abs. 1 StGB) verstieß und daher rechtswidrig war.

31 Andererseits ist zu beachten, dass die Übernahme der Geldbuße der U-AG auch gewisse Vorteile bescherte. Laut Sachverhalt sollte die Übernahme dazu dienen, eine Reputationsschädigung der U-AG zu vermeiden und zukünftige Geschäftschancen zu wahren. Infolgedessen stellt sich die Frage, ob der Aufsichtsrat in Fällen dieser Art eine Kosten-Nutzen-Abwägung vorzunehmen hat und gewisse Vermögenseinbußen in Kauf nehmen darf, sofern sie im Gegenzug durch hinreichende Vermögens- und/oder Geschäftsvorteile aufgewogen werden. Dies ist im Allgemeinen zu bejahen.

32 Ein Paradebeispiel hierfür liefert die „ARAG/Garmenbeck"-Entscheidung des BGH, welche die Pflicht des Aufsichtsrats betraf, etwaige Organhaftungsansprüche der Aktiengesellschaft gegen den Vorstand (§ 93 Abs. 2 AktG) geltend zu machen. Gemäß §§ 111, 112 AktG ist der Aufsichtsrat grundsätzlich verpflichtet, bestehende Ansprüche gegen den Vorstand im Interesse der Gesellschaft zu verfolgen. Ausnahmsweise darf er hiervon aber auch absehen, soweit dies „aus übergeordneten Gründen des Unternehmenswohls" geboten ist, um negative Auswirkungen auf die Geschäftstätigkeit und das Ansehen der Gesellschaft in der Öffentlichkeit, eine Behinderung der Vorstandsarbeit oder eine Beeinträchtigung des Betriebsklimas abzuwenden.[54] Im Extremfall soll der Aufsichtsrat einen Anspruch der Aktiengesellschaft durch entsprechendes Zuwarten sogar sehenden Auges verjähren lassen dürfen, sofern dies nur per Saldo dem Unternehmensinteresse dient.[55] Der Aufsichtsrat ist demnach stets zu einer Abwägung verpflichtet und darf finanzielle Ein-

[51] Obschon dieser Programmsatz im Gesetz nicht ausdrücklich enthalten ist, entspricht er doch der ganz hM und wird bspw. in Grundsatz 10 DCGK (idF vom 16.12.2019) erwähnt. Näher MüKoAktG/*Habersack* AktG Vor § 95 Rn. 13; *Drygala/Staake/Szalai* § 21 Rn. 25 ff., 147, 186.

[52] Im Überblick dazu *Langenbucher* AktKapMarktR § 5 Rn. 88 ff.; *Bitter/Heim* GesR § 3 Rn. 89.

[53] Näher BeckOGK AktG/*Fleischer* AktG § 93 Rn. 306; MüKoGmbHG/*Fleischer* GmbHG § 43 Rn. 386 mwN.

[54] BGHZ 135, 244, 251 ff. = NJW 1997, 1926.

[55] *Habersack* NZG 2016, 321, 325 ff.

bußen, die mit einer Nichtverfolgung einhergehen, ggf. in Kauf nehmen. Dabei genießt er ein (begrenztes) Entscheidungsermessen.[56]

Vor diesem Hintergrund lässt sich auch vorliegend vertreten, dass die Übernahme der Geldauflage zwar eine Vermögenseinbuße für die U-AG bedeutete, diese jedoch „aus übergeordneten Gründen des Unternehmenswohls" geboten war. Insbesondere drohten auch hier – ganz wie im „ARAG/Garmenbeck"-Fall beschrieben – negative Auswirkungen auf die Geschäftstätigkeit sowie ein Ansehensverlust der Gesellschaft in der Öffentlichkeit, falls das Strafverfahren gegen Z nicht zeitnah eingestellt werden würde. 33
Das Unternehmensinteresse ist also gewahrt.

II. Beschlusskompetenz der Hauptversammlung

Fraglich ist aber, ob der Aufsichtsrat über die Erstattung der Geldauflage auch beschließen durfte, ohne zuvor die Zustimmung der Hauptversammlung einzuholen. Gemäß § 112 AktG ist zwar der Aufsichtsrat im Allgemeinen durchaus für die Vertretung der Gesellschaft gegenüber Vorstandsmitgliedern zuständig, und mit dieser Vertretungsmacht nach außen korrespondiert auch im Grundsatz eine Beschlussfassungskompetenz nach innen (§ 108 Abs. 1 AktG).[57] Eine vorrangige Beschlusskompetenz der Hauptversammlung könnte sich jedoch ausnahmsweise in entsprechender Anwendung des § 93 Abs. 4 S. 3 AktG ergeben. Ob und, falls ja, unter welchen Voraussetzungen ein solcher Analogieschluss in Betracht kommt, ist jedoch umstritten. 34

1. Die herrschende Meinung

Gemäß § 93 Abs. 4 S. 3 AktG ist ein Verzicht oder Vergleich über den Schadensersatzanspruch einer Aktiengesellschaft gegen ein Mitglied ihres Vorstands immer nur mit Zustimmung der Hauptversammlung möglich, wobei diese frühestens drei Jahre nach Entstehung des Anspruchs und nicht gegen den Widerspruch einer Minderheit von 10% des Grundkapitals erteilt werden darf. In entsprechender Anwendung der Norm soll ein Zustimmungsbeschluss nach Dafürhalten des BGH aber auch für die Übernahme einer Geldstrafe, Geldbuße oder Geldauflage durch die Gesellschaft erforderlich sein, wenn das betroffene Mitglied des Vorstands durch die Handlung, die Gegenstand des Ermittlungs- oder Strafverfahrens ist, zugleich seine Pflichten im Verhältnis zur Gesellschaft verletzt hat.[58] 35

Zur Begründung hat das Gericht im Wesentlichen ausgeführt, dass das Vorstandsmitglied für Vermögensschäden der Aktiengesellschaft, die auf einer von ihm begangenen Pflichtverletzung beruhen, an sich gemäß § 93 Abs. 2 AktG einstandspflichtig wäre. Komme ein solcher Schaden jedoch überhaupt erst zustande, indem der Aufsichtsrat als Vertreter der Aktiengesellschaft die Übernahme einer wegen der Pflichtverletzung verhängten Strafsanktion erkläre, so führe dies zu einer – dem 36

[56] BGHZ 135, 244, 256 [unter II. 2. c] = NJW 1997, 1926. Zum Ganzen *Langenbucher* AktKapMarktR § 5 Rn. 70b; *Drygala/Staake/Szalai* § 21 Rn. 97; *Raiser/Veil* KapGesR § 14 Rn. 98ff. und § 15 Rn. 102ff.; *Hüffer/Koch* AktG § 111 Rn. 7ff. mwN.

[57] BGH NZG 2013, 792 Rn. 22; 2013, 297 Rn. 11; *Raiser/Veil* KapGesR § 15 Rn. 13.

[58] BGHZ 202, 26 Rn. 11ff. = NZG 2014, 1058; ebenso MüKoAktG/*Spindler* AktG § 84 Rn. 100; HMR AktG/*Kort* AktG § 84 Rn. 405.

Vorstandsmitglied durchaus zurechenbaren[59] – Vermögensschädigung der Gesellschaft, für die der Vorstand aber trotz § 93 Abs. 2 AktG gerade *nicht* hafte. Der zugrunde liegende Beschluss führe also ebenso wie ein Verzicht oder Vergleich zu einer dauerhaften (Selbst-)Schädigung der Gesellschaft, sodass es hierfür ebenso wie im unmittelbaren Anwendungsbereich des § 93 Abs. 4 S. 3 AktG einer Zustimmung der Hauptversammlung bedürfe.[60] Aus welchen Gründen sich der Aufsichtsrat für eine Übernahme entscheide, sei insoweit ohne Belang.

37 Vorliegend hat Z die ihm zur Last gelegte Tat laut Sachverhalt tatsächlich begangen. Auf diese Weise hat er sich nicht nur gemäß § 334 Abs. 1 StGB (Bestechung) strafbar gemacht, sondern zugleich eine Pflichtverletzung gemäß § 93 Abs. 2 AktG verwirklicht, indem er im Verhältnis zur AG gegen die Legalitätspflicht (→ Rn. 17 ff.) verstieß.[61] Folgt man dem BGH, hätte der Aufsichtsrat die Übernahme der Geldauflage also in entsprechender Anwendung des § 93 Abs. 4 S. 3 AktG keineswegs ohne Zustimmung der Hauptversammlung beschließen dürfen. Der Beschluss wäre damit rechtswidrig.

Hinweis: Bei der Beurteilung der Frage, ob eine Pflichtverletzung des Vorstandsmitglieds vorliegt, ist laut BGH die objektive Rechtslage entscheidend. Dem Aufsichtsrat steht insoweit keinerlei Ermessen, sondern allenfalls ein „begrenzter Beurteilungsspielraum" zu.[62]

2. Die Gegenansicht

38 Nach der im Schrifttum vertretenen Gegenansicht ist eine solche Analogie abzulehnen. Dahinter steht im Wesentlichen die Überlegung, dass die Übernahme einer Geldauflage weniger einem Verzicht iSv § 93 Abs. 4 S. 3 AktG entspreche, sondern eher wie ein Verjährenlassen von Organhaftungsansprüchen iSd „ARAG/Garmenbeck"-Rechtsprechung (→ Rn. 32) zu behandeln sei. Da die Gesellschaft in beiden Fällen gleichermaßen durch das Verhalten ihres Aufsichtsrats „geschädigt" werde, bedeute es einen Wertungswiderspruch, wenn der BGH im einen Fall (Verjährenlassen von Forderungen) lediglich die oben genannten (→ Rn. 32) Anforderungen an die Wahrung des Unternehmensinteresses stelle, im anderen (Übernahme einer Geldauflage) aber sogar noch weitergehend eine Zustimmung der Hauptversammlung verlange.[63]

39 Nach dieser Ansicht wäre eine Mitwirkung der Hauptversammlung vorliegend entbehrlich, der Aufsichtsratsbeschluss also rechtmäßig.

3. Stellungnahme

40 Gegen die hM scheint im Ausgangspunkt zu sprechen, dass sie es einer AG weitgehend unmöglich macht, auf eine schnelle und diskrete Beendigung von Ermittlungsverfahren hinzuwirken, obschon hieran in der Praxis ein berechtigtes Interesse beste-

59 BGHZ 202, 26 Rn. 18 = NZG 2014, 1058.

60 BGHZ 202, 26 Rn. 19 = NZG 2014, 1058.

61 Vgl. LG München I NZG 2014, 345 ff. – Siemens/Neubürger; Spindler/Stilz/*Fleischer* AktG § 93 Rn. 36; BeckOGK AktG/*Fleischer* AktG § 93 Rn. 50: „verbotene Schmiergeldzahlungen"; *Hüffer/Koch* AktG § 93 Rn. 6b; MHdB GesR IV/*Wiesner* § 19 Rn. 28.

62 BGHZ 202, 26 Rn. 17, 21 = NZG 2014, 1058; MüKoAktG/*Spindler* AktG § 84 Rn. 100.

63 Vgl. zB *Selter* ZIP 2015, 714, 719; *Hoffmann-Becking* ZGR 2015, 618, 624 ff.; MHdB GesR IV/*Hoffmann-Becking* § 26 Rn. 41.

hen kann. Dabei ist insbesondere an Kartellverfahren zu denken, in denen sich die Gesellschaft durch die Übernahme einer dem Vorstand drohenden Geldbuße dessen uneingeschränkte Kooperation mit den Kartellbehörden sichert, um in den Genuss der sog. Kronzeugenregelung[64] zu kommen.[65] Dieser Weg könnte in vielen Fällen versperrt sein, wenn § 93 Abs. 4 S. 3 AktG greift. Allerdings ist das Problem bei Nähe besehen womöglich doch nicht ganz so gravierend, wie auf den ersten Blick befürchtet: Abmildern lässt es sich nach Teilen des Schrifttums etwa dadurch, dass der Aufsichtsrat zunächst nur eine vorläufige Regelung trifft, für die § 93 Abs. 4 S. 3 AktG nicht gilt, indem er dem Vorstand zB einen Kostenvorschuss oder ein Darlehen unter dem Vorbehalt der Rückforderung gewährt und die Entscheidung über die endgültige Übernahme bis zur Zustimmung der Hauptversammlung vertagt.[66]

Deutlich schwerer wiegt der Konflikt mit der „ARAG/Garmenbeck"-Entscheidung, den selbst Sympathisanten der hM konzedieren.[67] Rechtfertigen lässt sich das BGH-Konzept aber auch in diesem Punkt insoweit, als die Übernahme einer Geldbuße ebenso wie die Vereinbarung eines Haftungsvergleichs stets eine *aktive,* rechtsgeschäftliche Erklärung durch den Aufsichtsrat voraussetzt, während sich der Vorwurf in den „ARAG/Garmenbeck"-Konstellationen darin erschöpft, der Aufsichtsrat habe sich dem Vorstand gegenüber zu *passiv* verhalten, als er von einer Anspruchsverfolgung absah.[68] Dass aktives Tun und passives Unterlassen unterschiedlichen Vorgaben unterliegen, ist der Rechtsordnung an zahllosen Stellen immanent und so gesehen keineswegs ein Missgriff. **41**

Trotz gewisser Bedenken verdient daher die hM im Ergebnis den Vorzug. Ohne die Zustimmung der Hauptversammlung hätte der Aufsichtsrat die Übernahme der Geldauflage nicht beschließen dürfen. **42**

Der Beschluss ist daher rechtswidrig. **43**

Hinweis: Mit entsprechender Begründung ist auch an dieser Stelle ein anderes Ergebnis sehr gut vertretbar.

C. Gesamtergebnis

Die von A gerügten Beschlüsse sind in der Tat allesamt rechtswidrig. **44**

Frage 2: Rechtsschutzmöglichkeiten des A

A. Statthafte Rechtsbehelfe

Fraglich ist zu nächst, welche Rechtsbehelfe ein Aktionär ganz generell ergreifen kann, um sich gegen rechtswidrige – und damit gemäß §§ 134, 138 BGB nichtige[69] – Vorstands- oder Aufsichtsratsbeschlüsse zur Wehr zu setzen. **45**

Hinweis: Zum Folgenden auch → Fall 6 Rn. 1 ff.

---

64 Grundlegend dazu *Dreher/Kulka* WettbR § 15 Rn. 1751, 1784 mwN.

65 Eingehend *Hoffmann-Becking* ZGR 2015, 618, 624; MHdB GesR IV/*Hoffmann-Becking* § 26 Rn. 41.

66 So etwa *Weber/Schäfer* NZG 2020, 407, 410, wenn auch unter Einräumung gewisser rechtspraktischer Bedenken; vgl. auch *Krebs* BB 2014, 2509, 2512; *Mense/Klie* GWR 2014, 389.

67 Vgl. *Hüffer/Koch* AktG § 84 Rn. 23.

68 So denn auch ausdrücklich BGHZ 202, 26 Rn. 19 = NZG 2014, 1058; dagegen aber wieder *Hoffmann-Becking* ZGR 2015, 618, 626 f.

69 Vgl. MüKoAktG/*Hüffer/Schäfer* AktG § 243 Rn. 10; *Hüffer/Koch* AktG § 108 Rn. 26 f.

I. Unterlassungsklage („Abwehrklage“)

46 Soweit der Vorstand oder Aufsichtsrat einen Aktionär in kompetenzüberschreitender Weise in dessen Mitgliedschaft beeinträchtigt, kann der Aktionär gegen diese – eventuell erst noch geplante – Störung nach hM zunächst mit einer Leistungsklage vorgehen (sog. Abwehrklage).[70] Der Aktionär hat einen Unterlassungsanspruch, den er mit einer (vorbeugenden) Unterlassungsklage durchsetzen kann, sofern die Maßnahme noch nicht vollzogen ist.[71] Andernfalls kommt unter bestimmten Voraussetzungen ein Anspruch auf Rückabwicklung in Betracht.[72] Die dogmatische Grundlage liegt in der Mitgliedschaft des Aktionärs, die nach hM als „sonstiges Recht“ iSd §§ 823 Abs. 1, 1004 BGB (analog) einzuordnen ist,[73] während andere von einem subjektiven Recht „aus dem mitgliedschaftlichen Sonderrechtsverhältnis“ sprechen.[74]

47 Wichtig ist allerdings, dass der Aktionär nach ganz hM keineswegs ein allgemeines Recht auf Abwehr *jedweden* Verstoßes gegen das Gesetz oder die Satzung hat. Vielmehr muss es sich gerade um einen kompetenzwidrigen Übergriff der Verwaltung in die Aktionärsrechte handeln, wobei es im Wesentlichen um eine Verletzung von Kompetenzen der Hauptversammlung geht.[75] Die Klage ist ggf. unmittelbar gegen die Gesellschaft zu richten, nicht etwa gegen das jeweils verantwortliche Organ; dahinter steht die Überlegung, dass das Handeln des jeweiligen Organs der Gesellschaft zugerechnet wird.[76]

II. Allgemeine Feststellungsklage

48 Daneben kann der Aktionär die Rechtswidrigkeit von Vorstands- oder Aufsichtsratsbeschlüssen mit einer allgemeinen Feststellungsklage (§ 256 ZPO) klären. Dies setzt jedoch ebenfalls voraus, dass er in kompetenzüberschreitender, seine Mitwirkungsrechte unterlaufender Weise in seiner Mitgliedschaft beeinträchtigt wurde.[77] Dabei fehlt das gemäß § 256 Abs. 1 ZPO erforderliche Feststellungsinteresse nach hM nicht bereits deshalb, weil zugleich auch die Möglichkeit einer Leistungsklage besteht.[78] Zudem kann eine Feststellungsklage auch dann noch zulässig sein, wenn die fragliche Maßnahme bereits vollzogen ist und eine Rückabwicklung ausscheidet.[79] Allerdings muss die Feststellungsklage binnen angemessener Frist erhoben werden: Während manche insoweit § 246 Abs. 1 AktG analog heranziehen, will die hM die dort geregelte Monatsfrist lediglich als „Leitbild“ akzeptieren.[80]

---

[70] Ausführlich zum Ganzen *Langenbucher* AktKapMarktR § 7 Rn. 36ff.

[71] Grundlegend BGHZ 83, 122, 134 = NJW 1982, 1703 – Holzmüller.

[72] MHdB GesR IV/*Bungert* § 35 Rn. 63.

[73] So schon BGHZ 110, 323, 326ff. = NJW 1990, 2877 – Schärenkreuzer; ferner Spindler/Stilz/*Casper* AktG Vor § 241 Rn. 15 mwN.

[74] Näher HMR AktG/*Mülbert* AktG § 119 Rn. 125.

[75] Statt vieler Spindler/Stilz/*Casper* AktG Vor § 241 Rn. 15; *Langenbucher* AktKapMarktR § 7 Rn. 36ff.; aA Heidel AktR/*Heidel* AktG § 246 Rn. 61ff.

[76] Siehe nur HMR AktG/*Mülbert* AktG § 119 Rn. 125 mwN.

[77] BGHZ 164, 249, 252ff. = NJW 2006, 374 – Mangusta/Commerzbank II.

[78] BGHZ 164, 249, 259 = NJW 2006, 374 – Mangusta/Commerzbank II; aA Hölters/*Hölters* AktG § 93 Rn. 385.

[79] Siehe nur *Hüffer/Koch* AktG § 203 Rn. 39: „Art Fortsetzungsfeststellungsklage“.

[80] Näher BGH NZG 2019, 937 Rn. 17; 2018, 1019 Rn. 27ff.; *Hüffer/Koch* AktG § 203 Rn. 39; aA Heidel AktR/*Heidel* AktG § 246 Rn. 63, der sich gegen jede Klagefrist ausspricht und allenfalls einen „allgemeinen Missbrauchsvorbehalt“ akzeptiert.

III. Vorläufiger Rechtsschutz

Im Übrigen kommt ein Antrag auf Erlass einer einstweiligen Verfügung gemäß §§ 935 ff. ZPO in Betracht. Das Ziel ist die vorläufige Untersagung des Vollzugs der geplanten Maßnahme bzw. Beschlüsse durch das angerufene Gericht, bis in der Hauptsache (Abwehrklage) entschieden wurde.[81] Den dazu erforderlichen Verfügungsanspruch bildet der Anspruch des Aktionärs auf Unterlassung;[82] allerdings muss die einstweilige Verfügung zur Abwendung wesentlicher Nachteile für den Aktionär bzw. zur Verwirklichung seines Rechts – dh des Unterlassungsanspruchs – auch geboten sein (Verfügungsgrund).[83] Es ist mithin eine besondere Dringlichkeit zu fordern, indem etwa die Gefahr besteht, dass durch Vollzug vollendete Tatsachen geschaffen werden.[84] 49

Hinweis: Bei einem Vorgehen gemäß §§ 935 ff. ZPO trägt der Aktionär allerdings das Haftungsrisiko nach § 945 ZPO,[85] was eine abschreckende Wirkung haben kann.

B. Anwendung auf den Fall

Mit dieser Maßgabe könnte A vorliegend sowohl gegen den Vorstandsbeschluss über den Erwerb der F-GmbH (Frage 1, → Rn. 2 ff.) als auch gegen den Aufsichtsratsbeschluss über die Erstattung der Geldauflage (Frage 1, → Rn. 28 ff.) wahlweise mit einer Abwehr- oder mit einer Feststellungsklage vorgehen, da in beiden Fällen spezifische Kompetenzen der Hauptversammlung übergangen wurden. Eine etwaige Klagefrist wäre zum Stichtag der Begutachtung (3.9.2020) jedenfalls noch nicht verstrichen. Ob daneben auch eine einstweilige Verfügung in Betracht kommt, hängt unter anderem davon ab, ob der Vollzug der Beschlüsse bereits unmittelbar bevorsteht – hierfür enthält der Sachverhalt keine näheren Anhaltspunkte. 50

Gegen den Vorstandsbeschluss über die Weisungserteilung an die Fahrer und Kuriere (Frage 1, → Rn. 16 ff.) könnte A demgegenüber nach hM nicht gerichtlich vorgehen, da es insoweit an einer spezifischen Missachtung von Aktionärs- bzw. Hauptversammlungskompetenzen fehlt. Den Vorstand von der Weisungserteilung abzubringen, wäre vielmehr Aufgabe des Aufsichtsrats. 51

Hinweis: Über die genannten Rechtsbehelfe hinaus kann der Aktionär unter den engen Voraussetzungen des § 148 AktG zu einer sog. Aktionärsklage zugelassen werden, um zumindest die Geltendmachung von Schadensersatzansprüchen der Gesellschaft (§§ 93, 116 AktG) sicherzustellen.[86] Zudem kann er auf der nächsten ordentlichen Hauptversammlung gegen die Entlastung der Verwaltung stimmen (§ 120 Abs. 1 S. 1 AktG), was gerade bei börsennotierten Aktiengesellschaften einen empfindlichen – wenn auch weitgehend symbolischen – Sanktionscharakter hat.[87] Entlastet die Hauptversammlung die Organmitglieder gleichwohl, kommt im Übrigen eine Anfechtung des Entlastungsbeschlusses wegen Verletzung der mitgliedschaftlichen Treuepflicht in Betracht; eine Aktionärsmehrheit, die der

81 Aus der Praxis LG Duisburg NZG 2002, 643; OLG Hamm NZG 2008, 155; ausführlich *Markwardt* WM 2004, 211 ff.

82 Vgl. *Markwardt* WM 2004, 211, 212 f.

83 Näher zu den allgemeinen Voraussetzungen einer einstweiligen Verfügung etwa *Huber* JuS 2018, 226 ff.; *Mertins* JuS 2009, 911 ff.

84 *Markwardt* WM 2004, 211, 216 ff.

85 Siehe nur *Hüffer/Koch* AktG § 186 Rn. 17 und § 203 Rn. 39.

86 Ausführlich dazu *Langenbucher* AktKapMarktR § 7 Rn. 84 ff.

87 Näher HMR AktG/*Mülbert* AktG § 120 Rn. 23; *Raiser/Veil* KapGesR § 16 Rn. 4.

Verwaltung trotz eindeutiger und schwerwiegender Verstöße gegen das Gesetz oder die Satzung Entlastung erteilt, begeht nämlich nach hM im Verhältnis zur überstimmten Minderheit einen Treuepflichtverstoß.[88] Zu solchen Verstößen insbesondere auch → Fall 6 Rn. 37 ff. und Fall 8 Rn. 35 ff.

[88] Grundlegend BGHZ 153, 47, 50 f. = NZG 2003, 280 – Macrotron; dazu *Langenbucher* AktKapMarktR § 6 Rn. 9; HMR AktG/*Mülbert* AktG § 120 Rn. 89 ff. mwN.

Fall 12. Schließlich ist es Ihr Geld

Bearbeitungszeit: 3 Stunden

Sachverhalt

Die B-AG hält seit 2009 unmittelbar 29,9 % der Stückaktien der Z-AG mit Sitz in Frankfurt a. M., deren Aktien zum regulierten Markt der Frankfurter Wertpapierbörse zugelassen sind. Am 25.3.2020 erwarb die B-AG über die Börse weitere 0,5 % der Stückaktien der Z-AG zum Preis von 24,50 EUR je Aktie und machte dies noch am selben Tag öffentlich bekannt. Am 4.5.2020 legte sie nach Gestattung der Veröffentlichung der Angebotsunterlage durch die BaFin ein in der Angebotsunterlage enthaltenes Pflichtangebot an alle Aktionäre der Z-AG zum Preis von 25 EUR je Aktie vor. Dieser Betrag entspricht dem gewichteten durchschnittlichen Börsenkurs der Z-Aktie in den letzten drei Monaten vor dem 25.3.2020.

Bereits am 12.9.2016 hatte die B-AG eine Vereinbarung mit der M-AG, der Muttergesellschaft der Z-AG, abgeschlossen. In dieser Vereinbarung gewährte die M-AG der B-AG eine Option, den Abschluss eines Kaufvertrages zu verlangen, aus dem die M-AG zur Übertragung eines Aktienpakets von 12,1 % des Grundkapitals und der Stimmrechte der Z-AG zum Preis von 30 EUR je Stückaktie verpflichtet ist.

Des Weiteren hatte die T-GmbH, deren Alleingesellschafterin die B-AG ist, am 17.2.2017 über die Börse 0,1 % der Stückaktien der Z-AG zum Preis von 27 EUR erworben. Die Vorstandsmitglieder der B-AG hatten hiervon keine Kenntnis, hätten aber ab dem 1.3.2017 Kenntnis haben können, wenn sie den monatlichen Bericht der Geschäftsführer der T-GmbH, der bereits kurz nach dem Erwerbsvorgang bei der B-AG eingegangen ist, sorgfältig gelesen hätten.

Aktionär A, der 1.000 Z-Stückaktien hielt, nahm das Pflichtangebot vom 4.5.2020 an. Er hält den Preis aber für zu niedrig und verlangt deshalb im Juni 2020 von der B-AG über die bereits gewährte Gegenleistung von 25.000 EUR hinaus noch einen weiteren Betrag von 5 EUR je Aktie nebst den „gesetzlich geschuldeten Zinsen". Diesen Anspruch begründet er damit, dass bereits die Vereinbarung der B-AG mit der M-AG die Angebotspflicht der B-AG ausgelöst habe, und zwar zu einem Angebotspreis von 30 EUR je Aktie. Hilfsweise meint A, dass die B-AG spätestens nach dem Aktienerwerb der T-GmbH am 17.2.2017 zur Abgabe eines Pflichtangebots zum Preis von 27 EUR je Aktie verpflichtet gewesen sei; daher stehe ihm mindestens eine Nachzahlung von 2 EUR je Aktie nebst Zinsen zu.

Hat A gegenüber der B-AG einen Anspruch auf Nachzahlung nebst Zinsen?

Abwandlung: Im Gegensatz zum Aktionär A hat der Aktionär W, der 50 Z-Stückaktien hält, das Pflichtangebot innerhalb der Annahmefrist nicht angenommen, da er den Angebotspreis „lächerlich" fand und unter diesen Umständen lieber in der Z-AG bleiben wollte. Als er von der Rechtsauffassung des A hört, fragt er sich, ob auch er (W) der B-AG seine Z-Aktien zum Preis von 30 EUR oder 27 EUR andienen könne.

Stehen W Ansprüche gegen die B-AG zu?

Bearbeitervermerk: Die Fragen sind in einem Rechtsgutachten, das auf alle aufgeworfenen Rechtsfragen eingeht, zu beantworten. Für die Bearbeitung ist zu unterstellen, dass der durchschnittliche gewichtete Börsenkurs der Z-Aktie in den letzten drei Monaten vor dem 12.9.2016, dem 17.2.2017 und dem 1.3.2017 jeweils nicht über 25 EUR lag.

Gliederung

Lösungsskizze

Ausgangsfall

A. Anspruch des A gegen die B-AG auf Zahlung des Differenzbetrages

I. Grundsätzliches Bestehen eines Anspruchs
nach hM (+)

II. A als Anspruchsberechtigter
(+), da A Angebot angenommen hat

III. Verstoß gegen Mindestpreisanforderungen
Da Gegenleistung den Mindestpreisanforderungen der §§ 35, 31 WpÜG iVm §§ 3ff. WpÜG-AngebVO vom Wortlaut her genügt, kommt Verstoß nur wegen Nichtberücksichtigung von Vorerwerben der B-AG oder der T-GmbH in Betracht.

1. Maßgeblicher Zeitpunkt für die Berechnung des Mindestpreises bei Vorerwerben
Nach hM verlängert sich Referenzzeitraum des § 4 WpÜG-AngebVO, wenn Bieter vor Veröffentlichung seines Übernahmeangebots Kontrolle iSd § 29 Abs. 2 WpÜG erwirbt und es unterlässt, ein Pflichtangebot innerhalb der Frist des § 35 Abs. 2 S. 1 WpÜG zu veröffentlichen.
Daher ist zu prüfen, ob die B-AG bereits vor dem 4.5.2020 ein Pflichtangebot hätte veröffentlichen müssen.
2. Verlängerung des Sechsmonatszeitraums des § 4 WpÜG-AngebVO
Der Umfang der Verlängerung hängt davon ab, wann die B-AG die Kontrollschwelle erreicht bzw. überschritten hat.
   a) Erreichen bzw. Überschreiten der Kontrollschwelle
      aa) Am 12.9.2016 aufgrund Vereinbarung zwischen B-AG und M-AG?
      (–), keine Zurechnung der Stimmrechte der M-AG, da M-AG weder die Aktien für Rechnung der B-AG gehalten hat (§ 30 Abs. 1 S. 1 Nr. 2 WpÜG), noch die B-AG die Aktien durch eine Willenserklärung erwerben konnte (§ 30 Abs. 1 S. 1 Nr. 5 WpÜG)
      bb) Am 17.2.2017 wegen Aktienerwerbs der T-GmbH?
      (+), da T-GmbH Tochterunternehmen der B-AG war (§ 30 Abs. 1 S. 1 Nr. 1, S. 3 WpÜG) und Erwerb daher B-AG zuzurechnen ist

cc) Zwischenergebnis
Wegen Zurechnung der Stimmrechte der T-GmbH Erreichen der Kontrollschwelle durch B-AG bereits am 17.2.2017

b) Spätestmöglicher Zeitpunkt für rechtmäßige Veröffentlichung eines Pflichtangebots
Der Beginn des Sechsmonatszeitraums richtet sich danach, wann die B-AG (ausgehend vom Erreichen der Kontrollschwelle am 17.2.2017) spätestens ein Pflichtangebot hätte veröffentlichen müssen

aa) Zeitpunkt der Anzeigepflicht des Kontrollerwerbs
(+), spätestens am 4.3.2017, da der Vorstand ab 1.3.2017 hätte Kenntnis haben müssen und die angemessene Prüffrist zwei Tage beträgt

bb) Zeitpunkt der Veröffentlichungspflicht des Pflichtangebots
Mitte April 2017: Vier Wochen (Frist zur Übermittlung der Angebotsunterlage gemäß § 14 Abs. 1 S. 1 WpÜG) + 10 Werktage (Prüfzeitraum gemäß § 14 Abs. 2 S. 1 WpÜG)

c) Zwischenergebnis
Sechsmonatszeitraum verlängert sich und umfasst als für die Einbeziehung von Vorerwerben relevanten Referenzzeitraum auch die sechs Monate vor Mitte April 2017

3. Zu berücksichtigende Vorerwerbe

a) Vereinbarung zwischen B-AG und M-AG vom 12.9.2016
(–), da vor Mitte Oktober 2016

b) Börslicher Erwerb der T-GmbH am 17.2.2017
(+), da innerhalb des maßgeblichen Zeitraums

4. Zwischenergebnis
Verstoß gegen Mindestpreisanforderungen (+)

IV. Ergebnis
Anspruch des A auf Nachzahlung von 2 EUR je Aktie, also insgesamt 2.000 EUR gegen B-AG.

B. Anspruch des A gegen die B-AG auf Zinsen gemäß § 38 Nr. 1 WpÜG

(+), ab dem 4.3.2017 gemäß § 38 Nr. 1 WpÜG, da auf Zeitpunkt der Mitteilungspflicht gemäß § 35 Abs. 1 WpÜG abzustellen.

Abwandlung: Ansprüche des W gegen die B-AG

A. Anspruch aus § 433 Abs. 2 BGB iVm § 31 Abs. 1 und 7 WpÜG, §§ 3ff. WpÜG-AngebVO

(–), da W das Angebot nicht angenommen hat, fehlt es an einem Kaufvertrag als wesentlicher Voraussetzung für den Gegenleistungsanspruch

B. Anspruch aus § 38 WpÜG auf Zinszahlung

(–), da Zinsanspruch gemäß § 38 WpÜG ein akzessorischer Nebenanspruch zum Hauptanspruch auf die Gegenleistung ist

C. Anspruch auf Andienung der Aktien analog § 39c WpÜG

(–), da Analogievoraussetzungen (planwidrige Regelungslücke) nicht gegeben

D. Anspruch aus cic

(–), da Tatbestandsvoraussetzungen fragwürdig und Systematik des WpÜG gegen Anspruch der in der Gesellschaft verbliebenen Aktionäre spricht

E. Gesamtergebnis zur Abwandlung

Anspruch des W besteht nicht

Lösung

Hinweise: (1.) Der Fall behandelt anspruchsvolle und zum Teil in der Praxis noch ungeklärte Fragen des Wertpapierübernahmerechts. Im Mittelpunkt steht die Diskussion um einen zivilrechtlichen Anspruch auf die angemessene Gegenleistung bei anfänglich zu niedrigen Angeboten.
(2.) Das Wertpapiererwerbs- und Übernahmegesetz (WpÜG) aus dem Jahr 2002 dient dazu, Leitlinien für ein faires und geordnetes Angebotsverfahren zu schaffen, ohne Unternehmensübernahmen zu fördern oder zu verhindern. Dadurch sollen die möglichen Vor- und Nachteile von Unternehmensübernahmen angemessen austariert werden. Ein weiteres Anliegen des Gesetzes besteht darin, die Informationsgrundlage und allgemein die Transparenz von Unternehmensübernahmen für die betroffenen Wertpapierinhaber, aber auch die Arbeitnehmer des Zielunternehmens, zu verbessern. Darüber hinaus soll die rechtliche Stellung von Minderheitsaktionären bei Unternehmensübernahmen gestärkt werden (etwa durch Mindestpreisregeln), wobei das gesamte Gesetz auch an international üblichen Standards orientiert war.[1] Schließlich war man bestrebt, einen rechtssicheren Rahmen für öffentliche Markttransaktionen zu schaffen.[2] Einige wichtige Eckpunkte des Übernahmerechts sind seit 2004 unionsrechtlich harmonisiert (ÜbernahmeRL).[3]
(3.) Regulierungstheoretischer Hintergrund übernahmerechtlicher Regelungen ist einerseits die Theorie vom Markt für Unternehmenskontrolle (Market for Corporate Control).[4] Danach droht suboptimal geführten Unternehmen die Übernahme. Denn eine Unternehmensübernahme wird idR nur gelingen, wenn der Bieter ein über dem aktuellen Marktpreis (Börsenwert) liegendes Angebot macht. Dazu wird er allerdings nur bereit sein, wenn er der Auffassung ist, dass das Unternehmen unter neuer Leitung seinen Marktwert erhöhen kann. Diese – aus Sicht des Managements eines Zielunternehmens – Gefahren einer Übernahme und der drohende Verlust der Leitungstätigkeit des aktuellen Managements soll durch dieses antizipiert werden, wovon ein disziplinierender Effekt ausgehen kann (Bestandteil der externen Corporate Governance). Endziel ist insoweit eine bessere Ressourcenallokation. Zudem sollen die bisherigen Aktionäre von der Übernahme finanziell profitieren, da der Bieter häufig einen Aufpreis auf den Börsenkurs zu zahlen bereit ist (sog. Kontrollprämie). Empirisch ist allerdings nicht gesichert, dass gerade schlecht geführte Unternehmen übernommen werden. Eine Vielzahl weiterer Gründe können aus Sicht des Erwerbers für eine Übernahme sprechen (Synergien, Empire Building, Ausschaltung eines Wettbewerbers etc). Es kann auch wirtschaftlich zweifelhafte oder gar wertvernichtende Effekte (etwa bei Zerschlagung und Veräußerung der übernommenen Gesellschaft oder bei stark kreditfinanzierten Übernahmen mit anschließendem Debt Pushdown) geben. Nicht in jedem Fall sind Unternehmensübernahmen daher aus der Perspektive der Allokationseffizienz wünschenswert. Hinzu kommt die

1 Zum Ganzen siehe BT-Drs. 14/7034, 28.
2 BT-Drs. 14/7034, 55.
3 *Grunewald/Schlitt* KapMarktR § 17 II., S. 320 f.
4 Hierzu und zum Folgenden *Langenbucher* AktKapMarktR § 18 Rn. 1; *Poelzig* KapMarktR Rn. 641 f.

Gefahr einer Übervorteilung der Minderheitsaktionäre, die sich nach einer Kontrollübernahme in einer kontrollierten Gesellschaft wiederfinden.
(4.) Systematisch unterscheidet das WpÜG zwischen vier Angebotsarten (Pflichtangeboten, Übernahmeangeboten, freiwilligen Erwerbsangeboten und Delisting-Erwerbsangeboten), wobei Abschnitt 3 des WpÜG (§§ 10ff.) für alle Angebote gilt und die Abschnitte 4–5a (§§ 29ff.) besondere Vorschriften für Übernahme und Pflichtangebote enthalten. Für Pflichtangebote sind – neben den allgemeinen Bestimmungen der §§ 10ff. WpÜG – auch überwiegend die für Übernahmeangebote geltenden §§ 29ff. anwendbar (§ 39 WpÜG). Für Delisting-Erwerbsangebote ist zudem § 39 BörsG zu beachten.

Ausgangsfall

A. Anspruch des A gegen die B-AG auf Zahlung des Differenzbetrages aus § 31 Abs. 1 und Abs. 7 WpÜG, § 4 WpÜG-AngebVO

1 A könnte gegen die B-AG einen Anspruch auf Zahlung der Differenz zwischen der geleisteten Gegenleistung (25 EUR je Aktie) und der angemessenen Gegenleistung aus § 31 Abs. 1 und Abs. 7 WpÜG, § 4 WpÜG-AngebVO (iVm § 433 Abs. 2 BGB) haben.

Hinweis: Soweit ein derartiger Anspruch zugestanden wird (dazu → Rn. 2ff.), ist die maßgebliche Anspruchsgrundlage umstritten. Der BGH hat die Anspruchsgrundlage in der diesem Fall zugrundeliegenden sog. „Postbank"-Entscheidung offengelassen.[5] Im Schrifttum werden verschiedene Ansätze diskutiert,[6] wobei wohl überwiegend davon ausgegangen wird, dass § 31 Abs. 1 und 7 WpÜG, §§ 3ff. WpÜG-AngebVO auf die vertraglich angebotene Gegenleistung einwirken und damit den vertraglichen Anspruch aus den zwischen dem Bieter und den annehmenden Aktionären geschlossenen Aktienkauf- bzw. Tauschverträgen bei Unangemessenheit nachträglich (!) modifizieren.[7] In der sog. „Celesio"-Entscheidung stützte der BGH den Anspruch auf Erhalt der angemessene Gegenleistung – im Zusammenhang mit Parallelerwerben – ausschließlich auf § 31 Abs. 1 und 7 WpÜG iVm §§ 3ff. WpÜG-AngebVO,[8] ohne das Problem der maßgeblichen Anspruchsgrundlage näher aufzuwerfen. Da A das Angebot der B-AG angenommen hat und damit ein Kaufvertrag zwischen ihm und der B-AG zustande kam, kann eine Entscheidung zur maßgeblichen Anspruchsgrundlage jedenfalls offenbleiben, da entweder auf den durch § 31 Abs. 1 WpÜG modifizierten Kaufvertragsanspruch oder allein auf § 31 Abs. 1 und Abs. 7 WpÜG iVm §§ 3ff. WpÜG-AngebVO abgestellt werden kann, ohne dass dies in der Sache einen Unterschied machen würde.[9]

I. Grundsätzliches Bestehen eines Anspruchs

2 Fraglich ist bereits im Ausgangspunkt, ob dem A bei einem anfänglich unangemessenen niedrigen Angebotspreis überhaupt ein Anspruch gegen den Bieter zustehen kann.

3 Das WpÜG selbst sieht nämlich einen Anspruch der Aktionäre auf Nachzahlung der Differenz zum gesetzlichen Mindestpreis (§§ 39, 31 Abs. 1 und 7 WpÜG iVm §§ 3ff. WpÜG-AngebVO) nur für Parallel- und Nacherwerbe vor (§ 31 Abs. 4 und 5 WpÜG). Ob ein Anspruch auf Zahlung der Differenz zwischen dem angemessenen und dem in dem Kaufvertrag auf Grund des Pflichtangebots vereinbarten Preis in Betracht kommt, ist umstritten.

5 BGH NZG 2018, 106 Rn. 21 – Postbank.
6 *Verse* Der Konzern 2015, 1.
7 *Verse* Der Konzern 2015, 1, 2f.; schon *Mülbert/Schneider* WM 2003, 2301, 2302.
8 BGH NZG 2018, 106 Rn. 11 – Celesio.
9 So auch *Poelzig* KapMarktR Rn. 701.

1. Kein Anspruch auf Differenzzahlung bei anfänglich unangemessenem Angebot

Teilweise wird angenommen, ein Aktionär habe bei einer anfänglich unangemessenen Gegenleistung immer nur einen Anspruch auf die tatsächlich angebotene Gegenleistung.[10] Dafür wird systematisch auf § 31 Abs. 4 und 5 WpÜG verwiesen, die Ansprüche auf einen Nachschlag für Sonderfälle ausdrücklich begründen, woraus zu schließen sei, dass für den Grundfall des § 31 Abs. 1 WpÜG ein entsprechender Anspruch auf Nachzahlung nicht bestehen kann.[11] Insbesondere spreche aber das Gesamtsystem des Übernahmerechts, das auf eine schnelle und rechtssichere Abwicklung von Unternehmensübernahmen abzielt, gegen einen Anspruch. Denn ein Übernahmeangebot würde unkalkulierbar, müsste der Bieter befürchten, jahrelang vor den Zivilgerichten um den „gerechten Preis" zu kämpfen.[12] Ein hinreichender Schutz der Aktionäre sei zudem dadurch gewährleistet, dass die BaFin das Angebot des Bieters überprüft und untersagen würde, wenn es offensichtlich gegen Vorschriften des WpÜG – wozu auch § 31 WpÜG zählt – verstößt (§ 15 Abs. 1 Nr. 2 WpÜG). Ergänzend trete unter den Voraussetzungen des § 12 WpÜG noch ein Schadensersatzanspruch bei Vorsatz und grober Fahrlässigkeit hinzu.[13] 4

2. Anspruch auf Differenzzahlung besteht

Der BGH und die hL erkennen demgegenüber bei betragsmäßig unangemessenen Angeboten grundsätzlich einen Anspruch der das Angebot annehmenden Aktionäre auf Zahlung der Differenz zum gesetzlichen Mindestpreis an.[14] Begründet wird dies mit einem Erst-recht-Schluss zu § 31 Abs. 4 und 5 WpÜG: Wenn schon bei Parallel- und Nacherwerben, also in Fällen, in denen das Angebot erst nachträglich unangemessen wird, ein Nachbesserungsanspruch besteht, dann müsse dies erst Recht für ein anfänglich betragsmäßig unangemessenes Angebot gelten.[15] Zudem wird vorgebracht, der Verweis auf die Schadensersatznorm des § 12 WpÜG spreche schon deshalb nicht gegen einen zivilrechtlichen Anspruch der ehemaligen Aktionäre, weil sich § 12 WpÜG einerseits und § 31 WpÜG andererseits in ihrer Schutzrichtung unterscheiden.[16] § 12 WpÜG diene der Sicherstellung einer angemessenen Information der Aktionäre, während § 31 Abs. 1 WpÜG sicherstellen soll, dass diese bei einem drohenden Kontrollerwerb zu angemessenen Konditionen aus der Gesellschaft ausscheiden können.[17] 5

3. Stellungnahme

Die hM überzeugt. Die Kontrolle durch die BaFin im Rahmen der §§ 14, 15 WpÜG bietet den Aktionären schon deshalb keinen hinreichenden Schutz, weil der 6

[10] Schwark/Zimmer/*Noack/Zetzsche* WpÜG § 31 Rn. 105 mwN.

[11] Schwark/Zimmer/*Noack/Zetzsche* WpÜG § 31 Rn. 105.

[12] Schwark/Zimmer/*Noack/Zetzsche* WpÜG § 31 Rn. 105.

[13] Zu den Anspruchsvoraussetzungen des § 12 WpÜG siehe *Buck-Heeb* KapMarktR § 15 Rn. 1041 ff.; *Poelzig* KapMarktR Rn. 668 ff.

[14] BGH NZG 2014, 985 – Postbank; *Poelzig* KapMarktR Rn. 701; *Verse* Der Konzern 2015, 1 mwN.

[15] BGH NZG 2014, 985 Rn. 23 – Postbank; *Verse* Der Konzern 2015, 1, 2.

[16] BGH NZG 2014, 985 Rn. 24 – Postbank.

[17] BGH NZG 2014, 985 Rn. 24 – Postbank.

Prüfungszeitraum mit zehn bis 15 Werktagen (§ 14 Abs. 1 S. 1 Alt. 2, S. 3 WpÜG) nur sehr knapp bemessen ist und eine Untersagung des Angebots nur bei offensichtlichen Gesetzesverstößen in Betracht kommt.[18] Insbesondere in Fällen, in denen relevante Vorerwerbe in den Angebotsunterlagen überhaupt nicht erwähnt werden, ist das Prüfverfahren der BaFin offensichtlich ungeeignet, um die Einhaltung des § 31 WpÜG zu gewährleisten.[19] Ferner führt ein ohnehin erst nachträglich durchzusetzender Differenzhaftungsanspruch auch nicht zu einer übergebührlichen Beeinträchtigung der Rechtssicherheit und eines schnellen Verfahrensablaufs.[20] Die Übernahme als solche wird durch das Bestehen von Nachzahlungsansprüchen nämlich nicht beeinträchtigt. Die Risiken von Streitigkeiten über die Angemessenheit der Gegenleistung sind zwar nicht zu leugnen, aber in aller Regel überschaubar, weil – vom Ausnahmefall einer erforderlichen Unternehmensbewertung abgesehen – grundsätzlich klare und rechtssichere Ermittlungsmethoden vorgegeben werden. Ein Restrisiko verbleibt zwar beim Bieter, dieses kann er aber schon wegen § 12 WpÜG nicht gänzlich ausschließen.[21]

4. Zwischenergebnis

7 Im Ergebnis kommt ein Anspruch auf Zahlung der Differenz zwischen der angebotenen Gegenleistung und der gemäß § 31 Abs. 1 und 7 WpÜG iVm §§ 3ff. WpÜG-AngebVO angemessenen Gegenleistung daher grundsätzlich in Betracht.

II. Anspruchsberechtigter

8 Da es sich bei dem Anspruch um einen Differenzhaftungsanspruch zwischen der gezahlten und der angemessenen Gegenleistung handelt, sind anspruchsberechtigt jedenfalls alle diejenigen Aktionäre, die das Pflichtangebot rechtzeitig angenommen haben.

9 A hat das Pflichtangebot angenommen und ist daher im Ausgangspunkt anspruchsberechtigt.

Hinweis: Zur Anspruchsberechtigung der ablehnenden Aktionäre siehe die Abwandlung (→ Rn. 54ff.).

III. Anspruchsvoraussetzungen

10 Ein Anspruch derjenigen Aktionäre, die das Angebot angenommen haben – und damit auch ein Anspruch des A – setzt voraus, dass die angebotene und gewährte Gegenleistung nicht den gesetzlichen Vorgaben der §§ 35, 39, 31 Abs. 1 und 7 WpÜG iVm §§ 3ff. WpÜG-AngebVO entsprach und deshalb unangemessen war.

Hinweise: (1.) Der über § 39 WpÜG auch für Pflichtangebote geltende § 31 WpÜG verlangt vom Bieter, dass er den Aktionären für den Erwerb der Aktien der Zielgesellschaft eine angemessene Gegenleistung anbietet.[22] Die Gegenleistung kann grundsätzlich entweder in einer Geldleistung in Euro oder in liquiden Aktien bestehen (§ 31 Abs. 2 WpÜG), wobei der Bieter unter bestimmten Umständen nur

[18] BGH NZG 2014, 985 Rn. 24 – Postbank. Zum Prüfungsumfang siehe *Hippeli* KapMarktR Rn. 114.

[19] *Verse* Der Konzern 2015, 1, 2.

[20] BGH NZG 2014, 985 Rn. 25 – Postbank.

[21] BGH NZG 2014, 985 Rn. 25 – Postbank.

[22] *Langenbucher* AktKapMarktR § 18 Rn. 137ff.; *Buck-Heeb* KapMarktR § 15 Rn. 1076ff.; *Poelzig* KapMarktR Rn. 694ff.

zum Anbieten einer Geldleistung berechtigt ist (§ 31 Abs. 3 WpÜG).[23] Für die Ermittlung der angemessenen Gegenleistung enthält § 31 Abs. 1 und 7 WpÜG iVm §§ 3 ff. WpÜG-AngebVO bestimmte Mindestpreisvorgaben.

(2.) § 31 Abs. 1 und 7 WpÜG, §§ 3 ff. WpÜG-AngebVO sehen zunächst zwei Mindestschwellen vor, unter die der *anfängliche* Angebotspreis nicht absinken darf[24]; der Bieter muss dabei den Preis der höheren Mindestschwelle zahlen:

- *Erste Mindestschwelle:* Vorerwerbspreis (§ 4 WpÜG-AngebVO): Höchster vom Bieter gezahlter Preis in den letzten sechs Monaten *vor Veröffentlichung des Übernahme- bzw. Pflichtangebots.* Hintergrund der Vorschrift ist es, die Aktionäre der Zielgesellschaft an einer etwaigen Kontrollprämie gleichmäßig zu beteiligen.
- *Zweite Mindestschwelle:* Börsenkurs (§ 5 Abs. 1–3 WpÜG-AngebVO): Gewichteter durchschnittlicher Kurs der letzten drei Monate *vor der Veröffentlichung nach § 10 Abs. 1 bzw. § 35 Abs. 1 WpÜG.* Nur bei Fehlen aussagekräftiger Börsenkurse muss eine Unternehmenswertberechnung zB nach dem Ertragswertverfahren durchgeführt werden (§ 5 Abs. 4 WpÜG-AngebVO), was in der Praxis sehr selten vorkommt.

(3.) Ergänzt werden diese Vorgaben durch sich auf die Angemessenheit auswirkende Parallel- (§ 31 Abs. 4 WpÜG) und Nacherwerbe (§ 31 Abs. 5 WpÜG). Der Mindestpreis erhöht sich nach diesen Vorschriften nachträglich, sofern der Bieter in dem Zeitraum zwischen der Veröffentlichung der Angebotsunterlage und vor der Veröffentlichung gemäß § 23 Abs. 1 S. 1 Nr. 2 WpÜG (Parallelerwerbe) oder ein Jahr nach der Veröffentlichung gemäß § 23 Abs. 1 S. 1 Nr. 2 WpÜG Aktien der Zielgesellschaft zu einem über dem Angebotspreis liegenden Preis erwirbt.[25]

Vorliegend entsprach die von der B-AG angebotene und gezahlte Abfindung dem nach dem Wortlaut der gesetzlichen Vorgaben der §§ 31 Abs. 1 S. 1, Abs. 2 S. 1, Abs. 4–7 WpÜG iVm §§ 3–5 WpÜG-AngebVO Geschuldeten: Der Preis von 25 EUR je Aktie entsprach dem durchschnittlichen gewichteten Börsenkurs der letzten drei Monate vor dem 25.3.2020 (Tag der Bekanntmachung nach §§ 35 Abs. 1, 10 Abs. 3 S. 1 und 2 WpÜG; erste Mindestpreisschwelle). Ferner gab es in den sechs Monaten vor Veröffentlichung des Pflichtangebots am 4.5.2020, also seit dem 4.11.2019, keinen über 25 EUR je Aktie liegenden Vorerwerb. Die B-AG erwarb lediglich am 25.3.2020 über die Börse 0,5 % der Stückaktien der Z-AG zu einem Preis von 24,50 EUR je Aktie. Dieser Preis lag jedenfalls niedriger als die erste Mindestpreisschwelle und ist daher irrelevant. 11

Eine höhere angemessene Gegenleistung könnte sich daher allenfalls daraus ergeben, dass Vorerwerbe der B-AG oder der T-GmbH aus den Jahren 2016 und 2017 mit zu berücksichtigen sind. 12

1. Maßgeblicher Ausgangspunkt für die Berechnung des Mindestpreises bei Vorerwerben gemäß § 31 Abs. 4, § 4 WpÜG-AngebVO?

Die Berücksichtigung früherer Vorerwerbe der B-AG oder der T-GmbH kommt nur in Betracht, wenn der nach § 31 Abs. 1 und 7 WpÜG iVm § 4 WpÜG-AngebVO maßgebliche Sechsmonatszeitraum verlängert werden müsste, weil die B-AG schon zu einem früheren Zeitpunkt ein Pflichtangebot hätte veröffentlichen müssen. Fraglich ist daher, ob für die Ermittlung relevanter Vorerwerbe auch dann (allein) auf den Sechsmonatszeitraum vor der Veröffentlichung des Pflichtangebots abzustellen ist, wenn der Bieter schon vorher zur Abgabe eines Pflichtangebots 13

23 *Hippeli* KapMarktR Rn. 108; *Poelzig* KapMarktR Rn. 699.

24 *Langenbucher* AktKapMarktR § 18 Rn. 139; *Buck-Heeb* KapMarktR § 15 Rn. 1076 ff.; *Poelzig* KapMarktR Rn. 696.

25 *Langenbucher* AktKapMarktR § 18 Rn. 141; *Poelzig* KapMarktR Rn. 696.

verpflichtet war, dieses aber (schuldhaft) unterlassen hat. Die Beantwortung dieser Frage ist umstritten.

a) Maßgeblich ist immer der Zeitpunkt der tatsächlichen Veröffentlichung des Pflichtangebots

14 Nach einer ersten in der Literatur vertretenen Auffassung kommt es für die zu berücksichtigenden Vorerwerbe in zeitlicher Hinsicht immer auf den Tag der tatsächlichen Veröffentlichung des Pflichtangebots an.[26] Der Wortlaut des § 4 WpÜG-AngebVO sei eindeutig. Dem Gesetzgeber könne es nicht entgangen sein, dass durch bestimmte Verzögerungen Vorerwerbe unter Umständen nicht in den formal relevanten Zeitraum fallen.[27] Gleichwohl habe er sich für eine rein formale Anknüpfung an den tatsächlichen Tag der Veröffentlichung des Pflichtangebots entschieden. Dies sei vor dem Zweck, ein rechtssicheres und schnelles Verfahren für Unternehmensübernahmen bereitzustellen, auch nachvollziehbar.[28] Das Pflichtangebot und die Preisregeln des § 31 WpÜG sollen dem Aktionär nur die Möglichkeit geben, zu angemessenen Bedingungen aus der Gesellschaft auszuscheiden.[29] Er habe aber keinen Anspruch auf ein besonders attraktives Angebot.[30]

15 Nach dieser Auffassung wären vorherige Vorerwerbe nicht zu berücksichtigen und die angebotene und angenommene Abfindung angemessen.

b) Maßgeblich ist der Zeitpunkt, zu dem das Pflichtangebot hätte veröffentlicht werden müssen

16 Nach dem BGH und der hL verlängert sich der Referenzzeitraum des § 4 WpÜG-AngebVO, wenn der Bieter bereits vor der Veröffentlichung seines Übernahmeangebots 30 % oder mehr der Stimmrechte der Zielgesellschaft und damit die Kontrolle iSd § 29 Abs. 2 WpÜG erwirbt und es dennoch unterlässt, ein Pflichtangebot innerhalb der Frist des § 35 Abs. 2 S. 1 WpÜG zu veröffentlichen.[31] Zur Begründung wird zumeist darauf abgestellt, dass es dem Bieter nicht zugutekommen könne, wenn er sein Pflichtangebot – entgegen der zwingenden gesetzlichen Vorgaben – verspätet abgibt.[32]

17 Nach dieser Auffassung müsste jedenfalls geprüft werden, ob es zu einer Verlängerung des Referenzzeitraums kommt und deshalb frühere Vorerwerbe als Mindestpreisschwelle mitzuberücksichtigen wären.

c) Stellungnahme

18 Die hM überzeugt. Schon zur Vermeidung eines Rechtsmissbrauchs kann nicht zugelassen werden, dass der Bieter durch die Wahl des Zeitpunkts der Veröffentlichung seines Pflichtangebots einen Einfluss auf die Höhe des Mindestpreises neh-

[26] APS WpÜG/*Kraus*, 2. Aufl. 2013, WpÜG § 31 Rn. 76; *v. Falkenhausen* NZG 2010, 1213, 1214 f. (jedenfalls, wenn kein Vorsatz gegeben ist).

[27] *v. Falkenhausen* NZG 2010, 1213, 1214.

[28] *v. Falkenhausen* NZG 2010, 1213, 1214.

[29] *v. Falkenhausen* NZG 2010, 1213, 1214.

[30] *v. Falkenhausen* NZG 2010, 1213, 1214.

[31] BGH NZG 2014, 985 Rn. 34 ff. – Postbank mwN.; *Verse* Der Konzern 2015, 1, 5 f.

[32] BGH NZG 2014, 985 Rn. 35 – Postbank.

men kann.[33] Der Aspekt der rechtssicheren Berechnung nach § 4 WpÜG-AngebVO steht dem nicht entgegen. Zwar will diese Norm in der Tat eine formal klare Berechnung der angemessenen Gegenleistung ermöglichen. Allerdings kann sich ein Bieter nur dann auf die Einhaltung dieser formalen Berechnungsmethoden berufen, wenn er durch sein eigenes Verhalten die Referenzzeiträume nicht entgegen dem gesetzlichen Modell beeinflusst hat. Zudem wären die Aktionäre ansonsten schutzlos gestellt. Denn die Sanktionen für ein verspätetes Pflichtangebot kommen ihnen monetär entweder gar nicht (Bußgeld, Rechtsverlust) oder nur sehr begrenzt (Zinszahlungspflicht) zugute.

Hinweis: Ob es tatsächlich zu einer Verlängerung des Zeitraums oder bloß zu einer Vorverlagerung kommt, ist nicht abschließend geklärt. Der BGH spricht in der „Postbank"-Entscheidung mehrfach von einer Verlängerung,[34] in der Literatur wird dagegen häufig bloß eine Vorverlagerung für gerechtfertigt gehalten.[35] Zur Vermeidung eines Rechtsmissbrauchs erscheint es sachgerecht, den Zeitraum zu verlängern und nicht bloß vorzuverlegen, auch weil es sich bei der Nichtveröffentlichung des Pflichtangebots um einen Dauerverstoß handelt. In der Klausur ergeben sich keine Unterschiede, gleich welcher Auffassung man folgt, da die hier relevanten Vorerwerbe auch bei einer denkbaren Vorverlagerung nicht außerhalb des Sechsmonatszeitraums lägen.

d) Zwischenergebnis

Da es bei einer pflichtwidrig verspäteten Veröffentlichung eines Pflichtangebots zu einer Verlängerung des Referenzzeitraums des § 4 WpÜG-AngebVO kommt, ist zu prüfen, ob die B-AG bereits vor dem 4.5.2020 ein Pflichtangebot hätte veröffentlichen müssen. **19**

2. Verlängerung des Sechsmonatszeitraums des § 4 WpÜG-AngebVO

Der Sechsmonatszeitraum für die Berücksichtigung von Vorerwerben ist zu verlängern, wenn die B-AG bei pflichtgemäßem Handeln ein Pflichtangebot schon vor dem 4.5.2020 hätte abgeben müssen (→ Rn. 13 ff.). Dies hängt davon ab, (1.) ob und wann die B-AG die Kontrollschwelle der §§ 35, 29 WpÜG überschritten hat (→ Rn. 21 ff.) und (2.) wann sie – ausgehend von diesem Zeitpunkt – das Pflichtangebot im Rahmen der Fristen des § 35 Abs. 2 WpÜG spätestens hätte veröffentlichen müssen (→ Rn. 35 ff.). **20**

a) Erreichen bzw. Überschreiten der Kontrollschwelle

aa) Erreichen bzw. Überschreiten der Kontrollschwelle am 12.9.2016?

Die B-AG könnte die Kontrollschwelle der §§ 35 Abs. 1, 39, 29 Abs. 1 WpÜG bereits am 12.9.2016 überschritten haben. **21**

Kontrolle setzt das Halten von mindestens 30% der Stimmrechte voraus (§ 29 Abs. 2 WpÜG). Unmittelbar hielt die B-AG am 12.9.2016 nur 29,9% der Stimmrechte an der Z-AG. Ihr könnten jedoch die Stimmrechte der M-AG gemäß § 30 Abs. 1 WpÜG aufgrund der mit der M-AG, der Muttergesellschaft der Z-AG, geschlossenen Vereinbarung zuzurechnen sein. Denn diese Vereinbarung gewährte **22**

---

33 BGH NZG 2014, 985 Rn. 35 – Postbank; zust. auch *Poelzig* KapMarktR Rn. 701.

34 BGH NZG 2014, 985 Rn. 34, 35 – Postbank.

35 *Scheibenpflug/Tönningsen* BKR 2015, 140, 142 f.; Schwark/Zimmer/*Noack/Zetzsche* WpÜG § 31 Rn. 13; *Krause* AG 2014, 833, 837.

der B-AG eine Option auf den Abschluss eines Kaufvertrages, aus dem die M-AG zur Übertragung eines Aktienpakets von 12,1 % des Grundkapitals und der Stimmrechte der Z-AG zum Preis von 30 EUR je Stückaktie verpflichtet ist.

(1) Zurechnung der Stimmrechte der M-AG gemäß § 30 Abs. 1 S. 1 Nr. 2 WpÜG („für Rechnung des Bieters")?

23 Eine Zurechnung der Stimmrechte der M-AG kommt zunächst gemäß § 30 Abs. 1 S. 1 Nr. 2 WpÜG in Betracht, wonach diejenigen Stimmrechte aus Aktien zuzurechnen sind, die einem Dritten (hier M-AG) gehören und von diesem „für Rechnung des Bieters" (hier B-AG) gehalten werden.

24 Bei der Auslegung des Merkmals ist umstritten, ob maßgeblich darauf abzustellen ist, wer die wirtschaftlichen Chancen und Risiken aus den Aktien trägt und wem danach das wirtschaftliche Eigentum an diesen zusteht[36] oder ob entscheidend ist, wer Einfluss auf die Ausübung der Stimmrechte hat.[37] Da vorliegend aber sowohl die wirtschaftlichen Chancen und Risiken bis zur endgültigen Übereignung bei der M-AG verbleiben und die B-AG keine Möglichkeit der Einflussnahme auf die Ausübung der Stimmrechte der M-AG hatte, bedarf es keiner Streitentscheidung.[38] Damit hielt die M-AG die Stimmrechte nicht für Rechnung der B-AG.

25 Eine Zurechnung gemäß § 30 As. 1 S. 1 Nr. 2 WpÜG scheidet aus.

Hinweis: Zur parallelen Diskussion bei § 34 Abs. 1 S. 1 Nr. 2 WpHG → Fall 10 Rn. 18 ff.

(2) Zurechnung der Stimmrechte der M-AG gemäß § 30 Abs. 1 S. 1 Nr. 5 WpÜG („dingliche" Optionen)?

26 Eine Zurechnung der Stimmrechte der M-AG durch die Vereinbarung vom 12.9.2016 kommt daneben gemäß § 30 Abs. 1 S. 1 Nr. 5 WpÜG in Betracht, der voraussetzt, dass der Bieter die Aktien allein „durch eine Willenserklärung erwerben" kann.

27 Die B-AG hatte allerdings aufgrund der Vereinbarung mit der M-AG lediglich eine Option, den Abschluss eines Kaufvertrages zu verlangen, aus dem die M-AG zur Übertragung eines Aktienpakets von 12,1 % des Grundkapitals und der Stimmrechte der Z-AG zum Preis von 30 EUR je Stückaktie verpflichtet ist. Durch eine Willenserklärung konnte die B-AG damit nur einen schuldrechtlichen Anspruch auf Übertragung der Aktien erlangen, nicht dagegen die Übertragung der Aktien unmittelbar herbeiführen. Aus den §§ 31 Abs. 6, 23 Abs. 1 S. 2, Abs. 2 S. 2 WpÜG, die ausdrücklich Vereinbarungen miteinbeziehen, die einen Anspruch auf Übereignung geben, ergibt sich allerdings im Umkehrschluss, dass bloße schuldrechtliche Übereignungsansprüche für § 30 Abs. 1 S. 1 Nr. 5 WpÜG nicht genügen.[39] Erfor-

[36] So MüKoAktG/*Bayer* WpHG § 34 Rn. 16.

[37] So insbesondere BGH NZG 2009, 585 Rn. 34; Schwark/Zimmer/*v. Hein* WpHG § 34 Rn. 11 mwN.

[38] Vgl. auch *Poelzig* KapMarktR Rn. 653; *Verse* Der Konzern 2015, 1, 6 f. mit weiterführenden Hinweisen.

[39] BGH NZG 2014, 985 Rn. 54 f.; ferner etwa *Langenbucher* AktKapMarktR § 17 Rn. 71; *Poelzig* KapMarktR Rn. 653; *Verse* Der Konzern 2015, 1, 6; Schwark/Zimmer/*v. Hein* WpÜG § 33 Rn. 16.

derlich sind vielmehr dingliche Optionen.[40] Rein schuldrechtliche Optionen fallen nicht unter § 30 Abs. 1 S. 1 Nr. 5 WpÜG.[41]

Damit kommt auch eine Zurechnung der Stimmrechte der M-AG gemäß § 30 Abs. 1 S. 1 Nr. 5 WpÜG nicht in Betracht. **28**

(3) Zwischenergebnis

Insgesamt scheidet deshalb ein Kontrollerwerb der B-AG schon im September 2016 aus. **29**

bb) Erreichen bzw. Überschreiten der Kontrollschwelle am 17.2.2017

Die B-AG könnte die Kontrollschwelle des § 35 Abs. 1 WpÜG iVm §§ 39, 29f. WpÜG allerdings am 17.2.2017 überschritten bzw. erreicht haben. Die B-AG selbst hielt zwar auch am 17.2.2017 lediglich 29,9 % der Stimmrechte an der Z-AG unmittelbar. Ihr wären jedoch die Stimmrechte der T-GmbH gemäß § 30 Abs. 1 S. 1 Nr. 1 WpÜG in voller Höhe zuzurechnen, wenn diese ihr „Tochterunternehmen" ist. Da die T-GmbH am 17.2.2017 über die Börse 0,1 % der Stückaktien der Z-AG zum Preis von 27 EUR erwarb, hätte die B-AG bei einer Zurechnung dieser 0,1 % der Stimmechte aus den Stückaktien die maßgebliche Kontrollschwelle am 17.2.2017 erreicht (§§ 35 Abs. 1 S. 1, 39, 29 Abs. 2 WpÜG). **30**

Fraglich ist damit, ob die T-GmbH ein Tochterunternehmen der B-AG war. Tochterunternehmen sind gemäß § 2 Abs. 6 WpÜG Unternehmen, die als Tochterunternehmen iSd § 290 HGB gelten oder auf die ein beherrschender Einfluss ausgeübt werden kann, ohne dass es auf die Rechtsform oder den Sitz ankommt.[42] Im Rahmen des § 2 Abs. 6 Alt. 2 WpÜG ist beherrschender Einfluss wie in § 17 AktG zu verstehen, allerdings ohne dass es auf die konzernrechtliche Unternehmensqualität der Mutter ankäme.[43] **31**

Die T-GmbH, deren Alleingesellschafterin die B-AG ist, ist hier sowohl ein Tochterunternehmen der B-AG nach § 2 Abs. 6 Alt. 1 WpÜG iVm § 290 Abs. 1 S. 1, Abs. 2 HGB als auch nach § 2 Abs. 6 Alt. 2 WpÜG. Die Eigenschaft als Tochterunternehmen gemäß § 2 Abs. 6 Alt. 1 WpÜG iVm § 290 Abs. 1 S. 1, Abs. 2 HGB kommt der T-GmbH zu, da der B-AG die Mehrheit der Stimmrechte (nämlich 100 %) an der T-GmbH zustehen. Die Eigenschaft als Tochterunternehmen gemäß § 2 Abs. 6 Alt. 2 WpÜG resultiert aus dem beherrschenden Einfluss iSd § 17 AktG, wobei wegen der Mehrheitsbeteiligung der B-AG an der T-GmbH die Vermutung des § 17 Abs. 2 AktG greift. **32**

Hinweis: Zum beherrschenden Einfluss gemäß § 17 AktG näher → Fall 5 Rn. 3ff.

Damit sind die Stimmrechte der T-GmbH der B-AG gemäß § 30 Abs. 1 S. 1 Nr. 1, S. 3 WpÜG zuzurechnen. **33**

cc) Zwischenergebnis

Wegen der Zurechnung der Stimmrechte der T-GmbH gemäß § 30 Abs. 1 S. 1 Nr. 1, S. 3 WpÜG erreichte die B-AG bereits am 17.2.2017 die für die Veröffentli- **34**

---

40 *Langenbucher* AktKapMarktR § 17 Rn. 71; *Poelzig* KapMarktR Rn. 653; Schwark/Zimmer/*v. Hein* WpÜG § 33 Rn. 16.

41 Ganz hM, siehe nur BGH NZG 2014, 985 Rn. 40 mwN – Postbank.

42 MüKoAktG/*Wackerbarth* WpÜG § 2 Rn. 51.

43 Schwark/Zimmer/*Noack/Holzborn* WpÜG § 2 Rn. 48.

chung eines Pflichtangebots maßgebliche Kontrollschwelle (§ 35 Abs. 1 S. 1 iVm §§ 39, 29f. WpÜG).

b) Spätestmöglicher Zeitpunkt für rechtmäßige Veröffentlichung eines Pflichtangebots

35 Ausgehend vom Erreichen der Kontrollschwelle der B-AG am 17.2.2017 stellt sich die Frage, wann die B-AG spätestens ein Pflichtangebot hätte abgeben müssen. Denn erst von diesem Zeitpunkt an bemisst sich der Sechsmonatszeitraum für die Berücksichtigung maßgeblicher Vorerwerbe. Pflichtangebote müssen innerhalb des in § 35 Abs. 2 iVm § 14 Abs. 2 WpÜG vorgesehenen Zeitraums nach der jeweils erforderlichen Anzeige der Kontrollerlangung (§ 35 Abs. 1 WpÜG) veröffentlicht werden.

aa) Zeitpunkt der Anzeigepflicht des Kontrollerwerbs gemäß § 35 Abs. 1 S. 1 WpÜG

36 Fraglich ist daher zunächst, was der iSd § 35 Abs. 1 WpÜG für die erforderliche Anzeige der B-AG relevante Zeitpunkt war. Für die Anzeigepflicht des Kontrollerwerbs ist nicht dessen objektives Vorliegen entscheidend.[44] Vielmehr beginnt die Frist gemäß § 35 Abs. 1 S. 2 WpÜG, wenn der Bieter Kenntnis von der Kontrollerlangung hat bzw. nach den Umständen haben musste (§ 35 Abs. 1 S. 2 WpÜG). § 35 Abs. 1 S. 1 WpÜG fordert anknüpfend an die Kenntnis oder fahrlässige Unkenntnis eine „unverzügliche" Anzeige des Kontrollerwerbs. Unverzüglich bedeutet insoweit ohne schuldhaftes Zögern (§ 121 Abs. 1 BGB). Je nach den Umständen des Einzelfalls wird dem Bieter eine angemessene Prüfpflicht zugebilligt.[45]

37 Hätten die Vorstandsmitglieder der B-AG den Bericht der T-GmbH gelesen, hätten sie ab dem 1.3.2017 Kenntnis von der Kontrollerlangung gehabt. Damit hätten sie diese ab dem 1.3.2017 kennen müssen, da es jedenfalls fahrlässig erscheint, wenn derartige Berichte nicht zur Kenntnis genommen werden. Auch der Sachverhalt stellt klar, dass der Vorstand der B-AG den Erwerb am 1.3.2017 hätte zur Kenntnis nehmen können, wenn er den Bericht sorgfältig gelesen hätte. Bei Zubilligung einer zweitägigen Prüfungsfrist, die bei einer derart klaren Zurechnungsvorschrift wie § 30 Abs. 1 Nr. 1 WpÜG jedenfalls als genügend erscheint, hätte eine unverzügliche Mitteilung nach § 35 Abs. 1 S. 1 WpÜG spätestens am 4.3.2017 erfolgen müssen.

bb) Zeitpunkt der Veröffentlichungspflicht des Pflichtangebots gemäß §§ 35 Abs. 2, 14 Abs. 2 S. 1 WpÜG

38 Ausgehend vom Zeitpunkt der Mitteilung nach § 35 Abs. 1 S. 1 WpÜG (→ Rn. 37), dh dem 4.3.2017, definiert § 35 Abs. 2 iVm § 14 Abs. 2 WpÜG die für die Angebotsveröffentlichung relevante (weitere) Frist wie folgt: Der Bieter hat innerhalb von vier Wochen nach der Anzeige gemäß § 35 Abs. 1 WpÜG der BaFin eine Angebotsunterlage zu übermitteln und (anschließend) nach § 14 Abs. 2 S. 1 WpÜG ein Angebot zu veröffentlichen. § 14 Abs. 2 S. 1 WpÜG wiederum bestimmt, dass die Angebotsunterlage unverzüglich zu veröffentlichen ist, wenn die BaFin die Ver-

44 Schwark/Zimmer/*Noack/Zetzsche* WpÜG § 35 Rn. 36.

45 MüKoAktG/*Schlitt* WpÜG § 35 Rn. 162.

öffentlichung gestattet hat oder seit dem Eingang der Angebotsunterlage zehn Werktage verstrichen sind, ohne dass die BaFin das Angebot untersagt hätte.

Das Pflichtangebot hätte vorliegend also allerspätestens vier Wochen plus zehn Werktage nach dem 4.3.2017, dh Mitte April 2017, veröffentlicht werden müssen. **39**

c) Zwischenergebnis

Der maßgebliche Sechsmonatszeitraum verlängert sich und umfasst als für die Einbeziehung von Vorerwerben relevanten Referenzzeitraum auch die sechs Monate vor Mitte April 2017, sodass Vorerwerbe ab Mitte Oktober 2016 zu berücksichtigen sind. **40**

3. Zu berücksichtigende Vorerwerbe

Fraglich ist schließlich, welche Vorerwerbe – ausgehend von der Verlängerung der Referenzperiode des § 4 WpÜG-AngebVO (→ Rn. 20 ff.) – zu berücksichtigen sind. **41**

Ein Vorerwerb kann jeder Erwerb von Aktien der Zielgesellschaft sein, wobei mit Erwerb grundsätzlich die dingliche Übertragung der Aktie gemeint ist.[46] In entsprechender Anwendung des § 31 Abs. 6 WpÜG (§ 4 S. 2 WpÜG-AngebVO) reicht allerdings bereits der Abschluss einer fälligen und durchsetzbaren schuldrechtlichen Vereinbarung zum Erwerb der Aktien der Zielgesellschaft aus. **42**

Der Begriff „Vorerwerb" bezieht sich auf Erwerbe vor denjenigen gerade durch das Angebot. Damit kann ein maßgeblicher Vorerwerb insbesondere auch in dem Erwerb liegen, mit dem die Kontrollschwelle des § 35 Abs. 1 S. 1 WpÜG überschritten wurde und erst die Pflicht zur Veröffentlichung eines Angebots ausgelöst wurde. Dies gebieten auch Sinn und Zweck der Einbeziehung von Vorerwerben in die Ermittlung der angemessenen Gegenleistung. Denn diese zielt gerade auf eine gleichmäßige Partizipation aller Aktionäre an einer Kontrollprämie.[47] **43**

a) Vereinbarung zwischen B-AG und M-AG vom 12.9.2016

Die Vereinbarung vom 12.9.2016 scheidet als berücksichtigungsfähiger Vorerwerb aus, weil sie außerhalb des Sechsmonatszeitraums – gerechnet ab Mitte April 2017, also vor Mitte Oktober 2016 – abgeschlossen wurde. **44**

Hinweis: In der dieser Falllösung zugrundeliegenden Entscheidung wurde diskutiert, ob bei einem Optionsrecht statt auf den Zeitpunkt des Vertragsabschlusses auf den Zeitraum abzustellen sei, innerhalb dessen das Optionsrecht ausgeübt werden kann.[48] Der BGH ist dieser Überlegung – zu Recht – nicht beigetreten. Nach § 4 S. 2 WpÜG-AngebVO iVm § 31 Abs. 6 WpÜG sind „Vereinbarungen", aufgrund derer die Übereignung von Aktien verlangt werden kann, nur preisbestimmend, wenn sie in den sechsmonatigen Referenzzeitraum fallen. Der Wortlaut spricht deshalb schon dafür, auf den Abschluss der jeweiligen Vereinbarung abzustellen. Vor allem spricht aber auch der Zweck der gesetzlichen Regelung – Bindung des Bieters an die eigene Bewertung, wenn hinreichendes (sechs Monate) zeitliches Näheverhältnis zum Angebot gegeben ist – dafür, auf den Zeitpunkt des Abschlusses der Vereinbarung abzustellen, denn zu diesem Zeitpunkt haben sich die Parteien auf den Ausübungspreis festgelegt.[49]

[46] AGS/*Süßmann* WpÜG § 31 Rn. 85.

[47] Regierungsbegründung, BT-Drs. 14/7034, 79 f.; *Oechsler* FS Hadding, 2004, S. 1027, 1036.

[48] BGH NZG 2014, 985 Rn. 30 ff.; dazu auch *Verse* Der Konzern 2015, 1, 4 f.

[49] *Verse* Der Konzern 2015, 1, 4 f., der allerdings auch auf das Missbrauchspotenzial einer derartigen Auslegung hinweist.

b) Vorerwerbe durch T-GmbH am 17.2.2017

45 Allerdings könnte der Erwerb von 0,1 % Stückaktien der Z-AG durch die T-GmbH am 17.2.2017 zum Preis von 27 EUR als Vorerwerb zu berücksichtigen sein. Dass es sich um einen Erwerb durch die T-GmbH und nicht die B-AG handelt, ist unschädlich, wie schon der Wortlaut des § 4 S. 1 WpÜG-AngebVO deutlich macht. Danach muss die Gegenleistung nämlich mindestens dem Wert der höchsten vom Bieter, einer mit ihm gemeinsam handelnden Person oder deren Tochterunternehmen gewährten oder vereinbarten Gegenleistung für den Erwerb von Aktien der Zielgesellschaft innerhalb des Referenzzeitraums entsprechen. Der Erwerb an der Börse am 17.2.2017 fiel auch in den verlängerten Referenzzeitraum (zu diesem → Rn. 20ff.). Dass es sich bei dem Erwerb gerade um denjenigen handelte, der zum Erreichen der Kontrollschwelle führte, schließt dessen Berücksichtigungsfähigkeit nicht aus (→ Rn. 43).

46 Fraglich könnte jedoch sein, ob börsliche Erwerbe auch als Erwerbe iSd § 4 S. 1 WpÜG in Betracht kommen. Teilweise wird dies mit dem Argument in Zweifel gezogen, börsliche Vorerwerbe würden bereits den für § 5 WpÜG-AngebVO maßgeblichen durchschnittlichen gewichteten Börsenkurs beeinflussen und bei einer Einbeziehung doppelt berücksichtigt.[50]

47 Die hM hält dem zu Recht entgegen, dass der Wortlaut des § 4 S. 1 WpÜG-AngebVO dafür nichts hergibt. Hinzu kommt, dass auch außer*börsliche* Geschäfte – jedenfalls wenn sie den weitgehenden Nachhandelstransparenzpflichten der MiFIR unterfallen – auf den Börsenpreis einwirken können.[51] Gleiches gilt, wenn der außerbörsliche Vorerwerb – auch wenn er nicht den MiFIR-Transparenzpflichten unterfallen mag –, sonst öffentlich bekannt wird. Eine Unterscheidung danach, ob ein außerbörslicher Vorerwerb im Einzelfall Auswirkung auf den Börsenpreis hatte oder nicht, erscheint vor dem Hintergrund der Zwecksetzung der Preisregeln des WpÜG deshalb offensichtlich wenig sachgerecht, sodass Vorerwerb unabhängig vom Ausführungsort einzubeziehen ist.

48 Hätte die B-AG das Pflichtangebot rechtzeitig abgegeben, wäre der Vorerwerb der T-GmbH am 17.2.2017 in den maßgeblichen Sechsmonatsvorerwerbszeitraum gefallen.

4. Zwischenergebnis

49 Die angebotene Gegenleistung war unangemessen, da der Aktienerwerb der T-GmbH vom 17.2.2017 zu 27 EUR je Aktie als Vorerwerb hätte berücksichtigt werden müssen und das Angebot daher nicht auf weniger als 27 EUR je Aktie hätte lauten dürfen. Die Anspruchsvoraussetzungen des Nachzahlungsanspruchs sind damit erfüllt.

IV. Ergebnis

50 Da das tatsächliche von A angenommene Angebot der B-AG bei lediglich 25 EUR pro Aktie lag, der gesetzlich Mindestpreis aber nicht unter 27 EUR je Aktie hätte

[50] MüKoAktG/*Wackerbarth* § 31 WpÜG Rn. 34.
[51] Näher dazu *Sajnovits* ZBB 2019, 162ff.

liegen dürfen, steht dem A ein Nachzahlungsanspruch iHv 2 EUR je Aktie zu. Er hat damit insgesamt einen Anspruch auf Zahlung von 2.000 EUR gegen die B-AG.

B. Anspruch des A gegen die B-AG auf Zinsen gemäß § 38 Nr. 1 WpÜG

Dem A könnte daneben ein Anspruch auf Zahlung von Zinsen gemäß § 38 Nr. 1 **51** WpÜG zustehen. Danach ist der Bieter den Aktionären der Zielgesellschaft für die Dauer des Verstoßes zur Zahlung von Zinsen auf die Gegenleistung iHv fünf Prozentpunkten auf das Jahr über dem jeweiligen Basiszinssatz nach § 247 BGB verpflichtet, wenn er entgegen § 35 Abs. 1 S. 1 WpÜG keine Veröffentlichung gemäß § 10 Abs. 3 S. 1 WpÜG vornimmt.

Die B-AG hat wegen der Zurechnung der Stimmrechte der T-GmbH gemäß § 30 **52** Abs. 1 S. 1 Nr. 1, S. 3 WpÜG am 17.2.2017 die für die Veröffentlichung eines Pflichtangebots maßgebliche Kontrollschwelle (§ 35 Abs. 1 S. 1 WpÜG iVm §§ 39, 29f. WpÜG) erreicht (→ Rn. 20ff.). Ab dem 1.3.2017 hätte die B-AG Kenntnis von der Kontrollerlangung haben müssen (→ Rn. 30ff.). Bei Zubilligung einer zweitägigen Prüfungsfrist hätte eine unverzügliche Mitteilung nach § 35 Abs. 1 S. 1 WpÜG gemäß § 10 Abs. 3 S. 1 WpÜG spätestens am 4.3.2017 erfolgen müssen (→ Rn. 35ff.).

Damit steht dem A ein Zinsanspruch iHv fünf Prozentpunkten über dem Basiszins- **53** satz im Zeitraum vom 4.3.2017 bis zum 4.5.2020 (Nachholung des Angebots) bezogen auf die angemessene Gegenleistung[52] von 27 EUR je Aktie zu. Ab dem Zeitpunkt der Zahlung der zu niedrigen Gegenleistung iHv 25 EUR je Aktie steht dem A der Zinsanspruch nur noch auf den Differenzbetrag zwischen tatsächlich gezahlten 25 EUR je Aktie und der angemessenen Gegenleistung iHv 27 EUR je Aktie zu.

Hinweis: Ein Zinsanspruch würde auch gemäß § 38 Nr. 2 WpÜG wegen Verstoßes gegen die Pflicht zur Veröffentlichung eines Pflichtangebots bestehen. Da sich dieser Zinsanspruch allerdings zeitlich mit jenem aus § 38 Nr. 1 WpÜG überschneidet, kommt es nicht zu einer Addition der Ansprüche.[53] Da der Zinsanspruch gemäß § 38 Nr. 1 WpÜG früher beginnt (4.3.2017 statt Mitte April 2017) und damit höher ausfällt, wird A diesen geltend machen.

Abwandlung: Ansprüche des W gegen die B-AG

Hinweis: Die im Rahmen der Abwandlung aufgeworfenen Rechtsfragen sind bislang höchstrichterlich nicht geklärt. Eine vertiefte Auseinandersetzung mit allen denkbaren Anspruchsgrundlagen kann von den Bearbeitern nicht erwartet werden. Auch die Lösungsskizze beschränkt sich auf die Schwerpunkte der Diskussion und verweist im Übrigen auf die Spezialliteratur.

Fraglich ist, ob dem W ein Anspruch auf die angemessene Gegenleistung – ge- **54** gen Übereignung bzw. Andienung seiner Aktien – zusteht. Ob ein Anspruch der in der Gesellschaft verbliebenen Aktionäre überhaupt in Betracht kommt, ist umstritten.

52 MüKoAktG/*Schlitt* WpÜG § 38 Rn. 25ff.
53 MüKoAktG/*Schlitt* WpÜG § 38 Rn. 21.

A. Anspruch aus § 433 Abs. 2 BGB iVm § 31 Abs. 1 WpÜG, §§ 3ff. WpÜG-AngebVO (Zahlung von 27 EUR je Aktie Zug um Zug gegen Andienung der Aktien)

55 Eine Anknüpfung an den Aktienkaufvertrag zwischen Bieter und Aktionär unter Modifizierung der Gegenleistungspflicht durch § 31 Abs. 1 und 7 WpÜG iVm §§ 3ff. WpÜG-AngebVO scheidet für die in der Gesellschaft verbliebenen Aktionäre als Anspruchsgrundlage aus. Denn ein derartiger Anspruch knüpft an einen bestehenden Gegenleistungsanspruch aus einem Kauf- bzw. Tauschvertrag an, der nur zwischen dem Bieter und den das Angebot annehmenden Aktionären zustande kommt.[54]

56 Ein Anspruch des W gemäß § 433 Abs. 2 BGB iVm § 31 Abs. 1 und 7 WpÜG, §§ 3ff. WpÜG-AngebVO auf Zahlung von 27 EUR je Aktie Zug um Zug gegen Andienung der Aktien scheidet damit aus.

B. Anspruch aus § 38 WpÜG auf Zinszahlung

57 Dem W könnte allerdings ein Anspruch auf Zinszahlung gemäß § 38 Nr. 1 WpÜG zustehen. Denn nach dieser Vorschrift ist der Bieter den Aktionären der Zielgesellschaft für die Dauer des Verstoßes zur Zahlung von Zinsen auf die Gegenleistung iHv fünf Prozentpunkten auf das Jahr über dem jeweiligen Basiszinssatz nach § 247 BGB verpflichtet, wenn er entgegen § 35 Abs. 1 S. 1 WpÜG keine Veröffentlichung gemäß § 10 Abs. 3 S. 1 WpÜG vornimmt.

58 Allerdings handelt es sich bei dem Zinsanspruch gemäß § 38 WpÜG um einen zum Hauptanspruch auf die Gegenleistung akzessorischen Nebenanspruch, der nur denjenigen Aktionären zusteht, die ein – späteres – Angebot angenommen haben.[55] Dies macht auch der Wortlaut der Norm deutlich, da dieser davon spricht, dass sich der Anspruch auf die Gegenleistung um die Zinsen erhöht.[56]

59 Da W das verspätete Pflichtangebot der B-AG nicht angenommen hat, steht ihm auch kein Zinsanspruch gemäß § 38 WpÜG zu.

C. Anspruch auf Andienung der Aktien aus § 39c WpÜG analog (Sell-Out)?

60 Teilweise wird in der Literatur vertreten, den Aktionären, die ein – zu niedriges – Angebot nicht angenommen haben, stehe analog § 39c WpÜG ein Andienungsrecht zum angemessenen Preis zu.[57]

61 Allerdings dürfte es an einer planwidrigen Regelungslücke fehlen. Auch im Fall von preiserhöhenden Nacherwerben nach § 31 Abs. 5 WpÜG erkennt das Gesetz nur denjenigen Aktionären Nachzahlungsansprüche zu, die das Angebot angenommen

---

[54] *Verse* Der Konzern 2015, 1, 3.

[55] BGH NZG 2013, 939 Rn. 26ff. mwN; aA etwa *Poelzig* KapMarktR Rn. 693 im Zusammenhang mit einem nicht abgegebenen Pflichtangebot.

[56] Schwark/Zimmer/*Noack*/*Zetzsche* WpÜG § 39 Rn. 9f. mwN.

[57] *Witt* DStR 2014, 2132, 2134.

haben; für diejenigen, die das Angebot nicht angenommen haben, sieht § 31 Abs. 5 WpÜG kein Andienungsrecht vor.[58] Wenn aber der Gesetzgeber für den Fall der preiserhöhenden Nacherwerbe gemäß § 31 Abs. 5 WpÜG – die mit der vorliegenden Konstellation vergleichbar sind[59] – keinen Anspruch auf Andienung vorgesehen hat, obwohl er die dadurch bedingten Gefahren für die nicht annehmenden Minderheitsaktionäre gesehen haben muss, dann spricht dies auch gegen die Planwidrigkeit in Fällen einer anfänglich zu niedrigen Gegenleistung.[60]

Ein Anspruch des W analog § 39c WpÜG scheidet damit ebenfalls aus. **62**

D. Anspruch aus cic

Dem W könnte ein Anspruch auf Schadensersatz aus culpa in contrahendo (cic) **63** gemäß §§ 311 Abs. 2, 241 Abs. 2, 280 Abs. 1 BGB zustehen. Ob ein solcher Anspruch der das Angebot nicht annehmenden Aktionäre im Falle eines zu niedrigen Angebotspreises grundsätzlich in Betracht kommt, ist allerdings umstritten.[61]

Schon das Vorliegen der Tatbestandsvoraussetzungen eines Schadensersatzanspruchs **64** gemäß §§ 311 Abs. 2, 241 Abs. 2, 280 Abs. 1 BGB ist fragwürdig. Allenfalls ließe sich argumentieren, dass die Veröffentlichung der Angebotsunterlage durch den Bieter als Anbahnung eines Vertragsverhältnisses einzuordnen ist (§ 311 Abs. 2 Nr. 1 BGB). Dabei erscheint allerdings bereits problematisch, dass Bieter und Aktionäre schon konzeptionell zu keinem Zeitpunkt in echte Verhandlungen miteinander treten[62] und es schon deshalb auch an einer für die cic erforderlichen Inanspruchnahme berechtigten Vertrauens durch die Aktionäre fehlt.

Gegen eine Haftung aus cic sprechen aber vor allem die Erwägungen, die auch ge- **65** gen die Analogie zu § 39b WpÜG angeführt wurden. Der Gesetzgeber hat sich im Zusammenhang mit preiserhöhenden Parallel- und Nacherwerben und auch im Rahmen des § 38 WpÜG eindeutig dafür entschieden, dass ein Anspruch nur denjenigen Aktionären zustehen soll, die das Angebot angenommen haben.[63]

Ein Anspruch des W gemäß §§ 311 Abs. 2, 241 Abs. 2, 280 Abs. 1 BGB scheidet **66** daher ebenfalls aus.

E. Gesamtergebnis zur Abwandlung

Dem W steht kein Anspruch auf die angemessene Gegenleistung gegen Übereignung **67** bzw. Andienung seiner Aktien zu.

Hinweis: Eine aA ist ohne Weiteres vertretbar. Substanzielle und vertretbare Ausführungen zur Abwandlung würden in einer Klausur besonders honoriert.

58 AGS/*Süßmann* WpÜG § 31 Rn. 56.

59 *Brellochs* ZGR 2018, 811, 818.

60 *Brellochs* ZGR 2018, 811, 818 f.; *Verse* Der Konzern 2015, 1, 3 mit weiteren Ausführungen und Nachweisen.

61 Dafür *Zschocke* FS Marsch-Barner, 2018, S. 607, 619 ff.; vgl. im Kontext eines Spruchverfahrens auch LG Stuttgart BeckRS 2019, 23342 Rn. 272 ff.; dagegen *Brellochs* ZGR 2018, 811, 818 f.; tendenziell auch *Hippeli* Der Konzern 2018, 465, 467 ff.

62 Instruktiv *Hippeli* Der Konzern 2018, 464, 467.

63 *Brellochs* ZGR 2018, 811, 818 f.; tendenziell auch *Hippeli* Der Konzern 2018, 465, 467 ff.

Fall 13. Leerverkaufs-Attacke

Bearbeitungszeit: 5 Stunden

Sachverhalt

P ist Investor und analysiert geschäftsmäßig Wertpapiere und deren Emittenten. Sein Geschäftsmodell beruht darauf, durch die Auswertung von öffentlich verfügbaren Informationen über börsennotierte Gesellschaften Überbewertungen von Unternehmen durch den Kapitalmarkt auszumachen. Um sodann von einer vermeintlichen Überbewertung zu profitieren, tätigt P gedeckte Leerverkäufe in den Aktien des jeweiligen Unternehmens und veröffentlicht anschließend seine Erkenntnisse über das Unternehmen in einem sog. Research Report, der im Internet frei zugänglich ist. Nach einem durch die Veröffentlichung des Research Reports erfolgten Kursverlust deckt sich P am Markt günstig mit den Aktien des Unternehmens ein, um so seine Leerverkaufsposition wieder zu schließen.

Die W-AG ist ein international tätiges Finanzdienstleistungsunternehmen mit Sitz in München. Die Aktien der W-AG sind an der Frankfurter Wertpapierbörse zugelassen und im MDAX gelistet. Am 1.10.2019 liegt der Börsenkurs der Aktien der W-AG bei 100 EUR. Die Marktkapitalisierung der M-AG liegt bei 1 Mrd. EUR.

Der hohe Börsenkurs der W-AG erweckt die Aufmerksamkeit des P. Im Oktober 2019 beginnt er daher damit, die Bilanzen der W-AG und ihrer – teils ausländischen – Tochtergesellschaften näher zu untersuchen. Dabei fallen ihm mehrere Bilanzrechtsverstöße einiger Tochtergesellschaften der W-AG auf, die sich auch auf den Konzernabschluss der W-AG auswirken. P trägt seine Erkenntnisse in einem Research Report zusammen, in dem er auch empfiehlt, Aktien der W-AG zu verkaufen, da diese deutlich überbewertet seien. Vor der avisierten Veröffentlichung des Research Reports verkauft P am 15.10.2019 50.000 Aktien der W-AG, über die er vorher mit der S-Bank ein wirksames Wertpapierdarlehen geschlossen hat, leer. Sodann veröffentlicht P am 16.10.2019 – wie von Anfang an geplant – seine Research Report im Internet. Dabei weist er gleich auf dem Deckblatt ausdrücklich darauf hin, dass er Leerverkäufe in den Aktien der W-AG getätigt hat und daher von fallenden Kursen profitieren kann. Über die Höhe seiner Leerverkaufsposition macht P keinerlei Angaben. Ebenso wenig veröffentlicht P seine Leerverkaufsposition iHv 0,5 % des ausgegebenen Aktienkapitals der W-AG, obwohl er dazu gemäß Art. 6 Abs. 1 LeerverkaufsVO verpflichtet wäre.

Aufgrund der Veröffentlichung des Research Reports fällt der Börsenkurs der Aktien der W-AG noch am gleichen Handelstag auf 50 EUR. Sodann erwirbt P die leerverkauften 100.000 Aktien der W-AG zum Kurs von 50 EUR pro Aktie und erfüllt damit den Rückgewähranspruch aus dem Wertpapierdarlehen mit der S-Bank. Insgesamt hat P (abzgl. der Wertpapierdarlehensgebühr) einen Gewinn von fast 2,5 Mio. EUR erzielt.

Die BaFin beginnt in der Folge mit ihren Ermittlungen. Dabei kommt sie nach einigen Monaten zu dem Ergebnis, dass die Ausführungen des P in seinem Research Report, den die BaFin – richtigerweise – als Anlageempfehlung iSd Art. 20 MAR einordnet, zwar inhaltlich zutreffend waren, P aber gleichwohl gegen Art. 14 und 15 MAR verstoßen habe. Sie erlässt daher gegen den P am 15.2.2020 einen Bußgeldbescheid, in dem sie ihm leichtfertige Verstöße gegen die §§ 120 Abs. 14 und 120 Abs. 15 Nr. 2 WpHG vorwirft. Der Verstoß gegen Art. 6 Abs. 1 LeerverkaufsVO wurde bereits vorab am 2.12.2019 in einem separaten Bußgeldbescheid geahndet, gegen den P nicht vorgegangen ist.

Aufgabe: P möchte gegen den Bußgeldbescheid der BaFin vom 15.2.2020 vorgehen. Er ist der Auffassung, dass ihm schon tatbestandsmäßig weder ein Insiderdelikt noch eine Marktmanipulation vorzuwerfen sind. Prüfen Sie in einem umfassenden Gutachten (nötigenfalls im Rahmen eines Hilfsgutachtens), ob P gegen das Insiderhandelsverbot und/oder gegen das Verbot der Marktmanipulation der MAR verstoßen hat.

Von der formellen Rechtmäßigkeit des Bußgeldbescheides ist auszugehen.

Bearbeitervermerk: Ein Leerverkauf ist ein Verkauf von Aktien, die sich zum Zeitpunkt des Eingehens der Verkaufsvereinbarung nicht im Eigentum des Verkäufers befinden. Bei einem gedeckten Leerverkauf, der nach Art. 12 LeerverkaufsVO nicht verboten ist, hat der Verkäufer über die von ihm zu liefernden Aktien vor Kaufvertragsschluss mit einem Dritten ein Wertpapierdarlehen (§ 607 BGB) – auch Wertpapierleihe genannt – abgeschlossen. So kann er seiner Lieferpflicht aus dem Leerverkauf nachkommen. Die für die Rückzahlung des Wertpapierdarlehens erforderlichen Aktien erwirbt der Leerverkäufer dann zu einem späteren Zeitpunkt zB an der Börse, überträgt sie an den Wertpapierdarlehensgeber zurück und schließt so seine Leerverkaufsposition. Er hofft, dass der Kurs der Aktien seit seinem Leerverkauf gefallen ist.

Hingewiesen sei auf die folgenden Normen:

Art. 6 LeerverkaufsVO. Offenlegung signifikanter Netto-Leerverkaufspositionen in Aktien gegenüber der Öffentlichkeit

(1) Natürliche oder juristische Personen, die eine Netto-Leerverkaufsposition im ausgegebenen Aktienkapital eines Unternehmens, dessen Aktien zum Handel an einem Handelsplatz zugelassen sind, halten, legen die Einzelheiten dieser Position im Einklang mit Artikel 9 offen, wenn sie eine in Absatz 2 des vorliegenden Artikels genannte Offenlegungsschwelle erreicht oder unterschreitet.

(2) Eine Offenlegungsschwelle liegt bei einem Prozentsatz von 0,5 % und danach jeweils in Intervallen von 0,1 % des ausgegebenen Aktienkapitals des betreffenden Unternehmens.

(3)–(5) […]

Art. 6 DelVO (EU) 2016/958 [zur Konkretisierung des Art. 20 Abs. 1 MAR]. Zusätzliche Bedingungen für die Offenlegung von Interessen und Interessenkonflikten durch die in Artikel 3 Absatz 1 Unterabsatz 34 Ziffer i der Verordnung (EU) Nr. 596/2014 genannten Personen und Sachverständigen

(1) Zusätzlich zu den in Artikel 5 verlangten Angaben nehmen die in Artikel 3 Absatz 1 Unterabsatz 34 Ziffer i der Verordnung (EU) Nr. 596/2014 genannten Personen und Sachverständigen in die Empfehlung die folgenden Informationen über ihre Interessen und Interessenkonflikte im Hinblick auf den Emittenten, auf den sich die Empfehlung direkt oder indirekt bezieht, auf:

a) wenn sie im Besitz einer Nettoverkaufs- oder -kaufposition sind, die die Schwelle von 0,5 % des gesamten emittierten Aktienkapitals des Emittenten überschreitet […], eine Erklärung dahingehend, ob es sich bei der Nettoposition um eine Verkaufs- oder Kaufposition handelt;

b), c) […]

(2)–(4) […]

Gliederung

Lösungsskizze

A. Formelle Rechtmäßigkeit

laut Bearbeitervermerk (+)

B. Materielle Rechtmäßigkeit

(+), wenn P gegen § 120 Abs. 15 Nr. 2 und § 120 Abs. 14 WpHG verstoßen hat

I. Verstoß gegen § 120 Abs. 15 Nr. 2 WpHG: dafür Verstoß gegen Art. 15, 12 MAR

1. Anwendungsbereich der MAR eröffnet (+)
2. Vorliegen einer Marktmanipulation gemäß Art. 12 MAR

a) Marktmanipulation gemäß Art. 12 Abs. 2 Buchst. d MAR durch Ausnutzen einer Stellungnahme

aa) Abgabe einer Stellungnahme unter Nutzung eines Medienzugangs
(+), Research Report ist Anlageempfehlung iSd Art. 20 MAR und damit auch Stellungnahme iSd Art. 12 Abs. 2 Buchst. d MAR

bb) Eingehen einer Position in Finanzinstrumenten vor Abgabe der Stellungnahme
(+), Position durch Leerverkäufe am 15.10.2019 und damit vor Abgabe der Stellungnahme am 16.10.2019

cc) Nutzenziehen aus den Auswirkungen der Stellungnahme
(+), weil Stellungnahme Auswirkungen auf Kurs hatte (Kurssturz) und P aus diesen Nutzen zog, indem er Aktien günstiger kaufen konnte um seine Leerverkaufsposition zu schließen

dd) Keine ordnungsgemäße Mitteilung eines Interessenkonflikts gleichzeitig mit der Abgabe
P hat Leerverkaufsposition als solche offengelegt, nicht aber deren konkrete Höhe. Dies aber im konkreten Fall wohl nicht erforderlich:

(1) Art. 6 LeerverkaufsVO
Wertungen des Art. 6 LeerverkaufsVO gebieten hier keine zwingende Offenlegung der konkreten Höhe, da Systematik der MAR, insbesondere Art. 6 DelVO (EU) 2016/958 dagegenspricht

(2) Art. 20 MAR
Art. 20 MAR und Art. 6 DelVO (EU) 2016/958 zwar im Rahmen der Offenlegung des Interessenkonflikts dann heranzuziehen, wenn Stellungnahme – wie hier – auch Anlageempfehlung iSd Art. 20 MAR. Hier aber kein Verstoß gegen Art. 6 DelVO (EU) 2016/958, weil Schwelle von 0,5 % nur erreicht und nicht überschritten wurde

(3) Zwischenergebnis
(–), kein Verstoß gegen Art. 15, 12 Abs. 2 Buchst. d MAR, weil ordnungsgemäße Offenlegung des Interessenkonflikts

b) Marktmanipulation gemäß Art. 12 Abs. 1 Buchst. a MAR
(–), da keine handelsgestützte Marktmanipulation vorliegt, weil gedeckte Leerverkäufe als solche keine falschen oder irreführenden Signale gesendet haben

c) Marktmanipulation gemäß Art. 12 Abs. 1 Buchst. b MAR

aa) Leerverkäufe und Research Report
(–), da P lediglich inhaltlich zutreffende Informationen über die W-AG in seinem Bericht zusammengefasst und verbreitet hat. Etwaige Irreführung durch Nichtoffenlegung des Umfangs der eigenen

Leerverkaufsposition wird abschließend durch Art. 12 Abs. 2 Buchst. d MAR erfasst

bb) Unterlassen der Offenlegung gemäß Art. 6 LeerverkaufsVO
(–), da allein durch die Unterlassung der Offenlegung nach Art. 6 LeerverkaufsVO eine Marktmanipulation gemäß Art. 15, 12 Abs. 1 Buchst. b MAR nicht in Betracht kommt

cc) Zwischenergebnis
Verstoß gegen Art. 12 Abs. 1 Buchst. b MAR liegt nicht vor

d) Marktmanipulation gemäß Art. 12 Abs. 1 Buchst. c MAR
(–), da Research Report inhaltlich zutreffende und nicht irreführende Informationen enthielt und etwaige Irreführung durch Nichtoffenlegung der Höhe der Leerverkaufsposition abschließend durch Art. 12 Abs. 2 Buchst. d MAR erfasst wird

3. Zwischenergebnis zum Verstoß gegen § 120 Abs. 15 Nr. 2 WpHG
Kein Verstoß gegen § 120 Abs. 15 Nr. 2 WpHG (aA vertretbar)

II. Verstoß gegen § 120 Abs. 14 WpHG
Erforderlich ist Verstoß gegen Art. 14 MAR

1. Anwendungsbereich (+)

2. Tätigen von Insidergeschäften (Art. 14 Buchst. a MAR)
Definition Insidergeschäft in Art. 8 Abs. 1 S. 1 MAR

a) Insiderinformation (Art. 7 MAR)
Als potenzielle Insiderinformation kommen zum einen der Research Report bzw. die in ihm zusammengetragenen Informationen und zum anderen das Wissen um die bevorstehende Veröffentlichung des Research Reports in Betracht.

aa) Research Report

(1) Information (+)

(2) Fehlende öffentliche Bekanntheit
(+); zwar wurde Research Report aus öffentlich verfügbaren Informationen erstellt. Durch Zusammentragen, Auswerten und Aufbereiten der Informationen und die im Research Report auch enthaltene Verkaufsempfehlung aber in jedem Fall nicht öffentlich bekannte neue Informationen

(3) Präzision (+)

(4) Direkter oder indirekter Emittenten- oder Finanzinstrumentenbezug (+)

(5) Eignung zur erheblichen Kursbeeinflussung (+)

(6) Teleologische Reduktion wegen Erwgr. 28 MAR
(+), da nach Erwgr. 28 MAR Analysen und Bewertungen, die aufgrund öffentlich verfügbarer Angaben erstellt wurden, nicht als Insiderinformationen angesehen werden sollten. Rückausnahme des Erwgr. 28 S. 2 MAR greift nicht

(7) Zwischenergebnis
Research Report bzw. die in ihm enthaltenen Informationen über die W-AG scheiden wegen der Wertungen des Erwgr. 28 S. 1 MAR als Insiderinformation aus.

bb) Information über die Absicht, den Research Report zu veröffentlichen

(+), da alle Voraussetzungen an Insiderinformation erfüllt. Fehlender Drittbezug der Information ist unter MAR keine Voraussetzung (vgl. Art. 9 Abs. 5 MAR). Teleologische Reduktion allein mit Blick auf Erwgr. 28 S. 2 MAR kommt nicht in Betracht.

b) Verfügen des P über die Information (+)

c) Erwerb oder Veräußerung eines Finanzinstruments, auf das sich die Information bezieht
(+), da P am 15.10.2019 50.000 Aktien der W-AG (leer-)verkauft und damit veräußert hat und sich Insiderinformation auf die W-AG und die Aktien der W-AG bezog, da es um die Absicht zur Veröffentlichung eines Research Reports über diese ging

d) Für fremde oder eigene Rechnung (+)

e) Nutzung der Insiderinformation
(+), da P den Leerverkauf nur getätigt hat, weil er bereits geplant hatte, im Anschluss den Research Report zu veröffentlichen. Auf „Spector"-Vermutung und damit deren mögliche Widerlegung kommt es nicht an

f) Teleologische Reduktion des Tatbestandes?
(+), da aus Art. 12 Abs. 2 Buchst. d MAR und Art. 20 Abs. 1 MAR folgt, dass das Vorgehen des P den Wertungsentscheidungen der MAR entspricht, solange er Interessenskonflikt ordnungsgemäß offenlegt

g) Zwischenergebnis
P hat daher nicht gegen Art. 14 Buchst. a MAR verstoßen

3. Empfehlung zur Tätigung eines Insidergeschäfts (Art. 14 Buchst. b MAR)
(–), da spätestens ab Veröffentlichung des Research Reports keine Insiderinformation mehr vorlag

4. Unrechtmäßige Offenlegung von Insiderinformationen (Art. 14 Buchst. c MAR)
(–), da der Research Report am 16.10.2019 im Internet veröffentlicht wurde und die Absicht über die Veröffentlichung einzelnen Personen vorab nicht mitgeteilt wurde

5. Zwischenergebnis
Insgesamt hat P nicht gegen Art. 14 MAR verstoßen

III. Zwischenergebnis zur materiellen Rechtmäßigkeit
Der Bußgeldbescheid ist materiell rechtswidrig, da P weder gegen § 120 Abs. 15 Nr. 2 noch gegen § 120 Abs. 14 WpHG verstoßen hat

C. Gesamtergebnis

P kann erfolgreich gegen den Bußgeldbescheid vorgehen, da dieser materiell rechtswidrig ist.

Lösung

Hinweise: (1.) Die Klausur behandelt eine typische Leerverkaufs-Attacke unter den Gesichtspunkten eines möglichen Verstoßes gegen die Insiderverbote und das Marktmanipulationsverbot der Marktmissbrauchsverordnung (MAR). Von einer Leerverkaufs-Attacke wird gesprochen, wenn ein Akteur zunächst Leerverkäufe in einer Aktie tätigt, sodann im Markt über diese Gesellschaft Informationen verbreitet, die – ggf. zusammen mit den Leerverkäufen – zu einem Kursverfall der leerverkauften Aktien führen, um nach dem eintretenden Kursverfall seine Leerverkaufspositionen schließlich zu den gesunkenen Kursen und also mit einem entsprechenden Gewinn zu schließen.[1] Zahlreiche deutsche Unternehmen sind in den letzten Jahren – teils mehrfach – Ziel derartiger Leerverkaufs-Attacken geworden. Die Beurteilung entsprechenden Vorgehens fällt in Deutschland oft sehr negativ aus. Besonders von Unternehmensseite wird vorgebracht, dass Leerverkaufs-Attacken vornehmlich missbräuchlich eingesetzt würden. Im Ausgangspunkt werden Leerverkäufe in der finanzökonomischen Forschung allerdings unter vielen Gesichtspunkten als wohlfahrtsfördernd betrachtet. Dem hat sich auch der europäische Gesetzgeber – jedenfalls unter normalen Marktbedingungen – mit der LeerverkaufsVO insbesondere hinsichtlich der Förderung der Genauigkeit und Schnelligkeit der Marktpreisbildung angeschlossen (Erwgr. 5 LeerverkaufsVO). Ohne die Möglichkeit von Leerverkäufen würden negative Informationen entweder überhaupt nicht oder nur verzögert in den Kurs einfließen.[2] Zur Untermauerung dieser Zusammenhänge wird darauf abgehoben, dass die Möglichkeit von Leerverkäufen Informationshändlern einen zusätzlichen und erwünschten (!) Anreiz gibt, auch nach negativen Informationen aktiv zu suchen. Theoretisch erfüllen Leerverkaufsaktivisten daher eine wichtige Aufgabe zur Steigerung der Informationseffizienz des Marktes. Andererseits wird Leerverkaufs-Attacken – wie Leerverkäufen im Allgemeinen – das Potenzial zur Herbeiführung von Marktverwerfungen zugesprochen.[3] Insbesondere im Umfeld „nervöser" Kapitalmärkte haben sie durchaus das Potenzial, einen übertriebenen, weil durch die Informationen nicht gerechtfertigten, Abwärtstrend auszulösen. In jedem Fall nachteilig sind sie zudem, wenn sie unter Verbreitung falscher oder irreführender Informationen durchgeführt werden.

(2.) Da die Verhaltensverbote der MAR im Wesentlichen durch Straf- und Ordnungswidrigkeitentatbestände (§§ 119, 120 WpHG) flankiert und durchgesetzt werden, ist die Klausur – für den Schwerpunkt Kapitalmarkt- und Kapitalgesellschaftsrecht vielleicht untypisch – in ein Vorgehen gegen einen Bußgeldbescheid eingekleidet. Die alternative und eher typische Einkleidung in Haftungsfragen spiegelt die tatsächliche Praxis nur wenig wider, da Insiderhandels- und Marktmanipulationsverbote ganz wesentlich öffentlich-rechtlich durchgesetzt werden. Zivilrechtliche Ansprüche spielen praktisch eine deutlich untergeordnete Rolle, auch weil die jedenfalls bislang herrschende Auffassung die Schutzgesetzqualität der Art. 14 und 15 MAR verneint (dazu → Fall 7 Rn. 5 ff.).[4]

(3.) Von den Bearbeitern werden keine vertieften Kenntnisse zum einschlägigen Verfahren (Einspruch) und zur formellen Rechtmäßigkeit eines Bußgeldbescheides erwartet. Die formelle Rechtmäßigkeit des Bußgeldbescheides wird daher vorgegeben. Hinsichtlich des Vorgehens gegen den Bußgeldbescheid genügt es, wenn die Bearbeiter erkennen, dass ein solches erfolgversprechend ist, wenn der Bußgeldbescheid materiell rechtswidrig ist. Im Folgenden werden Hinweise zum Einspruch (§§ 67 ff. OWiG) und zur formellen Rechtmäßigkeit des Bußgeldbescheides daher nur der Vollständigkeit halber aufgenommen.

(4.) Da es sich vorliegend um einen Bußgeldbescheid handelt, richtet sich ein Vorgehen gegen diesen nach dem OWiG.[5] Das statthafte Rechtsmittel ist ein Einspruch nach den §§ 67 ff. OWiG. Form und Frist des Einspruchs richten sich nach § 67 Abs. 1 OWiG, wonach der Betroffene gegen den Bußgeldbescheid innerhalb von zwei Wochen nach Zustellung schriftlich oder zur Niederschrift bei der Verwaltungsbehörde, die den Bußgeldbescheid erlassen hat, Einspruch einlegen muss.

(5.) Über den Einspruch entscheidet sodann das Amtsgericht, in dessen Bezirk die Verwaltungsbehörde ihren Sitz hat (§ 68 Abs. 1 S. 1 OWiG). Für Einsprüche gegen Bußgeldbescheide der BaFin ist das AG Frankfurt a. M. und dort der Richter beim Amtsgericht (§ 68 Abs. 1 S. 2 OWiG) zuständig (§ 1 Abs. 3 S. 2 FinDAG).[6]

---

1 *Mülbert/Sajnovits* BKR 2019, 313; *Mülbert* ZHR 182 (2018), 105; ASM WertpapierhandelsR/*Mülbert/Sajnovits* VO Nr. 236/2012 Vor Art. 1 Rn. 70 – jeweils mwN.

2 *Mülbert/Sajnovits* BKR 2019, 313; *Mülbert* ZHR 182 (2018), 105; ASM WertpapierhandelsR/*Mülbert/Sajnovits* VO Nr. 236/2012 Vor Art. 1 Rn. 70 – jeweils mwN.

3 *Mülbert/Sajnovits* BKR 2019, 313; *Mülbert* ZHR 182 (2018), 105; ASM WertpapierhandelsR/*Mülbert/Sajnovits* VO Nr. 236/2012 Vor Art. 1 Rn. 70 – jeweils mwN.

4 Zu zivilrechtlichen Ansprüchen bei Leerverkaufs-Attacken siehe *Mülbert/Sajnovits* BKR 2019, 313, 322 f.

5 Nach § 2 OWiG gilt dieses für alle Ordnungswidrigkeiten nach Bundes- oder Landesrecht und damit auch für § 120 WpHG, siehe nur ASM WertpapierhandelsR/*Spoerr* WpHG § 120 Rn. 65.

6 ASM WertpapierhandelsR/*Spoerr* WpHG § 121 Rn. 14.

P kann erfolgreich gegen den Bußgeldbescheid vorgehen, wenn dieser formell und/ oder materiell rechtswidrig ist. 1

A. Formelle Rechtmäßigkeit

Der Bußgeldbescheid ist laut Bearbeitervermerk formell rechtmäßig. 2

Hinweis: Für das Verfahren zum Erlass eines Bußgeldbescheides durch die BaFin gelten die allgemeinen Verfahrensvorschriften der §§ 46ff. OWiG,[7] wobei § 46 Abs. 1 OWiG die Verfahrensvorschriften der StPO für subsidiär anwendbar erklärt.

- *Zuständigkeit:* Die BaFin ist sachlich und örtlich[8] zuständige Verwaltungsbehörde für die Verfolgung und Ahndung (§ 35 OWiG) von Ordnungswidrigkeiten aus dem WpHG (§ 121 WpHG iVm § 36 Abs. 1 Nr. 1 OWiG), die im Inland begangen wurden.[9]
- *Verfahren:* Dem Erlass des Bußgeldbescheides geht ein sog. Vorverfahren voraus. In diesem Rahmen ist insbesondere dem Betroffenen Gelegenheit zu geben, sich zu der Beschuldigung zu äußern (§ 55 Abs. 1 OWiG).
- *Form:* Hinsichtlich der Form machen weder das WpHG noch das OWiG ausdrückliche Vorgaben. Allerdings schreibt § 51 Abs. 2 OWiG die Zustellung des Bußgeldbescheides vor, und § 66 OWiG macht Vorgaben hinsichtlich des notwendigen Inhalts des Bußgeldbescheides, woraus nach allgemeiner Ansicht ein Gebot der Schriftlichkeit folgt.[10]

B. Materielle Rechtmäßigkeit des Bußgeldbescheides

Der Bußgeldbescheid müsste zudem materiell rechtmäßig sein. Dafür müsste P gegen § 120 Abs. 15 Nr. 2 und § 120 Abs. 14 WpHG verstoßen haben. 3

I. Verstoß gegen § 120 Abs. 15 Nr. 2 WpHG

P könnte gegen § 120 Abs. 15 Nr. 2 WpHG verstoßen haben. 4

Nach § 120 Abs. 15 Nr. 2 WpHG handelt ordnungswidrig, wer gegen die MAR verstößt, indem er vorsätzlich oder leichtfertig entgegen Art. 15 MAR eine Marktmanipulation begeht. Artikel 15 MAR verbietet Marktmanipulationen und deren Versuch. Was Marktmanipulationen iSd MAR sind, wird durch Art. 12 MAR bestimmt. 5

P müsste als Adressat – und damit als Betroffener – des Bußgeldbescheides somit zumindest leichtfertig eine Marktmanipulation nach Art. 15, 12 MAR verwirklicht oder versucht haben. 6

1. Anwendungsbereich

Ein Verstoß gegen Art. 15 MAR setzt zunächst voraus, dass der Anwendungsbereich des Marktmanipulationsverbots eröffnet ist. Dieser unterteilt sich in den sachlichen, den personellen und den räumlichen Anwendungsbereich. 7

[7] ASM WertpapierhandelsR/*Spoerr* WpHG § 121 Rn. 9.

[8] Die BaFin ist die einzige sachlich zuständige Behörde und damit auch örtlich zuständig, siehe Schwark/Zimmer/*Böse/Jansen* WpHG § 121 Rn. 1.

[9] ASM WertpapierhandelsR/*Spoerr* WpHG § 121 Rn. 9.

[10] KK-OWiG/*Kurz* OWiG § 65 Rn. 12.

Hinweis: Die Eröffnung des Anwendungsbereichs der MAR ist hier unproblematisch und könnte in einer Klausur sehr knapp bejaht werden. Die folgende Darstellung ist aus didaktischen Gründen ausführlicher.

a) Sachlicher Anwendungsbereich

8 Zunächst müsste der sachliche Anwendungsbereich des Marktmanipulationsverbots eröffnet sein. Die MAR ist nach Art. 2 Abs. 1 Buchst. a MAR unter anderem für Finanzinstrumente, die zum Handel auf einem geregelten Markt zugelassen sind, anwendbar.[11] Da sich die potenzielle Marktmanipulation des P auf die Aktien der W-AG bezogen hat, müsste es sich bei diesen um Finanzinstrumente handeln, die zum Handel auf einem geregelten Markt zugelassen sind.

9 Ein Finanzinstrument iSd MAR ist nach Art. 3 Abs. 1 Nr. 1 MAR ein Finanzinstrument iSv Art. 4 Abs. 1 Nr. 15 MiFID II, der seinerseits auf Anh. I Abschn. C MiFID II verweist. Aktien können damit grundsätzlich Finanzinstrumente iSd MAR sein, da sie in Anh. I Abschn. C MiFID II aufgezählt sind.

10 Artikel 3 Abs. 1 Nr. 6 MAR verweist für die Definition des geregelten Marktes auf Art. 4 Abs. 1 Nr. 21 MiFID II. Danach ist ein geregelter Markt ein von einem Marktbetreiber betriebenes und/oder verwaltetes multilaterales System, das die Interessen einer Vielzahl Dritter am Kauf und Verkauf von Finanzinstrumenten innerhalb des Systems und nach seinen nichtdiskretionären Regeln in einer Weise zusammenführt oder das Zusammenführen fördert, die zu einem Vertrag in Bezug auf Finanzinstrumente führt, die gemäß den Regeln und/oder den Systemen des Marktes zum Handel zugelassen wurden, und das eine Zulassung erhalten hat und ordnungsgemäß und gemäß Titel III MiFID II funktioniert. Artikel 44 Abs. 1 MiFID II schreibt vor, dass geregelte Märkte der Zulassung durch die Mitgliedstaaten bedürfen.[12] In Deutschland genügt allein der regulierte Markt der Börsen iSv § 32 BörsG diesen Anforderungen.[13]

Hinweis: Die Terminologie im deutschen Recht ist nicht an die Begrifflichkeiten der MAR und der MiFID II angepasst. Ein *geregelter Markt* iSd Art. 3 Abs. 1 Nr. 6 MAR iVm Art. 4 Abs. 1 Nr. 21 MiFID II ist in Deutschland in der Terminologie des Börsengesetzes der *regulierte Markt* iSd §§ 32 ff. BörsG. In der Terminologie des WpHG handelt es sich dabei um den *organisierten Markt* iSd § 2 Abs. 11 WpHG.[14]

11 Die Aktien der W-AG sind an der Frankfurter Wertpapierbörse zugelassen und im MDAX gelistet. Bei der Frankfurter Wertpapierbörse handelt es sich um einen regulierten Markt iSd § 32 BörsG und damit um einen geregelten Markt iSd Art. 4 Abs. 1 Nr. 21 MiFID II und des Art. 3 Abs. 1 Nr. 6 MAR. Da die Aktien der W-AG an der Frankfurter Wertpapierbörse als organisiertem Markt iSd MAR zugelassen sind, ist der sachliche Anwendungsbereich der MAR gemäß Art. 2 Abs. 1 Buchst. a Alt. 1 MAR eröffnet.

Hinweis: Voraussetzung für die Eröffnung des Anwendungsbereichs nach Art. 2 Abs. 1 Buchst. a MAR ist, dass die Finanzinstrumente zum Handel an einem regulierten Markt zugelassen sind oder dass zumindest ein Zulassungsantrag gestellt wurde. Die Zulassung zum regulierten Markt einer Börse erfolgt

[11] Zum Anwendungsbereich siehe *Poelzig* KapMarktR Rn. 418 ff.
[12] ASM WertpapierhandelsR/*Assmann* VO Nr. 596/2014 Art. 3 Rn. 13.
[13] ASM WertpapierhandelsR/*Assmann* VO Nr. 596/2014 Art. 3 Rn. 11.
[14] *Langenbucher* AktKapMarktR § 13 Rn. 9.

durch Verwaltungsakt und richtet sich nach den §§ 32, 34 BörsG iVm BörsZulV.[15] Erforderlich ist ein Zulassungsantrag des Emittenten zusammen mit einem Kreditinstitut (§ 32 Abs. 2 BörsG). Zulassungsvoraussetzungen sind insbesondere (1.) das Vorliegen eines Zulassungsprospekts (§ 32 Abs. 3 Nr. 2 BörsG, Art. 3 Abs. 1 EU-ProspektVO) und (2.) die Billigung des Prospekts durch die BaFin (Art. 20 EU-ProspektVO), (3.) die Erfüllung bestimmter Voraussetzungen an übertragbare Wertpapiere nach § 32 Abs. 3 Nr. 1 BörsG iVm Art. 35 DelVO (EU) 2017/565, wozu insbesondere die Fungibilität der Wertpapiere zählt und (4.), dass grundsätzlich mindestens 25% des Gesamtnennbetrags der Wertpapiere im Streubesitz sind (§§ 32 Abs. 3 Nr. 1, 34 BörsG iVm BörsZulV).

b) Persönlicher Anwendungsbereich

Ferner müsste der persönliche Anwendungsbereich des Marktmanipulationsverbots eröffnet sein. Das Verbot der Marktmanipulation richtet sich an alle natürlichen und juristischen Personen[16] und erfasst sowohl einzeln als auch in Gemeinschaft handelnde Personen.[17] Da eine Marktmanipulation des P als natürlicher Person im Raum steht, ist der persönliche Anwendungsbereich des Art. 15 MAR eröffnet. **12**

c) Räumlicher Anwendungsbereich

Die MAR müsste schließlich auf den Sachverhalt auch räumlich anwendbar sein, wobei insoweit zwischen dem räumlichen Anwendungs- und dem räumlichen Geltungsbereich der Bestimmungen zu unterscheiden ist.[18] Da alle Handlungen zur etwaigen Marktmanipulation des P in Deutschland vollzogen wurden, ist der räumliche Anwendungsbereich der Vorschriften eröffnet. **13**

d) Zwischenergebnis

Insgesamt ist der Anwendungsbereich des Marktmanipulationsverbots in sachlicher, persönlicher und räumlicher Hinsicht eröffnet. **14**

2. Vorliegen einer Marktmanipulation gemäß Art. 12 MAR

Ferner müsste P eine Marktmanipulation verwirklicht haben. Der Begriff der Marktmanipulation wird durch Art. 12 MAR bestimmt, wobei Art. 12 Abs. 2 MAR bestimmte zwingende Beispiele von Marktmanipulationen und Art. 12 Abs. 1 MAR die allgemeine Begriffsbestimmung enthält. **15**

Hinweise: (1.) In Anlehnung an die in der ökonomischen Forschung gängige Unterscheidung hat sich auch im juristischen Schrifttum eine Unterscheidung zwischen handels-, handlungs- und informationsgestützten Marktmanipulationen etabliert.[19] Artikel 12 MAR lehnt sich an diese gängige Unterteilung nur lose an und wartet mit einer eigenen Unterteilung und Systematik auf.[20]
(2.) Da es sich bei Art. 12 Abs. 2 MAR um die Aufzählung zwingender Beispiele von Marktmanipulationen iSd Art. 12 Abs. 1 MAR handelt,[21] sollte die Prüfung mit in Betracht kommenden Beispielen des Abs. 2 begonnen und die allgemeinen Tatbestände des Abs. 1 im Anschluss geprüft werden.

[15] *Langenbucher* AktKapMarktR § 13 Rn. 12.
[16] MVR MarktmissbrauchsR-HdB/*Teigelack* § 12 Rn. 22.
[17] ASM WertpapierhandelsR/*Mülbert* VO Nr. 596/2014 Art. 12 Rn. 38.
[18] Weiterführend ASM WertpapierhandelsR/*Mülbert* VO Nr. 596/2014 Art. 12 Rn. 41 ff.
[19] *Langenbucher* AktKapMarktR § 16 Rn. 3.
[20] Näher *Langenbucher* AktKapMarktR § 16 Rn. 3.
[21] ASM WertpapierhandelsR/*Mülbert* VO Nr. 596/2014 Art. 12 Rn. 5. Teilweise wird auch von Regelbeispielen gesprochen.

a) Marktmanipulation gemäß Art. 12 Abs. 2 Buchst. d MAR durch Ausnutzen einer Stellungnahme

16 Indem P Leerverkaufspositionen in den Aktien der W-AG eingegangen ist und anschließend einen Research Report über die W-AG veröffentlicht hat, könnte er eine Marktmanipulation nach Art. 12 Abs. 2 Buchst. d MAR verwirklicht haben.

17 Nach Art. 12 Abs. 2 Buchst. d MAR gelten als Marktmanipulation die Ausnutzung eines gelegentlichen oder regelmäßigen Zugangs zu den traditionellen oder elektronischen Medien durch Abgabe einer Stellungnahme zu einem Finanzinstrument, wobei zuvor Positionen in diesem Finanzinstrument eingegangen wurden und anschließend Nutzen aus den Auswirkungen der Stellungnahme auf den Kurs dieses Finanzinstruments gezogen wird, ohne dass der Öffentlichkeit gleichzeitig dieser Interessenkonflikt ordnungsgemäß und wirksam mitgeteilt wird.

aa) Abgabe einer Stellungnahme unter Nutzung eines gelegentlichen oder regelmäßigen Medienzugangs

18 P müsste zunächst eine Stellungnahme unter Nutzung eines gelegentlichen oder regelmäßigen Medienzugangs abgegeben haben.

19 Einen gelegentlichen oder regelmäßigen Zugang zu den traditionellen oder elektronischen Medien haben vor allem medial präsente Personen (zB in der Öffentlichkeit bekannte Analysten und Wirtschaftsjournalisten), mit Blick auf das universell zugängliche Internet („Chat-Foren" etc) im Grunde aber jedermann.[22] Die Internetveröffentlichung des P genügt jedenfalls den Anforderungen an einen gelegentlichen Medienzugang.[23]

20 Für eine Abgabe ist eine Entäußerung der Stellungnahme – gleich in welcher Kommunikationsform[24] – in Richtung auf einen Erklärungsempfänger erforderlich.[25] Ausdrückliche Anforderungen an die Publizität der Stellungnahme stellt das Gesetz nicht.[26] Es ist deshalb grundsätzlich unerheblich, an wie viele Personen die Stellungnahme adressiert bzw. gegenüber wie vielen Personen sie abgegeben wird.[27] Zwar wird es typisch sein, dass die Stellungnahme öffentlich gemacht oder jedenfalls an eine große Zahl von Personen adressiert wird. Zwingend ist dies jedoch nicht. Die allgemein zugängliche Veröffentlichung des Research Reports im Internet genügt diesen Anforderungen an eine Abgabe.

---

22 ASM WertpapierhandelsR/*Mülbert* VO Nr. 596/2014 Art. 12 Rn. 246; Klöhn/*Schmolke* MAR Art. 12 Rn. 366.

23 AA *Langenbucher/Hau/Wentz* ZBB 2019, 307, 312, nach denen der Zugang als Zugang zu journalistischen Produkten zu verstehen ist. Wie hier aber die hL, siehe nur Klöhn/*Schmolke* MAR Art. 12 Rn. 366; ASM WertpapierhandelsR/*Mülbert* VO Nr. 596/2014 Art. 12 Rn. 246.

24 ASM WertpapierhandelsR/*Mülbert* VO Nr. 596/2014 Art. 12 Rn. 246; Staub/*Grundmann* Bankvertragsrecht 2, 6. Teil Rn. 467.

25 ASM WertpapierhandelsR/*Mülbert* VO Nr. 596/2014 Art. 12 Rn. 246; Klöhn/*Schmolke* MAR Art. 12 Rn. 366.

26 ASM WertpapierhandelsR/*Mülbert* VO Nr. 596/2014 Art. 12 Rn. 246; Klöhn/*Schmolke* MAR Art. 12 Rn. 367.

27 ASM WertpapierhandelsR/*Mülbert* VO Nr. 596/2014 Art. 12 Rn. 246; Klöhn/*Schmolke* MAR Art. 12 Rn. 367.

Bei dem Research Report müsste es sich zudem um eine Stellungnahme iSd Art. 12 Abs. 2 Buchst. d MAR handeln. Der Begriff ist in der MAR nicht legaldefiniert. Eine Stellungnahme zu einem Finanzinstrument kann insbesondere in einer Anlageempfehlung (Art. 3 Abs. 1 Nr. 35 MAR), aber auch in jeder anderen mündlichen, schriftlichen oder sonstigen Äußerung zu einem entsprechenden Instrument bzw. seinem Emittenten liegen.[28] Darauf, ob die Stellungnahme wahr oder unwahr, begründet oder unbegründet, vertretbar oder unvertretbar ist, kommt es bei Art. 12 Abs. 2 Buchst. d MAR nicht an.[29] Der Research Report wurde von der BaFin zutreffend als Anlageempfehlung iSd Art. 20 MAR eingeordnet, weshalb er in jedem Fall auch die geringeren Anforderungen an eine Stellungnahme iSv Art. 12 Abs. 2 Buchst. d MAR erfüllt. **21**

bb) Eingehen einer Position im Finanzinstrument vor Abgabe der Stellungnahme

Vor der Abgabe der Stellungnahme müsste P eine Position in den Aktien der W-AG eingegangen sein. **22**

Eine Position wird insbesondere durch das Halten einer Short- oder Long-Position in einem Instrument eingegangen.[30] **23**

Hinweis: Eine Long-Position in den Aktien eines Emittenten resultiert aus dem Halten einer Aktie oder aus der Innehabung eines Finanzinstruments, aufgrund dessen die jeweilige natürliche oder juristische Person von einer Kurs- oder Wert*steigerung* der Aktie profitiert. Eine Short-Position in den Aktien eines Emittenten ergibt sich demgegenüber entweder aus dem Leerverkauf einer von einem Unternehmen begebenen Aktie oder aus dem Eintritt in ein Rechtsgeschäft, kraft dessen die eintretende Partei von einem fallenden Kurs bzw. einer Wert*minderung* der Aktie profitiert.

Entscheidend ist aus teleologischer Sicht, dass etwaige Kursveränderungen des Finanzinstruments auch Auswirkungen auf den Vermögenswert der eingegangenen Position haben. Dies ist bei den hier im Raum stehenden Leerverkäufen der Fall. Durch die Leerverkäufe des P kann dieser wirtschaftlich von einer Veränderung des Aktienkurses der W-AG profitieren, nämlich wenn der Kurs fallen sollte. **24**

Vor der Abgabe der Stellungnahme ist als zeitliche Einschränkung zu verstehen, verlangt allerdings keinen engen zeitlichen Zusammenhang zwischen Stellungnahme und Positionseingehung, sodass die Positionseingehung auch deutlich vor der Abgabe der Stellungnahme liegen kann.[31] P hat die Leerverkäufe am 15.10. 2019 getätigt und am 16.10.2019 seinen Research Report im Internet veröffentlicht. Die Positionseingehung lag daher vor der Abgabe iSd Norm. Zudem ist sogar ein unmittelbarer zeitlicher Zusammenhang gegeben. **25**

---

28 ASM WertpapierhandelsR/*Mülbert* VO Nr. 596/2014 Art. 12 Rn. 247; Klöhn/*Schmolke* MAR Art. 12 Rn. 367.

29 ASM WertpapierhandelsR/*Mülbert* VO Nr. 596/2014 Art. 12 Rn. 247; *Langenbucher* AktKapMarktR § 16 Rn. 19.

30 ASM WertpapierhandelsR/*Mülbert* VO Nr. 596/2014 Art. 12 Rn. 248; enger Klöhn/*Schmolke* MAR Art. 12 Rn. 369, der Derivatepositionen nicht als erfasst ansieht und auf den Grundtatbestand nach Art. 12 Abs. 1 Buchst. b MAR verweist. Richtigerweise lässt sich der Begriff der „Position" nicht auf das unmittelbare Halten des jeweiligen Instruments beschränken. So wird etwa auch beim Begriff der Long-Position iSd Art. 3 LeerverkaufsVO unbestritten auch eine derivative Position erfasst.

31 ASM WertpapierhandelsR/*Mülbert* VO Nr. 596/2014 Art. 12 Rn. 248; Klöhn/*Schmolke* MAR Art. 12 Rn. 371.

26 P ist damit vor Abgabe der Stellungnahme eine Position in den Aktien der W-AG eingegangen.

cc) Nutzenziehen aus den Auswirkungen der Stellungnahme

27 P müsste ferner nach der Abgabe der Stellungnahme Nutzen aus den Auswirkungen der Stellungnahme auf den Kurs der Aktien der W-AG gezogen haben.

28 Um einen Nutzen aus den Auswirkungen der Stellungnahme auf den Kurs der Aktien der W-AG ziehen zu können, muss die Stellungnahme zunächst überhaupt Auswirkungen auf den Kurs haben. Die geforderten Auswirkungen auf den Kurs können sowohl in einem Kursanstieg oder einem Kursverfall, als auch in einer (künstlichen) Kursstabilisierung liegen.[32] Zum anderen muss der sich Äußernde aus diesen Auswirkungen einen Nutzen ziehen, der seinerseits mit den vorher eingegangenen Positionen in Verbindung steht.[33] Mithin müssen die Positionen, deren Wert aufgrund der Abgabe der Stellungnahme gestiegen, gefallen oder gleichgeblieben ist, nach der Abgabe der Stellungnahme aufgelöst werden.[34]

29 Der Kurs der Aktien der W-AG ist unmittelbar nach der Veröffentlichung der Stellungnahme des P stark gefallen. Da der Sachverhalt keine sonstigen Gründe für diesen starken Kursverfall aufführt, kann der enge zeitliche Zusammenhang mit der Veröffentlichung jedenfalls als starkes Indiz dafür gewertet werden, dass gerade die Stellungnahme des P Auswirkungen auf den Kurs hatte. Aus diesen Auswirkungen hat P auch einen Nutzen gezogen, da er sich mit den Aktien der W-AG zum gesunkenen Kurs eingedeckt hat, um seine Leerverkaufsposition gegenüber der S-Bank wieder zu schließen. Damit hat P nach Abgabe der Stellungnahme Nutzen aus den Auswirkungen der Stellungnahme auf den Kurs der Aktien der W-AG gezogen.

dd) Keine ordnungsgemäße Mitteilung eines Interessenkonflikts gleichzeitig mit der Abgabe

Hinweis: Aus chronologischer Sicht hätte die ordnungsgemäße Mitteilung des Interessenkonflikts unmittelbar nach der Abgabe der Stellungnahme geprüft werden können. Da es sich allerdings um das für die Klausurlösung an dieser Stelle zentrale Tatbestandsmerkmal handelt, bei dem gute Gründe sowohl für als auch gegen eine Verwirklichung sprechen, bietet sich eine Prüfung am Ende an. So müssen die anderen Tatbestandsmerkmale nicht im Hilfsgutachten geprüft werden. Es handelt sich also um eine klausurtaktische Erwägung. Wo immer möglich, sollten Sie durch den Aufbau ihres Gutachtens vermeiden, Fragen hilfsgutachterlich zu beantworten.

30 Schließlich dürfte P den Interessenskonflikt der Öffentlichkeit nicht gleichzeitig mit der Abgabe der Stellungnahme ordnungsgemäß und wirksam mitgeteilt haben.

31 Der von Art. 12 Abs. 2 Buchst. d MAR angesprochene Interessenkonflikt resultiert aus der Möglichkeit der Nutzenziehung aus den potenziellen Auswirkungen der Stellungnahme auf den Kurs der Finanzinstrumente. Durch die Stellungnahme werden Informationen zu einem Emittenten bzw. seinen Finanzinstrumenten verbreitet. Artikel 12 Abs. 2 Buchst. d MAR ist die gesetzgeberische Wertungsentscheidung zu entnehmen, dass diese Informationsverbreitung nur dann rechtmäßig ist, wenn eine etwaige Nutzenziehungsmöglichkeit durch die Eingehung von Posi-

[32] ASM WertpapierhandelsR/*Mülbert* VO Nr. 596/2014 Art. 12 Rn. 250.

[33] ASM WertpapierhandelsR/*Mülbert* VO Nr. 596/2014 Art. 12 Rn. 250; Klöhn/*Schmolke* MAR Art. 12 Rn. 373 f.

[34] Klöhn/*Schmolke* MAR Art. 12 Rn. 373.

tionen in den Finanzinstrumenten gleichzeitig mit der Verbreitung der Stellungnahme offengelegt wird. Dahinter steht die Überlegung, dass der Markt die Informationen nur dann korrekt bewerten kann, wenn klar ist, ob derjenige, der die Informationen verbreitet, von einer Kursveränderung der Wertpapiere profitiert.[35] Durch Art. 12 Abs. 2 Buchst. d MAR wird eine Informationsverbreitung iSd Art. 12 Abs. 1 Buchst. b MAR typisiert für irreführend erklärt, wenn die wirksame und ordnungsgemäße Offenlegung des Interessenkonflikts unterbleibt. Ob der Kapitalmarkt die Information tatsächlich unzutreffend einpreist, ist unerheblich.

Da P gleichzeitig mit der Veröffentlichung des Research Reports auf dessen Deckblatt ausdrücklich darauf hingewiesen hat, dass er Leerverkäufe in den Aktien der W-AG getätigt hat und daher von fallenden Kursen profitieren kann, hat er jedenfalls seinen Interessenskonflikt gleichzeitig mit der Abgabe der Stellungnahme offengelegt. Fraglich ist lediglich, ob er diesen wirksam und ordnungsgemäß offengelegt hat. Dabei ist insbesondere fraglich, ob P auch die konkrete Höhe seiner Leerverkaufsposition hätte offenlegen müssen. **32**

Hinweis: Diese Stelle ist ein argumentativer Schwerpunkt der Klausur, bei dem Sie mit den Angaben aus dem Sachverhalt und dem Schutzzweck der Regelung vertieft argumentieren sollten. Der Sachverhalt weist auf das Problem hin, da es ausdrücklich heißt, dass P keinerlei Angaben über die Höhe seiner Leerverkaufsposition macht. Dogmatisch und systematisch herausfordernd ist die Einbindung der Wertungen des Art. 6 LeerverkaufsVO und des Art. 20 MAR. Diese kann in der hier dargestellten Tiefe auch von sehr guten Bearbeiterinnen und Bearbeitern nicht erwartet werden.

Die Pflicht zur Offenlegung von Interessenkonflikten soll sicherstellen, dass die verbreiteten Informationen durch den Markt korrekt eingepreist werden. Werden Informationen über einen Emittenten oder über ein Finanzinstrument verbreitet, die Einfluss auf die Preisbildung nehmen können, dann ist die Information über eine Profitmöglichkeit des jeweils die Information Verbreitenden naheliegenderweise eine für die Bewertung der Informationen relevante zusätzliche Information. Dies gilt umso mehr, wenn mit der Informationsverbreitung auch eine Anlageempfehlung verbunden ist und der Empfehlende genau dann persönlich profitieren würde, wenn möglichst viele Investoren der Anlageempfehlung folgen würden. Beides ist der Fall, da P negative Informationen über die W-AG verbreitet und zusätzlich die Empfehlung zum Verkauf der Aktien der W-AG macht. Durch seine eigene Leerverkaufsposition kann er von einem fallenden Kurs der W-Aktie profitieren. **33**

Da P den Interessenskonflikt als solchen offengelegt und deutlich auf dem Deckblatt seines Research Reports hervorgehoben hat, war der Markt im Ausgangspunkt durchaus in der Lage, die im Research Report veröffentlichten Informationen auch vor dem Hintergrund der wirtschaftlichen Interessenlage des P zu bewerten. Eine konkrete Angabe zum Umfang der eigenen Position ist dafür grundsätzlich nicht erforderlich,[36] denn schon durch die Tatsache des Bestehens eines Interessenkonflikts sind die Marktteilnehmer vorgewarnt und können eine ggf. erhöhte Sorgfalt bei der Auswertung der Informationen walten lassen. **34**

35 Vgl. *Langenbucher* AktKapMarktR § 16 Rn. 19.

36 So etwa ASM WertpapierhandelsR/*Mülbert* VO Nr. 596/2014 Art. 12 Rn. 249; MVR MarktmissbrauchsR-HdB/*Teigelack* § 13 Rn. 80; aA Klöhn/*Schmolke* MAR Art. 12 Rn. 376.

35 Etwas anderes könnte sich allerdings bei Berücksichtigung der Wertungen des Art. 6 LeerverkaufsVO (→ Rn. 36f.) oder des Art. 20 MAR (→ Rn. 38ff.) ergeben. Im Einzelnen:

(1) Art. 6 LeerverkaufsVO

36 Artikel 6 LeerverkaufsVO verpflichtet zur Offenlegung von Netto-Leerverkaufsposition im ausgegebenen Aktienkapital eines Unternehmens, soweit diese die Schwelle von 0,5 % erreichen oder überschreiten. Laut Angaben im Sachverhalt hat P diese Schwelle erreicht. Aus der Offenlegungspflicht könnte gefolgert werden, dass im Falle von Leerverkaufspositionen jedenfalls bei Erreichen oder Überscheiten der Schwellenwerte auch zu einer ordnungsgemäßen Offenlegung des Interessenkonflikts im Rahmen des Art. 12 Abs. 2 Buchst. d MAR eine Angabe zur Höhe der Leerverkaufsposition erforderlich ist. Denn immerhin ist Zweck des Art. 6 LeerverkaufsVO gerade auch die Steigerung der Informationseffizienz des Marktes (vgl. Erwgr. 7 S. 3 LeerverkaufsVO), womit diesem auch die gesetzgeberische Wertung zu entnehmen ist, dass Informationen über derart hohe Leerverkaufspositionen für den Markt von Interesse sind.

37 Dagegen spricht allerdings zum einen, dass es inkonsistent erschiene, würde nur im Falle einer Short-, nicht aber im Falle einer Long-Position eine Angabe zum Umfang verlangt werden. Denn aus Sicht des Art. 12 MAR sind ungerechtfertigte Kurssteigerungen ebenso schädlich wie ungerechtfertigte Kurssenkungen. Zudem spricht auch die Systematik der MAR gegen eine zwingende Übertragung der Wertungen des Art. 6 LeerverkaufsVO im Rahmen der Auslegung des Art. 12 Abs. 2 Buchst. d MAR. Artikel 20 MAR iVm Art. 5 und 6 DelVO (EU) 2016/958 fordert nämlich unter bestimmten Umständen ausdrücklich und unter Bezugnahme auf die LeerverkaufsVO eine Offenlegung von Nettokauf- und Nettoverkaufspositionen (→ Rn. 39). Wenn der Unionsgesetzgeber diese Anforderung im Rahmen des Art. 20 MAR ausdrücklich und für eng begrenzte Anwendungsfälle festschreibt, dann spricht dies gegen eine Übertragung entsprechender Überlegungen im Rahmen der Auslegung des Art. 12 Abs. 2 Buchst. d MAR.

(2) Art. 20 MAR

38 Angaben zum Umfang der Leerverkaufsposition könnten aber deshalb zwingend für eine ordnungsgemäße Mitteilung des Interessenkonflikts erforderlich sein, weil die Stellungnahme zugleich als Anlageempfehlung (Art. 3 Abs. 1 Nr. 35 MAR) einzuordnen ist.

Hinweis: Die Einordnung des Research Reports als Anlageempfehlung ist hier durch den Sachverhalt vorgegeben. Nach der Legaldefinition des Art. 3 Abs. 1 Nr. 35 MAR bezeichnet „Anlageempfehlungen" Informationen mit expliziten oder impliziten Empfehlungen oder Vorschlägen zu Anlagestrategien in Bezug auf ein oder mehrere Finanzinstrumente oder Emittenten, die für Verbreitungskanäle oder die Öffentlichkeit vorgesehen sind, einschließlich einer Beurteilung des aktuellen oder künftigen Wertes oder Kurses solcher Instrumente. Diese Voraussetzungen sind durch den Research Report und auch regelmäßig durch vergleichbare Stellungnahmen[37] erfüllt.

39 Gemäß Art. 20 Abs. 1 MAR müssen nämlich Personen, die Anlageempfehlungen erstellen oder verbreiten, in angemessener Weise dafür Sorge tragen, dass Interessenskonflikte hinsichtlich der Finanzinstrumente, auf die sich die Anlageempfeh-

[37] Zuletzt etwa *Schmolke* ZGR 2020, 291, 298 mwN.

lung bezieht, offengelegt werden. Diese Anforderung wird in Art. 6 Abs. 1 DelVO (EU) 2016/958 dahingehend konkretisiert, dass unter anderem Personen, deren Haupttätigkeit in der Erstellung von Anlageempfehlungen besteht, jedenfalls eine Erklärung zur Überschreitung der Schwelle von 0,5% abgeben müssen.[38]

Da P die Schwelle von 0,5% nicht überschritten hat, sondern genau eine Netto-Leerverkaufsposition von 0,5% am Aktienkapital der W-AG hält, musste er auch im Rahmen der ordnungsgemäßen Offenlegung iSd Art. 20 MAR keine Angaben zum konkreten Umfang seiner Leerverkaufsposition machen.[39] Dies spricht dafür, dass auch im Rahmen des Art. 12 Abs. 2 Buchst. d MAR eine entsprechende Offenlegung nicht erforderlich war.[40] **40**

(3) Zwischenergebnis

Insgesamt liegt damit kein Verstoß gegen Art. 12 Abs. 2 Buchst. d MAR vor, da P den Interessenskonflikt gleichzeitig mit der Stellungnahme ordnungsgemäß und wirksam offengelegt hat. **41**

Hinweis: Eine andere Auffassung ist ohne Weiteres vertretbar. Insbesondere könnte argumentiert werden, dass Art. 6 DelVO (EU) 2016/958 keine abschließende Wertung hinsichtlich der Offenlegung enthält.

b) Marktmanipulation gemäß Art. 12 Abs. 1 Buchst. a MAR

Durch die Leerverkäufe in den Aktien der W-AG könnte P eine handelsgestützte Marktmanipulation nach Art. 12 Abs. 1 Buchst. a MAR verwirklicht haben. **42**

Hinweis: Artikel 12 Abs. 1 Buchst. a MAR nennt mit dem Abschluss von Geschäften und der Erteilung eines Handelsauftrags die klassischen Verhaltensweisen bei einer handelsgestützten Marktmanipulation. Der Auffangtatbestand „jede andere Handlung" ist aus systematischer Perspektive auf mit dem Abschluss von Geschäften und der Erteilung von Handelsaufträgen vergleichbare handelsgestützte Manipulationshandlungen beschränkt.[41] Handlungsgestützte Manipulationen fallen richtigerweise unter den Tatbestand des Art. 12 Abs. 1 Buchst. b MAR.

Artikel 15 iVm Art. 12 Abs. 1 Buchst. a MAR verbietet den Abschluss eines Geschäfts, die Erteilung eines Handelsauftrags sowie jede andere Handlung, der bzw. die falsche oder irreführende Signale hinsichtlich des Angebots, der Nachfrage oder des Preises eines Finanzinstruments gibt oder bei der dies wahrscheinlich ist oder durch das bzw. die ein anormales oder künstliches Kursniveau erzielt wird oder bei dem/der dies wahrscheinlich ist.[42] **43**

Bei den getätigten Leerverkäufen handelt es sich um den Abschluss eines Geschäfts iSd Norm. Allerdings müsste der Abschluss des Geschäfts auch ein falsches oder irreführendes Signal hinsichtlich des Kurses eines Finanzinstruments geben oder ein anormales oder künstliches Kursniveau erzeugen. Das Verbot einer Handlung ist **44**

38 ASM WertpapierhandelsR/*Koller* VO Nr. 596/2014 Art. 20 Rn. 65.

39 AA *Schmolke* ZGR 2020, 291, 301, nach dem Art. 6 Abs. 1 Buchst. a DelVO (EU) 2016/958 nicht für einen Umkehrschluss taugt. Wie hier aber im Ergebnis ESMA, Final Report, Draft technical standards on the Market Abuse Regulation vom 28.9.2015, ESMA/2015/1455, S. 80 (zu Nr. 386).

40 Auch *Schmolke* ZGR 2020, 291, 308 spricht sich grundsätzlich dafür aus, dass die Wertungen des Art. 20 MAR auf Art. 12 Abs. 2 Buchst. d MAR zu übertragen sind.

41 ASM WertpapierhandelsR/*Mülbert* VO Nr. 596/2014 Art. 12 Rn. 59; MVR MarktmissbrauchsR-HdB/*Anschütz*/*Kunzelmann* § 14 Rn. 4ff.; 16; aA Klöhn/*Schmolke* MAR Art. 12 Rn. 39.

42 Allgemein *Poelzig* KapMarktR Rn. 420ff.

ausgehend vom Schutzzweck des Marktmanipulationsverbots nämlich nur gerechtfertigt, wenn die Handlung geeignet ist, die Preisbildung zu stören oder sonst die Marktintegrität zu beeinträchtigen.[43]

45 Der gedeckte Leerverkauf des P, der schon vor dem Hintergrund der Wertung des Art. 12 LeerverkaufsVO ein prinzipiell legitimes Marktverhalten darstellt, setzt weder ein falsches oder irreführendes Signal hinsichtlich des Kurses, noch erzeugt er ein anormales oder künstliches Kursniveau. Es trifft nämlich grade zu, dass P verkaufen kann und will und auf fallende Kurse setzt; findet er einen Käufer, der auf gleichbleibende oder steigende Kurse setzt, bedeutet das, dass ein wirkliches Angebot und eine wirkliche Nachfrage aufeinander treffen.[44] Damit sendet der Verkauf genau das Signal hinsichtlich des Kurses, dass dem tatsächlichen Angebots- und Nachfrageverhalten entspricht, und damit ist auch das durch den Leerverkauf beeinflusste Kursniveau weder anormal noch künstlich.[45]

Hinweis: Die Schwelle zur Marktmanipulation gemäß Art. 12 Abs. 1 Buchst. a MAR ist bei Leerverkäufen grundsätzlich erst überschritten, wenn der Leerverkäufer nicht erfüllungsfähig ist; dann nämlich übermittelt er ein unrichtiges Signal über das Angebot, womit eine Marktmanipulation nach Art. 12 Abs. 1 Buchst. a Unterbuchst. i MAR vorliegt.[46]

46 Eine handelsgestützte Marktmanipulation nach Art. 12 Abs. 1 Buchst. a MAR liegt daher nicht vor.

c) Marktmanipulation gemäß Art. 12 Abs. 1 Buchst. b MAR

47 P könnte eine gemäß Art. 15, 12 Abs. 1 Buchst. b MAR verbotene Marktmanipulation verwirklicht haben. Diese Vorschriften verbieten den Abschluss eines Geschäfts, die Erteilung eines Handelsauftrags und jegliche sonstige Tätigkeit oder Handlung, die unter Vorspiegelung falscher Tatsachen oder unter Verwendung sonstiger Kunstgriffe oder Formen der Täuschung den Kurs eines Finanzinstruments beeinflusst oder hierzu geeignet ist. Dabei lässt sich im Sachverhalt zum einen an die Leerverkäufe in Verknüpfung mit der Veröffentlichung des Research Reports (→ Rn. 48 ff.), zum anderen an das Unterlassen der Offenlegung nach Art. 6 LeerverkaufsVO (→ Rn. 51 ff.) anknüpfen.

aa) Leerverkäufe und Research Report

48 P könnte durch den Leerverkauf und die darauf folgende Verbreitung von Informationen über die W-AG unter Vorspiegelung falscher Tatsachen oder unter Verwendung sonstiger Kunstgriffe oder Formen der Täuschung den Kurs der W-Aktien beeinflusst haben. Weiter präzisiert wird der Tatbestand durch den Indikator nach Anh. I B Buchst. a MAR. Danach kann eine Marktmanipulation vorliegen, wenn ein von bestimmten Personen ausgeführtes Geschäft vorab oder im Nachhinein von der Verbreitung falscher oder irreführender Informationen durch dieselbe oder in enger Beziehung zu ihr stehenden Personen begleitet wurde. Man spricht insoweit von Trash-and-Cash-Strategien.[47]

---

43 ASM WertpapierhandelsR/*Mülbert* VO Nr. 596/2014 Art. 12 Rn. 61.
44 ASM WertpapierhandelsR/*Mülbert* VO Nr. 596/2014 Art. 12 Rn. 61.
45 So auch *Schmolke* ZGR 2020, 291, 304.
46 ASM WertpapierhandelsR/*Mülbert* VO Nr. 596/2014 Art. 12 Rn. 61.
47 ASM WertpapierhandelsR/*Mülbert* VO Nr. 596/2014 Art. 12 Rn. 114, 162.

Hinweis: Die Indikatoren in Anh. I MAR werden weiter konkretisiert durch die Praktiken in Art. 4 iVm Anh. II DelVO (EU) 2016/522. Die Indikatoren haben keine tatbestandskonkretisierende Bedeutung und auch keine Vermutungswirkung,[48] sondern umschreiben lediglich Umstände, die insbesondere die Aufsichtsbehörden auf eine mögliche Marktmanipulation hinweisen sollen.

Mit Blick darauf, dass P lediglich inhaltlich zutreffende Informationen über die W-AG in seinem Bericht zusammengefasst und verbreitet hat, scheidet eine Marktmanipulation nach Art. 15, 12 Abs. 1 Buchst. b MAR insoweit allerdings aus. Der Research Report war auch nicht deshalb irreführend, weil keine genauen Angaben über den Umfang der Leerverkaufsposition gemacht wurden. Diese Frage ist nämlich bereits durch das Art. 12 Abs. 1 Buchst. b MAR konkretisierende zwingende Beispiel des Art. 12 Abs. 2 Buchst. d MAR adressiert, das näher behandelt, wann eine Vorspiegelung falscher Tatsachen oder Verwendung sonstiger Kunstgriffe oder Formen der Täuschung bei Nichtoffenlegung eines Interessenkonflikts im Rahmen einer Stellungnahme vorliegt. Da nach der hier vertretenen Auffassung ein Verstoß gegen Art. 12 Abs. 2 Buchst. d MAR nicht gegeben ist (→ Rn. 15ff.), scheidet auch ein Verstoß gegen Art. 12 Abs. 1 Buchst. b MAR im Hinblick auf eine nicht ordnungsgemäße Offenlegung des Interessenkonflikts aus. 49

Da mithin die Informationen im Research Report über die W-AG zutreffend bzw. vertretbar waren und nicht als Vorspiegelung falscher Tatsachen oder Verwendung sonstiger Kunstgriffe oder Formen der Täuschung gewertet werden können und die Offenlegung des Interessenkonflikts vorrangig durch Art. 12 Abs. 2 Buchst. d MAR erfasst wird, scheidet insgesamt ein Verstoß gegen Art. 12 Abs. 1 Buchst. b MAR durch die Leerverkäufe und die Veröffentlichung des Research Reports aus. 50

bb) Unterlassen der Offenlegung nach Art. 6 LeerverkaufsVO

Fraglich ist allerdings, ob P eine Marktmanipulation nach Art. 15, 12 Abs. 1 Buchst. b MAR dadurch verwirklicht haben könnte, dass er die nach Art. 6 LeerverkaufsVO erforderliche Offenlegung seiner Netto-Leerverkaufsposition unterlassen hat. 51

Ob eine Marktmanipulation nach Art. 15, 12 MAR – anders als nach § 20a WpHG aF, der Tatbestandsverwirklichungen durch Unterlassen ausdrücklich aufführte – möglich ist, ist sehr umstritten. 52

Einerseits wird vertreten, dass die Verbote und Anforderungen der MAR nach Art. 2 Abs. 4 MAR ausdrücklich für Handlungen und Unterlassungen gelten und daher auch eine Verwirklichung des Art. 12 Abs. 1 Buchst. b MAR im Rahmen des Auffangtatbestandes der sonstigen Tätigkeiten oder Handlungen durch schlichtes Unterlassen einer Offenlegungspflicht verwirklicht werden könne.[49] 53

Dagegen spricht, dass Art. 12 Abs. 1 MAR als die maßgebliche Definitionsnorm für das Marktmanipulationsverbot ausdrücklich davon spricht, dass der Begriff Markt- 54

---

[48] ASM WertpapierhandelsR/*Mülbert* VO Nr. 596/2014 Art. 12 Rn. 6; Klöhn/*Schmolke* MAR Art. 12 Rn. 69.

[49] So etwa die Regierungsbegründung, BT-Drs. 18/7482, 64; *Kudlich* AG 2016, 459, 461; *Buck-Heeb* KapMarktR § 7 Rn. 643; mit weiteren Argumenten auch Klöhn/*Schmolke* MAR Art. 12 Rn. 196.

manipulation iSd Verordnung „folgende Handlungen“ umfasst. Unterscheidet Art. 2 Abs. 4 MAR deutlich zwischen Handlungen und Unterlassungen und erklärt Art. 12 Abs. 1 MAR nur bestimmte Handlungen zu einer Marktmanipulation, dann kann eine Marktmanipulation gerade nicht in einer bloßen Unterlassung liegen.[50]

Hinweis: Dieser Streit, der in der Literatur unter Heranziehung zahlreicher weiterer Argumente geführt wird, kann von den Bearbeitern nicht in seiner ganzen Tiefe entfaltet werden. Die Herausforderung besteht in der Klausur, die eine Vielzahl von Rechtsproblemen beinhaltet, darin, das Problem zu erkennen und mit knapper und präziser Argumentation eine Entscheidung zu treffen. Eine aA ist daher ohne Weiteres vertretbar.

55 Allein durch die Unterlassung der Offenlegung nach Art. 6 LeerverkaufsVO, die im Übrigen bereits in einem eigenen Bußgeldverfahren wegen Verstoßes gegen die LeerverkaufsVO geahndet wurde, kommt eine Marktmanipulation gemäß Art. 15, 12 Abs. 1 Buchst. b MAR nicht in Betracht.

cc) Zwischenergebnis

56 Insgesamt hat P durch sein Verhalten nicht gegen Art. 15, 12 Abs. 1 Buchst. b MAR verstoßen.

d) Marktmanipulation gemäß Art. 12 Abs. 1 Buchst. c MAR

57 P könnte durch die Veröffentlichung des Research Reports eine Marktmanipulation nach Art. 15, 12 Abs. 1 Buchst. c MAR verwirklicht haben.

58 Artikel 12 Abs. 1 Buchst. c MAR erfasst den klassischen Fall der informationsgestützten Marktmanipulation und definiert als Marktmanipulationshandlung die Verbreitung von Informationen über die Medien einschließlich des Internets oder auf anderem Wege, die falsche oder irreführende Signale hinsichtlich des Angebots oder des Kurses eines Finanzinstruments oder der Nachfrage danach gibt oder bei der dies wahrscheinlich ist oder die ein anormales oder künstliches Kursniveau eines oder mehrerer Finanzinstrumente herbeiführt oder bei der dies wahrscheinlich ist, wenn die Person, die diese Informationen verbreitet hat, wusste oder hätte wissen müssen, dass sie falsch oder irreführend waren.

59 P hat durch die Veröffentlichung des Research Reports Informationen über das Internet verbreitet. Fraglich ist allerdings, ob die Informationen falsch oder irreführend waren. Durch eine Anlageempfehlung (Art. 3 Abs. 1 Nr. 35 MAR) werden dann falsche oder irreführende Signale gegeben, wenn sie inhaltlich unrichtig, fehlerhaft, oder verzerrend ist. Bei Anlageempfehlungen empfiehlt es sich, für die Unrichtigkeit an den Anforderungen des Art. 20 Abs. 1 MAR und dessen Konkretisierung in der DelVO (EU) 2016/958 Maß zu nehmen, insbesondere am Erfordernis der Objektivität. Wie bereits ausgeführt (→ Rn. 49), waren die verbreiteten Informationen weder falsch noch irreführend. Zur Offenlegung des Interessenkonflikts gelten die obigen Ausführungen zur Erfüllung der Anforderungen des Art. 20 MAR (→ Rn. 38 ff.).

60 Damit scheidet ein Verstoß gegen Art. 12 Abs. 1 Buchst. c MAR aus.

50 Näher zum Ganzen mit zahlreichen weiteren Argumenten *Sajnovits/Wagner* WM 2017, 1189.

3. Zwischenergebnis zum Verstoß gegen § 120 Abs. 15 Nr. 2 WpHG

Da P kein Verstoß gegen Art. 15, 12 MAR vorzuwerfen ist, scheidet auch ein Verstoß gegen § 120 Abs. 15 Nr. 2 WpHG aus. Damit ist der Bußgeldbescheid der BaFin jedenfalls insoweit materiell rechtswidrig. **61**

Hinweis: Insgesamt ist ohne Weiteres eine andere Auffassung vertretbar. Sofern ein Verstoß gegen Art. 15, 12 MAR bejaht wird, müsste noch knapp auf den subjektiven Tatbestand des § 120 Abs. 15 Nr. 2 WpHG eingegangen werden. Dieser fordert nämlich einen leichtfertigen (grob fahrlässigen) Verstoß, was beim durchweg vorsätzlichen Handeln des P zu bejahen wäre.[51] Dass ein bestimmter Erfolg eintritt, ist für den Ordnungswidrigkeitentatbestand – anders als für den Straftatbestand des § 119 WpHG – nicht erforderlich.

II. Verstoß gegen § 120 Abs. 14 WpHG

P könnte gegen § 120 Abs. 14 WpHG verstoßen haben. **62**

Nach § 120 Abs. 14 WpHG handelt ordnungswidrig, wer eine in § 119 Abs. 3 Nr. 1–3 WpHG genannte Handlung leichtfertig begeht. Nach § 119 Abs. 3 WpHG wird bestraft, wer gegen die MAR verstößt, indem er (1.) entgegen Art. 14 Buchst. a MAR ein Insidergeschäft tätigt, (2.) entgegen Art. 14 Buchst. b MAR einem Dritten empfiehlt, ein Insidergeschäft zu tätigen, oder einen Dritten dazu verleitet oder (3.) entgegen Art. 14 Buchst. c MAR eine Insiderinformation offenlegt. **63**

P müsste als Adressat und damit als Betroffener des Bußgeldbescheides somit leichtfertig gegen Art. 14 MAR verstoßen haben. **64**

1. Anwendungsbereich

Ein Verstoß gegen Art. 14 MAR setzt zunächst voraus, dass der Anwendungsbereich der Insiderverbote eröffnet ist. Dies ist entsprechend der Ausführungen zum Anwendungsbereich des Marktmanipulationsverbots (→ Rn. 7 ff.) der Fall. **65**

2. Tätigen von Insidergeschäften (Art. 14 Buchst. a MAR)

P könnte mit seinem Leerverkauf am 15.10.2019 ein Insidergeschäft getätigt und damit gegen Art. 14 Buchst. b MAR verstoßen haben. Ein Insidergeschäft liegt nach Art. 8 Abs. 1 S. 1 MAR vor, wenn eine Person über Insiderinformationen verfügt und unter Nutzung derselben für eigene oder fremde Rechnung direkt oder indirekt Finanzinstrumente, auf die sich die Informationen beziehen, erwirbt oder veräußert.[52] **66**

a) Insiderinformation (Art. 7 MAR)

Fraglich ist zunächst, ob P über eine Insiderinformation verfügt hat. Insiderinformationen sind gemäß Art. 7 Abs. 1 Buchst. a MAR alle nicht öffentlich bekannten präzisen Informationen, die direkt oder indirekt einen oder mehrere Emittenten oder ein oder mehrere Finanzinstrumente betreffen und die, wenn sie öffentlich **67**

---

51 Zum Begriff der Leichtfertigkeit im Kapitalmarktrecht siehe ausführlich *v. Buttlar/Hammermaier* ZBB 2017, 1.

52 *Poelzig* KapMarktR Rn. 396.

bekannt würden, geeignet wären, den Kurs dieser Finanzinstrumente oder den Kurs damit verbundener derivativer Finanzinstrumente erheblich zu beeinflussen.

68 Als potenzielle Insiderinformation kommen zum einen der Research Report bzw. die in ihm zusammengetragenen Informationen (→ Rn. 69ff.), zum anderen auch das Wissen um die bevorstehende Veröffentlichung des Research Reports (→ Rn. 90ff.) in Betracht.[53]

aa) Research Report

69 Fraglich ist, ob der Research Report als solcher, bzw. die in ihm enthaltenen Informationen, Insiderinformationen iSd Art. 7 Abs. 1 Buchst. a MAR darstellen.

(1) Information

70 Zunächst müsste es sich bei dem Research Report um eine Information bzw. um Informationen iSd Art. 7 Abs. 1 Buchst. a MAR handeln.

71 Der Begriff der Information wird in der MAR nicht definiert. Aus Art. 7 Abs. 2 S. 1 MAR ergibt sich immerhin, dass sich die Information auf eine Reihe von Umständen oder ein Ereignis beziehen muss. Dazu gehören nicht nur innere und äußere Tatsachen, sondern auch Werturteile, Einschätzungen, Absichten und Prognosen.[54] Hier liegen jedenfalls Informationen vor, und zwar sowohl in Gestalt von Tatsachen als auch – jedenfalls hinsichtlich der Verkaufsempfehlung – in Gestalt von Werturteilen.

(2) Fehlende öffentliche Bekanntheit

72 Ferner dürften die im Research Report enthaltenen Information nicht öffentlich bekannt sein.

73 Allgemein ist umstritten, ob es hinsichtlich der den Maßstab bildenden Öffentlichkeit auf die sog. Bereichsöffentlichkeit oder die „breite Öffentlichkeit" ankommt.[55] Für die „Bereichsöffentlichkeit" genügt, dass eine unbestimmte Zahl von spezialisierten Marktteilnehmern die Information zur Kenntnis nehmen kann und deshalb davon auszugehen ist, dass die Information in den Kurs eingepreist wird. Bei der „breiten Öffentlichkeit" ist hingegen auf den Informationsstand des breiten Publikums abzustellen. In der Sache ist zu erkennen, dass ein Verständnis iSd „breiten Öffentlichkeit" dazu führt, dass mehr Informationen als Insiderinformationen in Betracht kommen, womit eine Ausdehnung der Insiderverbote verbunden ist. Jedenfalls die EU-Kommission legt ein weites Verständnis des Begriffs „Öffentlichkeit" (iSd breiten Anlegerpublikums) zugrunde (vgl. Art. 2 Abs. 1 Buchst. a Unterbuchst. i DurchführungsVO (EU) Nr. 2016/1055).

74 Auf eine Entscheidung des dargestellten Streits kommt es nicht an. Zwar wurde der Research Report ausschließlich aus öffentlich verfügbaren Informationen zusammengestellt. Allerdings entstehen durch die Auswertung, Aufbereitung und Zusammenstellung der Informationen wesensmäßig neue Informationen, die in dieser Form nicht öffentlich bekannt war, auch wenn die Rohdaten, aus denen der Re-

[53] Vgl. *Schmolke* ZGR 2020, 291, 310f.; *Langenbucher/Hau/Wentz* ZBB 2019, 307, 313ff.
[54] *Langenbucher* AktKapMarktR § 15 Rn. 28; *Poelzig* KapMarktR Rn. 367ff.
[55] *Langenbucher* AktKapMarktR § 15 Rn. 20ff.; *Buck-Heeb* KapMarktR § 6 Rn. 372ff.; *Poelzig* KapMarktR Rn. 382.

search Report erstellt wurde, aus öffentlich verfügbaren Quellen stammt. Dies macht schon die starke Kursreaktion nach der Veröffentlichung deutlich. Es handelt sich damit bei dem Research Report um nicht öffentlich bekannte Informationen.

(3) Präzision

75 Fraglich ist sodann, ob die Informationen im Research Report präzise Informationen sind. Eine Information ist nach Art. 7 Abs. 2 S. 1 MAR präzise[56], wenn damit eine Reihe von Umständen oder ein Ereignis gemeint sind, die bereits gegeben bzw. eingetreten sind oder bei denen man vernünftigerweise erwarten kann, dass sie in Zukunft gegeben sein bzw. eintreten werden. Zudem müssen die Informationen spezifisch genug sein, um einen Schluss auf die mögliche Auswirkung der Umstände oder Ereignisse auf die Kurse der Finanzinstrumente oder eines damit verbundenen derivativen Finanzinstruments zuzulassen (Art. 7 Abs. 2 S. 1 MAR).

76 Dem P fielen bei seiner Auswertung der Bilanzen der W-AG und ihrer Tochtergesellschaften mehrere Bilanzrechtsverstöße einiger Tochtergesellschaften der W-AG auf, die sich auch auf den Konzernabschluss der W-AG auswirken. Die erkannten Verstöße und die Auswirkungen auf den Konzernabschluss der W-AG stellen bereits gegebene bzw. bereits eingetretene Umstände dar. Sie sind auch derart spezifisch, dass sie einen Schluss auf die möglichen Auswirkungen auf die Kurse der Aktien der W-AG zulassen, da sie ganz konkret Verstöße gegen Bilanzierungsregeln aufzeigen und durch die Auswirkungen auf den Konzernabschluss auch diesen als fehlerhaft identifizieren. Da die Finanzberichterstattung eines Unternehmens eine der zentralen Informationen zur Preisbildung auf dem Kapitalmarkt darstellt, lassen sich aus erkannten Fehlern bei dieser Berichterstattung auch Schlüsse auf die Auswirkungen auf die Kurse von Aktie des Emittenten ziehen.

77 Damit handelt es sich bei den im Research Report enthaltenen Informationen um präzise Informationen.

Hinweis: Im Fall ist das Tatbestandsmerkmal der präzisen Information wenig problematisch – wie allgemein bei bereits eingetretenen Ereignissen oder Umständen. Schwierigkeiten bereitet das Merkmal insbesondere bei künftigen Umständen. Dazu näher → Fall 9 Rn. 73 ff., 86.

(4) Direkter oder indirekter Emittenten- oder Finanzinstrumentenbezug

78 Außerdem müssten die Informationen im Research Report einen direkten oder indirekten Emittenten- oder Finanzinstrumentenbezug aufweisen. Die Informationen beziehen sich auf die Bilanzen der Tochtergesellschaften der W-AG und auf den Konzernabschluss der W-AG und weisen damit schon einen unmittelbaren Emittentenbezug auf.

Hinweis: Für Insiderinformationen iSd Art. 7 Abs. 1 Buchst. a MAR genügt allerdings auch ein bloß mittelbarer Emittentenbezug – wie ihn schon allgemeine Marktdaten wie Zinsbeschlüsse von Notenbanken oder die Veränderung von Rohstoffpreisen aufweisen. Der unmittelbare Emittentenbezug ist erst zwingendes Merkmal der Ad-hoc-Publizitätspflicht nach Art. 17 Abs. 1 MAR.

(5) Eignung zur erheblichen Kursbeeinflussung

79 Schließlich müssten die Informationen eine Eignung zur erheblichen Kursbeeinflussung aufweisen.

---

[56] Näher zur Präzision der Information SBL BankR-HdB/*Hopt/Kumpan* § 107 Rn. 43 ff.; Schwark/Zimmer/*Kumpan/Misterek* VO (EU) 596/2014 Art. 7 Rn. 26 ff.; *Poelzig* KapMarktR Rn. 367 ff.

80 Informationen sind geeignet, den Kurs von Finanzinstrumenten erheblich zu beeinflussen, wenn sie ein verständiger Anleger wahrscheinlich als Teil der Grundlage seiner Anlageentscheidung nutzen würde (Art. 7 Abs. 4 Unterabs. 1 MAR).[57] Erwägungsgrund 14 MAR präzisiert dies weiter.

Hinweis zu Erwägungsgrund 14 MAR: Verständige Investoren stützen ihre Anlageentscheidungen auf Informationen, die ihnen vorab zur Verfügung stehen (Ex-ante-Informationen). Die Prüfung der Frage, ob ein verständiger Investor einen bestimmten Sachverhalt oder ein bestimmtes Ereignis im Rahmen seiner Investitionsentscheidung wohl berücksichtigen würde, sollte folglich anhand der Ex-ante-Informationen erfolgen. Eine solche Prüfung sollte auch die voraussichtlichen Auswirkungen der Informationen in Betracht ziehen, insbesondere unter Berücksichtigung der Gesamttätigkeit des Emittenten, der Verlässlichkeit der Informationsquelle und sonstiger Marktvariablen, die das Finanzinstrument, die damit verbundenen Waren-Spot-Kontrakte oder die auf den Emissionszertifikaten beruhenden Auktionsobjekte unter den gegebenen Umständen beeinflussen dürften.

81 Bei den im Research Report enthaltenen Informationen über die Bilanzrechtsverstöße der Tochtergesellschaften der W-AG und deren Auswirkungen auf den Konzernabschluss der W-AG handelt es sich um Informationen, die ein verständiger Anleger bei seiner Anlageentscheidung berücksichtigen würde. Die Finanzkennzahlen eines Emittenten sind ganz zentrale Informationen für die Bewertung eines Unternehmens, die ihrerseits entscheidend für die Preisbildung am Kapitalmarkt ist. Auch wenn es Rechtsprechung und Schrifttum bislang nicht gelungen ist, einen Konsens über die Definition des Begriffs des „verständigen Anlegers" zu erzielen,[58] ist jedenfalls anerkannt, dass fundamentalwertrelevante Informationen von einem verständigen Anleger bei seiner Anlageentscheidung berücksichtigt werden. Bei den Finanzkennzahlen, insbesondere im Konzernabschluss der W-AG, aber auch bereits bei den Finanzkennzahlen der Tochtergesellschaften der W-AG, handelt es sich um für den Fundamentalwert der W-AG relevante Informationen, die damit auch kurserheblich sein können.

82 Ob die Informationen auch ein erhebliches Kursbeeinflussungspotenzial aufweisen, hängt entscheidend davon ab, wie groß die Auswirkungen der Bilanzierungsverstöße auf den Konzernabschluss der W-AG waren. Absolute Werte können hier nicht festgelegt werden.[59] Vielfach wird mit Blick auf den verständigen Anleger vorgebracht, dass der prognostizierte Kursausschlag jedenfalls die Handelskosten überschreiten müsse, da entscheidend ist, ob der verständige Anleger einen Kauf- oder Verkaufsanreiz hat, der nur (aber jedenfalls dann) bestehe, wenn „die erwartete Rendite abzüglich Transaktionskosten (etwa die Ordergebühren) die Opportunitätskosten, dh die Rendite, die eine Anlage in Finanzinstrumenten mit vergleichbarem Risiko erzielen würde, übersteigt".[60] Damit ein verständiger Anleger durch eine Information einen Kauf- oder Verkaufsanreiz erhält, muss die prognostiziere Rendite richtigerweise nicht nur diese Kosten übersteigen, sondern der Kursausschlag

[57] Zum erheblichen Kursbeeinflussungspotenzial gemäß Art. 7 MAR siehe näher ASM WertpapierhandelsR/*Assmann* VO Nr. 596/2014 Art. 7 Rn. 78ff.; Klöhn/*Klöhn* MAR Art. 7 Rn. 156ff.; *Poelzig* KapMarktR Rn. 383ff.

[58] Übersicht zu den unterschiedlichen Positionen bei *Langenbucher* AG 2016, 417; *Kumpan/Misterek* ZHR 184 (2020), 180, 189ff.; näher zuletzt *Mülbert/Sajnovits* WM 2020, 1557, 1563.

[59] BaFin, Emittentenleitfaden, Modul C, Stand: 25.3.2020, I.2.1.4.2., S. 12; *Mülbert/Sajnovits* WM 2020, 1557, 1564f.

[60] So BaFin, Emittentenleitfaden, Modul C, Stand: 25.3.2020, I.2.1.4.2., S. 12; siehe auch Klöhn/*Klöhn* MAR Art. 7 Rn. 214.

auch über der durchschnittlichen Tagesvolatilität des jeweilige Finanztitels liegen.[61] Andernfalls muss der Anleger nämlich davon ausgehen, dass der durch die Information bedingte Kursausschlag durch andere Ereignisse ohnehin kompensiert bzw. überkompensiert werden kann, was ihm den Kauf- oder Verkaufsanreiz gerade wieder nimmt.

Der sofortige Kursverfall am Tag der Veröffentlichung des Research Reports von 100 EUR auf 50 EUR kann zumindest als Indiz dafür herangezogen werden, dass der Information ein erhebliches Kursbeeinflussungspotenzial (50 % Kursverlust) zukam (vgl. Erwgr. 15 MAR). **83**

Hinweis: Auch im Rahmen des Merkmals der erheblichen Kursbeeinflussung herrscht Streit, insbesondere mit Blick auf künftige Ereignisse bzw. mehrstufige Geschehensabläufe.[62] Näher → Fall 9 Rn. 87 ff.

(6) Teleologische Reduktion wegen Erwgr. 28 MAR

Fraglich ist, ob wegen Erwgr. 28 MAR hier eine teleologische Reduktion des Tatbestandes des Art. 7 Abs. 1 Buchst. a MAR geboten ist. **84**

Hinweis: Die Erwägungsgründe der MAR haben keine tatbestandsausschließende Wirkung, können aber methodisch im Rahmen einer teleologischen Auslegung, Reduktion oder Extension herangezogen werden. Da der Verstoß gegen Art. 14 MAR im Rahmen der Prüfung eines Ordnungswidrigkeitentatbestandes erfolgt, kommt wegen des Analogieverbots nur – wie angedacht – eine teleologische Reduktion in Betracht.

Nach Erwgr. 28 MAR sollten Analysen und Bewertungen, die aufgrund öffentlich verfügbarer Angaben erstellt wurden, nicht als Insiderinformationen angesehen werden. Hintergrund dieser Ausnahme ist die positive Wirkung, die die Analyse und Bewertung öffentlich verfügbarer Informationen durch Analysten für die Informationseffizienz des Kapitalmarktes hat. Die umfassenden Analysetätigkeiten professioneller Marktteilnehmer beschleunigen nämlich die Einpreisung wertrelevanter Informationen, weshalb sie aus Sicht des Kapitalmarktes höchst wünschenswert ist. Der Zweck des Erwgr. 28 MAR besteht deshalb gerade darin, sicherzustellen, dass Analysten öffentlich verfügbare Informationen sammeln, zusammenstellen und verarbeiten, ohne dabei Gefahr zu laufen, dem Insiderverbot des Art. 14 MAR zu unterfallen.[63] **85**

Der Research Report wurde ausweislich der Angaben im Sachverhalt alleine aufgrund öffentlich verfügbarer Informationen erstellt, sodass eine teleologische Reduktion des Tatbestandes der Insiderinformation naheliegt. **86**

Hinweis: Neuerdings ist umstritten, wie der Begriff der öffentlichen Verfügbarkeit iSd Erwgr. 28 S. 1 MAR auszulegen ist.[64] Überzeugend erscheint eine enge Auslegung iSd oben angesprochenen (→ Rn. 73) Bereichsöffentlichkeit, die der durch den Erwgr. geschaffenen Ausnahme einen weiten Anwendungsbereich eröffnet.[65] Da der Sachverhalt allerdings die öffentliche Verfügbarkeit der Informationen vorgibt, sollte auf diese Frage kein Schwerpunkt gelegt werden.

[61] SBL BankR-HdB/*Hopt/Kumpan* § 107 Rn. 54; Staub/*Grundmann* Bankvertragsrecht, 6. Teil Rn. 354; *Mülbert/Sajnovits* WM 2020, 1557, 1564.

[62] *Langenbucher* AktKapMarktR § 15 Rn. 44 ff.; *Buck-Heeb* KapMarktR § 6 Rn. 375.

[63] Klöhn/*Klöhn* MAR Art. 7 Rn. 332.

[64] Dazu Klöhn/*Klöhn* MAR Art. 7 Rn. 347; *Schmolke* ZGR 2020, 291, 311 und *Langenbucher/Hau/Wentz* ZBB 2019, 307, 315.

[65] So *Schmolke* ZGR 2020, 291, 311 f.

87 Allerdings könnte die Rückausnahme des Erwgr. 28 S. 2 MAR eingreifen, wonach eine Insiderinformation gleichwohl vorliegen soll, wenn die Veröffentlichung oder Verbreitung der Informationen vom Markt routinemäßig erwartet wird und zur Preisbildung von Finanzinstrumenten beiträgt oder soweit sie Ansichten eines anerkannten Marktkommentators oder einer Institution enthält, die die Preise verbundener Finanzinstrumente beeinflussen können.

88 Die Veröffentlichung des Research Reports zur W-AG wurde allerdings nicht routinemäßig erwartet, da das Geschäftsmodell des P gerade darauf beruht, überbewertete Unternehmen ausfindig zu machen und dann nach Erstellung eines Research Reports diesen ad hoc und für den Markt unerwartet zu veröffentlichen. Zudem enthält der Sachverhalt auch keine Hinweise darauf, dass P ein anerkannter Marktkommentator ist. Die Rückausnahme kommt daher nicht in Betracht.

(7) Zwischenergebnis

89 Insgesamt scheidet der Research Report bzw. die in ihm enthaltenen Informationen über die W-AG wegen der Wertungen des Erwgr. 28 S. 1 MAR als Insiderinformation aus.

bb) Information über die Absicht, den Research Report zu veröffentlichen

90 Statt der in dem Research Report enthaltenen Informationen könnte allerdings die Absicht des P, den Research Report am 16.10.2019 zu veröffentlichen, als Insiderinformation in Betracht kommen. Dann müssten die Voraussetzungen des Art. 7 Abs. 1 Buchst. a MAR erfüllt sein, mithin eine nicht öffentlich bekannte präzise Information vorliegen, die direkt oder indirekt einen oder mehrere Emittenten oder ein oder mehrere Finanzinstrumente betrifft und die, wenn sie öffentlich bekannt würde, geeignet wäre, den Kurs dieser Finanzinstrumente oder den Kurs damit verbundener derivativer Finanzinstrumente erheblich zu beeinflussen.

Hinweis: Da zuvor (→ Rn. 70 ff.) bereits alle Tatbestandsmerkmale einer Insiderinformation definiert und geprüft wurden, sollten Sie sich hier kurzfassen und auf die problematischen Tatbestandsmerkmale fokussieren. Dies kann etwa dergestalt geschehen, dass die unproblematisch zu bejahenden Tatbestandsmerkmale kurz im Urteilsstil erörtert werden und sodann die etwaig problematischen Tatbestandsmerkmale wieder im Gutachtenstil behandelt werden.

91 Die Information über die Absicht der Veröffentlichung des Research Reports am 16.10.2019 stellte am 15.10.2019 (dem Tag des Leerverkaufs als potenziellem Insidergeschäft) eine nicht öffentlich bekannte Information dar, die den Emittenten bzw. dessen Finanzinstrumente unmittelbar betraf, da der Research Report gerade die W-AG zum Gegenstand hat. Zudem war die Information auch dazu geeignet, den Kurs der Aktien der W-AG erheblich zu beeinflussen. Die Information war auch präzise, und zwar als gegenwärtiges Ereignis. Die Absicht der Veröffentlichung lag nämlich schon am 15.10.2019 vor. Nur die Veröffentlichung selbst war zu diesem Zeitpunkt ein künftiges Ereignis, weshalb nur insoweit eine überwiegende Eintrittswahrscheinlichkeit erforderlich gewesen wäre.

92 Zweifelhaft ist allein, ob der Information die Qualifikation als Insiderinformation mangels eines Drittbezugs abzusprechen ist. Ein solcher Drittbezug wurde unter der MarktmissbrauchsRL noch als Wesensmerkmal der Insiderinformation – unter anderem auch vom BGH – bezeichnet.[66] Der BGH stützte sich im Wesentlichen dar-

[66] BGH NJW 2004, 302, 303.

auf, dass die Verwendung des Begriffs „Information“ in dem Sinne, dass eine Person sich über einen von ihr selbst gefassten Gedanken „informiert“, dem Sprachgebrauch fremd sei.[67]

Unter dem Regime der MAR kann daran nicht festhalten werden.[68] Ansonsten wäre die Ausnahmebestimmung des Art. 9 Abs. 5 MAR und die Rückausnahme des Art. 9 Abs. 6 MAR nicht zu erklären. Artikel 9 Abs. 5 MAR stellt klar, dass die bloße Tatsache, dass eine Person ihr Wissen darüber, dass sie beschlossen hat, Finanzinstrumente zu erwerben oder zu veräußern, beim Erwerb oder der Veräußerung dieser Finanzinstrumente nutzt, an sich noch keine Nutzung von Insiderinformationen darstellt (vgl. auch Erwgr. 28 S. 1). Bei der genannten Absicht handelt es sich allerdings nur um einen Sonderfall einer Information ohne Drittbezug. Die Absicht zur Veröffentlichung eines Research Reports zeigt, dass auch andere Informationen ohne Drittbezug denkbar sind. Wenn Informationen generell ohne Drittbezug keine Insiderinformationen sein könnten, dann wäre die Ausnahme des Art. 9 Abs. 5 MAR obsolet. Erst recht zeigt die Rückausnahme des Art. 9 Abs. 6 MAR, die anordnet, dass unbeschadet auch der Ausnahme des Art. 9 Abs. 5 MAR ein Insiderverstoß vorliegen kann, dass es nicht zwingend auf einen Drittbezug ankommen kann.[69] **93**

Eine teleologische Reduktion allein mit Blick auf Erwgr. 28 S. 1 MAR kommt hier wohl nicht in Betracht, da dieser nur die Analysen und Bewertungen und die Geschäfte, die auf der Grundlage von Analysen und Bewertungen getätigt werden, betrifft. Anders als die Kenntnis um die bevorstehenden Leerverkäufe am 15.10.2019 und die Informationen im Research Report selbst, ist dem Erwgr. 28 für die Kenntnis um die bevorstehende Veröffentlichung des Research Reports keine direkte Aussage zu entnehmen. **94**

Daher ist die Information über die Absicht der Veröffentlichung des Research Reports als Insiderinformation iSd Art. 7 Abs. 1 Buchst. a MAR einzuordnen. **95**

b) Verfügen des P über die Information

P müsste zudem über die Information verfügt haben. Eine Person verfügt nach Erwgr. 24 MAR über eine Insiderinformation, wenn sie diese „besitzt“. Da die eigene Veräußerungsabsicht des P als natürlicher Person im Raum steht, war P im „Besitz“ dieser Information und verfügte damit über sie. **96**

Hinweis: Sofern es um einen Insiderverstoß einer juristischen Person geht, werden die Grundsätze der Wissenszurechnung im Rahmen von MAR-Tatbeständen relevant.[70]

c) Erwerb oder Veräußerung eines Finanzinstruments, auf das sich die Information bezieht

Zudem müsste P ein Finanzinstrument, auf das sich die Information bezieht, erworben oder veräußert haben. Für beide Tatbestandsmerkmale genügt bereits der **97**

---

67 BGH NJW 2004, 302, 303.

68 *Poelzig* KapMarktR Rn. 370.

69 Insbesondere Klöhn/*Klöhn* MAR ARt. 7 MAR Rn. 26.

70 Siehe *Langenbucher* AktKapMarktR § 15 Rn. 54; *Buck-Heeb* KapMarktR § 6 Rn. 398; näher *Sajnovits* S. 210ff.; *Sajnovits* WM 2016, 765.

Abschluss des Verpflichtungsgeschäfts, was schon daraus folgt, dass die MAR als Unionsrechtsakt einheitlich auszulegen ist und zahlreiche Mitgliedstaaten die Unterscheidung zwischen Verpflichtungs- und Verfügungsgeschäft nicht kennen.[71]

98 P hat am 15.10.2019 50.000 Aktien der W-AG (leer-)verkauft und damit veräußert. Die Insiderinformation (→ Rn. 89ff.) bezog sich auf die W-AG, da es um die Absicht zur Veröffentlichung eines Research Reports über diese ging.

d) Für fremde oder eigene Rechnung

99 Darüber hinaus müsste P für fremde oder eigene Rechnung gehandelt haben. P hat den Leerverkauf im eigenen Namen und für eigene Rechnung getätigt.

e) Nutzung der Insiderinformation

100 Schließlich müsste das Geschäft (hier die Veräußerung) unter Nutzung der Insiderinformation vorgenommen worden sein.

101 Eine Nutzung iSd Art. 8 Abs. 1 MAR fordert zwar kein ziel- und zweckgerichtetes Handeln, aber erforderlich ist zumindest eine Mitursächlichkeit der Insiderinformation für das Erwerbs- bzw. Veräußerungsgeschäft.[72] Fehlen würde es an einer Nutzung etwa, wenn P den Leerverkauf auch ohne die Veröffentlichung des Berichts tätigen würde. Dann bestünde nämlich keine Kausalität zwischen der Absicht zur Veröffentlichung des Berichts und der Transaktion (vgl. auch Art. 9 Abs. 2 Buchst. b, Abs. 3 und 5 MAR).

102 P hat den Leerverkauf allerdings nur getätigt, weil er bereits geplant hatte, im Anschluss den Research Report zu veröffentlichen. Dies ist gerade sein Geschäftsmodell. Die Veröffentlichung des Research Reports soll den durch den Leerverkauf ggf. bereits eingeleiteten Kursverfall nochmals erheblich verstärken, was P dann die Möglichkeit gibt, die Aktien zur Schließung seiner Leerverkaufsposition günstig zu erwerben. Damit hat P die Insiderinformation genutzt.

Hinweise: (1.) Wenn eine Person in den Besitz von Insiderinformationen gelangt ist – oder wie hier diese sogar selbst produziert hat –, „sollte unterstellt werden", dass alle nachfolgenden Transaktionen mit Finanzinstrumenten, die im Zusammenhang mit diesen Informationen stehen, Insidergeschäfte sind (Erwgr. 24 S. 1 MAR, sog. „Spector"-Vermutung). Der EuGH hatte diese sog. „Spector"-Vermutung bereits vor Inkrafttreten der MAR – also noch unter Anwendbarkeit der MAD I – in der Rechtssache Spector Photo Group begründet. Mit Blick auf die strafrechtliche Ahndung des Insiderhandelsverbots – und gleiches gilt letztlich auch hier bei einer ordnungswidrigkeitenrechtlichen Anknüpfung – ist allerdings sehr fragwürdig, ob Erwgr. 24 MAR tatsächlich zu einer widerleglichen Vermutung führen kann. Immerhin betont Erwgr. 24 S. 2 MAR, dass Verteidigungsrechte unberührt bleiben.[73]

(2.) Die „Spector"-Vermutung kann zudem widerlegt werden. Dafür enthält Art. 9 MAR einen (nicht abschließend gemeinten) Katalog von „legitimen Handlungen". Danach soll bei Vorliegen einer der genannten Fälle nicht angenommen werden, dass eine Person eine Insiderinformation genutzt hat. Im Fall sind die legitimen Handlungen schon deshalb nicht relevant, weil die Nutzung nicht auf Basis der „Spector"-Vermutung begründet wurde. Zudem passt auch keine der genannten legitimen Handlungen. Insbesondere greift Art. 9 Abs. 5 MAR nicht, wonach die bloße Tatsache, dass eine Person ihr

---

[71] *Langenbucher* AktKapMarktR § 15 Rn. 56; *Buck-Heeb* KapMarktR § 6 Rn. 395.

[72] *Poelzig* KapMarktR Rn. 397.

[73] Näher *Langenbucher* AktKapMarktR § 15 Rn. 58f.; *Poelzig* KapMarktR Rn. 397ff.; *Buck-Heeb* KapMarktR § 6 Rn. 399f. mit Kritik.

Wissen darüber, dass sie beschlossen hat, Finanzinstrumente zu erwerben oder zu veräußern, beim Erwerb oder der Veräußerung dieser Finanzinstrumente nutzt, an sich noch keine Nutzung von Insiderinformationen darstellt. Denn es geht mit der Kenntnis über die Absicht zur Veröffentlichung des Research Report um eine wesensmäßig andere Information.
(3.) Ob die folgenden Erwägungen im Rahmen einer Erweiterung des Art. 9 Abs. 5 MAR oder im Rahmen einer teleologischen Reduktion des Nutzungsbegriffs erfolgen, kann dahinstehen. Die Zusammenhänge überhaupt zu sehen setzt voraus, dass die mögliche Marktmanipulation eingehend geprüft wurde und dass sich die Bearbeiter über die ökonomischen Funktionszusammenhänge im Klaren sind, insbesondere darüber, dass Leerverkaufs-Attacken an sich – solange keine falschen oder irreführenden Informationen verbreitet werden und solange der Interessenskonflikt offengelegt wird – aus Sicht der Kapitalmarkteffizienz positiv zu bewerten sind.

f) Teleologische Reduktion des Tatbestandes

Nach hier vertretener Auffassung ist dem P keine Marktmanipulation vorzuwerfen, **103** da er insbesondere die Anforderungen des Art. 12 Abs. 2 Buchst. d MAR und des Art. 20 Abs. 1 MAR an die Offenlegung seines Interessenkonflikts erfüllt hat (→ Rn. 2ff.). Gleichwohl hat er tatbestandlich ein Insidergeschäft verwirklicht, weshalb Art. 14 Buchst. a MAR seinem Vorgehen scheinbar entgegensteht. Dieses Ergebnis ist vor dem Hintergrund der Schutzzwecke der MAR und der Wertungen der Art. 12 Abs. 2 Buchst. d und 20 Abs. 1 MAR nicht überzeugend.[74] Im Einzelnen:

Was zunächst den Schutzzweck der MAR anbelangt, informations- und allokations- **104** effiziente Kapitalmärkte sicherzustellen, ist zu berücksichtigen, dass das Geschäftsmodell der Leerverkaufs-Attacken bei einer Erfassung der Absicht zur Veröffentlichung des Berichts als Insiderinformation (→ Rn. 89ff.) gegen die MAR verstoßen und daher nicht zulässig wäre. Dann hätten Leerverkäufer deutlich reduzierte Anreize dazu, nach negativen Informationen über Emittenten bzw. Finanzinstrumente zu suchen, da eine Kapitalisierung ihrer Such- und Auswertungsbemühungen kaum möglich wäre. Dies kann sinnvollerweise nicht durch die MAR bezweckt sein, was auch daran deutlich wird, dass Art. 12 MAR den typischen Ablauf einer Leerverkaufs-Attacke nur unter bestimmten Voraussetzungen dem Verbot der Marktmanipulation unterstellt, das Verhalten erlaubt, wenn (1.) die Informationen über den Emittenten weder falsch noch irreführend sind und (2.) der Interessenkonflikt des Leerverkäufers ordnungsgemäß offengelegt wurde. Artikel 12 Abs. 2 Buchst. d MAR wäre aus systematischer Sicht nicht sinnvoll, wenn das Verhalten ohnehin und unabhängig von der Offenlegung des Interessenkonflikts und dem Inhalt des Research Reports nach Art. 14 Buchst. a MAR verboten wäre.

Wenn daher die Voraussetzungen der Art. 12 Abs. 1 Buchst. d und 20 Abs. 1 MAR **105** hinsichtlich der Informationsdarstellung und der Offenlegung des Interessenkonflikts eingehalten sind und die über das Unternehmen verbreiteten Informationen weder falsch noch irreführend sind, dann ist das Verhalten des Leerverkäufers aus Sicht der Markteffizienz wünschenswert und kann daher nicht generell dem Verbot des Art. 14 Buchst. a MAR unterliegen.

[74] So *Schmolke* ZGR 2020, 291, 315f.; zuvor auch schon *Mülbert* ZHR 192 (2018), 105, 108, wonach Art. 12 MAR – und insbesondere dessen Abs. 2 Buchst. d – insgesamt die Wertung zu entnehmen ist, dass Short-Seller-Attacken grundsätzlich zulässig sind, solange nur dem Markt hinreichend deutlich gemacht wird, welche eigenen wirtschaftlichen Interessen der Leerverkäufer durch seine Informationsverbreitung verfolgt.

106 Dies überzeugt auch mit Blick auf den Schutzzweck des Art. 14 MAR im Besonderen. Das Insiderhandelsverbot dient dem Schutz der informationellen Chancengleichheit der Anleger.[75] Das wesentliche Merkmal eines verbotenen Insidergeschäfts ist der „ungerechtfertigte Vorteil, der mittels Insiderinformationen zum Nachteil Dritter erzielt wird, die diese Informationen nicht kennen" (Erwgr. 23 MAR). Der Vorteil ist allerdings hier nicht ungerechtfertigt, da er auf den eigenen Informationsanalysebemühungen des P beruht. Dieser wertete lediglich öffentlich verfügbare Informationen aus, wozu im Ausgangspunkt auch jeder andere Marktteilnehmer die Chance gehabt hätte. Dass nicht jeder Anleger dazu in der Lage ist, ändert daran nichts, da die Insiderverbote nur eine informationelle Chancengleichheit und keine Gleichstellung erfordern. Aus der Perspektive der Insiderverbote ist daher eine Erfassung des Verhaltens des P nicht geboten.

107 Insgesamt ist daher der Tatbestand des Art. 8 Abs. 1 MAR teleologisch zu reduzieren.

g) Zwischenergebnis

108 P hat daher nicht gegen Art. 14 Buchst. a MAR verstoßen.

3. Empfehlung zur Tätigung eines Insidergeschäfts (Art. 14 Buchst. b MAR)

109 Eine Empfehlung, ein Insidergeschäft zu tätigen (Art. 14 Buchst. b MAR), kommt durch die Verkaufsempfehlung im Research Report nicht in Betracht, da spätestens ab Veröffentlichung des Research Reports keine Insiderinformation mehr vorlag.

4. Unrechtmäßige Offenlegung von Insiderinformationen (Art. 14 Buchst. c MAR)

110 Eine unrechtmäßige Offenlegung von Insiderinformationen kommt nicht in Betracht, wobei es auf die Voraussetzungen des Art. 10 MAR schon nicht ankommt. Artikel 14 Buchst. c MAR betrifft nämlich nur die selektive Offenlegung von Insiderinformationen, nicht aber deren allgemeine Veröffentlichung. Da der Research Report aber am 16.10.2019 im Internet veröffentlicht wurde und nicht die Absicht über die Veröffentlichung einzelnen Personen vorab mitgeteilt wurde, scheidet eine Tatbestandsverwirklichung aus.

5. Zwischenergebnis

111 Insgesamt hat P nicht gegen Art. 14 MAR verstoßen. Damit scheidet auch ein Verstoß gegen § 120 Abs. 14 WpHG aus, weshalb der Bußgeldbescheid auch insoweit materiell rechtswidrig ist.

Hinweis: Insgesamt ist ohne Weiteres eine andere Auffassung vertretbar. Sofern ein Verstoß gegen Art. 14 MAR bejaht wird, müsste noch knapp auf den subjektiven Tatbestand des § 120 Abs. 14 WpHG eingegangen werden. Dieser fordert nämlich einen leichtfertigen (grob fahrlässigen) Verstoß, was beim durchweg vorsätzlichen Handeln des P zu bejahen wäre.[76]

---

[75] EuGH NJW 2006, 133 Rn. 33 – Grøngaard/Bang; NZG 2007, 749 Rn. 37f. – Georgakis; Klöhn/*Klöhn* MAR Art. 14 Rn. 6.

[76] Zum Begriff der Leichtfertigkeit im Kapitalmarktrecht siehe ausführlich *v. Buttlar/Hammermaier* ZBB 2017, 1.

III. Zwischenergebnis zur materiellen Rechtmäßigkeit

Der Bußgeldbescheid ist materiell rechtswidrig, da P weder gegen § 120 Abs. 15 Nr. 2 noch gegen § 120 Abs. 14 WpHG verstoßen hat. **112**

C. Gesamtergebnis

P kann erfolgreich gegen den Bußgeldbescheid vorgehen, da dieser materiell rechtswidrig ist. **113**

Stichwortverzeichnis

Fette Zahlen verweisen auf die Fälle, magere auf deren Randnummern.